■2025年度中学受験用

JN040432

早稲田中学校

6年間(＋3年間HP掲載)スーパー過去問

入試問題と解説・解答の収録内容

2024年度　1回	算数・社会・理科・国語	実物解答用紙DL
2024年度　2回	算数・社会・理科・国語	実物解答用紙DL
2023年度　1回	算数・社会・理科・国語	実物解答用紙DL
2023年度　2回	算数・社会・理科・国語	実物解答用紙DL
2022年度　1回	算数・社会・理科・国語	実物解答用紙DL
2022年度　2回	算数・社会・理科・国語	実物解答用紙DL
2021年度　1回	算数・社会・理科・国語	
2021年度　2回	算数・社会・理科・国語	
2020年度　1回	算数・社会・理科・国語	
2020年度　2回	算数・社会・理科・国語	
2019年度　1回	算数・社会・理科・国語	

2018～2016年度(HP掲載)

「カコ過去問」
(ユーザー名) koe
(パスワード) w8ga5a1o

問題・解答用紙・解説解答DL

◇著作権の都合により国語と一部の問題を削除しております。
◇一部解答のみ（解説なし）となります。
◇９月下旬までに全校アップロード予定です。
◇掲載期限以降は予告なく削除される場合があります。

～本書ご利用上の注意～　以下の点について，あらかじめご了承ください。

★別冊解答用紙は巻末にございます。実物解答用紙は，弊社サイトの各校商品情報ページより，一部または全部をダウンロードできます。
★編集の都合上，学校実施のすべての試験を掲載していない場合がございます。
★当問題集のバックナンバーは，弊社には在庫がございません（ネット書店などに一部在庫あり）。
★本書の内容を無断転載することを禁じます。また，本書のコピー，スキャン，デジタル化等の無断複製は著作権法上での例外を除き禁じられています。

☆さらに理解を深めたいなら…動画でわかりやすく解説する「web過去問」
声の教育社ECサイトでお求めいただけます。くわしくはこちら→

合格を勝ち取るための

『スーパー過去問』の使い方

本書に掲載されている過去問をご覧になって，「難しそう」と感じたかもしれません。でも，多くの受験生が同じように感じているはずです。なぜなら，中学入試で出題される問題は，小学校で習う内容よりも高度なものが多く，たくさんの知識や解き方のコツを身につけることも必要だからです。ですから，初めて本書に取り組むさいには，点数を気にしすぎないようにしましょう。本番でしっかり点数を取れることが大事なのです。

過去問で重要なのは「まちがえること」です。自分の弱点を知るために，過去問に取り組むのです。当然，まちがえた問題をそのままにしておいては意味がありません。

本書には，長年にわたって中学入試にたずさわっているスタッフによるていねいな解説がついています。まちがえた問題はしっかりと解説を読み，できるようになるまで何度も解き直しをしてください。理解できていないと感じた分野については，参考書や資料集などを活用し，改めて整理しておきましょう。

このページも参考にしてみましょう！

◆どの年度から解こうかな　「入試問題と解説・解答の収録内容一覧」

本書のはじめには収録内容が掲載されていますので，収録年度や収録されている入試回などを確認できます。

※著作権上の都合によって掲載できない問題が収録されている場合は，最新年度の問題の前に，ピンク色の紙を差しこんでご案内しています。

◆学校の情報を知ろう!!「学校紹介ページ」

このページのあとに，各学校の基本情報などを掲載しています。問題を解くのに疲れたら息ぬきに読んで，志望校合格への気持ちを新たにし，再び過去問に挑戦してみるのもよいでしょう。なお，最新の情報につきましては，学校のホームページなどでご確認ください。

◆入試に向けてどんな対策をしよう？「出題傾向＆対策」

「学校紹介ページ」に続いて，「出題傾向＆対策」ページがあります。過去にどのような分野の問題が出題され，どのように対策すればよいかをアドバイスしていますので，参考にしてください。

◇別冊「入試問題解答用紙編」

本書の巻末には，ぬき取って使える別冊の解答用紙が収録してあります。解答用紙が非公表の場合などを除き，（注）が記載されたページの指定倍率にしたがって拡大コピーをとれば，実際の入試問題とほぼ同じ解答欄の大きさで，何度でも過去問に取り組むことができます。このように，入試本番に近い条件で練習できるのも，本書の強みです。また，データが公表されている学校は別冊の１ページ目に過去の「入試結果表」を掲載しています。合格に必要な得点の目安として活用してください。

本書がみなさんの志望校合格の助けとなることを，心より願っています。

株式会社　声の教育社　編集部

早稲田中学校

所在地	〒162-8654 東京都新宿区馬場下町62
電　話	03-3202-7674(代)
ホームページ	https://www.waseda-h.ed.jp/
交通案内	地下鉄東西線「早稲田駅」より徒歩1分/地下鉄副都心線「西早稲田駅」より徒歩15分/「高田馬場駅」より早大正門行きバス「馬場下町」下車

くわしい情報は
ホームページへ

トピックス

★2023年の学校説明会は8月に来校型で実施(予約制)。
★例年秋に行われる興風祭(文化祭)は公開され，校舎内見学が可能。

創立年 明治28年 ／ 男子校 ／ 高校募集 なし

応募状況

年度	募集数	応募数	受験数	合格数	倍率
2024	①200名	855名	740名	253名	2.9倍
	②100名	1460名	1015名	214名	4.7倍
2023	①200名	830名	723名	257名	2.8倍
	②100名	1391名	963名	228名	4.2倍
2022	①200名	756名	662名	261名	2.5倍
	②100名	1318名	911名	270名	3.4倍
2021	①200名	798名	706名	259名	2.7倍
	②100名	1278名	847名	256名	3.3倍
2020	①200名	864名	763名	241名	3.2倍
	②100名	1395名	966名	226名	4.3倍

※合格数には追加合格者を含む。

2023年度の主な他大学合格実績

＜国立大学・大学校＞

東京大，京都大，東京工業大，一橋大，東北大，北海道大，筑波大，千葉大，防衛医科大

＜私立大学＞

慶應義塾大，上智大，東京理科大，東京慈恵会医科大，順天堂大，昭和大

本校の特色

本校は早稲田大学の系属校ですので，推薦入学制度を利用して多数の生徒が早稲田大学へ進学しています。一方において，生徒にはそれぞれの希望するいかなる大学へも進学が可能になるように進路指導や学習指導がなされています。推薦入学制度がありながらも，生徒一人ひとりの個性を生かす進路選択を尊重し，高い志を持つ生徒を育成していくことが，本校の進路指導の大きな特色となっています。近年の卒業生(現役)の進学状況をみると，約50%が早稲田大学へ推薦で進学しています。他の生徒は他大学を受験し，主に，私立大学では早稲田大学，慶應義塾大学へ，国公立大学では東京大学，東京工業大学，一橋大学などへ進学しています。医学部に進学する生徒も多くいます。現役での大学進学率は，早稲田大学へ推薦で進学する生徒と他大学へ進学する生徒を合わせると約80%になります。

入試情報（参考：昨年度）

【第１・２回共通】　※Web出願のみ
出願期間：2023年12月20日～2024年１月23日
試験科目：国語・算数(各50分・60点満点)
　　　　　社会・理科(各30分・40点満点)
集合時間：午前８時30分(午前７時30分開門)
【第１回】
試 験 日：2024年２月１日
合格発表：2024年２月２日午前10時(HP)
【第２回】
試 験 日：2024年２月３日
合格発表：2024年２月４日午前10時(HP)

編集部注―本書の内容は2024年3月現在のものであり，変更されている場合があります。正確な情報は，学校のホームページ等で必ずご確認ください。

算数　出題傾向＆対策

◆基本データ（2024年度１回）

試験時間／満点	50分／60点
問題構成	・大問数…５題 計算・応用小問２題（６問） ／応用問題３題 ・小問数…16問
解答形式	答えのみを記入する形式の問題が大半をしめているが，コンパス・定規を使わない作図も出題されている。
実際の問題用紙	Ａ４サイズ，小冊子形式
実際の解答用紙	Ａ４サイズ

◆過去６年間の出題率トップ５

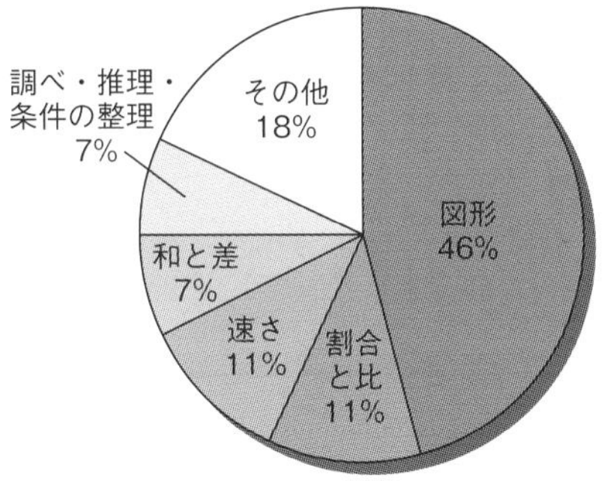

※配点（推定ふくむ）をもとに算出

◆近年の出題内容

【 2024年度１回 】			【 2023年度１回 】		
大問	1	四則計算，割合と比，場合の数	大問	1	四則計算，ニュートン算，つるかめ算，条件の整理
	2	角度，辺の比と面積の比，体積，相似		2	角度，相似，体積
	3	通過算，速さと比		3	通過算，流水算，旅人算
	4	条件の整理		4	平面図形―構成，植木算，数の性質
	5	立体図形―分割，展開図，体積		5	平面図形―図形の移動，面積

◆出題傾向と内容

内容的には，**１題めで計算と各種の分野からの応用小問**，**２題めで図形を中心とした応用小問**が取り上げられ，**３題め以降が応用問題**という形となっています。

１題めでは，特殊算や数の性質が見られます。２題めの図形問題は，長さ，角度，面積，体積を求めさせる標準的な問題です。どれも決まった形式の出題が多いので，しっかり学習を進めて，確実に得点したいところです。

３題め以降の応用題で重きをなす分野は，本校・算数のメインともいうべき図形問題です。応用問題においては，とりわけ面積，面積比，体積などが多く取り上げられています。最近では，問題内容もしだいに難しくなってきており，なかでも求積問題は，図形の相似比や複数の図形を組み合わせたもの，三角形や円の性質などを利用したやっかいなものがふえています。このほかにも，数の性質，規則性，速さと比，場合の数などが出題されることもあります。

◆対策～合格点を取るには？～

基礎問題が多い関係上，計算の正確さや公式の正しい理解力をためすものが目立つようです。本校受験のためには，逆算や，分数と小数を加えるときの簡単な計算処理の方法などを身につけておきたいものです。たとえば１日10題ずつの計算練習を続けるなどの心がけが大切になるでしょう。また，短文の応用小問が数多く出されているため，各分野の基礎的公式はもれなく身につけるだけでなく，正確に使えるように繰り返し練習しておくことも大事です。

さて，本校の問題でここ数年目につく点として，**図形の求積問題と特殊算の出題率が高い**ことがあげられます。求積問題は，相似・図形の性質・図形の移動などと結びつけて出題されることが多いので，図形の公式や性質をただ単に丸暗記するだけでなく，問題集で多くの問題にあたり，それらを自由自在に使いこなせるようにしておくことが求められます。また，例年出題されている特殊算に関しては，分析表を参照しつつ，出題回数の多いものについて重点的な学習が必要でしょう。

算数 出題分野分析表

	年度	2024		2023		2022		2021		2020		2019
分野		1回	2回	1回	2回	1回	2回	1回	2回	1回	2回	
計算	四則計算・逆算	○		○			○			○		
	計算のくふう				○							
	単位の計算											
和と差	和差算・分配算						○					○
	消去算							○				
	つるかめ算			○		○	◎	○				○
	平均とのべ							○				
	過不足算・差集め算		○									○
	集まり							○				
	年齢算						○					
割合と比	割合と比	○										○
	正比例と反比例										○	
	還元算・相当算											
	比の性質		○									
	倍数算						○					
	売買損益										○	
	濃度					○	○			○		
	仕事算								○			
	ニュートン算			○	○	○				○		
速さ	速さ							○				
	旅人算			○			○		○		○	
	通過算	○		○	○							
	流水算			○							○	
	時計算					○						
	速さと比	○	○		○					○	○	○
図形	角度・面積・長さ	○	◎	◎	●	○	◎	●	●	◎	●	○
	辺の比と面積の比・相似	◎	○	○	○	○		○	◎		◎	○
	体積・表面積	◎	○	○	○	○		◎	◎	◎	○	◎
	水の深さと体積						○					
	展開図	○				○		○			○	○
	構成・分割	○	○	○		○				○		◎
	図形・点の移動		○	○	○	○		◎				
表とグラフ							○	○				
数の性質	約数と倍数											
	N進数											
	約束記号・文字式											
	整数・小数・分数の性質		○	○	○	○		○	◎			○
規則性	植木算		○	○								
	周期算										○	
	数列											
	方陣算											
	図形と規則								○			
場合の数		○						○		○		
調べ・推理・条件の整理		○	○	○	◎		○		◎		○	○
その他												

※ ○印はその分野の問題が１題，◎印は２題，●印は３題以上出題されたことをしめします。

社会 出題傾向&対策

◆基本データ(2024年度1回)

試験時間／満点	30分／40点
問題構成	・大問数…３題 ・小問数…20問
解答形式	記号選択と用語の記入を中心に構成されている。記号選択では，複数選択のものもある。用語の記入では，ほとんどのものが漢字で書くよう指定されていて，字数が指定されているものもある。
実際の問題用紙	Ａ４サイズ，小冊子形式
実際の解答用紙	Ａ４サイズ

◆過去６年間の分野別出題率

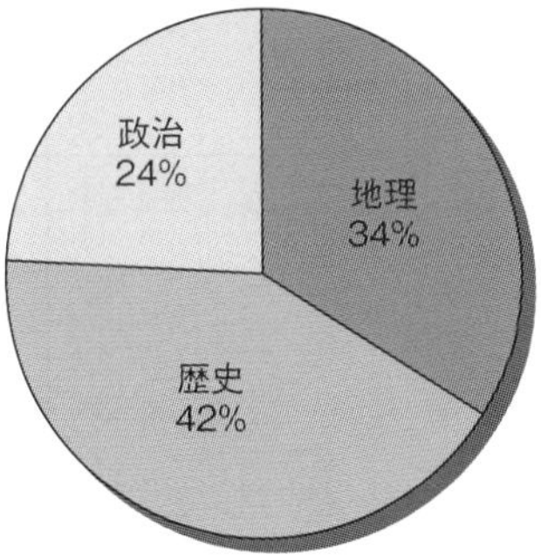

※配点(推定ふくむ)をもとに算出

◆近年の出題内容

【 2024年度１回 】			【 2023年度１回 】		
大問	1	〔**総合**〕万博を題材とした問題	大問	1	〔**地理**〕北海道の地形や気候，産業など
	2	〔**歴史**〕平安時代～現代の政治や文化についての問題		2	〔**歴史**〕平安～昭和時代の政治や文化についての問題
	3	〔**政治**〕憲法や政治などについての問題		3	〔**総合**〕沖縄を題材とした問題

◆出題傾向と内容

説明文や資料などを多用した問題が出されることが多いため，スピーディーに解き進めることが重要です。分野別に見ると，**地理・歴史・政治の３分野からバランスよく出される**ことが多く，各分野にまたがる総合問題の出題も見られます。

●**地理**…農業，漁業，観光，都市などのある単元をテーマにするときと，中部，東北のように地域別に出題するときに分かれます。また，取り上げた題材に関連する歴史・政治・時事なども出題されています。さらに，世界地理についての設問も見られます。

●**歴史**…政治・農業などの分野を通史的に問うもの，歴史上のおもなできごとをいくつか取り上げて小問集合形式にしたもの，特定の時代に的をしぼって多角的に問うものなど，あらゆる形式で出題されています。

●**政治**…憲法，三権のしくみ，国の財政などのほか，時事的なできごとをからめた問題がしばしば顔を見せます。

◆対策～合格点を取るには？～

地理では，白地図を使った学習が大切です。それも，ただ地名や地勢図をかきこむだけでなく，産業の特色・立地条件や，地勢との結びつき，あるいはその地方の特殊な産業とその中心地など，自然条件(地勢・気候など)と産業との結びつきを重要視して取り組みましょう。自分でかいてみることは，単なる暗記とちがい，自分なりの整理のしかたを見つけられる効果的な学習法です。

歴史では，重要事件名，人物，事項などを漢字で正確に書けるようにしておくことが大切です。特に本校では文化史・外交史に関する出題が目立ちます。このような分野は自分で一度年表を作りながらまとめてみて，時代ごとに整理して通観できるようにしておく必要があるでしょう。個々バラバラの知識だけでなく，ある流れの中で見ると，記憶しやすいものです。

政治では，基礎的な知識さえマスターしておけば十分です。余裕があれば，テレビなどのニュースに注意するよう心がけ，基礎知識と現実の問題との関連を考えてみましょう。

社会 出題分野分析表

分野 ＼ 年度			2024		2023		2022		2021		2020		2019
			1回	2回	1回	2回	1回	2回	1回	2回	1回	2回	
日本の地理	地図の見方						○						
	国土・自然・気候		○	○	○	○	○			★	○	★	○
	資源												○
	農林水産業		○	○	○	○	○			★	○	○	○
	工業				○	○					○	○	○
	交通・通信・貿易					○		○	○	○			
	人口・生活・文化											○	○
	各地方の特色		○		○	○		○			○		
	地理総合				★	★	★		★		★	★	★
世界の地理								★	○				○
日本の歴史	時代	原始～古代	○	○	○	○	○	○	○	○	○	○	
		中世～近世	○	○	○	○	○	○	○	○	○	○	
		近代～現代	○	○	○	○	○	○	○	○	○	○	★
	テーマ	政治・法律史											○
		産業・経済史											
		文化・宗教史									★		
		外交・戦争史										★	
		歴史総合	★	★	★	★	★	★	★	★			
世界の歴史			○										
政治	憲法		○				○	○			○		
	国会・内閣・裁判所		○	○		○	○			★	★		★
	地方自治									○		○	
	経済		○						○				
	生活と福祉		○	○									
	国際関係・国際政治		○			○	○	★				○	
	政治総合		★				★						
環境問題						○						★	
時事問題			○				○			○	○		
世界遺産				○	○	○			○				
複数分野総合			★	★	★	★			★				

※ 原始～古代…平安時代以前，中世～近世…鎌倉時代～江戸時代，近代～現代…明治時代以降

※ ★印は大問の中心となる分野をしめします。

理科　出題傾向＆対策

◆基本データ（2024年度１回）

試験時間／満点	30分／40点
問　題　構　成	・大問数…４題 ・小問数…19問
解　答　形　式	記号選択と用語・計算結果などを記入させる問題になっている。記号選択は複数選択のものもある。また，グラフの完成も見られる。記述問題は見られない。
実際の問題用紙	Ａ４サイズ，小冊子形式
実際の解答用紙	Ａ４サイズ

◆過去６年間の分野別出題率

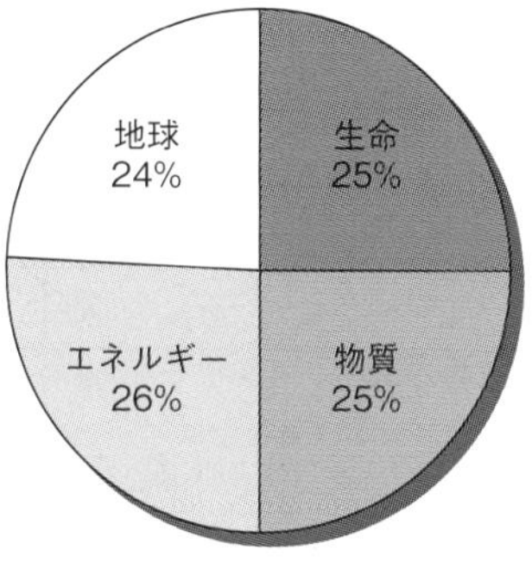

※配点（推定ふくむ）をもとに算出

◆近年の出題内容

【 2024年度１回 】			【 2023年度１回 】		
大問	1	〔地球〕火山	大問	1	〔地球〕地震
	2	〔生命〕モンシロチョウ		2	〔エネルギー〕回路や電気の利用
	3	〔物質〕水素と酸素		3	〔生命〕メダカ
	4	〔エネルギー〕熱の伝わり方		4	〔物質〕水溶液の判別

◆出題傾向と内容

問題量が多めなので，限られた試験時間を有効に活用して，**スピーディーに，かつ正確に解き進める必要**があります。

分野別に見ると，「生命」，「物質」，「エネルギー」，「地球」の各分野から１題ずつ出題されているのが，ここ数年の傾向です。

単元別では，物質（特に気体・水溶液や金属）の性質，力のつり合い，電気回路がよく取り上げられています。また，動植物のしくみや成長もよく顔を見せており，なかでも，からだの各部のはたらきや，成長の過程に関する問題が目につきます。天体に関する出題も多く，太陽・月・地球の動き，星と星座などがよく出されています。このほかでは，ものの燃え方，天候，流水のはたらきなどが見られます。

さらに，実験・観察器具のあつかい方についての設問をふくめたものも過去には出されているほか，身のまわりの環境と結びつけた問題（いわば，理科における時事問題とでもいえるもの）もあるので，注意が必要です。

全体的な特ちょうとしては，実験・観察問題が多く，そのようすを説明した文章やグラフ・図・表などを読み取らせることが多いわりに，実験結果などを表やグラフにまとめるものはあまり多くないという点があげられます。

◆対策～合格点を取るには？～

本校の理科の問題には基礎的なものが多く，特に難解な問題や高度な知識を求めているものはありません。したがって勉強の方法としては，４年・５年・６年で学んだことをよく見直すことが第一です。

また，出題の範囲が広いことから，**基礎的な知識を確実なものにしておく**ことが大切になります。このためには，ただばくぜんと教科書を読むのではなく，**各項目ごとに内容をまとめる**ことが必要です。それには自分なりに教科書の重要事項を書き出して“サブノート”を作るのが，もっとも効果のある勉強法といえるでしょう。

理科 出題分野分析表

分野 ＼ 年度		2024		2023		2022		2021		2020		2019
		1回	2回	1回	2回	1回	2回	1回	2回	1回	2回	
生命	植物		★					★		★		
	動物	★		★			★		★			
	人体				★	○					★	
	生物と環境											★
	季節と生物											
	生命総合					★						
物質	物質のすがた		★									
	気体の性質	★					★					
	水溶液の性質			★		★	○		★		★	
	ものの溶け方				○					★		
	金属の性質				○		○					
	ものの燃え方							○				
	物質総合				★			★				★
エネルギー	てこ・滑車・輪軸		★								★	★
	ばねののび方				★							
	ふりこ・物体の運動							★				
	浮力と密度・圧力											
	光の進み方					○						
	ものの温まり方	★										
	音の伝わり方					★						
	電気回路			★			★		★	★		
	磁石・電磁石											
	エネルギー総合											
地球	地球・月・太陽系				★				★			
	星と星座		★									★
	風・雲と天候						★					
	気温・地温・湿度										★	
	流水のはたらき・地層と岩石	○				★				★		
	火山・地震	★		★				★				
	地球総合											
実験器具												
観察												
環境問題												
時事問題												
複数分野総合												

※ ★印は大問の中心となる分野をしめします。

国語　出題傾向＆対策

◆基本データ(2024年度１回)

試験時間／満点	50分／60点
問　題　構　成	・大問数…２題 　文章読解題２題 ・小問数…14問
解　答　形　式	記号選択式と記述式の混合となっている。記述式には書きぬきに加え，本文中のことばを用いて書かせる問題も出されている。
実際の問題用紙	Ａ４サイズ，小冊子形式
実際の解答用紙	Ａ４サイズ

◆過去６年間の分野別出題率

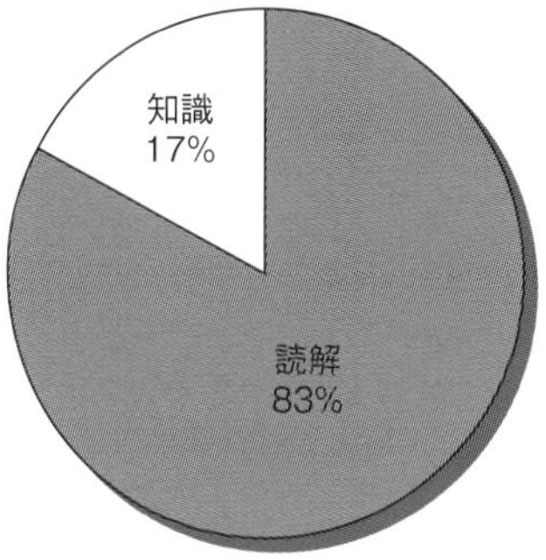

※配点(推定ふくむ)をもとに算出

◆近年の出題内容

【 2024年度１回 】			【 2023年度１回 】		
大問	一	〔小説〕東山彰良「或る帰省」(『走る？』所収)(約3300字)	大問	一	〔小説〕鷺沢萠『ウェルカム・ホーム！』所収の「渡辺毅のウェルカム・ホーム」(約4300字)
	二	〔説明文〕大江健三郎・大江ゆかり『「自分の木」の下で』(約3700字)		二	〔説明文〕日高敏隆『日高敏隆選集Ⅷ 人間はどういう動物か』(約2800字)

◆出題傾向と内容

長文読解の総合問題が２題という構成です。引用されている文章を見ると，**小説・物語文**が毎年取り上げられているほか，**説明文・論説文や随筆**もあります。設問は，文脈をはあくさせるものから，語句・内容の説明，登場人物の性格・心情の読み取り，熟語，慣用句やことわざの知識，ことばの意味や用法，全体の要旨，漢字の書き取りまで，さまざまなものが出題されています。

さて，問題の具体的な内容ですが，はば広い知識が要求されている中で，本校独自の特ちょうがあることも見逃せません。たとえば，語句の意味などは好んで取り上げられますし，心情理解を問うものの多くは記述式の解答が要求されます。また，漢字の書き取りについては意外と難しいものが多く出されています。

もう一つのきわだった特ちょうとして，**引用されている文章が長い**ことがあげられます。小設問の数はほぼ平均的な量なので，引用文をいかにすばやく的確に読み取るかが大切になってきます。しかし，引用文は必ずしもやさしい文章とは限りませんので，このあたりにふだんの読書量の差が出てくるものと思われます。

◆対策～合格点を取るには？～

本校の国語は**長文の読解問題がメインであり，設問の内容がはば広い**という特ちょうがあります。したがって，読解問題にいかに対処するかが本校入試のポイントになってきます。読解力を養成するには，まず，多くの文章に接する必要があります。読書は読解力養成の基礎でありキーポイントでもあります。あらゆるジャンルの本を読んでください。

次に，ことばのきまり・知識に関しては，参考書を１冊仕上げておけばよいでしょう。ことわざ・慣用句はからだの一部を用いたもの，動物の名前を用いたものなどに分類して覚えましょう。ことばのきまりは，ことばのかかりうけ，品詞の識別などを中心に学習を進めます。また，漢字や熟語については，読み書きはもちろん，同音(訓)異義語，その意味についても辞書で調べておくようにするとよいでしょう。

国語 出題分野分析表

分野		年度	2024		2023		2022		2021		2020		2019
			1回	2回	1回	2回	1回	2回	1回	2回	1回	2回	
読解	文章の種類	説明文・論説文	★	★	★	★	★	★	★	★		★	★
		小説・物語・伝記	★	★	★	★	★	★	★	★	★	★	★
		随筆・紀行・日記									★		
		会話・戯曲											
		詩											
		短歌・俳句											
	内容の分類	主題・要旨	○	○			○	○				○	
		内容理解	○	○	○	○	○	○	○	○	○	○	○
		文脈・段落構成					○						○
		指示語・接続語	○										
		その他	○	○	○	○	○	○	○	○	○	○	○
知識	漢字	漢字の読み		○					○	○			
		漢字の書き取り	○	○	○	○	○	○	○	○	○	○	○
		部首・画数・筆順											
	語句	語句の意味	○	○		○		○		○		○	
		かなづかい											
		熟語							○				
		慣用句・ことわざ					○	○	○				○
	文法	文の組み立て											
		品詞・用法											
		敬語											
	形式・技法												
	文学作品の知識												
	その他												
	知識総合												
表現	作文												
	短文記述												
	その他												
放送問題													

※ ★印は大問の中心となる分野をしめします。

カコを追いかけ
ミライをつかめ
「今の説明、もう一回」を何度でも
web過去問
ストリーミング配信による入試問題の解説動画
もっと古いカコモンないの？
カコ過去問
「さらにカコの」過去問をHPに掲載（DL）
声の教育社
詳しくはこちらから

2024 年度 早稲田中学校

【算　数】〈第１回試験〉(50分)〈満点：60点〉

注意　定規，コンパス，および計算機(時計についているものも含む)類の使用は認めません。

1　次の問いに答えなさい。

(1)　次の計算をし，約分できない分数で答えなさい。

$$\frac{5}{2\times3}+\frac{11}{3\times4}+\frac{19}{4\times5}+\frac{29}{5\times6}$$

(2)　次郎くんはある本を読み始めて最初の５日間は同じページ数を読み進め，そのあとの３日間は旅行中のため１日あたり６ページ減らして読みました。旅行から帰ったあとは毎日，旅行中の１日あたりの４倍のページ数を読んだところ，旅行から帰って４日目にはじめて200ページを超《こ》え，この日にちょうどこの本を読み終えました。この本は全部で何ページありますか。

(3)　右の図のような東西に４本，南北に６本の道があります。南スタート地点から東ゴール，西ゴール，北ゴール地点のいずれかに進む方法は全部で何通りありますか。ただし，南方向には進むことができませんが，北方向，東方向，西方向のいずれかに進むことができます。また，一度通った道を通ることはできませんが，遠回りすることはできます。

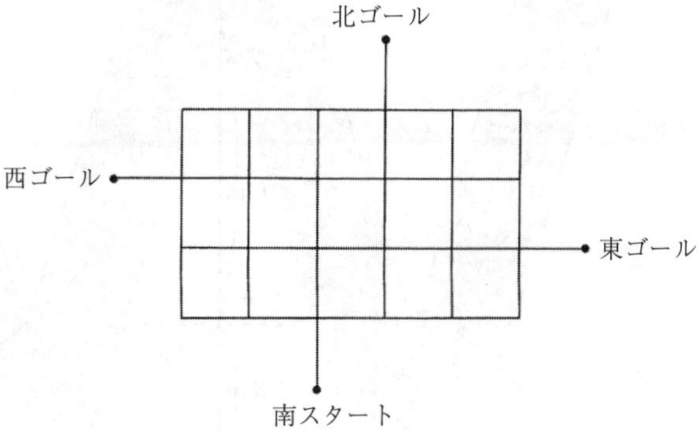

2　次の問いに答えなさい。ただし，円周率は3.14とします。

(1)　下の図において，角ア，イ，ウの大きさの比は１：２：３です。また，角エ，オの大きさの比は３：５です。角アの大きさは何度ですか。

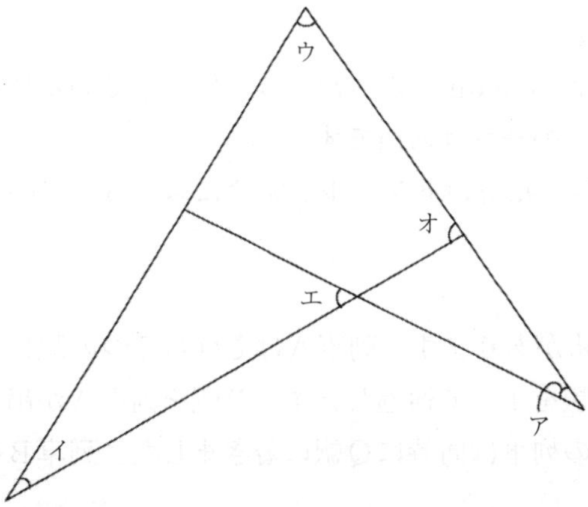

⑵　１辺の長さが10cm で面積が90cm^{2}のひし形を，右の図のように４つの三角形と１つの四角形に分けました。４つの三角形の面積の合計と１つの四角形の面積の差は何cm^{2}ですか。

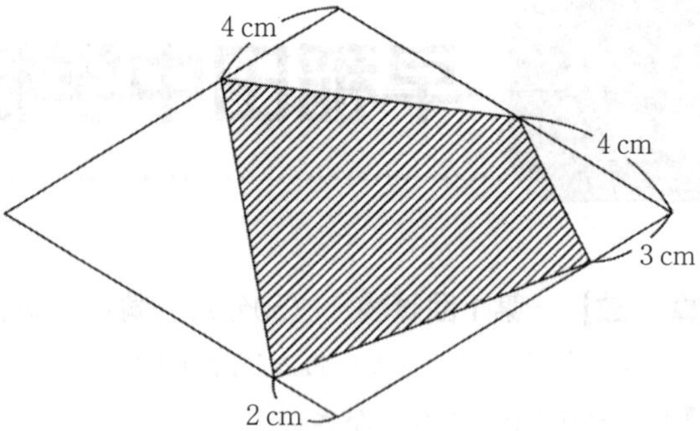

⑶　下の図のように線対称《しょう》なWの形の図形を，回転軸《じく》のまわりに１回転させてできる容器があります。その容器に上からいっぱいになるまで水を入れました。入れた水の量は何m^{3}ですか。

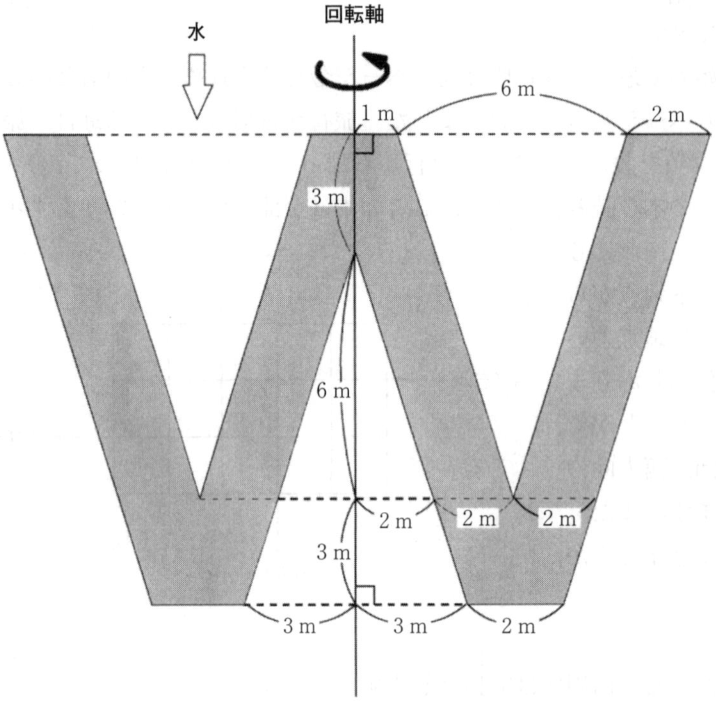

3　列車Ａと列車Ｂが，平行に敷《し》かれた線路の上をそれぞれ走っています。列車Ａの長さは列車Ｂの長さより42m短いです。次の問いに答えなさい。

⑴　列車Ａが車庫に入るために速度を落として時速21.6km で走ったとき，停車している列車Ｂを完全に追いぬくのに33秒かかりました。列車Ｂの長さは何mですか。

列車Ａと列車ＢはＰ駅からＱ駅まで走ります。342mのトンネルを完全にぬけるのに列車Ａは列車Ｂの２倍の時間がかかります。

⑵　列車Ｂの速度は列車Ａの速度の何倍ですか。

⑶　Ｐ駅とＱ駅の間は16.5km で，途《と》中に５つの駅があります。列車Ａはそれら５つの駅にそれぞれ１分間ずつ停車し，列車Ｂはそれら５つの駅をすべて通過します。Ｐ駅を列車Ａが出発してから15分後に列車Ｂが出発したところ，２つの列車は同時にＱ駅に着きました。列車Ｂの速度は時速何km ですか。

4　Ａ，Ｂ，Ｃの３人が２人で対戦するゲームを交代しながら行います。はじめにＡとＢが対戦し，Ｃが待機します。待機している人はゲームに負けた人と交代して，次のゲームを行います。これを繰《く》り返し，合計36回対戦を行ったところ，Ａ，Ｂ，Ｃの対戦回数の比は７：６：５でした。次の問いに答えなさい。

(1)　Ａは何回対戦しましたか。

(2)　36回目の対戦でＡが勝ったとき，Ａは合計何回勝ちましたか。

(3)　36回目の対戦でＣが勝ったとき，Ｃは合計何回勝ちましたか。

(4)　31回目のゲームはＢとＣが対戦しました。36回すべてのゲームが終わったとき，31回目から36回目の６回の対戦の結果はＡが３勝１敗，Ｂが２勝２敗，Ｃが１勝３敗でした。36回目の対戦の結果として考えられるものを，次の**ア**～**カ**からすべて選びなさい。

ア．Ａが勝ちＢが負け　**イ**．Ｂが勝ちＣが負け　**ウ**．Ｃが勝ちＡが負け
エ．Ｂが勝ちＡが負け　**オ**．Ｃが勝ちＢが負け　**カ**．Ａが勝ちＣが負け

5　図１は１辺の長さが６cmの立方体で，点Ｐ，Ｑはそれぞれ辺FG，GHの真ん中の点です。また，図２は図１の展開図です。下の問いに答えなさい。

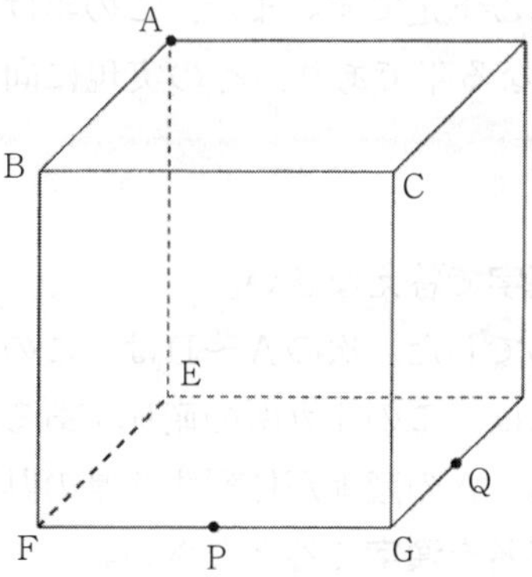

図１

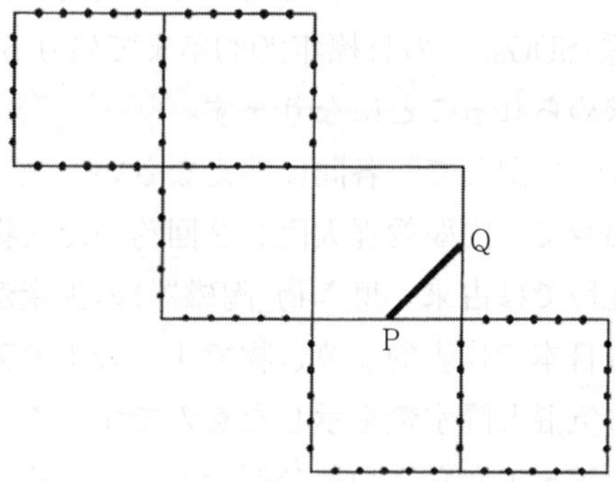

図２

(1)　図１の立方体を３つの点Ａ，Ｐ，Ｑを通る平面で切断しました。切り口の線をすべて解答らんの図にかき入れなさい。ただし，辺上の点は各辺を６等分した点です。

(2)　(1)の平面で切り分けてできた２つの立体のうち，頂点Ｅを含《ふく》む方の立体を**ア**とします。立体**ア**の体積は何cm^3ですか。

(3)　(2)でできた立体**ア**を図１の３つの点Ｂ，Ｆ，Ｈを通る平面でさらに切断してできた立体のうち，小さい方の立体の体積は何cm^3ですか。

【社　会】〈**第１回試験**〉（30分）〈満点：40点〉

１　万博について次の文章を読み，各問に答えなさい。

万博とは，国際博覧会条約に基づき，フランスのパリに本部を置く博覧会国際事務局(BIE)に登録された国際博覧会のことです。世界で最初の万博は，ロンドン万国博覧会(1851年)でした。当時のイギリスでは産業革命が進み，会場ではイギリスの機械や薬品，陶磁器などが展示されました。イギリスはこの万博によって，自国の工業力を世界にアピールしました。

日本が初めて万博に参加したのは，パリ万国博覧会(1867年)で，「幕府」および，①「肥前藩」，「薩摩藩」が参加しました。日本政府として公式に参加したのは，ウィーン万博(1873年)でした。②日本では過去に５回の万博が開催《かいさい》されましたが，実は幻《まぼろし》となった万博があります。1940年に東京・横浜を会場として予定され，入場券を印刷・販売《はんばい》するまで準備が進んでいたものの，（　あ　）のため中止となりました。そのため，最初の万博は1970年でした。この時，世界で初めて人工衛星の打ち上げに成功した（　い　）のパビリオンには実物の人工衛星，（　う　）のパビリオンにはアポロ宇宙船の宇宙飛行士が月から持ち帰った「月の石」などが展示され，長蛇《ちょうだ》の列ができました。

次回，2025年に日本で開催されますが，会場は人工島です。世界とつながる海と空に囲まれた万博として，ロケーションを生かした企画《きかく》や発信が行われる予定です。また，この年は「持続可能な開発目標(SDGs)」の目標年2030年まで残り５年となる年であり，その実現に向けての方策や貢献《こうけん》が求められることになります。

問１　文中の下線部①に関して，各問に答えなさい。

(1)　この藩の出身で，内閣総理大臣を２回務めた人物を**漢字**で答えなさい。

(2)　この藩の地域では古来，焼き物(陶磁器)の生産が盛んでした。次のＡ～Ｄは，この地域のものを含《ふく》む日本で代表的な焼き物です。表１の**ア～エ**は，この４カ所の産地がある県の県庁所在地の気温と降水量を示したものです。このうち，Ａの産地が位置する県の県庁所在地のものを**ア～エ**から１つ選び記号で答え，その都市名を**漢字**で答えなさい。

Ａ：瀬戸焼	Ｂ：有田焼	Ｃ：九谷焼	Ｄ：益子焼

表１　　※　上段が月平均気温(℃)，下段が月降水量(mm)，1991年～2010年の平均値。

	1月	2月	3月	4月	5月	6月	7月	8月	9月	10月	11月	12月	全年
ア	4.8	5.5	9.2	14.6	19.4	23.0	26.9	28.2	24.5	18.6	12.6	7.2	16.2
	50.8	64.7	116.2	127.5	150.3	186.5	211.4	139.5	231.6	164.7	79.1	56.6	1578.9
イ	4.0	4.2	7.3	12.6	17.7	21.6	25.8	27.3	23.2	17.6	11.9	6.8	15.0
	256.0	162.6	157.2	143.9	138.0	170.3	233.4	179.3	231.9	177.1	250.8	301.1	2401.5
ウ	2.8	3.8	7.4	12.8	17.8	21.2	24.8	26.0	22.4	16.7	10.6	5.1	14.3
	37.5	38.5	87.7	121.5	149.2	175.2	215.4	198.5	217.2	174.4	71.1	38.5	1524.7
エ	5.8	7.0	10.4	15.3	20.0	23.5	27.2	28.2	24.5	19.1	13.3	7.8	16.9
	54.1	77.5	120.6	161.7	182.9	327.0	366.8	252.4	169.3	90.1	89.4	59.5	1951.3

(『データブック オブ・ザ・ワールド 2023』)

(3)　この藩の南に位置する海において，現在最も多く養殖されているものを次の中から１つ選び，記号で答えなさい。

ア　のり　　**イ**　わかめ　　**ウ**　かき　　**エ**　ほたて　　**オ**　真珠

(4)　この藩の南に位置する海では，長年〔 X 〕が行われてきました。現在，同じ海に面している長崎県諫早《いさはや》湾では，この〔 X 〕事業によって生態系が崩《くず》れ，地域住民による抗議運動が起こり，裁判となりました。この〔X〕にあてはまる言葉を**漢字**で答えなさい。

(5)　(4)の〔X〕について，表２はこの〔 X 〕が行われた時代とその面積(単位：ha)を示したものです。この表から，①平安期～戦国末期(約800年間)と，②江戸時代を比較すると，１年あたりの〔 X 〕面積が増加したことが分かります。１年あたり，おおよそ何倍に増加したのか，**整数**で答えなさい。また，その理由を説明した次の文の空欄《らん》にあてはまる言葉を語群から１つずつ選び，記号で答えなさい。

表２

時代	〔 X 〕面積
沖積世～奈良時代	30,600
①平安期～戦国末期	6,000
②江戸時代	5,928
明治時代	924
大正時代	272

(九州農政局のHPより作成)

（ａ）が増加し，（ｂ）のために（　ｃ　）する必要があったため。

（ａ）：**ア**　人口　**イ**　貿易　**ウ**　疫病《えきびょう》　**エ**　戦乱

（ｂ）：**ア**　商業拡大　**イ**　食糧増産　**ウ**　防衛　**エ**　安全衛生

（ｃ）：**ア**　城郭《じょうかく》を整備　**イ**　隔離病棟《かくりびょうとう》を建設　**ウ**　耕地を拡大　**エ**　街道を整備

問２　文中の下線部②に関して，表３は日本で過去に開催された５回の万博および，これから開催予定の万博についてまとめたものです。これを参考に，各問に答えなさい。

表３

番号	万博名	テーマ	開催年
1	日本万国博覧会	（　A　）	1970
2	沖縄国際海洋博覧会	「海―その望ましい未来」	1975
3	国際科学技術博覧会	「人間・居住・環境と科学技術」	1985
4	国際花と緑の博覧会	「花と緑と人間生活のかかわりをとらえ，21世紀へ向けて潤《うるお》いのある社会の創造をめざす」	1990
5	日本国際博覧会	（　B　）	2005
6	国際博覧会	（　C　）	2025

(1)　表３の空欄(A)～(C)にあてはまるテーマの組み合わせとして正しいものを，**ア～カ**から１つ選び，記号で答えなさい。

テーマ	**ア**	**イ**	**ウ**	**エ**	**オ**	**カ**
「いのち輝く未来社会のデザイン」	A	A	B	B	C	C
「自然の叡智《えいち》」	B	C	A	C	A	B
「人類の進歩と調和」	C	B	C	A	B	A

(2) 2025年の万博開催地を図１の**ア**～**エ**から１つ選び，その島名を次の**カ**～**ケ**から１つ選び，それぞれ記号で答えなさい。

カ 舞浜　**キ** 夢洲

ク 舞洲　**ケ** ポートアイランド

(3) 表３で開催地が同じ都道府県のものが３つあります。その**３つ**の番号を選び，**番号順**に答えなさい。

図１

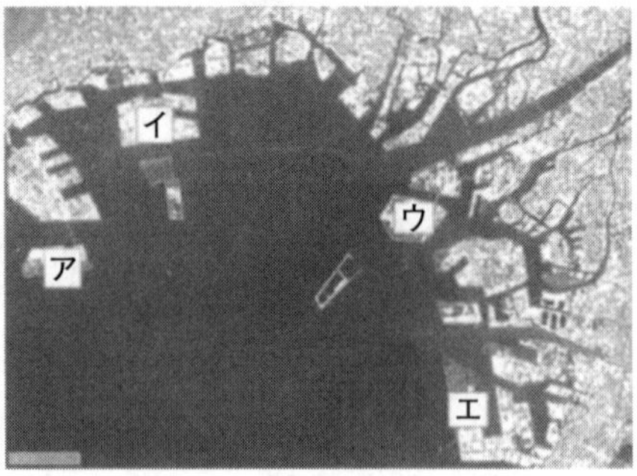

(地理院地図より作成)

問３　文中の空欄(あ)にあてはまる出来事を次の中から１つ選び，記号で答えなさい。

ア 世界恐慌　**イ** 第一次世界大戦　**ウ** 日中戦争　**エ** 関東大震災

問４　文中の空欄(い)と(う)にあてはまる国名を次の中から１つずつ選び，記号で答えなさい。

ア アメリカ合衆国　**イ** イギリス　**ウ** ソ連　**エ** フランス　**オ** 中国

2　次の文章を読み，各問に答えなさい。

ある中学校の歴史研究部の部室で３年生の沢田くん，２年生の石川くん，１年生の李くんが話しています。

沢田：ぼくの出身地は京都なんだ。794年に〈 A 〉天皇が平安京に都を移して平安時代が始まり，続く鎌倉時代や室町時代も京都は繁栄していたよ。応仁の乱で京都は荒廃《こうはい》したが，フランシスコ＝ザビエルは，天皇・将軍から①キリスト教を広める許可を得るために京都を訪れているんだ。

石川：織田信長は「(②)」という言葉を含む印章を用いましたが，信長の時代の「(②)」は，全国ではなく，京都を中心とする畿内を意味することが多いようですね。

沢田：③京都や大阪は江戸時代も経済や文化の中心だった。そして近代の京都や大阪にも，④大阪紡績会社のように産業の発展に大きな役割をはたした会社や工場が多くあったよね。また，⑤現在の天皇や上皇は東京で即位《そくい》の礼をしているが，昭和天皇や大正天皇は京都御所で行ったんだ。

李　：私は東京生まれですが，両親は中国出身です。中国との関係も日本の歴史では重要だと思います。飛鳥時代や奈良時代の朝廷は遣隋使や遣唐使を派遣し，中国の進んだ制度や文化を取り入れました。遣隋使としては607年に派遣された〈 B 〉が有名です。平安時代には平清盛が(⑥)の商人との貿易を進めました。明治時代になると，日本は朝鮮半島への勢力拡大をめぐって清やロシアと対立し，⑦日清戦争や日露戦争では中国大陸が戦場になりました。

石川：私は北海道で生まれました。日本の歴史を考えるうえで，北海道や沖縄のことも忘れてはいけません。1669年にアイヌの人びとは〈 C 〉を中心に松前藩と戦いました。この戦いに敗れるまで北海道のアイヌの人びとの多くは，松前藩に支配されていたのではなく，商売の相手でした。2008年には国会で「アイヌ民族を(⑧)民族とすることを求める決議」が可決されています。15世紀初めに沖縄に成立した(⑨)王国は，日本・中国・東南アジアをつなぐ貿易の中継地として繁栄していました。

問１　〈A〉～〈C〉にあてはまる人名を解答欄に合わせて答えなさい。ただし〈A〉と〈B〉は**漢字**で，

〈C〉は**カタカナ**で答えなさい。

問２　下線部①に関して述べた文として正しいものを次の中から１つ選び，記号で答えなさい。

ア　種子島に来たフランシスコ＝ザビエルは，鉄砲とキリスト教を同時に日本に伝えた。

イ　江戸時代の初め，貿易船に乗ってきた宣教師たちによって，急速にキリスト教が広められた。

ウ　徳川綱吉が将軍のとき，キリスト教の信者を中心とする人びとが島原・天草一揆を起こした。

エ　明治政府は五箇条の御誓文のなかで，人びとがキリスト教を信じることを公認した。

問３　(②)にあてはまる言葉を**漢字**で答えなさい。

問４　下線部③に関して，京都に住んだ近松門左衛門の作品として正しいものを次の中から１つ選び，記号で答えなさい。

ア　『曽根崎心中』　　**イ**　『東海道五十三次』

ウ　『南総里見八犬伝』　　**エ**　『奥の細道』

問５　下線部④に関して，大阪紡績会社が生産しているものとして正しいものを**ア〜エ**から１つ選び，大阪紡績会社の写真として正しいものを**カ〜ケ**から１つ選び，それぞれ記号で答えなさい。

ア　生糸　　**イ**　綿糸　　**ウ**　自動車　　**エ**　航空機

カ

キ

ク

ケ

問６　下線部⑤に関して，大正，昭和，平成の時代に起こった出来事として正しいものを次の中から１つずつ選び，記号で答えなさい。

ア　竹島が島根県に編入された。　　**イ**　菅義偉内閣が成立した。

ウ　冬季オリンピック札幌大会が開かれた。　　**エ**　韓国併合が行われた。

オ　国際連盟が発足した。　　**カ**　阪神・淡路大震災が起こった。

問７　(⑥)にあてはまる中国の王朝の名前を**漢字**で答えなさい。

問８　下線部⑦に関して，日清・日露戦争について述べた文として**誤っているもの**を次の中から

すべて選び，記号で答えなさい。

ア　日清戦争の講和条約で，清は朝鮮が独立国であることを認めた。

イ　日清戦争に日本が勝利したため，イギリスは治外法権の撤廃《てっぱい》に同意した。

ウ　日露戦争の日本海海戦で，日本の連合艦隊が勝利した。

エ　日露戦争の講和会議はアメリカ合衆国で行われた。

オ　日清戦争と日露戦争に勝利した日本は，清やロシアから多額の賠償金《ばいしょうきん》を得た。

問９　(⑧)にあてはまる言葉を**漢字２字**で答えなさい。

問10　(⑨)にあてはまる言葉を**漢字２字**で答えなさい。

3　次の文章を読み，各問に答えなさい。

日本では少子高齢《こうれい》化《か》が進み，生産活動を支える生産年齢人口(15歳以上65歳未満の人口)は1995年をピークに減少傾向が続いています。①今後もさらに減り続けると予測されていて，労働力の不足，経済規模の縮小など，さまざまな課題が深刻化することが心配されています。そのため，②女性や高齢者など，より多くの人が働きやすい労働環境を整えることが重要になっています。

安倍元首相は，それぞれの事情に応じた(　A　)を選べる社会を実現するために「(　A　)改革」を進めてきました。現在の③岸田首相は，働く人の賃金を引き上げるための政策を打ち出し，企業に賃上げを呼びかけています。日本は長い間賃金の上昇《じょうしょう》が少なく，賃金が上がる諸外国と比べて日本人は少しずつ貧しくなってきました。それが日本経済の成長が少ない要因になっています。

2022年は，(　　B　　)や(　　C　　)によって(　　D　　)しました。〔中略〕2023年度の春闘《しゅんとう》(労働条件の改善をめざす交渉《こうしょう》)では，企業に対し，④労働組合が賃金の引き上げを要求するとみられています。しかし，原材料の価格が上昇するなか，企業が積極的に賃金引き上げを行うことは難しい状況《じょうきょう》です。

近年，コロナ禍《か》の新しい働き方として，テレワーク(リモートワークとも言います)が広がりました。今後も働き方の一つとして定着するとみられています。　(『日本のすがた 2023』より)

問１　(A)にあてはまる言葉を文中から抜き出し，**３字**で答えなさい。

問２　(B)，(C)，(D)にあてはまる言葉の組み合わせとして正しいものを次の中から１つ選び，記号で答えなさい。

ア　B　ミャンマーのクーデター　C　急速な円安　D　物価が下降

イ　B　ミャンマーのクーデター　C　急速な円高　D　物価が下降

ウ　B　ロシアのウクライナ侵攻《しんこう》　C　急速な円安　D　物価が上昇

エ　B　ロシアのウクライナ侵攻　C　急速な円高　D　物価が上昇

問３　下線部①に関して，この大きな要因の１つである「2025年問題」について述べた次の文中の(E)と(F)にあてはまる言葉をそれぞれ**漢字４字**で答えなさい。

> 「団塊《だんかい》の世代」と呼ばれる人々が(　E　)者になることで，医療《いりょう》・介護《かいご》などの(　F　)費が急増することが懸念《けねん》されている。

問４　下線部②に関して，各問に答えなさい。

(1)　現在の日本では男女間の社会的格差が大きな問題であり，労働環境が悪化する一因となっています。男女間の生物学的な性差ではなく，「男らしさ」や「女らしさ」といった社会的・文化的性差に基づく格差のことを〈　　〉・ギャップと言います。空欄にあてはまる言葉を**カタカナ**で答えなさい。

(2)　現在の日本における男女間の格差の例について述べた文として正しいものを次の中から１つ選び，記号で答えなさい。

ア　衆議院と参議院の全議員のうち，女性の占める割合は全体の約３割程度である。

イ　男性雇用《こよう》者の平均給与は，女性雇用者の約３倍となっている。

ウ　これまでに三権の長(首相，衆参両院の議長，最高裁長官)を務めたのは，全て男性である。

エ　男性雇用者の８割近くが正規雇用者であるのに対し，女性雇用者は半数以上が非正規雇用者である。

問５　下線部③に関して，この人物は2023年５月に開催された広島サミットに議長として参加しました。この出来事について，各問に答えなさい。

(1)　岸田首相は今回のサミットを通して，各国に多くの大事なことを呼びかけました。それらについて説明している次の２つの文の正誤を示すものを１つ選び，記号で答えなさい。

G　気候変動やパンデミックで「グローバル・サウス」と呼ばれる新興国・途上国が深刻な影響を受けていることを指摘《してき》し，各国が協力して支援《しえん》していくことを呼びかけた。

H　世界で唯一《ゆいいつ》の戦争被爆国の首相として「核兵器のない世界」をつくることを訴え，各国に核兵器禁止条約への調印を呼びかけた。

ア　G・Hともに正しい　　**イ**　Gのみ正しい

ウ　Hのみ正しい　　**エ**　G・Hともに誤りである

(2)　広島サミットに**参加していない人物**を次の中から**２人**選び，記号で答えなさい。

ア

イ

ウ

エ

問６　下線部④に関して，このようなことは日本国憲法によって保障されています。憲法について各問に答えなさい。

(1)　憲法第28条に示されている労働三権の内容として**誤っているもの**を次の中から１つ選び，記号で答えなさい。

ア　労働条件を改善するために使用者と話し合う権利

イ　労働者のみの組織をつくって団体活動を行う権利

ウ　労働者側が要求を実現するためにストライキを行う権利

エ　労働の機会を誰《だれ》もが自由に求めることができる権利

(2)　日本国憲法では国民のさまざまな権利とともに，果たさなければならない義務についても定めています。仕事に就いて働く義務，税金を納める義務とともに，日本国憲法の三大義務とされているのは何ですか。解答欄に合うように**11～13字**で答えなさい。

【理　科】〈第１回試験〉（30分）〈満点：40点〉

注意　定規，コンパス，および計算機(時計についているものも含む)類の使用は認めません。

1　火山の噴《ふん》火による被《ひ》害としては，噴火で吹き飛ばされた噴石や火山灰の降下，溶岩流，火山ガス，火さい流などが想定されます。想定される被害は，火山のマグマや溶岩の性質によって異なるため，火山ごとに対策をする必要があります。そのため，活動が活発な火山では，想定される災害やその規模などを地図上に示した（ ① ）が作成されています。

表は，火山Ａと火山Ｂが山頂の火口から噴火した場合の噴出物や想定される被害などを比べたものです。以下の問いに答えなさい。

表

比べる事がら	火山Ａ	火山Ｂ
火山灰の特徴《とくちょう》	黒っぽい粒《つぶ》が多い	白やとう明な粒が多い
同じ条件で火山灰が届く範囲《はんい》	せまい	広い
噴石の特徴	黒っぽく，火口付近に多く降下する	白っぽく，より広い範囲に降下する
溶岩の量と範囲	放出される溶岩の量は多く，遠くまで流れ下っていく	放出される溶岩の量は少なく，山頂付近に留まる
火さい流の被害の範囲	想定されていない	山頂から全方位に広がり広い範囲にわたって被害が想定されている

問１　文章中の(①)にあてはまる語を，カタカナで記せ。

問２　火山Ａの噴煙《ふんえん》の高さと火山の形を，火山Ｂと比べたものとして最もふさわしいものを選び，記号で答えよ。

	噴煙の高さ	火山の形
ア	火山Ｂより高くなる	なだらかな形
イ	火山Ｂより高くなる	ドーム状に盛り上がった形
ウ	火山Ｂより低くなる	なだらかな形
エ	火山Ｂより低くなる	ドーム状に盛り上がった形

問３　火さい流とは，高温の火山ガスが火山灰や噴石などとともに，火山の斜《しゃ》面を流れ下る現象である。火さい流が流れ下る速さは時速80kmをこえることもあり，これは，火さい流と火山の斜面の間のまさつが小さいためである。まさつが小さい理由として最もふさわしいものを選び，記号で答えよ。

ア　火山灰や噴石の重さで火さい流が斜面に押し付けられるから

イ　火さい流にふくまれる火山灰や噴石の形が丸いから

ウ　最初に火山灰がたい積することで斜面が平らになるから

エ　火山ガスが火山灰や噴石と一緒になってうかび上がろうとするから

問４　火山Ａの岩石名と，この岩石を顕微鏡で観察したときのスケッチの組合せとして最もふさわしいものを選び，記号で答えよ。

	ア	イ	ウ	エ
岩石名	玄武岩	玄武岩	花こう岩	花こう岩
スケッチ				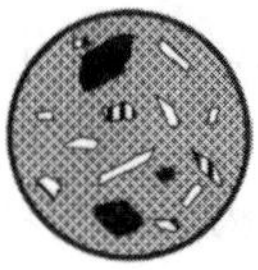

問５　図は火山Ｃの火口と，火口からの距離を示したものである。この地域に風向が北西，風速が秒速９ｍの風がふいているとき，火山Ｃが噴火して多量の火山灰を噴出したとする。噴火してから２時間以内に火山灰が降り始めると予想される地点を**ア**～**ク**の中からすべて選べ。

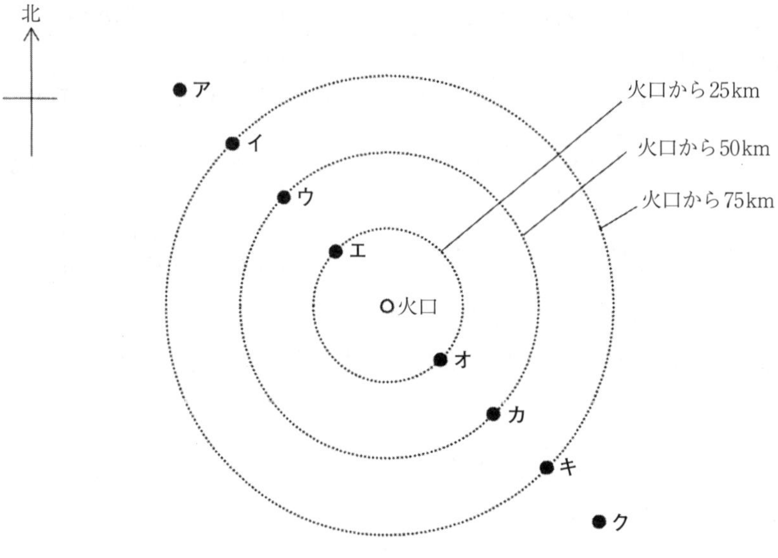

図

2　モンシロチョウについての文章を読み，以下の問いに答えなさい。

モンシロチョウはキャベツなどの葉に卵を産み付けます。卵は約１（ ① ）でふ化し，幼虫が生まれます。幼虫は葉を食べて大きくなり，（ ② ）回脱皮《だっぴ》をし，最終的には約３cm の大きさにまで成長します。その後，幼虫は（ ③ ）のあたりから糸を出し，体を葉の裏側などに固定し，脱皮をしてさなぎになります。さなぎの中でチョウの体ができあがると，さなぎは羽化し，成虫になります。さなぎが成虫になるまでに約２（ ④ ）かかります。しかし，冬が近づくと，さなぎは羽化せずに，そのまま，春までその状態で冬越《こ》しをします。

問１　文章中の(①)～(④)にあてはまる語を，それぞれの選択肢から選び，記号で答えよ。

①の選択肢　**ア**　時間　**イ**　日　**ウ**　週間　**エ**　か月

②の選択肢　**ア**　３　**イ**　４　**ウ**　５　**エ**　６

③の選択肢　**ア**　口　**イ**　足　**ウ**　おしり

④の選択肢　**ア**　日　**イ**　週間　**ウ**　か月

問２　下線部について，モンシロチョウとは異なり，卵で冬越しをするこん虫をすべて選び，記号で答えよ。

ア　オオカマキリ

イ　ナナホシテントウ

ウ　カブトムシ

エ　トノサマバッタ

ある地域のモンシロチョウの数を推定する方法として，標識再捕《ほ》獲《かく》法という方法があります。モンシロチョウを一度つかまえて，標識をつけたら，自然にもどします。そして，再度つかまえて，そのなかの標識がついたモンシロチョウの数から，この地域のモンシロチョウの数を推定します。この方法は，主に次のような条件①～③が成り立つときに用いられます。

①　この方法を行っている間に，この地域のモンシロチョウの数が変わらないこと

②　自然にもどしたモンシロチョウは，短い時間でほかのモンシロチョウとよく混じりあうこと

③　自然にもどしたモンシロチョウと，まだつかまえられていないモンシロチョウの，つかまえられやすさに差がないこと

問３　モンシロチョウを50匹つかまえ，標識をつけてから自然にもどした。そして，再度50匹つかまえたところ標識がついているものが10匹いた。この地域にいるモンシロチョウの数は何匹と推定できるか。

問４　Ａ君がこの地域で，モンシロチョウを５月10日（晴れ）の朝方に50匹つかまえ，標識をつけてから自然にもどし，５月20日（くもり）の夕方に100匹つかまえた。このときの結果をもとにモンシロチョウの数を推定したところ，かなり不正確と思われる数が出てしまった。

(1)　Ａ君が得た不正確な数は実際の数と比べて，どのような値であったと考えられるか。最もふさわしいものを選び，記号で答えよ。

ア　多い

イ　少ない

(2)　Ａ君の推定がよりうまくいくようにするにはどのように条件を変えればよいか。最もふさわしい文を選び，記号で答えよ。

ア　５月10日につかまえたら，再びつかまえるのは５月11日にする。

イ　５月10日につかまえたら，再びつかまえるのは５月30日にする。

ウ　最初に晴れの日につかまえたら，再びつかまえるのも晴れの日にする。

エ　最初に50匹つかまえたら，再びつかまえるのも50匹にする。

オ　最初に朝方につかまえたら，再びつかまえるのも朝方にする。

3 水素と酸素を混合した気体に火をつけると，それぞれが反応して水ができます。水素と酸素は必ず一定の割合で反応して，液体の水を生じます。

図1のような装置を用意し，水素50cm^{3}を入れた筒《つつ》に，さまざまな体積の酸素を混合して点火し，容器内に残る気体の体積を調べる実験をしました。点火すると，筒の中の水素と酸素が反応して気体の体積が減り，水面が上がりました。加えた酸素と反応後に残った気体の体積の関係は，図2のようになりました。また，反応によって生じる水の重さは，図3のようになります。

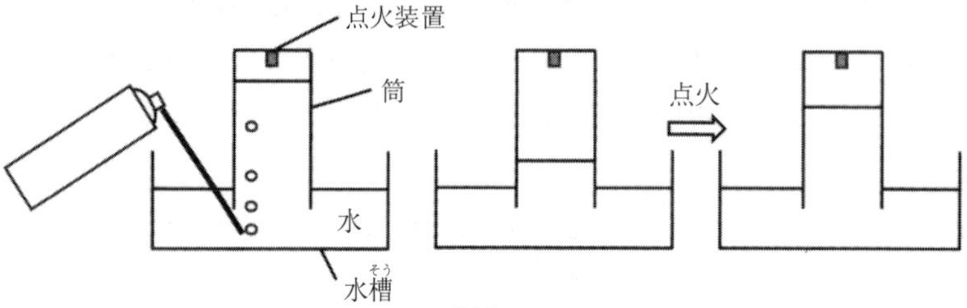

図1

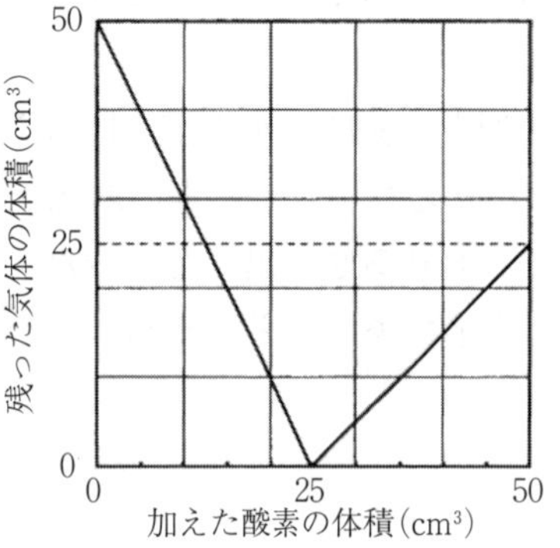

図2

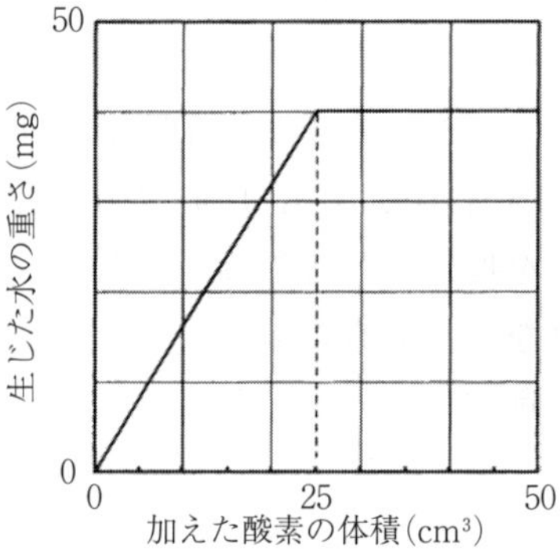

図3

問1 水素100cm^{3}と酸素70cm^{3}を混合した気体に点火すると，反応後に残る気体は何か。

問2 酸素50cm^{3}を入れた筒にさまざまな体積の水素を加えて反応させたときの，加えた水素と反応後に残った気体の体積を表すグラフを，解答らんに合うように図示せよ。

次に，水素，酸素，窒素《ちっそ》を混合した気体に点火し，残る気体の体積を調べる実験**A**～**D**を行ったところ，右の表のような結果が得られました。

表

	A	B	C	D
水素(cm^3)	50	50	60	60
酸素(cm^3)	20	30	20	30
窒素(cm^3)	10	20	20	10
残った気体(cm^3)	20	25	40	10

問3 水素40cm^3，酸素40cm^3，窒素20cm^{3}を混合した気体に点火すると，反応後に残る気体は何cm^{3}か。

問4 水素50cm^{3}と空気50cm^{3}を混合した気体に点火すると，反応後に気体が68.8cm^{3}残った。空気には酸素と窒素のみがふくまれているとすると，空気中にふくまれる酸素の体積の割合は何％か。

問5 表中の実験**A**～**D**のうち，反応によって生じた水の重さが等しいものを２つ選び，記号で答えよ。

4　地球温暖化が問題になっていますが，二酸化炭素の排《はい》出量を減らすためには，エネルギーの使用量を減らす省エネルギー(省エネ)が大切です。中でも，物を温めたり冷やしたりするには多くのエネルギーが必要となるため，熱の伝わり方を工夫すると大きな省エネ効果が得られます。以下の問いに答えなさい。

問1　次の(a)，(b)は熱を伝わりにくくする工夫(断熱)をすることで省エネが実現できる例である。ここで減るように工夫している熱の伝わり方と，同じ熱の伝わり方をしている現象として最もふさわしいものを，**ア**～**エ**からそれぞれ選び，記号で答えよ。

(a)　窓枠《わく》をアルミサッシから樹脂《じゅし》サッシに変えると，冬でも室温が下がりにくくなる。

(b)　夏の暑い日中，窓の外にすだれを垂らすことで，エアコンで使う電気の量を減らせる。

ア　みそ汁を温めたら，みそが入道雲のようにわき上がった。

イ　予防接種をする前に，アルコール消毒をしたらひんやりした。

ウ　フライパンを火にかけると，金属部分だけが熱くなり，木の持ち手は熱くならなかった。

エ　キャンプファイアで火にあたると温かかったが，人の後ろになると寒かった。

ある量の水の温度を10℃上げるには，5℃上げる場合の2倍の熱が必要になります。おふろが冷めると追いだき機能で温め直しますが，断熱材の入った浴槽《よくそう》は，そうでない浴槽に比べてお湯が冷めにくいので省エネになります。

同じ大きさ，形で断熱材入りの浴槽と断熱材なしの浴槽でのお湯の冷め方を比べる実験を行いました。表はその結果です。

表

	断熱材入り	断熱材入り	断熱材なし	断熱材なし
	ふたあり	ふたなし	ふたあり	ふたなし
24時間後のお湯の温度	34℃	20℃	28℃	20℃

問2　この実験では，2つの浴槽の形や大きさの他にもいくつかの条件を同じにする必要がある。その条件について書かれた以下の文の［　　］にあてはまる語を答えよ。

「実験開始時の2つの浴槽内のお湯の［　①　］や［　②　］を同じにする。」

問3　実験結果からは，断熱材の効果はふたをしないと得られないことがわかる。ふたのはたらきを説明した以下の文の［　　］にあてはまる語を答えよ。

「ふたをすると，冷たい空気と直接ふれることがなくなるのに加え，お湯が［　　　］しにくくなることが主な理由となって，温度が下がりにくくなる。」

断熱材を入れた浴槽では，1日たってもお湯の温度が34℃までしか下がりませんでした。そこで，翌日おふろを沸《わ》かしなおす際に，浴槽内の残り湯できれいな水を温めてから湯沸かしをすれば，省エネになります。実際にこのような仕組みを作るのは大変ですが，どのくらい省エネになるか考えてみましょう。

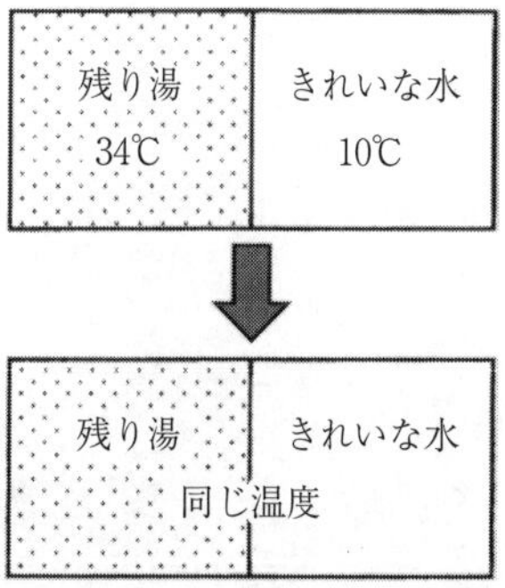

前日のおふろの残り湯が34℃，水道のきれいな水が10℃であったとします。同じ量の残り湯ときれいな水を，金属容器を通じて熱が伝わるように接触させ，両者を同じ温度にします。その際，熱はまわりににげないものとします。その後，温まったきれいな

水を加熱しておふろを沸かします。

問４　このやり方で40℃のおふろを沸かすのに必要となる熱は，10℃の水から沸かした場合の熱に比べて，何％減るか。

このやり方では，お湯や水を分割して接触させることで，もっと水の温度を上げ，必要な熱を減らすことができます。いま，34℃，120Ｌの残り湯を60ＬずつＡとＢの２つに分けます。また，きれいな10℃の水も60ＬずつＸとＹの２つに分けます。これを次の順序で接触させます。

〈**１**〉　最初にＡとＸを接触させて同じ温度にする。

〈**２**〉　次にＡとＹ，ＢとＸを接触させて，それぞれ同じ温度にする。

〈**３**〉　次にＢとＹを接触させて，同じ温度にする。

〈**４**〉　最後に得られたＸとＹを混ぜる。

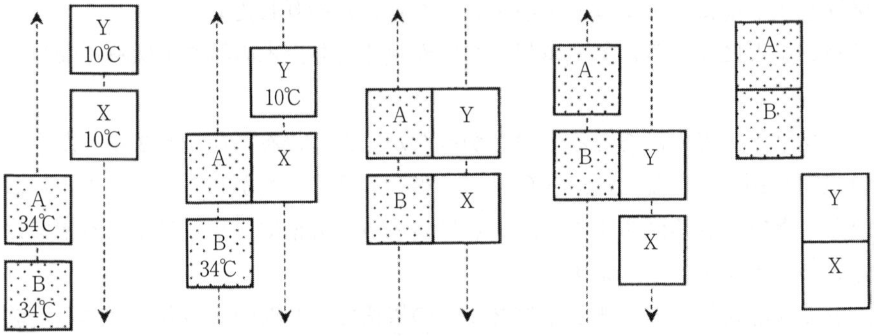

〈１〉　〈２〉　〈３〉　〈４〉

問５　最終的に得られたＸとＹを混ぜた水の温度は，何℃になるか。

しながら、生徒がまだ知らない新しい考え方を、単純化して説明するため。

イ　先生が大局的な方針をもとに具体的な発問を通して、生徒の胸の中で言語にできずにいるものに、形を与《あた》えて生徒自身に気付かせるため。

ウ　先生が学習目標を明示して勉強方法を解説することで、生徒に正解が一つでないことを理解させて、生徒から積極的に質問をできるよう仕向けるため。

エ　先生がサッカーを例にとって戦略や戦術を教えることによって、生徒が全く知らない未知の世界に言葉を与えて、生徒に知ることの本当の意味を考えさせるため。

オ　先生が戦術や戦略をうまく使って、生徒が知っている事柄《ことがら》に対する別の側面をそれとなく解説することで、本当の意味では知っているとはいえないことを分からせるため。

問５　傍線部**４**「サトル」とありますが、筆者の実践《じっせん》した「勉強法」のうち「サトル」にあたるものを三十字以上四十字以内で答えなさい。

問６　［Ａ］に入る最もふさわしい語を、章番号３の本文中から二字で書き抜きなさい。

自分がはっきり言葉にしてそう考えているのじゃないけれど、胸のなかではなんとなく――これが、さきの引用のうちの④です――戦略と戦術を持って、そうするのじゃないですか？

しかも、そのことをはっきり口に出してお父さんやお母さんにいうのが、なんとなく悪い、と皆さんが感じてもいる場合、ということがこれまでにあったのじゃないですか？　それを心のなかでの抑圧、英語だと repression《リプレッション》といいます。それが⑤。

問題という言葉の横に①と書いたのは、もともとは subject《サブジェクト》という英語だからです。先生方は、それを主題と訳されるのが［A］でしょう。しかし、私は、いま考えるこの問題、と強める気持をこめてですけれど、もっと［A］の、問題という言葉で訳しました。

さて②と書きつけた、あらためて作り出す、という言葉にあたる英語は re-create《リクリエイト》です。re の後にハイフン‐がついていて、つまり複合語であることが示されています。〔略〕

私がなぜこんなこまかいことをいったかというと、私は子供の時、とくに辞書を熱心に引いたからです。そして英語の文章の意味をこまかく自分の頭にいれて、自分の日本語で内容がいえるようにしたのです。そしてほかの場合にも、ああ、これはあの英文でいっていたことと同じだ、と自分で判断できるようにしたからです。英語を英語のまま理解するということは、もちろんいいことです――帰国 c シジョの方は、実際にそうでしょう――。しかし、私はこうしたんです。私の育った環境《かんきょう》ではこうするほかなかったんですね。そうすると、英語の本を読む時間は――日本語の本でも、きちんと読むとそうですよ――長くかかりますが、あきらかに、ためになります。

柳田國男《やなぎたくにお》という学者が、先生から教えられたことをそのまま真似《まね》るような勉強の仕方をマナブ――マネブという古い言葉と同じ――、それを自分で活用することもできるようにするのがオボエル――自転車の乗り方をオボエルというでしょう――、そして教えられなくても自分で判断できることを 4 サトルと分けました。マナブからオボエルに進まなくてはならないし、できればサトルようになりたい、といっています。

（大江健三郎・大江ゆかり『「自分の木」の下で』〔朝日新聞社〕より）

問1　傍線部a～cのカタカナを漢字に直しなさい。

問2　傍線部1「それをよいことにして」の意味の説明として最もふさわしいものを次から選び、記号で答えなさい。

ア　すばらしい母の考えにしたがって
イ　良くないことだと自ら反省をしながら
ウ　歯みがき粉がまだなかったので仕方がなく
エ　母のしつけがゆるやかだったことにつけこんで
オ　良いか悪いか判断がつかないことにかこつけて

問3　傍線部2「自分ひとりで勉強してやろう、と思い立ったのです」とありますが、筆者の「勉強」に関する説明として誤っているものを次から一つ選び、記号で答えなさい。

ア　先生が教えた文章を真似て「マナブ」。
イ　次々に自分で読むべき本を見つけて読みつないでいく。
ウ　書物にのっている外国語や人名を他の本で調べてみる。
エ　英語の文章の意味を詳細《しょうさい》に理解し自分なりに日本語に置き換《か》えて「オボエル」。
オ　教科書以外の書物も読んで興味を持ったり正しいと思ったりした言葉をノートにメモする。

問4　傍線部3「先生の方が、たいていの質問をすることの、それが理由です」の「理由」の説明として最もふさわしいものを次から選び、記号で答えなさい。

ア　先生が言葉による置き換えを目的としてさまざまな事例を出

校には、師範《しはん》学校や大学で、教育のことを学んだ先生は、あまりいられませんでした。年をとられた先生たちは師範学校出身で、ずっと村にいられた方たちでしたが、戦争中に教えていられたこととは別のこと、反対のことを、平気で教えられました。生徒たちは――とくに私は――あまり良いことではありませんが、その先生たちを信用していませんでした。

そこで私は、bナマイキにも、それこそ良いことではありませんが、2自分ひとりで勉強してやろう、と思い立ったのです。そして見つけた勉強法は、教科書でも普通《ふつう》の本でもいいのですが、そこで発見した面白《おもしろ》い言葉、または正しいと思う言葉を、ノートに書きつけて覚えてゆく、というやり方でした。

また、そこに出て来る、外国語や、人の名を書きとっておいて、それを他の本で調べてみるということでした。そして、これは高校や大学に進んで、さらに自由に、さらに積極的にやったこと――そして、いまも続けていること――ですが、いまいった仕方で知ることのできた本から次の本へと、自分で読んでゆく本を見つけて、つないでゆく、というやり方でした。

4

いまも続けている、といいました。それが本当だということを、いちばん新しい例で示します。私は今度皆さんにお話しするときまった時、いくらかでも教育として役にたつ話をしたい、と思いたったのです。それは二〇〇〇年の夏のことです。そして、最近の数年に読んでは教育のことを考えた本の幾つかを、もう一度読んでみました。

それらのひとつに、これは皆さんが大学に入ったころ思い出していただきたい、という気持で著者の名と本のタイトルをいうのですが、ノースロップ・フライというカナダの学者の本がありました。それは『大いなる体系』という題で日本語にも訳されています。しかしここでは、人間の文化での言葉の役割についての、その内容の話をするのではありません。

そこに――私の訳で引用しますが――こういう一節があるのです。

《先生とは、本来、すくなくともプラトンの『メノン』以来認められてきたとおり、知らない人間に教えることを知っている誰《だれ》か、というのではありません。かれは、むしろ生徒の心のなかに①問題を②あらためて作り出すようつとめる人であって、それをやるかれの③戦略は、なによりも、生徒にかれがすでに、④はっきりとは言葉にできないけれど知っていることを認めさせることなのです。それは、かれが知っていることを本当に知ることをさまたげている、心のなかの⑤抑圧《よくあつ》の、いろんな力をこわすことをふくみます。生徒よりはむしろ3先生の方が、たいていの質問をすることの、それが理由です。》

さて、とても難しかったでしょう？　この文章を、いま皆さんが理解してくださらなくてもいいのです。いま私は、この文章を実例にして、どのように自分で勉強するか、ということの、ここに出てきた大切な単語、文節の脇《わき》に書きつけた数字でいえば③の、戦略を覚えていただこう、としているのですから。

戦略という言葉は、英語でいえばstrategy《ストラテジー》です。皆さんがゲームをやる時、まず攻《せ》めてゆく大きい規模での方針をきめるでしょう。サッカーでいえば、トルシエ監督《かんとく》が試合に勝った後の談話で、まず前半は守りを固めてゆこう、後半は攻撃《こうげき》してゆこうとした、という。あれは戦略strategyをきめた、ということなんです。そして後半になると、ゴールまぎわで、中村選手が高原選手に幾度もパスを送ります。この実際のこまかな進め方が、戦術tactics《タクティクス》なんです。皆さんも自分のどうしても認めてもらいたい要求をお父さんやお母さんに切り出す時、

二　次の文章を読んで、後の問に答えなさい。なお本文20、19ページの算用数字３、４は原文に付いている章番号であり、本文19ページの①～⑤の傍線も原文に付けられたものです。

私は小説家です。毎日、文章を書いては、それを書きなおす暮らしをしています。それが私の、小説家としての「人生の習慣」です。

　この習慣という言葉ですが、それには、良い意味と悪い意味があります。あまりよくない習慣、たとえばタバコをのむこと。それは肺ガンの原因になる、と調査研究にもとづいて医学者がいっているのですから、皆《みな》さんも大人になってタバコをのむ習慣はつけない方がいいし、お父さんにも、できればその習慣はやめてもらったほうがいい。そのような、悪い意味での習慣。

　それと、もちろん良い習慣があります。たとえば、しっかり歯をみがく、という習慣。私の子供のころは戦争中で、皆さんは驚《おどろ》かれるでしょうが、しっかりした歯ブラシと歯みがき粉を――そのころは、いまのペースト状になったものなど、見たこともありませんでした――手に入れるのが難しかったのです。先生からは、指に塩をつけてみがくようにいわれました。そういう事情もあって、私の母親は子供が本を読んだり勉強したりすることを大切に思う人だったのですが、歯をみがくようあまりきびしくはいいませんでした。1それをよいことにして、私はしっかり歯をみがく良い習慣をつけませんでした。そのおかげで、もう永年後悔《ながねんこうかい》しています。

　文章を書くこと、とくに書きなおすこと。それも、良い習慣だと思います。すくなくとも私は、自分でいったん小説を書きあげてから、幾度《いくど》も書きなおします。この習慣をつけなかったとしたら、いまも小説家として生きていることはできなかったと思うほどです。

　それでは、いったん書いた文章を書きなおすことに、どのような良い効果があるのか？

　それには、自分の文章を、よりよく理解してもらえるようにするという、他の人に対しての効果と、文章をより良いものにするという、自分にとっての効果とがあります。〔略〕

３

　さて、もひとつ、私が皆さんにお話ししておきたいのは、子供の時に自分で勉強を伸《の》ばしてゆく、ひろげて行きもするということを、どのようにやるかです。そして、それを大人になっての、働きながら生きる勉強にどうつないでゆくか、ということです。今日は、皆さんのお父さんやお母さんたちにも来ていただいていますから、これは父母の方たちにも聞いていただきたいとねがって、私のやってきたことをお話しします。

　さて私は小説家です。教育について**a**センモン的に教わったことはなく――じつは、大学で、教育概論《がいろん》というのと教育心理学というのと、ふたつの講座を大きい教室で聞いたし、教育実習にも行ったのですが――、この国で中、高校の教師をしたことはありません。メキシコシティーにはじまって、カリフォルニア大学の幾《いく》つものキャンパスで、またプリンストン大学やベルリン自由大学で教えましたが、それは**a**センモンの大学生に対してする、文学についての講義です。一般《いっぱん》的な教育とはちがいます。

　そこで、私は教える側ではなくて、教わる側のこととして、自分がどのように勉強してきたかを、経験からお話しするのです。私の子供の時の学校の様子は、あらかじめ読んでいただいた私の文章にいくらか出ています。敗戦直後のことで、小学校上級から新制中学にかけての、つまりいまの皆さんの年齢《ねんれい》のころの私の村、四国の森のなかの学

問4　傍線部**2**「わたしたちの心は、いつでもわたしたちの体とはちがうところに在る」とありますが、この時の「わたし」の「心」と「体」はそれぞれどのような状態ですか。「心」と「体」のそれぞれの説明に「死」ということばを必ず一度ずつ用いつつ、解答欄に合うように、四十字以上五十字以内で説明しなさい。

「心」は〔**四十字以上五十字以内**〕状態。

問5　傍線部**3**「走りきりたかった」とありますが、走りきるというのは「わたし」がどうすることですか。解答欄に合うことばを、本文中から五字以上十字以内で書き抜きなさい。

〔**五字以上十字以内**〕ること。

問6　**X** に入ることばとして最もふさわしいものを次から選び、記号で答えなさい。

ア　待合室　**イ**　通過点　**ウ**　避難所《ひなんじょ》

エ　中心点　**オ**　会議室

問7　二か所の傍線部**4**「彼女の台詞を横取りした」「顎をしゃくった」から読み取れる内容として、最もふさわしいものを次から選び、記号で答えなさい。

ア　「わたし」は「三おばさん」を怖がっており、その言いつけをよく守ることで、「三おばさん」から気に入られている。

イ　他人の言うことも途中《とちゅう》でさえぎるような不良性を、「わたし」がよく受け継《つ》いだことに、「三おばさん」は納得《なっとく》している。

ウ　「三おばさん」と「わたし」の上下関係が、病気をきっかけとして入れ替《か》わり、生意気を言う「わたし」を「三おばさん」は快く感じている。

エ　「わたし」は育ての親のような「三おばさん」の考え方を自分のものとし、「三おばさん」は「わたし」の成長を誇《ほこ》りに思っている。

オ　「三おばさん」の言いつけ通り、博士論文を書き続ける以外のことには目もくれない「わたし」を、「三おばさん」は称賛《しょうさん》している。

問8　**Y**・**Z** に入ることばの組み合わせとして最もふさわしいものを次から選び、記号で答えなさい。なお、**Y**・**Z** はそれぞれ二か所ずつあり、その二か所には共通のことばが入ります。

ア　**Y**　大人　**Z**　子供　**イ**　**Y**　子供　**Z**　大人

ウ　**Y**　成熟　**Z**　未熟　**エ**　**Y**　未熟　**Z**　成熟

オ　**Y**　善人　**Z**　悪人　**カ**　**Y**　悪人　**Z**　善人

キ　**Y**　本音　**Z**　建前　**ク**　**Y**　建前　**Z**　本音

いた。だけど、わたしがいるあいだに三おばさんが癇癪《かんしゃく》を炸裂《さくれつ》させたことは一度もない。〔略〕

空港へ向かうまえに立ち寄ったとき、おばさんたちはわたしが生まれたときのことを話題にしておおいに盛り上がった。〔略〕

たぶん、わたしの存在がおばさんたちの[X]になっていた。わたしを生贄《いけにえ》にしているかぎり、気まずい沈黙《ちんもく》につけ入られることはない。だれも望まない未来をすこしだけ先延ばしにすることができた。しかし、わたしは東京へ戻らねばならなかった。

「ちゃんと勉強しなさいよ」三おばさんが言った。

「うん」

「でも、男はそれだけじゃだめ」

「わかってるよ」

「あんたにはずーっと言ってきたけど、こうと決めたらぜったいに最後までやり遂げなきゃつまんない。でも、心を乱さないかぎり――」

「『ちょっとくらい悪いことをしなさい』」わたしは4彼女の台詞《せりふ》を横取りした。「だろ？」

三おばさんは満足そうにうなずき、ほら、やっぱりあたしの育て方は間違《まちが》ってなかったでしょ、というふうに4顎《あご》をしゃくった。

国際電話がかかってきたのは、それから半月ほど経《た》った夜のことだった。いくぶん湿《しめ》った夜風が、窓枠《まどわく》を物悲しくゆさぶっていた。

泣きじゃくる四おばさんの話によれば、三おばさんは、死にたくない、死にたくない、とうなされながら、最期《さいご》に涙《なみだ》をひと筋だけ流したそうだ。そんな三おばさんの姿を想像するのはとてもむずかしかった。三おばさんのことだから、煙草を一服させてもらい、あばよと笑って逝《い》くような気がしていた。とどのつまり、一九七九年のあのころは、[Y]と[Z]の見分けがまだちゃんとつく時代だったのだ。

三おばさんは最後の最後まで、わたしに対して[Y]でありつづけた。

わたしはすこしだけ泣いた。涙がとめどなく溢《あふ》れた、というほどではない。わたしにはやるべきことがあり、いつまでも[Z]でいるわけにはいかなかった。

（東山彰良「或る帰省」『走る？』〈文藝春秋〉より）

問1　[W]に入ることばとして最もふさわしいものを次から選び、記号で答えなさい。

ア　三おばさんに病状の重さを告知する

イ　わたしがわざわざ帰国したことを教える

ウ　明るい雰囲気《ふんいき》の病室には不似合いすぎる

エ　日本での暮らしがうまくいっていないことを示す

オ　小おばさんとわたしがひそかに通じていることを暴露《ばくろ》する

問2　傍線部1「困ったように煙草をくゆらせる三おばさんの姿」とありますが、この時の「三おばさん」の心情を説明した次の文の[A]・[B]に最もよくあてはまることばを、下の選択肢群からそれぞれ選び、記号で答えなさい。

置かれた状況《じょうきょう》に対し[A]と感じつつも、[B]ようにしている。

A　**ア**　はずかしい　**イ**　どうしようもない

ウ　腹立たしい　**エ**　もの足りない

B　**ア**　周囲に隠《かく》さない　**イ**　場を和《なご》ませる

ウ　気を抜かない　**エ**　表に出さない

問3　傍線部a「にべもない」のここでの意味として最もふさわしいものを次から選び、記号で答えなさい。

ア　感情のこもった　**イ**　陰湿《いんしつ》な

ウ　遠回しな　**エ**　いくじのない

オ　つきはなした

ともあれ、あの朝、三おばさんは朝靄のたちこめる植物園にひょこひょこくっついてきたのだった。三おばさんは脚《あし》が悪いので、もちろん走りはしない。しかし能弁家の彼女に知らないことなどあるはずもなく、すぐにコーチ気取りでわたしと四おばさんに檄《げき》を飛ばしはじめた。

「ほら、もっと手を大きくふる！　胸を張る！」

大王椰子《やし》の並木道や蓮池《はすいけ》のぐるりをまわって帰ってくるたびに、石のベンチに腰かけた三おばさんは手をパンパンたたいてわたしたちに発破をかけた。

「そんなに体を上下させない！　もっとスピードをあげて！」

三周走り終えるころには（ことによると二周、いや、一周だったかもしれない）、四おばさんは怒《いか》り心頭で、a にべもない言葉を三おばさんに浴びせかけた。

「あー、もー、ごちゃごちゃうるさい！」口の悪さでは、四おばさんもかなりのものだ。「そんなに言うならあんたが走ってみなさいよ！」

しまった、という表情が四おばさんの顔をよぎった。わたしはドギマギした。しかし三おばさんはただ困ったように微笑《ほほえ》み、煙草に火をつけ、それからいつもの名調子で四おばさんの益体《やくたい》もないダイエットをけちょんけちょんにけなしたのだった。

病院からの帰り道に、ひさしぶりに植物園に寄ってみた。

蓮池に睡蓮《すいれん》が咲《さ》くのはもうすこし先で、朧月《おぼろづき》の照り映《は》える水面は、そこが泥《どろ》の池であることをしばし忘れさせてくれた。散歩をする人たち、東屋《あずまや》の欄干《らんかん》に腰かけて愛を語り合う若者たち、黙々《もくもく》と走りつづける人たち――夜空にそびえる大王椰子のシルエットを遠目に眺《なが》めながら、わたしはあの日のベンチを目指した。

石のベンチはまだそこにあり、人がすわっていた。老夫婦がうちわを使って涼《りょう》をとっている。ベンチのまえをとおり過ぎながら、わたしは三おばさんがついぞ成し遂《と》げられなかったことについて思いをめぐらせた。恋愛や結婚。そして、書きかけの論文のことをすこし考えた。すると、自分が早くも三おばさんのいなくなった世界に順応しようとしていることに気づいて、悲しい気持ちになった。

2 わたしたちの心は、いつでもわたしたちの体とはちがうところに在る。わたしの体はこの国の、この街の、この悲しみのただなかに在る。でも、わたしの心はすこしばかりまえを行っている。いま駆《か》けだせば、先走った心を捕《つか》まえることができるのだろうか？　心をねじ伏《ふ》せ、頑《がん》丈《じょう》な鎖《くさり》で体につなぎとめ、ちゃんと躾《しつ》けることができるのだろうか？　それとも、これが生きていくということなのだろうか？

わたしはとぼとぼ歩いて両親の待つ家に帰った。まだ四月だというのに、忍冬《すいかずら》の香りは重苦しく、夜気は汗《あせ》ばむほどだった。

帰省していた九日間、わたしは毎日三おばさんを見舞った。ほかのおばさんたちからは、そんなふうに毎日来なくてもいいのにと言われた。それでも、わたしは毎日決まった時間になるとバスに乗って病院へ出かけた。そうしなければ、心においてきぼりを食ってしまうような気がした。たったの九日間ではあったけれど、せめて台湾にいるあいだだけは、自分で決めた距離《きょり》を止まらずに 3 走りきりたかった。ゴールなどない。あるのはやれるだけのことはやったのだという言い訳がましい自己満足と、東京へ戻る飛行機の予定時刻だけだった。

わたしが病院に通いつめた日々、三おばさんの容態はずっと安定していた。このまま持ち直すのではないかとうっかり信じてしまうところだった。しかし、ほかのおばさんたちのやつれた顔を見ると、そうではないということを思い知らされた。大おばさんは三おばさんが怒《おこ》りっぽくなったと愚痴《ぐち》り、二おばさんはいつも泣き腫《は》らした目をして

2024年度 早稲田中学校

【国　語】〈第一回試験〉（五〇分）〈満点：六〇点〉

注意　字数制限のある問題については、かっこ・句読点も一字と数えなさい。

一　次の文章を読んで、後の問に答えなさい。

台湾《たいわん》出身で現在は日本の大学院生の「わたし」は、ある日、幼少期から親しんでいた張《チャン》家の五人姉妹のうち、三女の「三おばさん」の重病を知らされ、急いで台湾に戻《もど》り、病院に「三おばさん」を見舞《みま》った。

わたしたちは白くて長くて死のにおいの立ちこめる廊下をとおって、三おばさんの病室に行った。三おばさんはベッドの上に半身を起こし、椅子《いす》に腰《こし》かけた張婆々《ばあさん》となにか話しこんでいるところだった。

「だれが来たか見てみて」

明るく声をかける小おばさんの背後から、わたしはひょっこり顔を出してやった。三おばさんと張婆々がいっぺんに破顔し、わたしの名を呼び、手を取った。それから矢継早《やつぎばや》に質問を繰《く》り出してきた。わざわざ帰ってきてくれたの？　だれが知らせたの？　いつ着いたの？　日本での生活はどう？　飛行機は揺《ゆ》れた？　空港から直接来たの？　博士論文は進んでる？

彼女たちの質問にひとつひとつ答えながら、わたしはこの帰国が失敗だったかもしれないとはじめて気づいた。書きかけの論文をうっちゃって、取るものもとりあえず飛行機に飛び乗り、空港に着いたその足で病院にむかったわたしの焦燥《しょうそう》と浅はかさは、［　W　］ようなものだった。

「そんな顔しないで」三おばさんが言った。「大丈夫《だいじょうぶ》、そう簡単に死にゃしないわよ」

わたしはうなずいた。

「膵臓《すいぞう》なの」

「うん、四おばさんに聞いた」

「もうちょっと怖《こわ》いかと思ったけど……」言葉を切り、にっこり微笑《わら》う。「さっさと死ぬのも悪くないわ」

その笑顔《えがお》が、わたしの記憶《きおく》の底から或《あ》る朝の風景をすくい上げる。それは朝靄《あさもや》のなかで、１困ったように煙草《たばこ》をくゆらせる三おばさんの姿だった。

わたしが小学生のころ、外見には人一倍気を遣《つか》う四おばさんは数年に一度、発作《ほっさ》的なダイエット熱に浮《う》かされた。たいていはテレビや映画に出てくる女優たちの素晴《すば》らしいボディラインに感銘《かんめい》を受けての一念発起なのだが、まるで狙《ねら》いすましたかのように、いつもわたしの夏休み中にこの発作は起こるのだった。思うに、ほんとうはもっと頻繁《ひんぱん》に発作に見舞われていたのだけれど、早朝ジョギングに付き合うような物好きはわたししかいないので、夏休みまでなあなあにしていたのだろう。なんの前触《まえぶ》れもなく「明日の朝から植物園を三周まわるわ」と宣言し、わたしの都合などおかまいなしに六時に起こしに来いと命令する。〔略〕

一度だけ、三おばさんがわたしたちの早朝ジョギングに付き合ってくれたことがある。三おばさんは長年にわたって不規則な生活を規則正しくつづけていたので、朝の六時にパジャマ以外の服を着て目を開けていることなどまずありえないのだが、その日ばかりはそのありえないことが起こった。おそらく徹夜《てつや》で麻雀《マージャン》かなにかして、帰宅したばかりだったのではないだろうか。

2024年度

早稲田中学校　▶解説と解答

算　数　＜第１回試験＞（50分）＜満点：60点＞

解　答

$\boxed{1}$ (1)　$3\frac{2}{3}$　(2)　222ページ　(3)　258通り　$\boxed{2}$ (1)　24度　(2)　1.8cm^2　(3)　678.24m^3　$\boxed{3}$ (1)　120m　(2)　2.2倍　(3)　時速118.8km　$\boxed{4}$ (1)　28回　(2)　20回　(3)　５回　(4)　イ，カ　$\boxed{5}$ (1)　解説の図②を参照のこと。　(2)　75cm^3　(3)　15cm^3

解　説

$\boxed{1}$ 四則計算，割合と比，場合の数

(1)　$\frac{5}{2\times3}+\frac{11}{3\times4}+\frac{19}{4\times5}+\frac{29}{5\times6}=\frac{5}{6}+\frac{11}{12}+\frac{19}{20}+\frac{29}{30}=\frac{50}{60}+\frac{55}{60}+\frac{57}{60}+\frac{58}{60}=\frac{220}{60}=\frac{11}{3}=3\frac{2}{3}$

(2)　旅行中の１日あたりのページ数を①ページとすると，最初の５日間で読んだページ数は，(①＋６)×５＝⑤＋30(ページ)，旅行中の３日間で読んだページ数は，①×３＝③(ページ)，旅行後の４日間で読んだページ数は，①×４×４＝⑯(ページ)となるから，この本のページ数は，⑤＋30＋③＋⑯＝㉔＋30(ページ)と表すことができる。これが200ページよりも多いので，㉔＋30＞200，㉔＞170，170÷24＝7.08…より，①は８以上とわかる。そこで，①＝８とすると，この本のページ数は，８×24＋30＝222(ページ)となる。このとき，最後の日に読んだページ数は，８×４＝32(ページ)だから，最後の日にはじめて200ページを超《こ》えたという条件に合う。また，①＝９以上とすると，この条件に合わなくなる。よって，この本のページ数は222ページである。

(3)　右の図のように，横方向の道を下から順に１階～４階とする。また，１階から２階へ上がる道を①～⑥，２階から３階へ上がる道を❶～❻とする。このとき，南方向に進むことはできないので，たて方向の道は下から上にだけ進むことができる。また，一度通った道を通ることはできないから，同じ階の道はひとつの方向にだけ進むことができる。よって，図の南から東に行くためには，①～⑥のいずれかの道を通って１階から２階に行く必要があるので，東に進む方法は６通りである。また，南から西に行くためには，①～⑥のいずれかの道を通って１階から２階に行き，さらに❶～❻のいずれかの道を通って２階から３階に行く必要があるから，西に進む方法は，６×６＝36(通り)となる(たとえば，②→❺の順に進むと太線のようになる)。同様に考えると，北に進む方法は，６×６×６＝216(通り)となるので，全部で，６＋36＋216＝258(通り)と求められる。

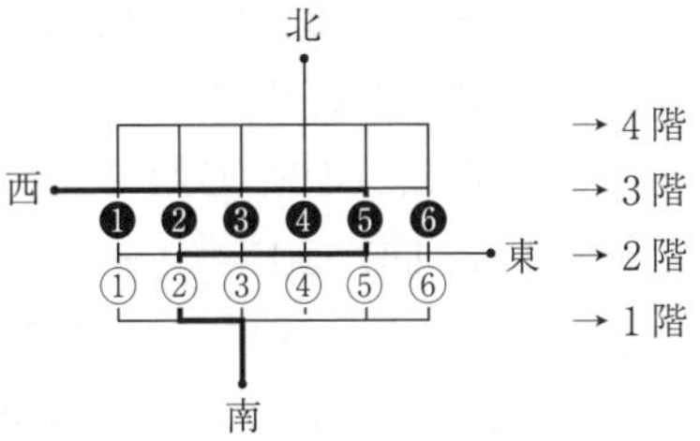

$\boxed{2}$ 角度，辺の比と面積の比，体積，相似

(1)　下の図１のように，角ア，イ，ウの大きさをそれぞれ①，②，③，角エ，オの大きさをそれぞれ$\boxed{3}$，$\boxed{5}$とする。角カの大きさも$\boxed{3}$だから，かげをつけた三角形に注目すると，①＋$\boxed{3}$＝$\boxed{5}$となり，

①＝[2]とわかる。すると，太線で囲んだ三角形の内角の和は，②＋③＋[5]＝⑤＋[5]＝⑩＋[5]＝⑮となることがわかる。これが180度なので，[1]＝180÷15＝12(度)と求められ，角アの大きさは，[2]＝12×２＝24(度)となる。

図１

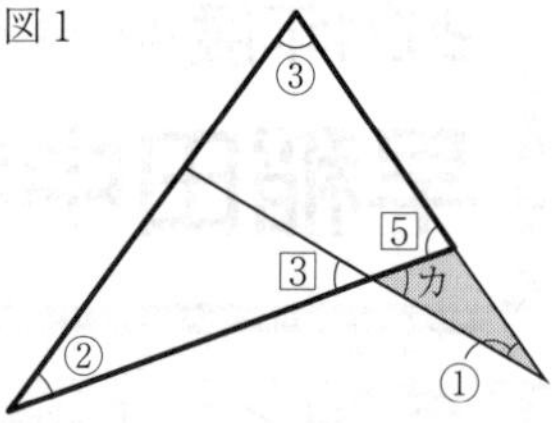

(2)　ひし形の１辺の長さが10cmだから，各辺の長さは右下の図２のようになる。はじめに，三角形ABDの面積は，90÷２＝45(cm²)なので，三角形AEHの面積は，$45\times\frac{4}{10}\times\frac{6}{10}$＝10.8(cm²)となる。次に，三角形BCAの面積も45cm²だから，三角形BFEの面積は，$45\times\frac{8}{10}\times\frac{6}{10}$＝21.6(cm²)と求められる。同様に考えると，三角形CGFの面積は，$45\times\frac{7}{10}\times\frac{2}{10}$＝6.3(cm²)，三角形DHGの面積は，$45\times\frac{4}{10}\times\frac{3}{10}$＝5.4(cm²)となるので，４つの三角形の面積の合計は，10.8＋21.6＋6.3＋5.4＝44.1(cm²)とわかる。よって，四角形の面積は，90－44.1＝45.9(cm²)だから，４つの三角形と四角形の面積の差は，45.9－44.1＝1.8(cm²)と求められる。

図２

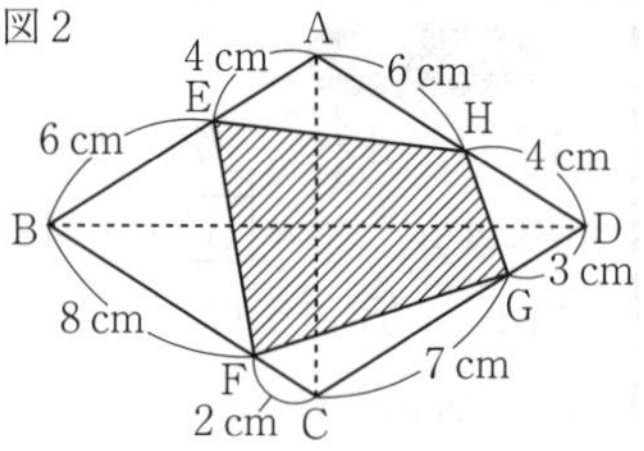

(3)　右の図３で，水が入るのは，三角形BACを１回転させてできる円すい(㋐)から，三角形BDEを１回転させてできる円すい(㋑)と，台形ADEFを１回転させてできる円すい台(㋒)を取り除いた部分である。また，円すい台㋒は，三角形GDEを１回転させてできる円すい(㋓)から，三角形GAFを１回転させてできる円すい(㋔)を取り除いたものである。はじめに，三角形GAFと三角形GDEは相似なので，GA：GD＝AF：DE＝１：(２＋２)＝１：４となり，GD＝(３＋６)÷(４－１)×４＝12(m)とわかる。同様に，三角形BHIと三角形BDEは相似だから，BH：BD＝HI：DE＝３：(２＋２)＝３：４となり，BD＝３÷(４－３)×４＝12(m)と求められる。よって，三角形GDEと三角形BDEは合同とわかる。すると，１回転させる４つの三角形BAC，BDE，GDE，GAFはすべて相似になる。このとき，相似比は，AC：DE：DE：AF＝(１＋６)：(２＋２)：(２＋２)：１＝７：４：４：１なので，１回転させてできる円すいの体積の比は，(７×７×７)：(４×４×４)：(４×４×４)：(１×１×１)＝343：64：64：１とわかる。よって，円すい㋔の体積を１とすると，円すい台㋒の体積は，64－１＝63となるから，水が入る部分の体積は，343－64－63＝216となる。さらに，GA＝$12\times\frac{1}{4}$＝３(m)なので，円すい㋔の体積は，１×１×3.14×３÷３＝3.14(m³)と求められる。したがって，入れた水の量は，3.14×216＝678.24(m³)である。

図３

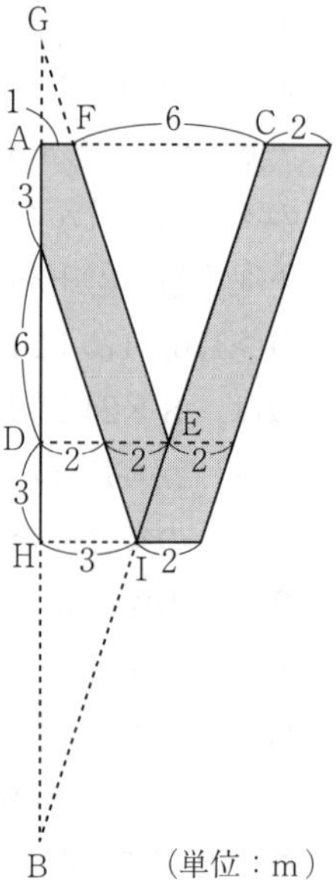

（単位：m）

3　通過算，速さと比

(1)　右の図１のように，列車Ａが33秒で走る長さは列車Ａと列車Ｂの長さの和に等しくなる。また，このときの列車Ａの速度は秒速，21.6×1000÷60÷60＝６(m)だから，列車Ａと列車Ｂの長さの和は，６×33＝198(m)とわかる。さらに，列車Ａと列車Ｂの長さの差は42mなので，列車Ｂ

図１

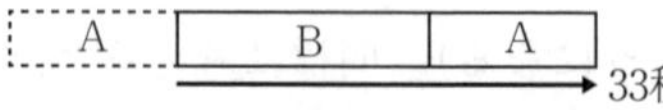

図２

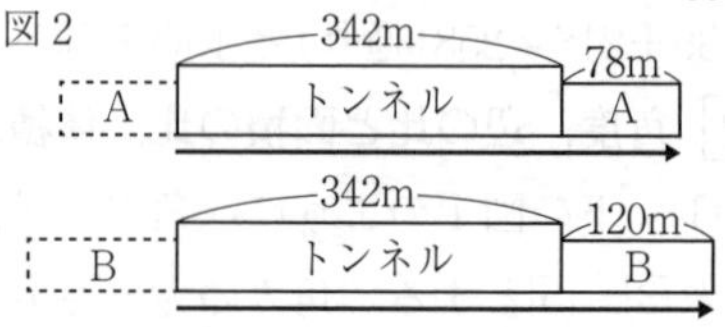

の長さは，(198＋42)÷２＝120(m)と求められる。なお，列車Ａの長さは，120－42＝78(m)である。

⑵　上の図２で，列車Ａと列車Ｂがトンネルを通過するときに走る長さの比は，(342＋78)：(342＋120)＝10：11である。また，このときにかかった時間の比が２：１だから，列車Ａと列車Ｂの速度の比は，(10÷２)：(11÷１)＝５：11とわかる。よって，列車Ｂの速度は列車Ａの速度の，11÷５＝2.2(倍)である。

⑶　列車Ａが５つの駅で停車しなかったとすると，列車Ｂよりも，１×５＝５(分)早くＱ駅に着くので，列車Ａと列車ＢがPQ間を走るのにかかった時間の差は，15－５＝10(分)である。また，列車Ａと列車Ｂが同じ距離《きょり》を走るのにかかる時間の比は，$\frac{1}{5}$：$\frac{1}{11}$＝11：５だから，列車ＢがPQ間を走るのにかかった時間は，10÷(11－５)×５＝$\frac{25}{3}$(分)，$\frac{25}{3}$÷60＝$\frac{5}{36}$(時間)とわかる。よって，列車Ｂの速度は時速，16.5÷$\frac{5}{36}$＝118.8(km)と求められる。

４　条件の整理

⑴　１回の対戦で２人が対戦するから，３人の対戦回数の合計は，２×36＝72(回)になる。また，Ａ，Ｂ，Ｃの対戦回数の比は７：６：５なので，Ａの対戦回数は，72×$\frac{7}{7+6+5}$＝28(回)とわかる。

⑵　Ａの対戦回数は28回だから，Ａが対戦していない回数(待機した回数)は，36－28＝８(回)である。また，Ａは１回目に対戦し，36回目にも対戦して勝っているので，Ａが負けた回数はＡが待機した回数と一致《いっち》する。よって，Ａが負けた回数は８回だから，Ａが勝った回数は，28－８＝20(回)と求められる。

⑶　⑵と同様に考えるが，Ｃは１回目に負けていないにもかかわらず待機したことに注意する。Ｃの対戦回数は，28×$\frac{5}{7}$＝20(回)なので，Ｃが待機した回数は１回目も含《ふく》めて，36－20＝16(回)である。よって，Ｃが負けて待機した回数は，16－１＝15(回)だから，Ｃが勝った回数は，20－15＝５(回)とわかる。

⑷　最後の６回は３人とも４回ずつ対戦しているので，３人とも２回ずつ待機したことになる。ここで，Ｃは１勝３敗だから負けた後に３回待機することになるが，実際には２回しか待機していないので，負けたうちの１回は36回目とわかる。よって，36回目の対戦結果として考えられるのは，Ｂが勝ちＣが負け(…イ)，Ａが勝ちＣが負け(…カ)である。なお，それぞれの例は右のようになる。

(イの例)

	A	B	C
31		×	○
32	○		×
33	○	×	
34	○		×
35	×	○	
36		○	×

(カの例)

	A	B	C
31		○	×
32	○	×	
33	○		×
34	×	○	
35		×	○
36	○		×

５　立体図形―分割，展開図，体積

⑴　下の図①のように，EFとQPをそれぞれ延長して交わる点をＩとし，AIとBFが交わる点をＫとする。同様にして点Ｊ，Ｌをとると，切り口は五角形AKPQLになる。図①で，三角形GQPは直角二等辺三角形だから，三角形FIPも直角二等辺三角形であり，IF＝３cmとなる。また，三角形ABKと三角形IFKは相似であり，相似比は，AB：IF＝６：３＝２：１なので，KF＝６×$\frac{1}{2+1}$＝２(cm)と求められる。同様に，LH＝２cmだから，展開図は下の図②のようになる。

⑵　EI＝EJ＝６＋３＝９(cm)より，三角すいA－EIJの体積は，９×９÷２×６÷３＝81(cm^3)と

わかる。また，三角すいK－FIPと三角すいL－HQJの体積はどちらも，$3\times3\div2\times2\div3=3$ (cm^3)だから，立体アの体積は，$81-3\times2=75$ (cm^3)と求められる。

図①

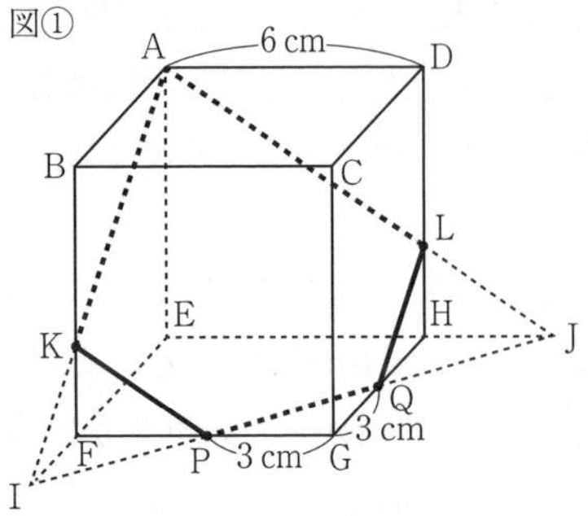

図②

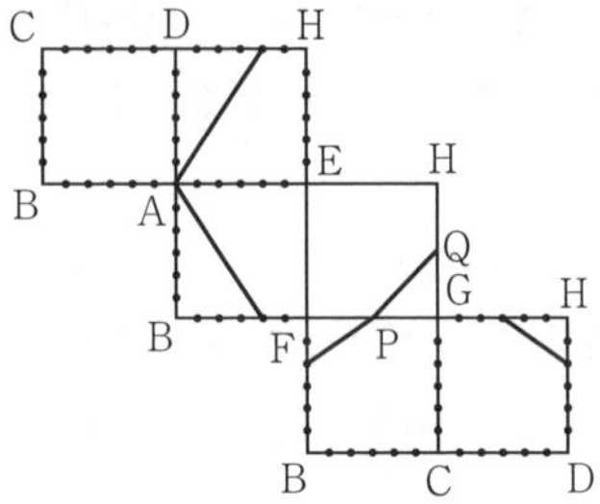

図③

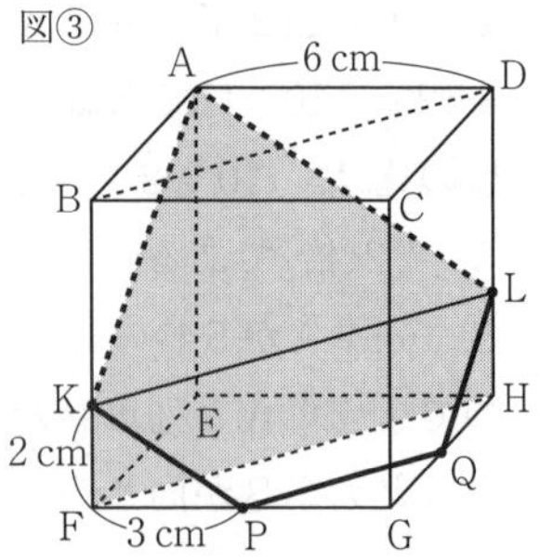

⑶ 上の図③のように，五角形AKPQLと長方形BFHDは直線KLで交わるので，大きい方の立体はかげをつけた立体AKL－EFHになる。また，この立体の体積は，三角形EFHを底面とし，AE，KF，LHの平均を高さとする三角柱の体積と等しくなる。このとき，底面積は，$6\times6\div2=18$ (cm^2)，高さの平均は，$(6+2+2)\div3=\frac{10}{3}$ (cm)だから，体積は，$18\times\frac{10}{3}=60$ (cm^3)と求められる。よって，小さい方の立体の体積は，$75-60=15$ (cm^3)である。

社 会 ＜第１回試験＞（30分）＜満点：40点＞

解 答

1 **問１** ⑴ 大隈重信 ⑵ **記号**…ア **都市**…名古屋 ⑶ ア ⑷ 干拓 ⑸ 3 **a** ア **b** イ **c** ウ **問２** ⑴ カ ⑵ **場所**…ウ **島名**…キ ⑶ 1，4，6 **問３** ウ **問４** **い** ウ **う** ア **2** **問１** **A** 桓武 **B** 小野妹子 **C** シャクシャイン **問２** イ **問３** 天下 **問４** ア **問５** **生産物**…イ **写真**…キ **問６** **大正**…オ **昭和**…ウ **平成**…カ **問７** 宋 **問８** イ，オ **問９** 先住 **問10** 琉球 **3** **問１** 働き方 **問２** ウ **問３** **E** 後期高齢 **F** 社会保障 **問４** ⑴ ジェンダー ⑵ エ **問５** ⑴ イ ⑵ イ，エ **問６** ⑴ エ ⑵ （例） 子女に普通教育を受けさせる

解 説

1 **万国博覧会を題材にした問題**

問１ ⑴ 大隈重信《おおくましげのぶ》は肥前藩(佐賀県)出身の政治家である。明治政府の参議であった大隈は国会開設問題や開拓使《かいたくし》官有物払い下げ事件で伊藤博文らと対立し，1881年に参議をやめさせられた。翌82年，国会開設に備えて立憲改進党を結成した。1898年，同じ民権派の板垣退助と組んで第一次内閣を組織(隈板《わいはん》内閣)し，1914年には第二次内閣を組織したが，このとき第一次世界大戦(1914～18年)への参戦を決定している。 ⑵ Aの「瀬戸焼」は愛知県，Bの「有田焼」は佐賀県，Cの「九谷焼」は石川県，Dの「益子《ましこ》焼」は栃木県の伝統的な焼き物である。愛知県の県庁所在地である名古屋市は太平洋側の気候に属し，夏は気温が高くてむし暑く，冬は「伊吹《いぶき》おろし」と呼ばれる北西風の影響《えいきょう》で寒い。エとまぎらわしいが，エは夏の降水量が他と比べて多い佐賀市のものである。

よって，アが当てはまる。なお，イは金沢市(石川県)，ウは宇都宮市(栃木県)である。　(3)　佐賀県の南に広がる有明海はのりの養殖《ようしょく》がさかんで，佐賀県ののり類の養殖収穫《しゅうかく》量は全国の約24％を占《し》めて最も多い。以下，兵庫，福岡の各県が続く(2021年)。　(4)　有明海沿岸は，潮の干満差が大きいことを利用して，古くから干拓が行われてきた。長崎県諫早《いさはや》湾で行われた国営の干拓事業では，生態系が変化し，のりの養殖などの漁業に影響が出たとして裁判となった。　(5)　表２において，①平安期から戦国末期が約800年間，②江戸時代が1603～1867年の約260年間になる。干拓面積が①，②とも約6000とほとんど変わらないので，１年あたりの面積は，②の期間が①の期間の３倍以上になる。これは，「人口が増加し，食糧《しょくりょう》増産のために耕地を拡大する必要があったため」と考えられる。

問２　(1)　表３において，１の1970年に行われた日本万国博覧会のテーマは，「人類の進歩と調和」であった。５の2005年に行われた日本国際博覧会は一般《いっぱん》には「愛・地球博」と呼ばれ，テーマは「自然の叡智《えいち》」であった。６の2025年に予定されている国際博覧会のテーマは，「いのち輝く未来社会のデザイン」である。よって，組み合わせはカになる。　(2)　2025年に予定されている国際博覧会の会場は図１中のウで，大阪市此花《このはな》区の海に造成された人工島の「夢洲《ゆめしま》」である。なお，アは神戸空港島，イは六甲アイランド，エは堺《さかい》市に属する埋《う》め立て地である。カの「舞浜」は千葉県浦安市の埋め立て地(東京ディズニーランド・ディズニーシーがある)，クの「舞洲《まいしま》」は夢洲の北東にある埋め立て地，ケの「ポートアイランド」は兵庫県神戸市の埋め立て地で神戸空港島の北にある。　(3)　表３のうち，１の日本万国博覧会，４の国際花と緑の博覧会，６の国際博覧会の３つは，会場が大阪府である。なお，３の国際科学技術博覧会は茨城県，５の日本国際博覧会は愛知県で行われた。

問３　1940年に予定されていたとあるので，日中戦争(1937～45年)が中止の理由である。なお，アの世界恐慌《きょうこう》は1929年，イの第一次世界大戦は1914～18年，エの関東大震災は1923年の出来事である。

問４　**い**　1957年，ソ連が人類初の人工衛星「スプートニク１号」の打ち上げに成功した。また，1961年には「ボストーク１号」が人類初の有人宇宙飛行を実現した。　**う**　1969年，アメリカ合衆国の「アポロ11号」が人類初の月面着陸に成功した。

[2] 各時代の歴史的なことがらについての問題

問１　**A**　794年，桓武天皇は長岡京から平安京に都を移した。平安京は1869年に東京に都が移されるまでの約1100年間にわたり，日本の都として栄えた。　**B**　607年，小野妹子は聖徳太子(厩《うまや》戸《と》王《おう》)の命により遣隋使《けんずいし》として隋(中国)に渡《わた》った。　**C**　江戸時代，北海道は「蝦夷《えぞ》地」と呼ばれ，松前藩が置かれて先住民のアイヌ民族と交易をしていた。しかしこの交易はアイヌ民族にとって不利なものであったため，1669年，アイヌ民族の首長であるシャクシャインらが反乱を起こした。その後，松前藩と講和することになり，その祝宴《しゅくえん》にのぞんだシャクシャインらは藩のはかりごとにあって殺害され，以後，松前藩によるアイヌ支配が強化された。

問２　江戸時代の初め，徳川家康は当初，貿易の利益を優先し，貿易船で日本にやってきた宣教師らによる布教活動を黙認《もくにん》していたため，キリスト教が急速に広まった。よって，イが正しい。なお，アのフランシスコ＝ザビエルは，1549年に鹿児島に来航してキリスト教を伝えた。鉄砲が種《た》子《ねが》島に伝えられたのは1543年のことである。ウの島原・天草一揆《いっき》(1637～38年)が起こったのは，第３代将軍徳川家光のときである。エの「五箇条《ごかじょう》の御誓文《ごせいもん》」は，1868年に明治天皇が神に誓《ちか》う形で出された政治の基本方針で，同時に民衆に対して出された「五榜《ごぼう》の掲示《けいじ》」では，これまで通りキリスト教が禁止された。

問３　織田信長は「天下」の言葉をふくむ「天下布武」を印章や旗印に用いて，戦国時代の統一事業を進めた。この「天下布武」という言葉は直接には，「天下に武を布《し》く→武力で天下を統一する」といった意味であるが，近年では，ここでの「天下」は将軍の支配のおよぶ畿内を指し，幕府の再興を掲げたものともいわれる。

問４　近松門左衛門は江戸時代前半の元禄文化を代表する文人で，人形浄瑠璃《じょうるり》・歌舞伎《かぶき》の台本を多数残している。代表作に『曽根崎心中《そねざきしんじゅう》』『国姓爺合戦《こくせんやかっせん》』がある。なお，イの『東海道五十三次』は歌川(安藤)広重の浮世絵，ウの『南総里見八犬伝』は曲亭(滝沢)馬琴《ばきん》の読本《よみほん》，エの『奥の細道』は松尾芭蕉の俳諧《はいかい》紀行文である。

問５　紡績《ぼうせき》とは綿糸をつくるせんい工業で，紡績を行う機械が並ぶ写真のキが当てはまる。なお，カは飛行機工場，クは自動車工場，ケは戦時中の勤労動員の様子である。

問６　大正９年(1920年)には，オの国際連盟が発足した。昭和47年(1972年)には，ウの冬季オリンピック札幌大会が開かれた。平成７年(1995年)には，カの阪神・淡路《あわじ》大震災が起こった。なお，アの竹島が島根県に編入されたのは明治38年(1905年)，イの菅義偉《すがよしひで》内閣が成立したのは令和２年(2020年)，エの韓国併合《へいごう》が行われたのは明治43年(1910年)の出来事である。

問７　平安時代の終わりごろ，平清盛は大輪田泊《おおわだのとまり》(現在の神戸港の一部)を修築して宋(中国)の船を招き入れ，民間貿易を行って大きな利益を上げた。

問８　外務大臣の陸奥宗光《むつむねみつ》がイギリスとの交渉《こうしょう》で治外法権(領事裁判権)の撤廃《てっぱい》に成功したのは，日清戦争(1894～95年)が始まる直前のことであった。また，日清戦争で日本は清(中国)から多額の賠償《ばいしょう》金を得たが，日露戦争(1904～05年)ではロシアから賠償金を得ることはできなかった。よって，イ，オの２つが誤っている。

問９　2008年，国会で「アイヌ民族を先住民族とすることを求める決議」が可決された。その後，2019年に成立したアイヌ民族支援法で，法律として初めてアイヌ民族を「先住民族」として明記した。

問10　琉球王国は15世紀前半に沖縄に成立した国で，日本や中国，東南アジアとの中継貿易で栄えた。江戸時代に薩摩《さつま》藩(鹿児島県)に支配され，明治時代には琉球処分(1879年)が行われ，沖縄県として日本に帰属した。

３　日本の現代社会についての問題

問１　2018年，安倍晋三内閣のもとで，「働き方改革関連法」が成立した。この働き方改革により，時間外労働の上限規制，有給取得の義務化，同一労働同一賃金の義務化などの改革を進めることで，労働力不足や多様な働き方に対応するとともに，労働生産性の向上，就業機会の拡大などが目指されている。

問２　2022年には，ロシアによるウクライナ侵攻《しんこう》や急速な円安によって，物価が上昇した。よって，組み合わせはウになる。戦争が起こると，エネルギー資源や食料の価格が世界的に上昇する。そこに円安が追い打ちをかける格好になった。「円安」とは外国為替《かわせ》相場において，たとえば，１ドル＝120円の交換比率が１ドル＝140円になるような場合を指し，ドルに対して円の価値が下がることをいう。円安になると，外国から輸入する品物の価格が高くなるため，物価が上昇する。

問３　E，F　1947～49年の第一次ベビーブームに生まれた人々を「団塊《だんかい》の世代」といい，現在の日本では，この世代の人口が多い。2025年には，この世代の人々が全て75歳以上の後期高齢者になるため，医療《いりょう》・介護《かいご》などの社会保障費が急増することが懸念《けねん》されている。

問４　(1)　男女間の社会的・文化的性差にもとづく格差を「ジェンダー・ギャップ」という。その格差の度合を示す指標として「ジェンダー・ギャップ指数」というものがあり，スイスの非営利財団「世界経済フォーラム(WEF)」が，男女格差の現状を各国のデータをもとに評価した報告書(2023年版)によれば，日本のジェンダー・ギャップ指数は146か国中125位と低かった(最も高いのはアイスランド，次にノルウェー，フィンランドの順)。それだけ格差が大きいということで，分野別では，教育・健康は高いが，経済・政治が低く，特に政治は最下位に近い。　(2)　働く人の雇用《こよう》形態を見ると，男性は８割近くが正規雇用者なのに対し，女性の正規雇用者は５割に満たない。つまり働く女性の半数以上がパートやアルバイトなどの非正規雇用者であり，経済的な自立をさまたげている。よって，エが正しい。なお，アについて，2024年２月現在，国会で女性議員の占める割合は約16％で，衆議院議員にいたっては約10％となっている。イについて，内閣府男女共同参画局の資料によれば，男女間の賃金格差は長期的に見ると縮小傾向《けいこう》にあるが，2021年の男性一般労働者の給与水準を100としたとき，女性一般労働者の給与水準は75.2となっている。ウについて，衆議院では土井たか子，参議院では扇千景《おうぎちかげ》と山東昭子《さんとうあきこ》が，議長を務めている。

問５　(1)　2023年５月の広島サミットでは，日本が開催《かいさい》国として岸田文雄首相が議長を務めた。そこでは，気候変動やコロナ禍《か》で影響を受けている「グローバル・サウス」(発展途上国や新興国)に対し支援することや，核兵器のない世界の実現に向けた責任ある行動を表明した。しかし，核兵器禁止条約に日本は参加しておらず，調印への呼びかけもしていない。よって，イ(Ｇのみ正しい)になる。なお，パンデミックとは，ある感染症が世界的に流行することである。　(2)　サミット(主要国首脳会議)の参加国は，フランス・アメリカ合衆国・イギリス・ドイツ・日本・イタリア・カナダの７か国(Ｇ７)である。ただし，今回はウクライナのゼレンスキー大統領がゲスト国首脳として参加した。写真のアがゼレンスキー大統領，ウはアメリカ合衆国のバイデン大統領である。イは中国(中華人民共和国)の習近平国家主席，エはロシアのプーチン大統領で，この２人は参加していない。

問６　(1)　日本国憲法第28条が定める「労働三権」は，団結権(イ)・団体交渉権(ア)・団体行動権(争議権)(ウ)であり，エの勤労の権利は，第27条に規定されている。　(2)　日本国憲法が定める「国民の義務」は，子女(子ども)に普通教育を受けさせる義務，勤労の義務，納税の義務の３つである。

理　科　＜第１回試験＞（30分）＜満点：40点＞

解　答

[1]　**問１**　ハザードマップ　**問２**　ウ　**問３**　エ　**問４**　イ　**問５**　オ，カ　[2]
問１　①　ウ　②　イ　③　ア　④　イ　**問２**　ア，エ　**問３**　250匹　**問４**　(1)

ア　(2)　ア　[3] 問１　酸素　問２　下の図　問３　40cm³　問４　20.8％　問５　Ａ，Ｃ　[4] 問１　(a)　ウ　(b)　エ　問２　①，②（例）温度，重さ　問３　蒸発　問４　40％　問５　25℃

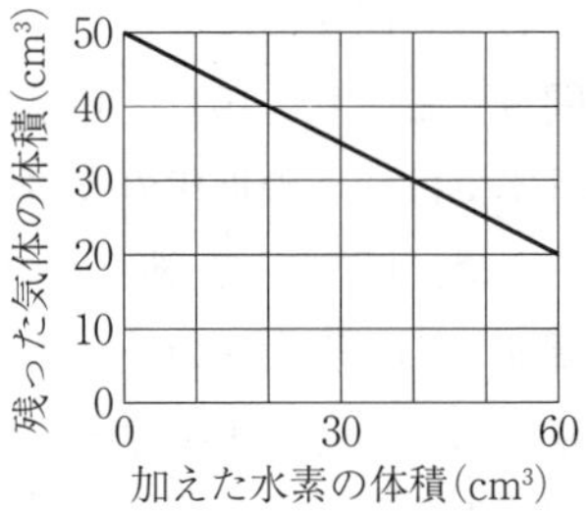

解説

[1] 火山の噴火《ふんか》についての問題

問１　火山の噴火や地震《じしん》，洪水《こうずい》などが起きたときに予想される被《ひ》害を地図に書き入れたものをハザードマップという。ハザードマップには避難《ひなん》経路や避難場所なども示されている。

問２　火山Ａのような黒っぽい火山灰が噴出する火山のマグマは，ふつうねばりけが弱く，火山Ｂのような白っぽい火山灰が噴出する火山のマグマは，ねばりけが強いことが多い。表に，火山Ａの火山灰が届く範囲《はんい》がせまいとあるので，噴煙《ふんえん》の高さは低いと予想される。また，放出される溶岩《ようがん》が遠くまで流れ下っていくと書かれていることから，火山の形は盛り上がった形ではなく，なだらかな形になると考えられる。したがって，ウが選べる。なお，火山Ａのタイプの火山としては，三原《みはら》山《やま》(伊豆大島《いずおおしま》)などが，火山Ｂのタイプの火山としては，昭和新山《しょうわしんざん》，有珠山《うすざん》などがあげられる。

問３　アは，火山灰や噴石の重さで火さい流が斜《しゃ》面に押《お》し付けられれば，地面との間のまさつが大きくなるから，正しくない。イは，火さい流にふくまれる火山灰や噴石は角ばっているため，まちがっている。また，火山灰は粒《つぶ》が小さく，噴石よりもたい積するまでに時間がかかるので，ウも誤りである。火さい流にふくまれる火山ガスの90％以上は水蒸気で，これが高温のまま空気と混じり合い，火山灰や噴石などを持ち上げるため，斜面とのまさつが小さくなる。よって，エを選ぶ。

問４　玄武《げんぶ》岩は黒っぽい色をした火山岩で，マグマが地表近くで急に冷やされてできるため，細かい結晶《けっしょう》でできた石基とよばれる部分の中に小さな鉱物の結晶の粒《つぶ》が見られる。ここでは，火山Ａの火山灰や噴石の色が黒っぽいことから，イを選ぶことができる。なお，花こう岩は，マグマが地下深くでゆっくり冷えて固まった深成岩で，ウのように鉱物の結晶の粒は大きくすき間なく成長する。また，長石や石英を多くふくみ，白っぽい色をしている。

問５　北西の風がふくと，火山灰は火口から南東の方向へ運ばれて降り積もる。秒速９ｍの風は，２時間で，９×60×60×２＝64800(ｍ)＝64.8(km)進むので，火山灰は火口から64.8kmの距離《きょり》の場所まで届くと考えられ，オ，カを選ぶことができる。

[2] モンシロチョウの育ち方についての問題

問１　①　モンシロチョウの卵は高さ１mmほどで，アブラナ科の植物の葉の裏に産み付けられ，１週間ほどでふ化する。　②　ふ化したばかりの幼虫が１令幼虫で，その後４回脱皮《だっぴ》して５令幼虫になる。　③　５令幼虫は，さなぎになるのに適当な場所を見つけると，口のあたりから糸を出して，まずおしりの部分を固定してから背中に糸をかけてさなぎになる。　④　モンシロチョウはあたたかい季節では，さなぎになってから約２週間すると，さなぎの背中が割れて成虫が出てくる。

問２　オオカマキリは秋になると，草や木のくきの地面から１ｍぐらいの高さに，あわで包まれた卵のかたまりを産み付ける。ナナホシテントウは，成虫のすがたで，落ち葉などの下に集まって冬越《ご》しをする。カブトムシは，８月ごろに腐葉《ふよう》土の中などに産卵し，10日ほどでふ化して幼虫になると，冬のあいだ腐葉土や枯《か》れ木を食べて過ごす。トノサマバッタは秋になると，土の中に20～30個の細長い卵を産み，卵のすがたで冬越しをする。以上から，アとエが選べる。

問３　再度つかまえたモンシロチョウ50匹《ぴき》のうち，標識がついているものが10匹いたことから，この地域のモンシロチョウの，$\frac{10}{50}=\frac{1}{5}$に標識があることになる。はじめに標識をつけたのは50匹だから，この地域には，$50\div\frac{1}{5}=250$(匹)のモンシロチョウがいると推定できる。

問４　(1)　標識再捕獲《ほかく》法を用いるには，条件①の「この地域のモンシロチョウの数が変わらないこと」が必要である。しかし，モンシロチョウの成虫の寿《じゅ》命は１～２週間ほどなので，５月10日につかまえたモンシロチョウの多くが，10日後の５月20日まで生き残っていなかったと考えられる。そのため，５月20日につかまえたモンシロチョウのうち，標識のあるものの数はかなり少なくなっているはずだから，その値で推定すると，モンシロチョウの数が実際より多くなってしまう。　(2)　(1)で述べたように，１～２週間ほどしか生きられないモンシロチョウの成虫の数を推定するには，再捕獲するまでの日数がある程度は短い方がよいので，アがふさわしい。

3　水素と酸素の反応についての問題

問１　図２から，水素50cm^{3}と酸素25cm^{3}がちょうど反応することがわかる。また，図３から，この反応によってできた水は，40mgの液体になっている。よって，100cm^{3}の水素と反応する酸素の体積は，$25\times\frac{100}{50}=50$(cm^3)なので，酸素が，$70-50=20$(cm^3)残る。

問２　加えた水素の体積が０cm^{3}のとき，反応が起こらないので，酸素50cm^{3}がそのまま残る。また，水素10cm^{3}とちょうど反応する酸素の体積は，$10\times\frac{25}{50}=5$(cm^3)なので，加えた水素の体積が10cm^{3}増えると，酸素の体積は５cm^{3}減る。さらに，加えた水素の体積が60cm^{3}のとき，$50-5\times\frac{60}{10}=20$(cm^3)の酸素が残ることから，解答のグラフのようになる。

問３　水素と酸素がちょうど反応する体積の比は，50：25＝２：１である。たとえば，表のＤで残った気体が10cm^{3}であることから，水素60cm^{3}と酸素30cm^{3}はちょうど反応するが，窒素《ちっそ》10cm^{3}は反応せずそのまま残ると考えられる。水素40cm^3，酸素40cm^3，窒素20cm^{3}の混合気体では，窒素20cm^{3}は反応せずに残り，水素40cm^{3}と酸素，$40\times\frac{1}{2}=20$(cm^3)が反応して，$40-20=20$(cm^3)の酸素が残る。したがって，反応後に残る気体の体積は，$20+20=40$(cm^3)である。

問４　はじめの混合気体の体積は，$50+50=100$(cm^3)だったので，反応して液体の水になった気体の体積は，$100-68.8=31.2$(cm^3)となる。水素と酸素がちょうど反応する体積の比は２：１なので，このうち，酸素の体積は，$31.2\times\frac{1}{2+1}=10.4$(cm^3)とわかる。よって，50cm^{3}の空気中にふくまれていた酸素の割合は，$10.4\div50\times100=20.8$(％)と求められる。

問５　Ａでは，酸素20cm^{3}と，水素，$20\times\frac{2}{1}=40$(cm^3)が反応している。Ｂでは，水素50cm^{3}と酸素，$50\times\frac{1}{2}=25$(cm^3)が反応している。Ｃでは，酸素20cm^{3}と，水素，$20\times\frac{2}{1}=40$(cm^3)が，Ｄでは，水素60cm^{3}と酸素30cm^{3}が反応している。反応した気体の体積が等しいとき，生じた水の重さも等しいので，ＡとＣが選べる。

4　熱の伝わり方についての問題

問１　(a)　樹脂《じゅし》はアルミニウムより熱を伝えにくいので，窓枠《わく》を伝わって室内から外へ出ていく熱の量を少なくすることができる。このような熱の伝わり方を伝導といい，フライパンの金属部分と持ち手の木では，熱の伝わり方がちがうことを利用している。　(b)　太陽から出されている熱は放射熱といって，光と同じように，すだれを垂らしてさえぎることができる。キャンプファイアの火も，あいだに人が入ると熱が届かなくなるので，同じ伝わり方といえる。なお，アは，水が移動することでみそ汁《しる》全体を温めることができる対流であり，イは，アルコールが液体から気体に変化するときにまわりの熱をうばう現象である。

問２　実験では，断熱材とふたの条件を変えて比べているので，それ以外の条件は同じにする必要がある。ここでは，実験開始時の浴槽《よくそう》内のお湯についての条件に着目しているので，開始時の温度や重さ，体積などもそろえる必要がある。

問３　水が蒸発するとき，まわりの熱をうばうため，温度が下がる。浴槽にふたをすると，浴槽内に水蒸気がたまり，お湯が蒸発しにくくなるので，お湯の温度も下がりにくくなる。

問４　同じ量の34℃の水と10℃の水を接触《せっしょく》させて同じ温度にすると，(34＋10)÷２＝22(℃)になる。「ある量の水の温度を10℃上げるには，５℃上げる場合の２倍の熱が必要」であることから，同じ量のおふろの水を沸《わ》かすとき，上げる温度と必要な熱は比例することがわかる。22℃にした水を40℃にするときに上げる温度は，40－22＝18(℃)，10℃の水を40℃にするときに上げる温度は，40－10＝30(℃)なので，必要な熱を，(30－18)÷30×100＝40(％)減らすことができる。

問５　〈１〉の操作で，ＡとＸの温度は，(34＋10)÷２＝22(℃)に，〈２〉では，ＡとＹが，(22＋10)÷２＝16(℃)，ＢとＸが，(34＋22)÷２＝28(℃)になる。さらに，〈３〉で，ＢとＹが，(28＋16)÷２＝22(℃)となったあと，〈４〉で，最終的に得られたＸとＹの水の温度は，(28＋22)÷２＝25(℃)とわかる。

国　語　＜第１回試験＞（50分）＜満点：60点＞

解　答

一　**問１**　ア　**問２**　Ａ　イ　Ｂ　エ　**問３**　オ　**問４**　(例)　(「心」は)三おばさんの死を乗りこえ，日常へと向きはじめているが，「体」は死が近い彼女に対する悲しみのなかにある(状態。)　**問５**　病院に通いつめ(ること。)　**問６**　ウ　**問７**　エ　**問８**　ア

二　**問１**　下記を参照のこと。　**問２**　エ　**問３**　ア　**問４**　イ　**問５**　(例)　覚えた英文の意味を自分の日本語でとらえ，他の英文でも同じ内容だと判断できたこと。　**問６**　普通

●漢字の書き取り

三　**問１**　ａ　専門　ｂ　生意気　ｃ　子女

解　説

一　**出典：東山《ひがしやま》彰《あき》良《ら》「或《あ》る帰省」(『走る？』所収)**。台湾《たいわん》から日本へ留学中の「わたし」は，張《チャン》家の三おばさんを見《み》舞《ま》うために一時帰国する。

問１　後で，「わたし」の顔を見た三おばさんが，「大丈夫《だいじょうぶ》，そう簡単に死にゃしないわよ」と言ったことに注目する。三おばさんの不調を聞いて「取るものもとりあえず飛行機に飛び乗り，空港

に着いたその足で病院にむかった」行動は，いかにも彼女《かのじょ》にその病状の深刻さを伝えているようなものだったと気づき，「わたし」は自らの「焦燥《しょうそう》と浅はかさ」をのろったのだから，アがふさわしい。

問２　Ａ，Ｂ　重病に冒《おか》されているなか，「さっさと死ぬのも悪くないわ」と言って浮《う》かべた三おばさんの「笑顔《えがお》」から，「わたし」はかつて「困ったように煙草《たばこ》をくゆらせ」ていた彼女の姿を思い返している。それは，昔，早朝ジョギング(四おばさんのダイエット)にたまたまつき合ってくれたと思えば「すぐにコーチ気取り」で「檄《げき》を飛ばしはじめた」三おばさんに対し，四おばさんが怒《いか》りのあまり，彼女の「脚《あし》が悪い」ことを知ったうえで「そんなに言うならあんたが走ってみなさいよ！」とつい感情的な言葉を浴びせてしまったが，当の三おばさんは，「困ったように微笑《ほほえ》み，煙草に火をつけ」，すぐさま「いつもの名調子」で「益体《やくたい》もない」その「ダイエットをけちょんけちょんにけなした」というものである。このとき，三おばさんはきっと，走りたくても走ることのできない状況《じょうきょう》のなかで強くもどかしさを感じていたのだろうが，そのやりきれない思いを「わたし」や四おばさんに見せないように，あえて普段《ふだん》通りを装《よそお》ったと想像できるので，Ａはイ，Ｂはエが選べる。

問３　問２でみたとおり，「コーチ気取り」の三おばさんに対し，四おばさんは怒りにまかせ「あー，もー，ごちゃごちゃうるさい！」，「そんなに言うならあんたが走ってみなさいよ！」と言い放ったのだから，オの「つきはなした」が合う。

問４　「病院からの帰り道」，日本に残してきた「書きかけの論文のこと」を考えた「わたし」は，「自分が早くも三おばさんのいなくなった世界に順応しようとしていることに気づいて，悲しい気持ちになっ」ている。続く部分で，自分の「体はこの国の，この街の，この悲しみのただなかに在る」が，「心はすこしばかりまえを行っている」と感じているとおり，「わたし」の「心」は三おばさんの死を乗りこえ，日常を意識しはじめている一方で，「体」は今まさに死にゆく彼女に対し，悲しみにくれているのである。よって，「(『心』は)三おばさんが死を迎《むか》えた後のことを考えているが，『体』は死が近い彼女のそばで悲しみのただなかに在る(状態)」のようにまとめる。

問５　「心においてきぼりを食ってしま」わないように，帰省中，「わたし」は毎日おばさんを見舞っている。すでに三おばさんの死を乗りこえた先に向かおうとしている「心」を今はしっかりとつなぎとめておくため，「わたし」は来る日も来る日も決まった時間にバスに乗って病院へと出かけたのである。傍線《ぼうせん》部３の「走りきりたかった」とは，自分の「心」と「体」を三おばさんの死としっかり向き合わせたいという「わたし」の思いがこもった行動なので，「病院に通いつめ(ること)」にあたる。

問６　病室の三おばさんは「怒《おこ》りっぽく」なり，ほかのおばさんたちは「やつれた顔」(二おばさんに至っては泣き腫《は》らした目)をしているなか，「わたし」がいれば話が盛り上がって「気まずい沈《ちん》黙《もく》」はおとずれず，「三おばさんが癇癪《かんしゃく》を炸裂《さくれつ》させ」ることもなかったのである。先のない病人と親族にとって「わたし」は，せまりくる「死」の気配を遠ざける存在なのだから，ウの「避難《ひなん》所」が合う。

問７　張家の五人姉妹と幼少期からつき合いのある「わたし」は，三おばさんが病気と聞けば急ぎ帰省するほど彼女たちと親しい関係である。「わたし」の顔を見た三おばさんは「破顔」(ほほえむこと)して「博士論文は進んでる」かと気遣《きづか》っているほか，不安がる「わたし」の気持ちを察してか「さっさと死ぬのも悪くない」と強がってもみせている。この保護者然とした三おばさんから，勉強のほかに「ちょっとくらい悪いことをしなさい」とつねづね言い聞かされてきたことは，「わたし」が彼女の「台詞《せりふ》を横取りした」ふるまいに表れている。教えを自らのものとした「わたし」の姿に成長を感じ，三おばさんは得意になって「顎《あご》をしゃくっ」てみせたのだから，エがふさわしい。

問８　Ｙ「死にたくない，死にたくない，とうなされながら，最期《さいご》に涙《なみだ》をひと筋だけ流した」三おばさんのようすを，帰国後の国際電話で「わたし」は聞かされている。これまでみてきたとおり，三おばさんは「わたし」の前では自分の弱さを見せず，生き方も教えてくれたのだから，彼女は「わたし」に対して最後まで「大人」であり続けたといえる。　Ｚ　三おばさんの死に際し，「わたし」は「すこしだけ泣い」ている。「やるべきこと」に向けて前に進まねばならない「わたし」は，いつまでも悲しんでいればいいだけの存在ではいけないのである。よって，「子供」が入る。

二　出典：大江健三郎《おおえけんざぶろう》・大江ゆかり『「自分の木」の下で』。小説家である筆者の経験をもとに，子ども時代に自分で勉強していく戦略と，それを生きる勉強にどうつないでいくかが語られている。

問１　**a**　ある範囲《はんい》の学問を集中的に研究したり，特定の範囲を担当したりすること。　**b**　年《ねん》齢《れい》，能力，立場などに見合わない，出すぎた言動をすること。　**c**　むすことむすめ。子ども。

問２　「～をよいことに」とは，“～を都合よく利用して”という意味。よくないことをする場合に使うことが多い。母親が歯みがきについて「きびしく」なかったのにつけこみ，筆者は歯みがきの習慣をつけなかったのである。よって，エが合う。

問３　続く部分で，筆者は自分の勉強法について，教科書や普通《ふつう》の本で見た「面白《おもしろ》い言葉，または正しいと思う言葉を，ノートに書きつけて覚え」たり，そこに出てくる「外国語や，人の名を書きとっておいて，それを他の本で調べ」たり，そのなかで「知ることのできた本から次の本へと，自分で読んでゆく本を見つけ」ていったと語っている。また，最後から二つ目の段落でも，「辞書を熱心に引」きながら「英語の文章の意味をこまかく自分の頭にいれて，自分の日本語で内容がいえるようにした」子ども時代の勉強を紹介《しょうかい》している。当時の筆者は，戦時中に教えていたことと「反対のこと」を平気で教える先生たちを「信用」しておらず，「自分ひとりで勉強してやろう」と思ったのだから，「先生が教えた文章」をもとに「マナブ」としたアがふさわしくない。なお，本文の最後のほうで，「マナブ」とは「先生から教えられたことをそのまま真似《まね》るような勉強の仕方」だと定義した柳田國男《やなぎたくにお》氏の言葉が引用されていることからも，筆者がそうしてこなかったのは明らかである。

問４　『大いなる体系』において先生の「質問」とは，生徒が「言葉にできない」だけですでに「知っている」ことを「はっきり」させるために，その「さまたげ」となっている心の中の「抑圧《よくあつ》」をこわす役割を果たすものとされる，と説明したうえで筆者はサッカー(ゲーム)を例にあげながら，このときの先生のやり方について，「大きい規模での方針をきめ」たと表現している。生徒は，先生の与《あた》えてくれた指針をもとに模索《もさく》し，やがて気づきを得るのだから，イがふさわしい。なお，先生の質問がもともと生徒の「知っている」ことを引き出すものであることを，ア，ウ～オはとらえていない。

問５　直前に書かれているとおり，「教えられなくても自分で判断できる」ことが「サトル」である。子どものころ，「辞書」をよく引いて「英語の文章の意味をこまかく自分の頭にいれ」，さらに

「自分の日本語で内容がいえる」ようにした筆者は，おかげで「ほかの場合にも，ああ，これはあの英文でいっていたことと同じだ，と自分で判断できる」ようになったのである。これをもとに，「覚えた英語の文章を自分の日本語で言いかえ，他の場合も同じ内容だと判断できたこと」のようにまとめる。

問６　「subject」を先生方は「主題」と訳すだろうが，筆者は「いま考えるこの問題」ということを強調する意味で，あえて「生徒の心のなか」にあるそれ(subject)を，わかりやすく「問題」と訳したのだから，「普通」があてはまる。

2024年度 早稲田中学校

【算　数】〈第２回試験〉（50分）〈満点：60点〉

注意　定規，コンパス，および計算機(時計についているものも含む)類の使用は認めません。

1　次の問いに答えなさい。

(1)　１箱300円のみかんと１箱600円のいちごを何箱かずつ買いに行って，１万円を支払いました。700円のおつりを受け取る予定でしたが，みかんといちごの箱の数をはじめの予定と逆に買ったため，おつりは2200円になりました。はじめに買う予定だったいちごは何箱ですか。

(2)　ＡとＢの２人がじゃんけんを10回行ったところ，１度もあいこになりませんでした。２人が出した手は，Ａがグー２回，チョキ７回，パー１回，Ｂがグー５回，チョキ３回，パー２回でした。10回の勝負のうち，Ｂはグーで［ア］回，チョキで［イ］回勝ちました。［ア］，［イ］にあてはまる数を答えなさい。

(3)　同じ仕事をＡ，Ｂ，Ｃの３人が協力してくり返し４回行いました。右の表は，この仕事を終わらせるのにＡ，Ｂ，Ｃがそれぞれ働いた日数をまとめたものです。表の(　)にあてはまる数を答えなさい。

	A	B	C
１回目	４日	６日	０日
２回目	２日	１日	４日
３回目	６日	１日	１日
４回目	０日	(　　)日	０日

2　次の問いに答えなさい。ただし，円周率は3.14とします。

(1)　下の図は，円の中心と円周上の７つの点を結んでできた図形です。角ア，イ，ウ，エの大きさの和は何度ですか。

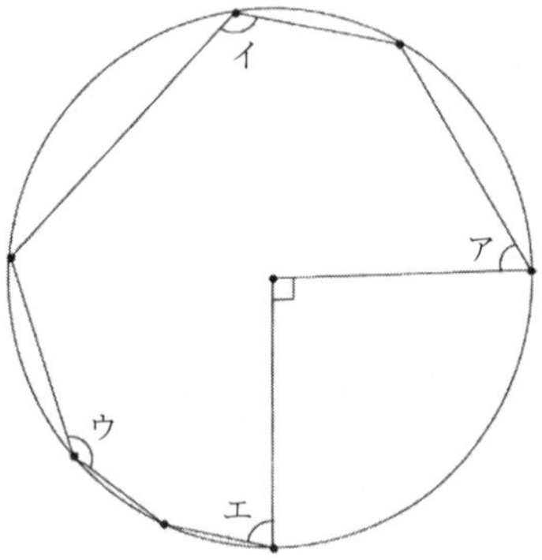

(2)　右の図の辺 AB と辺 EF は平行です。三角形 ABC の面積は三角形 ACD の面積の何倍ですか。

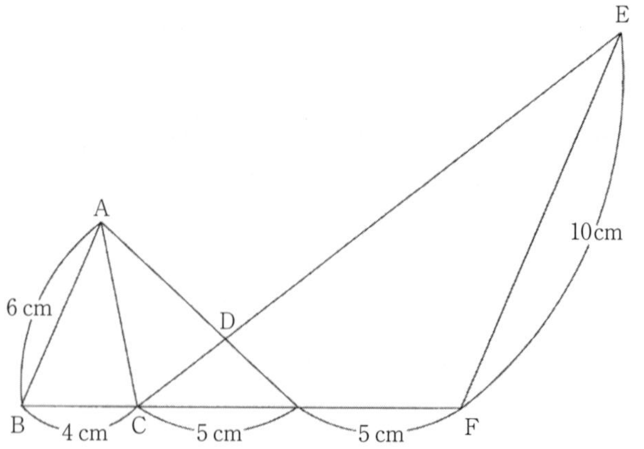

(3)　下の図のように１辺の長さが20cmの正方形から大きさと形が同じ台形を２つ切り取った図形があります。半径１cmの円がこの図形の内側を辺にそって１周するとき，円が通った部分の面積は何cm^{2}ですか。

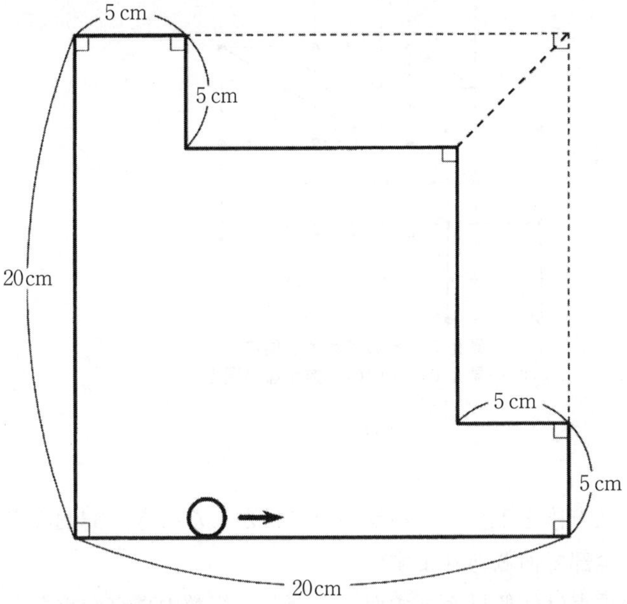

3　坂道に図のような順にバス停Ａ，Ｂ，Ｃが並《なら》んでいます。赤バスは，Ａを出発してＡとＣの間をくり返し往復します。青バスはＣを出発してＣとＢの間をくり返し往復します。上り坂では２台のバスは同じ速度で走り，下り坂でも２台のバスは同じ速度で走ります。また，Ａ，Ｂ，Ｃでの停車時間は考えないものとします。

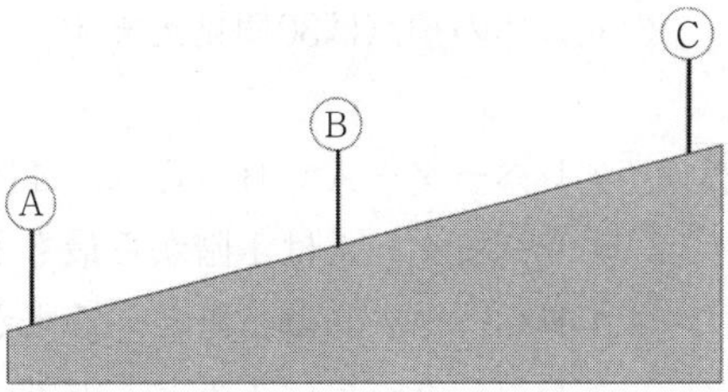

赤バスは８時にＡを出発し，８時40分にＣに着きました。青バスは８時19分にＣを出発し，８時28分にはじめて赤バスとすれちがいました。次の問いに答えなさい。

(1)　上り坂でのバスの速度は下り坂での速度の何倍ですか。

２台のバスが２度目にすれちがったのは，８時53分30秒でした。

(2)　ＡからＣまでの距離《きょり》はＡからＢまでの距離の何倍ですか。

(3)　２台のバスが３度目にすれちがうのは，何時何分ですか。

4　１辺の長さが２cm の立方体33個をはり合わせて真正面，真上，真横のどの方向から見ても図１のように見える立体**ア**を作ります。次の問いに答えなさい。

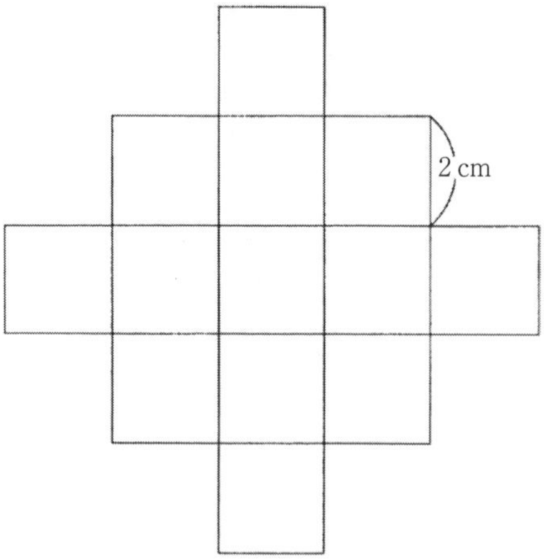

図１

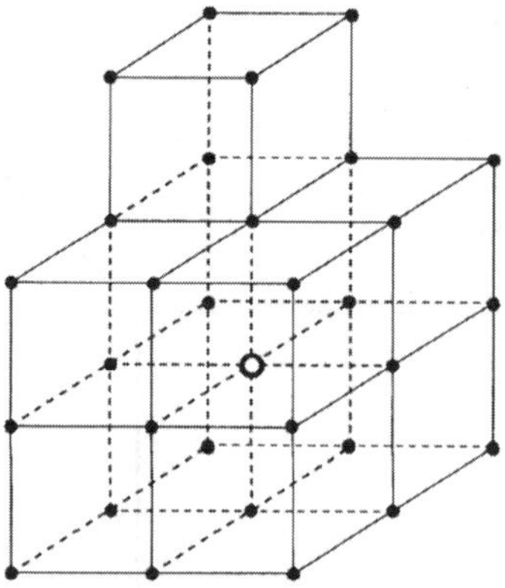

● …見えているので数える頂点
○ …見えていないので数えない頂点

図２

⑴　立体**ア**の表面積は何 cm^2 ですか。

⑵　立体**ア**の表面に色をぬってから，立方体を１つずつバラバラにはがしたとき，33個の立方体の面のうち色のぬられていない面は全部で何個ありますか。

⑶　立体**ア**の表面に，もとの立方体の頂点は何個見えますか。ただし，複数の頂点が重なっているところは１個と数えます。例えば図２のような，立方体を９個はり合わせた立体では，もとの立方体の頂点は30個見えます。

5　エレベーターA，B，Cは，４階分上るのにも下るのにも５秒かかります。

エレベーターAは１階から最も上の５階までの各階に停止します。

エレベーターBは１階と，５階から最も上の25階までの各階に停止します。

エレベーターCは１階と，25階から最も上の45階までの各階に停止します。

各エレベーターは，１階から最も上の階まで移動したあとは，上りと同じ階に停止しながら１階まで下り，往復し続けます。また，停止する階では５秒間ずつ停止します。例えば，エレベーターAが１階を出発してから，最も上の５階にはじめて到《とう》着するまでにかかる時間は20秒です。次の問いに答えなさい。

⑴　エレベーターB，Cが１階を出発してから，最も上の階にはじめて到着するまでにかかる時間はそれぞれ何秒ですか。

⑵　２つのエレベーターA，Bが１階を同時に出発してから，次に同時に１階に到着するまでにかかる時間は何秒ですか。

⑶　２つのエレベーターB，Cが１階を同時に出発してから，はじめて同時に25階に到着するまでにかかる時間は何秒ですか。

【社　会】〈第２回試験〉（30分）〈満点：40点〉

1　次の文章を読み，各問に答えなさい。

冬休みに青森県を旅行中の修治くんとお父さんが車内で会話をしています。

修治：お父さん，斜陽館《しゃようかん》，楽しかったね。

父　：そうだね。①車窓からの景色を見てごらん。とても雪が多いね。そういえば，青森県には２つ，世界遺産に登録されているものがあるんだけど，知っているかい？

修治：知ってるよ。最初は，②1993年だったね。

父　：そうだね。何が評価されたか，知っているかい？

修治：うん。広範囲にわたって，（　あ　）の原生林が残っているからだよね？

父　：そのとおり！　この木は保水力がとても高く，「緑のダム」や「森の女王」と呼ばれているんだ。ちなみに，もう１つも分かるかい？

修治：もちろん。2021年の「北海道・北東北の（　い　）遺跡群」だよね。その中でも，東北自動車道の青森インターチェンジのそばにある③（　う　）遺跡は，前から行ってみたいなぁと思っていたんだ。

父　：じゃあ，この後，行ってみるかい？　雪が積もっていても，竪穴住居の内部で保存されている遺跡は見ることができるし，博物館はやっているから。

問１　（あ）～（う）にあてはまる言葉を答えなさい。ただし（い）と（う）は**漢字**で答えなさい。

問２　下線部①に関して，図１を見て各問に答えなさい。

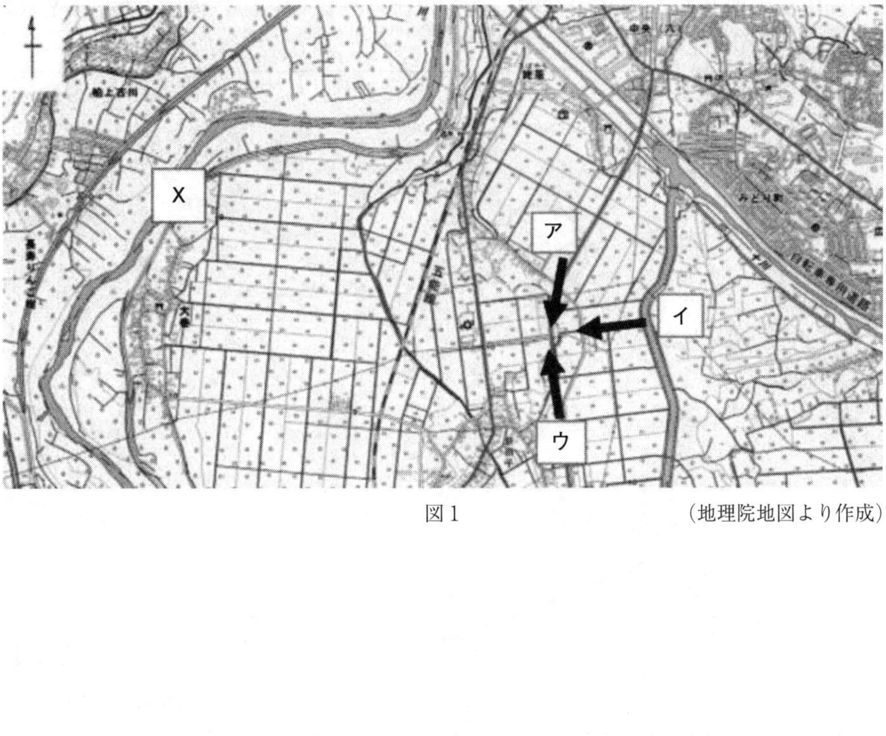

図１　（地理院地図より作成）

(1)　図１の西部を流れる X は，岩木川です。この河口部は鎌倉時代から室町時代にかけて，日本海沿岸の交易港として栄えた場所です。この場所はどこか，次の中から１つ選び，記号で答えなさい。

ア　八郎潟　　**イ**　十和田湖

ウ　十三湖　　**エ**　陸奥湾

(2)　写真１は，津軽平野を走行中の車内から修治くんが前方を撮影《さつえい》したものです。車は図１のどの方向に進んでいますか。**ア～ウ**から１つ選んで答え，さらにそう判断した理由を方位に触れながら説明しなさい。

写真１　　(2023年１月撮影)

問３　下線部②に関して，1993年に世界遺産に**登録されなかったもの**を次の中から**２つ**選び，記号で答えなさい。

ア　姫路城　　**イ**　法隆寺　　**ウ**　知床　　**エ**　厳島神社　　**オ**　屋久島

問４　下線部③に関して，図２を見て各問に答えなさい。

(1)　この(　う　)遺跡(図２の★)は，現在の青森市の中心部(〇 囲みの部分)より約４km も内陸に入ったところに位置します。狩猟・採集のほか，漁業によって生活を営んでいた時代背景を考えると，かなりの不便さを感じます。なぜこの位置に集落があったのでしょうか。この理由を説明した次の文の空欄《くうらん》にあてはまる言葉を(X)は**漢字２字**，(Y)は**漢字２～３字**で答えなさい。

この時代は，現在よりも(　X　)が高いことにより，(　Y　)が高かったため。

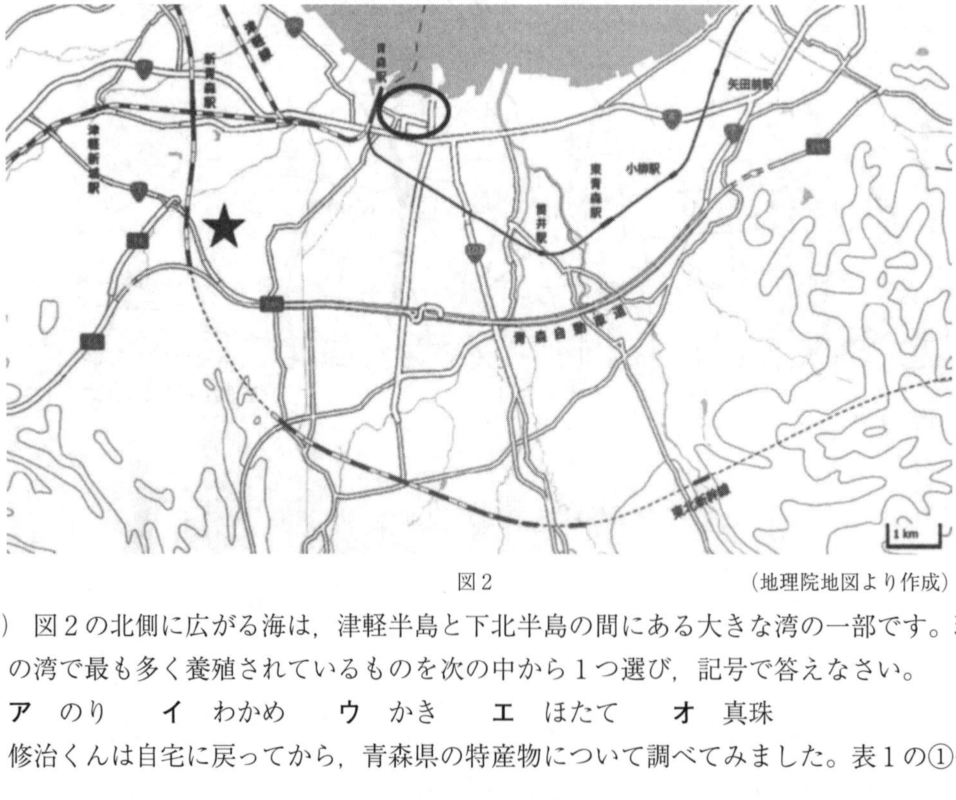

図２　　(地理院地図より作成)

(2)　図２の北側に広がる海は，津軽半島と下北半島の間にある大きな湾の一部です。現在この湾で最も多く養殖されているものを次の中から１つ選び，記号で答えなさい。

ア　のり　　**イ**　わかめ　　**ウ**　かき　　**エ**　ほたて　　**オ**　真珠

問５　修治くんは自宅に戻ってから，青森県の特産物について調べてみました。表１の①～⑤は下の**ア〜オ**の５つの農産物の主な生産地と生産量を示したものです。このうち，②と⑤にあてはまるものを１つずつ選び，記号で答えなさい。

表１

	①		②		③		④		⑤	
1	茨城県	365	千葉県	148	青森県	416	青森県	512	青森県	1,350
2	熊本県	254	北海道	143	長野県	110	茨城県	136	北海道	90
3	北海道	204	青森県	114	岩手県	42	北海道	123	香川県	75
4	山形県	104	鹿児島県	93	山形県	32	宮崎県	99	岩手県	36
5	青森県	97	神奈川県	74	福島県	19	群馬県	75	鹿児島県	34
計	1,500(百トン)		1,251(千トン)		662(千トン)		1,328(百トン)		2,020(十トン)	

（農林水産省の2021年統計より作成）

ア　リンゴ　　**イ**　メロン　　**ウ**　大根　　**エ**　にんにく　　**オ**　ごぼう

2　次の文章は18世紀前半に成立した『読史《とくし》余論《よろん》』という資料の一部分をわかりやすく書きかえたものです。この文章を読み，各問に答えなさい。

日本の政治は，９回変化して武家の世となり，武家の世も５回変化して今の時代にいたった。〔中略〕

天皇についての第１の変化

清和天皇は即位したとき幼かったため，母方の祖父の藤原良房が摂政となった。これが外戚《がいせき》(天皇の母方の親戚)が権力を握《にぎ》る例の最初だった。

天皇についての第２の変化

藤原基経は陽成天皇を退位させ，光孝天皇を即位させて，政治の権力は藤原氏が握った。その後，(①)を置くことも置かなかったこともあったが，藤原氏の権力はますますさかんになった。

天皇についての第３の変化

②冷泉天皇から後冷泉天皇までの８人の天皇の約100年間は，外戚の藤原氏が権力を独占《どくせん》した。

天皇についての第４の変化

後三条天皇と〈 A 〉の時代は天皇みずから政治を行った。

天皇についての第５の変化

堀河天皇から安徳天皇までの９人の天皇の約100年間は，③政治は上皇によって行われた。

天皇についての第６の変化

④後鳥羽天皇から順徳天皇までの３人の天皇の約40年間は，幕府の将軍が日本の軍事指揮権を分担した。

天皇についての第７の変化

後堀河天皇から後醍醐天皇・光厳天皇までの12人の天皇の約110年間は，天皇の臣下の将軍のそのまた臣下である(⑤)家が政治を行った。

天皇についての第８の変化

後醍醐天皇が再び天皇の位についたが，政治の権力が朝廷に戻《もど》ったのはわずか３年であった。

天皇についての第９の変化

その後，後醍醐天皇は都から逃《に》げ，〈 B 〉が光明天皇を即位させてから日本は長く武家の世となった。

武家についての第１の変化

〈 C 〉が幕府を開いて，父子３代が約30年間，日本の軍事指揮権を握った。

武家についての第２の変化

(⑤)義時は承久の乱の後，政治の権力を握った。その約110年後，(⑤)高時の代に(⑤)家は滅亡《めつぼう》した。この時代には藤原氏の将軍が２人，皇族の将軍が４人いた。

武家についての第３の変化

後醍醐天皇が政治の権力を取り戻した後，〈 B 〉が背いて後醍醐天皇は都から逃げ，〈 B 〉は光明天皇を北朝の天皇としてみずから幕府を開いた。子孫が将軍を継いで約240年間続いた。この時代に南北朝の内乱が約50年間続き，また⑥応仁の乱の後の約110年間，日本は大いに乱れた。約80年間は将軍の力が全国に及んでいたようではあるが，東国は(⑦)が管轄《かんかつ》していた。

武家についての第４の変化

室町時代の末期に(⑧)家が勢力を持つようになり，将軍を追放し，天皇のもとで日本に命令しようとしたが，実現途中《とちゅう》で，約10年で，家臣の〈 D 〉に殺害された。豊臣秀吉が(①)となって政治を独占することがおよそ15年間に及んだ。

武家についての第５の変化

その後，ついに⑨今の時代となった。

問１　〈A〉～〈D〉にあてはまる人物を次の中から１人ずつ選び，記号で答えなさい。

ア　徳川家康	**イ**　足利尊氏	**ウ**　源実朝	**エ**　明智光秀
オ　平清盛	**カ**　白河天皇	**キ**　足利義満	**ク**　鳥羽天皇
ケ　源頼朝	**コ**　石田三成	**サ**　足利義政	**シ**　後白河天皇

問２　(①)にあてはまる言葉を**漢字２字**で答えなさい。

問３　下線部②に関して，この期間に建てられたものを次の中から１つ選び，記号で答えなさい。

ア

イ

ウ

エ

問４　下線部③に関して，このような政治の形を何と呼びますか。**漢字２字**で答えなさい。

問５　下線部④に関して，この期間の朝廷と幕府の関係を説明した以下の文章の空欄にあてはまる言葉を答えなさい。ただし(ア)と(ウ)は**漢字２字**，(イ)は**漢字３字**で答えなさい。

> 京都の朝廷の力はまだ強く，その力は西日本を中心に全国に及んでいた。東日本を中心に勢力を持つ幕府は，朝廷から軍事・警察の権限を認められていた。朝廷は国ごとに貴族を(　ア　)に任命し，幕府は国ごとに(　イ　)を(　ウ　)に任命していた。

問６　(⑤)と(⑧)にあてはまる名字をそれぞれ**漢字２字**で答えなさい。

問７　下線部⑥に関して，この期間に九州地方に領地を**持っていなかった戦国大名**を次の中から１つ選び，記号で答えなさい。

ア　長宗我部　　**イ**　島津　　**ウ**　龍造寺　　**エ**　毛利

問８　(⑦)にあてはまる言葉として正しいものを次の中から１つ選び，記号で答えなさい。

ア　町奉行　　**イ**　執権　　**ウ**　鎌倉府　　**エ**　大宰府

問９　下線部⑨に関して，「今の時代」から20世紀までに起こった出来事として正しいものを次の中から**４つ**選び，年代順に並べかえて記号で答えなさい。

ア　米などの値段が急に高くなったことで米騒動が広まり，寺内正毅内閣が総辞職した。

イ　祖国復帰運動がねばり強く続けられ，中国に統治されていた沖縄が日本に返還された。

ウ　公害の被害にあった住民を中心に公害反対運動が広がり，公害対策基本法が成立した。

エ　天保のききんが起こり，農村では百姓一揆，都市では打ちこわしが起こった。

オ　普通選挙運動がさかんになり，25歳以上の男性すべてに貴族院議員の選挙権が認められた。

カ　ノルマントン号事件の判決をきっかけに，不平等条約改正を求める運動がさかんになった。

問10　この文章で取り上げられた時代よりも前の時代の出来事について述べた文として正しいものを次の中から**すべて**選び，記号で答えなさい。

ア　中国大陸や朝鮮半島から移り住んだ人びとにより，米づくりの技術や青銅器・鉄器が伝えられた。

イ　ワカタケル大王は関東や九州の豪族たちを従え，埼玉県の稲荷山古墳に葬《ほうむ》られた。

ウ　中大兄皇子や中臣鎌足は蘇我入鹿を藤原京で殺害し，天皇中心の国づくりを始めた。

エ　律令がつくられ，農民が都の工事で働いたり，兵士として都や北九州の守りについたりすることを定めた。

オ　鑑真をしたう多くの人たちが東大寺の大仏づくりに協力し，大仏の開眼式が行われた。

3　現在，法律で定められている国民の祝日は16日あります。祝日に関する各問に答えなさい。

問１　成人の日に関して，現在の成人年齢は18歳と法律で定められています。成人になると認められることとして**誤っているもの**を次の中から１つ選び，記号で答えなさい。

ア　衆議院議員選挙における，選挙権・被選挙権が認められる。

イ　クレジットカードの作成や，ローンを組むことが認められる。

ウ　男性・女性ともに結婚することが認められる。

エ　10年間有効のパスポートの取得が認められる。

問２　建国記念日は戦前の紀元節（神武天皇の即位したとされる日）をもとに定められています。イギリスや戦前の日本（1889年以後）では国王や天皇といった君主が存在していますが，実際は議会が法律や予算を決めており，今日の日本も同様です。このような政治体制は何と呼ばれていますか。解答欄にあうように**漢字２字**で答えなさい。

問３　２月23日は今上天皇の誕生日です。明治以降の天皇誕生日のうち，現在は名称《めいしょう》を変えて国民の祝日となっている日が２つあります。この２つの祝日の現在の名称を解答欄にあうように**漢字２字**で答えなさい。

問４　みどりの日は「自然に親しむとともにその恩恵に感謝し，豊かな心を育むこと」を目的としています。環境問題を担当する官庁として環境省がありますが，環境省の扱う事業の内容として**誤っているもの**を次の中から１つ選び，記号で答えなさい。

ア　南極地域の環境の保護に関すること

イ　公害の防止のための規制に関すること

ウ　水害などから人々を守るための河川の整備に関すること

エ　原子炉《げんしろ》の事故で放出された放射性物質による環境汚染への対処に関すること

問５　敬老の日に関して，現在日本社会の高齢化《こうれいか》は深刻な状況《じょうきょう》になっています。下の人口推移の推計表についての説明として正しいものを次の中から１つ選び，記号で答えなさい。

ア　2020年と比べて2060年には，老年人口の割合は1.5倍になっている。

イ　生産年齢人口の割合は，2060年には，総人口の半分以下になっている。

ウ　2060年には，年少人口は1,000万人以下にまで減少している。

エ　2030年には，生産年齢人口1.5人で老年人口の１人を支えることになる。

年	総人口（万人）	年齢別人口の割合（％）		
		０～14歳	15～64歳	65歳以上
2020	12,615	11.9	59.5	28.6
2030	12,012	10.3	58.9	30.8
2040	11,284	10.1	55.1	34.8
2050	10,469	9.9	52.9	37.1
2060	9,615	9.3	52.8	37.9

（国立社会保障・人口問題研究所2023年推計〔出生中位・死亡中位予想〕より）

問６　現在10月の第二月曜日に定められているスポーツの日は，2019年までは別の名称であり，さらに1999年までは10月10日に固定されていました。この日付はあるイベントを記念して定められたものです。このイベントの名称を答え，これと同じ年の出来事を次の中から１つ選び，記号で答えなさい。

ア　日米安全保障条約が改定された。

イ　東海道新幹線が全線開通した。

ウ　川端康成がノーベル文学賞を受賞した。

エ　日本と中華人民共和国の国交が正常化した。

問７　勤労感謝の日に関して，現在働く人々の環境改善が社会全体の課題となっています。労働環境に関する制度について述べた文として**誤っているもの**を次の中から１つ選び，記号で答えなさい。

ア　一定期間の勤務の実績がある場合，有給休暇《ゆうきゅうきゅうか》の取得が認められている。

イ　女性に対しては，時間外労働（残業）や深夜労働の制限が認められている。

ウ　子どもが１歳に達するまでの期間，男女とも育児休業が認められている。

エ　要介護《ようかいご》状態と認定された家族がいる場合，介護休業が認められている。

【理　科】〈第２回試験〉（30分）〈満点：40点〉

注意　定規，コンパス，および計算機(時計についているものも含む)類の使用は認めません。

1　冬の夜空には複数の１等星を見ることができます。そのうち，６つの１等星を結んでできる大きな六角形は「冬のダイヤモンド」または「冬の大六角形」とよばれています。図１は，2023年２月はじめの21時に関東地方で見上げた夜空全体のようすを示したもので，恒星を結んだ六角形が「冬のダイヤモンド」です。破線は星座の形の一部を，太線は地平線，Ａ～Ｃは恒星，Ｄ，Ｅは方角を示しています。

恒星は太陽のように自ら光を放出する天体であり，放出する光の量が多いほど明るい恒星となります。しかし，地球から観測したときには，それぞれの恒星までの距離が異なるため，同じ光の量を放出していても明るさが異なっています。恒星までの距離が２倍になると明るさは$\frac{1}{4}$倍になり，恒星までの距離が４倍になると明るさは$\frac{1}{16}$倍になります。また，１等星は６等星よりも100倍明るく見えます。以下の問いに答えなさい。

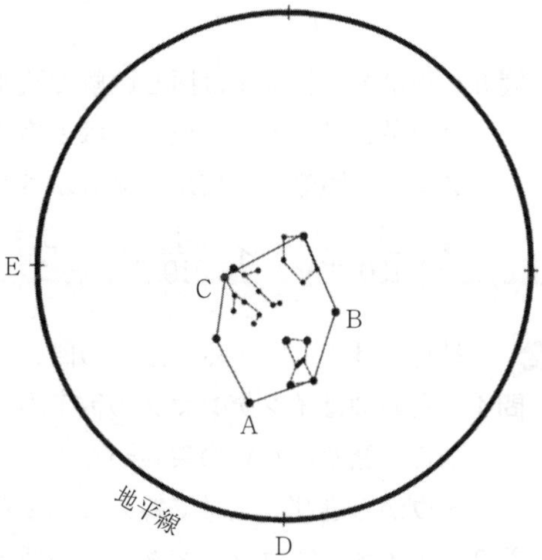

図１　2023年２月はじめの21時の関東地方での夜空のようす

問１　図１の恒星Ａはおおいぬ座のシリウス，恒星Ｂはおうし座のアルデバランである。恒星Ｃの名称と星座名を答えよ。

問２　図１のＤとＥの方角の組合せとして正しいものを**ア**～**エ**から選び，記号で答えよ。

	Ｄ	Ｅ
ア	北	東
イ	北	西
ウ	南	東
エ	南	西

問３　東京(北緯35.7°)で北の空に見える恒星ａを観測した。２時間後にどのように動いたか。最もふさわしいものを選び，記号で答えよ。

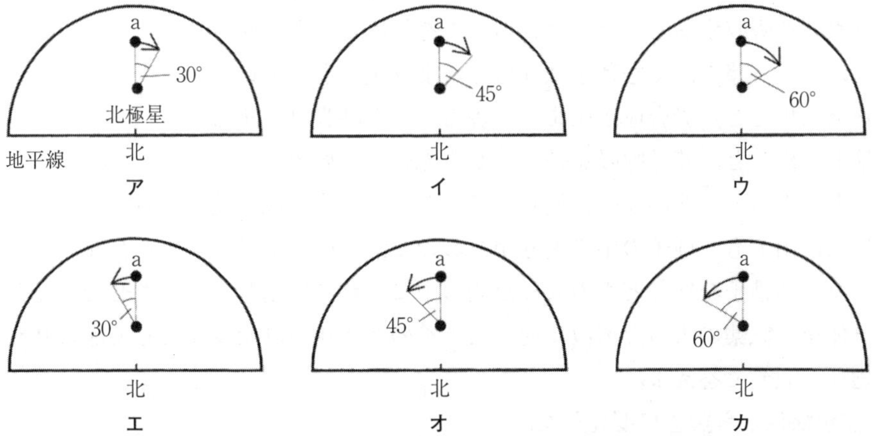

問４　**問３**で観測した恒星ａを２か月後の同じ時刻に同じ場所で観測した。観測し始めの恒星ａの位置はどこか。最もふさわしいものを選び，記号で答えよ。

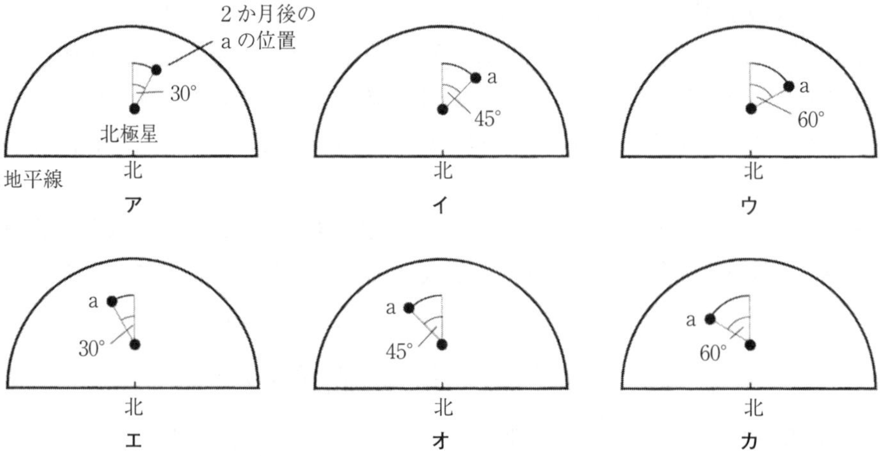

問５　恒星Ｘと恒星Ｙは同じ距離で観測すると，同じ明るさである。しかし，地球から観測すると恒星Ｘは６等星，恒星Ｙは１等星であった。地球から恒星Ｙまでの距離は，地球から恒星Ｘまでの距離の何倍か。最もふさわしいものを選び，記号で答えよ。

ア　$\frac{1}{100}$倍　　**イ**　$\frac{1}{10}$倍　　**ウ**　10倍　　**エ**　100倍

2　植物の種子に関する，以下の問いに答えなさい。

問１　右の図はインゲンマメの種子の内部をスケッチしたものである。発芽のための栄養がたくわえられている部分を図の**ア**～**ウ**から選び，記号で答えよ。また，その名称を答えよ。

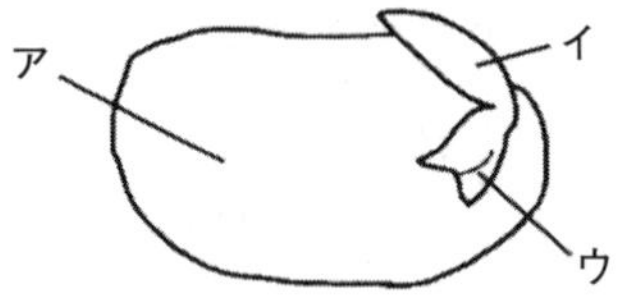

問２　①イネ，②ゴマ，③ダイズの種子に，それぞれ最も多くたくわえられている栄養分を選び，記号で答えよ。

ア　デンプン　　**イ**　タンパク質　　**ウ**　脂肪《しぼう》

問３　土の中にうめたインゲンマメの種子の発芽について，正しい文を２つ選び，記号で答えよ。

ア　種子は水分を吸収すると，デンプンの合成を始めて，発芽する。

イ　発芽したとき，芽をふくむ種子はうめる前より重くなっている。

ウ　芽が地上に出ると，光合成が始まり，盛んだった呼吸は止まる。

エ　芽が地上に出ると，芽は呼吸を続けながら光合成を始める。

オ　芽が地上に出ると，芽の成長に使われていた養分は光合成に使われる。

カ　芽が地上に出ても，種子の中の養分があるので，しばらくは光合成をしない。

問４　インゲンマメの種子を空気と水の入った袋の中に入れて密閉し，発芽させた。発芽した後，袋の中の気体を，試薬の入った溶液に通した。そのとき見られた変化として起こりうるものをすべて選び，記号で答えよ。

ア　BTB 液が緑色から黄色に変化した。

イ　BTB 液が緑色から青色に変化した。

ウ　石灰水が白くにごった。

エ　よう素液が青紫色に変化した。

いろいろな条件の下で，インゲンマメの種子が発芽するかを調べる実験を行いました。表は，その結果をまとめたものです。

表

	光	水	温度	肥料	結果
実験１	あり	あり	５℃	あり	発芽しなかった
実験２	あり	あり	25℃	あり	発芽した
実験３	あり	あり	５℃	なし	発芽しなかった
実験４	あり	なし	25℃	あり	発芽しなかった
実験５	あり	なし	５℃	あり	発芽しなかった
実験６	なし	あり	25℃	あり	発芽した
実験７	なし	あり	５℃	あり	発芽しなかった
実験８	なし	あり	25℃	なし	発芽した

問５　次の(a)，(b)が，実験１～８の結果から正しいとわかる場合には○，誤りとわかる場合には×の記号で答えよ。

また，○の場合，そのことがわかるのは，どの実験とどの実験を比べたときか，それぞれ１～８の番号で答えよ。×の場合，そのことがわかる実験を１つ選び，１～８の番号で答えよ。

(a)　発芽には水が必要である。

(b)　発芽には肥料が必要である。

3　水は温度によって氷・液体の水・水蒸気とすがたを変えます。そのすがたのちがいは，水をつくる小さな粒子の並び方と動き方のちがいです。図１で，小さな球 ● は水の粒子を表し，(あ)～(う)は水の３つのすがたを表しています。また，太線の矢印**ア**～**カ**はすがたが変化する方向を表しています。

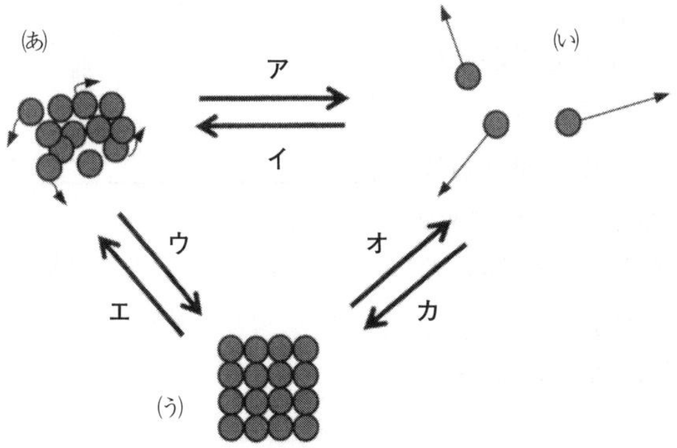

図１

問１　次の①，②で見られた変化は，図１の**ア**～**カ**のどれか。最もふさわしいものをそれぞれ選び，記号で答えよ。

①　冷とう庫の中にある氷が，次第に小さくなって，なくなった。

②　温かいスープから立ち上る湯気を観察していると，すぐに見えなくなった。

図１の変化と温度の関係をくわしく調べるために次の実験をしました。−20℃の氷を100ｇ用意し，容器に入れて熱がにげないようにし，１分間あたりに与える熱の量を一定に保ちながら加熱しました。このときの加熱時間と温度の関係をグラフにすると，図２のようになりました。

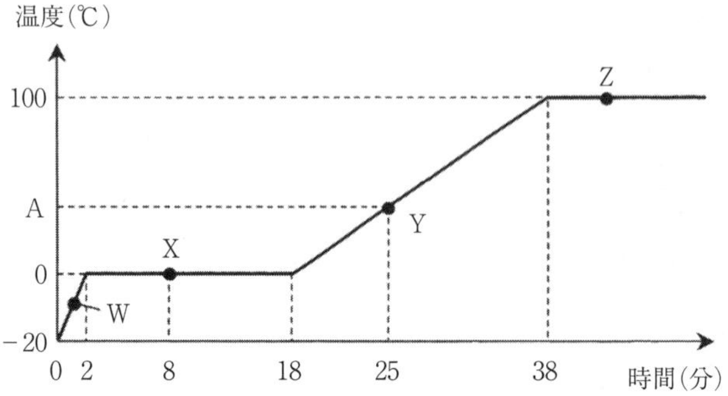

図２

問２　図１の(あ)の状態が存在しているものを，図２の点Ｗ～Ｚからすべて選び，記号で答えよ。

問３　点Ｙの温度Ａは何℃か。

問４　点Ｘで氷は何ｇ存在するか。

問５　−10℃の氷50ｇを用意し，下線部と同じ条件で加熱した。温度が30℃になるのは，加熱を始めてから何分何秒後か。

4　長さが60cmで重さが150ｇの棒があります。太さはどこでも同じです。この棒の左端《はし》を糸でつるし，別のもう１か所をばねばかりでつるして水平にしました。

問１　右の図１のように，棒の左端から45cmの位置をばねばかりでつるすと，ばねばかりは何ｇを示すか。

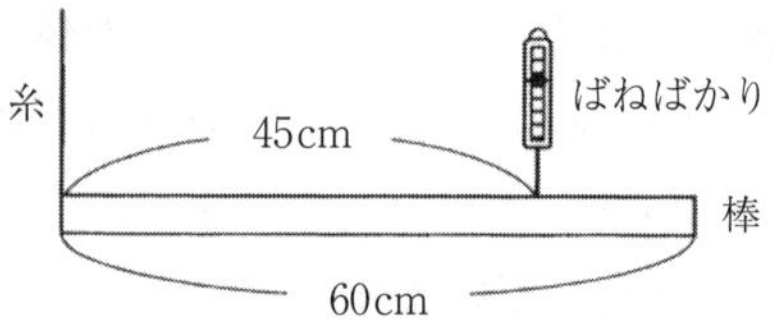

図１

問２　次に棒の別の位置をばねばかりでつるすと，ばねばかりは120ｇを示した。つるしたのは左端から何cmの位置か。

問３　棒のみをつるした場合，ばねばかりでつるす位置が棒の中心より右側であれば棒を水平にすることができる。しかし，棒の中心より左側をばねばかりでつるすと，棒は右に傾《かたむ》いて水平を保てなくなる。いま，右の図２のように棒の右端に100ｇのおもりをつるした状態で棒を水平に保ちたい。このとき，ばねばかりでつるす位置をできるだけ左に寄せた場合，水平を保てるのは棒の左端から何cmまでか。

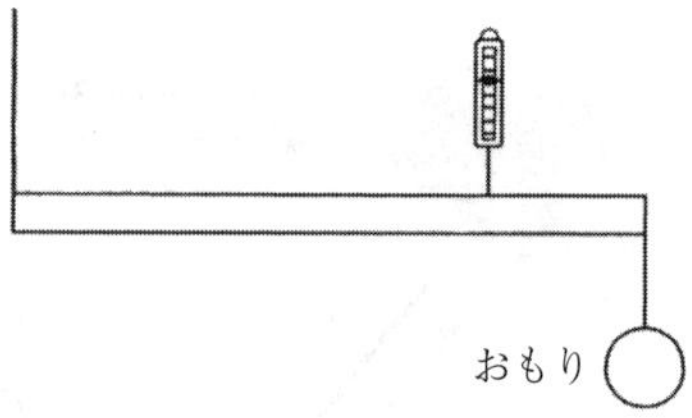

図２

長さが60cmの同じ大きさ，同じ形の何枚かの直方体の板を机の端に積み上げて，机から落とさずにどのくらいまで伸ばすことができるかを考えてみましょう。１枚の板の重さは200ｇです。１枚の板のみを使う場合，右の図３のようにちょうど半分の30cmまでは机からはみ出しても傾きませんが，それ以上はみ出すと板は傾いて落ちてしまいます。

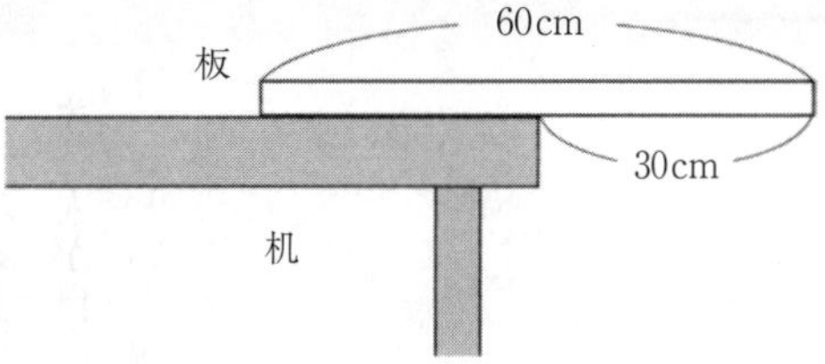

図３

問４　下の図４のように２枚の板を重ねた場合，上の板は下の板の端から30cmはみ出してもぎりぎり傾かない。では，このとき下の板が傾かずにはみ出すことができるのは机の端から何cmまでか。

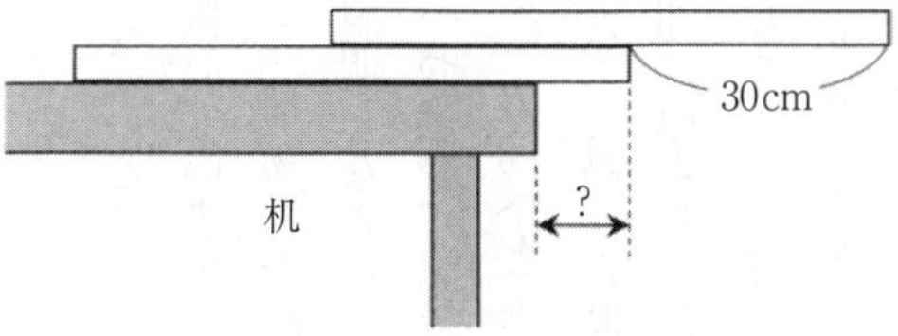

図４

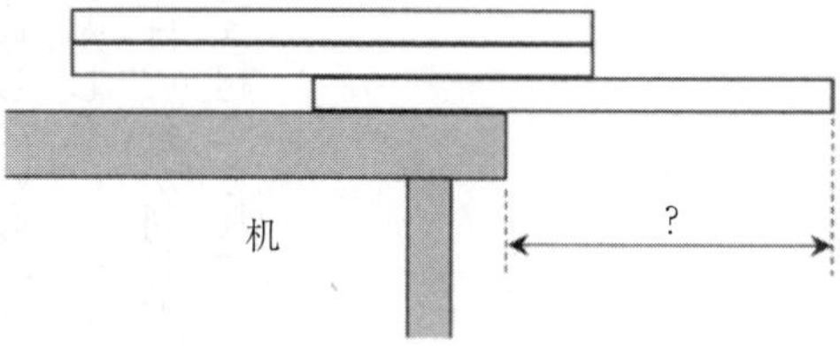

図５

問５　上の図５のように２枚の板を完全に重ねて，それを机の上からはみ出した板の重石《おもし》として用いて，一番下の板をできるだけ机の端からはみ出させたい。このとき，一番下の板が傾かずにはみ出すことができるのは机の端から何cmまでか。

問６　下の図６のように３枚の板を少しずつずらして，上の板ほど机の端からはみ出るようにしたい。このとき，一番上の板がはみ出すことができるのは机の端から何cmまでか。

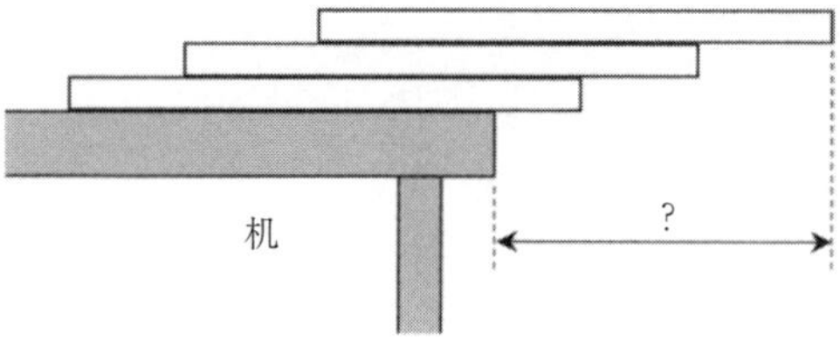

図６

問5　傍線部**3**「今日」の状況に対して、筆者はどうすべきだと考えていますか。それを述べた次の文の空欄に最もふさわしいことばを、本文中から十七字で書き抜きなさい。

〔　**十七字**　〕心を抱《いだ》くべきだと考えている。

問6　傍線部**4**「僕は机の上に植物を置いています」とありますが、それはなぜですか。「僕」の状態と「植物」の働きにそれぞれ触《ふ》れつつ、四十字以上五十字以内で説明しなさい。

問7　本文の内容に合うものを次から一つ選び、記号で答えなさい。

ア　人間の歴史が「きちんとする」方向へと進んでいく中で、二〇世紀はそれとは反対の思想が力を持った時代であった。

イ　現実世界の具体的な問題を個別に尊重した結果、私たちの生活はクリーンではあるが、窮屈になってしまった。

ウ　「現代思想」は秩序ある世界を必要とする一方で、「差異」に注目して多様な人生の在り方を提案する。

エ　現代は、法や規則によってだらしないものを取り締まろうとするあまり、安心・安全がないがしろにされている。

オ　人が自由に生きることの困難は、皆が同じ方向を向いていないという現代の課題によって引き起こされている。

頓《とん》したい。ところが、知人のアーティストから聞いた話ですが、机の上がキッチリ整理整頓されすぎていると、絵が「硬《かた》く」なってしまう。なので、むしろいい加減にしているのだと。この感覚は僕にもわかります。人間が人工的につくり出す秩序ではない、何かもっと有機的なノイズみたいなものがないと、思考が硬直化《こうちょくか》してしまいます。

4僕は机の上に植物を置いています。植物は自然の秩序ですが、同時に、人間の言語的な秩序からは逃れる外部を示している。植物は思い通りに管理できません。勝手な方向に延び、増殖《ぞうしょく》もする。そういう「他者」としての植物にときどき目をやると、物事を言葉でがんじ搦めにしようとしてしまう傾向に風穴を空けるような効果があります。

動物を飼うのもそうですね。他者が自分の管理欲望を攪乱《かくらん》することに、むしろ人は安らぎを見出《みいだ》す。ここが逆説的なのです。すべてを管理しようとすればするほど、わずかな逸脱可能性が気になって不安に駆《か》られるのです。むしろ秩序の攪乱を拒否しないことで不安は鎮《しず》まっていく。だから人は恋愛をしたり、結婚したりもするのです。それは秩序をつくるためというより、攪乱要因とともに生きていくことが必要だからでしょう。

（千葉雅也『現代思想入門』〈講談社〉より）

（注）コンプライアンス…企業が法律や規範《きはん》を守ること。

問１　傍線部ａ・ｃのカタカナを漢字に直しなさい。また、傍線部ｂの読みをひらがなで記しなさい。

問２　傍線部Ａ「狡猾な」・Ｂ「ユートピア」の意味として最もふさわしいものを後からそれぞれ選び、記号で答えなさい。

Ａ　狡猾な

ア　難解な　　イ　綿密な

ウ　あきれた　　エ　卑怯《ひきょう》な

オ　悪賢《わるがしこ》い

Ｂ　ユートピア

ア　架空《かくう》の世界　　イ　理想の世界

ウ　魔法の世界　　エ　幸福な世界

オ　完全な世界

問３　傍線部１「単純化」とありますが、「単純化」した行動の例として最もふさわしいものを次から選び、記号で答えなさい。

ア　他人から文句を言われることを過剰に恐《おそ》れ、ビクビクと生きる。

イ　企業の経営のために、コンプライアンスの行き過ぎを抑《おさ》える。

ウ　相手の主張全体を、ある具体例だけに注目して拒絶する。

エ　問題への再発防止策を立てることを怠《おこた》り、同じ失敗を繰《く》り返す。

オ　簡単ではあるが、様々なケースに対応したルールを作り上げる。

問４　傍線部２「逸脱をポジティブに考える」とありますが、どういうことですか。その具体例として最もふさわしいものを次から選び、記号で答えなさい。

ア　ナチス・ドイツによるユダヤ人迫害という悪行すらも、合法であることを理由に許容すること。

イ　芸術家にはハチャメチャなところがあるという一見正しい主張を、昭和的であるとして排除すること。

ウ　盗んだバイクで走り出すことの迷惑性は理解しつつも、その解放的なイメージに憧《あこが》れを持つこと。

エ　押せば合法性の判断ができるボタンは、法曹の仕事を奪《うば》うとはいえ、公平な判決を下せること。

オ　戦時中のファシズムについて、戦争という観点から否定しつつも、その一体感を好むこと。

て、純粋《じゅんすい》で正しいものを目指していくという道を歩んできました。そのなかで、**二〇世紀の思想の特徴《とくちょう》は、排除される余計なものをクリエイティブなものとして肯定《こうてい》したこと**です。

第四章で説明しますが、遡《さかのぼ》ると、その原点は一九世紀のニーチェの哲学《てつがく》にあります。ニーチェは『悲劇の誕生』において、「ディオニュソス的なもの」という言い方で、荒《あら》ぶる逸脱のエネルギーをクリエイティブなものとして肯定しました。

逸脱にクリエイティブなものが宿るという考え方は、二〇世紀を通してポピュラーになりました。芸術家にはハチャメチャなところがある、みたいなイメージですね(それも「昭和的」になり、今では品行方正な人が好まれるのかもしれません)。

予定を超《こ》えて朝まで飲んでしまうとか、突然《とつぜん》「今から海に行くか」となってレンタカーでドライブに出かけてしまうとか、そのくらいなら日常起こりうる軽い逸脱で、青春映画みたいな爽《さわ》やかさです。「勢い」ですね。その一方で、最も極端《きょくたん》には、犯罪という逸脱がある。では、激しい社会運動で、法的にギリギリであるような行動などはどうなのか。法の隙《すき》をつくA狡猾《こうかつ》なビジネスはどうなのか。逸脱には実にさまざまな様態があります。考えてみてほしいのですが、ナチス・ドイツによるユダヤ人迫害《はくがい》は法によってc**スイコウ**されたのであり、抵抗《ていこう》するには違法行為《いほうこうい》＝逸脱が必要だったのです。

そもそも、ルールに則《のっと》っている状態とはどういうことなのか。法的にセーフかアウトかというのは解釈《かいしゃく》が必要で、だから法曹《ほうそう》の仕事があるのであって、ボタンを押したら答えが出るのではありません。ここには、ソール・クリプキというアメリカの哲学者が考えた「規則のパラドックス」という有名な問題が潜《ひそ》んでいます。詳《くわ》しく知りたい方は、飯田隆『規則と意味のパラドックス』(ちくま学芸文庫)を読んでみてください。

僕は一九七八年生まれで、九〇年代から二〇〇〇年代にかけて精神形成をした人間なので、二〇世紀的なものをずっと背負っているのですが、デジタル・ネイティブの世代からすると、2逸脱をポジティブに考えるというのは違和感があるかもしれません。

有名な「盗《ぬす》んだバイクで走り出す」という歌詞がありますが、あれはかつて、がんじ搦《がら》めの社会秩序の「外」に出ていくという解放的なイメージで捉えられていました。ところが今日では、「他人に迷惑《めいわく》をかけるなんてありえない」という捉え方がけっこう本気で言われているようです。そういう解釈は当初は冗談《じょうだん》だったのですが。

3今日では、秩序維持《いじ》、安心・安全の確保が主な関心になっていて、以前のように「外」に向かっていく運動がそう単純には言祝《ことほ》がれなくなっています。

そういう状況《じょうきょう》に対して僕は、さまざまな管理を強化していくことで、誰《だれ》も傷つかず、安心・安全に暮らせるというのが本当にBユートピアなのかという疑いを持ってもらいたいと思っています。というのも、それは戦時中のファシズムに似ているからです。

僕は祖父母が戦争を経験しているので、皆が一丸となってひとつの方向を向くことへの警戒心をギリギリ教えられてきた世代です。そういう昭和の記憶《きおく》があるからこそ、一人の人間が逃《に》げ延《の》びられる可能性がa**リンリ**的につねに擁護《ようご》されるべきだと考えるのです。犯罪の抑止《よくし》は必要だとしても、過剰《かじょう》な管理社会が広がることへの警戒は言わねばならないし、現代思想はまさにその点に関わっており、人が自由に生きることの困難について語っている思想だと思うのです。

秩序をつくる思想はそれはそれで必要です。しかし他方で、秩序から逃《のが》れる思想も必要だというダブルシステムで考えてもらいたいのです。

たとえば机の上がめちゃくちゃだったら気分が悪いわけで、整理整《せい》

エ　王女マルグレーテは、最後まで海とともにありたいと願っている。

オ　人魚姫ミアは、意識を失った王女の体を温める方法を知っていた。

二　次の文章を読んで、後の問に答えなさい。

現代思想を学ぶと、**複雑なことを1単純化しないで考えられる**ようになります。**単純化できない現実の難しさを、以前より「高い解像度」で捉《とら》えられるようになる**でしょう。

――と言うと、「いや、複雑なことを単純化できるのが知性なんじゃないのか?」とツッコミが入るかもしれません。ですが、それに対しては、「世の中には、単純化したら台無しになってしまうリアリティがあり、それを尊重する必要がある」という価値観あるいはaリンリを、まず提示しておきたいと思います。そう聞いて、「ふむふむ、そうだよな」と思ってくださるならいいのですが、「なんじゃそれは」とイラつく人もいるかもしれない。ともかく読み進めてみて、役に立つものかどうかご判断いただければ幸いです。

もう少し、この冒頭《ぼうとう》で、今なぜ現代思想なのかを説明させてください。

大きく言って、現代では「きちんとする」方向へといろんな改革が進んでいます。これは僕《ぼく》の意見ですが、それによって生活がより窮《きゅう》屈《くつ》になっていると感じます。

きちんとする、ちゃんとしなければならない。すなわち、秩序《ちつじょ》化です。

秩序から外れるもの、だらしないもの、逸脱《いつだつ》を取り締《し》まって、ルール通りにキレイに社会が動くようにしたい。企業《きぎょう》では「(注)コンプライアンス」を意識するようになりました。のみならず、我々は個人の生活においても、広い意味でコンプライアンス的な意識を持つようになったというか、何かと文句を言われないようにビクビクする生き方になってきていないでしょうか。今よりも「雑」だった時代の習慣を切り捨てることが必要な面もあるでしょう。しかし改革の刃《やいば》は、自分たちを傷つけることにもなっていないでしょうか。

こうした現代の捉え方を、ここではごく大ざっぱに言うだけにします。じゃあ具体的にどういう問題があるかと例を挙げると、その例だけに注目して拒絶《きょぜつ》され――「それをきちんとするべきなのは当然だ」と問答無用の反発を受けて――、話を聞いてもらえないかもしれないからです。

ですから時代の大きな傾向《けいこう》として言います。現代は、いっそうの秩序化、クリーン化に向かっていて、そのときに、必ずしもルールに収まらないケース、ルールの境界線が問題となるような難しいケースが無視されることがしばしばである、と僕は考えています。何か問題が起きたときに再発防止策を立てるような場合、その問題の例外性や複雑さは無視され、一律に規制を増やす方向に行くのが常です。それが単純化なのです。世界の細かな凹凸《おうとつ》が、ブルドーザーでb均されてしまうのです。

物事をちゃんとしようという「良かれ」の意志は、個別具体的なものから目を逸《そ》らす方向に動いてはいないでしょうか。

そこで、現代思想なのです。

現代思想は、秩序を強化する動きへの警戒心《けいかいしん》を持ち、秩序からズレるもの、すなわち「差異」に注目する。それが今、人生の多様性を守るために必要だと思うのです。

人間は歴史的に、社会および自分自身を秩序化し、ノイズを排除《はいじょ》し

主要登場人物

朝倉真砂　ミア役。「私」と自称。
水無瀬樹《いつき》　マルグレーテ役。
栗林夏穂　魔女役。
宇内瑠美　裏方全般を経て演出も担当。演劇部の部長。「俺」と自称。
滝上ひかり　演劇部の部員ではない。宇内の依頼で脚本を担当。「僕」と自称。

問１　傍線部**1**「ト書き」とは、「脚本の中で、場面の状況・音響《おんきょう》・照明などの指定を台詞の間に書き入れたもの」のことです。本文中には「ト書き」の形式を利用した表現が複数ありますが、そのうち十字のものを書き抜きなさい。ただし、滝上の書いた脚本部分は除きます。

問２　傍線部**2**「俺こういうの好き」とありますが、宇内の滝上に対する気持ちが態度に明白に表れている一文を本文中から探し、その最初の五字を書き抜きなさい。

問３　傍線部**3**「ハッピーエンド」とは、どういうことですか。その説明として最もふさわしいものを次から選び、記号で答えなさい。

ア　人魚姫が人間へと変身したために海で命を失ってしまうということ。
イ　王女が自ら海に身を投じることで海辺の小国の平和がつづくこと。
ウ　王女がいなくなって人魚姫は海の中にとどまるということ。
エ　王子が死亡して政略結婚が回避《かいひ》されるということ。
オ　王子を殺害する場面が不要になるということ。

問４　傍線部**4**「私、人魚姫やりたい」とありますが、真砂は自分自身とミアとの間に共通点を見出したと考えられます。両者の共通点について、説明しなさい。答が解答欄からはみ出さないように注意すること。

問５　傍線部**5**「〈真砂〉という新しい名前を彼女は自分につけた」とありますが、なぜそのようにしたのですか。解答欄に合うよう、本文中から最もふさわしい部分を八字で書き抜きなさい。

〔　**八字**　〕ことを周囲にも表明するため。

問６　傍線部**6**「このひとは、私に会いに来てくれたのだ、と人魚姫は思った」とありますが、どういうことですか。その説明としてふさわしいものを次から二つ選び、記号で答えなさい。

ア　正式の招待が王宮からあったということ。
イ　王女が人魚の子孫であると確信したということ。
ウ　王女に近づきたがっていたのは自分なのだということ。
エ　運命だと感じていたものが、確かな現実に変わったということ。
オ　待ち望んでいた、王女を助ける好機がついに訪《おとず》れたということ。
カ　王女の側も自分に好意を持っていたのだと、理解したということ。

問７　本文の内容と合っていないものを次から一つ選び、記号で答えなさい。

ア　滝上ひかりは、作品中の状況を台詞で説明することをよしとしていない。
イ　水無瀬樹は、ファンたちから男役としての容姿に憧れをもたれている。
ウ　栗林夏穂は、ことあるごとに部長である宇内瑠美をからかっている。

5〈真砂〉という新しい名前を彼女は自分につけた。病院に通い、二次性徴《せいちょう》をしばしの間止める治療《ちりょう》を受け、彼女は女性として生き始めた。〔略〕

王女は波間に浮かぶ顔に向かって微笑《ほほえ》んだ。おのれの、海の、どちらでもある顔。なぜならおのれは海とひとつになるのだから。迎《むか》えに来てくれたのだ、と王女は思った。頼《たよ》りない小舟《こぶね》の上に王女は立ち上がり、櫂《かい》を手放した。櫂は藍色《あいいろ》の中に沈《しず》んで、瞬《また》く間《ま》に見えなくなった。まるではじめからまぼろしでしかなかったかのように。そして、櫂の後を追うように、王女は水中に身を翻《ひるがえ》した。〔略〕

見下ろすと、碧《あお》い水と月の光が混ざり合う、汽水域に似た領域を、王女がいっしんに沈んでいく。身に纏《まと》った衣《ころも》がいそぎんちゃくのように開き、唇《くちびる》から小さな真珠《しんじゅ》に似た泡《あわ》が立ち上る。人間が沈んでいくところを、人魚姫ははじめて目にした。沈むということのない人魚には、おどろくほどの速さだった。泡が上っていくのと引き換《か》えに、からだは落ちていくように思えた。

人魚姫は王女を追って海に潜《もぐ》った。水の中で、王女のからだは今までになく自由に見えたし、あの哀《かな》しみの気配からも解き放たれているように見えた。人魚姫ははじめて間近に王女の顔を見て、このまま、このまま一緒《いっしょ》に海の底の宮殿《きゅうでん》へ行くことができたら、と願った。〔略〕

それからその思いを振《ふ》り払い、王女を抱《だ》いて水面に顔を出した。

「ごめん、来週の教室取れてなかった」

朝の教室に飛び込んでくるなり、宇内がそう言った。〔略〕

多目的室のような特別教室が他の部に取られてしまったときは、比《ひ》較《かく》的空きのある通常教室で申請《しんせい》し直すしかない。〔略〕そういうときは、人海戦術、とまではいかずとも、部員をかき集めてできるだけ多くの申請を出す。

「三人ほど、学生証持ってきてくれる？」

真砂は周囲を軽く見回す。この時間に来ている部員は少ない。ほか数人の部員とともに、真砂は学生証の入ったパスケースを持って立ち上がった。

生徒会室に置いてあるファイルを開いて、教室の空き状況《じょうきょう》を調べ、備え付けの申請用紙を埋《う》める。申請者の名前と学生証番号まで記入して、学生証を添《そ》えて窓口に出す。

真砂の番になったとき、申請書と学生証をチェックしていた一年生らしき役員の、スムーズな作業が停滞《ていたい》する。申請書の〈朝倉真砂〉という名前と、学生証の〈朝倉正雄《まさお》〉という名前、それに真砂の顔を見比べて、いったんフリーズした後、奥に引っ込んでいく。

「ああ、朝倉さんは大丈夫《だいじょうぶ》」奥から三年生の声が洩《も》れ聞こえる。「そのまま通してあげて」〔略〕

大理石の階段の上に王女を横たえ、人魚姫はじっとその顔を見下ろした。意識を失っているときだけは、哀しみの気配を漂《ただよ》わせていないその顔。大理石に彫《ほ》られたように静かなその顔。触《ふ》れると、大理石のように冷たく、人魚姫と同じくらい冷たかった。〔略〕

王女をあたためる手段はひとつしか思い浮かばなかった。

6このひとは、私に会いに来てくれたのだ、と人魚姫は思った。私に会いに来ようとしたばかりにこんなことになってしまったのだ。私の方から、このひとのそばに行くしかないのだ。

人魚姫は首から提《さ》げた薬壜《びん》を摑《つか》むと、蓋《ふた》を開け――中身を一気に飲み干した。

そして、王女の上に倒《たお》れ込んだ。

（川野芽生「Blue」『すばる』２０２３年８月号〔集英社〕より）

「理論派なんだよなあ、水無瀬は」と、魔女役の栗林。

「うだ」

と真砂は横で聞いていた部長を引き込《こ》んで、

「演出家的にはどう思うの？　そこの解釈《かいしゃく》」

と問いをパスした。

「そこって、どこ？」

「ミアの一目惚れについて」

「水無瀬は、一目惚れなんかないって立場？」

「ないっていうか、わからん。顔で好きになったってこと？　一目見ただけじゃ相手のことなんか何もわからないわけじゃん。それでそんな好きになる？」

容姿で憧れを持たれることの多い水無瀬の言葉にはたしかに説得力がある。

「一目惚れ、わかる気がするけどなあ、俺は」

宇内は何かを思い出そうとするようなゆっくりした口調で水無瀬の早口を受け止める。

「相手のことがわかってるから好きになるわけじゃないんじゃないの？　むしろ、わからなくて、わかりたいと思うのが、好きっていうことなんじゃないかなあ」

「ははあ」

横から栗林が意味深長に目配せをしてみせると、その場の皆にも、宇内の滝上に対する気持ちを茶化《ちゃか》しているのだとわかって、宇内は見るからに赤くなり、口籠《くちごも》った。

「他人ってわかんないもんじゃん。部長はたいていの人間のことは理解したつもりでいるってこと？」

水無瀬は空気を無視して更《さら》に切り込む。〔略〕

数年前に共学化した元女子校で、今でも男子の入学者が少ない高校を、真砂は進学先に選んだ。女子の集団に溶け込めると思ったわけではないけれど、男子の集団に問答無用で帰属させられるのだけは嫌《いや》だった。

演劇部に誘《さそ》われたのは、数少ない男子だからという理由もあったのだろうと、真砂は後になって思い当たった。

しかし実際に〈男〉としての役割を求められることはほとんどなかった。女子部員の多くは、むしろ男性の役を演じたがった。自分と異なるものを演じることこそ演劇の華《はな》だと思っているのか、あるいは舞台の上でのみ現すことができる男の姿をこそ自身の真の姿と見なしているのか。

新入生全員が役者を務める夏の公演で、真砂は男性の役を演ると思われていたのだが、男性役の志望者が多いからという理由で、女性の役に移ることを申し出た。

その時まで、女性として生きるという選択肢が、現実的なものとして浮かんだことはなかった。それは空を飛べるようになるといったたぐいの夢想と変わらなかった。

舞台の上で自分ではない人間を演じることによる解放感というだけの話かもしれないとはじめは思った。しかし演劇部の中で、冗談《じょうだん》半分に〈女の子〉として扱《あつか》われるようになると、気持ちが楽になるのを感じた。〔略〕

――あさくら、女子の制服いる？

と演劇部の先輩《せんぱい》に言われたのが転機になった。――この春卒業したうちのお姉ちゃんのお下がりがあるんだけど、あさくらなら余裕《よゆう》で入るんじゃない？

女子の制服で学校に通いたい、と打ち明けると、両親はあっさりと受け容れた。〔略〕

この世界の何も、彼女の悲しみを癒《いや》さない。
人魚姫は知らないが、この日船上で行われていたのは彼女の婚約披露の宴《うたげ》である。

栗林　で、この人魚姫では船は難破しないんだ。

滝上　しない。難破したら、許嫁《いいなずけ》も溺死《できし》してもう３ハッピーエンドだろ。

〔略〕

滝上　ただ難破のイメージというか、人魚姫の想像の中で船が難破するシーンはあってもいいかなと思うんだけど、演劇ってそういうのできる？　最初は現実に起きたことに見えて、後からこれは人魚姫の想像なんだとわかる感じにしたい。

水無瀬　無茶《むちゃ》言うよ先生。

宇内　できるよ。

真砂　部長、安請《やすう》け合いすんな。

栗林　部長は先生にべた惚《ぼ》れだから。

滝上　人魚姫と王女が見つめ合って立ってるんだ。多分、舞台の端《はし》と端とかに分かれてるのかな。〔略〕他に誰もいなくなって、二人の間に青い海だけが広がってて、二人は見つめ合ったまんま。でも実際にはそうはならないんだよね。人魚姫がそう願ってるだけ。船客も許嫁もいなくなって、世界に自分と王女二人っきりだったらなって。夢見てるだけ。〔略〕

水無瀬　でもこれ小説じゃなくて演劇だからなあ。

宇内　まあまあ、言葉は役者がイメージを広げるのにも役立つから。

栗林　部長はこれだからな。

水無瀬　みんなやりたい役ある？

栗林　魔女気になるな。

水無瀬　うちは王女かな。真砂は？

真砂　４私、人魚姫やりたい。

（真砂、顔を上げて）

（暗転）

〔略〕

ほとんど女子ばかりのこの演劇部に、女性の役を演《や》りたがる部員はかえって少ない。水無瀬はその中では珍《めずら》しく、ヒロイン役の常連である。舞台上の彼女に憧《あこが》れを寄せるファンたちは皆、分厚い眼鏡をかけて髪をきつく束ね、眉根《まゆね》に皺《しわ》を寄せて早口でぶつぶつ言っている普段《ふだん》の姿に幻滅《げんめつ》すると言われている。

「どうって、好きなんでしょ」

ミア役の真砂が答えると、水無瀬はわかってないなあと言いたげな顔をして、

「何で好きになるのかがまず謎なんだよ」

と言いながら丸めた台本で机を軽く叩《たた》いた。

「船の上にいるのを海から一目見ただけじゃん。喋《しゃべ》ってもない。それで、故郷も捨てて家族も捨てて、本当の自分を捨ててまで会いに行く？」

「ていうか、ミアの気持ちは水無瀬の役作りには関係なくない？」

「あるよ。ミアがどういう気持ちをマルグレーテに持ってるのかわからないと、マルグレーテとしてもミアにどう接したらいいのかわからない」

2024年度 早稲田中学校

【国　語】〈第二回試験〉（五〇分）〈満点：六〇点〉

注意　字数制限のある問題については、かっこ・句読点も一字と数えなさい。

一　次の文章を読んで、後の問に答えなさい。

> 演劇部の部長であり演出も担当する宇内瑠美《うだいるみ》は、演劇部の部員ではない滝上ひかりに脚本《きゃくほん》の執筆《しっぴつ》を依頼《いらい》します。その脚本『姫と人魚姫』は、原作であるアンデルセンの『人魚姫』に大《おお》幅《はば》な脚色を加えたものとなっています。『姫と人魚姫』では、初めて海上に出た人魚姫が、船上での婚約披露宴《ひろうえん》に身をおく、美しく孤独《こどく》な王女マルグレーテに強くひきつけられます。人魚姫は、魔女である祖母から得た、人間の身体を得る薬を携《たずさ》えつつ、毎夜、岸へと泳いでいきます。海辺の小国の王女は、王子との結婚が内陸の大国に海を渡《わた》すことでしかないことに苦しみ、海へと身を投げますが、意識を失った王女を人魚姫が救い、「体温」を持つ人間と化して自らの体温で王女の体を温めます。

人魚姫は目を瞠《みは》った。はじめて目にした空のおそろしいほどの広さも、熱帯魚たちの鱗《うろこ》を全部奪《うば》ってきて一身にまとったような水面のまばゆさも、水底に形成される地形のひとつとばかり思っていた、尖《とが》った枝がいくつも突《つ》き出た巨大な構造物が水上に浮《う》かんでいることへの驚《おどろ》きも忘れた。広い世界を見に上ってきたはずだった人魚姫の心は、その構造物——船——の小さな開口部のうちに引き寄せられていた。

こんなに美しいものは海の中にはいなかった、と人魚姫は思った。自分が世間知らずのお姫様などではなく、海という海を知り尽《つ》くした冒《ぼう》険家《けんか》でもあるかのように。

見たことがない、こんなに美しくて、こんなに、

水無瀬《みなせ》　どこまで1ト書《とが》き？

滝上　言っただろ、小説しか書いたことがないって。

栗林《くりばやし》　誰《だれ》だよ小説家先生を脚本に起用した奴《やつ》は。

宇内　いいじゃん文学的で、2俺《おれ》こういうの好き。

栗林　部長は小説家先生に甘《あま》い。

水無瀬　文学的な台詞《せりふ》がほしいとか言ってたくせに。

滝上　でも僕《ぼく》の小説はそういうのじゃないんだ。台詞で説明するようなのは無粋《ぶすい》だよ。

水無瀬　ト書きで説明する方がよっぽど無粋じゃん。

真砂《まさご》　でも実際台詞で説明する芝居《しばい》ってだるいよね。

栗林　それは姫の演技力でなんとか。

水無瀬　ダブル姫の？

栗林　ダブル姫の。

こんなに美しくて、こんなに不幸そうな、それは人間の王女だ。豪《ごう》奢《しゃ》に着飾《きかざ》った数知れない人間たちに囲まれながら、人魚姫の目にはその姿だけが鮮《あざ》やかに浮かび上がって見える。星々をつらねたようなドレスにも、彼女は見劣《みおと》りしないだけの美しさを持っている。いな、星々を浮かべはじめたこの空と海のすべてが彼女のために誂《あつら》えられた長い長い裳裾《もすそ》であるかのように、海の上と陸の上と海の下の世界のすべてが彼女をそのうつろに容《い》れるためだけに作られた衣装《いしょう》であるかのように、美しい。美しくて孤独だ。

2024年度 早稲田中学校 ▶解説と解答

算　数　＜第２回試験＞（50分）＜満点：60点＞

解　答

1 (1) 12箱　(2) ア…５，イ…１　(3) 12　2 (1) 405度　(2) 1.2倍　(3) 140.99cm^2　3 (1) $\frac{3}{4}$倍　(2) ４倍　(3) ９時28分　4 (1) 312cm^2　(2) 120個　(3) 80個　5 (1) B…130秒，C…155秒　(2) 1345秒　(3) 670秒

解　説

1 差集め算，条件の整理，比の性質

(1) 予定よりも代金が安くなったから，いちごの方を多く買う予定だったことになり，右の図１のように表すことができる。図１で，太線部分の代金は同じなので，アとイの部分の代金の差が，2200－700＝1500(円)になる。また，１箱あたりの差は，600－300＝300(円)だから，アの部分の箱数は，1500÷300＝５(箱)とわかる。さらに，予定の代金は，10000－700＝9300(円)なので，太線部分の代金は，9300－600×５＝6300(円)とわかる。よって，太線部分のみかんといちごの箱数は，6300÷(300＋600)＝７(箱)ずつだから，予定のいちごの箱数は，７＋５＝12(箱)である。

図１

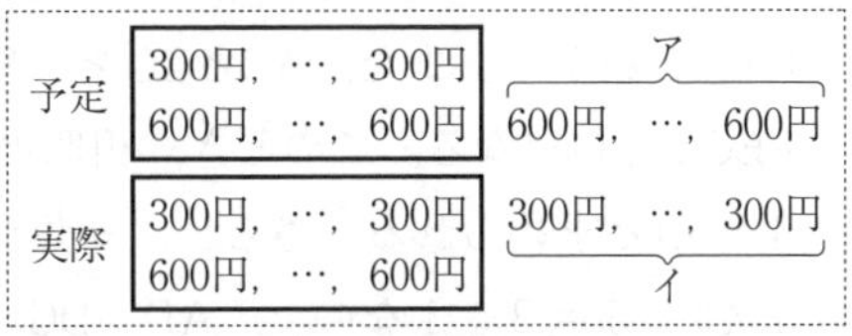

(2) ＡとＢが同時にチョキを出すことはないので，下の図２の太線部分の３回が決まる。すると，残りの７回も自動的に決まるから，Ｂはグーで５回(…ア)，チョキで１回(…イ)勝ったことがわかる。

図２

A	グー	グー	パー	チョキ	チョキ	チョキ	チョキ	チョキ	チョキ	チョキ
B	チョキ	チョキ	チョキ	グー	グー	グー	グー	グー	パー	パー

(3) Ａ，Ｂ，Ｃが１日にする仕事の量をそれぞれⒶ，Ⓑ，Ⓒとすると，２回目と３回目の関係から，Ⓐ×２＋Ⓑ×１＋Ⓒ×４＝Ⓐ×６＋Ⓑ×１＋Ⓒ×１，Ⓐ×２＋Ⓒ×４＝Ⓐ×６＋Ⓒ×１となる。すると，Ⓐ×(６－２)＝Ⓒ×(４－１)，Ⓐ×４＝Ⓒ×３より，Ⓐ：Ⓒ＝$\frac{1}{4}$：$\frac{1}{3}$＝３：４となる。そこで，Ⓐ＝３，Ⓒ＝４とすると，この仕事の量は，１回目の関係から，３×４＋Ⓑ×６＝12＋Ⓑ×６，２回目の関係から，３×２＋Ⓑ×１＋４×４＝22＋Ⓑ×１と表すことができる。これが等しいので，12＋Ⓑ×６＝22＋Ⓑ×１，Ⓑ×(６－１)＝22－12，Ⓑ×５＝10より，Ⓑ＝10÷５＝２と求められる。よって，この仕事の量は，12＋２×６＝24だから，Ｂだけで行うと，24÷２＝12(日)かかる。

2 角度，相似，辺の比と面積の比，図形の移動，面積

(1) 下の図１のように円の中心と円周上の点を結ぶと，太線部分の内側には６個の二等辺三角形ができる。これらの二等辺三角形の等しい角の大きさをａ～ｆとすると，ア～エはかげをつけた部分

の角だから，ア＋イ＋ウ＋エ＝ａ＋ｂ＋ｃ＋ｄ＋ｅ＋ｆとなる。また，６個の二等辺三角形の内角の和は，180×６＝1080(度)であり，そのうち斜線《しゃせん》部分の角の大きさが，360－90＝270(度)なので，ａ～ｆの２個ずつの大きさの和が，1080－270＝810(度)とわかる。よって，ａ～ｆの１個ずつの大きさの和は，810÷２＝405(度)だから，ア，イ，ウ，エの大きさの和も405度とわかる。

図１

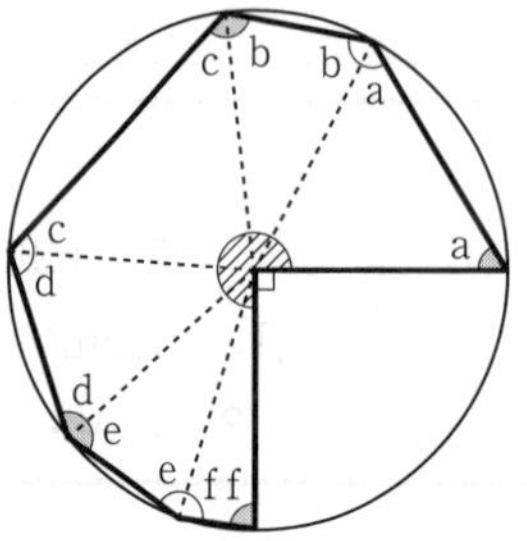

図２

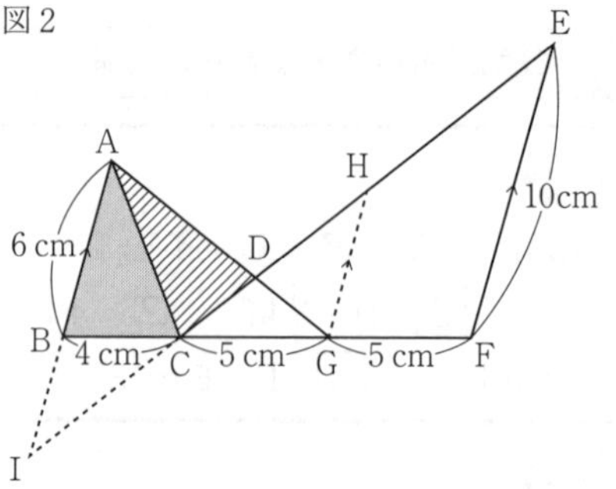

⑵　上の図２のように，Ｇを通りBAとFEに平行な直線GHを引くと，三角形ECFと三角形HCGは相似になる。このとき，相似比は，CF：CG＝(５＋５)：５＝２：１なので，$GH=10\times\frac{1}{2}=5$(cm)とわかる。また，ABとECをそれぞれ延長して交わる点をＩとすると，三角形BICと三角形FECは相似になる。このとき，相似比は，BC：FC＝４：(５＋５)＝２：５だから，$BI=10\times\frac{2}{5}=4$(cm)と求められる。さらに，三角形AIDと三角形GHDも相似であり，相似比は，AI：GH＝(６＋４)：５＝２：１なので，AD：DG＝２：１とわかる。よって，三角形ACDの面積を２とすると，三角形DCGの面積は１だから，三角形ACGの面積は，２＋１＝３となる。すると，三角形ABCの面積は，$3\times\frac{4}{5}=2.4$になるので，三角形ABCの面積は三角形ACDの面積の，2.4÷２＝1.2(倍)とわかる。

⑶　円が通ったのは右の図３のかげの部分である。はじめに，矢印で示した斜線部分も含《ふく》めて求めると，１辺の長さが，１×２＝２(cm)の正方形が６個あるから，これらの面積は，$2\times2\times6=24$(cm^2)となる。また，アの部分の長さは，20－２×２＝16(cm)，イの部分の長さは，20－５－５－２＝８(cm)，ウの部分の長さは，５－２＝３(cm)，エの部分の長さは，５－２×２＝１(cm)であり，これらが２個ずつあるので，これらの部分の面積の合計は，(16＋８＋３＋１)×２×２＝112(cm^2)とわかる。さらに，★印のおうぎ形２個分の面積は，$2\times2\times3.14\times\frac{1}{4}\times2=6.28$(cm^2)だから，かげの部分と斜線部分の面積の合計は，24＋112＋6.28＝142.28(cm^2)と求められる。次に，斜線部分１個の面積は，$1\times1-1\times1\times3.14\times\frac{1}{4}=0.215$(cm^2)なので，円が通った部分の面積は，142.28－0.215×６＝140.99(cm^2)となる。

図３

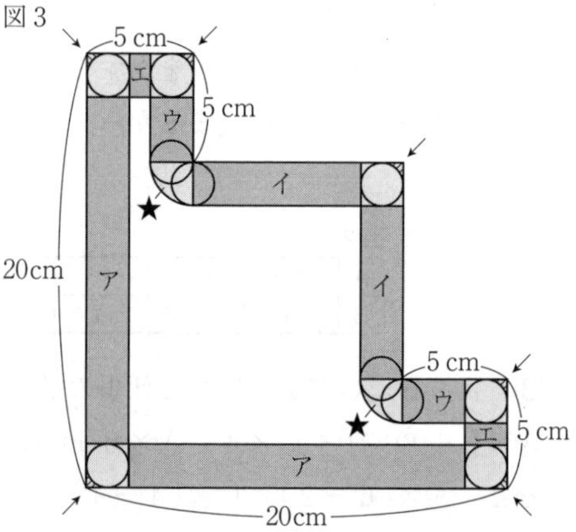

３　速さと比

⑴　２台のバスの進行のようすをグラフに表すと，下のようになる。赤バスがＡを出発して28分後

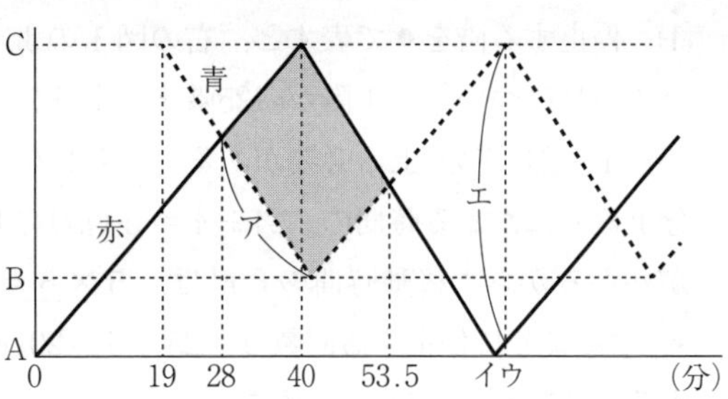

から40分後までの，40－28＝12(分)で上る距《きょ》離《り》を，青バスは19分後から28分後までの，28－19＝９(分)で下る。よって，上りと下りの速さの比は，$\frac{1}{12}$：$\frac{1}{9}$＝３：４だから，上りの速さは下りの速さの，３÷４＝$\frac{3}{4}$(倍)である。

(2)　上りの速さを毎分３，下りの速さを毎分４とすると，赤バスはAC間を40分で上るので，AC間の距離は，３×40＝120となる。また，グラフのかげの部分は平行四辺形だから，アの部分の時間は，53.5－40＝13.5(分)であり，青バスがCB間を下る時間は，９＋13.5＝22.5(分)とわかる。よって，CB間の距離は，４×22.5＝90なので，AB間の距離は，120－90＝30となる。したがって，AC間の距離はAB間の，120÷30＝４(倍)である。

(3)　赤バスがCA間を下る時間は，120÷４＝30(分)だから，イ＝40＋30＝70(分)となる。また，青バスがBC間を上る時間は，90÷３＝30(分)なので，ウ＝19＋22.5＋30＝71.5(分)と求められる。よって，エの距離は，120－３×(71.5－70)＝115.5だから，３度目にすれちがうのは青バスが２度目にＣを出発してから，115.5÷(３＋４)＝16.5(分後)となる。したがって，その時刻は，８時＋71.5分＋16.5分＝８時＋88分＝９時28分である。

4　立体図形―構成，表面積

(1)　下の図１のように，１辺に３個ずつ並べた立方体の各面の中央に１個ずつ追加した形の立体と考えられる。図１はどの方向から見ても，３×３＋４＝13(個)の正方形が見えるから，表面に出ている正方形の数は，13×６＝78(個)になる。また，正方形１個の面積は，２×２＝４(cm^2)なので，この立体の表面積は，４×78＝312(cm^2)と求められる。

(2)　１個の立方体には６個の面があるから，面の数は全部で，６×33＝198(個)である。そのうち，色がぬられているのは表面に出ている78個なので，色のぬられていない面の数は，198－78＝120(個)である。

図１

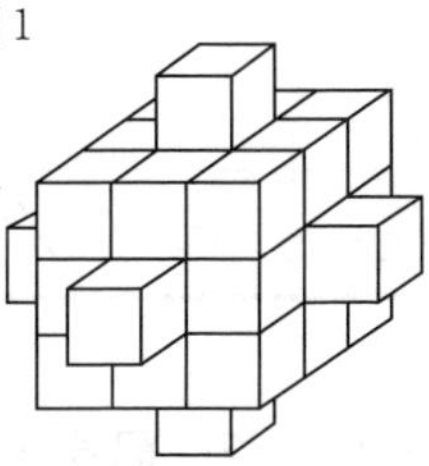

図２

一番上
一番下

図３

上から２cm
下から２cm

図４

上から４cm
下から４cm

(3)　立体アの一番上の面と一番下の面は，上の図２のように，それぞれ４個ずつ頂点が見える。また，上から２cmの位置にある面と下から２cmの位置にある面は，上の図３のように，それぞれ，４×４＝16(個)ずつ頂点が見える。さらに，上から４cmの位置にある面と下から４cmの位置にある面は，上の図４のように，それぞれ，(２＋４＋４)×２＝20(個)ずつ頂点が見える。したがって，表面に見えている頂点の数は全部で，(４＋16＋20)×２＝80(個)とわかる。

5　植木算，整数の性質

図１

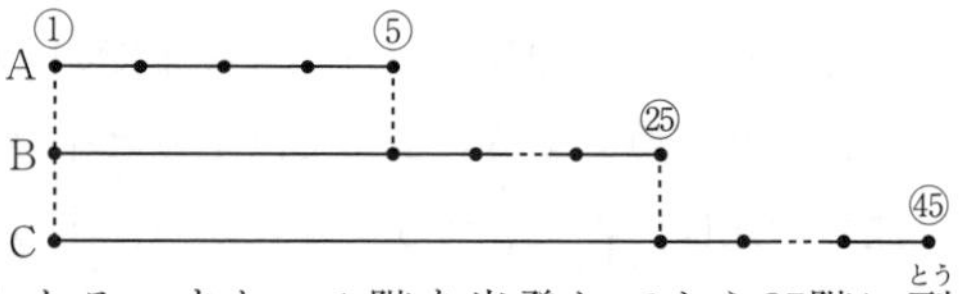

⑴　停止する階を●で表すと，右の図１のようになる。Ｂについて，１階から25階まで上るには，25－１＝24(階分)上る必要がある。これには４階分上るのにかかる時間の，24÷４＝６(倍)の時間がかかるから，移動時間の合計は，５×６＝30(秒)となる。また，１階を出発してから25階に到《とう》着《ちゃく》するまでに停止する回数は，25－５＝20(回)なので，停止時間の合計は，５×20＝100(秒)とわかる(25階の停止時間は含めない)。よって，合わせると，30＋100＝130(秒)と求められる。同様に考えてＣについて求めると，１階から45階まで上るには，45－１＝44(階分)上る必要があるので，移動時間の合計は，５×(44÷４)＝55(秒)となる。また，１階を出発してから45階に到着するまでに停止する回数は，45－25＝20(回)だから，停止時間の合計は，５×20＝100(秒)となる。したがって，合わせると，55＋100＝155(秒)と求められる。

⑵　問題文から，Ａが１階を出発してからはじめて５階に到着するまでの時間は20秒とわかる。これに５階と１階での停止時間を加えると，Ａは，(20＋５)×２＝50(秒)ごとに１階を出発することになる。同様に，Ｂは，(130＋５)×２＝270(秒)ごとに１階を出発する。ここで，右の図２の計算から，50と270の最小公倍数は，２×５×５×27＝1350と求められるので，ＡとＢが次に同時に１階を出発するまでの時間は1350秒となる。よって，次に同時に１階に到着するまでの時間は，その５秒前であり，1350－５＝1345(秒)とわかる。

図２

2)	50	270
5)	25	135
	5	27

⑶　⑴から，Ｂがはじめて25階に到着するのは130秒後とわかる。さらに⑵から，Ｂは270秒ごとに同じ動きをくり返すから，Ｂが25階に到着する時間は，130，400，670，…秒後となる。次に，Ｃがはじめて25階に到着するまでの時間は⑴の＿と等しく30秒である。また，25階に到着してから45階まで上り，再び25階にもどるまでの時間は，(155－30)×２＝250(秒)だから，Ｃが２回目に25階に到着するのは，30＋250＝280(秒)後となる。さらに，Ｃは，(155＋５)×２＝320(秒)ごとに同じ動きをくり返すので，Ｃが25階に到着する時間は，30，280，350，600，670，…秒後とわかる。よって，ＢとＣがはじめて同時に25階に到着するまでの時間は670秒である。

社　会　＜第２回試験＞（30分）＜満点：40点＞

解　答

1　**問１**　**あ**　ブナ　**い**　縄文　**う**　三内丸山　**問２**　⑴　ウ　⑵　**記号**…ウ　**理由**…(例)　冬の北西の季節風によって樹木が右側に向かって傾いていると考えられるから。(北西の季節風による風雪をさけるための柵が左側に設置されているから。)　**問３**　ウ，エ　**問４**　⑴　**Ｘ**　気温　**Ｙ**　海面(海水面)　⑵　エ　**問５**　②　ウ　⑤　エ　**2**　**問１**　**Ａ**　カ　**Ｂ**　イ　**Ｃ**　ケ　**Ｄ**　エ　**問２**　関白　**問３**　エ　**問４**　院政　**問５**　**ア**　国司　**イ**　御家人　**ウ**　守護　**問６**　⑤　北条　⑧　織田　**問７**　ア　**問８**　ウ　**問９**　エ→カ→ア→ウ　**問10**　ア，エ　**3**　**問１**　ア　**問２**　立憲　**問３**　昭和，文化　**問４**　ウ　**問５**　ウ　**問６**　**名称**…東京オリンピック　**記号**…イ　**問７**　イ

解　説

1　青森県の地理を中心にした問題

問１　あ　青森県と秋田県にまたがる白神山地は，世界最大級のブナの原生林が保存されていることで知られ，1993年，鹿児島県の屋久《やく》島とともにユネスコ(国連教育科学文化機関)の世界自然遺産に登録された。　**い**　2021年には，北海道と青森・秋田・岩手３県の北東北にある縄文時代の遺《い》跡《せき》群が世界文化遺産に登録された。　**う**　青森市郊外《こうがい》にある三内丸山遺跡は縄文時代としては最大級の集落跡《あと》で，縄文時代の前期から中期にわたって生活が営まれた。大型掘立《ほったて》柱建物や大型竪穴《たてあな》住居，クリやマメ類などの栽培《さいばい》跡などが見つかり，最盛期には500人近い住民が生活していたといわれる。

問２　(1)　岩木川(全長102km)は白神山地を水源とし，日本一のリンゴの栽培地帯として知られる津軽平野を北に向かって流れ，津軽半島北西部の十三湖に入り，日本海に注ぐ。河口部にあった十三湊《とさみなと》は，鎌倉時代から室町時代にかけて日本海交易の要所として栄えた。なお，アの八郎潟は秋田県にある湖で，かつては琵琶《びわ》湖に次ぐ大きさの湖であったが，戦後の干拓によって大部分が陸地化されている。イの十和田湖は青森県と秋田県にまたがるカルデラ湖，エの陸奥《むつ》湾は津軽半島と下北半島にはさまれた湾である。　(2)　写真を見ると，右側の樹木が風で右側に傾《かたむ》いている様子がわかる。修治くんは冬休みに旅行しているから，樹木が冬の強い北西の季節風の影響《えいきょう》を受けて東の方向へ傾いていると考えられる。また，北西風による風雪をさけるための柵《さく》が左側に取りつけられている。よって，車が北の方向に進むウと判断できる。

問３　アの姫路城(兵庫県)とイの法隆寺(奈良県)は世界文化遺産，オの屋久島(鹿児島県)と白神山地は世界自然遺産で，いずれも1993年に世界遺産に登録された。ウの知床《しれとこ》(北海道)は2005年に世界自然遺産，エの厳島神社(広島県)は1996年に世界文化遺産に登録された。

問４　(1)　図２の★で示された三内丸山遺跡は，現在の青森市の中心部より約４kmも内陸に入ったところにある。縄文時代にあたる約１万年前ごろに氷河期が終わり，温暖化が進んで現在よりも気温が高くなり，海面(海水面)がしだいに上昇していった(縄文海進)。そのため，当時の集落近くまで海が広がっていたと考えられている。　(2)　陸奥湾では，ほたての養殖《ようしょく》がさかんで，青森県のほたての養殖生産量は全国の約48％を占《し》めて最も多く，第２位が北海道(約46％)である(2021年)。

問５　生産量の単位に注意しながら判断する。　②　千葉県の生産量が全国一で，北海道，青森県がこれに続くので，大根である。　⑤　青森県だけで全国の70％近くを占めるので，にんにくである。青森県で栽培される代表的な品種である「福地ホワイト六片」は，玉が大きくて白いことから，市場価値が高い。青森県でにんにくの生産がさかんな理由として，夏は涼しく冬は寒さが厳しいという気候が栽培に適していることや，土づくり・乾燥・貯蔵などの生産体制が整っていて，１年を通じて出荷できることが挙げられる。なお，①はメロン，③はリンゴ，④はごぼうである。

2　新井白石の『読史余論《とくしよろん》』を題材にした各時代の歴史的なことがらについての問題

問１　A　平安時代には，藤原氏が摂政・関白などの要職を独占《どくせん》し摂関政治を行ったが，後三条天皇は藤原氏と外戚《がいせき》関係になく，摂関家に気がねすることなく天皇みずから政治を行った。その子の白河天皇もこれを引き継ぎ，さらに1086年には上皇となって院政を始めた。　**B**　1333年，鎌倉幕府が滅《ほろ》びると，後醍醐《ごだいご》天皇は天皇による政治を復活させた(建武の新政)。しかし，公家中心の政治に武士たちの不満が高まり，足利尊氏に背《そむ》かれて新政は２年半余りで失敗に終わった。その後，後醍醐天皇は吉野(奈良県)にのがれて天皇による政治を続けようとした(南朝)。これに対し，足利尊氏は京都に光明天皇を立てた(北朝)ため，南朝と北朝が対立する南北朝の争乱(1336～92年)が起こった。尊氏は1338年に征夷大将軍に任命され，京都に室町幕府を開いた。　**C**　源頼朝は1185年の壇ノ浦の戦いで平氏を滅ぼすと，国ごとに守護，公領や荘園に地頭を置いて全国支配の基盤《きばん》をつくり，鎌倉幕府を開いた。　**D**　織田信長は周辺の戦国大名を次々に破り，1573年には，信長に反発する第15代将軍足利義昭《よしあき》を京都から追放して室町幕府を滅ぼした。全国統一を目前にしていたが，1582年に家臣の明智光秀《あけちみつひで》に攻められて自害した(本能寺の変)。

問２　藤原良房《よしふさ》は幼い清和天皇の外戚として人臣初の摂政となった。良房の死後，養子の基経《もとつね》が摂政になったのち関白の役職についた。摂政は天皇が幼いか女帝である場合に天皇に代わって政治を行う役職，関白は天皇が成人した後も天皇に代わって政治を行う役職であるが，当初はつねに置かれたわけではなかった。また，豊臣秀吉は武士として初めて関白となった。

問３　冷泉《れいぜい》天皇の在位期間は967～69年，後冷泉天皇の在位期間は1045～68年のこと。藤原氏による摂関政治が全盛をきわめたのは，10世紀終わりから11世紀前半にかけての藤原道長・頼通《よりみち》父子のときで，頼通は1053年に現在の京都府宇治市に平等院鳳凰《ほうおう》堂(写真のエ)を建てた。なお，アは東大寺南大門(鎌倉時代)，イは東大寺正倉院(奈良時代)，ウは慈照《じしょう》寺銀閣(室町時代)である。

問４　白河天皇は摂関政治をおさえるため，子で８歳の堀河天皇に位をゆずって上皇となり，上皇の住まいである院で政治を行ったことから，その政治は院政と呼ばれる。

問５　鎌倉幕府が成立した当初，朝廷の力はまだ強く，朝廷の任命した貴族が国司として国ごとに派遣される一方，幕府の任命した御家人が守護として国ごとに派遣されるなど，朝廷と幕府による二重支配の体制にあったが，のちに守護が国司の行政権をおかすようになった。

問６　⑤　鎌倉幕府は，源氏の将軍が３代で途絶えると，北条氏が将軍を補佐する執権《しっけん》のままで幕政の実権をにぎった(執権政治)。　⑧　問１のＤの解説を参照のこと。

問７　戦国時代，長宗我部《ちょうそかべ》氏は土佐国(高知県)を領有していた。なお，イの島津氏は薩摩《さつま》国(鹿児島県)，ウの龍造寺氏は肥前国(佐賀県)，エの毛利氏は中国10か国，および九州北東部を一時的に領有していた。

問８　室町幕府は，関東８か国と伊豆国(静岡県)，甲斐《かい》国(山梨県)を支配する機関として鎌倉府を設置した。その長である鎌倉公方《くぼう》は足利一族がなり，補佐役として関東管領《かんれい》が置かれた。なお，アの町奉行は江戸幕府の役職，イの執権は鎌倉幕府の役職，エの大宰府《だざいふ》は律令制のもとで九州に置かれた朝廷の出先機関である。

問９　「今の時代」とは，『読史余論』の著者の新井白石が正徳の治(1709～16年)を行った時期であるから，18世紀初めになる。アの米騒動《そうどう》は1918年のことで，内容は正しい。イの沖縄が日本に返還されたのは1972年であるが，統治していたのは中国ではなくアメリカなので誤り。ウの公害対策基本法が成立したのは1967年のことで，内容は正しい。エの天保のききんは19世紀前半のことで，内容は正しい。オの普通選挙法の制定は1925年で，満25歳以上の全ての男子に選挙権が認められたが，これは衆議院議員の選挙権であるから誤り。カのノルマントン号事件は1886年のことで，内容は正しい。よって，誤りのあるイ，オの２つを除いて年代順に並べると，エ→カ→ア→ウになる。

問10　清和天皇が即位したのは平安時代初期の858年のことなので，これより前の時代の出来事になる。米づくりの技術や青銅器・鉄器が中国大陸や朝鮮半島から日本に移り住んだ人びとによって伝えられたのは弥生時代のこと。また，律令制度のもとで，農民に租・庸・調などの税の納入や都での労役，衛士《えじ》や防人《さきもり》といった兵役の義務が課されたのは，主に奈良時代のことである。よって，ア，エの２つが正しい。なお，イの稲荷山《いなりやま》古墳(埼玉県)からは「ワカタケル大王」の名が刻まれた鉄剣が発掘されたが，古墳に葬《ほうむ》られたのは地元の豪族である。ウの乙巳《いっし》の変(645年)で蘇我入鹿《そがのいるか》が殺害されたのは，皇極天皇の住まいの飛鳥板蓋宮《あすかいたぶきのみや》で，藤原京は持統天皇が694年に移した都である。オの東大寺の大仏づくりに協力したのは，行基とその弟子たちである。唐(中国)の高僧《こうそう》であった鑑真が，日本の招きに応じて来日したのは，752年に行われた大仏開眼供養《かいげんくよう》の翌年のこと。

3 「国民の祝日」を題材にした問題

問１　衆議院議員選挙の被《ひ》選挙権は25歳以上なので，アが誤っている。なお，衆議院議員選挙ばかりではなく，国政選挙・地方選挙の全てにおいて，選挙権は18歳以上に認められている。

問２　国王や天皇といった君主は存在しているが，君主の権力が憲法によって制限され，実際の政治は憲法にもとづいて議会や内閣が行うという政治体制を「立憲君主制」という。

問３　明治時代の天皇誕生日は11月３日，昭和時代の天皇誕生日は４月29日である。現在，11月３日は「文化の日」，４月29日は「昭和の日」として国民の祝日となっている。

問４　水害などから人びとを守るため，河川の整備に関する仕事を担当するのは国土交通省なので，ウが誤っている。

問５　表において，2060年の総人口は9615万人で，年少人口(０～14歳)の割合が9.3％なので，この年の年少人口は，9615万人×0.093＝894.1…より，約894万人になる。よって，ウが正しい。なお，アについて，2020年と比べて2060年の老年人口(65歳以上)の割合は，37.9÷28.6＝1.32…より，約1.3倍になっている。イについて，2060年の生産年齢人口(15～64歳)の割合は52.8％なので，総人口の半分以上である。エについて，2030年には，58.9÷30.8＝1.91…より，生産年齢人口1.9人で老年人口１人を支えることになる。

問６　現在，「スポーツの日」とされる祝日は，かつて「体育の日」と呼ばれていた。そして，この日が10月10日に固定されていたのは，1964年のこの日に東京オリンピックの開会式が行われたからである。この東京オリンピック開催《かいさい》に合わせて，10月１日に東海道新幹線が開通した。なお，アの日米安全保障条約の改定は1960年，ウの川端康成がノーベル文学賞を受賞したのは1968年，エの日本と中華人民共和国との国交が正常化したのは1972年のことである。

問７　女性も時間外労働(残業)や深夜労働をすることが認められており，これを制限することは法律に反する。よって，イが誤っている。

理　科　＜第２回試験＞（30分）＜満点：40点＞

解　答

1 **問１** **名称**…ポルックス　**星座名**…ふたご座　**問２** ウ　**問３** エ　**問４** カ
問５ イ　**2** **問１** **記号**…ア　**名称**…子葉　**問２** ① ア　② ウ　③ イ
問３ イ，エ　**問４** ア，ウ　**問５** (a) **記号**…○　**実験番号**…２，４　(b) **記号**…×

実験番号…８　**3**　**問１**　①　オ　②　ア　**問２**　Ｘ，Ｙ，Ｚ　**問３**　35℃　**問４**　62.5ｇ　**問５**　11分30秒後　**4**　**問１**　100ｇ　**問２**　37.5cm　**問３**　42cm　**問４**　15cm　**問５**　50cm　**問６**　55cm

解説

1 星座とその見え方についての問題

問１　冬のダイヤモンド(冬の大六角形)は，おおいぬ座のシリウス(恒《こう》星Ａ)，オリオン座のリゲル，おうし座のアルデバラン(恒星Ｂ)，ぎょしゃ座のカペラ，ふたご座のポルックス(恒星Ｃ)，こいぬ座のプロキオンを結んでできる。

問２　２月はじめにオリオン座が図のように見える方角Ｄは南である。DEの曲線は地平線で，南の空を見上げたときに左手の方角にあたるＥは東とわかる。

問３　北の空の星は，北極星を中心に反時計回りに回転するように見える。24時間でほぼ１周することから，２時間で，$360\times\frac{2}{24}=30$(度)動くことがわかり，エが最もふさわしい。

問４　同じ時刻に星を観測すると，北の空の星は，北極星を中心に反時計回りに動いているように見える。１年で同じ場所にもどってくるので，２か月後には，$360\times\frac{2}{12}=60$(度)動いているから，カが選べる。

問５　恒星Ｘは６等星，恒星Ｙは１等星なので，恒星Ｙの明るさは，恒星Ｘの100倍である。恒星Ｘと恒星Ｙは，同じ光の量を放出しているので，$100=10\times10$より，恒星Ｙの地球からの距離《きょり》は，恒星Ｘの$\frac{1}{10}$倍となる。

2 種子の発芽についての問題

問１　インゲンマメの種子は，アの子葉にたくわえられている養分を使って発芽する。無はいにゅう種子である。なお，イは発芽後に根となる幼根，ウは本葉になる幼芽である。

問２　①　イネの種子は，はい乳とよばれる部分に，おもにデンプンを養分としてたくわえている。　②　ゴマの種子には，脂肪《しぼう》が約50％ふくまれていて，最も多くなっている。　③　ダイズの種子にたくわえられている栄養分の割合は，タンパク質が約35％で最も多く，脂肪，デンプンの順にふくまれる。

問３　ア　種子は水分を吸収すると呼吸を始めるが，デンプンの合成は，発芽してから行う光合成によるため，正しくない。　イ　発芽したときの重さは，発芽に使われた栄養分の分だけ減少するものの，それより多くの水を吸収するので，芽をふくむ種子はうめる前より重くなるから，正しい。　ウ　呼吸は生きているあいだ常に行っているので，まちがい。　エ　芽が地上に出ると，日光を利用して光合成を始めることができるので，適当である。　オ　光合成は養分をつくり出すはたらきなので，誤りである。　カ　発芽して芽が地上に出れば，光合成が始まるので，正しくない。

問４　インゲンマメの種子は，発芽するときに呼吸をさかんに行う。このとき，袋《ふくろ》の中の酸素を吸収し，二酸化炭素と水を放出する。二酸化炭素は水にとけて酸性を示すので，BTB液は緑色から黄色に変化する。さらに，二酸化炭素は石灰水に通すと，白くにごる。よって，アとウが選べる。

問５　(a)　発芽した実験２，実験６，実験８では，すべて水があり，温度が25℃になっている。水が必要であるかどうかは，水がなしで，温度が25℃の実験を選べばよいので，実験４を選び，実験

４と光や肥料の条件も同じになっている実験２と比べる。　(b)　発芽した実験２，実験６，実験８のうち，実験８は肥料がなしとなっている。よって，発芽には肥料が必要ないことがわかる。

3　水の状態変化についての問題

問１　図１の(あ)は，粒子《りゅうし》がゆるく結びついていて，一定の体積があるが，容器によって形が変化する液体である。(い)は，粒子に結びつきがなく，自由に動きまわっている状態なので，気体とわかる。(う)は，粒子どうしの結びつき方から，形が変化しにくい固体を表している。①は，固体の氷が直接気体の水になる昇華《しょうか》とよばれる現象で，(う)から(い)への変化を示すオがあてはまる。②の湯気は液体の水の小さな粒《つぶ》で，気体の水蒸気に変化することで見えなくなる。したがって，(あ)から(い)への変化となり，アの矢印を選ぶ。

問２　図２で，加熱時間０分から２分まではすべて氷，２分と18分の間は氷と水が混ざっている状態，18分から38分までは水の状態で，38分以降は水と水蒸気が混ざっている。したがって，点X，点Y，点Zで液体の水が存在する。

問３　加熱時間18分で０℃，38分で100℃なので，100ｇの水は１分あたり，100÷(38－18)＝５(℃)温度が上がっている。よって，加熱時間25分の温度は，５×(25－18)＝35(℃)と求められる。

問４　加熱時間２分で，０℃の氷がとけはじめ，18分で100ｇすべてが０℃の水となる。100ｇの氷をとかすのに，18－２＝16(分)かかるから，点Xまでにとける氷は，$100\times\frac{8-2}{16}$＝37.5(ｇ)である。したがって，このとき残っている氷の重さは，100－37.5＝62.5(ｇ)とわかる。

問５　２分加熱すると，－20℃の氷100ｇが０℃の氷になるから，－10℃の氷50gが０℃の氷になるには，$2\times\frac{10}{20}\times\frac{50}{100}$＝0.5(分)かかる。０℃の氷100ｇがすべて０℃の水になるには16分かかることから，０℃の氷50ｇがすべて０℃の水になるのにかかる時間は，$16\times\frac{50}{100}$＝８(分)である。また，100ｇの水が０℃から100℃になるまで，38－18＝20(分)かかることから，50ｇの水が０℃から30℃になるまでにかかる時間は，$20\times\frac{30}{100}\times\frac{50}{100}$＝３(分)となる。以上から，温度が30℃になるのは，加熱を始めてから，0.5＋８＋３＝11.5(分後)，つまり，11分30秒後とわかる。

4　棒のつりあいについての問題

問１　この棒の重さ150ｇは，棒の左端《はし》から，60÷２＝30(cm)の位置にかかる。棒の左端を支点としたてこのつりあいから，ばねばかりが示す値を□ｇとすると，□×45＝150×30が成り立ち，□＝100(ｇ)となる。

問２　棒の左端を支点としたときの，てこのつりあいから，ばねばかりをつるした位置を棒の左端から□cmとすると，120×□＝150×30が成り立ち，□＝37.5(cm)と求められる。

問３　図２で，ばねばかりをできるだけ左へ寄せると，糸が引く力が０になる。このとき，ばねばかりは，150＋100＝250(ｇ)を示す。ばねばかりの左端からの位置を□cmとすると，棒の左端を支点としたてこのつり合いから，250×□＝150×30＋100×60が成り立ち，□＝42(cm)になる。

問４　右の図ｉのように，上の板と下の板を重ねたものの重心は，上の板の重心と下の板の重心の真ん中となり，この点が机の端にくるところまで板を右に出すことができる。よって，下の板がはみ出すことができるのは，机の端から，30÷２＝15(cm)までとわかる。

図ｉ

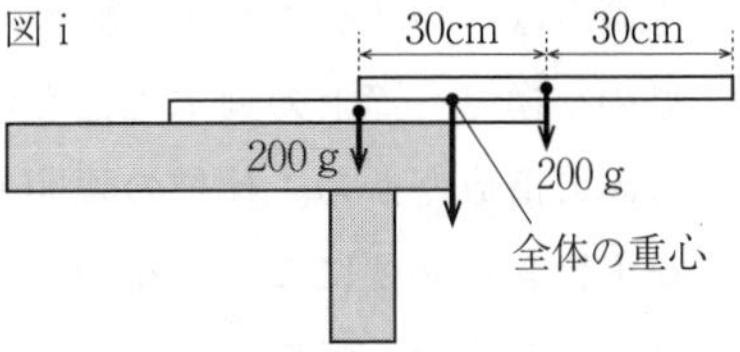

問5　右の図iiのように，完全に重ねた2枚の板の重さ，200×2＝400(g)は，上2枚の板の真ん中にかかり，一番下の板の重さ200gは，一番下の板の真ん中にかかる。これを1点で支えることができるのは，上2枚の板の重心と下の板の重心の間を，$\frac{1}{400}:\frac{1}{200}=1:2$に分ける点なので，一番下の板がはみ出すことができるのは，机の端から，$30+30\times\frac{2}{1+2}=50$(cm)までである。

図ii

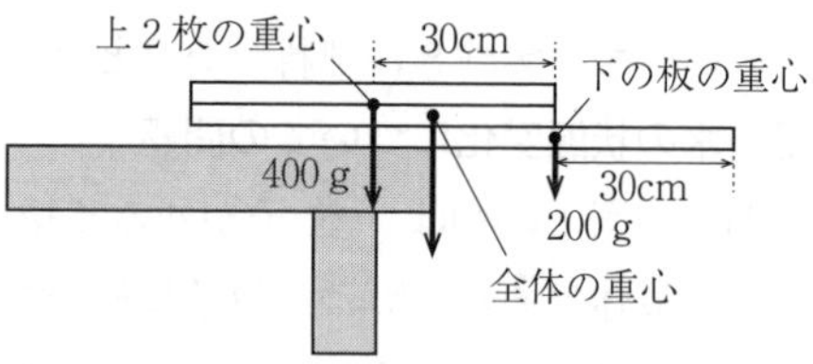

問6　右の図iiiのように，問4の2枚の板を，一番下の板の上に重ねると，2枚目の板の右端は，一番下の板の右端から15cmはみ出す位置になり，この位置に上2枚の板の重心がある。上2枚の重さと一番下の板の重さがかかる点は，一番下の板の重心と上2枚の重心の間を，$\frac{1}{200}:\frac{1}{400}=2:1$に分ける位置なので，一番上の板がはみ出すことができるのは，机の端から，$30\times\frac{1}{2+1}+15+30=55$(cm)と求められる。

図iii

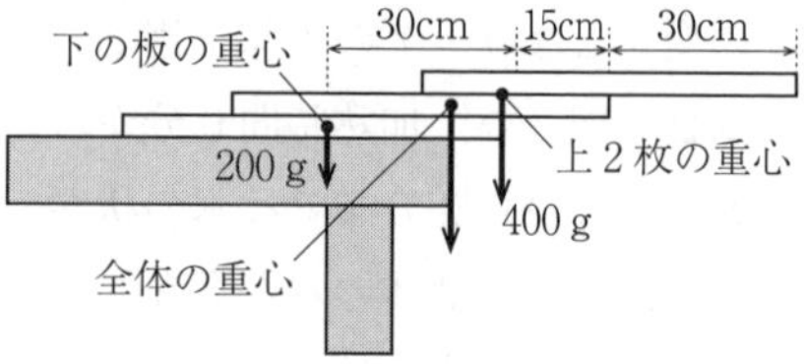

国　語　＜第2回試験＞（50分）＜満点：60点＞

解　答

一　**問1**　（真砂，顔を上げて）　**問2**　横から栗林　**問3**　エ　**問4**　（例）　生来の身体ではなく，自分自身が望む身体を得て生きようと決めた点。　**問5**　女性として生きる(ことを周囲にも表明するため。)　**問6**　エ，オ　**問7**　イ　二　**問1**　a，c　下記を参照のこと。　b　なら(されて)　**問2**　A　オ　B　イ　**問3**　ウ　**問4**　ウ　**問5**　過剰な管理社会が広がることへの警戒(心を抱くべきだと考えている。)　**問6**　（例）　人間の言語的秩序から外れている植物は，言葉にしばられ硬直化した思考から「僕」を自由にしてくれるから。　**問7**　ア

●漢字の書き取り

二　**問1**　a　倫理　c　遂行

解　説

一　**出典：川野芽生《かわのめぐみ》「Blue」（「すばる」2023年8月号掲載《けいさい》）**。演劇部の仲間が脚本《きゃくほん》をめぐって意見を交《か》わす中，トランスジェンダーの真砂《まさご》は人魚姫《ひめ》をやりたいと名乗り出た。

問1　「小説」しか書いたことのない滝上の脚本は散文で，太字で区別してある。冒頭《ぼうとう》の脚本に続く箇所《かしょ》は，会話それぞれに話者の名前を記したシナリオ仕立てだが，内容は滝上の脚本をめぐる意見の交換《こうかん》で，滝上の脚本ではない。地の文(小説などで会話以外の叙述《じょじゅつ》や説明の部分)がない会話のみの構成だから，仕種《しぐさ》の説明や場面転換にさいしては「(真砂，顔を上げて)」「(暗転)」のようなト書きが必要になる。なお，「(暗転)」より後は，おもに「真砂」の視点で描《えが》かれた散文で，地の文が叙述や説明を担《にな》っており，ト書きはない。

問２　人魚姫(ミア)の「一目惚《ひとめぼ》れ」について，「一目見ただけ」の相手のことなど「何もわからない」のに「そんな好きになる？」と聞く水無瀬《みなせ》に，宇内《うだい》は「相手のことが～わからなくて，わかりたいと思うのが，好きっていうことなんじゃないか」と答えた。その直後「横から栗林《くりばやし》が意味深長に目配せをしてみせると，その場の皆《みな》にも，宇内の滝上に対する気持ちを茶化《ちゃか》しているのだとわかって，宇内は見るからに赤くなり，口籠《くちごも》った」とある。自分の発言から滝上への恋心《こいごころ》を読み取られて「赤くなり，口籠った」のだから，この部分がぬき出せる。「意味深長」は，言動に含《ふく》みや深みがあること。栗林は「目配せ」に，いま宇内は滝上を思いながら言ったという含みを持たせたのである。「目配せ」は，目を動かして意思を伝えたり合図をしたりすること。

問３　人魚姫は美しい王女にひかれており，海辺の小国の王女は，大国の王子との結婚《けっこん》で大国に「海」を奪《うば》われることに苦しんでいる。つまり，「許嫁《いいなずけ》」が「溺死《できし》」すれば，王女にひかれている人魚姫にとっても，大国に海を渡《わた》さずにすむ王女にとっても，ハッピーエンドといえる。よって，エが合う。

問４　人魚姫は「人間の身体を得る薬」を携《たずさ》え，生まれ育った海から王女のもとへ向かう。真砂は二次性徴《せいちょう》をしばらく止める治療《ちりょう》を受け，「女性として生きる」選択《せんたく》をした。両者はともに，生まれながらの体で生きることより，自分自身が望む身体で生きたいと考え，そのように行動した点が共通している。

問５　少し後に，教室使用の申請《しんせい》書に記入した名前(朝倉真砂)と学生証の名前(朝倉正雄)のちがいで，一年生らしい役員がとまどって「スムーズな作業が停滞《ていたい》」したとある。「正雄《まさお》」の名前を書けば問題は起きないが，あえて「真砂」を名乗って周囲に表明しているのは，自分が「女性として生きる」ためである。

問６　傍線《ぼうせん》部６には，海に沈《しず》む王女を助け上げたあと，王女を温めるため人間になる「薬」を飲む直前の，人魚姫の心の高ぶりが表れている。ここまでの脚本に，自国と海を守れずに苦しむ王女を見て「この世界の何も，彼女《かのじょ》の悲しみを癒《いや》さない」と感じた人魚姫のようす，微笑《ほほえ》みながら「海とひとつ」になろうと身を投げた王女のようすが描かれている。ただし，人間は「海」で生きられないのだから，今こそ「私の方」が人間になって王女を救い，癒そうと人魚姫は思ったのである。エとオが，この内容に合う。　　ア　王宮からの招待《しょうたい》はない。　　イ　王女は人間である。　　ウ　前書きに，人魚姫は王女を見に「毎夜」岸へ泳いでいったとある。王女に近づきたい気持ちは自覚している。　　カ　王女は人魚姫の存在を認識《にんしき》しておらず，滝上は，二人が「見つめ合って立ってる」場面を考えているが，それは「人魚姫の想像」で，「夢見てるだけ」なんだと話している。

問７　「水無瀬は～ヒロイン役の常連」で，イの「男役」は不適切。「ヒロイン」は，女性の主人公。「常連」は，飲食店や興行場によく来る人。ここでは，いつもヒロイン役をやっている人のこと。

二　**出典：千葉雅也《ちばまさや》『現代思想入門』**。現代思想を学ぶと，複雑な現実の問題について，「以前より『高い解像度』」で考えられるようになることを，秩序《ちつじょ》化の傾向《けいこう》にある今日の問題を例に説明する。

問１　**a**　善か悪か，正しいか誤りかといった判断をするときの普遍《ふへん》的な規準。　　**b**　音読みは「キン」で，「平均」などの熟語がある。　　**c**　任務や仕事をやりとげること。

問２　**A**　「狡猾《こうかつ》な」は，ずるく悪賢《わるがしこ》いようす。　　**B**　「ユートピア」は，理想郷のこと。

問３　少し後で，「秩序化」にともなう「単純化」を説明している。現代は秩序が強化される傾向にあり，ルールに外れた「例」一つで「拒絶《きょぜつ》」されて話も聞いてもらえなかったり，ルールの境界線にある「複雑」なケースは「無視」されたりする。そのように，問題の「例外性や複雑さは無視され，一律に規制を増やす方向に行く」のが「単純化」なので，ウがあてはまる。

問４　秩序から「逸脱《いつだつ》」するもの，「排除《はいじょ》」されるものを，「クリエイティブなものとして肯定《こうてい》」するのが「逸脱をポジティブに考える」ことにあたる。「ポジティブ」は，積極的なようす，肯定的なようす。直後の段落で，歌詞(尾崎豊《おざきゆたか》『十五の夜』)を例に挙げて説明している。「盗《ぬす》んだバイクで走り出す」という歌詞は，「がんじ搦《がら》めの社会秩序の『外』に出ていくという解放的なイメージ」だったのだから，ウが「逸脱をポジティブに考える」例である。　ア「法によって遂行《すいこう》され」る迫害《はくがい》に「抵抗《ていこう》するには違法行為《いほうこうい》＝逸脱が必要」とある。合法的な悪行を許容するのは，不適切。　イ　芸術家のハチャメチャなイメージは「昭和的」だが，それを排除するという記述はない。また，ハチャメチャ(逸脱)を排除しては「逸脱をポジティブに考える」例にならない。　エ　合法かどうかを「合法性の判断ができるボタン」に任せれば，効率的に「公平な判決」は下せても，「逸脱」の入る余地がない。　オ　ファシズムの「一体感」は，逸脱を許さない。

問５　前段落では，「秩序」の「外」へ出ていく歌詞が「解放的なイメージ」で肯定されていたことが述べられている。「今日」では逆に「外」への運動が「言祝《ことほ》がれ」ず，「秩序維持《いじ》」に向かっている。続く二つの段落にあるように，祖父母が戦争を経験した世代の筆者は，「皆が一丸となってひとつの方向を向くことへの警戒《けいかい》心」を教わってきた。つまり，筆者は，「過剰《かじょう》な管理社会が広がることへの警戒」心を抱《いだ》くべきだと考えているのである。

問６　筆者は，植物に対して「勝手な方向に延び，増殖《ぞうしょく》」するもの，「人間の言語的な秩序」からの逸脱を示すもの，「思い通りに管理」できないもの，「有機的なノイズみたいなもの」というイメージを持っている。そういう「他者」を見ると，「物事を言葉でがんじ搦め」にして「思考が硬直《こうちょく》化《か》」する筆者自身の「管理欲望」が攪乱《かくらん》され，「風穴」が空くのである。これを整理して「人の思い通りに管理できない植物は，秩序立った言葉で硬直化した筆者の思考に風穴を空ける効果があるから」，「筆者の思考が言語秩序で硬直化したとき植物を見ると，その有機的なノイズが秩序から自由にしてくれるから」のような趣旨《しゅし》でまとめる。

問７　イ　個別の問題の例外性や複雑さを「無視」する「秩序化」が生活を「窮屈《きゅうくつ》」にするのだから，合わない。　ウ　現代思想は，「秩序を強化する動きへの警戒心」を持つものである。よって，正しくない。　エ　今日では「秩序維持」による「安心・安全」の確保へと関心が向かっているので，ふさわしくない。　オ「皆が同じ方向」を向くことは「人が自由に生きること」を「困難」にするのだから，誤り。

2023年度　早稲田中学校

【算　数】〈第１回試験〉（50分）〈満点：60点〉

注意　定規，コンパス，および計算機(時計についているものも含む)類の使用は認めません。

1　次の問いに答えなさい。

(1)　0.00875×2896の答えを3.7で割ったときの商を小数第１位まで求めます。このときの余りを求めなさい。

(2)　ある会場前に入場待ちの列ができています。開場した後も一定の割合で人が並びます。開場と同時に，毎分10人ずつ入場すると14分で列はなくなり，毎分13人ずつ入場すると８分で列はなくなります。

いま，開場してから毎分９人ずつ入場し，途《と》中から毎分15人ずつ入場すると，ちょうど12分で列はなくなりました。毎分９人ずつ入場した時間は何分何秒ですか。

(3)　４つのチームＡ，Ｂ，Ｃ，Ｄが総当たり戦を行い，勝ったチームには３点，引き分けたチームには１点ずつ入り，負けたチームには点は入りません。総当たり戦がすべて終わった後，各チームの監督《かんとく》は次のように言いました。Ｂ，Ｃ，Ｄはそれぞれ何点ですか。

Ａの監督「私のチームの合計は７点でした。Ｄに勝っていれば全勝でした。」

Ｂの監督「私のチームには引き分けがありません。」

Ｃの監督「４チームの点をすべて足すと，16点になりました。」

Ｄの監督「私のチームはＣより点が低かった。」

2　次の問いに答えなさい。ただし，円周率は3.14とします。

(1)　中心角が105°のおうぎ形の紙を，下の図のように折りました。点Ｏが移った点をＰとすると，点Ｐはおうぎ形の周上にあります。角**ア**の大きさは何度ですか。

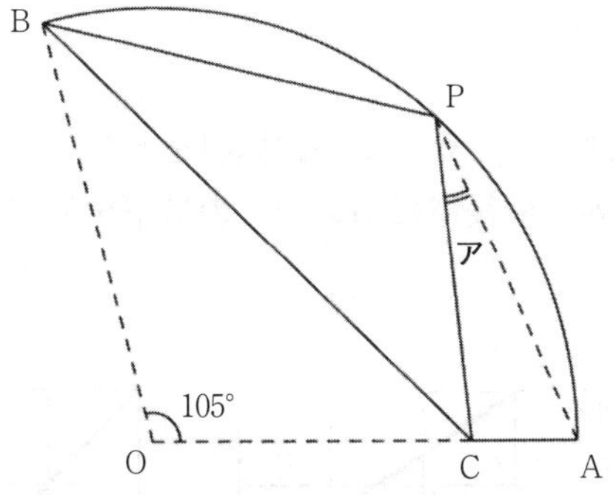

(2)　右の図のように，直角三角形にひし形**ア**とひし形**イ**がぴったりと入っています。ひし形**イ**の１辺の長さは何cm ですか。

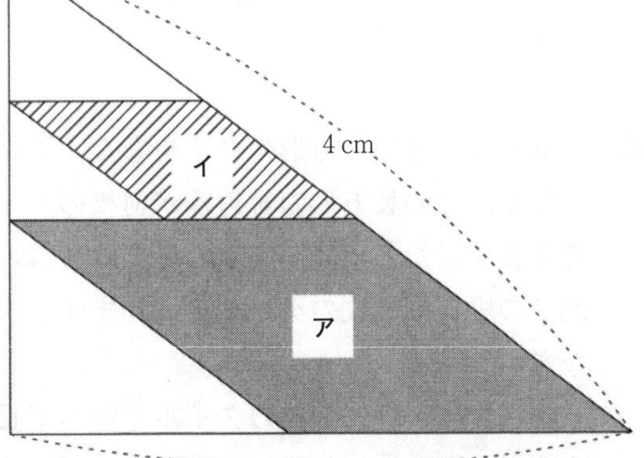

(3)　1辺が5 cmの正方形が2つあり，たてとよこをそれぞれ等分割して「早」と「田」の字を書きました。色の塗《ぬ》られた部分を図のように太線を軸にして1回転させた立体について，「早」のつくる立体の体積は「田」のつくる立体の体積の何倍ですか。

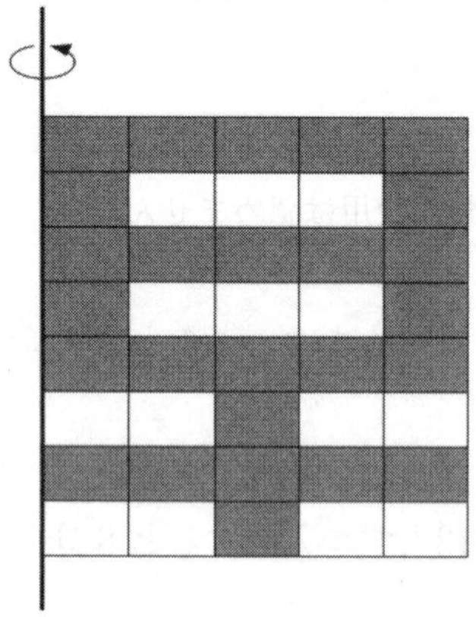

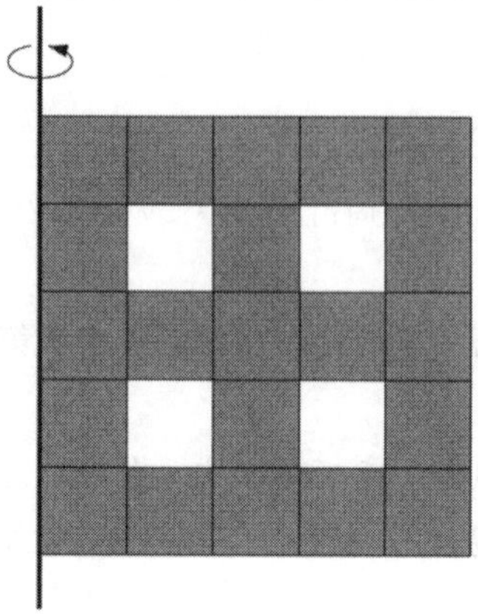

3　ある中学校の行事「A川歩行」では，A川に沿って数百人の生徒が一列になって一定の速さで歩きます。

今年は川上の左岸のP地から，A川に垂直にかかった全長800mのB橋を一回だけ渡《わた》って，川下の右岸のQ地まで歩きます。

列の先頭はP地を午前9時30分に出発しました。列の長さは，列の最後尾が歩き始めるときに1.6kmになりました。この列はB橋を渡り始めてから渡り終えるまでに30分かかり，列の先頭は午前11時ちょうどに渡り終えました。B橋を渡り終えるとすぐに広い土手があって，着いた生徒から昼食休憩《けい》をとりました。その後，正午にB橋を渡り終えた場所から再び列の先頭が出発し，時速3.6kmで歩きました。このときも，列の長さは1.6kmになりました。列の先頭がQ地に着いたのは午後2時40分でした。

また，ボートが午前8時55分にQ地を出発しました。このボートは午前9時55分に生徒の列の先頭と出会いました。A川の流れの速さを時速2kmとして，次の問いに答えなさい。

(1)　昼食休憩をとる前の生徒の列の速さは時速何kmでしたか。

(2)　ボートの静水時の速さは時速何kmですか。

(3)　ボートはQ地から31km上流にある右岸のR地に停泊《はく》して，そこで昼食休憩をとり，午前11時50分に下流へ向けて出発しました。ボートが生徒の列の最後尾に追いつくのは午後何時何分ですか。

4　同じ大きさの正方形のタイルをたくさん並べて長方形を作り，この長方形の対角線が何枚のタイルを通るかを考えます。たとえば，図1の場合は4枚のタイルを通り，図2の場合は2枚のタイルを通ります。次の問いに答えなさい。

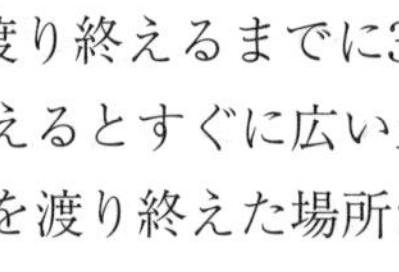

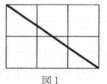

図1

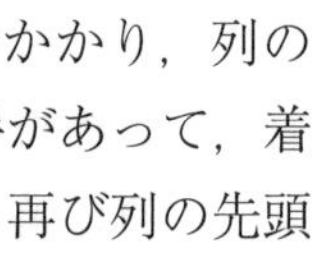

図2

(1)　横に10枚，縦に7枚のタイルを並べて長方形を作るとき，その対角線は何枚のタイルを通りますか。

⑵　横に2023枚，縦に84枚のタイルを並べて長方形を作るとき，その対角線は何枚のタイルを通りますか。

⑶　横に135枚，縦にx枚のタイルを並べて長方形を作るとき，その対角線は162枚のタイルを通ります。xにあてはまる数をすべて書きなさい。

5　図１のような長さ６cmの針が，図形の辺から辺へ移動します。最初に，針はその頭を中心として，反時計回りに回転して移動し，辺とぴったりと重なると止まります。次に，針はその先を中心として，反時計回りに回転して移動します。このときも，針は辺とぴったりと重なると止まります。このように，針は辺とぴったりと重なるたびに止まって，回転の中心を順番に入れかえながら反時計回りに回転して，図形の辺から辺へ移動していきます。次の問いに答えなさい。ただし，円周率は3.14とします。

⑴　図２のように，正三角形と正方形を組み合わせてできた五角形ABCDEがあります。はじめに針の頭は点Aに，針の先は点Eにあり，針は移動して，再び辺AEとぴったりと重なりました。

①　針の先のえがく線を解答らんの図に太線でかきいれなさい。

②　針の先のえがく線で囲まれた部分の面積の合計は何cm^2ですか。

⑵　図３のようなひし形PQRSがあります。はじめに針の頭は点Pに，針の先は点Qにあり，針は移動して，再び辺PQとぴったりと重なりました。針の頭のえがく線で囲まれた部分の面積と，針の先のえがく線で囲まれた部分の面積の差は何cm^2ですか。

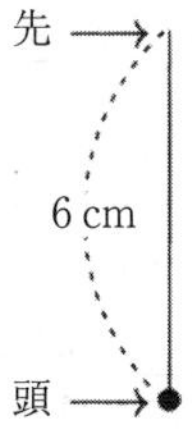

図１

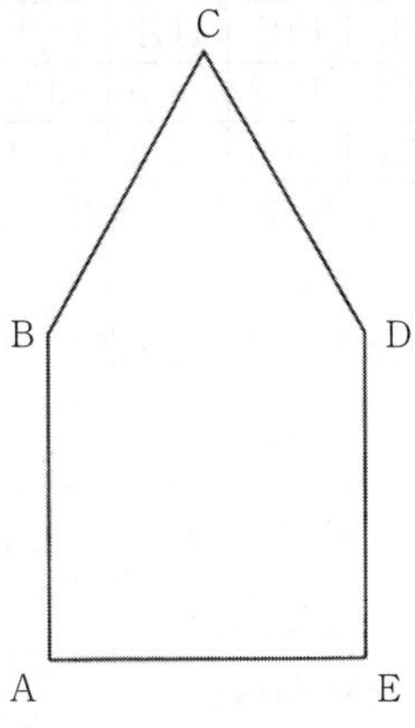

図２

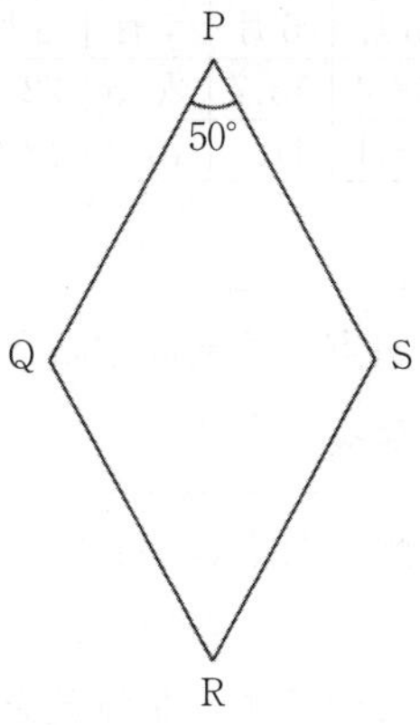

図３

【社　会】〈第１回試験〉（30分）〈満点：40点〉

1　淳一さんは夏休みに北海道へドライブ旅行に行きました。淳一さんが北海道について調べた内容に関する次の各問に答えなさい。

問１　洞爺湖温泉に宿泊した淳一さんは，ロープウェイで近くの山へ上り，山頂付近から昭和新山や洞爺湖を眺《なが》めました。この山は標高733mですが，過去に何度も噴火していて，2000年にも噴火していたことがわかりました。この山名を答えなさい。

問２　洞爺湖の美しい景観に感動した淳一さんは，北海道の湖に興味を持ち，阿寒湖，サロマ湖，摩周湖の特徴《とくちょう》について調べてみました。Ａ～Ｃとそれぞれの湖の組み合わせとして正しいものを**ア～カ**から１つ選び，記号で答えなさい。

Ａ　日本で最も透明《とうめい》度が高い湖

Ｂ　ホタテ貝の養殖で有名な湖

Ｃ　特別天然記念物「マリモ」で有名な湖

	ア	イ	ウ	エ	オ	カ
Ａ	阿寒湖	阿寒湖	サロマ湖	サロマ湖	摩周湖	摩周湖
Ｂ	サロマ湖	摩周湖	阿寒湖	摩周湖	阿寒湖	サロマ湖
Ｃ	摩周湖	サロマ湖	摩周湖	阿寒湖	サロマ湖	阿寒湖

問３　淳一さんは，北海道のガイドブックに載《の》っている札幌市と釧路市の月別平均気温を見て，ほぼ同緯度に位置するのに，夏の気温差が大きいことに気づき，その理由について調べてみました。淳一さんがまとめた文の空欄《らん》にあてはまる言葉を答えなさい。

	1月	2月	3月	4月	5月	6月	7月	8月	9月	10月	11月	12月	全年
札幌	−3.6	−3.1	0.6	7.1	12.4	16.7	20.5	22.3	18.1	11.8	4.9	−0.9	8.9
釧路	−5.4	−4.7	−0.9	3.7	8.1	11.7	15.3	18.0	16.0	10.6	4.3	−1.9	6.2

（『データブック 2021』より作成）

夏の釧路市は暖かく湿った南東の季節風が吹き，沖合を（ ① ）が流れるため，（ ② ）が発生し，日照時間が少なくなるから。

問４　淳一さんは，ホテルの朝食で飲んだ牛乳がおいしかったので，全国の牛乳の出荷量について調べました。右の表は「飲用牛乳等出荷量」の上位10都道府県を示したものです。北海道を除いた県から共通して読み取れることを10字以内で答えなさい。

（単位：キロリットル）

北海道	399,304
茨城	151,143
栃木	122,891
福岡	91,901
千葉	87,920
群馬	85,400
神奈川	78,809
熊本	75,381
埼玉	58,989
岐阜	58,531

（農林水産省　令和３年牛乳乳製品統計より作成）

問５　淳一さんは，苫小牧市の海岸沿いの道を走っていると，大規模な製紙工場があることに気づき，他には，日本のどの地域に製紙工場があるのか調べました。すると，北海道は「パルプ・紙・紙加工品」の製造品出荷額が全国５位だとわかりました。全国第１位と２位の県名を**漢字**で答えなさい。ただし，順番は問いません。

問６　淳一さんは，広大な畑が一面に広がっている風景を見て，色々な野菜が栽培されていることに気づき，全国の野菜の収穫《しゅうかく》量について調べました。すると，北海道が収穫量１位の野菜には，たまねぎ，にんじん，じゃがいもがあることがわかりました。次の統計はこの３つの野菜のいずれかの収穫量上位３都道府県を示したものです。A～Cとそれぞれの野菜の組み合わせとして正しいものを**ア～カ**から１つ選び，記号で答えなさい。

(単位：百トン)

A		B		C	
北海道	8,862	北海道	1,832	北海道	17,320
佐賀	1,246	千葉	1,054	鹿児島	854
兵庫	985	徳島	497	長崎	846

(『データで見る県勢 2022』より作成)

	ア	イ	ウ	エ	オ	カ
A	たまねぎ	たまねぎ	にんじん	にんじん	じゃがいも	じゃがいも
B	にんじん	じゃがいも	たまねぎ	じゃがいも	にんじん	たまねぎ
C	じゃがいも	にんじん	じゃがいも	たまねぎ	たまねぎ	にんじん

問７　淳一さんは，白老町にある国立アイヌ民族博物館「ウポポイ」へ行き，アイヌの人々の文化について学びました。そこで学んだこととして，**誤っているもの**を次の中から１つ選び，記号で答えなさい。

ア　自然のめぐみに感謝して，すべてのものや生き物にカムイ(神)を感じてくらしてきた。

イ　北海道の地名の多くは，サッポロペッ，オタルナイなどアイヌ語が由来になっている。

ウ　魚や動物，山菜をとったり，あわなどの雑穀《ざっこく》を育てたりしながら生活してきた。

エ　かつて王国があったため，アジアの国々と貿易や交流を深め，豊かな文化を育ててきた。

問８　淳一さんは，札幌市の中心地を走っていると，交差点に方角と数字が組み合わさった表示がいくつもあるのを見て，なぜ町名ではないのかと疑問に思いました。調べてみると，東西南北に直線の道路が直交していることがわかりました。札幌市の道路がこのように区画整理されている理由として，次の文の空欄にあてはまる言葉を答えなさい。

> (　①　)時代に，京都の街づくりを参考に(　②　)のような区画を構想したから。

問９　札幌市には路面電車が走っていました。そこで淳一さんは，路面電車が走っている都市について調べてみました。次の各文は，熊本市，広島市，松山市のいずれかの路面電車が通る街並みについて説明したものです。A～Cとそれぞれの都市の組み合わせとして正しいものを**ア～カ**から１つ選び，記号で答えなさい。

A　江戸時代に整備された美しい庭園の近くを通り白川を渡ると，正面には自然災害から復興を遂げた美しい城がそびえたっている。

B　世界遺産を見た後，郊外へ向かう路面電車に乗り換え終点まで行くと，対岸の島にはもうひとつの世界遺産がある。

C　城へのロープウェイ乗り場の近くを通り終点まで行くと，小説や映画などのモデルになったと言われている有名な温泉街がある。

	ア	イ	ウ	エ	オ	カ
A	熊本市	熊本市	広島市	広島市	松山市	松山市
B	広島市	松山市	熊本市	松山市	熊本市	広島市
C	松山市	広島市	松山市	熊本市	広島市	熊本市

2　次の各文章を読み，各問に答えなさい。

1　８世紀の初め，律令制度による政治のしくみがほぼ整ったころ，政治をになう役人を養成するために，朝廷は中央に大学，地方に国学をおきました。大学には貴族や文筆で朝廷に仕えてきた人々の子弟が，国学には郡司の子弟が，それぞれ優先的に入学を認められました。①９世紀になると，有力貴族は，大学で学ぶ一族の子弟のために大学別曹《べっそう》という寄宿舎を設けるようになりました。また，大学の教官である②文章博士《もんじょうはかせ》から高位の官職に出世して，政治に携《たずさ》わる者もいました。いっぽう唐に留学し，密教を学び真言宗を日本に伝えた（　A　）は，綜芸種智《しゅげいしゅち》院《いん》という学校を創設して，庶民《しょみん》に対しても教育を施《ほどこ》しました。

2　15世紀中ごろ，③上杉憲実《のりざね》が下野国に〔　④　〕を再興しました。以後，この施設《しせつ》では全国から集まった禅僧・武士に対して高度な教育が施され，多数の書籍《しょせき》の収集も行われました。16世紀中ごろに最盛期を迎《むか》え，学生数も3000人に達したと伝えられています。⑤キリスト教の宣教師フランシスコ＝ザビエルは書簡の中で，この学校を「日本国中の最大にして最も有名な坂東《ばんどう》の大学」と書き送っています。この施設は，江戸時代も存続しました。

3　江戸時代中期以降，社会の変化に対して，幕府の政治改革が何度か行われました。⑥1790年には朱子学以外の学問を幕府の学校で教えることを禁止しました。いっぽう各藩は藩士の育成のために藩校を設けました。学問の多様な発達の中で，江戸時代初期から学者たちはさまざまな私塾を開きましたが，中期以降，⑦新しい学問を教える学校もつくられました。また庶民の基礎《きそ》教育の場として，広く寺子屋が開校されました。

4　明治政府は，小学校から大学校までの教育制度を確立するため1872年に学制を公布し，全国の町や村に小学校を設けましたが，最初の就学率は３割に達しませんでした。その後，⑧1879年の教育令を経て，義務教育制度もしだいに整えられていき，1890年には３～４年間の義務教育が定められました。このころ義務教育の就学率は５割程度でしたが，政府による学校制度のさまざまな改正や社会の発展の中で，⑨1902年にはついに９割を超《こ》えるようになりました。

5　（　B　）首相が暗殺された五・一五事件以後，学問や思想に対する弾圧が強化され，大学をやめさせられたり，著書の出版が禁止となったりした学者もいました。戦争が激しくなっていく中で，⑩1941年には小学校が国民学校と改称されて，軍国主義にもとづく内容が教えられるようになりました。こうした体制は，日本が敗戦すると終わり，1947年には教育基本法と学校教育法が公布されて，民主主義にもとづく教育体制が整えられました。

問１　文中の（A）（B）にあてはまる言葉を**漢字**で答えなさい。

問２　下線部①について，９世紀の出来事について述べた文として正しいものを次の中から１つ選び，記号で答えなさい。

ア　桓武天皇が平城京から長岡京に遷都《せんと》した。

イ　坂上田村麻呂が前九年合戦で蝦夷を平定した。

ウ　藤原良房が臣下としてはじめて摂政の地位についた。

エ　平安京の南方に平等院鳳凰堂が建設された。

問３　下線部②について，大学の文章博士であった人物で，９世紀末に天皇に抜擢《ばってき》されて右大臣となり，藤原氏と対立した人物名を**漢字**で答えなさい。

問４　下線部③について，この人物は1438年に将軍と結んで，本来補佐しなければならない鎌倉公方《くぼう》を滅ぼしました。この人物の役職として正しいものを次の中から１つ選び，記号で答えなさい。

ア　関東管領　　**イ**　執権　　**ウ**　侍所所司　　**エ**　六波羅探題

問５　文中の〔④〕にあてはまる言葉を次の中から１つ選び，記号で答えなさい。

ア　鳴滝塾　　**イ**　足利学校　　**ウ**　金沢文庫　　**エ**　弘道館

問６　下線部⑤について，日本におけるキリスト教について述べた文として**誤っているもの**を次の中から１つ選び，記号で答えなさい。

ア　鹿児島に上陸したザビエルは，大内氏や大友氏の保護を受けてキリスト教の布教を開始した。

イ　織田信長はキリスト教を保護し，安土にキリスト教の学校を建てることを許可した。

ウ　豊臣秀吉は文禄の役で九州に行った際，長崎が教会領になっていることを知り，バテレン追放令を出した。

エ　江戸幕府は1612年に幕府の直轄《ちょっかつ》地にキリスト教禁止令を出し，翌年，これを全国に広げた。

問７　下線部⑥について，この政策は幕政改革の一環として行われたものです。この時の改革の内容として正しいものを次の中から１つ選び，記号で答えなさい。

ア　飢饉《ききん》に備えて囲米の制を出した。

イ　幕府の収入の増加をはかるため，上げ米の制を実施した。

ウ　江戸・大阪周辺の地を幕府の直轄地にする，上知令を出した。

エ　商業の利益を幕府の収入に取り込むため，株仲間を積極的に公認した。

問８　下線部⑦について，右の肖像《しょうぞう》画の人物は新しい学問を広めました。この人物名を**漢字**で答え，この人物について述べた文として正しいものを次の中から１つ選び，記号で答えなさい。

ア　オランダ語の医学書を翻訳《ほんやく》して，『解体新書』を出版した。

イ　日本の正確な地図をつくるため，全国を測量した。

ウ　『古事記』などを研究して，国学を大成した。

エ　西洋の学問を幅広く研究し，モリソン号事件の幕府の対応を批判した。

問９　下線部⑧について，1879年以後の出来事として内容が正しいものを次の中から１つ選び，記号で答えなさい。

ア　田中正造に率いられ，秩父で農民運動が起こった。

イ　明治天皇が国会開設の詔を出し，政府が10年後に国会を開設すると約束した。

ウ　黒田清隆が最初の内閣総理大臣となり，大日本帝国憲法の制定の準備をはじめた。

エ　木戸孝允らが立憲改進党を結成し，明治政府の大久保利通と対立した。

問10　下線部⑨について，就学率が低かった原因の一つが，1900年に行われた政府の学校制度の変更でようやく解消されました。どのような変更だったのか，解答欄に合うように答えなさい。

問11　下線部⑩について，次の出来事を起こった順に正しく並べかえたものを**ア～カ**の中から１つ選び，記号で答えなさい。

Ⅰ　都市部の国民学校の生徒が，農村などへ集団で疎開《そかい》することになった。

Ⅱ　大都市の国民に対して，米が家族数に応じた配給制となった。

Ⅲ　国家総動員法が定められ，政府が国民を軍需《ぐんじゅ》工場で強制的に働かせることができるようになった。

ア	イ	ウ	エ	オ	カ
Ⅰ→Ⅱ→Ⅲ	Ⅰ→Ⅲ→Ⅱ	Ⅱ→Ⅰ→Ⅲ	Ⅱ→Ⅲ→Ⅰ	Ⅲ→Ⅰ→Ⅱ	Ⅲ→Ⅱ→Ⅰ

3　昨年５月，沖縄は「本土復帰」から50周年を迎えました。次の文章を読み，各問に答えなさい。

日本がアメリカを中心とする連合国と戦った太平洋戦争は1945年に終わり，敗戦した日本は連合国に占領されました。そして1952年４月，サンフランシスコ講和条約が発効して占領は終わりました。条約によって，日本は独立した国としての(　Ａ　)を回復しましたが，沖縄，奄美諸島，(　Ｂ　)諸島はアメリカの統治下に置かれました。

アメリカが沖縄を返さなかったのは，沖縄をアジアでの重要な軍事拠点《きょてん》としていたからです。1953年には，所有者の同意なしで土地を取り上げられる「土地収用令」が出され，住民の土地を基地にしていきました。統治下で日本の憲法は適用されず，基本的人権は守られませんでした。住民の自治機構としてつくられた「琉球政府」よりもアメリカ軍の決定が優先され，①アメリカ軍関係者による犯罪や事故が起こっても，琉球政府の裁判所で裁けませんでした。次第に日本に戻ることを求める声が高まり，復帰運動が広がりました。②1969年11月，日米両政府は1972年に「(　Ｃ　)ぬき，本土なみ」で復帰することに合意しました。

沖縄の多くの人たちが望んだのは「(　Ｃ　)も基地もない平和な島」として復帰することです。政府は「本土なみ」を掲げ，沖縄の人たちは「③基地負担が本土と同じように少なくなる」と期待しましたが，復帰後の基地の大幅な縮小は約束されませんでした。④1972年５月15日午前０時，多くの基地を残したまま，沖縄は沖縄県として日本に戻りました。

日本にあるアメリカ軍の専用施設の総面積のうち(　Ｄ　)％(１万8483ヘクタール)が沖縄県に集中しています。復帰時から34％減りましたが，沖縄県の面積が日本の面積の約(　Ｅ　)％しかないことを思えば，いかに多いかがわかります。

(毎日新聞出版『月刊ニュースがわかる』2022年６月号より)

問１　文中の(Ａ)(Ｂ)(Ｃ)にあてはまる言葉を**漢字**で答えなさい。ただし，(Ａ)は**漢字２字**，(Ｃ)は**漢字１字**が入ります。

問２　文中の(Ｄ)(Ｅ)にあてはまる数字を次の中からそれぞれ選び，記号で答えなさい。

ア　0.6　　**イ**　1.6　　**ウ**　2.6　　**エ**　3.6

オ　50.3　　**カ**　60.3　　**キ**　70.3　　**ク**　80.3

問３　下線部①について，沖縄が復帰した後も事実上，日本に不利な状況が続きました。それはアメリカとの間にある協定が結ばれていたからです。その協定名を解答欄に合うように**漢字**

４字で答えなさい。

問４　下線部②について，沖縄返還《へんかん》に合意した日本の総理大臣を**漢字**で答え，アメリカの大統領を**ア～エ**から選び，記号で答えなさい。

ア　クリントン　　**イ**　ケネディ　　**ウ**　ニクソン　　**エ**　ブッシュ

問５　下線部③について述べた各文の正誤の組み合わせを**ア～ク**の中から１つ選び，記号で答えなさい。

Ⅰ　東京都や神奈川県などの首都圏にアメリカ軍の専用施設は存在しない。

Ⅱ　山口県や青森県などの地方にアメリカ軍の専用施設が存在する。

Ⅲ　日本政府は，1945年の終戦後からアメリカ軍の駐留《ちゅうりゅう》経費の大部分を負担している。

	ア	イ	ウ	エ	オ	カ	キ	ク
Ⅰ	正	正	正	正	誤	誤	誤	誤
Ⅱ	正	正	誤	誤	正	正	誤	誤
Ⅲ	正	誤	正	誤	正	誤	正	誤

問６　下線部④について，返還後の沖縄での出来事について述べた文として**誤っているもの**を次の中から**２つ**選び，記号で答えなさい。

ア　自動車の右側通行が左側通行に変わった。

イ　日常で使われる通貨がドルから円に変わった。

ウ　本土との行き来にパスポートが不要になった。

エ　公用語が英語から日本語になった。

オ　国鉄(のちのJR)による鉄道網《もう》の整備が実施された。

カ　サミット(主要国首脳会議)が開かれ，ロシアも参加した。

問７　1996年，日米両政府は普天間飛行場を含むいくつかの米軍施設の返還を決めました。普天間飛行場の返還をめぐっては，代替施設を名護市辺野古に移すことになりましたが，沖縄県と国との間で対立は今も続いています。Ａ 普天間飛行場の位置，Ｂ 移転先の辺野古の位置を地図の中からそれぞれ選び，記号で答えなさい。

沖縄にあるアメリカ軍の基地
(黒く塗られている部分)

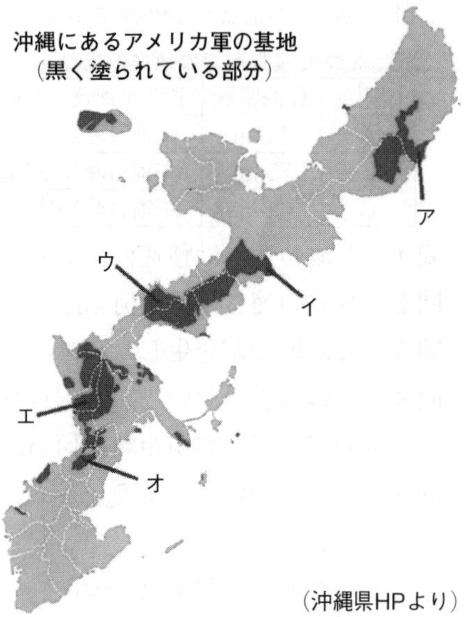

(沖縄県HPより)

問８　2000年12月，「琉球王国の(　　)及び関連遺産群」が世界遺産に登録されました。(　)には一般に「城」という意味の言葉があてはまります。その言葉を**カタカナ**で答えなさい。

【理　科】〈第１回試験〉（30分）〈満点：40点〉

注意　定規，コンパス，および計算機(時計についているものも含む)類の使用は認めません。

1　地下で岩盤《ばん》の破壊《かい》が起こると地震《しん》が発生し，最初に岩盤の破壊が起こった場所が震源となります。図１は，震源と観測点の位置関係を示した断面図です。地震は最初に小刻みなゆれを感じ，次に大きなゆれを感じることが多くあります。図２は，過去に発生した地震の地震波の記録です。図２のように，最初に感じた小さなゆれはＰ波と呼ばれる地震波が到《とう》達してからのゆれで，次に感じた大きなゆれはＳ波と呼ばれる地震波が到達してからのゆれです。Ｐ波もＳ波も，岩盤の破壊とともに同時に発生しています。表は，ある地震について，異なる３つの観測点Ａ～Ｃでの震源から観測点までの距離《きょり》(震源距離)と，Ｐ波，Ｓ波が観測点に到達したそれぞれの時刻の記録です。この地震について，以下の問いに答えなさい。

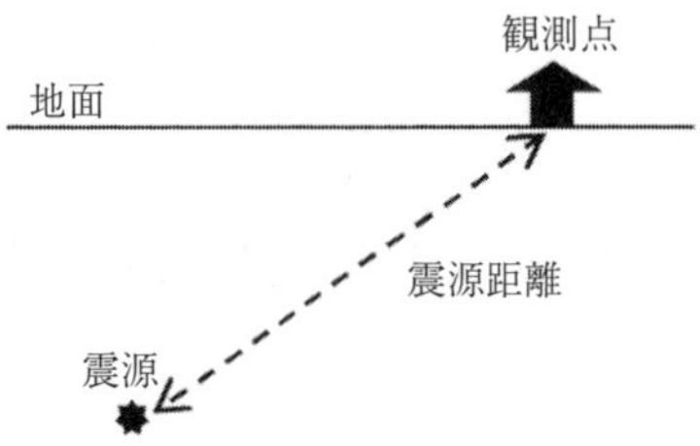

図１　震源と観測点の位置関係を示した断面図

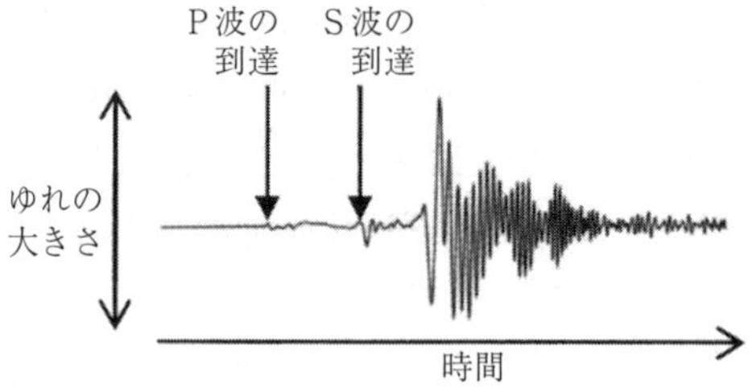

図２　地震波の記録

表　３つの観測点での地震の記録

観測点	震源距離	Ｐ波が到達した時刻	Ｓ波が到達した時刻
Ａ	45km	午前11時15分７秒	午前11時15分13秒
Ｂ	75km	午前11時15分13秒	午前11時15分23秒
Ｃ	120km	午前11時15分22秒	午前11時15分38秒

問１　Ｐ波の速さは秒速何kmか。ただし，この地震のＰ波は一定の速さで伝わったものとする。

問２　Ｓ波の速さは秒速何kmか。ただし，この地震のＳ波は一定の速さで伝わったものとする。

問３　この地震が発生した時刻は，午前何時何分何秒か。

問４　この地震において，観測点ＤではＰ波が到達してからＳ波が到達するまでに９秒かかった。観測点Ｄでの震源距離は何kmか。

問５　地震について，次のａ～ｃの文の正誤の組合せとして最もふさわしいものを**ア～ク**から選び，記号で答えよ。

ａ　震度は，観測点でのゆれの大きさを10段階で表したものである。

ｂ　液状化現象は，海岸沿いの埋《う》め立て地などで起こりやすい。

ｃ　津波《つなみ》の高さは，せまい入り江《え》の奥《おく》で沖合よりも低くなる。

	ａ	ｂ	ｃ
ア	正	正	正
イ	正	正	誤
ウ	正	誤	正
エ	正	誤	誤
オ	誤	正	正
カ	誤	正	誤
キ	誤	誤	正
ク	誤	誤	誤

2 回路や電気の利用について，以下の問いに答えなさい。

問1 次の回路の中で，乾《かん》電池が並列に接続されているものを全て選び，記号で答えよ。

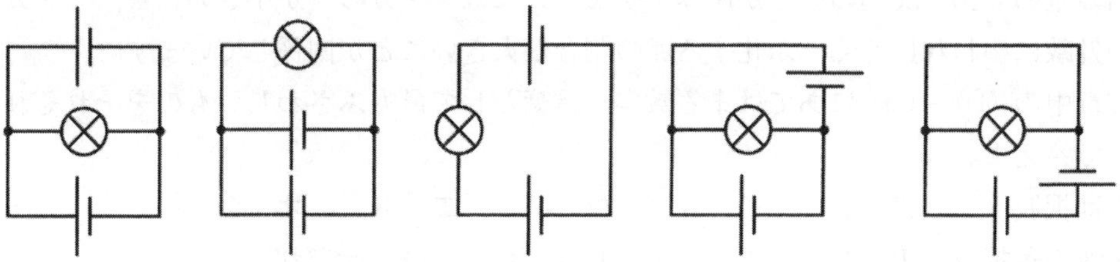

ア　　イ　　ウ　　エ　　オ

問2 図1のように，異なる種類の豆電球P，Qを乾電池に接続した。QはPに比べて明るかった。次の**A**さんから**E**さんの発言の中で正しいものを1つ選び，**A**～**E**の記号で答えよ。

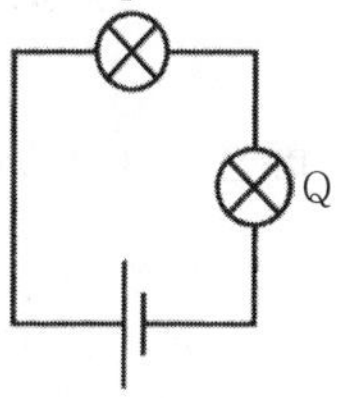

図1

Aさん「Qの方が明るいから，Qに流れる電流はPより大きいよ」
Bさん「Qの方が乾電池に近いから，Qに流れる電流はPより大きいよ」
Cさん「Pで電流が消費されるから，Qに流れる電流はPより小さいよ」
Dさん「Pで電流が消費されるけど，Qに流れる電流はPより大きいよ」
Eさん「Qの方が明るいけど，Qに流れる電流はPと同じだよ」

問3 図1の回路に導線1本を加えてPだけを光らせるには，どのように接続すればよいか。解答欄《らん》の回路図に導線を描《か》き加えよ。

問4 わたしたちは電気を光，熱，音，運動などに変化させて生活を豊かにしている。次の**ア**～**ケ**の中で電気を主に光に変化させて使用しているものと，主に熱に変化させて使用しているものをそれぞれ2つ選び，記号で答えよ。

ア アイロン　**イ** 液晶《しょう》画面　**ウ** LED電球
エ 扇《せん》風機　**オ** スピーカー　**カ** 掃《そう》除機
キ 電気自動車　**ク** 電気ストーブ　**ケ** モーター

問5 電気をためるものとして，モバイルバッテリーなどの蓄《ちく》電池が用いられている。完全に充《じゅう》電された2000mAh(ミリアンペア時)の蓄電池は，100mAの電流なら20時間流すことができ，4000mAの電流なら30分間流すことができる。完全に充電された2000mAhの蓄電池を小型扇風機に接続して，表に示すような風の強さで使用する場合を考える。

表

風の強さ	使用可能な時間
弱風	10時間0分
中風	5時間0分
強風	3時間20分

(1) 強風で連続使用したとき，小型扇風機に流れる電流は何mAか。

(2) 全ての風の強さ(弱風，中風，強風)で同じ時間ずつ使用したら，ちょうど蓄電池の残量がなくなった。このとき，小型扇風機を弱風で使用した時間は何時間何分か。

3 メダカのひれは全部で(①)枚あります。おすはそのうちの(②)と(③)を使って，めすをはさみこみ，産卵をうながします。めすの(　④　)から出てきた卵に，おすは精子を出すことによって，受精します。

大型の魚であるブリのめすは，素早く泳ぎながら1度に10万個を超《こ》える数の卵を産み，この卵は水中を漂《ただよ》い始めます。するとおすも素早く泳ぎながら精子を出し，卵は受精します。受精した卵は水中を漂っていますが，ふ化するまでの日数はメダカよりも短いです。一方，メダカは１回の産卵で10～50個の卵しか産みません。これはメダカの体が小さいこと，メダカの卵が比較《かく》的外敵に襲《おそ》われにくく，ふ化する卵の割合が大きいことが関係しています。

問１　文章中の(①)～(④)にあてはまる数字，言葉として最もふさわしいものをそれぞれ選び，記号で答えよ。

①の選択肢《し》　**ア**　5　**イ**　6　**ウ**　7　**エ**　8　**オ**　9

②・③の選択肢　**ア**　むなびれ　**イ**　しりびれ　**ウ**　せびれ

エ　おびれ　**オ**　はらびれ

④の選択肢　**ア**　はらびれの頭側　**イ**　はらびれとしりびれの間

ウ　しりびれとおびれの間　**エ**　せびれとおびれの間

問２　メダカの卵とブリの卵の違いについての文章として**誤っているもの**を１つ選び，記号で答えよ。

ア　ブリの卵は水中を漂っているが，メダカの卵は水草などに付着している。

イ　メダカは卵に直接精子をふりかけるので，ブリよりも受精する割合が大きい。

ウ　ブリの卵は親によって守られないが，メダカの卵はふ化するまで親によって守られる。

エ　メダカの卵がふ化するまでの日数は，ブリの卵と比べて長く10～14日ぐらいである。

メダカは流れのないところを好んで生息しています。メダカを水槽《そう》に入れ，ゆるやかな水の流れを起こすと，メダカは流れの向きとは反対を向き，その場にとどまるように行動します。これは「水の流れに対する行動」と考えられます。また，メダカは水の流れがなくても，メダカから見た景色が変化しないように行動します。これは「視覚による行動」と考えられます。

図１のように，円筒《とう》形の水槽の外側に，画用紙を丸めて内側を均等に黒く塗《ぬ》った筒《つつ》を用意して実験を行いました。

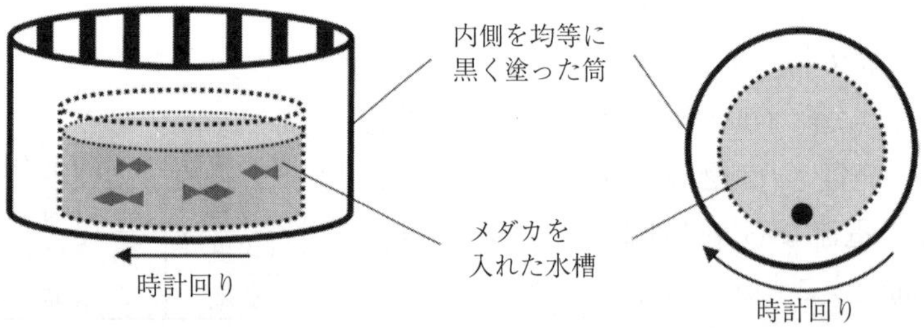

図１　実験装置(左図：横から見た図　右図：上から見た図)
内側にある水槽は点線で示している

問３　水の流れがない状態で，外側の筒をゆっくりと図１のように時計回りに回転させたとき，水槽の●にいるメダカは，どのように行動したか。最もふさわしいものを選び，記号で答えよ。

ア　メダカは時計回りの方向を向き，筒と同じ速さで泳いだ。

イ　メダカは時計回りの方向を向き，筒よりも速く泳いだ。

ウ　メダカは時計回りの方向を向き，その場にとどまった。

エ　メダカは反時計回りの方向を向き，筒よりも速く泳いだ。

オ　メダカは反時計回りの方向を向き，筒と同じ速さで泳いだ。

カ　メダカは反時計回りの方向を向き，その場にとどまった。

問４　「視覚による行動」が「水の流れに対する行動」より優先的にはたらくと仮定して，図１の装置を用いた実験を行うことを考える。どのような実験をして，メダカがどのように行動すれば仮定が正しいといえるか。次の文中の(⑤)，(⑥)にあてはまる言葉の組合せとして最もふさわしいものを選び，記号で答えよ。

ゆるやかな水の流れを時計回りに起こし，周りの筒を(⑤)に動かして実験をする。このとき，図１の水槽の●にいるメダカが(⑥)の方向を向いて泳ぐという行動をすれば，仮定が正しいといえる。

	⑤	⑥
ア	時計回り	時計回り
イ	時計回り	反時計回り
ウ	反時計回り	時計回り
エ	反時計回り	反時計回り

４　成分の不明な無色の水溶液ＸとＹがあります。水溶液ＸとＹの候補は以下の10種類であることが分かっています。

【候補】

1　酢《さく》酸水溶液　**2**　石灰水　**3**　さとう水　**4**　塩酸
5　エタノール水　**6**　アンモニア水　**7**　食塩水　**8**　炭酸水
9　ホウ酸水　**10**　水酸化ナトリウム水溶液

いくつかの実験操作を行い，その結果からどの水溶液であるかを特定することを考えます。以下はその実験操作と結果をまとめたものです。

【実験操作と結果】

ア　乾電池に接続した電極を入れたところ，電流が流れた
イ　乾電池に接続した電極を入れたところ，電流が流れなかった
ウ　手であおいでにおいを確認したところ，においが感じられた
エ　手であおいでにおいを確認したところ，においは感じられなかった
オ　フェノールフタレイン液を加えたところ，溶液の色が赤色に変化した
カ　フェノールフタレイン液を加えたところ，溶液の色は変化しなかった
キ　スチールウールを加えたところ，激しく気体が発生した
ク　スチールウールを加えたところ，気体は発生しなかった

問１　【候補】の水溶液１～10のうち，【実験操作と結果】の**ウ**と**オ**にあてはまる水溶液はそれぞれ何種類あるか。

問２　１つの実験操作とその結果より，水溶液Ｘを特定できた。行った実験操作とその結果として最もふさわしいものを【実験操作と結果】から選び，記号で答えよ。また，この結果から特定された水溶液Ｘを【候補】から１つ選び，番号で答えよ。

次に，水溶液Ｙを特定するために，以下の【実験１】～【実験３】を順番に行いました。

【実験１】（　①　）。これにより，水溶液Ｙの候補は７種類にしぼられた。

【実験２】（　②　）。これにより，水溶液Ｙの候補はさらに４種類にしぼられた。

【実験３】　少量の水溶液Ｙを蒸発皿に入れて十分に加熱したところ，水溶液Ｙが特定できた。

問３　空欄(①)，(②)にあてはまる【実験操作と結果】として最もふさわしいものをそれぞれ選び，記号で答えよ。

問４　水溶液Ｙが特定できたことから，【実験３】の結果は２つ考えられる。１つは黒い固体が得られ，水溶液はさとう水だと特定できる。考えられるもう１つの結果を10字以内で答えよ。また，この結果から特定される水溶液Ｙを【候補】から１つ選び，番号で答えよ。

ウ　他者との共生をはかる一方で、自身の利益にならないことは決してしないこと。

エ　自然環境に配慮《はいりょ》しないで、自身の幸福を最優先すること。

オ　他者の存在を顧《かえり》みずに、個体それぞれが自身の子孫を残そうとすること。

問６　傍線部**５**「人間はじつに浅はかに利己的であった」とありますが、なぜそのようにいえるのですか。解答欄に合うように、二十五字以上三十五字以内で説明しなさい。

動物たちとは異なり、人間は〔　**二十五字以上三十五字以内**　〕

造を発達させることになった。できるだけ少ない蜜を提供しつつ、なんとしても昆虫の体に花粉がついて、昆虫がいやでも花粉を運んでしまうような花の構造ができあがっていったのである。

　人間も動物であるから、利己的にふるまうのは当然である。しかし、動物たちは利己的であるがゆえに、損することを極端《きょくたん》に嫌う。浅はかに利己的にふるまいすぎてしっぺ返しを食ったときに、やっとそれをやめるのではなく、もっと「先」を読んでいるらしい。どのようにしてそれを予知するのかわからないが、これはどうも損になりそうだと思ったら、もうそれ以上進まないのである。その点では、動物たちのほうが徹底して利己的である。きわめて賢《かしこ》く利己的だと言ってもよかろう。

　5人間はじつに浅はかに利己的であった。しかしこれからは自然が自然の論理でふるまうのを許せるぐらいに「賢く利己的に」ふるまうべきではなかろうか？

（日高敏隆『日高敏隆選集Ⅷ　人間はどういう動物か』
〔ランダムハウス講談社〕より）

問１　傍線部**a**〜**c**のカタカナを漢字に直しなさい。

問２　傍線部**1**「エコトーン」とありますが、これはどのようなものですか。最もふさわしいものを次から選び、記号で答えなさい。

ア　様々な環境が思わぬ外圧によって変化し、移り変わっていく場のことであり、時折自然の論理がはたらいている場である。

イ　人間が自然を開発した状態を言い、自然が人間の力を押し戻し、再生しようとして結果的に魅力的《みりょくてき》な外観を呈《てい》する場である。

ウ　新たな環境に移り変わる場であり、自然の状況でも人工的にも生じ得る、自然の再生と更新の場である。

エ　環境の移行と変化の場のことであり、かつては自然界の大部分を占《し》めていたが、現在は著《いちじる》しく減少してきている。

問３　傍線部**2**「人里ではなく、たんに擬似人里、人里もどきにすぎない」とありますが、「人里」や「人里もどき」について説明した選択肢として最もふさわしいものを次から選び、記号で答えなさい。

ア　いずれも自然の環境に人の手が入ったものだが、人里もどきでは自然の論理が破壊され、人工的で見せかけの自然のみが存在することになる。

イ　人里とは人間が自身のために作り上げた安らぎの場のことだが、いずれはエコトーンとなり純粋な自然に戻ってしまう。

ウ　人里もどきは、人間の都合のみで自然環境を破壊した結果生じた人工的なものだが、皮肉にも人間にとって懐《なつ》かしさを覚える環境となる。

エ　人里は人間の自分勝手な行動を出来るだけ排除《はいじょ》し、自然との共存共栄を目指すものであり、日本人は古来徹底してこの考え方を実践《じっせん》してきた。

オ　人里はエコトーンとして人間に悲壮《ひそう》な感情を抱《いだ》かせるが、人里もどきはエコトーンではあり得ず、幻想としての環境が現出されることとなる。

問４　傍線部**3**「昔の生態学」では、自然界をどのように捉《とら》えていましたか。本文中から三十字で探し、最初の二字を書き抜きなさい。

問５　傍線部**4**「きわめて利己的にふるまっている」とありますが、ここでいう「利己的」とはどういう意味ですか。最もふさわしいものを次から選び、記号で答えなさい。

ア　自分たちの種族を保存するために、他の個体を蹴落とそうとすること。

イ　共生状態を維持するよりも、自分の快楽を優先しようとすること。

理にしたがって、自然に変化を加える。しかし、自然は自然なりに、自然の論理にもとづいて押し戻《もど》してくる。この押し合いが続く間は、エコトーンとしての人里は維持される。

人里は心なごむ自然であり、人はそこに自然を見、そこから自然の論理を学ぶことができる。自然の論理を知ること——それは今日の人間にとってきわめて大切な意味をもっている。ぼくが「人里をつくろう」と訴《うった》えているのもそのためである。

では、人里をつくるにはどうしたらよいのか。それは人間の論理の無理押しをしないことである。自然が自然の論理で押し返してくるのを許すことである。

人間はしばしば自然の巻き返しを嫌い、自然の論理を徹底的につぶしてしまおうとする。道は完璧《かんぺき》に舗装《ほそう》し、側溝《そっこう》は水を流す目的だけのためにコンクリートで固める。林の木の侵入《しんにゅう》を食い止めるため芝生《しばふ》にして、それを維持する。そしていかにも自然らしく見えるように植木を植え、その植木はこぎれいに剪定《せんてい》する。

このようにして生じるものは2人里ではなく、たんに擬似《ぎじ》人里、人里もどきにすぎない。人里もどきには自然の論理ははたらいていない。わずかながらはたらくとしても、人間は人間の論理にしたがって、自然が生やした草を刈《か》り、虫を退治する。一見、自然のように見えても、そこに自然はない。徹底的に人間の論理で貫《つらぬ》かれているからである。今、あちこちでつくられている「自然の森」や「水と緑の公園」は、そのほとんどすべてがこのような人里もどきであると言ってよい。

なぜそれがいけないのか？　それは人間が「自然界のバランス」を崩《くず》しているからだ、と考える人がいる。残念ながらそうではない。人間が「自然と共生する」姿勢を忘れているからだと言う人もいる。これも残念ながらあたっていない。

「自然界のバランス」「自然と人間の共生」というようなことはよく言われる。いかにも人を納得させるひびきをもったことばである。けれど、近年の動物行動学あるいは行動生態学の研究を見ていると、どうもそのようなものはわれわれの幻想《げんそう》にすぎなかったのではないかという気がしてくる。

3昔の生態学は、自然界のバランス、生態系（エコシステム）の調和、ということを強調した。そして、人間がこのバランスを崩さないようにすれば、自然と共生していけると考えた。しかしこの一〇年、二〇年ほどの間に明らかになってきたとおり、自然界の中では、動物も植物もそれぞれの個体がそれぞれ自分自身の子孫をできるだけたくさん後代に残そうとして、4きわめて利己的にふるまっているように見える。かつて信じられていた「種族保存のためのシステム」というものもなく、個体がそれぞれ他人を蹴落《けお》としてもいいから自分だけは子孫を残そうと、きわめて利己的にふるまっている結果として、種族が維持され、進化も起こるのである。「自然界のバランス」なるものも、そこになにか予定調和的なバランスがあって、自然はそれを目指して動いている、というようなものではけっしてない。ある個体が自分の利己を追求しすぎると、そのしっぺ返しを受けて引き下がらざるを得ない。こういう形で結果的にバランスが保たれているにすぎないのだ。

自然界に見られる「共生」についても同じような見方ができる。花と昆虫のみごとな共生に、われわれは心を打たれる。けれどこれも、花と昆虫が「お互《たが》いうまく生きていきましょう」と言ってやっていることではないらしい。花は昆虫に花粉を運んでもらえばよいのであって、つくるのにコストのかかる蜜《みつ》など提供したくはない。昆虫は昆虫で、自分たちの食物である蜜を花からできるだけたくさんcウバえばいいのであって、花粉など運んでやるつもりは毛頭ない。

この両者の「利己」がぶつかりあったとき、花はますます精巧《せいこう》な構

うろたえている。

イ　母親が亡くなって以来、家の中の環境が変わっていくことを受けいれつつも「フツー」の家族になれるよう願っていたのに、自分たちは「フツーじゃない」と開き直る大人たちの様子を見て、失望している。

ウ　自分たちのことを「フツー」の家族だと考えていたのに、自分以外の大人たちは皆彼ら自身のことを「フツーじゃない」というので、自身のことを「フツー」だと思っていたのは自分だけだと知り、とまどっている。

エ　「フツー」の小学生として、家族のために気をつかうのは「フツー」のことだと思い自分なりに頑張《がんば》ってきたが、そんな自分を尻目《しりめ》に大人たちが好き勝手なことを言い出すのを目《ま》の当たりにし、呆然としている。

オ　せめて実の父親には「フツー」であって欲しいと願っていたにもかかわらず、英弘は自身を「フツーじゃない」とあっさり認めてしまったので、父親への思いが裏切られたように感じられ、悲しんでいる。

問7　傍線部**4**「大人三人は涙が出るほど笑った」とありますが、この時の「大人三人」に共通する心情を示したことばとして最もふさわしいものを次から選び、記号で答えなさい。

ア　優越感《ゆうえつかん》とさげすみ　**イ**　感嘆《かんたん》と愉快《ゆかい》
ウ　後悔とむなしさ　**エ**　信頼と歓喜《かんき》
オ　愛情とおかしみ

二

次の文章を読んで、後の問に答えなさい。

1エコトーンは、環境の状態が移行する場所である。それはしたがって、けっして広大な面積にわたることはない。エコトーンが幅《はば》何百キロにわたって広がるということはあり得ないのである。

人里はまさにこのようなエコトーンなのだ。人里の特徴、そして人里のもつ心なごむ景観は、人里がエコトーンであるがゆえに生まれるのである。

人が手を加えない自然の中で、エコトーンはつねにそれまでそこにあった姿の自然の再生、更新《こうしん》の場として存在している。いろいろな理由から深い針葉樹林であった場所に生じたエコトーンは、ほうっておかれればしだいにその姿を変えていって、いずれは深い針葉樹林を再生するだろう。老木は枯《か》れて倒《たお》れるであろうが、いずれはあとから育ってきた木によって更新されるだろう。そして、そのエコトーンに生きていた植物や動物は、また別の場所に生じた新しいエコトーンへと移り住んでいくことであろう。自然ではいつもこのようなことが起こっている。

重要なのは、そこで起こっていることはすべて自然の「論理」にしたがったものだということである。

老木が倒れたり、雷で山火事が生じたりするかわりに、人間が住みついて林を切り開いても、同じような事態が生じる。そこには新しいエコトーンが生まれ、それまでの自然の再生のプロセスが始まる。

純自然の場合と異なるのは、人間がこの自然の再生を嫌《きら》い、つねにそれと闘《たたか》ってきたことである。その結果、自然の再生は完成することなく続けられる。そして、人間のそれに対する闘いも続けられてきた。

この闘いが続いている間、エコトーンはもとの自然の再生による最終的な消滅《しょうめつ》に至ることなく維持《いじ》される。この状態が人里なのである。人間はもとの形での自然は破壊《はかい》したかもしれないが、新しい**a**　**ヨウソウ**の自然を生じさせ、しかもそれをほぼそのままに維持するというはたらきをすることになった。人里はこのように**b**　**トクイ**な自然なのである。

いるさまを見て、[iii]ことができた。

ア　ii—あわれみ　iii—頭を冷やす

イ　ii—不満　iii—意気投合する

ウ　ii—憎悪《ぞうお》　iii—うっぷんを晴らす

エ　ii—あきらめ　iii—心をなごます

オ　ii—非難　iii—怒りを抑《おさ》える

問2　傍線部**2**「でも、ヒロさんは男のヒトだもの……」とありますが、この時の美佳子の心情はどのようなものですか。**文章B**の中のことばを用いて、解答欄に合うように、四十字以上五十字以内で説明しなさい。

男の英弘はたとえ家事能力がなくてもおかしくはないが、〔**四十字以上五十字以内**〕と感じている。

問3　[**X**]に入ることばとして最もふさわしいものを次から選び、記号で答えなさい。

ア　誰もフツーじゃないし、誰もフツーじゃないんだから、逆にみんながフツーなんだよ

イ　みんなフツーじゃないし、みんなフツーじゃないんだから、結局俺だけはフツーなんだよ

ウ　俺たちはフツーだし、俺たちがフツーなんだったら、逆にみんながフツーじゃないんだよ

エ　俺もフツーじゃないし、美佳子もフツーじゃないんだから、結局俺たちはフツーじゃないんだよ

オ　みんなフツーだし、誰もがフツーなんだったら、逆に俺だけはフツーじゃなくていいんだよ

問4　**文章B**からわかる英弘の人物像についての説明として最もふさわしいものを次から選び、記号で答えなさい。

ア　人からは不躾《ぶしつけ》だと思われることもあるが、偏見《へんけん》に惑《まど》わされず知的に物事の本質を見据《みす》えている。

イ　無邪気《むじゃき》で飾《かざ》り気がなく人当たりもやわらかいが、正義感が強く心の中には譲《ゆず》れない信念を持っている。

ウ　気分によっては相手に配慮《はいりょ》することもあるが、基本は人に対する関心が薄く自由気ままに生きている。

エ　細やかな気づかいは得意ではないが、自分や相手のありのままを受けいれることができている。

オ　自らの至らない部分への自覚はあるが、それを変えることができず現状に対して開き直っている。

問5　**文章A**からわかる憲弘の家族に対する思いや考えとして最もふさわしいものを次から選び、記号で答えなさい。

ア　実の父母とその子どもが暮らす家族の形にあこがれを感じている。

イ　自分の家族は他の平凡《へいぼん》な家族よりもおもしろいと自慢《じまん》に思っている。

ウ　父親が二人いることに違和感を覚えているものの二人を好いている。

エ　家族構成や血のつながりにとらわれず家族に愛着をもっている。

オ　母親が死んでしまった寂《さび》しさをいまだに埋《う》めきれないでいる。

問6　傍線部**3**「なんだ……、フツーなの僕だけなんだ……」とありますが、**文章A**もふまえ、この時の憲弘の心情について説明した選択肢として最もふさわしいものを次から選び、記号で答えなさい。

ア　自分の家族は「フツーじゃない」と感じていたが、周りの大人たちも皆彼ら自身を「フツーじゃない」と考えていたことを知り、うすうす感じていた事実を突きつけられることとなり、

どことなくぼんやりとして美佳子が言ったので、英弘は視線をあげた。

「それって……、あたしが前から考えてたこととすごくよく似てます……」

男とか女とかそういうことに関係なく、「外で働いて稼《かせ》いでくる人」と「家の中の仕事を担当する人」が一緒に住んでいるのは羨《うらや》ましい、とかつて美佳子が言っていたのを毅は思い出す。

「でも、そういうコト口に出して言うと、それは『フツーじゃない』みたいなこと言われちゃうんですよね……」

一瞬、食卓に静寂《せいじゃく》が流れた。

いみじくも毅は、憲弘の作文を読んでしまったあのとき、英弘に向かって言ったものだ。

――だってこれ、フツーのヒトが読んだら……！

そうしていみじくも英弘はそのあとに言ったものだ。

――別に「いちおう父子家庭」じゃねえよ。「ちゃんとした父子家庭」だよ。

毅の口が自然に動いた。

「フツー、とかさ。ちゃんとしてる、とかさ……」

三人の目が自分のほうを向いたのを感じる。

「そういうの、もういいじゃん。[X]」

「え？」

美佳子が物問いたげな視線を寄越《よこ》しながら言う。

「たとえば女なのにハンバーグひとつ満足に作れない美佳子はフツーか？」

「フツーじゃない、と自分では思う」

「俺は全然フツーのこととして受け容《い》れられるぞ」

「ホントに？」

「ホントに」

美佳子が泣き笑いみたいな顔になって頷《うなず》き、毅は続ける。

「男なのにシュフやってる俺はフツーか？」

「……」

「自分ではフツーじゃないって思ってるけど、美佳子はフツーに受けとめてくれてるだろ？」

「うん……」

「七年も前に妻に先立たれてるのに、再婚しようともしないでオトコに家事と育児任せてるヒロはフツーか？」

それには英弘が即座《そくざ》に明るく答えた。

「フツーじゃありまっせーん！」

そうして父親のそのことばを聞いた憲弘は、かなり真面目な口調で、それからなぜか少し残念そうに言った。

「3なんだ……、フツーなの僕だけなんだ……」

小学校六年生の真剣なその呟きを聞いて、4大人三人は涙が出るほど笑った。

（鷺沢　萠「渡辺毅のウェルカム・ホーム」『ウェルカム・ホーム！』〈新潮社〉より）

問1　傍線部1「その場で英弘の首を締めあげたい、という突発的な欲望を止めることができた」とありますが、次の文はこの時の毅の心情について説明したものです。文中の[i]に入ることばを**文章B**から十字以上十五字以内で書き抜き、[ii]・[iii]に入ることばの組み合わせとして最もふさわしいものを後の選択肢から選び、記号で答えなさい。

[i]に育った憲弘が懸命に美佳子をかばおうとしていたにもかかわらず、英弘が無神経なことばを発したことは頭にきたものの、憲弘が英弘に[ii]のこもった眼差《まなざ》しを向けて

「お客さま用」を含めて四つの茶碗を炊飯《すいはん》ジャーの前にいる美佳子に渡す。美佳子は肩を落としてジャーから米飯をよそった。

「オレンジ色にまみれたインゲンのソテー」を大皿に移しながら片目でジャーの中を盗むように見てみたが、飯はふつうに炊《た》けているようだった。それだけでも奇跡としよう、と毅は思う。

食卓に「挽き肉炒め」と「オレンジ色にまみれたインゲンのソテー」と粉ふき芋と米飯が揃《そろ》い、四人は席についた。

「じゃ……」

英弘が言い、それが合図だったかのように四人で「いただきます」を唱えた。

悪い予感ほど的中することになっている。「挽き肉炒め」には味がなかった。それでも英弘と憲弘は黙々《もくもく》と味のしない「挽き肉炒め」を口に運んでいるが、毅は黙っていればいるほど他でもなく美佳子本人の気持ちが傷つくのではないか、と思い、笑ってしまうことにした。

「美佳子さあん！」

笑いながらそう言った。わざと「さん」を付けた。美佳子が観念したような顔になる。

「はい……」

「美佳子さん、下味に何を使いました？」

美佳子は今度はぎょっ、とした顔になり、果たして言った。

「したあじ……、って何……？」

そのことばを聞いて、毅はもう純粋《じゅんすい》に笑った。つられたように美佳子が情けない感じで笑い出し、そのことによって英弘と憲弘もようやく笑顔を見せた。毅は言う。

「醤油《しょうゆ》かけよう、醤油。な？」

「と、提案しようとあたしも思っていました」

美佳子がそう告白し、憲弘がそれでもどこか取りなしているように言う。

「醤油って便利だよね、こういうとき」

憲弘のその台詞で、全員が盛大に笑った。食卓を包む笑い声の中で、毅は静かに決心した。将来もし美佳子と一緒に住むようなことになったとしても、料理だけは俺《おれ》が担当しよう、と。

醤油味になった「挽き肉炒め」を食べながら、美佳子はどこか諦念《ていねん》の漂《ただよ》う呟きを洩《も》らした。

「あたしって、つくづく料理にムイてないんだわ……」

「誰にだって向き不向きはありますよ。俺だって家事能力ゼロだし。コイツに捨てられたら、明日着る服だってないんすから」

英弘が毅のほうを顎《あご》で指すようにしながら言った。捨てられる、などという言い方が可笑《おか》しくて毅は腹の中で笑ったが、美佳子は納得できないように言い返した。

「2でも、ヒロさんは男のヒトだもの……」

美佳子のそのことばに対しては、英弘はあっさりと、とても軽快に言った。

「カンケイないんじゃないっすか」

「え……？」

「男とか女とか、そういうことカンケイない時代だと思いますよ、俺」

「カンケイない……？」

「ええ。自分が向いてない分野のことは、向いてるヒトに任せる。その代わり、自分は自分が向いてる分野で役に立つ。それでいいんじゃないっすかね」

メシをかっこみながら英弘はそう言い、美佳子はしばらくのあいだ箸《はし》を動かす手を休めた。

「それって……」

もん！」

挽き肉の成形を、ふたりでやったのだろう。美佳子がどういう訳でいきなり「ハンバーグをハート形に成形する」などという難しいことにチャレンジしようとしたのかは判《わか》らないが、成形後の挽き肉を焼いたときに何らかの失敗があったのか、あるいは成形そのものの時点で失敗があったのだろう。

　まあとにかく、ハンバーグの形はしていないが、炒めた挽き肉である。少なくとも、食べられないものではない。だから毅は言った。

「大丈夫だよ、食えるよ、充分」

そう言う毅のすぐ隣《とな》りで、憲弘が物凄《ものすご》い勢いで首肯《しゅこう》している。

――親が言うのもなんだけど、ノリってすげえいい子に育ってるじゃん……。

きのう聞いた英弘《ひでひろ》の呟《つぶや》きが耳の奥で甦《よみがえ》る。思いやりのある子だ。空気を読める子でもある。

しかし思いやりがあって空気を読める子の父親は、思いやりはともかくとして空気を読める男ではなかった。別のポロシャツに着替えて二階から降りてきた英弘は、「挽き肉炒め」の載《の》った皿を見て、開口一番で明るく言い放ったのだった。

「あれ？　ハンバーグじゃなかったんですか？　予定変更？　これは何ていう料理なんです？」

1その場で英弘の首を絞《し》めあげたい、という突発的な欲望を止めることができたのは、憲弘のおかげだった。憲弘は物凄い目つきで父親を睨《にら》みつけていたのである。

美佳子がふたたび泣き出しそうな顔になったのを見て、毅は英弘に向かって言った。

「おまえは黙《だま》って席につけ」

英弘もやっとのことで、なんとなく何が起きたのかを察知しはじめたらしく、言われたとおり黙って食卓の席についた。

毅は台所に入り、レンジの上に他にも鍋《なべ》がふたつ載っているのを発見した。予想どおりと言うべきか、鍋の中身はハンバーグにはつきものの粉ふき芋《いも》、それからインゲンとニンジンのソテーだった。粉ふき芋のほうはこのままでどうにか行けそうだ。

――そうそう、これって小学校の家庭科で習うんだよな……。

などということを考えながら、毅は言う。

「美佳子ー、芋はちゃんとできてるじゃん」

ニンジンは面取りをしていないために煮崩《にくず》れてしまっており、インゲンとニンジンのソテーであるべきものは「オレンジ色にまみれたインゲンのソテー」になっていたが、とにかくこれにしても、食えないわけではない。

「おいノリ、メシついでくれ」

習慣になった台詞《せりふ》を台所から言うと、慌《あわ》てたように美佳子が答えた。

「あ！　あたしがやるから！　せめてそれくらいは」

「うん。じゃ頼《たの》むよ」

それでも憲弘は台所に入ってきて、美佳子に向かって言った。

「サイトウさん、僕も手伝うよ」

どの茶碗《ちゃわん》が誰の茶碗なのか判らないであろう――最悪の想像をすれば味噌汁の椀《わん》に米飯をよそってしまう可能性すらある――美佳子を気《き》遣《づか》っての行動であることが、毅には判った。

「ありがと……」

美佳子は悄然として答え、憲弘は手早く三つの茶碗を食器棚から取り出しながら言った。

「サイトウさんのはお客さま用のにするね！」

誰かの結婚式の引き出物で英弘がもらってきた、上等の京焼き茶碗セットがあり、それを憲弘は「お客さま用」と呼んでいた。憲弘は

2023年度 早稲田中学校

【国　語】〈第一回試験〉（五〇分）〈満点：六〇点〉

注意　字数制限のある問題については、かぎかっこ・句読点も一字と数えなさい。

一　次の文章Ａ・Ｂを読んで、後の問に答えなさい。

文章Ａ

僕の家族　　六年二組　松本憲弘《のりひろ》

僕の家には、お父さんが二人いる。お父さんとタケパパだ。

お父さんが二人いるので、お母さんはいない。だから僕の家は三人家族だ。

二人のお父さんのうち、一人は僕の本当のお父さんだが、もう一人は本当のお父さんではない。本当のお父さんのほうは、僕が生まれたときから一緒に住んでいた。そこに新しいお父さんがやって来たのだ。でも、いつやって来たのかは、はっきりとは覚えていない。僕が小さかったからだ。

お父さんは新しいほうのお父さんのことを「タケシ」と呼ぶので、昔、僕もそう呼んだことがある。そしたら、新しいほうのお父さんはとても怒った。それで「タケパパ」と呼ぶことにした。

お父さんはサラリーマンだが、タケパパは家にいて、ご飯を作ったり掃除《そうじ》をしたり洗濯《せんたく》をしたりしている。タケパパの作るご飯はとてもおいしい。タケパパは料理のプロだ。

お母さんは僕が小さかったころに死んでしまった。僕は残念だが、よく覚えていない。だけど、お母さんがどういう感じの人なのかは、なんとなく分かる。タケパパには斉藤さんという女の友達がいて、斉藤さんが家に遊びに来るとき、僕はときどき「お母さんってこういう感じなのかなあ」と思う。

斉藤さんはとてもいい人で、僕の宿題を見てくれたりする。今日は斉藤さんと一緒にハンバーグを作った。とても楽しかった。

僕は一人っ子なので兄弟がいない。お父さんも一人っ子なので、僕には従兄弟《いとこ》もいない。時々、弟か妹がほしいな、と思うことがある。でもそれをお父さんに話したことはない。

だけど、僕にもいつか弟か妹ができるのではないか、と僕は想像している。タケパパも僕のお父さんだから、タケパパの子供は、僕の兄弟になるからだ。

弟や妹ができたときには、きっと一緒には住めないと思う。でも、一緒に住んでいなくても家族だと僕は思う。

文章Ｂ

美佳子《みかこ》は悄然《しょうぜん》としながら、かつてはハンバーグであったのであろうただの「挽《ひ》き肉炒《いた》め」を食卓の上の皿に移しているところだった。

憲弘がやって来て、その「挽き肉炒め」を呆然《ぼうぜん》とした表情で見つめた。そんな憲弘に向かって、美佳子が泣きそうな声で言う。

「ノリくん！　これ、ちゃんとハートの形してたんだよね⁉」

「う、うん……」

「証明してくれるよね⁉　ハート形してた、って」

実際に泣き出さんばかりの声で美佳子がそう言い、憲弘は自分の役割を把握《はあく》したらしい、毅《たけし》に向かって美佳子をかばう口調になって言った。

「ホントにハート形してたんだよ、タケッパー！　一緒に作ったんだ

2023年度
早稲田中学校 ▶解説と解答

算 数 ＜第１回試験＞（50分）＜満点：60点＞

解 答

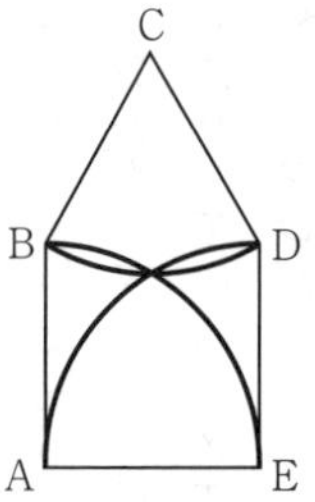

1 (1) 0.18 (2) 8分40秒 (3) B…3点，C…4点，D…2点
2 (1) 22.5度 (2) $\frac{48}{49}$cm (3) $\frac{65}{84}$倍 3 (1) 時速4.8km (2) 時速16km (3) 午後1時10分 4 (1) 16枚 (2) 2100枚 (3) 28，36，54 5 (1) ① 右の図 ② 1.68cm^2 (2) 50.24cm^2

解 説

1 四則計算，ニュートン算，つるかめ算，条件の整理

(1) $0.00875 \times 2896 = \frac{875}{100000} \times 2896 = \frac{7}{800} \times 2896 = \frac{1267}{50} = 25.34$となる。よって，$25.34 \div 3.7 = 6.8$余り0.18より，求める余りは0.18とわかる。

(2) 毎分10人ずつ入場するときに14分で入場する人数は，$10 \times 14 = 140$(人)であり，毎分13人ずつ入場するときに８分で入場する人数は，$13 \times 8 = 104$(人)となる。よって，１分間に行列に加わる人数を①人とすると，右の図１のように表すことができる。図１から，⑭－⑧＝⑥にあたる人数が，$140 - 104 = 36$(人)とわかるから，①＝$36 \div 6 = 6$(人)となり，最初の行列の人数は，$140 - 6 \times 14 = 56$(人)と求められる。次に，12分で行列に加わる人数は，$6 \times 12 = 72$(人)なので，12分で入場した人数の合計は，$56 + 72 = 128$(人)となり，右上の図２のようにまとめることができる。毎分15人の割合で入場した時間が12分だとすると，入場した人数は，$15 \times 12 = 180$(人)となり，実際よりも，$180 - 128 = 52$(人)多くなる。毎分15人のかわりに毎分９人の割合で入場すると，入場する人数は１分あたり，$15 - 9 = 6$(人)少なくなるから，毎分９人の割合で入場した時間は，$52 \div 6 = \frac{26}{3} = 8\frac{2}{3}$(分)と求められる。$60 \times \frac{2}{3} = 40$(秒)より，これは８分40秒となる。

図１

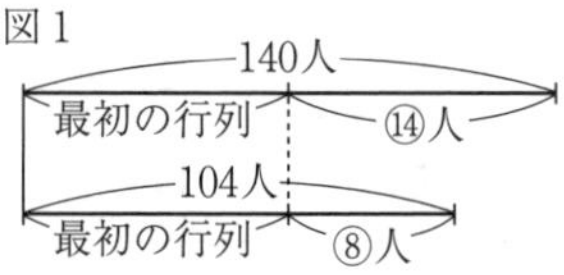

図２

毎分９人｝合わせて
毎分15人｝12分で128人

(3) Aは，BとCに勝ってDと引き分けたことになる。また，試合数は全部で，$\frac{4 \times 3}{2 \times 1} = 6$(試合)であり，勝敗が決まった試合では両チーム合わせて３点，引き分けの試合では両チーム合わせて，$1 + 1 = 2$(点)入るので，$3 \times 4 + 2 \times 2 = 16$(点)より，勝敗が決まった試合は４試合，引き分けの試合は２試合とわかる。さらに，Bには引き分けがないから，C対Dが引き分けと決まり，右上の図３のようになる。図３で，Dの点がCより低くなるためには，C対BはCの勝ち，D対BはDの負けになる必要があるので，上の図４のようになる。よって，Bは３点，Cは４点，Dは２点である。

図３

	A	B	C	D	点
A		○	○	△	7
B	×				
C	×			△	
D	△		△		

図４

	A	B	C	D	点
A		○	○	△	7
B	×		×	○	3
C	×	○		△	4
D	△	×	△		2

2 角度，相似，体積

⑴　右の図１で，三角形OBCと三角形PBCは合同である。また，おうぎ形の半径はすべて同じ長さだから，同じ印をつけた部分の長さと，同じ印をつけた角の大きさはそれぞれ等しくなる。よって，三角形OPBは正三角形なので，●印をつけた角の大きさは，105－60＝45(度)とわかる。また，三角形OAPは二等辺三角形だから，角OPAの大きさは，(180－45)÷２＝67.5(度)となる。したがって，角アの大きさは，67.5－45＝22.5(度)と求められる。

図１

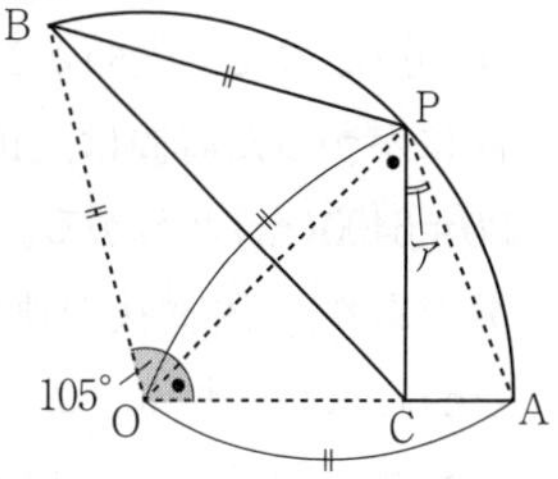

⑵　下の図２で，４つの三角形OAB，OCD，OEF，ACGは相似なので，AB：OB＝CD：OD＝EF：OF＝CG：AG＝３：４となる。そこで，AB＝$\boxed{3}$，OB＝$\boxed{4}$とすると，ひし形イの１辺の長さはすべて$\boxed{3}$になる。すると，CG＝$\boxed{3}\times\frac{3}{4}=\boxed{\frac{9}{4}}$となるから，ひし形アの１辺の長さは，$\boxed{\frac{9}{4}}+\boxed{3}=\boxed{\frac{21}{4}}$とわかる。よって，OF＝$\boxed{4}+\boxed{3}+\boxed{\frac{21}{4}}=\boxed{\frac{49}{4}}$となり，これが４cmなので，$\boxed{1}$にあたる長さは，$4\div\frac{49}{4}=\frac{16}{49}$(cm)と求められる。したがって，ひし形イの１辺の長さは，$\frac{16}{49}\times3=\frac{48}{49}$(cm)である。

図２

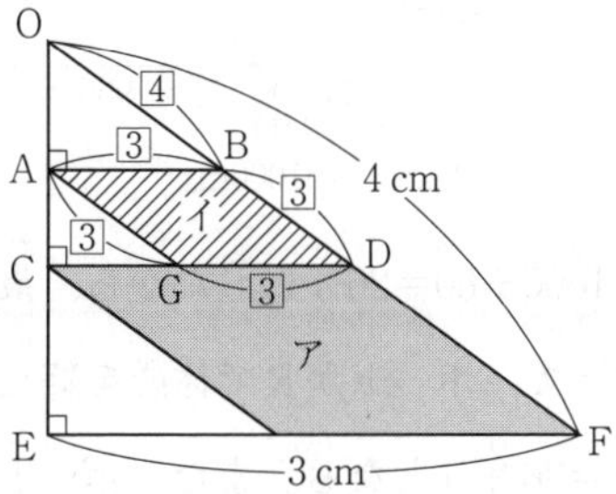

図３

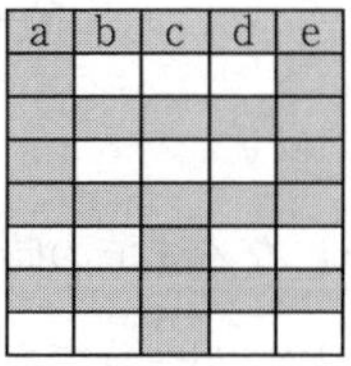

図４

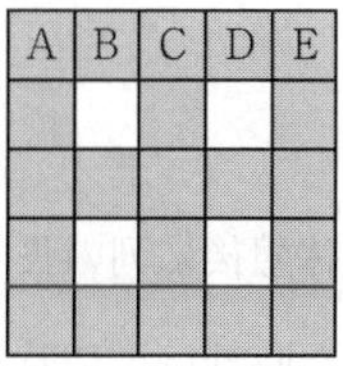

⑶　上の図３で，ａの部分と(ａ～ｂ)の部分を１回転させてできる円柱を比べると，底面の円の半径の比は１：２だから，底面積の比は，(１×１)：(２×２)＝１：４となる。よって，体積の比も１：４なので，ａの部分とｂの部分を１回転させてできる立体の体積の比は，１：(４－１)＝１：３となる。同様に考えると，ａ，(ａ～ｂ)，(ａ～ｃ)，(ａ～ｄ)，(ａ～ｅ)の部分を１回転させてできる円柱の体積の比は，(１×１)：(２×２)：(３×３)：(４×４)：(５×５)＝１：４：９：16：25だから，ａ，ｂ，ｃ，ｄ，ｅの部分を１回転させてできる立体の体積の比は，１：(４－１)：(９－４)：(16－９)：(25－16)＝１：３：５：７：９とわかる。そこで，ａの部分を１回転させてできる円柱の体積を１とすると，図３の色の塗《ぬ》られた部分を１回転させてできる立体の体積は，１×６＋３×４＋５×６＋７×４＋９×６＝130となる。同様に，上の図４のＡの部分を１回転させてできる円柱の体積を１とすると，図４の色の塗られた部分を１回転させてできる立体の体積は，１×５＋３×３＋５×５＋７×３＋９×５＝105となる。また，ａの部分を１回転させてできる円柱と，Ａの部分を１回転させてできる円柱の体積の比は，高さの比と同じく，$\frac{1}{8}:\frac{1}{5}=5:8$なので，図３と図４の色の塗られた部分を１回転させてできる立体の体積の比は，(５×130)：(８×105)＝65：84と求められる。したがって，図３の体積は図４の体積の$\frac{65}{84}$倍である。

3 通過算，流水算，旅人算

⑴　下の図１のように，長さ1.6km(＝1600m)の列が長さ800mの橋を渡《わた》るのにかかった時間が30分だから，このときの列の速さは分速，(1600＋800)÷30＝80(m)である。これは時速に直すと，

80×60÷1000＝4.8(km)になる。

(2)　橋を渡り始める地点をX，渡り終える地点をYとすると，XY間にかかった時間は，800÷80＝10(分)なので，先頭がXを通過した時刻は，11時－10分＝10時50分とわかる。すると，先頭がPX間にかかった時間は，10時50分－９時30分＝１時間20分＝80分となるから，PX間の距離《きょり》は，80×80＝6400(m)とわかる。また，先頭がYQ間にかかった時間は，14時40分－12時＝２時間40分＝160分であり，休憩《きゅうけい》後の速さは分速，3.6×1000÷60＝60(m)なので，YQ間の距離は，60×160＝9600(m)と求められる。よって，先頭とボートの進行のようすは下の図２のようになる。PX間とYQ間の距離の和は，6400＋9600＝16000(m)であり，アの距離は，80×(55－30)＝2000(m)だから，図２でボートが進んだ距離は，16000－2000＝14000(m)，14000÷1000＝14(km)とわかる。また，ボートが進んだ時間は，９時55分－８時55分＝１時間なので，ボートの上りの速さは時速，14÷１＝14(km)と求められる。したがって，ボートの静水時の速さは時速，14＋２＝16(km)である。

図１

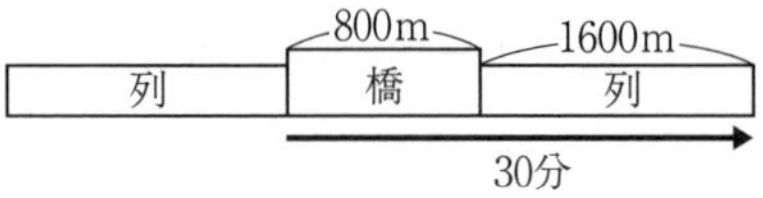

図２

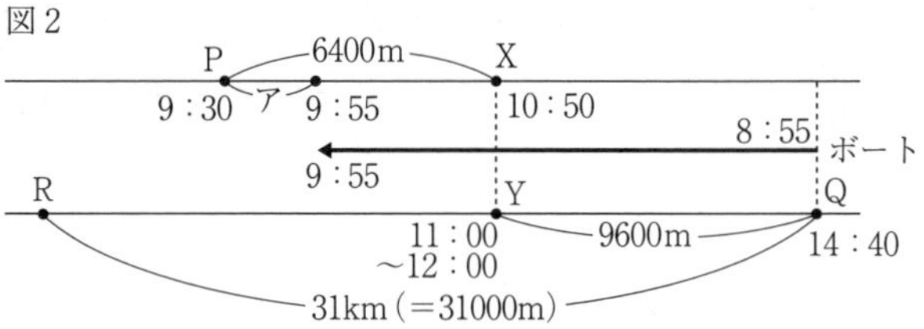

(3)　休憩後に列の長さが1600mになるまでの時間は，1600÷60＝$26\frac{2}{3}$(分)だから，最後尾《さいこうび》がYを出発した時刻は，12時＋$26\frac{2}{3}$分＝12時$26\frac{2}{3}$分である。よって，ボートがRで休憩を終えてから最後尾がYを出発するまでの時間は，12時$26\frac{2}{3}$分－11時50分＝$36\frac{2}{3}$分となる。また，ボートの下りの速さは時速，16＋２＝18(km)，分速，18×1000÷60＝300(m)なので，その間にボートが下る距離は，300×$36\frac{2}{3}$＝11000(m)と求められる。つまり，最後尾がYを出発するときのボートと最後尾の間の距離は，31000－9600－11000＝10400(m)である。したがって，最後尾がYを出発してからボートが最後尾に追いつくまでの時間は，10400÷(300－60)＝$43\frac{1}{3}$(分)だから，ボートが最後尾に追いつく時刻は，12時$26\frac{2}{3}$分＋$43\frac{1}{3}$分＝12時70分＝13時10分(午後１時10分)である。

4　平面図形―構成，植木算，数の性質

(1)　たとえば下の図１の場合，縦方向の線と○印で３回，横方向の線と●印で２回交わり，対角線が，３＋２＋１＝６(か所)の部分に分かれる。このとき，１か所の部分が１枚のタイルを通るから，対角線が通るタイルの枚数は６枚になる。よって，横に□枚，縦に△枚のタイルを並べるときに対角線が通るタイルの枚数は，(□－１)＋(△－１)＋１＝□＋△－１(枚)と表すことができる(ただ

図１

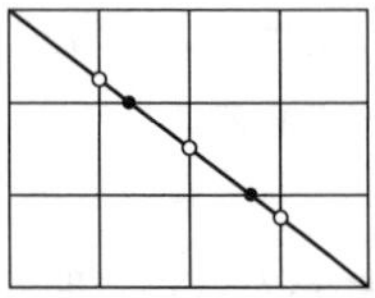

図２

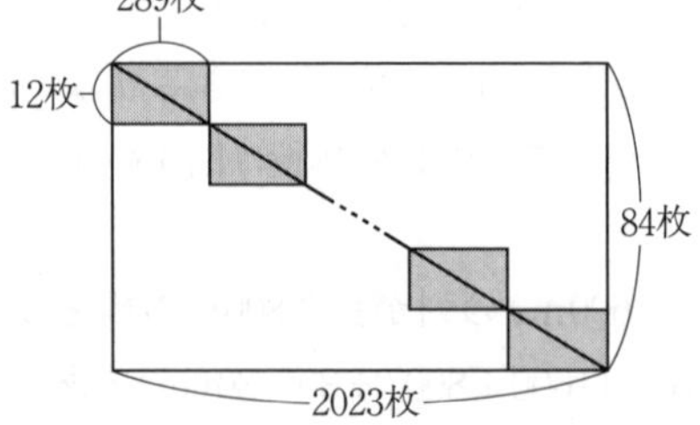

図３

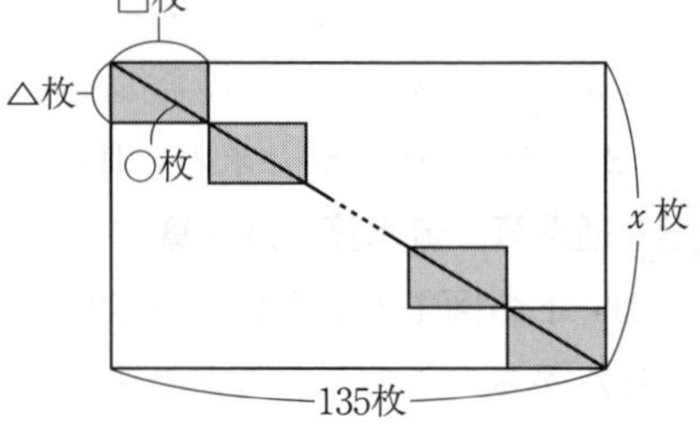

し，□と△の最大公約数は１とする)。したがって，□＝10，△＝７の場合は，10＋７－１＝16(枚)と求められる。

⑵　2023：84＝(2023÷７)：(84÷７)＝289：12より，上の図２のように，横に289枚，縦に12枚並べた長方形を縦横に７個ずつ並べたものと考えることができる。この長方形１個の対角線が通るタイルの枚数は，289＋12－１＝300(枚)なので，全部で，300×７＝2100(枚)と求められる。

⑶　上の図３のように分けて考える(○は１個の長方形の対角線が通るタイルの枚数)。図３で，かげをつけた長方形の個数は135と162の公約数になる。また，135と162の最大公約数は27だから，考えられる個数は{１個，３個，９個，27個}である。かげをつけた長方形の個数が１個の場合，135＋x－１＝162より，x＝162＋１－135＝28となる。このとき，135と28の間には１以外に公約数がないので，条件に合う。また，かげをつけた長方形の個数が３個の場合，□＝135÷３＝45，○＝162÷３＝54となるから，45＋△－１＝54より，△＝54＋１－45＝10と求められる。ところが，45と10の間には１以外に公約数があるので，条件に合わない。同様に考えると，かげをつけた長方形の個数が９個の場合は，□＝135÷９＝15，○＝162÷９＝18，15＋△－１＝18より，△＝４となり，条件に合う(このとき，x＝４×９＝36となる)。さらに，かげをつけた長方形の個数が27個の場合は，□＝135÷27＝５，○＝162÷27＝６，５＋△－１＝６より，△＝２となり，条件に合う(このとき，x＝２×27＝54となる)。したがって，xにあてはまる数は，28，36，54である。

5　平面図形―図形の移動，面積

図Ⅰ

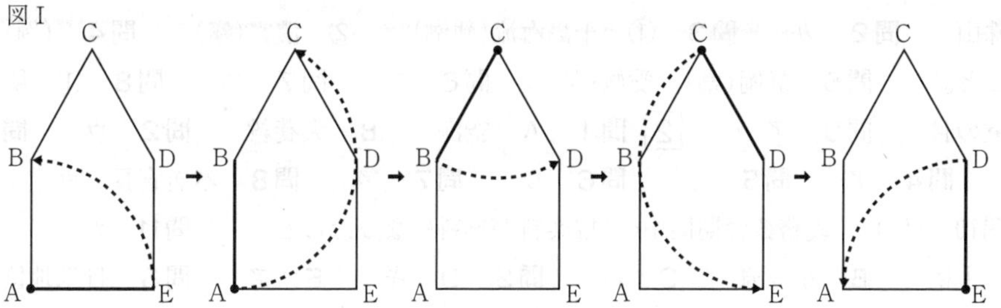

図Ⅱ

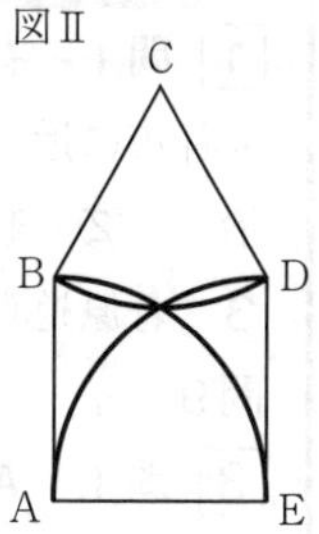

⑴　①　針は上の図Ⅰのように移動する。よって，針の先がえがく線は上の図Ⅱのようになる。　②　針の先がえがく線で囲まれた部分は右の図Ⅲのかげの部分だから，斜線《しゃせん》部分４つ分の面積を求めればよい。三角形FAEは正三角形なので，FGの長さは，６÷２＝３(cm)となり，三角形FABの面積は，６×３÷２＝９(cm^2)とわかる。また，角BAFの大きさは，90－60＝30(度)だから，おうぎ形AFBの面積は，６×６×3.14×$\frac{30}{360}$＝9.42(cm^2)であり，斜線部分の面積は，9.42－９＝0.42(cm^2)と求められる。よって，針の先がえがく線で囲まれた部分の面積の合計は，0.42×４＝1.68(cm^2)となる。

図Ⅲ

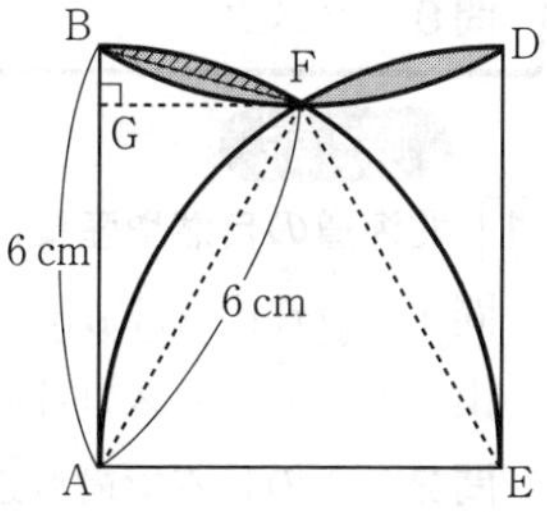

⑵　針は下の図Ⅳのように移動するので，針の頭と先がえがく線で囲まれた部分は，それぞれ下の図Ⅴ，図Ⅵのかげの部分になる。図Ⅴのかげの部分の面積は，中心角が，180－50＝130(度)のおうぎ形２個分の面積からひし形PQRSの面積をひいたものになる。また，図Ⅵの斜線部分の面積は，中心角が50度のおうぎ形の面積から三角形PQSの面積をひいたものになる。ここで，図Ⅵのかげの部分の面積は，斜線部分の面積の２倍であり，ひし形PQRSの面積は，三角形PQSの面積の２倍だ

から，かげの部分の面積は，中心角が50度のおうぎ形２個分の面積からひし形PQRSの面積をひいたものになる。よって，図Ⅴと図Ⅵのかげの部分の面積の差は，中心角が130度のおうぎ形２個分の面積と，中心角が50度のおうぎ形２個分の面積の差と等しくなる。つまり，中心角が，(130－50)×２＝160(度)のおうぎ形の面積と等しくなるので，$6 \times 6 \times 3.14 \times \frac{160}{360} = 50.24(\mathrm{cm}^2)$と求められる。

図Ⅳ

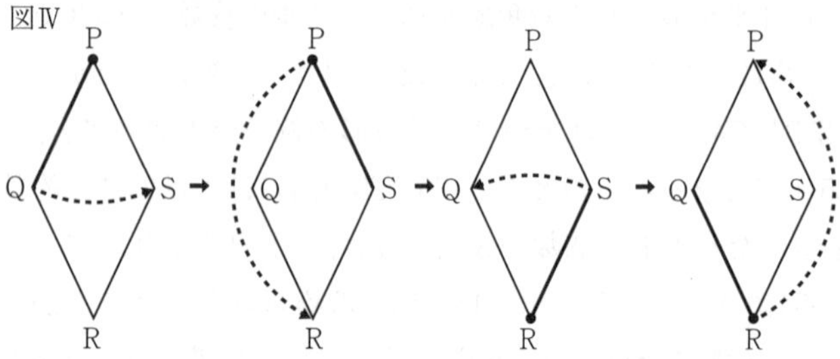

図Ⅴ

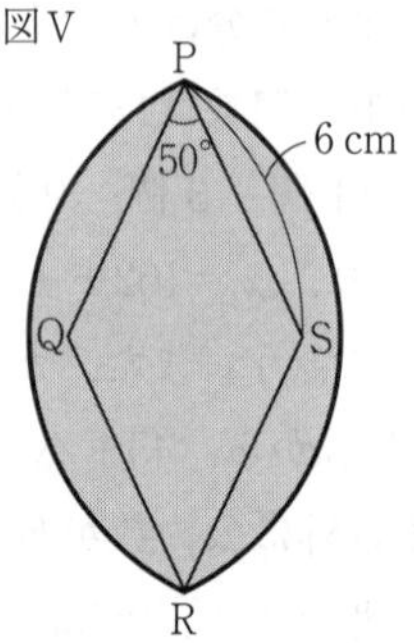

図Ⅵ

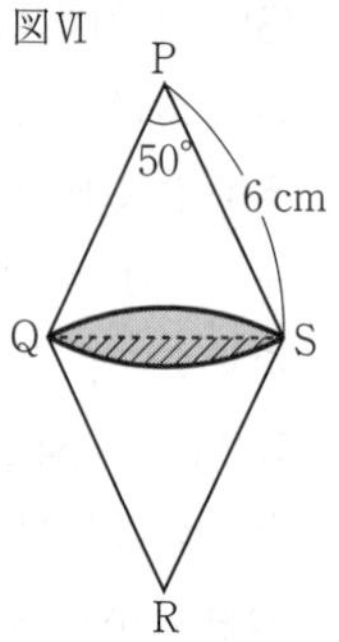

社　会　＜第１回試験＞(30分)＜満点：40点＞

解　答

1 **問１**　有珠山　**問２**　カ　**問３**　①　千島海流(親潮)　②　濃霧(霧)　**問４**　(例) 大都市に近いこと。　**問５**　静岡(県)，愛媛(県)　**問６**　ア　**問７**　エ　**問８**　①　明治　②　碁盤の目　**問９**　ア　**2** **問１**　**A**　空海　**B**　犬養毅　**問２**　ウ　**問３**　菅原道真　**問４**　ア　**問５**　イ　**問６**　ウ　**問７**　ア　**問８**　本居宣長，ウ　**問９**　イ　**問10**　(例)(義務教育期間中の)授業料が無料になったこと。　**問11**　カ
3 **問１**　**A**　主権　**B**　小笠原　**C**　核　**問２**　**D**　キ　**E**　ア　**問３**　日米地位(協定)　**問４**　佐藤栄作，ウ　**問５**　カ　**問６**　エ，オ　**問７**　**A**　オ　**B**　イ　**問８**　グスク

解　説

1　北海道の自然や産業についての問題

問１　有珠《うす》山(標高733m)は洞爺《とうや》湖の南に位置する活火山で，近くの昭和新山を含め，「洞爺湖有珠山」としてユネスコ(国連教育科学文化機関)の世界ジオパークに認定されている。

問２　Aの日本で最も透明《とうめい》度が高いといわれるのは摩周湖，Bのホタテ貝の養殖がさかんなのはサロマ湖，Cの特別天然記念物の「マリモ」で有名なのは阿寒湖である。よって，正しい組み合わせはカになる。

問３　札幌市は日本海側の気候，釧路市は太平洋側の気候である。釧路市の夏の気温が低いのは，沖合を流れる寒流の千島海流(親潮)により，南東から吹く暖かい季節風が冷やされて濃霧(霧)が発生し，日照時間が少なくなるからである。

問４　資料の表を見ると，北海道を除き，関東地方の６県がすべて上位に入っており，ほかは福岡・熊本・岐阜県となっている。つまり，大都市に近いという特徴がある。生乳は鮮度が重要であ

り，大都市に近いと輸送時間が短くてすむという利点がある。

問５　一般に製紙工場が立地する条件としては，原料の木材が手に入りやすく大量の水が確保できること，動力が得やすく輸送に便利なことなどがあげられる。パルプ・紙・紙加工品の生産額において，第１位は富士市のある静岡県，第２位は四国中央市のある愛媛県となっている。北海道は苫小牧市が「紙の町」として知られる。ちなみに，第３位は埼玉県，第４位は愛知県。統計資料は『データでみる県勢』2022年版による(以下同じ)。

問６　たまねぎの収穫量第１位の北海道は，秋に収穫・出荷しているが，第２位の佐賀県，第３位の兵庫県(特に淡路島での栽培がさかん)とも温暖な気候を利用し，春に収穫・出荷している。また，じゃがいものように，第２位の鹿児島県，第３位の長崎県とも温暖な気候を利用しておもに春に収穫・出荷している。よって，正しい組み合わせはアになる。

問７　江戸時代，北海道は「蝦夷《えぞ》地」とよばれ，古くから先住民のアイヌが住んでいた。漁や狩猟，採集や農耕により食料を得て，アイヌ語を言語とする独自の文化をきずいていたが，蝦夷地に王国がつくられたことはなかったので，エが誤っている。かつて王国がありアジアの国々と交易をしていたのは，現在の沖縄県にあたる琉球王国。

問８　明治時代に開拓使とよばれる機関が置かれ，北海道の本格的な開発が始まると，札幌で計画的な都市づくりが進められた。そのさい，街なみは京都を参考にして，道路は東西南北に碁盤の目状に区画・整備された。

問９　Ａは自然災害(2016年の熊本地震のこと)から「復興を遂《と》げた美しい城」とあるので，熊本城のある熊本市とわかる。Ｂは「対岸の島にはもうひとつの世界遺産がある」ので，原爆ドームと厳島《いつくしま》神社のある広島市。Ｃは「城へのロープウェイ」や，「小説(夏目漱石の『坊っちゃん』など)や映画(「千と千尋《ちひろ》の神隠し」など)などのモデルになった～有名な温泉街」とあるので，道後《どうご》温泉のある松山市があてはまる。よって，正しい組み合わせはアになる。

[2] 各時代の教育を題材にした問題

問１　**Ａ**　空海は平安時代初め，遣唐使船で最澄とともに唐(中国)に渡って密教を学び，帰国すると真言宗を開き，高野山(和歌山県)に金剛峰《こんごうぶ》寺を建てた。京都に日本初の私塾である綜芸種智院《しゅげいしゅちいん》を開いて庶民《しょみん》教育にも力を入れた。　　**Ｂ**　犬養毅《いぬかいつよし》は大正時代に護憲運動の中心的政治家として活躍し，1931年に内閣を組織したが，翌32年，五・一五事件で海軍青年将校らに暗殺された。

問２　９世紀の858年，藤原良房《よしふさ》が臣下としてはじめて摂政に就任した。よって，ウが正しい。アの長岡京遷都《せんと》は784年(８世紀)のこと。イについて，坂上田村麻呂が東北地方の蝦夷《えみし》を平定したのは９世紀初めであるが，東北地方の豪族安倍氏が朝廷の派遣した源頼義・義家と戦った前九年合戦は1051～62年(11世紀)のこと。エの平等院鳳凰《ほうおう》堂が建てられたのは1053年(11世紀)。

問３　菅原道真は894年に遣唐使の廃止を朝廷に進言して受け入れられるなど，宇多天皇の信任も厚く右大臣まで昇ったが，左大臣の藤原時平《ときひら》らのたくらみにより九州の大宰府《だざいふ》に左遷《させん》された。学問・詩文にすぐれていたことから，のちに「学問の神様」としてあがめられた。

問４　1438年，関東管領《かんれい》の上杉憲実《のりざね》は鎌倉公方《くぼう》を補佐する地位にありながら，第６代将軍足利義教《よしのり》と結んで鎌倉公方の足利持氏《もちうじ》を倒した(永享《えいきょう》の乱)。なお，イの執権は鎌倉幕府での将軍の補佐役，ウの侍所《さむらいどころ》所司は鎌倉幕府や室町幕府における役職で，刑事訴訟《そしょう》などにあたる侍所の長官，エの六波羅探題は鎌倉幕府が朝廷や公家を取りしまるなどのために京都に置いた出先機関。

問５　下野《しもつけ》国(栃木県)にあった足利学校は儒学《じゅがく》や易学を中心に教える学校で，上杉憲実が再興した。戦国時代，キリスト教を伝えたフランシスコ＝ザビエルは，「坂東の大学」としてヨーロッパに紹介している。なお，アの鳴滝塾は江戸時代後期にシーボルトが長崎に開いた診療《しんりょう》所・蘭学《らんがく》塾，ウの金沢文庫は鎌倉時代後期に北条一族の北条(金沢)実時《さねとき》が開設した書庫，エの弘道館は江戸時代後期に水戸藩(茨城県)藩主徳川斉昭《なりあき》が開設した藩校。

問６　1587年，豊臣秀吉は九州平定から帰る途中，博多(福岡県)でバテレン追放令を出し，すべての宣教師を20日以内に国外追放することを命じた。これは朝鮮出兵(1592年の文禄の役と1597年の慶長の役)の前の出来事なので，ウが誤っている。

問７　松平定信は寛政の改革(1787～93年)を行った中で，幕府の学問所で朱子学以外の講義を禁止する寛政異学の禁を命じた。この改革では，飢饉《ききん》に備えて囲米の制を行っている。よって，アが正しい。イの上げ米の制は徳川吉宗の享保の改革(1716～45年)，ウの上知令は水野忠邦《ただくに》の天保の改革(1841～43年)，エの株仲間の公認は田沼意次《おきつぐ》の政治にあてはまる。

問８　資料は本居宣長《もとおりのりなが》の肖像《しょうぞう》画である。宣長は伊勢国松阪(三重県)の医師・国学者で，『古事記』などの日本の古典を研究して，古い時代からの日本人の考え方や文化を明らかにする国学を大成した。よって，ウが正しい。アの『解体新書』の出版は杉田玄白や前野良沢ら，イの日本の正確な地図をつくったのは伊能忠敬《ただたか》，エの幕府の鎖国政策を批判したのは高野長英や渡辺崋山《かざん》ら。

問９　明治天皇が国会開設の詔《みことのり》を出したのは1881年のことなので，1879年以降の出来事になる。よって，イが正しい。アの田中正造は足尾銅山鉱毒事件の解決のために一生をささげた人物で，秩父地方(埼玉県)の農民たちが起こした秩父事件とは関係がない。ウの最初の内閣総理大臣は伊藤博《ひろ》文《ぶみ》，エの立憲改進党を結成したのは大隈重信《おおくましげのぶ》。

問10　1872年の学制発布により義務教育制度が始まったが，そのころの就学率は男子40％，女子15％に過ぎなかった。これは貧しい農家にとって子どもは貴重な働き手だったこと，女子に近代的な教育は必要ないとする考え方が強かったことのほか，授業料が有料であったことも大きな原因の一つである。1900年に小学校令が改正され，４年の義務教育期間中の授業料が無料になったことで就学率が高まり，日露戦争(1904～05年)後には就学率が全体で95％に達している。

問11　Ⅰの都市部の小学生の集団疎開《そかい》が始まったのは1944年，Ⅱの米が配給制になったのは1941年，Ⅲの国家総動員法が成立したのは1938年のことである。よって，正しい年代順はカになる。

３　**沖縄の本土復帰50周年を題材とした問題**

問１　**Ａ，Ｂ**　1951年，日本は連合国48か国とサンフランシスコ平和条約に調印し，独立国としての主権を回復した。しかし，沖縄と奄美《あまみ》群島(鹿児島県)・小笠原諸島(東京都)は，引き続きアメリカの統治下に置かれることになった。また，同時に日米安全保障条約にも調印し，日本はアメリカとの軍事的な結びつきを強めた。なお，奄美群島は1953年，小笠原諸島は1968年に返還された。

Ｃ　1972年，沖縄は「核ぬき，本土なみ」で本土復帰を果たした。このとき，沖縄県民は核兵器も米軍基地もない平和な島として復帰するという希望を持ったのである。

問２　**Ｄ**　沖縄には復帰後も多くの米軍基地が置かれ，令和２年現在，日本にある米軍専用施設の総面積の70.3％が沖縄県に集中している。　**Ｅ**　沖縄県の面積が日本の国土面積のわずか0.6％に過ぎないことを考えれば，いかに米軍基地が多いかがわかる。米軍基地の存在は，沖縄県民の生活に大きな影響を及ぼしている。

問３　1960年，日米安全保障条約が改定されたが，これにともない，在日米軍の具体的な取り扱いなどを定めた日米地位協定が結ばれた。この協定は，たとえば米軍軍人の公務中の犯罪について日本側に裁判権がない，米軍機が市街地に墜落《ついらく》しても日本の警察に捜査《そうさ》権がないなど，日本にとって不平等な内容が含まれている。

問４　沖縄返還協定は，佐藤栄作首相とアメリカのニクソン大統領との間で調印された。佐藤栄作は山口県出身の政治家で，1964年に首相就任以来，７年８か月にわたる長期政権を維持した。また，1974年に，非核三原則を宣言し核軍縮に貢献《こうけん》したことなどを理由にノーベル平和賞を受賞している。なお，アのクリントンとエのブッシュはこれ以後，イのケネディはこれ以前の大統領。

問５　Ⅰの首都圏の米軍基地について，東京都には在日米軍司令部の置かれる横田基地があり，神奈川県にはキャンプ座間・厚木飛行場・横須賀海軍基地などがある。Ⅱについて，青森県の三沢市，山口県の岩国市にも米軍基地がある。Ⅲの在日米軍の駐留《ちゅうりゅう》経費について，その一部を日本側が負担しているが，これは日米安全保障条約や日米地位協定をふまえ，1978年から日本政府が「思いやり予算」として支出を決定したものである。よって，組み合わせはカになる。

問６　米軍統治下の沖縄では，英語教育は組織的に行われておらず，学校ではむしろ沖縄方言を直すため，日本語の標準語教育が進められた。また，復帰から現在にいたるまで，国鉄(のちのJR)の鉄道は整備されていない。よって，エ，オの２つが誤っている。

問７　普天間飛行場は宜野湾《ぎのわん》市にあり(地図中のオ)，その代替《だいたい》地とされる辺野古は名護市にある(地図中のイ)。なお，アは北部訓練場，ウはキャンプハンセン，エは嘉手納《かでな》基地。

問８　2000年，沖縄県にかつてあった琉球《りゅうきゅう》王国と関係する遺跡などが「琉球王国のグスク及び関連遺産群」として，ユネスコの世界文化遺産に登録された。なお，これに含まれる琉球王国の王府であった首里城跡のうち，正殿や城壁は戦後に復元されたものなので世界遺産ではなかったが，2019年の火災で建物のほとんどが焼失している。

理　科　＜第１回試験＞（30分）＜満点：40点＞

解　答

[1]　**問１**　秒速５km　**問２**　秒速３km　**問３**　午前11時14分58秒　**問４**　67.5km　**問５**　イ　[2]　**問１**　ア，イ，エ　**問２**　E　**問３**　右の図　**問４**　**光**…イ，ウ　**熱**…ア，ク　**問５**　(1)　600mA　(2)　１時間40分　[3]　**問１**　①　ウ　②，③　イ，ウ　④　イ　**問２**　ウ　**問３**　ア　**問４**　ア　[4]　**問１**　**ウ**　４種類　**オ**　３種類　**問２**　**操作と結果**…キ　**水溶液Ｘ**…４　**問３**　①　カ　②　エ　**問４**　**もう１つの結果**…（例）何も残らなかった。　**水溶液Ｙ**…８

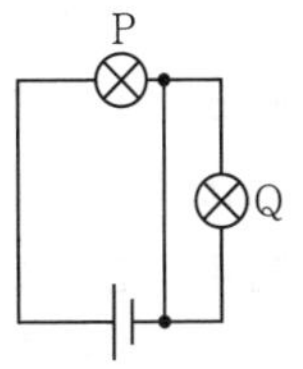

解　説

[1]　**地震《じしん》についての問題**

問１　Ｐ波が震源から45kmにある観測点Ａに到達《とうたつ》してから，震源から75kmにある観測点Ｂに到達するまでの時間は，午前11時15分13秒－午前11時15分７秒＝６(秒)なので，Ｐ波の進む速さは，秒速，(75－45)÷６＝５(km)である。

問２　Ｓ波が震源から45kmにある観測点Ａに到達してから，震源から75kmにある観測点Ｂに到達するまでの時間は，午前11時15分23秒－午前11時15分13秒＝10(秒)だから，Ｓ波の進む速さは，秒速，(75－45)÷10＝３(km)と求められる。

問３　Ｐ波は45km進むのに，45÷５＝９(秒)かかるので，地震が発生したのは，Ｐ波が観測点Ａに到達した時刻より９秒前の，午前11時15分７秒－９秒＝11時14分58秒である。

問４　震源距離《きょり》が45kmの観測点Ａでは，Ｐ波が到達してからＳ波が到達するまでに，午前11時15分13秒－午前11時15分７秒＝６(秒)かかる。同様に，震源距離が75kmの観測点ＢにＰ波が到達してからＳ波が到達するまでの時間は，午前11時15分23秒－午前11時15分13秒＝10(秒)である。このことから，震源距離が，75÷45＝$\frac{5}{3}$(倍)になると，Ｐ波が到達してからＳ波が到達するまでの時間も，10÷６＝$\frac{5}{3}$(倍)になるので，この２つは比例関係であることがわかる。よって，Ｐ波が到達してからＳ波が到達するまでに９秒かかった観測点Ｄの震源距離は，45×$\frac{9}{6}$＝67.5(km)と求められる。

問５　a　地震による観測点でのゆれの大きさを，震度計の測定値をもとに表したものを震度といい，「０，１，２，３，４，５弱，５強，６弱，６強，７」の10階級で表される。震度０は人が感じない程度のゆれで，震度３～４でほとんどの人がゆれを感じるようになり，震度５弱をこえると，ものがたおれたり落ちたりするなどのひ害が出はじめる。　b　液状化現象は，地下水をたくさん含《ふく》む砂などでできた地ばんが地震により大きくゆさぶられ，砂などのつぶの積み重なりがばらばらになり，液体のようになってしまう現象で，海岸沿いの埋《う》め立て地などで起こりやすい。　c　津波《つなみ》が海岸に近づくとき，浅くなるにつれて波の高さが高くなるだけでなく，奥《おく》がせまくなっている入江《いりえ》に入ると海水が寄せ集められて，さらに高い波となることが多い。

2　回路や電気の利用についての問題

問１　乾《かん》電池を並列に接続するときは，乾電池の＋極どうし，－極どうしをつなぎ，乾電池から流れる電流が合流して豆電球に流れるようにする。したがって，ア，イ，エの回路があてはまる。なお，ウは回路に電流が流れないので不適当。オは乾電池が直列につながれているうえにショートしているため，豆電球がつかない。

問２　図１は，１個の乾電池に２個の豆電球が直列につながれていて，電流が流れる道筋が枝分かれしていない回路なので，豆電球Ｐ，豆電球Ｑに流れる電流の大きさは同じである。

問３　豆電球Ｑだけに電流が流れないようにするために，豆電球Ｐから乾電池の－極に直接電流が流れるように導線でつなげばよい。

問４　**光**…液晶《えきしょう》画面は，光源からの光を，液晶を使って部分的にさえぎったり通したりすることで表示を行う電気機器である。また，LED電球は，半導体を使って，電気を流すと光を出すようにしたもので，消費電力が少なく寿命《じゅみょう》が長いなどのメリットがある。　**熱**…アイロンや，電気ストーブは，電流を流すと熱を発するニクロム線を利用している。

問５　(1)　2000mAhの蓄《ちく》電池は，100mAで20時間，4000mAで30分間(0.5時間)使うことができることから，{充電《じゅうでん》された電気の量(mAh)}＝{流れる電流(mA)}×{使用時間(時間)}の関係があることがわかる。表から，強風で連続使用すると，３時間20分＝3$\frac{1}{3}$時間使えるので，このとき小型扇風《せんぷう》機に流れる電流は，2000÷$3\frac{1}{3}$＝600(mA)になる。　⑵　弱風のときに流れる電流は，2000÷10＝200(mA)，中風のときは，2000÷５＝400(mA)である。それぞれの風の強さで使用した時間を□時間とすると，(200＋400＋600)×□＝2000となり，□＝2000÷1200＝$1\frac{2}{3}$より，１時間40分と求められる。

3　メダカのからだと行動についての問題

問１　①　メダカにはせびれ，おびれ，しりびれがそれぞれ１枚ずつ，むなびれとはらびれがそれぞれ２枚ずつあり，合計７枚のひれをもつ。　②，③　メダカのおすのせびれには切れこみがあり，しりびれは平行四辺形に近い形をしている。おすはめすを，せびれとしりびれで包みこむようにしてはさみ，からだをふるわせて産卵をうながす。　④　めすは，はらびれとしりびれの間にあるこう門から卵を産む。

問２　ブリは日本の近海を，群れをつくって移動する大型の魚で，２月から７月にかけて１匹《びき》あたり合計100～150万個の卵を泳ぎながら産む。受精卵は海中を漂《ただよ》い，30～48時間ほどでふ化する。メダカは，おすにとらえられた状態でめすが産卵するので，ブリに比べ，受精の割合が高い。１回に10～50個の卵を産み，水草などにからみつけて，約10～14日でふ化する。メダカやブリなどの魚類は，ふつう卵を守ったり子育てをしたりしないので，ウが誤りである。

問３　メダカは「視覚による行動」により，メダカから見た景色が変化しないように行動するとあるので，筒《つつ》の黒く塗《ぬ》った線が動くと，線から離《はな》れないように動く。したがって，筒を時計回りに回転させると，メダカも同じ速さで時計回りに泳ぐと考えられる。

問４　メダカは，「水の流れに対する行動」により，その場にとどまるように水の流れの向きと反対を向くとあるので，ゆるやかな水の流れを時計回りに起こすと，メダカは反時計回りの方向を向く。これは，内側を均等に黒く塗った筒を時計回りに回転させたときに，「視覚による行動」によって時計回りの方向に向いたときと逆の向きなので，この２つの条件で同時に実験を行えばよい。もし，メダカが時計回りの方向に向けば，「視覚による行動」が「水の流れに対する行動」より優先的にはたらくとわかり，メダカが反時計回りの方向に向けば，「水の流れに対する行動」が「視覚による行動」より優先的にはたらくとわかる。

4　水溶《よう》液の判定についての問題

問１　**ウ**　においのある水溶液は，酢《さく》酸水溶液，塩酸，エタノール水，アンモニア水の４種類である。　**オ**　フェノールフタレイン液を加えたときに，溶液の色が赤色に変化すれば，アルカリ性の水溶液とわかる。したがって，あてはまる水溶液は，石灰水，アンモニア水，水酸化ナトリウム水溶液の３種類である。

問２　スチールウールを加えたときに，激しく気体を発生させる水溶液は塩酸だけである。よって，キの実験操作を行うことにより，水溶液Ｘは塩酸と特定できる。なお，アは８種類，イは２種類，エは６種類，カは７種類，クは９種類があてはまるので，選べない。

問３　①　候補を７種類にしぼれるのは，オと相反するカである。　②　実験１のカによって，１，３，４，５，７，８，９の７種類にしぼられる。ここから１回の操作で４種類にしぼるには，水溶液のにおいがないことを確かめればよい。すると，さとう水，食塩水，炭酸水，ホウ酸水の４種類にしぼられる。よって，エがあてはまる。

問４　実験１と実験２でしぼられた４種類の水溶液を蒸発皿にそれぞれ入れて十分に加熱すると，

さとう水では黒くこげ，食塩水とホウ酸水では白い固体が残り，炭酸水では溶《と》けている二酸化炭素が空気中ににげて何も残らない。以上から，実験３を行うことで水溶液Ｙが特定できるのは，さとう水以外では炭酸水ということになる。

国 語 ＜第１回試験＞（50分）＜満点：60点＞

解 答

一 **問１** i 思いやりがあって空気を読める子 ii，iii オ **問２** （例）（男の英弘はたとえ家事能力がなくてもおかしくはないが，）女は料理ができるのが普通と思われているし，私は女だからハンバーグも満足につくれないのははずかしい（と感じている。） **問３** ア **問４** エ **問５** エ **問６** ウ **問７** オ 二 **問１** 下記を参照のこと。 **問２** ウ **問３** ア **問４** 予定 **問５** オ **問６** （例）（動物たちとは異なり，人間は）自然のしっぺ返しを食うまで，自分の行動が損をまねくのに気づかないから。

●漢字の書き取り

二 **問１** a 様相 b 特異 c 奪（えば）

解 説

一 **出典は鷺沢《さぎさわ》萠《めぐむ》の『ウェルカム・ホーム！』所収の「渡辺毅《たけし》のウェルカム・ホーム」による。** 「フツー」とは何かについて語る，毅，英弘《ひでひろ》，憲弘《のりひろ》，美佳子《みかこ》たち四人のようすが描《えが》かれている。

問１ ハンバーグづくりに失敗して泣き出さんばかりの美佳子を，毅と憲弘がなぐさめようとしていた経緯《けいい》をおさえる。 i 失敗したハンバーグについて，ハート形をしていたと必死に訴《うった》えたり，「大丈夫《だいじょうぶ》だよ，食えるよ」と話す自分に強く同意したりしている憲弘のようすを見て，毅は先日，「すげえいい子に育ってる」と言っていた英弘の言葉を思い出している。小学校六年生にもかかわらず，傷ついている美佳子を見てすぐに自らの役割を察し，どうにかなぐさめようと行動に移していたのだから，憲弘は「思いやりがあって空気を読める子」だといえる。 ii，iii 息子の憲弘とは違《ちが》って空気の読めない英弘の言葉に，毅は一瞬彼《いっしゅんかれ》の「首を絞《し》めあげ」てやりたいと思ったものの，自分の代わりに「物凄《ものすご》い目つきで父親を睨《にら》みつけ」た憲弘のようすを見て，その「突《とっ》発《ぱつ》的な欲望」をおさえている。よって，オが選べる。

問２ 「誰《だれ》にだって向き不向き」はあると言われたことに納得《なっとく》のいかなかった美佳子は，「ヒロさんは男のヒト」だから料理などできなくてもいいだろうと反論したが，英弘からすぐに，今は「男とか女とか，そういうことカンケイない時代だ」と言われている。つまり，美佳子はこれまで，性別による役割にとらわれていたのだから，「（男の英弘はたとえ家事能力がなくてもおかしくはないが，）女なのに家事能力がないとおかしいと思われるし，ハンバーグひとつ満足につくれない私は自分でも情けない（と感じている。）」といったように，「家事能力ゼロ」の自分を卑下《ひげ》する内容がよい。

問３ 美佳子，毅，英弘はそれぞれ，「女なのにハンバーグひとつ満足に作れない」自分や，「男なのにシュフ」をしている自分，「七年も前に妻に先立たれてるのに，再婚《さいこん》しようともしないでオトコに家事と育児」を任せている自分を，「フツーじゃない」と認識《にんしき》しているが，ここにいる他者（毅から見た美佳子，美佳子から見た毅，毅から見た英弘）からは「フツーのこと」として受けいれられている。つまり，世間一般《いっぱん》の見方に照らし合わせれば，この場にいる全員はみな非常識なのだから，むしろ「フツーじゃない」ほうが「フツー」だというのである。よって，アが合う。

問４　まず，ハンバーグづくりに失敗して今にも泣き出さんばかりの美佳子のようすを気にもかけず，「あれ？　ハンバーグじゃなかったんですか？　予定変更《へんこう》？　これは何ていう料理なんです？」と「明るく言い放っ」ていることから，英弘は「空気」の読めないタイプだとわかる。また，「女」なのに料理ができないと嘆《なげ》く美佳子に対し，「あっさりと，とても軽快」なようすで「男とか女とか，そういうことカンケイない時代」だから，適材適所のあり方でいいのではないかと言っているので，性別による役割にとらわれない柔軟《じゅうなん》な考え方の持ち主で，おおらかな人柄《ひとがら》だと読み取れる。よって，エがふさわしい。なお，不躾《ぶしつけ》であることや，偏見《へんけん》に惑《まど》わされずものごとの本質を見据《みす》えているのは確かかもしれないが，「知的」なようすはうかがえないので，アは誤り。

問５　母親は亡《な》くなっているものの，家には本当の父親のほかに家事担当のタケパパ，つまり“二人の父親”がいることや，遊びに来る斉藤さん(美佳子)とも良好な関係を築き，楽しく暮らしているようすが憲弘の作文にこだわりなく書かれている。明るい印象を受けるほか，最後の「一緒《いっしょ》に住んでいなくても家族だ」という一文に「家族」の結びつきへの強い思い入れがうかがえるこの作文からは，「フツー」の家族構成に対する「あこがれ」や母親を失った「寂《さび》しさ」からくる心のかげり，「フツー」ではないという違和感《いわかん》，あるいは特別だという「自慢《じまん》」などはなく，「家族に愛着をもっている」ことが伝わってくるので，エが選べる。

問６　問５でもみたように，憲弘は作文に，母親が亡くなっていること，父親が二人いることをこだわりなく書いており，「フツーじゃない」とは思っていないのだから，ア，イ，オはふさわしくない。また，頑張《がんば》って「家族のために気をつかう」ようすも見られないので，エも合わない。今の家族を自然に受けいれているにもかかわらず，大人たちがそれぞれ自らを「フツーじゃない」と言ったので動揺《どうよう》し，憲弘は真剣《しんけん》に考えこんだのだから，ウがよい。

問７　世間の「フツー」から外れていてもいいのだと熱く論じている大人たちは，常識にとらわれることはないと言いながらも，世間の常識でそれぞれ自身のことを「フツー」じゃないと規定している。そんななか，「なんだ……，フツーなの僕《ぼく》だけなんだ……」と真剣に呟《つぶや》く憲弘の姿を見た毅，英弘，美佳子の三人は，自分たちよりも遥《はる》かに若い彼が「フツー」について本気で考えこんでいることに，ほほえましさとおかしさから思わず吹《ふ》き出したのだから，オがふさわしい。

二　**出典は日髙敏隆《ひだかとしたか》の『日髙敏隆選集Ⅷ　人間とはどういう動物か』による。**人間と自然の関係について，自然界における生物たちの賢《かしこ》い「共生」と比べながら，人間の浅はかさを説明していく。

問１　**a**　ものごとのありさま。　**b**　ほかと特にちがうようす。　**c**　音読みは「ダツ」で，「争奪」などの熟語がある。

問２　続く部分で筆者は，エコトーンを「環境《かんきょう》の状態が移行する場所」と定義している。具体的には，老木が倒《たお》れたり雷《かみなり》で山火事が生じたりすることをきっかけとして，自然の「再生，更新」が行われる場にあたる。「人間」が林を切り開くときも同様に「再生のプロセス」は生じるので，ウがよい。

問３　直前の五つの段落で，人里と擬似《ぎじ》人里について述べられている。擬似人里は「一見，自然のように」思えるが，道を完璧《かんぺき》に舗装《ほそう》したり芝生《しばふ》で林の木の侵入《しんにゅう》を防いだりと，人間の論理で「自然の論理を徹底《てってい》的につぶして」いる。一方，人里は自然に変化を加える点では擬似人里と同じだが，

「自然の論理」の介入《かいにゅう》を許し，「人間の論理の無理押《お》しをしない」という点で異なっている。よって，自然に変化を加えるという共通点と，人間による論理の無理押しの有無《うむ》という相違《そうい》点の両方をおさえた，アがふさわしい。

問４　直後で，昔の生態学は「自然界のバランス，生態系(エコシステム)の調和」があることを強調したと述べられている。つまり，何らかの大きな変化が加えられても，どこかに「予定調和的なバランスがあって，自然はそれを目指して動いている」とかつては考えられていたのである。

問５　直後で，自然界には生態系の調和を保つシステムなどなく，「個体がそれぞれ他人を蹴落《けお》としてもいいから自分だけは子孫を残そうと」した結果，種族が維持《いじ》され，進化が起きると述べられている。これが「利己的」の具体的な内容にあたるので，オが合う。

問６　直前の段落で，「浅はかに利己的」な人間と比べ，ほかの動物(生き物)は「賢《かしこ》く利己的」だと説明されている。不利益になることを嫌い，自然からのしっぺ返しを食う前に先を読む動物は，「損になりそうだ」と予知したら「それ以上進まない」のであり，筆者はこのことを「賢く利己的」だと表現している。一方，自然から「しっぺ返し」を食うまで，自分の「ふるまい」が「損」をまねくことに気づかずにいる人間のあり方を，筆者は「浅はか」だと指摘しているので，「自然のしっぺ返しを食う前に，損をまねく行動かどうかを予知できないから」のようにまとめる。なお，「浅はか」は，考えが足りないようす。「しっぺ返し」は，仕返し。反撃《はんげき》。

2023年度 早稲田中学校

【算　数】〈第２回試験〉（50分）〈満点：60点〉

注意　定規，コンパス，および計算機(時計についているものも含む)類の使用は認めません。

1　次の問いに答えなさい。

(1)　$\frac{1}{999}+\frac{1}{997}+\frac{1}{995}$を小数で表したとき，小数第８位の数字は何ですか。

(2)　長さが等しい車両が連結された８両編成の普《ふ》通電車と10両編成の急行電車があります。普通電車と急行電車が，ある電柱を通過するのにかかる時間の比は７：５です。また，普通電車と急行電車がすれ違《ちが》うのには24秒かかります。

急行電車がある鉄橋を渡《わた》り終えるのに１分28秒かかるとき，鉄橋の長さは電車１両の長さの何倍ですか。ただし，電車の連結部分の長さは考えないものとします。

(3)　Aさんは2010年５月生まれ，Bさんは2010年８月生まれ，Cさんは2011年１月生まれであることがわかっています。うるう年でない年の１月１日から12月31日までの365日間について，[ア]，[イ]にあてはまる数を答えなさい。ただし，誕生日の午前０時に年をとるものとします。

①　AさんとCさんの年令が同じなのは最も長くて[ア]日間です。

②　３人のうち１人だけ年令が違うのは最も長くて[イ]日間です。

2　次の問いに答えなさい。ただし，円周率は3.14とします。

(1)　右の図の長方形で，ABの長さが５cmのとき，角アの大きさは角イの大きさを[　　]倍して60度を加えたものです。[　　]にあてはまる数を答えなさい。

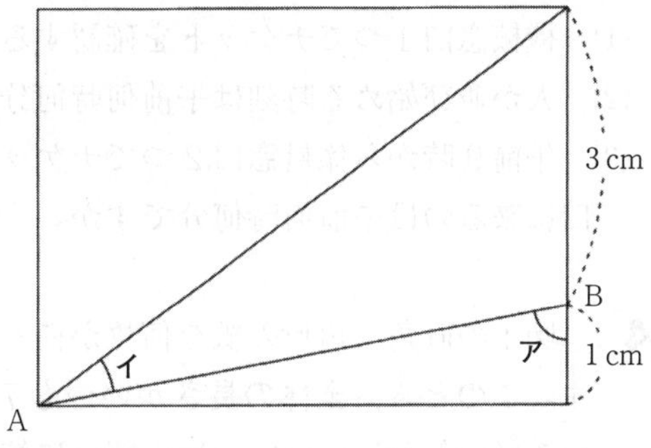

(2)　下の図の点Aから点Bまで，半径１cmの円が転がります。円が通った部分の面積は何cm^2ですか。

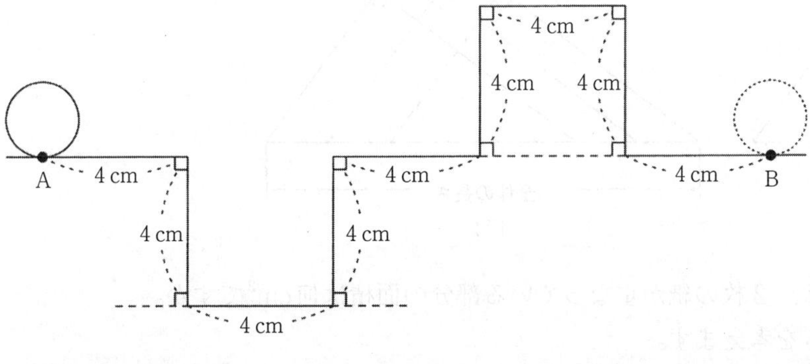

(3)　下の図の立体は，１辺６cmの正方形１枚と，底辺の長さが６cm，高さが４cmの二等辺三角形４枚を組み立ててできます。３点O，E，Fを通る平面で２つの立体に切り分けるとき，表面積の差は何cm^2ですか。

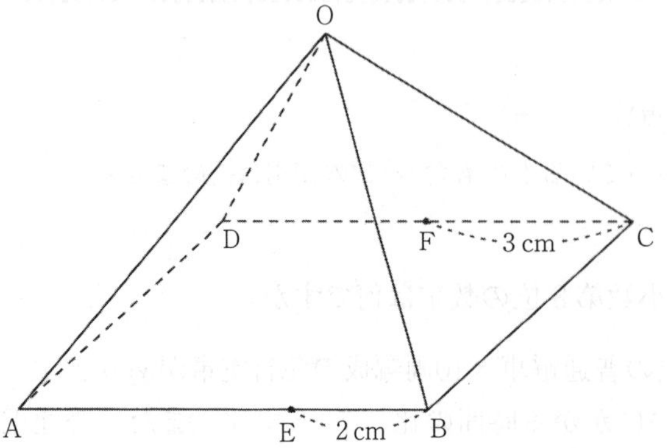

3　あるテーマパークでは，入場のときに機械窓口か係員窓口で，チケットを確認します。チケットを確認するのに１人あたりかかる時間はそれぞれ一定で，機械窓口でかかる時間は係員窓口でかかる時間の0.7倍です。このテーマパークでは午前９時ちょうどから入場を開始しますが，毎日午前９時より前の同じ時刻から毎分15人の割合でつぎつぎと人が並び始めます。

午前９時から機械窓口２つでチケットの確認を始めると，午前10時28分に入場を待つ人がいなくなります。

また，午前９時から機械窓口１つでチケットの確認を始めて，午前９時16分からさらに係員窓口を２つ開くと，午前10時12分に入場を待つ人がいなくなります。

次の問いに答えなさい。

(1)　機械窓口１つでチケットを確認するのにかかる時間は１人あたり何秒ですか。

(2)　人が並び始める時刻は午前何時何分ですか。

(3)　午前９時から係員窓口２つでチケットの確認を始めると，午前８時52分に並び始めた人が窓口に来るのは午前何時何分ですか。

4　図１の直角三角形の紙を何枚か使って，図２のように均等にずらして机の上に置いていきます。このとき，**全体の長さ**がいつも７cmになるようにします。机を上から見たときに見えている紙の部分について，次の問いに答えなさい。

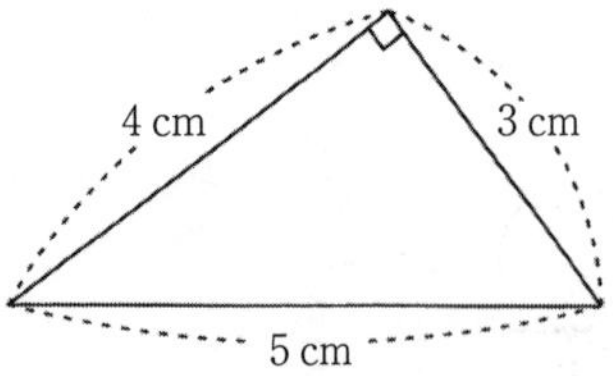

図１

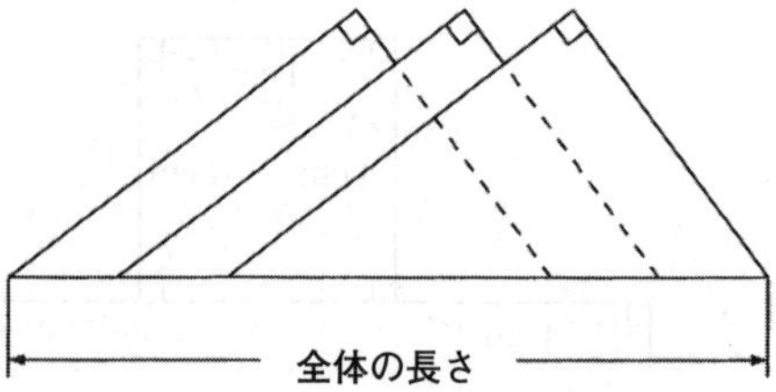

図２

(1)　紙を３枚置いたとき，２枚の紙が重なっている部分の面積は何cm^2ですか。

(2)　紙を４枚置いたときを考えます。

① ４枚の紙が重なっている部分の面積は何cm^2ですか。

② 紙どうしが重なっていない部分の面積は何cm^2ですか。

5 ある国には，貨幣《へい》として４円玉，９円玉，12円玉，25円玉の４種類の硬《こう》貨しかありません。次の問いに答えなさい。

(1) ちょうど支払《はら》うことのできない金額は全部で何通りありますか。

(2) 2023円の商品を買うとき，ちょうど支払うために必要な硬貨は最も少なくて何枚ですか。

(3) Ａさんがもっている硬貨の枚数は，Ｂさんがもっている硬貨の枚数より１枚少ないですが，その金額は同じでした。このような金額のうち，最も少ないのは何円ですか。

(4) ＰさんとＱさんはそれぞれ組み合わせが違う４枚の硬貨をもっていて，その金額は同じでした。このような金額のうち，最も少ないのは何円ですか。

【社　会】〈第２回試験〉（30分）〈満点：40点〉

1　はじめさんは，夏休みの自由研究で中国・四国地方について調べました。次の図を見て各問に答えなさい。

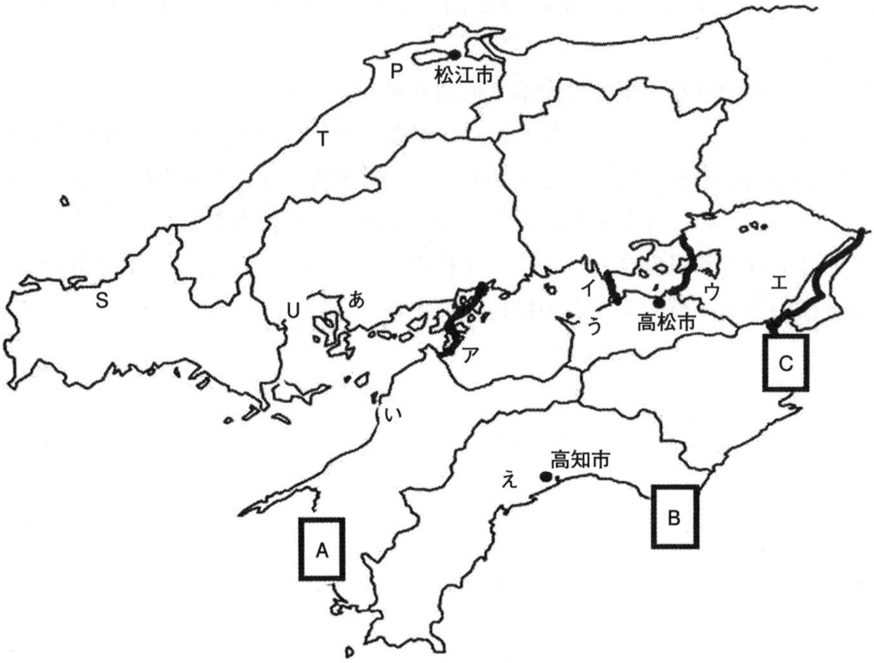

問１　はじめさんは，中国・四国地方の地図を作図しました。地図中Ａ～Ｃで示した地域でみられる地形を説明した文の組み合わせとして正しいものを**ア～カ**から１つ選び，記号で答えなさい。

①　河口の干潟に多くの生物が生息している。

②　複雑に入り組んだ海岸線が続いている。

③　海岸に沿って階段状の地形が広がっている。

	ア	イ	ウ	エ	オ	カ
Ａ	①	①	②	②	③	③
Ｂ	②	③	①	③	①	②
Ｃ	③	②	③	①	②	①

問２　はじめさんは，瀬戸内海の島々にはいくつも橋が架《か》かっていることを知り，本州と四国を結ぶルートを地図上に記入しましたが，ひとつ間違えて記入していました。地図中**ア～エ**から**実在しない**本州と四国を結ぶルートを１つ選び，記号で答えなさい。

問３　はじめさんは，かつて瀬戸内海には塩田が多かったことを知り，家にあった塩の産地を調べてみると瀬戸内海の大三島で製造されたものでした。瀬戸内海に塩田が多かった理由を答えなさい。

問４　はじめさんは，中国・四国地方にはいくつも伝統工芸品があることを知りました。次の伝統工芸品が作られている地域を地図中**あ～え**からそれぞれ選び，記号で答えなさい。

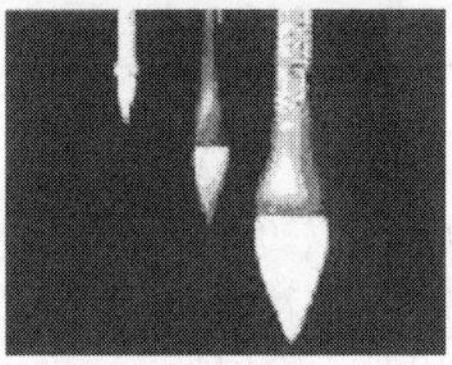

①　熊野筆

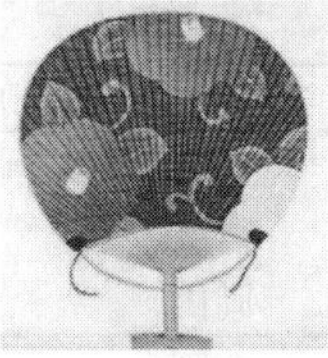

②　丸亀うちわ

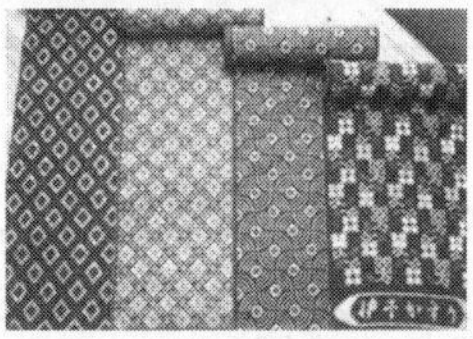

③　伊予かすり

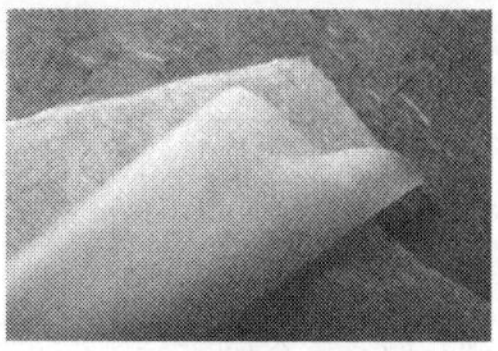

④　土佐和紙

問５　はじめさんは，松江市，高松市，高知市の月ごとの降水量を調べました。都市とグラフの組み合わせとして正しいものを**ア**～**カ**から１つ選び，記号で答えなさい。

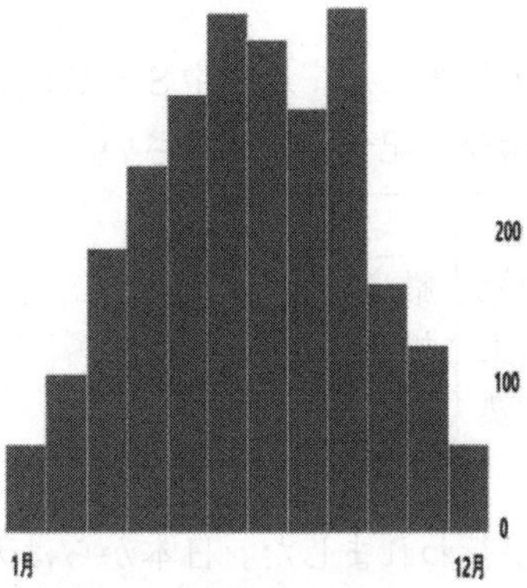

①

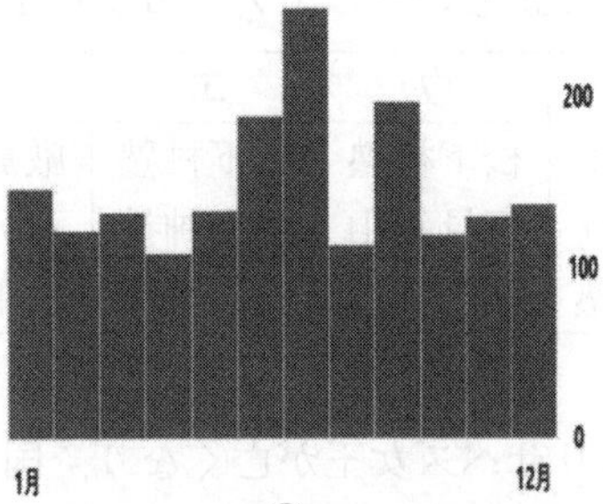

②

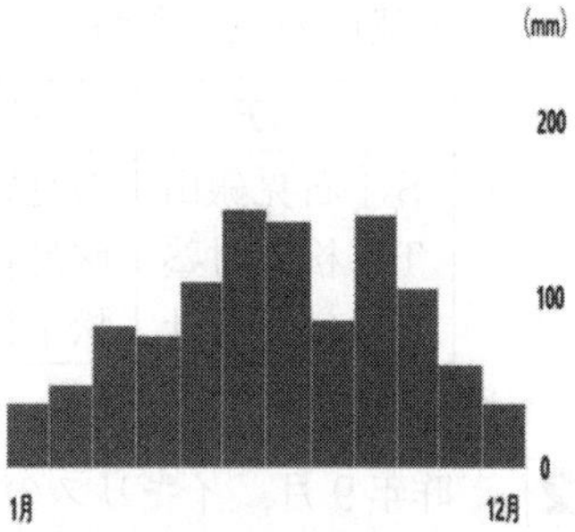

③

	ア	イ	ウ	エ	オ	カ
①	松江市	松江市	高松市	高松市	高知市	高知市
②	高松市	高知市	松江市	高知市	松江市	高松市
③	高知市	高松市	高知市	松江市	高松市	松江市

問６　はじめさんは，瀬戸内工業地域について調べました。次の表は，瀬戸内海に面する４県いずれかの「製造品出荷額の割合(％)と全国の順位(10位以内のみ)」を示したものです。②と③にあてはまる県名をそれぞれ**漢字**で答えなさい。

①	②	③	④
輸送用機械器具　33.3(６)	石油・石炭製品　15.6(４)	非鉄金属　17.0(２)	非鉄金属　15.4(８)
鉄鋼　12.1(５)	化学　14.2	石油・石炭製品　14.1(８)	食料品　13.0
生産用機械器具　9.2(６)	輸送用機械器具　13.0	パルプ・紙　13.2(２)	輸送用機械器具　11.1
食料品　6.7	鉄鋼　12.4(７)	輸送用機械器具　10.0	金属製品　6.7
プラスチック製品　6.0(８)	食料品　7.2	化学　7.9	電気機械器具　6.5
その他　32.7	その他　37.6	その他　37.8	その他　47.3

『データでみる県勢 2022』より作成

問７　はじめさんは，中国・四国地方の人々が好んで購入《こうにゅう》しているものについて興味を持ち，調べてみました。次の表は，「かつお，しじみ，かき(貝)，なし」の１世帯あたりの食料品等の年間購入額上位３県と全国平均額(2018～2020年平均)を示したものです。①～④にあてはまる中国・四国地方の県名をそれぞれ**漢字**で答えなさい。

（単位：円）

かつお		しじみ		かき(貝)		なし	
（ ① ）	7,964	（ ② ）	1,827	（ ③ ）	2,642	（ ④ ）	8,133
宮城	3,208	茨城	1,027	宮城	1,408	（ ② ）	4,188
福島	2,835	青森	918	岡山	1,190	富山	3,855
全国	1,382	全国	387	全国	812	全国	1,674

『データでみる県勢 2022』より作成

問８　はじめさんは，地図中Ｐの地域では10月は「神無月」ではなく「神在月」と言われていることを知りました。それは，10月に全国の神様がこの地域に集まるからだと言われています。Ｐの地域の旧国名を**漢字**で答えなさい。

問９　はじめさんは，中国地方にある世界遺産を地図上に記入しました。地図中Ｓ～Ｕにある世界遺産の組み合わせとして正しいものを**ア**～**カ**から１つ選び，記号で答えなさい。

	ア	**イ**	**ウ**	**エ**	**オ**	**カ**
S	石見銀山	石見銀山	松下村塾	松下村塾	厳島神社	厳島神社
T	松下村塾	厳島神社	石見銀山	厳島神社	石見銀山	松下村塾
U	厳島神社	松下村塾	厳島神社	石見銀山	松下村塾	石見銀山

2　昨年９月，イギリスのエリザベス女王が亡くなり，国葬《こくそう》が行われました。日本からは天皇・皇后両陛下が参列しました。日本とイギリスはこれまで，歴史上さまざまな交流をしてきました。次の各問に答えなさい。

問１　1872年に大阪造幣寮《ぞうへいりょう》(のちの大阪造幣局)のお雇《やと》い外国人として来日したイギリス人ゴーランドは，古墳の研究者としても功績を残しました。古墳時代について述べた文として正しいものを次の中から１つ選び，記号で答えなさい。

ア　ヤマト政権は，中国の明王朝を征服しようとして朝鮮半島に出兵した。

イ　ヤマト政権は，豪族を血縁関係や家柄《いえがら》によって序列化して支配した。

ウ　前方後円墳は，ヤマト政権とは関係なく各地で独自に造られた。

エ　雄略天皇は，前漢の光武帝から金印を授けられた。

問２　1908年にロンドンで死去したアメリカ人フェノロサは，日本の建築や美術を再評価したことで知られています。彼は天武天皇が創建した寺院の建造物を「凍《こお》れる音楽」と評しましたが，その建造物を次の中から１つ選び，記号で答えなさい。

ア　東大寺南大門　　**イ**　唐招提寺講堂　　**ウ**　法隆寺夢殿　　**エ**　薬師寺東塔

問３　東京帝国大学で英文学を教授したイギリス人ラフカディオ＝ハーンは，『怪談《かいだん》』を著しました。その中の「耳なし芳一」の物語には，平氏の亡霊《ぼうれい》が登場します。平氏について述べた文として**誤っているもの**を次の中から１つ選び，記号で答えなさい。

ア　平清盛は日宋貿易の利益を財政基盤《きばん》とし，安徳天皇の外戚となって力を持った。

イ　桓武平氏は関東を中心に勢力を持ち，平将門などを輩出《はいしゅつ》した。

ウ　平治の乱は，上皇と天皇が双方《そうほう》の陣営《じんえい》に分かれて争った。

エ　平将門は関東の広い範囲《はんい》を勢力下におさめ，新皇を自称《じしょう》した。

問４　日本の文化や歴史を研究していたイギリス人外交官のサンソムは，『日本史』を著しました。次の**ア**～**オ**の出来事を古い順に並べ替えなさい。

ア　石山本願寺が降伏《こうふく》し，跡地に巨大な城が築かれた。

イ　禁中並公家諸法度と武家諸法度が制定された。

ウ　長篠の合戦が起こり，武田勝頼が敗北した。

エ　島原や天草でキリシタンや農民が一揆を起こした。

オ　平戸のオランダ商館を長崎の出島に移した。

問５　開成学校(のちの東京帝国大学)で英文学や哲学《てつがく》を教授したイギリス人サマーズは，アイヌを研究して「エゾのアイヌ」と題する論文を書きました。江戸時代にアイヌとの交易独占権を認められていた藩の名前を**漢字**で答えなさい。

問６　1600年，オランダ船リーフデ号が漂着《ひょうちゃく》し，乗組員のイギリス人航海士は徳川家康に仕えることになりました。彼は家康から三浦按針の名をもらいましたが，この人物の本名を**カタカナ**で答えなさい。

問７　イギリスでは1837年にビクトリア女王が王位を継承《けいしょう》しました。この年，日本では右図のように人々が「救民」を掲《かか》げて代官所などを襲撃《しゅうげき》する事件が発生しました。この事件を主導した人物名を**漢字**で答えなさい。

問８　1872年，岩倉使節団はイギリスを訪問し，ビクトリア女王と面会しました。この使節団に加わった人物を次の中から**２人**選び，記号で答えなさい。

ア　西郷隆盛　　**イ**　伊藤博文　　**ウ**　山県有朋

エ　大久保利通　**オ**　勝海舟　　**カ**　福沢諭吉

問９　明治時代には，井上馨の外交方針の中で西洋化政策が進められました。この一環として，イギリス人建築家コンドルの設計により1883年に完成した洋館の名称を**漢字**で答えなさい。

問10　1894年，加藤高明は駐英《ちゅうえい》公使としてロンドンに赴任《ふにん》しました。この人物について述べた文として正しいものを次の中から１つ選び，記号で答えなさい。

ア　彼は外務大臣として不平等条約改正に尽力《じんりょく》し，治外法権撤廃《てっぱい》に成功した。

イ　彼は外務大臣として第一次世界大戦参戦を進め，1914年にロシアに宣戦布告した。

ウ　彼の内閣は，初の本格的な政党内閣として誕生した。

エ　彼の内閣のとき，「普通選挙法」が実現し，25歳以上の男性に選挙権が与えられた。

問11　日英同盟を結んだ日本は，日露戦争でロシアに勝利しました。しかし，日本ではこの戦争の講和条約の内容をめぐって民衆が強い不満を持ち，暴動が発生しました。この暴動が発生した理由を，**条約名を明らかにして**答えなさい。

問12　1921年，皇太子裕仁《ひろひと》親王(のちの昭和天皇)は外遊の途中でイギリスを訪問し，国王と親しく交流しました。1920年代に起きた出来事として**誤っているもの**を次の中から１つ選び，記号で答えなさい。

ア　関東大震災が起こった。

イ　世界恐慌が始まった。

ウ　ベルサイユ条約が調印された。

エ　治安維持法が定められた。

問13　1952年にエリザベス女王が王位を継《つ》ぎました。70年の在位の間に起こった出来事として正しいものを次の中から１つ選び，記号で答えなさい。

ア　エリザベス女王は２人の女性首相を任命した。

イ　イギリスはホンコンとマカオを中国に返還《へんかん》した。

ウ　サンフランシスコ平和条約によって日本は全ての交戦国と講和した。

エ　ソ連の崩壊《ほうかい》によって冷戦の終結宣言が発表された。

オ　イギリスがEU(ヨーロッパ連合)を離脱《りだつ》した。

3　次の各問に答えなさい。

問１　昨年，日本で初めての鉄道が新橋～横浜間で開業してから150年が経ちました。2019年，品川駅改良工事の際に「高輪築《ちく》堤《てい》」と呼ばれる石垣の一部(右写真)が発見されました。鉄道敷設《ふせつ》に際して，「陸蒸気(おかじょうき)を海に通せ」と指示し，海上に堤《つつみ》を築いて，線路を通すことを決断した当時の鉄道開業の責任者の名前を**漢字**で答えなさい。

(佐賀県HPより)

なお，彼はその他にも太陽暦の導入，郵便制度の整備，富岡製糸場の設立，新貨幣制度の提案など，多くの事業に携《たずさ》わり，日本の近代化の基礎を築きました。

問２　昨年，被差別部落の人々が差別と貧困からの解放を求めた団体が結成されてから100年が経ちました。その団体の結成時には，「人の世に熱あれ，人間に光あれ」という有名な宣言が出されました。この団体名を**漢字５字**で答えなさい。

問３　昨年，日本と中国が国交正常化してから50年が経ちました。中国との国交正常化を成しえた日本の総理大臣名を**漢字**で答えなさい。

問４　昨年，参議院議員選挙に比例代表制が導入されてから40年が経ちました。現在の参議院議員選挙に関連する文として，**誤っているもの**を次の中から１つ選び，記号で答えなさい。

ア　参議院議員選挙での選挙区は都道府県別になっているが，１名を選ぶ１人区が存在する。

イ　参議院議員選挙の選挙区で立候補した人は，比例代表選での重複立候補はできない。

ウ　参議院議員選挙の比例代表選では，各政党は提出する名簿に順位をつけてもつけなくてもよい。

エ　参議院議員選挙の投票率は，「平成」の時代に入ってから50％台が続いている。

問５　昨年，PKO協力法(国連平和維持活動協力法)が成立してから30年が経ちました。PKO協力法に関連する文として，正しいものを次の中から１つ選び，記号で答えなさい。

ア　この法律に基づいて，湾岸戦争後のペルシャ湾に初めて自衛隊が派遣《はけん》された。

イ　この法律に基づいて，カンボジア，アフガニスタン，イラクなどに自衛隊が派遣された。

ウ　この法律に基づいて，道路や橋をつくるなどのインフラ整備が行われてきた。

エ　この法律に基づいて，自衛隊員のみが派遣されてきた。

問６　昨年，「国連環境開発会議(地球サミット)」が開催《かいさい》されてから30年が経ちました。2015年の「国連持続可能な開発サミット」では，2030年までに持続可能でよりよい世界を目指す国際目標「SDGs」が採択されました。このSDGsに関連する次の各問に答えなさい。

(1)　最近，コンビニエンス・ストアやスーパーでＡのようなポップをよく目にします。これによって，政府はどのようなことを目指しているのか答えなさい。

(2)　ノートやトイレットペーパーにＢのようなマークがついているのをよく目にします。このマークはどのようなことを示しているのか答えなさい。

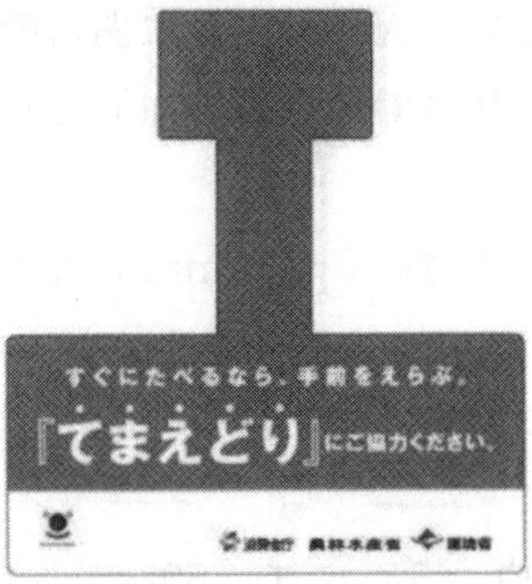

Ａ

Ｂ

問７　昨年，EU(ヨーロッパ連合)加盟国の中で，共通通貨であるユーロ紙幣・硬貨《こうか》が流通開始されてから20年が経ちました。共通通貨ユーロについて述べた文として，**誤っているもの**を次の中から１つ選び，記号で答えなさい。

ア　EUに加盟しているすべての国がユーロを導入している。

イ　一部の国が財政上苦しくなると，ユーロの価値が下がる傾向《けいこう》がある。

ウ　ユーロの導入によってモノの価格が一目で比べられるようになった。

エ　ユーロの取引量はアメリカのドルに次いで世界第２位である。

問８　昨年，東京スカイツリーが開業してから10年が経ちました。次の各問に答えなさい。

(1)　東京スカイツリーは，観光地としても人気がありますが，地上デジタル放送の安定した送信をするための重要な電波塔《とう》です。この電波を公平かつ効率よく利用できるように「電波法」という法律が制定され，いろいろな規則が定められています。これらの電波に関する管理を中心に行っている省名を**漢字**で答えなさい。

(2)　東京スカイツリーが開業した年に復興庁が発足しました。この年よりも後に発足した庁を次の中から**すべて**選び，記号で答えなさい。

ア　デジタル庁　　**イ**　観光庁　　**ウ**　消費者庁

エ　スポーツ庁　　**オ**　文化庁

【理　科】〈第２回試験〉（30分）〈満点：40点〉

注意　定規，コンパス，および計算機(時計についているものも含む)類の使用は認めません。

1　ヒトは母親の体内でできた卵と父親の体内でできた精子とが結びつくことで受精卵となり，体がつくられ始めます。ヒトの命の最初である受精卵は約(　①　)mm ほどしかありません。これが母親の(　A　)まで移動して(　A　)の内側にある膜の中に入り込みます。そこで母親との間に(　B　)がつくられます。(　B　)では母親の血液と胎《たい》児の血液が接しており，母親から胎児に栄養分や酸素が渡《わた》されます。

受精後約30日で胎児の大きさは約(　②　)mm となり，産まれる直前には約50cm，約３kg まで成長します。

問１　上の文章の(①)，(②)にあてはまる数字として最もふさわしいものをそれぞれ選び，記号で答えよ。

ア　0.01　　**イ**　0.1　　**ウ**　5　　**エ**　50

問２　上の文章の(A)，(B)にあてはまる語をそれぞれ答えよ。

問３　図１はヒトの心臓を正面から見たときの様子を示している。胎児に渡す栄養分や酸素を多く含む血液が出ていく血管として最もふさわしいものを選び，記号で答えよ。また，その血管の名称《しょう》を**漢字３文字**で答えよ。

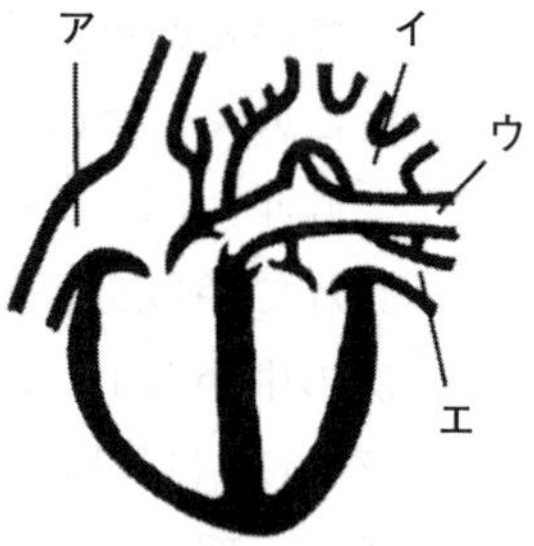

図１

問４　ヒトは親の体の中で子が栄養をもらって成長し，産まれてくる。このような産まれ方を胎生といい，胎生する動物は胎生動物と呼ばれる。次の**ア**～**オ**の中で胎生動物を全て選び，記号で答えよ。

ア　イモリ　　**イ**　クジラ　　**ウ**　コウモリ　　**エ**　カメ　　**オ**　ペンギン

問５　胎生動物の多くにみられる特徴として**誤っているもの**を１つ選び，記号で答えよ。

ア　胎生動物には，へそがある。

イ　胎生動物は，体温がほぼ一定である。

ウ　胎生動物の子は，産まれてしばらくは母乳で育つ。

エ　胎生動物は，親になったときの体が大きい種類ほど，一度に産む子の数が多い。

2　粉末物質の混合物Ａには【候補】にある７つの物質のいずれかが含《ふく》まれていることがわかっています。3.5ｇの混合物Ａについて，【実験】を行いました。以下の問いに答えなさい。ただし，実験中，次のことが成り立っているものとします。

・粉末物質どうしを混ぜ合わせても，たがいには反応しない。

・粉末物質が水や水溶液に溶ける場合には，その物質の全てが溶ける。

・ろ過の際，沈殿《ちんでん》とろ液は完全に分かれる。

・水酸化ナトリウム水溶液は亜鉛《あえん》が溶けるくらい濃《こ》いものを使用している。

・表は各物質１ｇが水溶液に溶けた際に発生する気体の体積であり，各操作で気体の体積は同じ条件で測定している。

【候補】

1　石灰石　　2　アルミニウム　　3　銅　　4　食塩
5　亜鉛　　6　さとう　　7　鉄

【実験】

〔操作１〕　袋《ふくろ》をかぶせた磁《じ》石を混合物Ａに近づけたところ，0.5ｇの粉末Ｂが分けられ，混合物Ｃが残った。

〔操作２〕　混合物Ｃを水に溶かしてろ過したところ，ろ液と2.0ｇの沈殿Ｄが得られた。このろ液を乾燥《かんそう》させて水分を取り除《のぞ》いたところ，1.0ｇの粉末Ｅが得られた。

〔操作３〕　2.0ｇの沈殿Ｄを別の容器に移して水酸化ナトリウム水溶液を加えたところ，260mLの気体が発生した。その後，溶液をろ過したところ，1.5ｇの沈殿Ｆが得られた。

〔操作４〕　1.5ｇの沈殿Ｆを別の容器に移して塩酸を加えたところ，沈殿は全て溶け，気体が発生した。

表　物質１ｇが各水溶液に溶けた際に発生する気体の体積(mL)

	亜鉛	アルミニウム	鉄	石灰石	銅
塩酸	340	1240	400	220	—
水酸化ナトリウム水溶液	340	1240	—	—	—

※溶けない場合は―で示している。

問１　粉末Ｅについて説明した文として最もふさわしいものを選び，記号で答えよ。

ア　１種類の物質であることが，この【実験】よりわかる。

イ　２種類の物質の混合物であり，この【実験】よりそれぞれ何ｇ含まれているかわかる。

ウ　２種類の物質の混合物であるが，この【実験】だけではそれぞれ何ｇ含まれているかはわからない。

エ　何種類の物質でできているか，この【実験】だけではわからない。

問２　混合物Ａに含まれる亜鉛は何ｇか。

問３　下線部で発生した気体の名称を答えよ。

問４　この【実験】より，混合物Ａに含まれていないと判断できる物質を【候補】より全て選び，番号で答えよ。

問５　3.5ｇの混合物Ａを十分な量の塩酸に加えた際に発生する気体は何mLか。

3　図１のように，マスクを収納するストッカーは，ばね２つでマスクを支え，取り出しやすくする仕組みです。これに関連して，重さの無視できる自然の長さが10cmのばねと，重さ400ｇ，高さ９cmのおもりを使って，ばねに関する実験をしてみました。図２のように，ばね２つを並列に床《ゆか》に設置し，その上におもりをのせて固定しました。すると，ばねが元の長さより２cm縮んだ状態で静止しました。

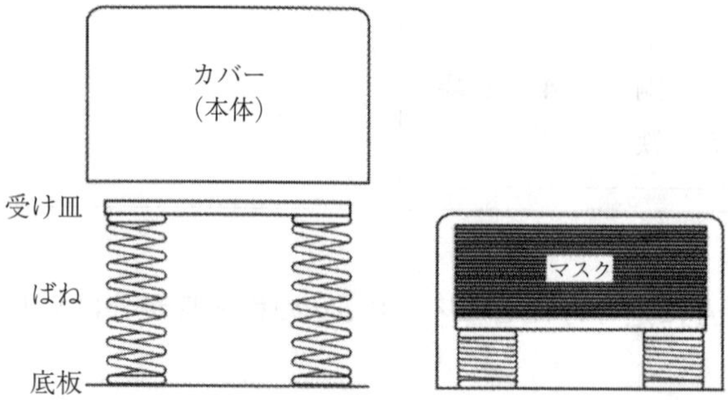

図１　マスクストッカーの断面図

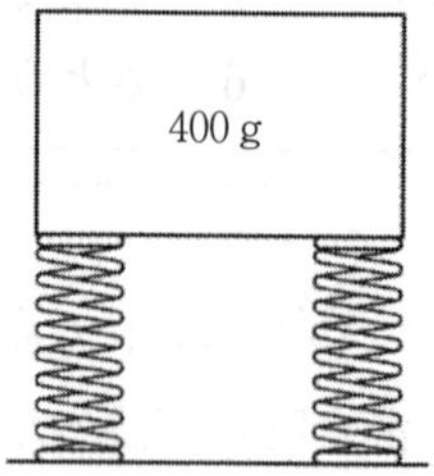

図２

問１　ばね１つの上に400ｇのおもりをのせて固定すると，ばねの長さは何 cm 縮まるか。

問２　図３のように，ばねを直列に２つつなげて実験すると，ばねの長さは１つあたり何cm 縮まるか。

問３　図４のように，図２のおもりの上にばねを２つ並列に設置し，その上に重さ200ｇ，高さ4.5cm のおもりをのせて固定した。このとき，装置全体の高さは何cm か。

問４　**問３**の200ｇのおもりの代わりに，重さの異なる高さ4.5cm のおもりをのせて固定したところ，装置全体の高さが26cm だった。このとき，装置の一番上にあるおもりの重さは何ｇか。

問５　図５のように，図４の200ｇのおもりに糸を取り付けて，滑車《かっしゃ》を用いて重さのわからないおもりを新たに取り付けた。すると下段のばねの長さが11cm だった。このとき，装置上段のばねの長さは何cm か。

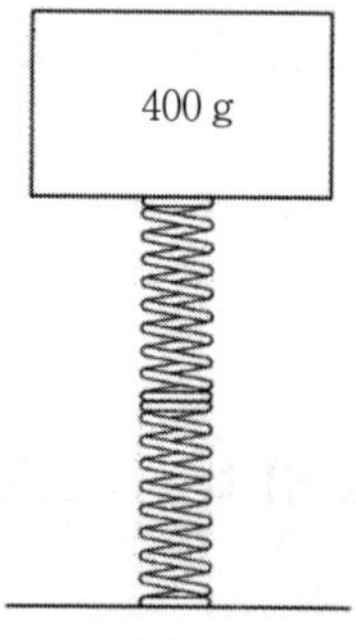

図３

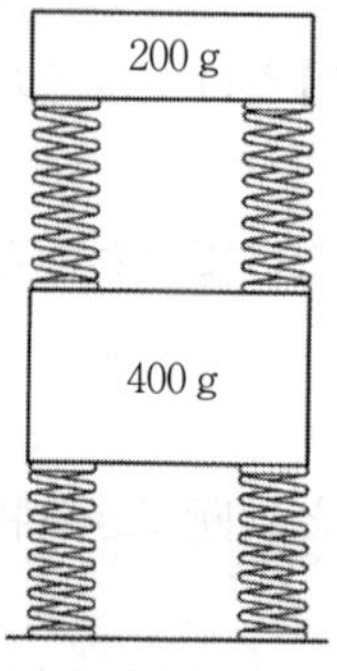

図４

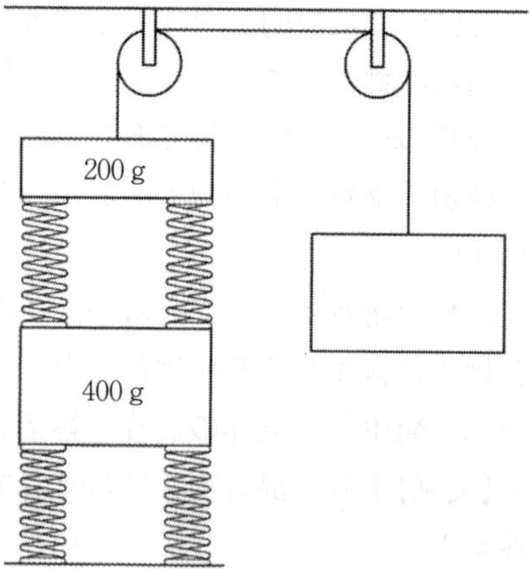

図５

問６　マスクを収納するストッカーのように，ばねが利用されているものを**ア〜カ**の写真から全て選び，記号で答えよ。

ア　LED電球

イ　ステープラー（ホッチキス）

ウ　ノック式ボールペン

エ　はさみ

オ　ペットボトルのキャップ

カ　ポンプボトル

4　図１は，2022年６月下旬《じゅん》の午前４時に東京で見えた惑《わく》星の位置を示しています。太陽系には，太陽のまわりをまわっている（公転している）惑星が８つあります。星が暗くて肉眼では見えませんでしたが天王星と海王星もこの時間帯の空にあり，望遠鏡を使えば地球以外の７つの惑星全てを同時に見ることができました。

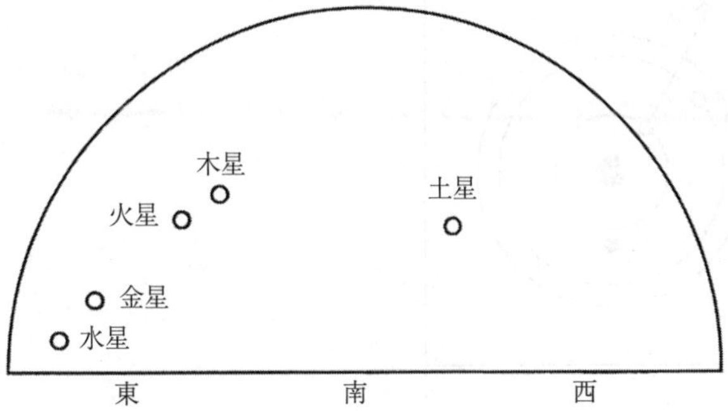

図１　2022年６月下旬の午前４時に東京で見えた惑星の位置

８つの惑星は，いずれも太陽を中心とした同じ面上の異なる半径の円の円周を公転しているとします。表は，地球の公転の軌道《きどう》の半径を１としたときの図１の５つの惑星の公転軌道の半径を示しています。

表　惑星の公転軌道の半径

惑星	水星	金星	地球	火星	木星	土星
公転軌道の半径	0.39	0.72	1	1.52	5.20	9.55

問１　図１中の５つの惑星のうち，地球から見て真夜中に南中することがある惑星を全て答えよ。

問２　2022年６月24日午前４時に，火星と金星の間に月を見ることができた。このときの月の見え方として最もふさわしいものを選び，記号で答えよ。ただし，選択肢《し》の図中の円が月の全体で，そのうち白い部分が光って見えている部分とする。

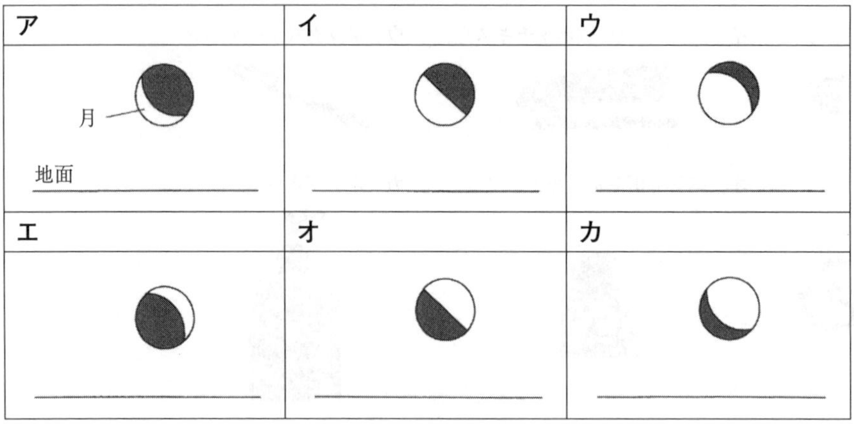

問3　図1について，地球の北極の上方の宇宙から太陽・金星・木星・土星を見たときの位置関係を示す図として最もふさわしいものを選び，記号で答えよ。ただし，選択肢の図において，全ての惑星はそれぞれの公転軌道上を矢印の方向に公転している。また，地球も矢印の方向に自転している。

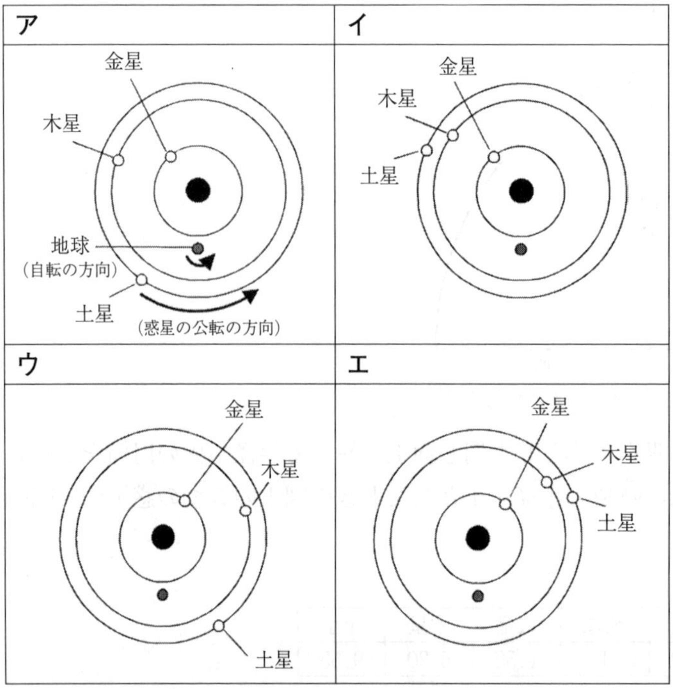

問4　惑星は，太陽のまわりを1周する時間がそれぞれ異なる。そのため地球に近づいたり遠ざかったりして，地球から見たときの惑星の見かけの大きさが変化する。表のように，地球の公転軌道の半径を1としたとき，次の問いに答えよ。

(1)　水星が地球に最も近づいたときの距離《きょり》を求めよ。

(2)　火星が地球から最も遠ざかったときの距離を求めよ。

(3)　太陽が明るかったり，太陽にさえぎられたりして，惑星は地球から見えなくなることがある。この太陽の影響《えいきょう》がないものとして，表に示した地球以外の5つの惑星のうち，地球に最も近づいたときと遠ざかったときで，地球から見たときの見かけの大きさの変化が最も大きくなる惑星を答えよ。

イ　視覚障害に応じて設定されるルールや規律は、障害のない人に「見えること」をめぐる日常的な常識や価値の重要性を改めて認識《にんしき》させること。

ウ　視覚障害のある人のための競技に参加すると、障害のない人は「見えない」人の気持ちやより深いところにある思いなどを完璧に理解できること。

エ　視覚障害のある人と人間的に平等になるために、視覚障害に応じて設定されるルールや規律を障害のない人にも受け入れさせること。

オ　視覚障害に対応したルールや規律に従うと、障害のない人は「見えること」と「見えないこと」をめぐる常識や価値と向きあわざるをえなくなること。

問４　傍線部**３**「〝つくられた、ぎこちない〟自然さ」とありますが、それはどういうことですか。最も適切なものを次から選び、記号で答えなさい。

ア　普段は障害のある人を排除したり嫌悪《けんお》したりしないが、筆者は〝不自然で、どこか緊張した戸惑い〟を覚えたので、少年を「無視」してしまったということ。

イ　少年に対する〝不自然で、どこか緊張した戸惑い〟は、筆者にとって排除や嫌悪を意味せず、障害のある人との関係を実践的で処方箋的な知識を用いて成立させる契機《けいき》となったということ。

ウ　排除したり嫌悪したりしてはいないが障害のある人とのふさわしい距離がわからず、〝不自然で、どこか緊張した戸惑い〟を覚えつつも、少年に対して皆が表面上は自然な態度を繕《つくろ》ったということ。

エ　湯ぶねにつかって相互的信頼をつくりあげた全員が、少年に〝不自然で、どこか緊張した戸惑い〟を覚え、障害のある人を排除し嫌悪するというよりも、その場の雰囲気《ふんいき》に呑《の》まれたということ。

問５　傍線部**４**「『ちがい』ある他者とどのように向き合えばいいのでしょうか」とありますが、筆者は「『ちがい』ある他者」と向き合うためにはどうすることが必要だと考えていますか。本文中のことばを用いて、四十五字以上五十五字以内で答えなさい。

問６　**A**に入る最も適切なことばを次から選び、記号で答えなさい。

ア　邪魔《じゃま》な障害

イ　豊かに生きる手段

ウ　従うべきものの見方

エ　他者を理解する助け

オ　差別や排除をなくす知

とすれば、4「ちがい」ある他者とどのように向き合えばいいのでしょうか。まず言えることは、「ちがい」をめぐる知識の在庫をできるだけ豊かにすることでしょう。薄《うす》っぺらな知だけでは、〝適切に〟向きあうことができないでしょう。従って障害という「ちがい」に由来する豊かさに触《ふ》れることはできないだろうし、その豊かさを感じ取る想像力さえも私の中に、育ってくることがないからです。

また言えることは、すでにある在庫の知識を常に疑ってかかることの大切さです。たとえばブラインドサッカーに実際に参加すれば、視覚障害という「ちがい」をめぐる私たちの知識在庫は確実に質量ともに豊かになるはずです。その結果、「ちがい」のある他者との出会い方や向きあい方も幅広く豊かに洗練されたものになるでしょう。

私たちの日常的な知識は、常に支配的な価値や支配的なものの見方の影響《えいきょう》下にあるものです。そしてたいていの場合、支配的な価値やものの見方に従って暮らした方が楽であり効率がいいとは思います。ただ、「ちがい」のある他者と出会おうとするとき、こうした楽さや効率は、いったんカッコに入れておいた方がいいでしょう。むしろ支配的な価値が障害という「ちがい」がもつさまざまな新たな意味や創造の可能性を私が感じ取るうえで、まさに〝　A　〟となるからです。

そして、一番大事かなと思うのは、「ちがい」がある他者との出会いで、生じるであろう新たな世界への入り口を見失わないように、私自身が他者を理解するためのセンス、いわば他者への想像力を常に磨いておくことであり、想像力を豊かにしていく楽しさを味わうことだと思います。

「ちがい」がある他者を差別し排除すること。それは、他者への想像力が劣化《れっか》した結果生じるのであり、それは他者に深い傷や苦しみを与えるでしょう。でも同時に、それは私自身をも深く傷つけ、ひととしての厚みや豊かさを確実に私から奪っていくのです。それはまさに私が、「ちがい」がある他者とどう出会おうとするのかにかかっているのです。

（好井裕明『「今、ここ」から考える社会学』〈筑摩書房〉より）

問1　傍線部a～cのカタカナを漢字に直しなさい。

問2　傍線部1「障害者スポーツに対する固定した見方」とはどのようなものですか。最も適切なものを次から選び、記号で答えなさい。

ア　障害者スポーツは、障害のある人のためだけに開かれたスポーツだという考え方。

イ　障害者スポーツは、障害のない人のスポーツよりも競技としての洗練度が高められているという考え方。

ウ　障害者スポーツは、障害のない人のスポーツよりも純粋《じゅんすい》にひととしての美しさを表現できるという考え方。

エ　障害のある人が心身を磨き上げて高みを目指す姿に私たちが抱《いだ》く感動と、通常のスポーツアスリートへの感動とは本質的に同じだという考え方。

オ　障害者スポーツは障害者向けのルールや規律が存在するという意味で特殊《とくしゅ》だが、それに従うならば障害のない私たちも参加できるという考え方。

問3　傍線部2「ブラインド、つまり目が見えない状態で行うサッカー」とありますが、それが障害のない人に及《およ》ぼす効果をどのようなことだと筆者は考えていますか。最も適切なものを次から選び、記号で答えなさい。

ア　視覚障害のある人のための競技に参加することで、障害という「ちがい」そのものの持つ意味や意義を障害のない人同士が共有できること。

生きがいというか、これをしなくては私が枯《か》れてしまうというとても大切な営みなのです。ちょっとぬるめの湯につかって完全に湯と一体化し〝無〟になるまでの時間、意識や思考はまだしっかりしているのですが、そのうちに身体は広い湯ぶねにくまなくとろけだし、ちょうど私の「頭」だけが湯にただよっている、そんな状態。このとき、私はえもいえない快感にひたります。そしておもしろいことに、この〝頭ただよい状態〟のとき、私の思考はbトぎ澄まされ、いろいろな発想がわいてきたり、ある問題への考えが一挙に進んだりするのです。

いつものようにスーパー銭湯にでかけ〝無〟になろうと湯ぶねにつかり、とろけようと全身の緊張《きんちょう》感をといて、ふと目をあけたところ、湯ぶねのふちに五、六歳くらいの少年が立っていたのです。〝あぁ、かわいい子やなぁ〟とまた目を閉じようとした瞬間、私の視線はその子に釘《くぎ》づけになっていました。彼の両腕《りょううで》は極端《きょくたん》に短く、彼はその小さい手で顔をかきながら、そこに立っていました。私は、さまざまな構えをはずし無防備になり、いわば丸裸《まるはだか》で〝無〟になろうとしていたのですが、瞬間、少年がすっと私のなかに入り込《こ》んできた、そんな感じがしました。不意をつかれ、ドキッとしたのです。つまり、私はいわばまったく無防備な状態で、両腕が極端に短い障害ある少年と出会ったのです。

私はなぜこんなにもドキッとしたのだろうかと考えながら、〝無〟にならずに、周囲を観察していました。みんな自然にふるまっていましたが、それは明らかに3〝つくられた、ぎこちない〟自然さでした。裏を返せばとても〝不自然で、どこか緊張した戸惑《とまど》い〟とでもいえる空気がそこに満ちていて、ただ少年のみが、そしていっしょに来ていた若いおとうさんがごく自然に風呂を楽しんでいたのです。

考えるべきは、この〝不自然で、どこか緊張した戸惑い〟であり、私のなかに生じたドッキリなのです。それは障害ある人を露骨《ろこつ》に排除《はいじょ》する行為《こうい》でもないし、障害ある人を嫌ったりする情緒でもありません。丸裸で無防備な私が、障害ある人を目の前にして、自分のふるまい方がわからずドギマギしている状態といえるかもしれません。また障害ある人と自分との距離をどのように〝適切に〟とっていいのかわからない、そんな戸惑いかもしれません。

そんな細かいこと言ってどうするの。普段よくある場面だろうし、深く考えないで無視しておけばいいではないか。そんな声が聞こえてきそうです。でも「無視する」こともまた、なかなか難しいのです。「無視する」とは、ただ相手を見ないということではありません。それは、私が相手を見つめていないこと、関心がないことを相手や周囲にたいして、具体的なふるまいで〝適切に〟示さなければならない営みなのです。そして私の体験や銭湯での〝空気〟は、まさに障害という「ちがい」と〝適切〟に出会い、「ちがい」ある他者と〝適切〟にやりとりできている自然な日常ではなかったということなのです。

少しめんどくさく言ってみましょう。他者を理解するということは、心の次元の問題ではありません。シュッツやエスノメソドロジーの考え方からすれば、それは、他者とどのように日常的な関係をつくりあげることができるのか、そうした関係がどのように実践《じっせん》的で処方箋《しょほうせん》的な知識を用いてできあがっているのかを考える問題なのです。またそれは、私と他者が日常的な関係のなかでどのように相互《そうご》的な信頼をつくりあげることができるのか、また距離を保つことができるのかなどを考える私と他者の相互行為の次元にある問題なのです。

私たちは、普段他者と出会う時、その人を瞬時のうちに理解し、どのようにふるまえばいいかを判断しています。そうした判断の背後には他者を理解するために必要な幅広《はばひろ》く深い知識の在庫があり、この在庫から、その時その時に〝適切〟だと思う知識を引き出して、他者と向き合っているのです。

です。この競技は視覚障害の人だけに開かれたスポーツなのだろうかと。障害のない人の目を見えない状態にして、ブラインドサッカーができるのではないだろうかと。

そしてこうした思いの先にある問いが、以下のようなものです。

はたして障害者スポーツは障害のある人のためだけのスポーツなのだろうか。身体のどの部位に障害があるか、またその程度などで区分けして行われる水泳などの競技は、やはり障害ある人のための競技だと言えるでしょう。しかし私たちがひとくくりにする障害者スポーツは、障害ある人だけのためにという意味で一様ではなく、競技方法の工夫などに由来する違いや個性がさまざまにあります。それゆえ、車いすバスケットは、主に障害ある人々が行う競技であるとしても、障害者バスケットではなく、「車いす」バスケットと私たちは呼んでいますし、ブラインドサッカーも、視覚障害者サッカーではなく、2ブラインド、つまり目が見えない状態で行うサッカーと、私たちは呼んでいるのです。

こうした見方は、障害者スポーツをめぐり私たちが持っている「あたりまえ」の知を確実に揺《ゆ》るがすのではないでしょうか。たとえば私がブラインドサッカーをやるとして、目隠《めかく》しし、視覚障害がある選手と対等に競技ができるでしょうか。できないでしょう。上手な選手の足手まといになるのがオチです。視覚が遮《さえぎ》られたなかで、周囲の声や音を聞きわけ、状況を瞬時に判断し、次のプレーに移れる能力において、私は視覚障害のある選手からはるかに劣《おと》っているからです。

私が上手になるためには、ブラインドであることに慣れ、ブラインドであるからこそさらにbトぎ澄《す》まされるべき力に気づき、それを鍛《きた》えていかなければならないでしょう。つまり、ブラインドサッカーという競技や競技の現実において、「見えること」をめぐる常識や価値はすべて、いったん無効になります。そして、私は「見えない」なかでどのようにプレーができるのかを考えざるを得ないし、「見えないこと」をめぐる常識や価値と向きあわざるを得なくなるのです。ルールが守られ、厳格な規律が遵守される競技空間で、普段《ふだん》私たちが「あたりまえ」だと思いこんでいる支配的な常識や価値が見事に転《てん》倒《とう》されるのです。そしてこうした転倒が起こることこそ、障害者スポーツがもつもう一つの面白《おもしろ》さであり、感動を生みだすもとではないでしょうか。

もちろん、私がブラインドサッカーをして、少しばかり上手になったからと言って、視覚障害のある人々の気持ちやより深いところにある思いなどを完璧《かんぺき》に了解《りょうかい》できるなどとは思わないでしょう。でも障害をめぐるさまざまな決めつけや思いこみが息づいている支配的な常識や価値を「あたりまえ」だと思いこんでいた私の日常に、確実に亀《き》裂《れつ》が入るだろうし、私はそのことで障害という「ちがい」それ自体とよりまっすぐに向きあえるようになるでしょう。そして、「ちがい」が私の日常にとって、どのような意味や意義をもつかを考えていくための想像力もより豊かになっていくだろうと思うのです。(略)

さて私たちは「ちがい」のある他者とどう出会えるのでしょうか。私は以前、障害者を嫌《いや》がり、嫌《きら》い、恐《おそ》れるということの背後になにがあるのかについて考え書いたことがあります(好井裕明「障害者を嫌がり、嫌い、恐れるということ」石川准・倉本智明編著『障害者の主張』明石書店、二〇〇二年、八九—一一七ページ)。これを書きながら、そこでまとめたかつての個人的体験を思い出していました。詳《しょう》細《さい》は、私の論文を読んでいただければと思いますが、それは私のドッキリ体験であり、障害という「ちがい」になぜ私たちが普段から、まっすぐに向き合えないのかを考えることができる体験だったのです。温泉につかって〝無〟になること。これは私のcシュミというか、

ウ　初対面の「私」の前で悔《くや》し涙を流すほど、心から夢中になれるものを持っているところ。

エ　「私」も悲しい気持ちなのに、陽子ちゃんだけが素直に涙を流すことができるところ。

問６　傍線部５に関して、「いい方向」に小石を蹴ることができていない「私たち」について説明した次の文章の空欄に最も適切なことばを答えなさい。ただし、[A]、[C]は本文中よりそれぞれ二字で書き抜き、[B]は三十五字以上四十字以内で探して、その初めと終わりの三字を書き抜きなさい。

【パン教室で「打撲」を負った後、陽子ちゃんはそれをごまかして[A]生きるようになっていった。一方、「私」はそれをやわらげるために遮二無二《しゃにむに》働きはじめた。だが、やがて「私」は[B]ことができなくなり、今は恋人にふられて会社も休んでいる。二人は別々の道を歩んでいるが、簡単には近づけないものに何があっても向かっていこうとする[C]を持っていない点で共通している。】

[二]　次の文章を読んで、後の問に答えなさい。

最近は、昔に比べ障害者スポーツへの注目度がかなり高まってきています。先日もパラアスリートを養成する大学が出てきていることが新聞記事になっていました。いまは誰もがオリンピックの後にはパラリンピックが開催《かいさい》されることを知っています。一九六〇年代、私が小学生の頃、少なくともテレビでパラリンピックの報道はなかったと記《き》憶《おく》しています。

では最近なぜ注目されるのでしょうか。やはり日本人選手の活躍《かつやく》が最大の原因でしょう。でもマスコミの報道などを見て、私は、最近このスポーツへの注目の質が変わってきているのではと思っています。

一枚のスキー板に乗り、急な斜面を猛《もう》スピードで滑走《かっそう》するスキー選手。上半身の筋力をフルに使い、疾走《しっそう》する車いすマラソン。見事に車いすを操《あやつ》りながら、相手が返せないところへボールを打つ車いすテニスの選手。車いすごと激しくぶつかりボールを奪《うば》いあう格闘技《かくとうぎ》のような車いすバスケット、等々。テレビなどを通して、障害者がスポーツする姿が流されるようになり、彼らが熱中している姿や本気度、競技そしてスポーツとしての洗練度に私たちは、改めて驚き、感動しているのではないでしょうか。

なぜ驚き、感動するのでしょうか。

多様な障害があるにもかかわらず、それをａコクフクし、自らの肉体や精神を磨《みが》きあげ、スポーツのルールを遵守《じゅんしゅ》し、そのなかでより高みへと向かう障害ある人々の規律ある姿にひととしての美しさを感じ取り、私たちは感動しているのでしょう。こうした感動が、通常のスポーツアスリートの姿への感動とまったく同じ情緒《じょうちょ》に由来しているのか、そうでないのかを検討することは、障害者の問題を考えるうえで、とても重要だと思います。ただ、ここでは、ちょっと別の視角から障害者スポーツのことを考えてみることにします。

先ほど注目の質が変わってきているように思えると言いました。それはマスコミの報道などを見ていて、１障害者スポーツに対する固定した見方が崩《くず》れつつあるという感覚と言ってもいいかもしれません。

たとえば、車いすバスケットの試合を見ていて、私はこう思います。確かに足や下半身に障害がある選手が車いすを見事に操ってバスケットボールの試合をしている。しかし、この競技は障害ある人々だけが参加することができるスポーツなのだろうかと。下半身に障害のない人でも、何らかの形で下半身を固定し、車いすに乗ることができれば、車いすバスケットという競技をすることができるだろうと。

またブラインドサッカーの試合を見ていて、私は同じことを思うの

なんだ、と辺りをきょろきょろしながら歩く。むせそうな暑さ、肌《はだ》に吸いつく人懐《ひとなつ》っこい空気は、いったいなんなんだ。

　次第《しだい》に足が軽くなるのがわかる。明るいことや楽しいことはずっと遠くのほうに去ってしまって、私にはもう訪《おとず》れることもないような気がしていた。それなのに、島を歩くうちにどんどん人恋しくなっている。

　そうか、陽子ちゃんもこんな気持ちになったのか。そう思うとおかしくて、いとおしさも満ちてくる。南の島をひとりで堪能《たんのう》するつもりが、海風に煽《あお》られ太陽に灼《や》かれ、とてもひとりじゃいられなくなったのだろう。その震《ふる》えが（注2）電波に乗って私に伝わった。道理で断れなかったわけだ。ふられたばかりのところにビリビリきたのだから。

　5私たちはもっといい方向に小石を蹴《け》らなきゃいけないんじゃないか。船着き場の桟橋《さんばし》で碧《あお》い碧い海を見ながら思った。到底《とうてい》かなわないような人に打ちのめされても、それでもパン屋になりたいと願う強さを育てなくちゃいけないんじゃないか。

　もちろん、陽子ちゃんにそんなことをいうつもりはない。ただ、そんなふうに思えただけで新しい風が吹いたような感じがしている。私はそっと結び目を確かめる。それはそこにちゃんと結ばれていて、やっぱり別の方向へ伸びていた。

（宮下奈都「転がる小石」『遠くの声に耳を澄ませて』〔新潮社〕より）

（注1）恋人にふられて会社を休んでいた「私」は、波照間島《はてるまじま》に来ていた陽子ちゃんに電話で強く誘《さそ》われ、その近くの石垣島まで飛行機でやってきた。

（注2）陽子ちゃんが「私」にかけた電話のこと。

問1　傍線部**a**、**b**のここでの意味を後からそれぞれ選び、記号で答えなさい。

a　無骨

ア　洗練されていないこと

イ　しなやかで強いこと

ウ　信念を持つこと

エ　気骨がないこと

b　不意に

ア　意図に反して　**イ**　無意識に

ウ　突然　**エ**　不用意に

問2　傍線部**1**「ガラスのように醒めた目で微笑む」とありますが、この表現から恋人のどのような状態がうかがわれますか。本文中より最も適切な箇所《かしょ》を十四字で探し、最初の五字を書き抜きなさい。

問3　傍線部**2**「つるつるした感想」とありますが、この表現に込められた「私」の思いとして最も適切なものを次から選び、記号で答えなさい。

ア　簡潔だ　**イ**　模範《もはん》的だ

ウ　適切だ　**エ**　よどみない

オ　あたりさわりがない

問4　傍線部**3**について、「私」が「打撲を負った」とはどういうことですか。本文中のことばを用いて三十字以上四十字以内で説明しなさい。

問5　傍線部**4**「なんだか猛烈にうらやましかった」とありますが、「私」は陽子ちゃんのどのようなところを「うらやましい」と感じたのですか。次から最も適切なものを選び、記号で答えなさい。

ア　よく知らない人の前でも自らの感情をさらけ出せる無邪気《むじゃき》なところ。

イ　ちょっとしたことにも涙を流してしまうような、感受性が豊かなところ。

もお互いに計りかねていたんだと思う。うすいコーヒーを飲んで、長い間ふたりとも黙《だま》っていた。

「ほんとはね」

と、やがて陽子ちゃんが口を開いた。

「あたし、パン屋になりたかったんだ」

「うん」

「でもやめた。あんなの見ちゃったら、楽においしいパンを焼こうなんて考えられなくなるもの」

それから**b**不意にうつむいた。涙が一粒《つぶ》トレイの上に落ちた。

とっさに私は目を逸《そ》らしていた。おかわりのコーヒーをもらうふりをしてあわてて立ち上がる。思いがけない涙だった。さっき初めて会ったばかりの人間の前で涙をこぼせる素直さにうろたえていた。うっとうしいと思った。そして同時に**4**なんだか猛烈《もうれつ》にうらやましかった。

それが三年ちょっと前だ。

何の共通点もなかった私たちだったのに、それからたまに会ったり電話で話したりするようになった。いろんなところが違っていても、パン屋で打たれてしまった、その点でしっかりと結ばれていた。あのとき、無難な感想をいった十数人の顔はひとつも覚えていない。打たれるにも資質がいるのだ。それを初めて知った。

私は私の仕事をきわめようと夢中で働きはじめた。パン屋で受けた打撲をやわらげるにはそれしかないと思った。照明器具をつくっている会社の営業事務だ。適当にやっていた頃《ころ》よりも仕事はどんどん面白《おもしろ》くなっていった。ただし、生活は変わった。外食が増え、肩こりがひどくなり、友人が目減りした。

陽子ちゃんとは、ずれていった。はじめから一点でしか結ばれていなかったのだ。会うたびに、そして話をするたびに、違う部分が大きくなりすぎてほどけてしまいそうになる。陽子ちゃんは陽子ちゃんで自分の打撲の手当に必死だったのかもしれない。でも、陽子ちゃんがどこへ向かっているのか私にはさっぱりつかめなかった。きっと陽子ちゃんにも私の進む方角は見えなかっただろう。

土手の上を走っていた自転車が小石につまずいて斜面《しゃめん》を転がりはじめるような勢いで、陽子ちゃんの髪はどんどん短くなっていき、前か後ろかわからないような服を着るようになり、話していることと顔の表情が食い違うようになった。文具メーカーも辞《や》めてしまったという。つまずいた小石がなんだったのか、実のところ私にはわからない。うろたえるほど大粒の涙を落としたあのときの陽子ちゃんが、私にとっての陽子ちゃんのすべてだったのだから。

陽子ちゃんは今ちょっと道に迷っているだけだ。そう思おうとしたけれど、気分は梅雨《つゆ》空みたいに曇《くも》るばかりだった。陽子ちゃん自身にどんどんごまかされていくみたいに見えた。（略）

「梨香《りか》さんは頑《かたく》なすぎるよ。もっと楽にいこうよ」

それで私は、もう陽子ちゃんとは会わないほうがいいと思ったのだ。結び目はあるのに、たしかにあったはずなのに、ずいぶん遠く離れてしまった。今は話もほとんど通じない。

「楽に、ってどういうこと」

できるだけ穏《おだ》やかに私は聞き返した。楽にパンを焼くなんてできない、といって泣いた陽子ちゃんが今では嘘《うそ》みたいだ。そうはいえずに、手探《てさぐ》りで結び目を確かめる。これだけが頼《たよ》りだった。たしかにきつく結ばれている。だけどその先、別々の方向へ二本の糸は続いている。

（略）

（注1）空港に降り立つと完全に夏だ。空が真っ青で、空気が濃《こ》い。石垣島まであっという間だった。ここから先はフェリーだ。もうすぐ夕暮れのはずなのに、この明るさはなんなんだ。なんなんだ、なん

厳しかった。しかも、主人がいちばん熱心なのだ。手を休めるわけにもいかなかった。いくつかの班に分かれてけっこうな重労働に励《はげ》んでいたせいで、別のグループの人とは言葉を交《か》わす機会もないほどだった。だから、実習中の陽子ちゃんの様子を私は見ていない。見ておきたかったな、と思う。柔《やわ》らかな髪《かみ》を白い頭巾《ずきん》に包んで一心不乱に粉をこねていたんだろう。

教室の終わりに、焼けたパンを試食してひとりずつ感想を述べた。私はへとへとだった。パンはたしかにおいしかった。イベントとしては成功かもしれない。しかし、あの工程を思うととてももう一度自分で焼く気にはなれなかった。

楽しかったです、おいしかったです、お店のパンが自分でも焼けるなんて感動しました――参加者たちが順々に2つるつるした感想を述べていき、いよいよ私は戸惑《とまど》った。楽しいというなら、のんびり映画でも観《み》ているほうが楽しい。おいしかったけれど、窯《かま》から出したばかりで、しかも贔屓目《ひいきめ》が入って三割増にはなっている。だいたい、手取り足取り教えられてなんとか焼き上がったのだ。余裕《よゆう》のある感想などまるで出てこなかった。

「私は自分では決して焼かないことにしました。この店でずっと買い続けます」

凛《りん》とした声でそう宣言した人がいた。まったく同じ気持ちだったから、私はうつむいていた目を上げて発言者の顔を見た。髪の長い、可《か》愛《わい》い女の子だ。それが陽子ちゃんだった。

帰り道で一緒になった。

「びっくりしたなあ。いくら挽《ひ》きたてがおいしいからって毎朝その日の分だけ小麦を製粉するなんて」

前を向いたまま陽子ちゃんがいった。私は隣《となり》で小さくうなずいた。

「それをぜんぶ手で漉《こ》すんだもの。篩にかけて、混じってるかどうかもわからない外皮をくまなく探す」

毎日そこから始める人がいるのだ。私たちは言葉少なに商店街の中を歩いた。

上等だと思っていた世の中を、実はなめていたのかもしれない。適当にやっていれば、適当にやっていける。社会人生活十年目にしてそんなふうに思いかけていたところだった。適当にやってちゃ、あのパンは焼けない。いつどんなときに食べてもしみじみとおいしいものが、適当につくられるわけがなかった。

世の中にはいろんなすごい人がいて、ぱっと思いつくアイデアのすごい人もいれば、地道な作業を淡々《たんたん》とこなすパン屋の主人みたいな人もいる。あたりまえといえばあたりまえなのに、ぱっとするほうに目を奪《うば》われて、パン屋の主人に気づかない。少なくとも私はパン教室に参加しなければずっと見過ごしたままだったろう。

「今日は参加できてよかったよ」

陽子ちゃんが放心したようにつぶやいた。

「すごい人に会うと敬虔《けいけん》な気持ちになるね」

私たちはふたたびうなずきあった。

ちょうど分かれ道に来ていた。（略）ここで分かれたら広い空の下でひとりぼっちだ、という気がした。角のドーナツショップに、どちらからともなく入った。

陽子ちゃんはドーナツを食べながら、ごく簡単に自分のことを話した。都内の女子大を出て、文具メーカーに勤めているという。私とは二歳しか違わない。もっと若くふわふわして見えたから意外だった。

お互《たが》いに自己紹介《しょうかい》をしてしまうと私たちにはほとんど話すことがなかった。こういう可愛らしいタイプの女の子とは接点がない。私たちの間の共通点はたったひとつ。今日のパン教室に参加して、3打撲《だぼく》を負ったことだけだ。とはいえ、できたばかりの打撲傷の場所も深さ

2023年度 早稲田中学校

【国語】〈第二回試験〉（五〇分）〈満点：六〇点〉

注意　字数制限のある問題については、かぎかっこ・句読点も一字と数えなさい。

一　次の文章を読んで、後の問に答えなさい。

ふられて会社を休むなんてみっともないことを、まさか自分がするとは思ってもみなかった。もっと大人だと思い込《こ》んでいた。私自身が騙《だま》されていたくらいだから、恋人も、会社の同僚《どうりょう》たちも、まわりの人間は皆、私のことをしっかりした大人の女だと思っていたんじゃないだろうか。

悲しいときに泣けない。つらいのに微笑《ほほえ》んでいる。そうして、別れたくないのに追いすがれなかった。この、気持ちと身体がちぐはぐな感じ、身体の動きが気持ちの動きに追いつけない感じ。覚えがある。ゆっくりとわかる。もしかしたら恋人もこんなふうだったのかもしれない。

脇目《わきめ》もふらずに働くと、なぜだか仕事がどんどんまわってくる。ますます働くようになる。これでいいのだと思っていた。一所懸命働くことが私の道だと信じた。仕事にかまけて恋人との約束を何度もキャンセルした。

電話で断ってもメールで済ませても彼は怒らなかった。顔は見えなくても薄《うす》く微笑んでいるのがわかる。それが彼のやさしさだった。少なくとも、最初のうちは。ほんとうは怒ったり嘆《なげ》いたりしたいときでも、やさしい恋人であろうとして気持ちを抑《おさ》えていたに違いない。私はそれに甘えてしまった。そのうちに、感情を表すべきときにも、私の前ではうまく出すことができなくなったんだと思う。いつのまにか1ガラスのように醒《さ》めた目で微笑むばかりになった。

陽子ちゃんも似ていた。とってつけたような明るさは痛々しくて、そばで見ていると苛々《いらいら》するほどだった。でも、陽子ちゃんにもどうしようもなかったのだ。自分が苦しくなって初めてわかる。笑ったり泣いたり怒ったり、感情を素直《すなお》に出せるのは相手に恵《めぐ》まれているときなのだ。私は自分のことに精いっぱいで、恋人の気持ちの揺《ゆ》れも陽子ちゃんの反転も受けとめることができなかった。

陽子ちゃんと知り合ったのは近所のパン屋だった。

仕事の帰りに、あるいは週末に、家で食べるためのパンを買う。それにはこの店の、小麦の匂《にお》いのぷんと立ち上がる堅《かた》いパンがいちばんだった。小麦と水と天然酵母《こうぼ》だけで焼かれた素朴《そぼく》なパンだ。特に宣伝しているわけでもなさそうなのに、店には客足が途絶《とだ》えることがない。普段《ふだん》着で、ひとりで買いに来る女性客が多く、地味なパンがひっそりと売れていく。世の中は私が思っているよりも上等なのかもしれない。この店に来ると、そう思うことができた。

その小さな店で一度だけパン教室が開かれた。（略）

参加者は女性ばかり十五、六人だった。パンを焼くのがまったく初めてなのは、驚いたことに私ひとりだったようだ。みんな、家でパンなんか焼くんだろうか？　いつ？　なんのために？　聞いてみたい。聞いてみたい、と思いながら、篩《ふるい》に取った小麦を延々とかきまわし続けた。こうやってフスマを取り除くのだそうだ。休みなく粉をかきまわすうちに掌《てのひら》は赤くなり、額にはうっすらと汗《あせ》をかいていた。ふと顔を上げると、台の端《はし》で店の主人が黙々《もくもく》と小麦を篩い続けている。a無骨な求道者のようにも見えた。

想像していた優雅《ゆうが》な教室とは違い、課される作業はひたすら地道で

2023年度
早稲田中学校 ▶解説と解答

算　数　＜第２回試験＞（50分）＜満点：60点＞

解　答

$\boxed{1}$ (1)　3　　(2)　32倍　　(3)　ア　150　イ　275　　$\boxed{2}$ (1)　$\frac{2}{3}$　　(2)　70.84cm^2　　(3)　10cm^2　　$\boxed{3}$ (1)　6.4秒　　(2)　午前８時38分　　(3)　午前９時16分　　$\boxed{4}$ (1)　$3\frac{9}{25}$cm^2　　(2)　①　$2\frac{4}{25}$cm^2　　②　$3\frac{31}{75}$cm^2　　$\boxed{5}$ (1)　12通り　　(2)　83枚　　(3)　36円　　(4)　37円

解　説

$\boxed{1}$ 計算のくふう，通過算，速さと比，条件の整理

(1)　$\frac{1}{999}$＝１÷999＝0.0010010010…，$\frac{1}{997}$＝１÷997＝0.0010030090…，$\frac{1}{995}$＝１÷995＝0.0010050251…となる。よって，下の図１の計算から，これらの和の小数第８位の数字は３とわかる。

図１

```
  0.0010010010…
  0.0010030090…
 +0.0010050251…
 ──────────────
  0.003009035 …
```

図２

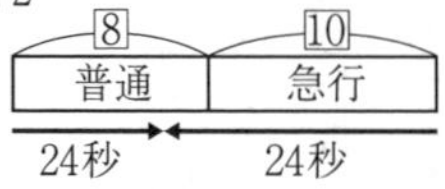

図３

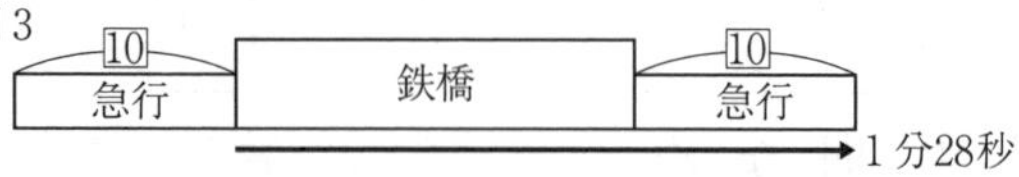

(2)　普通《ふつう》電車と急行電車の長さの比は，８：10＝４：５である。また，普通電車と急行電車が自身の長さだけ進むのにかかる時間の比は７：５だから，普通電車と急行電車の速さの比は，$\frac{4}{7}:\frac{5}{5}$＝４：７とわかる。次に，１両の長さを$\boxed{1}$とすると，普通電車と急行電車がすれ違《ちが》うときのようすは上の図２，急行電車が鉄橋を渡《わた》るときのようすは上の図３のようになる。図２から，普通電車と急行電車の速さの和は毎秒，($\boxed{8}$＋$\boxed{10}$)÷24＝$\boxed{\frac{3}{4}}$とわかるので，急行電車の速さは毎秒，$\boxed{\frac{3}{4}}\times\frac{7}{4+7}$＝$\boxed{\frac{21}{44}}$となる。すると，急行電車が１分28秒(＝88秒)で進む長さは，$\boxed{\frac{21}{44}}$×88＝$\boxed{42}$となるから，鉄橋の長さは，$\boxed{42}$－$\boxed{10}$＝$\boxed{32}$と求められる。よって，鉄橋の長さは１両の長さの，32÷１＝32(倍)である。

(3)　①　Aさんの誕生日は５月１日から５月31日までの間，Bさんの誕生日は８月１日から８月31日までの間，Cさんの誕生日は１月１日から１月31日までの間である。また，AさんとBさんは同じ年に生まれているが，Cさんは２人の次の年に生まれているから，３人の年令の関係は上の図４のように表すことができる。よって，１月１日から12月31日までの間でAさんとCさんの年令が同じになるのは，Cさんの誕生日からAさんの誕生日の前日までである。これが最も長くなるのは，Cさんの誕生日が１月１日でAさんの誕生日が５月31日の場合であり，＿の期間は１月１日から５月30日までとなる。したがって，その日数は，31＋28＋31＋30＋30＝150(日間)とわかる。　②　Aさんの年令だけが違うの

図４

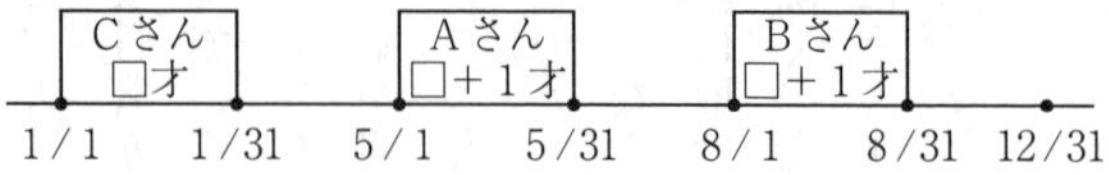

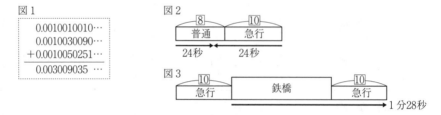

は，Ａさんの誕生日からＢさんの誕生日の前日までであり，Ｃさんの年令だけが違うのは，Ｂさんの誕生日からＣさんの誕生日の前日までである（Ｂさんの年令だけが違うことはない）。＿と＿のＢさんの誕生日は同じになることに注意すると，これらの合計が最も長くなるのは，Ａさんの誕生日が５月１日でＣさんの誕生日が１月31日の場合である。そこで，８月１日からＢさんの誕生日の前日までの日数を△日間とすると，Ｂさんの誕生日から８月31日までの日数は（31－△）日間と表すことができるので，＿と＿の日数の合計は，31＋30＋31＋△＋（31－△）＋30＋31＋30＋31＋30＝275（日間）と求められる（最後にたした30は，１月１日からＣさんの誕生日の前日までの30日間である）。

2 角度，図形の移動，面積，表面積

(1) 右の図１のように，三角形ACBと合同な三角形ACEを作る。すると，DEの長さは，３＋１＋１＝５（cm）になるから，三角形EDAは二等辺三角形になる。また，三角形DABに注目すると，角BDA＝角EBA－角DAB＝ア－イとなるので，三角形EDAの内角の和は，ア＋（ア－イ）＋（ア－イ）＝ア×３－イ×２と表すことができる。これが180度だから，ア×３－イ×２＝180より，ア＝（イ×２＋180）÷３＝イ×$\frac{2}{3}$＋60とわかる。よって，□にあてはまる数は$\frac{2}{3}$である。

図１

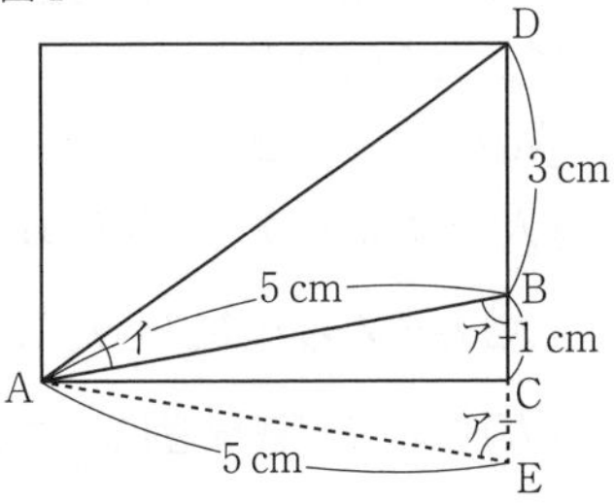

(2) 円は下の図２のかげの部分を通る。はじめに，半径１cmの半円２個と半径２cmの四分円４個の面積の合計は，１×１×3.14÷２×２＋２×２×3.14÷４×４＝（１＋４）×3.14＝15.7（cm^2）となる。また，斜線《しゃせん》部分を含《ふく》めると，残りの部分は１辺２cmの正方形14個になるので，それらの面積の合計は，２×２×14＝56（cm^2）とわかる。さらに，４個の斜線部分を集めると，１辺２cmの正方形から半径１cmの円を取り除いたものになるから，斜線部分の面積の合計は，２×２－１×１×3.14＝0.86（cm^2）と求められる。よって，円が通った部分の面積は，15.7＋56－0.86＝70.84（cm^2）とわかる。

図２

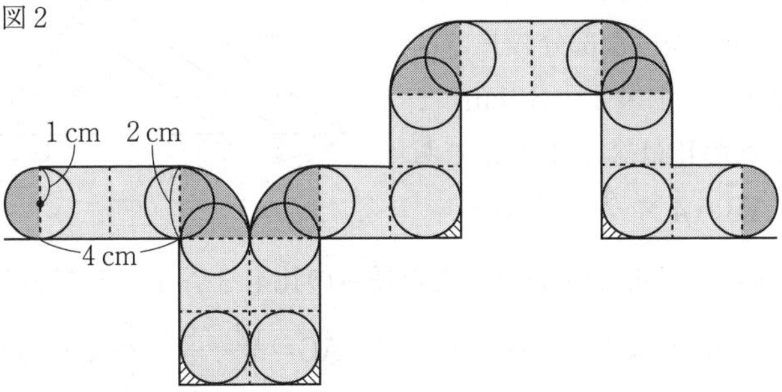

図３

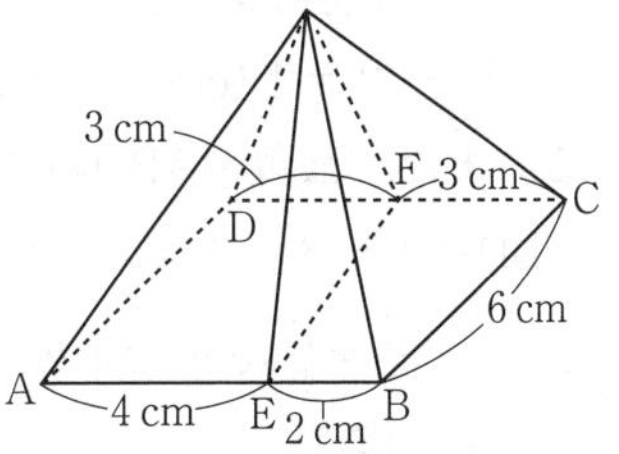

(3) 上の図３で，２つの四角すいO－AEFDとO－EBCFの表面積の差を求める。底面の台形の，（上底）＋（下底）の差は，（４＋３）－（２＋３）＝２（cm）なので，底面積の差は，２×６÷２＝６（cm^2）である。同様に，「三角形OAEと三角形OFDの底辺の和」と，「三角形OEBと三角形OCFの底辺の和」の差も２cmだから，側面積の差は，２×４÷２＝４（cm^2）と求められる。よって，２つの四角すいの表面積の差は，６＋４＝10（cm^2）とわかる。

3 ニュートン算

(1)　機械窓口と係員窓口を比べると，１人にかかる時間の比は，0.7：１＝７：10だから，機械窓口と係員窓口が１分間に確認する人数の比は，$\frac{1}{7}:\frac{1}{10}=10:7$となる。そこで，機械窓口１つが１分間に確認する人数を$\boxed{10}$，係員窓口１つが１分間に確認する人数を$\boxed{7}$とする。はじめに，９時から10時28分までの，10時28分－９時＝１時間28分＝88分で並んだ人数は，15×88＝1320(人)であり，その間に機械窓口２つで確認した人数は，$\boxed{10}\times2\times88=\boxed{1760}$となる。次に，９時から10時12分までの，10時12分－９時＝１時間12分＝72分で並んだ人数は，15×72＝1080(人)であり，その間に機械窓口１つで確認した人数は，$\boxed{10}\times1\times72=\boxed{720}$となる。さらに，９時16分から10時12分までの，10時12分－９時16分＝56分で，係員窓口２つで確認した人数は，$\boxed{7}\times2\times56=\boxed{784}$なので，72分で確認した人数の合計は，$\boxed{720}+\boxed{784}=\boxed{1504}$とわかる。よって，右の図のように表すことができる。この図から，$\boxed{1760}-\boxed{1504}=\boxed{256}$にあたる人数が，1320－1080＝240(人)とわかるから，$\boxed{1}$にあたる人数は，$240\div256=\frac{15}{16}$(人)と求められる。したがって，機械窓口１つが１分間(＝60秒間)に確認する人数は，$\frac{15}{16}\times10=\frac{75}{8}$(人)なので，機械窓口１つが１人を確認するのにかかる時間は，$60\div\frac{75}{8}=6.4$(秒)である。

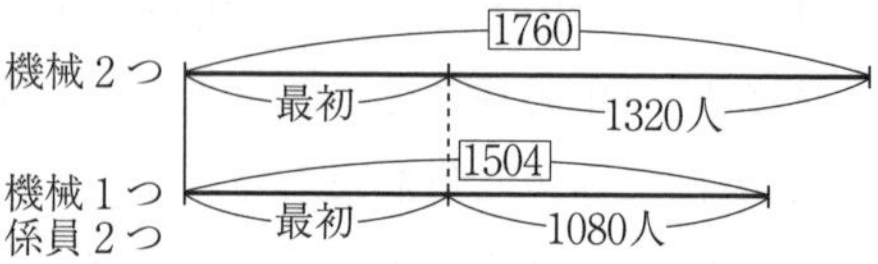

(2)　$\boxed{1760}$にあたる人数は，$\frac{15}{16}\times1760=1650$(人)だから，午前９時に並んでいた人数は，1650－1320＝330(人)とわかる。よって，人が並び始めたのは午前９時の，330÷15＝22(分前)なので，９時－22分＝８時38分と求められる。

(3)　８時52分に並び始めた人の前には，15×(52－38)＝210(人)が並んでいる。また，係員窓口２つで確認をすると，１分間に，$\frac{15}{16}\times7\times2=\frac{105}{8}$(人)の確認をすることができるから，210人を確認するまでの時間は，$210\div\frac{105}{8}=16$(分)とわかる。よって，この人が窓口に来るのは９時16分である。

4　平面図形―面積，相似

(1)　紙を３枚置くと右の図Ⅰのようになり，２枚重なっているのはかげの部分である。図Ⅰで，同じ印をつけた部分の長さは，(７－５)÷２＝１(cm)だから，CD＝５－１×２＝３(cm)となる。また，三角形ABDの３辺の長さの比は３：４：５であり，BD＝１＋３＝４(cm)なので，$AB=4\times\frac{4}{5}=\frac{16}{5}$(cm)，$AD=4\times\frac{3}{5}=\frac{12}{5}$(cm)とわかる。同様に，三角形GCDの３辺の長さの比も３：４：５だから，$GC=3\times\frac{4}{5}=\frac{12}{5}$(cm)，$GD=3\times\frac{3}{5}=\frac{9}{5}$(cm)と求められる。よって，$AG=\frac{12}{5}-\frac{9}{5}=\frac{3}{5}$(cm)なので，台形ABCGの面積は，$\left(\frac{12}{5}+\frac{16}{5}\right)\times\frac{3}{5}\div2=\frac{42}{25}$($cm^2$)となる。次に，三角形ABDと三角形FCEは合同だから，両方から三角形GCDを取り除くと，２つのかげの部分の面積は等しいことがわかる。したがって，２枚重なっている部分の面積は，$\frac{42}{25}\times2=\frac{84}{25}=3\frac{9}{25}$($cm^2$)である。

図Ⅰ

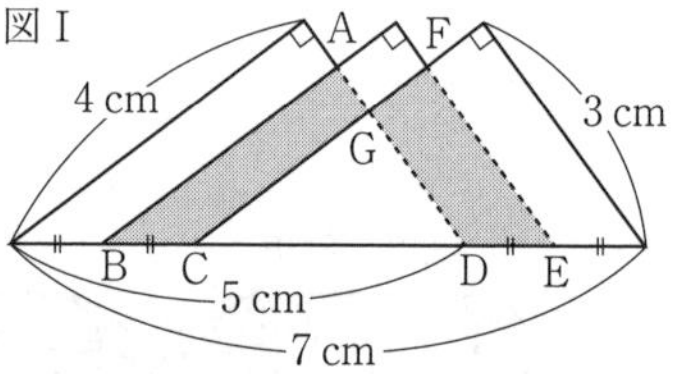

(2)　①　紙を４枚置くと右の図Ⅱのようになり，４枚重なっているのは斜線部分である。図Ⅱで，同じ印をつけ

図Ⅱ

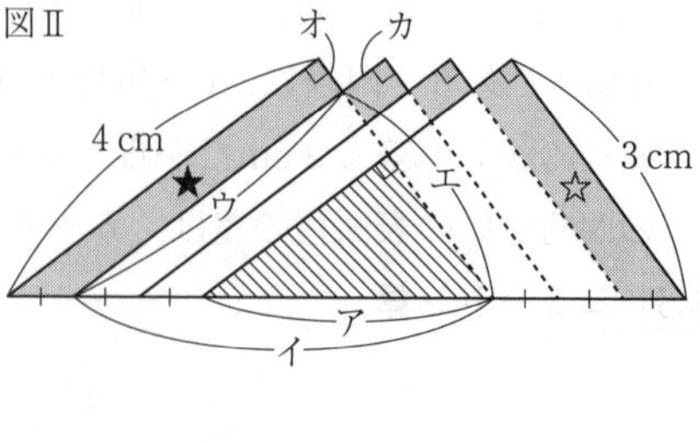

た部分の長さは，$(7-5)\div 3=\frac{2}{3}$(cm)なので，ア＝$5-\frac{2}{3}\times 3=3$(cm)となる。よって，斜線部分は図Ⅰの三角形GCDと合同だから，４枚重なっている部分の面積は，$\frac{12}{5}\times\frac{9}{5}\div 2=\frac{54}{25}=2\frac{4}{25}$(cm^2)と求められる。　②　重なっていないのは図Ⅱのかげの部分である。イ＝$5-\frac{2}{3}=\frac{13}{3}$(cm)なので，ウ＝$\frac{13}{3}\times\frac{4}{5}=\frac{52}{15}$(cm)，エ＝$\frac{13}{3}\times\frac{3}{5}=\frac{13}{5}$(cm)となり，オ＝$3-\frac{13}{5}=\frac{2}{5}$(cm)とわかる。よって，★印の台形の面積は，$\left(\frac{52}{15}+4\right)\times\frac{2}{5}\div 2=\frac{112}{75}$(cm^2)と求められる。すると，☆印の台形の面積も$\frac{112}{75}$cm^{2}になる。さらに，カ＝$4-\frac{52}{15}=\frac{8}{15}$(cm)だから，２つの長方形の面積はどちらも，$\frac{8}{15}\times\frac{2}{5}=\frac{16}{75}$(cm^2)とわかる。したがって，重なっていない部分の面積は，$\left(\frac{112}{75}+\frac{16}{75}\right)\times 2=\frac{256}{75}=3\frac{31}{75}$(cm^2)である。

5　整数の性質，条件の整理，調べ

⑴　はじめに，４円玉と９円玉を使って支払《しはら》うことができない金額を考える。右の図のように９ごとに列を変えて整数を並べると，○をつけた数は９の倍数だから，９円玉だけを使って支払うことができる。また，□をつけた数は４の倍数なので，４円玉だけを使って支払うことができる。さらに，□の下には４の倍数に次々と９を加えた数が並ぶから，４円玉と９円玉を組み合わせて支払うことができる。よって，４円玉と９円玉を使って支払うことができない金額は，１，２，３，５，６，７，10，11，14，15，19，23円の12通りあることがわかる。これらは12円玉と25円玉を使っても支払うことはできないので，４種類の硬貨《こうか》で支払うことができない金額は12通りである。

1	2	3	[4]	5	6	7	[8]	⑨
10	11	[12]	13	14	15	[16]	17	⑱
19	[20]	21	22	23	[24]	25	26	㉗
[28]	29	30	31	[32]	33	34	35	㊱

⑵　2023÷25＝80(枚)余り23(円)より，25円玉を80枚使うと23円不足することがわかる。⑴より，23円は４円玉，９円玉，12円玉を使って支払うことができないから，25円玉の枚数を１枚減らして79枚にすると，不足する金額は，23＋25＝48(円)になる。これは12円玉，48÷12＝４(枚)で支払うことができるので，25円玉を79枚と12円玉を４枚使えばよいことになる。よって，最も少ない硬貨の枚数は，79＋４＝83(枚)である。

⑶　枚数の差が１枚で金額が同じになる組み合わせのうち，最も金額が少ないのは，９円玉が４枚の場合と12円玉が３枚の場合である。よって，このような金額は，９×４＝36(円)である。

⑷　枚数が同じで同じ金額になる組み合わせとして，{４円，４円，25円}と{９円，12円，12円}がある(どちらも３枚で33円)。これらにそれぞれ４円玉１枚を加えると，４枚の硬貨で同じ金額になる最も少ない金額は，33＋４＝37(円)とわかる。

社　会　＜第２回試験＞（30分）＜満点：40点＞

解　答

1　**問1**　エ　**問2**　ウ　**問3**　(例)　年間を通じて晴れの日が多いから。　**問4**　①　あ　②　う　③　い　④　え　**問5**　オ　**問6**　②　岡山(県)　③　愛媛(県)　**問7**　①　高知(県)　②　島根(県)　③　広島(県)　④　鳥取(県)　**問8**　出雲　**問**

9　ウ　　**2**　**問１**　イ　**問２**　エ　**問３**　ウ　**問４**　ウ→ア→イ→エ→オ　**問５**　松前(藩)　**問６**　ウィリアム＝アダムズ　**問７**　大塩平八郎　**問８**　イ，エ　**問９**　鹿鳴館　**問10**　エ　**問11**　(例)　ポーツマス条約でロシアから賠償金を得られなかったから。　**問12**　ウ　**問13**　オ　　**3**　**問１**　大隈重信　**問２**　全国水平社　**問３**　田中角栄　**問４**　エ　**問５**　イ　**問６**　(1)　(例)　フードロスを減らすこと。　(2)　(例)　古紙から再生された紙であること。　**問７**　ア　**問８**　(1)　総務(省)　(2)　ア，エ

解　説

1　中国・四国地方の自然や産業についての問題

問１　①の河口に干潟が広がるのは，Cの徳島県の吉野川の河口である。②の複雑な海岸地形がみられるのは，Aの愛媛県の宇和海沿岸である。③の海岸段丘が発達しているのは，Bの高知県の室戸岬である。よって，正しい組み合わせはエになる。

問２　地図中のアは，広島県と愛媛県を結ぶ「尾道－今治ルート」(通称は瀬戸内しまなみ海道)，イは岡山県と香川県を結ぶ「児島－坂出ルート」(通称は瀬戸大橋)，エは兵庫県と徳島県を結ぶ「神戸－鳴門ルート」(通称は明石海峡大橋・大鳴門橋)である。よって，ウが実在しない。

問３　瀬戸内海沿岸は瀬戸内の気候に属し，年間を通して晴れの日が多く，降水量が少ない。塩田を利用した製塩では，海水を天日で干す方法を用いるので，晴れの日が多く乾燥した気候が適している。なお，大三島は愛媛県今治《いまばり》市に属している。

問４　①「熊野筆」は，広島県安芸郡熊野町(地図中の「あ」)の伝統的工芸品。　②「丸亀うちわ」は，香川県丸亀市(地図中の「う」)の伝統的工芸品。　③「伊予かすり」は，愛媛県松山市(地図中の「い」)の伝統的工芸品。　④「土佐和紙」は，高知県土佐市(地図中の「え」)の伝統的工芸品。

問５　松江市(島根県)は日本海側の気候に属し，冬の降水量が多いので，グラフの②があてはまる。高松市(香川県)は瀬戸内の気候に属し，年間降水量が少ないので，グラフの③があてはまる。高知市は太平洋側の気候に属し，夏の降水量が多いので，グラフの①があてはまる。よって，正しい組み合わせはオになる。

問６　②　石油・石炭製品や鉄鋼の生産額が全国有数なので，岡山県があてはまる。倉敷市の水島地区には鉄鋼・石油化学コンビナートが形成されている。　③　パルプ・紙の生産額が全国第２位なので，愛媛県があてはまる。今治市は伝統的な地場産業であるタオルなどの綿織物，四国中央市はパルプ・紙・紙加工品の製造がさかんである。なお，①は広島県，④は香川県で，瀬戸内工業地域は以上の４県と山口県を含む。

問７　①　１世帯あたりの食料品等の年間購入額は，一般に地元でたくさんとれる農産物や魚介《ぎょかい》類が多くなる。高知県は，沖合を流れる暖流の日本海流(黒潮)に乗って北上するかつおの水揚げ高が多く，かつおの身を稲わらであぶってつくる「かつおのたたき」が郷土料理として知られる。また，かつお節の製造もさかんである。　②　島根県の宍道《しんじ》湖はしじみの漁獲量が多く，その出荷額は全国一である。　③　広島県はかきの養殖がさかんで，その水揚げ高は全国一である。　④　鳥取県はかつて日本なしの収穫量が全国一であったこともあり，各家庭でなしが多く食べられている。島根県はとなりの県なので，その影響があると考えられる。

問８　島根県東部の旧国名は「出雲」。陰暦の10月，全国の神々が出雲大社に集まるという伝説が元になり，出雲以外では10月を「神無月《かんなづき》」，逆に出雲では「神在月《かみありづき》」というようになった。

問９　地図中Ｓの山口県萩市には，幕末の思想家・吉田松陰《しょういん》が教えた松下村塾があり，明治維新で活躍する多くの人材を育てた(2015年に「明治日本の産業革命遺産」の一つとして登録)。地図中Ｔの島根県中部には石見《いわみ》銀山跡があり，江戸時代には天領(幕府直轄《ちょっかつ》地)として，良質の銀を多く産出した(2007年に「石見銀山遺跡とその文化的景観」として登録)。地図中Ｕの広島県の厳島にある厳島神社は，平安時代末に航海の守り神として平氏の厚い保護を受けたことで知られる(1996年に「厳島神社」として登録)。よって，正しい組み合わせはウがあてはまる。

２　日本とイギリスとの交流史を題材にした問題

問１　ヤマト政権は４世紀ごろ，大和(奈良県)の有力豪族を大王《おおきみ》(のちの天皇)として成立した，豪族たちの連合政権といわれる。血縁などで結ばれた同族集団(氏《うじ》)に，身分・家柄《いえがら》や地位を表す称号(姓《かばね》)をあたえて序列化する支配体制がつくられた(氏姓《しせい》制度)。よって，イが正しい。アの明王朝の征服《せいふく》をくわだてて朝鮮に出兵したのは豊臣秀吉。ウの前方後円墳はヤマト政権の大王や豪族たちの権力を示していると考えられている。エの前漢の光武帝から金印を授けられたのは，１世紀に北九州に存在した小国の一つである奴国《なこく》の王。

問２　薬師寺は飛鳥時代に天武天皇が皇后《こうごう》(のちの持統天皇)の病気が治ることを願って創建したものである。その中で東塔は創建当時のまま残っており，国宝に指定されている。なお，アの東大寺南大門は鎌倉時代に再建されたもの，イの唐招提寺講堂は奈良時代，ウの法隆寺夢殿も奈良時代につくられたもので，いずれも国宝。

問３　1159年に起こった平治の乱は，平氏と源氏の争いで，平清盛が源義朝《よしとも》を破り大きく勢力をのばした。よって，ウが誤っている。上皇と天皇の争いは保元《ほうげん》の乱(1156年)。

問４　アの石山本願寺が降伏《こうふく》し，跡地に大阪城が築かれたのは1585年，イの禁中並公家諸法度と武家諸法度が制定されたのは1615年，ウの長篠《ながしの》の合戦が起こったのは1575年，エの島原・天草一揆《いっき》が起こったのは1637～38年，オの平戸にあったオランダ商館が長崎の出島に移されたのは1641年のことである。よって，年代順はウ→ア→イ→エ→オになる。

問５　江戸時代，北海道は「蝦夷《えぞ》地」と呼ばれ，松前藩が先住民であるアイヌとの交易を独占していた。

問６　1600年，オランダ船のリーフデ号が豊後《ぶんご》(大分県)に漂着《ひょうちゃく》した。この船に乗っていたイギリス人航海士のウィリアム＝アダムズはのちに徳川家康に仕えて外交・交易顧問《こもん》となり，旗本に取り立てられて三浦按針《あんじん》という日本人名をもらった。

問７　大塩平八郎は大阪町奉行所の元役人・陽明学者で，天保の飢饉《ききん》(1833～39年)が起こったさい，町奉行が貧民救済を行わないことなどを不満として，1837年に大阪で乱を起こした。乱そのものは１日で平定され，その後大塩も自殺したが，元幕府の役人が武力で幕府に抵抗したということで幕府や諸藩に大きな衝撃《しょうげき》をあたえた。

問８　明治政府が欧米に派遣した岩倉具視《ともみ》を団長とする使節団には，長州藩(山口県)出身の伊藤博《ひろ》文《ぶみ》や木戸孝允《たかよし》，薩摩藩(鹿児島県)出身の大久保利通《としみち》が副使として加わった。なお，アの西郷隆盛は薩摩藩，ウの山県有朋《やまがたありとも》は長州藩，オの勝海舟《かいしゅう》は旧幕臣，カの福沢諭吉は中津藩(大分県)出身。

問９　明治時代，不平等条約の改正を実現するため，外務卿《きょう》(のちの外務大臣)の井上馨《かおる》は欧化政策を行い，その一環として東京日比谷に官営の国際社交場として鹿鳴館《ろくめいかん》が建設された。

問10　加藤高明は元外交官で，1924年に内閣を組織し，翌25年には普通選挙法を成立させた。よって，エが正しい。アの治外法権撤廃《てっぱい》に成功したのは陸奥《むつ》宗光《むねみつ》。イの第一次世界大戦(1914～18年)で日本が宣戦布告したのはドイツ。ウの初の本格的な政党内閣を組織したのは原敬《たかし》。

問11　日露戦争(1904～05年)のポーツマス条約では，日本はロシアから南満州鉄道の権利や樺太《からふと》(サハリン)の南半分を獲得したが，賠償《ばいしょう》金は得られなかった。そのため，国内で日比谷焼き打ち事件が起こった。

問12　アの関東大震災は1923年，イの世界恐慌《きょうこう》の始まりは1929年，ウのベルサイユ条約の調印は1919年，エの治安維持法の成立は1925年のことである。よって，ウが1920年代にあてはまらない。

問13　イギリスがEU(ヨーロッパ連合)から完全に離脱したのは2020年12月のことで，エリザベス女王が在位していたときである。よって，オが正しい。アの女王が任命した女性首相は３人(サッチャー，メイ，トラス)。イのホンコンは1997年にイギリスから，マカオは1999年にポルトガルから中国(中華人民共和国)に返還された。ウの日本のサンフランシスコ平和条約調印は1951年のこと。また，全ての交戦国と講和をしたわけではない。エのソ連崩壊《ほうかい》(1991年)は1989年の冷戦終結宣言の後。

3　**過去の出来事の節目となる2022年を題材とした問題**

問１　昨年(2022年，以下同じ)から150年前の1872年に新橋－横浜間で鉄道が開通した。写真の「高輪築堤《たかなわちくてい》」はそのさい海を埋め立てて築かれた鉄道路線で，当時，鉄道建設の責任者であった大《おお》隈重信《くましげのぶ》は新橋－品川間約2.7kmの線路を海上につくることを命じた。なぜ海上かというと，計画した鉄道ルート上には兵部《ひょうぶ》省(軍事に関する機関)の敷地《しきち》があり，国防上必要だとしてその用地提供を拒《こば》んだからだという。大隈重信は肥前佐賀藩(佐賀県)出身の政治家で，1882年に立憲改進党を結成し，1898年には初の政党内閣を組織し(隈板《わいはん》内閣)，第一次世界大戦のときの1914年には第二次内閣を組織した。また，東京専門学校(現在の早稲田大学)の創立者としても知られる。

問２　昨年から100年前の1922年，被差別部落の解放を目的として全国水平社が結成された。

問３　昨年から50年前の1972年，当時の田中角栄首相が中国の首都ペキンを訪問し，日中共同声明に調印して国交が回復した。

問４　昨年から40年前の1982年，参議院に全国区比例代表制が導入された。「平成」の時代に入ってから参議院議員選挙の投票率は，平成元年(1989年)に65.02％，平成７年(1995年)は44.52％であった。よって，エが誤っている。なお，アについて，選挙区は基本的に都道府県別であるが，合区が２つ(鳥取・島根県と徳島・高知県)ある。

問５　昨年から30年前の1992年，自衛隊の海外派遣を可能にするPKO(平和維持活動)協力法が成立し，国連のPKOや人道的な国際救援活動に自衛隊が派遣されることになった。この法律は冷戦終結後，各地で起こった戦争や紛争に対して日本に物的な支援だけでなく，人的な支援を求める国際社会の要望にこたえて成立した。アについて，自衛隊が初めて派遣されたのはカンボジア。ウについて，日本は1954年から行われているODA(政府開発援助)などで1992年以前からインフラ整備などの国際協力を行ってきた。エについて，派遣には通訳などの民間人も含まれる。

問６　(1)　資料のAに「てまえどり」の文字が見える。これは賞味・消費期限の近い食品から購入することを消費者に奨励《しょうれい》するもので，フード(食品)ロスを減らす取り組みである。　(2)　資料のＢは一般に「グリーンマーク」とよばれ，再生紙を使用した製品であることを表す。

問７　昨年から20年前の2002年，EUの統一通貨として「ユーロ」が導入された。ただし，加盟27か国のうち７か国はまだ導入していない(2023年２月現在)。よって，アが誤っている。

問８　(1)　電波を管理しているのは，総務省である。　(2)　それぞれ発足した年は，アのデジタル庁が2021年，イの観光庁が2008年，ウの消費者庁が2009年，エのスポーツ庁が2015年，オの文化庁が1968年である。よって，ア，エの２つが2012年に発足した復興庁より後になる。

理　科　＜第２回試験＞（30分）＜満点：40点＞

解　答

[1]　**問１**　①　イ　②　ウ　**問２**　Ａ　子宮　Ｂ　胎ばん　**問３**　記号…イ　名称…大動脈　**問４**　イ，ウ　**問５**　エ　[2]　**問１**　エ　**問２**　0.4ｇ　**問３**　二酸化炭素　**問４**　３　**問５**　790mL　[3]　**問１**　４cm　**問２**　４cm　**問３**　29.5cm　**問４**　550ｇ　**問５**　13cm　**問６**　イ，ウ，カ　[4]　**問１**　火星，木星，土星　**問２**　ア　**問３**　ウ　**問４**　(1)　0.61　(2)　2.52　(3)　金星

解　説

[1]　ヒトの体と誕生についての問題

問１　ヒトの受精卵は0.1mmほどしかない。受精後約30日で胎児《たいじ》の大きさは約５mmとなり，受精後266日(38週)くらいで約50cmまで成長して産まれる。

問２　卵管とよばれる部分で精子と出会って受精した卵は子宮まで移動し，子宮の内側にある膜《まく》にもぐり込《こ》み，胎ばんが形成される。胎ばんでは母親側の毛細血管と胎児側の毛細血管がふれ合っていて，ここで母親と胎児との間で物質の交かんが行われる。

問３　アは全身からもどった血液が流れる大静脈，ウは肺へ血液を送り出す肺動脈，エは肺からもどってきた血液が流れる肺静脈，イは全身へ血液を送り出す大動脈である。胎児に渡《わた》す栄養分や肺で取り込んだ酸素を多く含《ふく》む血液は，大動脈を通って全身へ送り出される。

問４　セキツイ動物のうち，クジラやコウモリなどのほ乳類は胎生動物である。なお，イモリなどの両生類，カメなどのは虫類，ペンギンなどの鳥類，魚類は卵で産まれてくる。

問５　胎生動物の腹の大きさはある程度決まっているため，親になったときの体が大きい種類は，一度に産む子の数は少ない。小型の種類は，外敵に食べられたり，エサが不足したりして，親にまで育つ確率が低くなるため，一度に産む子の数が多くなる傾向《けいこう》がある。

[2]　混合物の分離《ぶんり》についての問題

問１　操作１，操作２より，粉末Ｅは磁石につかず，水に溶《と》けるので，食塩とさとうの可能性があるが，この実験だけではその両方が含まれているのか，一方だけなのかなどはわからない。なお，磁石についた粉末Ｂは鉄とわかる。

問２　磁石につかず，水に溶けない物質(石灰石，アルミニウム，銅，亜鉛《あえん》)が，操作２の沈殿《ちんでん》Ｄ2.0ｇに含まれている可能性がある。そのうち，水酸化ナトリウム水溶液《すいようえき》と反応するのはアルミニウムと亜鉛である。また，操作３で溶けた物質の重さは，2.0－1.5＝0.5(ｇ)になる。表より，水酸

化ナトリウム水溶液に，亜鉛が0.5ｇ溶けると，気体は，340×0.5＝170(mL)，アルミニウムが0.5ｇ溶けると，気体は，1240×0.5＝620(mL)発生する。しかし，操作３で発生した気体は260mLだったことから，操作３で溶けたのは亜鉛とアルミニウムの両方であることがわかる。次に，反応した0.5ｇがすべてアルミニウムだとすると，発生する気体は620mLのはずだが，実際にはこれより，620－260＝360(mL)少ない。アルミニウムから亜鉛に置きかえると，発生する気体の体積は，１ｇあたり，1240－340＝900(mL)少なくなる。したがって，混合物Ａに含まれる亜鉛は，360÷900＝0.4(ｇ)だとわかる。

問３　沈殿Ｆは，沈殿Ｄに含まれていたもののうち水酸化ナトリウム水溶液と反応しない物質なので，石灰石か銅の可能性があるが，塩酸を加えたときに全て溶けたことから石灰石だけだとわかる。石灰石と塩酸が反応すると，二酸化炭素が発生する。

問４　問１～問３で述べたことより，石灰石，アルミニウム，亜鉛，鉄は混合物Ａに含まれており，食塩とさとうは含まれている可能性がある。したがって，銅だけが混合物Ａに含まれていないと判断できる。

問５　操作１より鉄は0.5ｇ，問２より亜鉛は0.4ｇ，アルミニウムは，0.5－0.4＝0.1(ｇ)，操作４より石灰石は1.5ｇ含まれていることがわかる。よって，3.5ｇの混合物Ａを十分な量の塩酸に加えた際に発生する気体は，400×0.5＋340×0.4＋1240×0.1＋220×1.5＝790(mL)となる。

3　ばねについての問題

問１　10cmのばね２つを並列につないだものを床《ゆか》に設置し400ｇのおもりをのせると，もとの長さより２cm縮んだので，このばね１つについては，400÷２＝200(ｇ)のおもりをのせると２cm縮まるばねだとわかる。したがって，ばね１つの上に400ｇのおもりをのせると，ばねの長さは，$2\times\frac{400}{200}=4$(cm)縮まる。

問２　ばね２つを直列につなげて400ｇのおもりをのせた場合，それぞれのばねに400ｇの重さが加わるので，ばねの長さは１つあたり４cm縮まる。

問３　下段の並列につないだばね２つに加わる重さは，200＋400＝600(ｇ)なので，下段のばね１つには，600÷２＝300(ｇ)が加わり，$2\times\frac{300}{200}=3$(cm)縮まる。同様に，上段のばね１つには，200÷２＝100(ｇ)が加わるので，$2\times\frac{100}{200}=1$(cm)縮まる。よって，装置全体の高さは，4.5＋９＋10－３＋10－１＝29.5(cm)となる。

問４　装置全体の高さが26cmのとき，問３の場合と比べて，29.5－26＝3.5(cm)だけ，上下のばねが縮んでいる。よって，おもりを重くしたことで装置の上段と下段のばねが，3.5÷２＝1.75(cm)ずつ縮んだことになるので，このときばね１つにかかる力は，$200\times\frac{1.75}{2}=175$(ｇ)となる。各段のばねは２つ分なので，一番上のおもりの重さが，175×２＝350(ｇ)だけ増えたことになり，その重さは，200＋350＝550(ｇ)とわかる。

問５　下段のばねは，11－10＝１(cm)のびているので，ばね２つは，$200\times\frac{1}{2}\times2=200$(ｇ)の力で上向きに引かれている。上段のばねは，(下のおもりの重さ)＋(下のおもりを上向きに引く力)で上に引かれているので，400＋200＝600(ｇ)の力が加わっている。よって，上段のばね１つは300ｇの力で上に引かれるので，のびは，$2\times\frac{300}{200}=3$(cm)となり，上段のばねの長さは，10＋３＝13(cm)となる。

問６　ステープラーには，紙に打ち込まれる針を先頭におし出すためのばねと，紙をとじたあとにハンドルをもとの開きまでもどすための板ばねというばねが使われている。ノック式ボールペンでは，ペンが出たり入ったりをくり返すのにばねが使われている。ポンプの頭をおすと内部の圧力により洗剤《せんざい》が出てくるポンプボトルは，手をはなすとばねがピストンをもち上げながら，空気を吸いこんでいる。

4　惑星《わくせい》の見え方についての問題

問１　地球より内側を公転している水星，金星を内惑星，外側を公転している火星，木星，土星，天王《てんのう》星，海王星を外惑星という。内惑星は太陽から一定以上はなれて見えることはないので，真夜中に南中することはないが，外惑星は地球から見て太陽と反対側に位置することがあるので，真夜中に南中することがある。

問２　午前４時には太陽は東の地平線よりやや下にあるため，東南東にある月は太陽の光を受けてアのようにわずかに光って見えている。

問３　地球上で午前４時の東京の位置をウと組み合わせると，右の図のようになる。このとき，東京で南を向いて立つと，金星は東の地平線から出たところ，木星は金星より高い位置にあり，土星は南南西に見えるので，図１の位置になっている。

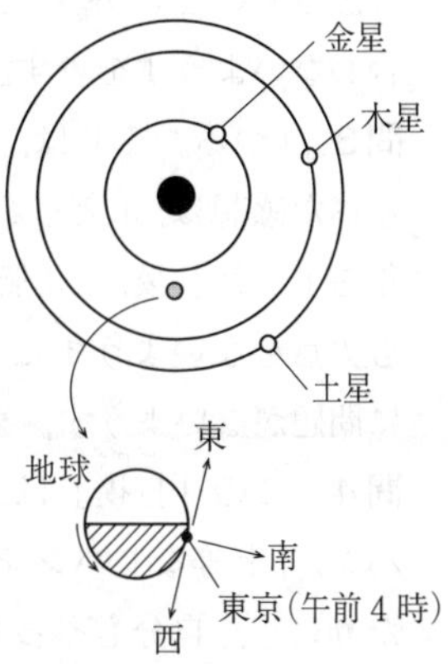

問４　⑴　太陽―水星―地球がこの順で一直線になるときに，水星が地球に最も近づくので，その距離《きょり》は，１－0.39＝0.61となる。　⑵　地球－太陽－火星がこの順で一直線になるときに火星は地球から最も遠ざかるので，その距離は，１＋1.52＝2.52と求められる。　⑶　同じ大きさの物体をさまざまな距離に置いたとき，距離が遠ざかるほど小さく見える。惑星が最も近づいたときと最も遠ざかったときの距離の比率が大きいほど，地球から見たときの見かけの大きさの変化が大きいと考えることができる。右の表のように，(最も遠ざかったときの距離)÷(最も近づいたときの距離)を求めると，金星が見かけの大きさの変化が最も大きいとわかる。

惑星	水星	金星	火星	木星	土星
公転軌道《きどう》の半径	0.39	0.72	1.52	5.20	9.55
最も近づいたときの距離(ａ)	0.61	0.28	0.52	4.20	8.55
最も遠ざかったときの距離(ｂ)	1.39	1.72	2.52	6.20	10.55
(ｂ)÷(ａ)，小数第３位四捨五入	2.28	6.14	4.85	1.48	1.23

国語　＜第２回試験＞（50分）＜満点：60点＞

解答

一　**問１**　a　ア　　b　ウ　　**問２**　気持ちと身　　**問３**　オ　　**問４**　（例）おいしいパンには地道で厳しい作業が必要と知り，自分にはできないと身にしみたこと。　**問５**　ア　**問６**　A　楽に　　B　自分の～とめる　　C　強さ　二　**問１**　下記を参照のこと。　**問２**　ア　　**問３**　オ　　**問４**　ウ　　**問５**　（例）障害という「ちがい」に関する知識を豊かにし，すでにある支配的なものの見方を疑い，他者に対する想像力を磨くこと。　**問６**　ア

●漢字の書き取り

二　問１　a　克服　b　研(ぎ)　c　趣味

解　説

一　出典は宮下奈都《みやしたなつ》の『遠くの声に耳を澄《す》ませて』所収の「転がる小石」による。素朴《そぼく》だが客足の絶えないパン屋のパン教室に参加し，完成までの厳しい工程にショックを受けた私(梨香《りか》)と陽子ちゃんのようす，その後の二人のようすが描《えが》かれている。

問１　a　素朴で洗練されていないようす。「武骨」とも書く。　b　この場合の「不意に」の類義語には，「だしぬけに」などがある。

問２　私の恋人《こいびと》が感情を「うまく出すことができなくなった」ようすである。目は「醒《さ》め」ているのに「微笑《ほほえ》む」のだから，感情と表情がずれているのがわかる。第二段落に，私の「気持ちと身体がちぐはぐな感じ」になったようすが描かれており，「恋人もこんなふうだったのかもしれない」と思っている。「醒めた目」は，心理的に距離《きょり》をおいて見ていることをいい，「ちぐはぐ」は，かみ合わないようすを表す。

問３　「つるつる」は，なめらかですべりやすいようす，抵抗《ていこう》がないようす。パン教室の参加者が述べた感想は，「楽しかった」「おいしかった」「感動しました」といった内容である。これを「三年ちょっと」後に，「無難な感想」と回想していることに着目する。「無難な」は，特にすぐれた点も欠点もないようすだから，オの「あたりさわりがない」が合う。「あたりさわりがない」は，特に問題がないようす，表面的なようす。

問４　この「打撲《だぼく》」は，精神的に打ちのめされたこと。地味だが，いつどんなときも「おいしい」パン，「上等な」パンをつくるために，パン屋の主人が「地道な作業を淡々《たんたん》とこなす」のを目《ま》の当たりにし，自分もやってみて，「適当にやってちゃ，あのパンは焼けない」と痛感している。そして「世の中を～なめていた」と思ったことに着目する。パン屋の主人のすごさ，「適当」な自分に直面したショックなので，「地味だがおいしいパンをつくる大変さを直《じか》に体験し，自分のあまさを思い知ったこと」，「自分は，上等なパンのために地道な作業を続けられる人間ではないと，痛感したこと」などのようにまとめる。

問５　「うらやましい」は，人の能力や状態などを見て，自分もそうありたいと思うようす。陽子ちゃんが，「さっき初めて会ったばかり」の私の前で「涙《なみだ》」をこぼした場面である。私は，陽子ちゃんの「素直《すなお》さにうろたえ」，「うっとうしい」とも思い，うらやましかったのだから，アがよい。

問６　パン屋の主人が淡々とこなす地道な作業を見て，「適当」な自分にはできないという精神的な「打撲」を負った陽子ちゃんと私が，その後，どう変わったかを整理する。　A　陽子ちゃんは，文具メーカーを辞《や》め，服装や髪型《かみがた》がどんどん変わり，「楽にいこうよ」と私に言っている。大変な生き方をあきらめ，「楽に」生きると決めた自分自身に「どんどんごまかされ」て「反転」したのである。　B　陽子ちゃんとは逆に，遮二無二《しゃにむに》働き出した私がどうなったかは，一つ目の大段落の最後に描かれている。悲しくても泣けず，つらいのに微笑み，別れたくない恋人に追いすがれず，痛々しいまでに明るくふるまう陽子ちゃんに苛立《いらだ》つほど，余裕《よゆう》がない。これを「自分のことに精いっぱいで，恋人の気持ちの揺《ゆ》れも陽子ちゃんの反転も受けとめることができなかった」と，まとめている。　C　傍線《ぼうせん》部５の後で私は，「いい方向」に進むために何が必要なのかを考えている。「到底《とうてい》かなわない」パン屋の主人に打ちのめされても，そうありたいと願うのが「いい方向」であり，いい方向に進むための「強さ」が，二人にはなかったのである。

二 **出典は好井裕明《よしいひろあき》の『「今，ここ」から考える社会学』による。**障害者スポーツなどを例にあげ，われわれが豊かに生きるために，「ちがい」がある他者とどう向き合えばいいのかを考察していく。

問１　a　努力して困難にうちかつこと。　b　音読みは「ケン」で，「研究」などの熟語がある。　c　個人的に楽しみとしてすること。

問２　この後，筆者は車いすバスケットやブラインドサッカーの例をあげ，「障害者スポーツは障害のある人のためだけのスポーツなのだろうか」と問いかけている。つまり，「障害者スポーツは障害のある人のためだけのスポーツ」だという「固定」観念があったのだから，アがよい。

問３　続いて，視覚障害を持たない筆者が，目隠《めかく》しで「ブラインドサッカー」をやった場合，どのようなことが起きるかを述べている。筆者は，視覚障害がある上手な選手の「足手まとい」になり，上達したければ「研《と》ぎ澄《す》まされるべき力」を鍛《きた》えなくてはならなくなる。それは，「見えること」の常識や価値が無効になり，「見えないこと」の常識や価値と向き合うことだから，オが合う。

問４　「ぎこちない」は，状況《じょうきょう》に不慣れで，また，気持ちがそぐわないため，動作や表現がとどこおって不自然なようす。傍線部３は，両腕《りょううで》が極端《きょくたん》に短いという障害を持った少年とスーパー銭《せん》湯《とう》で出会ったとき，その場に満ちていた空気を表す。それは，裏を返せば「不自然で，どこか緊《きん》張《ちょう》した戸惑《とまど》い」の空気だが，筆者も周囲の人々も一見「自然」にふるまっていたのである。「緊張した戸惑い」は，次の段落にあるように，障害を持つ人を「露骨《ろこつ》に排除《はいじょ》」したり「嫌《きら》ったり」したのではなく，「ふるまい方」，「距離」のとり方がわからない状態にあたる。よって，「ふるまい方」「距離」のとり方がわからずに戸惑い，自然な態度をとりつくろったという経緯《けいい》をおさえている，ウがよい。

問５　この後，「ちがい」がある他者と向き合うためには何が必要かを述べている。まず，障害という「ちがい」に関する「知識の在庫をできるだけ豊かにすること」である。次に，「すでにある在庫の知識を常に疑ってかかること」である。その知識は「支配的な価値や支配的なものの見方」に影響《えいきょう》されており，従っていれば楽で効率的だが「創造の可能性」を閉《と》ざす。そして「一番大事」なものとして，「ちがい」がある他者と出会うことで開ける「新たな世界への入り口を見失わないように～他者への想像力を常に磨《みが》いておくこと」をあげている。この三点を入れ，「障害という『ちがい』に関してすでにある見方を疑い，『ちがい』をめぐる知識を豊かにして他者への想像力を磨くこと」のようにまとめる。

問６　障害という「ちがい」に関して，すでにある「支配的な価値や支配的なものの見方」は，「ちがい」が持っている「さまざまな新たな意味や創造の可能性」を感じ取るうえで，害になるという文脈をとらえる。害になることを表すのは，アの「邪魔《じゃま》な障害」である。

Dr.福井の
入試に勝つ！ 脳とからだのウルトラ科学

勉強が楽しいと，記憶力も成績もアップする！

みんなは勉強が好き？　それとも嫌い？――たぶん「好きだ」と答える人はあまりいないだろうね。「好きじゃないけど，やらなければいけないから，いちおう勉強してます」という人が多いんじゃないかな。

だけど，これじゃダメなんだ。ウソでもいいから「勉強は楽しい」と思いながらやった方がいい。なぜなら，そう考えることによって記憶力がアップするのだから。

脳の中にはいろいろな種類のホルモンが出されているが，どのホルモンが出されるかによって脳の働きや気持ちが変わってしまうんだ。たとえば，楽しいことをやっているときは，ベーターエンドルフィンという物質が出され，記憶力がアップする。逆に，イヤだと思っているときには，ノルアドレナリンという物質が出され，記憶力がダウンしてしまう。

要するに，イヤイヤ勉強するよりも，楽しんで勉強したほうが，より多くの知識を身につけることができて，結果，成績も上がるというわけだ。そうすれば，さらに勉強が楽しくなっていって，もっと成績も上がっていくようになる。

でも，そうは言うものの，「勉強が楽しい」と思うのは難しいかもしれない。楽しいと思える部分は人それぞれだから，一筋縄に言うことはできないけど，たとえば，楽しいと思える教科・単元をつくることから始めてみてはどうだろう。初めは覚えることも多くて苦しいときもあると思うが，テストで成果が少しでも現れたら，楽しいと思えるきっかけになる。また，「勉強は楽しい」と思いこむのも一策。勉強が楽しくて仕方ない自分をイメージするだけでもちがうはずだ。

Dr.福井(福井《ふくい》一成《かずしげ》)…医学博士。開成中・高から東大・文Ⅱに入学後，再受験して翌年東大・理Ⅲに合格。同大医学部卒。さまざまな勉強法や脳科学に関する著書多数。

2022年度　早稲田中学校

〔電　話〕 (03) 3202－７６７４
〔所在地〕 〒162-8654　東京都新宿区馬場下町62
〔交　通〕 東京メトロ東西線―「早稲田駅」より徒歩１分
「高田馬場駅」よりバス―「馬場下町」下車

【算　数】〈第１回試験〉（50分）〈満点：60点〉

注意　定規，コンパス，および計算機(時計についているものも含む)類の使用は認めません。

1　次の問いに答えなさい。

(1)　17で割ると３余り，23で割ると７余る整数を小さいものから順に並べたとき，３番目の整数はいくつですか。

(2)　63円はがき，84円切手，94円切手を合わせて72枚買ったところ，代金の合計は5100円になりました。このとき，買ったはがきの枚数は，買った切手の枚数の合計のちょうど２倍でした。84円切手は何枚買いましたか。

(3)　Ａ，Ｂ，Ｃの容器に食塩水が入っています。ＡとＢの食塩水の濃度は，それぞれ３％，８％です。ＡとＢの食塩水をすべて混ぜると濃度は５％，ＡとＣの食塩水をすべて混ぜると濃度は９％，ＢとＣの食塩水をすべて混ぜると濃度は12％になります。容器Ｃに入っている食塩水の濃度は何％ですか。

2　次の問いに答えなさい。ただし，円周率は3.14とします。

(1)　図のあの位置からいの位置まで，１辺の長さが４cmの正三角形がすべることなく矢印の方向に転がります。辺AB，BC，CDの長さがそれぞれ８cm，４cm，４cmであるとき，点Pが通った道のりは何cmですか。

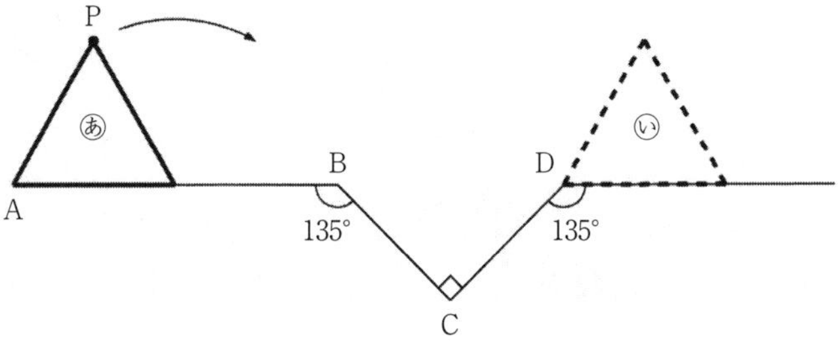

(2)　図の平行四辺形ABCDにおいて，BE：EC＝５：２，CF：FD＝２：３です。また，三角形ADFと三角形ADGの面積はともに210cm²です。斜《しゃ》線部分の面積は何cm²ですか。

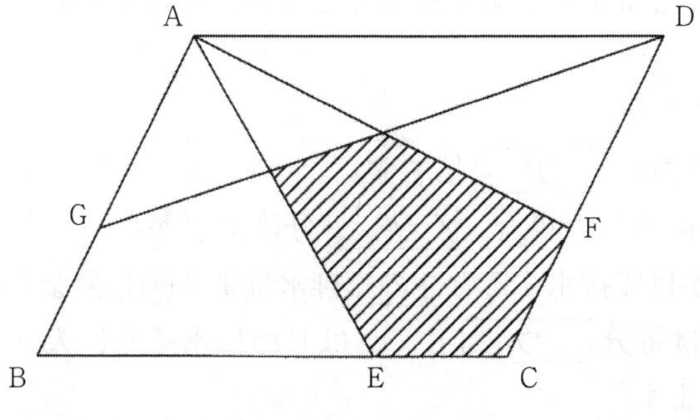

(3)　図１のように，各辺の真ん中の点どうしが点線で結ばれている正三角形があります。その正三角形を４つ組み合わせた図２のような三角すいがあります。

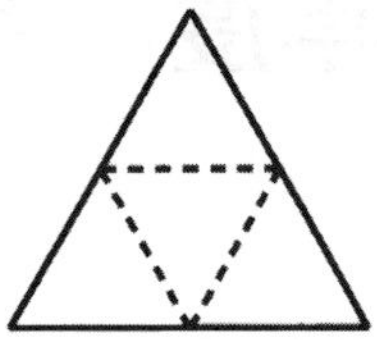

図１

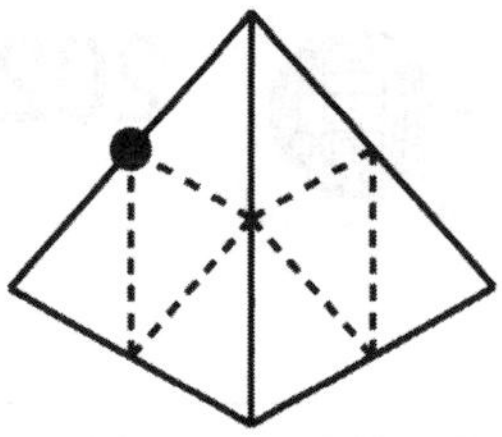

図２

図２の三角すいの12本の点線を次の**手順１～３**にそって一筆《ひとふで》書きでなぞりました。

手順１　図２の●から始めて，４つすべての面を１回ずつ通ります。

手順２　まだなぞっていない点線を選び，４つすべての面を再び１回ずつ通ります。

手順３　まだなぞっていない点線を選び，４つすべての面を再び１回ずつ通り，●で終わります。

なぞった順に①～⑫の番号をつけたところ，①と②のように，連続した２つの番号は同じ面にありませんでした。

図３は三角すいの展開図を表しています。①，②，④，⑩が，図３のようになったとき，⑥と⑧を**ア～ク**からそれぞれ選び，記号で答えなさい。

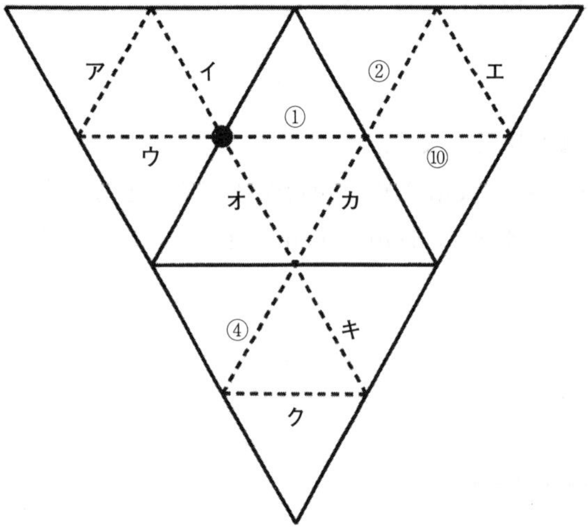

図３

3　１本の給水管と，３本の同じ太さの排《はい》水管がついている水そうに水が入っています。この水そうに給水しながら排水管２本で排水した場合，55分後に水がなくなります。また，最初の６分間は給水だけを行い，そのあと給水したまま排水管２本で排水した場合，排水し始めてから59分後に水がなくなります。

次の［ア］～［エ］にあてはまる数を答えなさい。

(1)　排水管１本の排水量は，給水管１本の給水量の［　ア　］倍です。

(2)　この水そうに給水しながら排水管３本で排水した場合，［　イ　］分後に水がなくなります。このときの総排水量は，排水管２本で55分かけて排水するときの総排水量より60Ｌ少なくなります。このことから，排水管１本の排水量は毎分［　ウ　］Ｌで，はじめに水そうに入っていた水の量は［　エ　］Ｌであることがわかります。

4　３本の針がある新しい時計をつくりました。図の・は，２つの点線の円周をそれぞれ等分していて，すべての針は時計回りにそれぞれ一定の速さで回転しつづけます。針を短い順にA，B，Cとするとき，針が一周するのにかかる時間は，Aは８時間，Bは３時間，Cは１時間です。午前０時ちょうどに，すべての針は数字の０を指しています。次の問いに答えなさい。ただし，解答らんには，【例】のように24時間表記に直した時刻を答えるものとします。

【例】　午前10時30分→「10時30分」，午後６時→「18時」

(1)　図１では，針Cが数字の０を指しています。この時刻は何時ちょうどですか。

(2)　図２では，針Aと針Bが重なっています。この時刻は何時何分ですか。

(3)　図３では，針Aと針Cでつくられる角を針Bが２等分しています。この時刻は何時何分ですか。

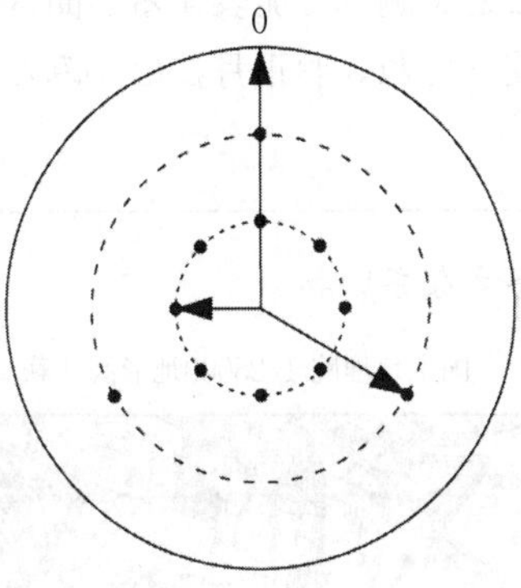

図１

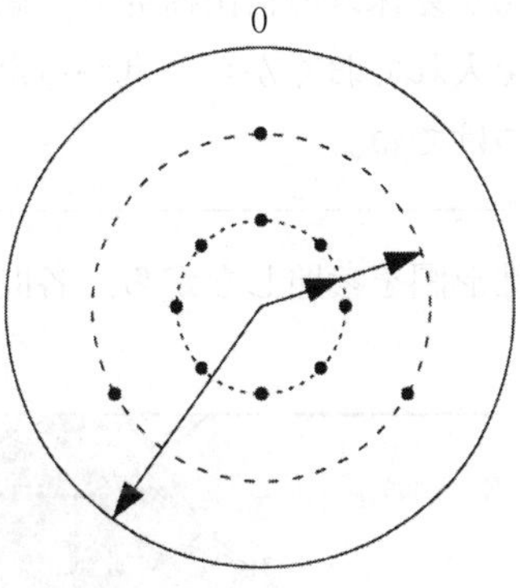

図２

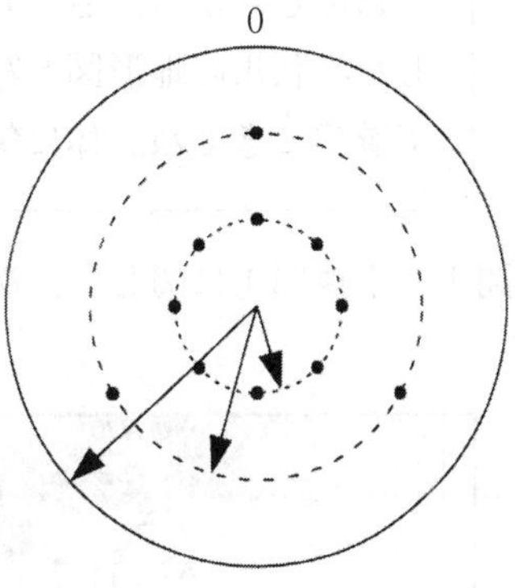

図３

5　図の直方体の体積は108cm^{3}です。図の・は，各辺の長さを３等分しています。次の問いに答えなさい。

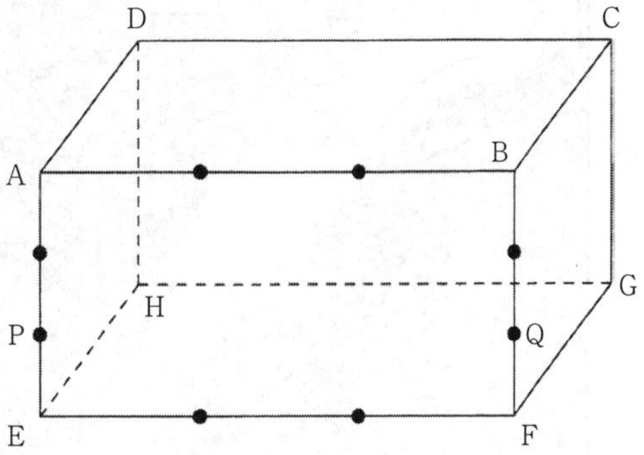

(1)　この直方体を３つの点D，P，Qを通る平面で２つの立体に切り分けるとき，小さい方の立体の体積は何cm^{3}ですか。

(2)　この直方体を３つの点D，P，Qを通る平面と，３つの点A，D，Gを通る平面で４つの立体に切り分けました。この４つの立体のうち，点Eを含む立体について，

①　立体の見取図を完成させなさい。ただし，解答らんの図には，その立体の見えている辺の一部は太線で，見えていない辺はすべて点線でかいてあります。

②　立体の体積は何cm^{3}ですか。

【社　会】〈第１回試験〉（30分）〈満点：40点〉

1　次の文章を読み，各問に答えなさい。

夏休みのある日，幸さんの家に，萩《はぎ》市に住むおばあちゃんから荷物が届きました。段ボールの中にはおばあちゃんからの手紙と①萩市の地形図と写真が入っていました。

> 元気にしていますか？　今年こそ，お盆《ぼん》休みにさっちゃんたちにいっぱいおいしいものを食べさせてあげたかったんやけど，帰って来られないみたいだから，萩のものを送るね。さっちゃんの好きな②瓦《かわら》そばセットを入れておいたよ。③瀬つきアジの南蛮漬《づ》け，アマダイの煮《に》付けを作ったから，みんなでいっしょに食べてね。お父さんの大好物だから。それと④萩焼のブローチを作ってみたからいっしょに送るね。気に入ると良いな。
>
> お母さんから，さっちゃんが夏休みの自由研究で，萩のことを調べて発表すると聞きました。萩市の地形図と写真を入れておくから，良かったら使ってね。お正月には，みんなで遊びにきてね。体に気をつけてね。

問１　下線部①に関して，次の地形図を参照しながら，各問に答えなさい。

国土地理院 1/25000地形図「萩」より

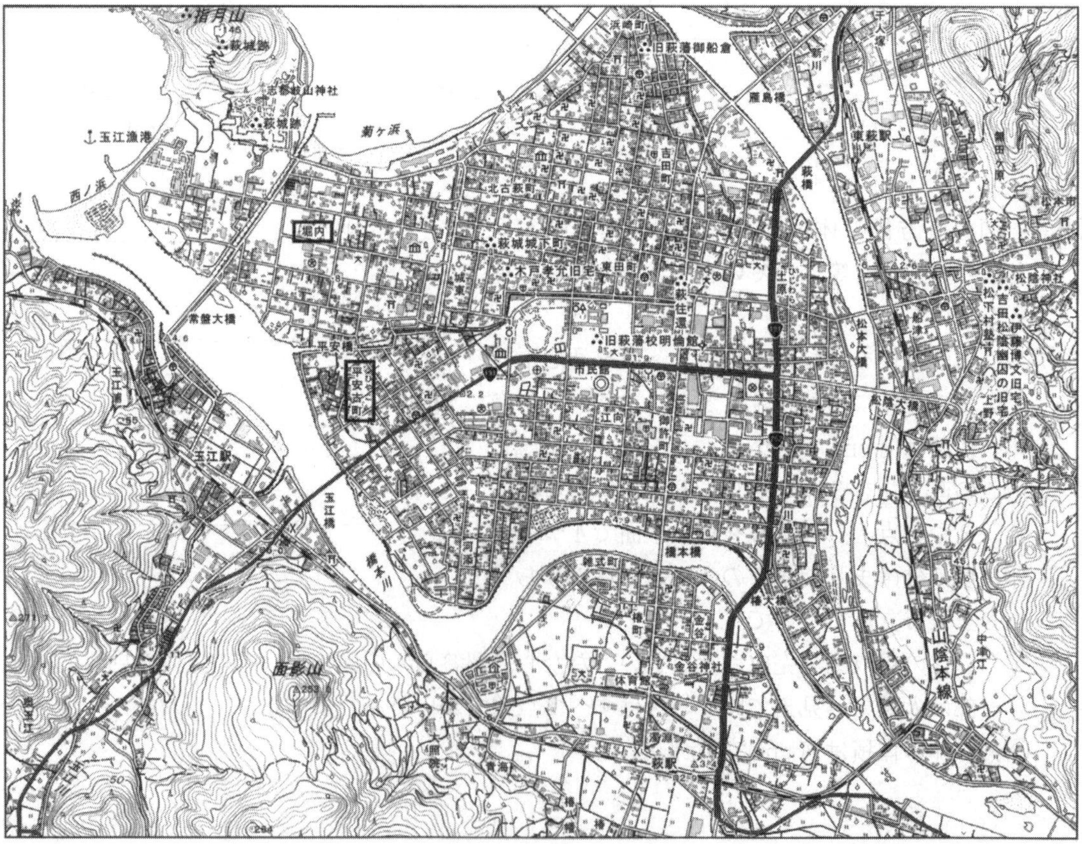

〈編集部注：編集上の都合により原図の80％に縮小してあります。〉

(1)　萩市の中心街はどのような地形上に立地していますか。**漢字**で答えなさい。

(2)　地形図中の松陰大橋から西へ直進し，玉江橋に至る道路沿いには**見られない**地図記号を次の中から**2つ**選び，記号で答えなさい。

ア 警察署　**イ** 消防署　**ウ** 神社　**エ** 博物館　**オ** 病院

(3) 地形図中の「堀内《ほりうち》」や「平安古《ひやこ》町」には，右の写真のような鉤《かぎ》の手に曲がった街路や丁字路が見られます。なぜこのような街路がつくられたのか，その役割を説明しなさい。

(4) 地形図中の「堀内」や「平安古町」では，の地図記号が多く見られます。その背景について述べた文として，最もふさわしいものを次の中から1つ選び，記号で答えなさい。

ア 世界遺産に指定されたため，観光客向けに温室を利用したイチゴの抑制栽培を行うようになりました。

イ 石油危機で燃料費が高騰《こうとう》し，生活に困った漁師たちが，副業として沿岸部に広がる砂《さ》丘《きゅう》上でチューリップの栽培を行うようになりました。

ウ 日韓国交正常化後，地理的に近い韓国との交流がさかんになり，キムチ用の白菜の栽培が広まりました。

エ 廃藩置県後，困窮《こんきゅう》する士族たちを救うため，温暖な気候と広い武家屋敷地を利用した夏みかんの栽培が行われるようになりました。

(5) 地形図から読み取れることとして，最もふさわしいものを次の中から1つ選び，記号で答えなさい。

ア 堀内地区と市役所周辺の標高を比べると，堀内地区の方が低地にあります。

イ 面影《おもかげ》山の東斜面《しゃめん》と西斜面では，西側斜面の方が傾斜《けいしゃ》が緩《ゆる》やかです。

ウ 旧萩藩校明倫館《めいりんかん》から見て，萩城跡《あと》は北東方向にあります。

エ 市役所は鉄道の駅の近くにあり，駅を中心に発達した街だと分かります。

問2 下線部②に関して，瓦そばとは，熱した瓦に茶そばをのせ，牛肉・錦糸《きんし》卵・ねぎ・レモン・もみじおろし等を添え，つゆをつけて食べる郷土料理です(写真)。次の表は，瓦そばの食材のうち，そば，鶏卵《けいらん》，ねぎ，レモンのいずれかの生産量と肉牛の飼育頭数の上位4位までの都道府県を示しています。そば，鶏卵にあてはまるものをそれぞれ選び，記号で答えなさい。

	ア	イ	ウ	エ	オ
1位	広島県	北海道	千葉県	茨城県	北海道
2位	愛媛県	鹿児島県	埼玉県	鹿児島県	長野県
3位	和歌山県	宮崎県	茨城県	千葉県	山形県
4位	宮崎県	熊本県	群馬県	岡山県	栃木県

(『データでみる県勢 2021』及び農林水産省HPより作成)

問3 下線部③に関して，萩沖では，「瀬」や「グリ」と呼ばれる海底の岩礁《がんしょう》に，魚がたくさん集まることが知られています。例えば，海流に乗って萩沖合にやってくるアジは，「瀬」にとどまってたっぷりとエサを食べ，「瀬つきアジ」という脂《あぶら》ののった魚になります。

(1) 萩市の沖合を流れる海流名を**漢字**で答えなさい。また，この海流が暖流である場合は1，寒流である場合は2と答えなさい。

(2) 右の円グラフは，2018年の萩市の魚種別漁獲《ぎょかく》量における魚類の内訳を示しています。円グラフ中の**X**の魚を，次の中から１つ選び，記号で答えなさい。

ア サンマ　**イ** ブリ　**ウ** サケ　**エ** マグロ

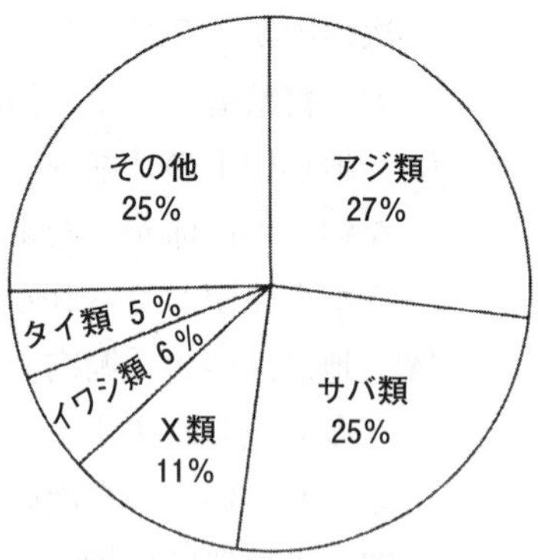

（農林水産省HPより作成）

(3) 近年，日本各地でアジなどの漁獲量が減少しており，大切な漁業資源を守るための取り組みが行われています。萩市でもトラフグ，ヒラメ，マダイ等の稚魚《ちぎょ》の放流に取り組んでいます。このように，稚魚を育成して川や海に放流し，成魚を漁獲することを何といいますか。**漢字**で答えなさい。

問４　下線部④に関して，萩焼はこの地域で作られる陶磁器《とうじき》です。下の雨温図は，萩市と次の枠《わく》内の陶磁器の産地がある都道府県の県庁所在地における気温と降水量の変化を示しています。このうち，萩市の雨温図を下の中から１つ選び，記号で答えなさい。

備前焼　益子焼　有田焼

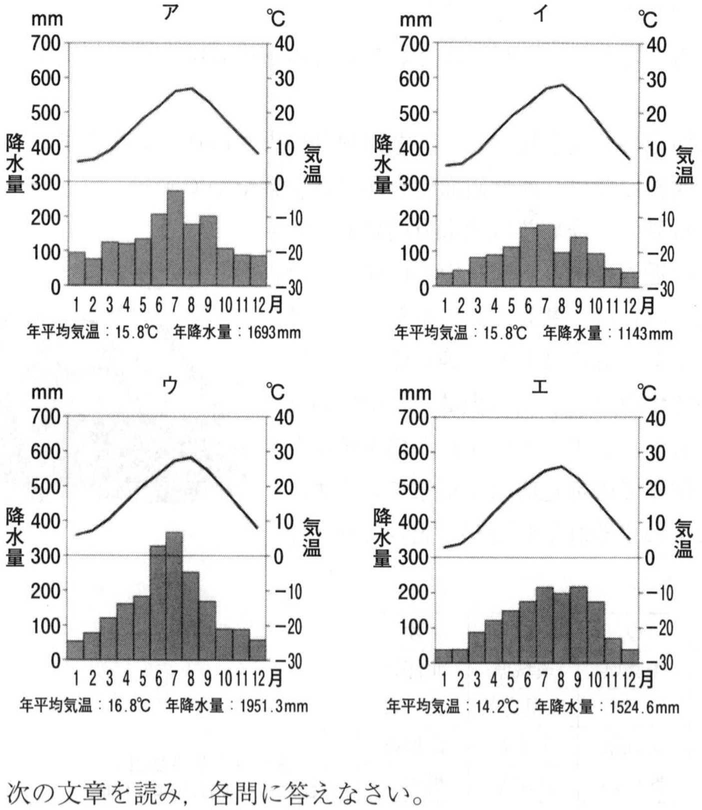

（気象庁HPより作成）

2　次の文章を読み，各問に答えなさい。

2021年８月，12歳《さい》になった小学校６年生の礼二くんは，お父さんといっしょに，東京国立博物館の特別展「聖徳太子と（　Ａ　）」を見学しました。帰宅後，２人は特別展に関連した話をしました。

礼二：博物館は広かったね。東京国立博物館はいつできたの？

父　：湯島聖堂で博覧会が開催《かいさい》された①1872年が創立の年とされているよ。その後，博物館は現在の所在地である上野公園に移った。上野公園の地は，江戸時代は全て寛永寺というお寺だった。寛永寺の山号は「東叡山」で，「東の比叡山」という意味だから，寛永寺は(Ｂ)宗のお寺ということになる。

礼二：特別展で見てきた聖徳太子といえば，(Ｃ)馬子と協力して冠位十二階を定めるなど，天皇中心の国づくりをめざして政治の改革を進めたよね。

父　：天皇を頂点とする中央集権国家が完成するまでには長い時間がかかったよ。律令制定後も，朝廷は，②先祖代々各地を治めてきた地方豪族を役人に任命し，彼らの力に依存《いぞん》して全国を支配した。地方豪族の先祖のなかには，弥生時代に③卑弥呼に従った「くに」の王だった者もいたかもしれない。

礼二：聖徳太子が建立した(Ａ)についてもいろいろ知りたくなってきた。

父　：720年に完成した歴史書『(Ｄ)』には，天智天皇の時代に(Ａ)が全焼したと書かれている。そのため，現在の(Ａ)の建物が，聖徳太子が建立した当時のものか，再建されたものか論争が続いていたのだけど，発掘《はっくつ》調査によって再建されていたことが確定した。

礼二：(Ａ)金堂壁画《へきが》も天智天皇の時代に燃えてしまったの？

父　：金堂の壁画は再建された後の(Ａ)に描《えが》かれたものだ。しかし，④1949年に金堂壁画は焼損してしまった。特別展では1940年から行われていた模写作業でつくられたものが展示されていたよ。ところで，伝説や信仰《しんこう》も歴史を考えるうえでは重要だ。平安時代以降，聖徳太子は救世観音《くぜかんのん》の化身とされて多くの人びとの信仰を集めた。

礼二：⑤平安時代や鎌倉時代，室町時代に制作された展示品も多かったのはそのためだね。

父　：江戸時代の後半，幕府が(Ｅ)の改革を行っていた1842年には，(Ａ)の宝物が江戸に運ばれ，奈良時代に作成された聖徳太子の肖像《しょうぞう》画が模写されている。特別展にもこの模写が出品されていたよね。

礼二：紙幣《しへい》に使われた聖徳太子の像は，この奈良時代の肖像画からとられたものだよね。

父　：明治時代以降も，聖徳太子は偉人《いじん》と考えられていたということだろうね。⑥聖徳太子を肖像とする5000円札と１万円札の発行が停止されたのは，お父さんがちょうど今の礼二と同じ年齢《ねんれい》だった1986年１月のことだよ。

旧１万円札

問１　(Ａ)～(Ｅ)にあてはまる言葉を**漢字**で答えなさい。

問２　下線部①に関して，1872年に出された学制は，義務教育の出発点になりました。明治時代の義務教育について，解答欄《らん》に合うように言葉を答えなさい。

問３　下線部②に関して，この役人の名称《めいしょう》として正しいものを次の中から１つ選び，記号で答えなさい。

ア　地頭　　**イ**　国司　　**ウ**　郡司　　**エ**　防人

問４　下線部③に関して，卑弥呼が魏の皇帝から与えられた称号として最もふさわしいものを次の中から１つ選び，記号で答えなさい。

ア　邪馬台国国王　　**イ**　倭王　　**ウ**　大王　　**エ**　日本国王

問５　下線部④に関して，1940年から1949年までに起こった出来事として正しいものを次の中から**４つ**選び，年代順に並べかえて記号で答えなさい。

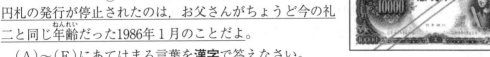

ア　日本国憲法の施行《しこう》によって，女性参政権が実現しました。

イ　アメリカ軍によって，広島・長崎に原子爆弾が投下されました。

ウ　日本の陸軍がマレー半島を，海軍が真珠湾を奇襲《きしゅう》攻撃しました。

エ　毛沢東を主席とする中華人民共和国が成立しました。

オ　ソビエト連邦の支援《しえん》によって，朝鮮半島南部に大韓民国が成立しました。

カ　日本・ドイツ・イタリアの間で三国軍事同盟が結ばれました。

問６　下線部⑤に関して，平安時代から室町時代までの出来事について述べた文として，正しいものを次の中から１つ選び，記号で答えなさい。

ア　平安時代，天皇のきさきに仕えた紫式部は，『枕草子』という随筆《ずいひつ》を書きました。

イ　鎌倉時代，執権の北条泰時は，朝廷が行う裁判の基準として御成敗式目を定めました。

ウ　鎌倉時代，幕府は，御家人になっていなかった武士たちにも元と戦うように求めました。

エ　室町時代，琉球王国は日本や宋，朝鮮，東南アジアの国々との貿易で栄えました。

問７　下線部⑥に関して，礼二くんのお父さんが生まれた年と最も近い年に起きた出来事を次の中から１つ選び，記号で答えなさい。

ア　男女雇用機会均等法が公布されました。

イ　日本の国民総生産の額が，初めて世界第２位になりました。

ウ　元号が昭和から平成に変わりました。

エ　沖縄が日本に復帰し，沖縄県となりました。

3　次の文章を読み，各問に答えなさい。

新型コロナウィルスの感染が広がり，国民の健康と生活を守るための①さまざまな取り組みが行われている中で，政治の役割があらためて問われています。そうした中で，②生活に困ったりするのは個人の責任であり，あくまで個人の努力でやっていくべきだという，1980年代から強まった考え方を見直す動きが現れています。

国民一人一人の命や生活を大切にしていこうという政治のあり方は，1990年代以後唱えられてきた，人間一人一人に注目し，貧困・環境破壊《はかい》・感染症《しょう》・自然災害などの脅威《きょうい》から各個人を守る取り組みが平和で安全な世界をつくるという「人間の安全保障」の考えに通じるものがあります。

一方で，③自国の利益だけを最大限追求しようという動きや，核兵器の削減《さくげん》や廃絶に逆行する動きが出てきているのは心配なことです。日本国憲法の，基本的人権の尊重や平和主義などの原則を私たちがどのように活かすかが問われているといっていいでしょう。

問１　下線部①に関して，次の問に答えなさい。

(1)　次の文の空欄にあてはまる言葉を下から１つずつ選び，記号で答えなさい。

2020年から2021年にかけて新型コロナウィルス感染症対策のため，いくつかの法改正が行われました。その中で，事業者に営業時間の短縮などを命令できるようにしましたが，日本国憲法第29条の(　Ａ　)権にもとづく営業の自由を侵害《しんがい》するのではないかという意見があります。一方，第29条には(　Ａ　)権を制限できる「公共の福祉」という言葉がありますが，その場合でも「正当な補償《ほしょう》」が必要であるとされます。

また，入院措置《そち》に応じない人に罰則《ばっそく》を科すことも可能にしましたが，人権侵害をまねかないよう，慎重《しんちょう》な運用が求められます。それは，日本で過去に，（Ｂ）にかかった人々が法律によって強制的に療養《りょうよう》所に入れられ，その必要性がないことがわかってからもこの政策が見直されなかったために，差別や偏見《へんけん》に苦しめられた事例があるからです。

ア　勤労　　**イ**　経済　　**ウ**　財産　　**エ**　社会

オ　コレラ　　**カ**　天然痘《とう》　　**キ**　ハンセン病　　**ク**　水俣病

(2)　新型コロナウィルス感染症対策のために補正予算がつくられました。国の予算について述べた文として，正しいものを次の中から１つ選び，記号で答えなさい。

ア　国の各機関から提出された翌年度の要望をまとめて予算を作成し，国会に提出するのは財務省の仕事です。

イ　予算は国の方針に関わるものなので，国会に提出されるとまず衆議院の国家基本政策委員会で審議《しんぎ》されます。

ウ　予算について衆議院と参議院が異なった議決をして両院協議会でも一致《いっち》しないときには，衆議院の議決が国会の議決となります。

エ　一度決まった予算を年度途中に変更する補正予算は，国会の議決を経ずに内閣の責任で決めることができます。

問２　下線部②に関して，次の問に答えなさい。

(1)　このような考え方は，政府の役割を減らす政策と結びついています。次の各文は，この30年間の政府に関する数字の変化を述べたものです。**下線部が誤っているもの**を１つ選び，記号で答えなさい。

ア　1980年代の歴代内閣では20人だった国務大臣（内閣総理大臣を除く）の数はその後，中央省庁再編のために減らされましたが，2020年９月に発足した菅義偉内閣では特別法などにより20人となっています。

イ　1989年（平成元年）４月に3252あった市町村の数は，「平成の大合併」もあり，2021年４月には大幅《おおはば》に減っています。

ウ　1989年度の国の歳出で約12兆円だった社会保障費は，高齢化もあり，2019年度には大幅に増えています。

エ　1989年に全国で848カ所におかれていた保健所は，感染症対策のために2020年12月にはそれより100カ所以上増えています。

(2)　日本国憲法ではこのような考え方とは逆に，貧困は個人の力だけで解決するには難しい面があり，社会全体で解決すべき問題であるという考え方をとっています。そのことを最もよく表している憲法の条文を，次の中から１つ選び，記号で答えなさい。

ア　公務員を選定し，及びこれを罷免《ひめん》することは，国民固有の権利である。

イ　すべて国民は，健康で文化的な最低限度の生活を営む権利を有する。

ウ　何人も，公務員の不法行為《こうい》により，損害を受けたときは，法律の定めるところにより，国又は公共団体に，その賠償《ばいしょう》を求めることができる。

エ　この憲法が国民に保障する自由及び権利は，国民の不断の努力によつて，これを保持しなければならない。

問３　下線部③に関して，次の問に答えなさい。

(1)　次の文の空欄（Ａ）（Ｂ）にあてはまる言葉を下から１つずつ選び，記号で答え，【Ｘ】にあてはまる言葉を**漢字５字**で答えなさい。

今後の世界での主導権をめぐって米国と中国の争いが目立つようになり，東アジアでも緊張《きんちょう》が高まる可能性があります。特に，「一国二制度」をかかげて高度な自治を約束されていたはずの（　A　）で言論や政治活動の自由が制限されるようになり，それと関連して（　B　）の今後が注目されています。

2021年４月，日米首脳会談の共同声明で「（　B　）海峡《かいきょう》の平和と安定の重要性を強調する」とされたことに中国は反発しています。万が一，（　B　）をめぐって米中の軍事衝突《しょうとつ》が起きた場合，2015年に【　X　】権の限定的な行使を認めた日本は難しい立場に立たされることが考えられます。

ア　台湾　　**イ**　香港　　**ウ**　尖閣　　**エ**　千島
オ　チベット　　**カ**　ウイグル　　**キ**　マラッカ　　**ク**　ホルムズ

(2)　2020年10月25日，ある条約の批准《ひじゅん》国・地域が条約の発効に必要な50に到達《とうたつ》しました。次の文は，この条約ができた背景について中満泉《なかみついずみ》国連事務次長が語ったことの抜粋《ばっすい》です。文中の【Y】にあてはまる条約の名称を解答欄に合うように**漢字**で答えなさい。

条約ができた背景には，近年，核兵器がもたらす「壊滅《かいめつ》的な人道的結末」に焦点《しょうてん》が当たるようになったこと，核兵器をめぐる国際環境が非常に悪くなったことなどがありますが，核保有５大国による核軍縮が遅々《ちち》として進まないことへの不満が高まったことが大きいと思います。とりわけ，【　Y　】再検討会議の交渉《こうしょう》が決裂した2015年は転換《てんかん》点でした。

【　Y　】は，米露英仏中に永遠に核兵器の保有を認めるものではありません。第６条では核軍縮交渉を誠実に行う義務を定めています。しかもこの第６条は，核保有５大国が単に交渉をすればいいというものではないのです。1996年の国際司法裁判所の勧告《かんこく》では，全面的な核軍縮に向けて交渉を完結させる義務を負っていると踏《ふ》み込んで指摘《してき》しています。

核保有国が国際法上の義務を負っている核軍縮が遅々として進んでこなかったこと，むしろ逆方向に進んでいること。それがこの条約ができた背景にあるということは，重く受け止めるべきではないでしょうか。

（『毎日新聞』2021年１月22日から）

【理　科】〈第1回試験〉（30分）〈満点：40点〉

注意　定規，コンパス，および計算機(時計についているものも含む)類の使用は認めません。

1　コロナウイルスによる感染症《しょう》は，肺炎《えん》を起こす場合もあります。私たちのからだのさまざまな器官は，体内の状態を一定に保つように全体で働いており，ウイルスなどの病原体に対しても，体内での広がりを防ぐしくみをもっています。これらのことについて，以下の問いに答えなさい。

問1　肺は呼吸のための大切な器官である。ヒトでは肺の先端《たん》が肺胞《ほう》(図1)と呼ばれる小さな袋が集まったつくりになっている。このようなつくりになるのは，小腸の表面が柔《じゅう》毛という小さなでっぱりが集まったつくりになっているのと同じ理由である。その理由として最もふさわしいものを選び，記号で答えよ。

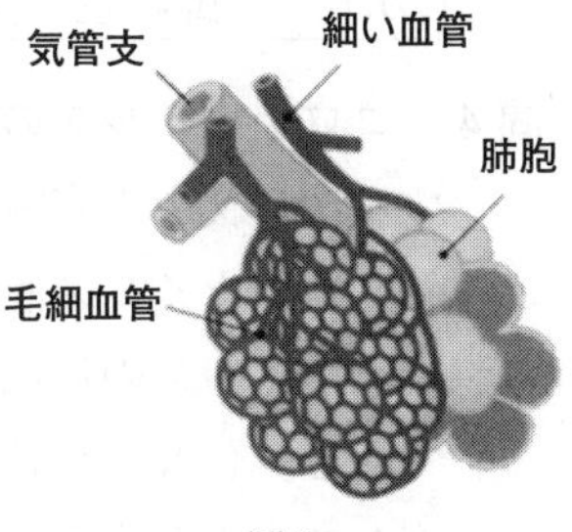

図1

ア　毛細血管にすることで，血液がより速く流れるようにするため。

イ　表面積を大きくすることで，物質のやり取りを効率よく行うため。

ウ　肺胞や柔毛にすることで，物質が当たったときの衝撃《しょうげき》をやわらげるため。

エ　表面をでこぼこにすることで，肺や小腸の中を物質がゆっくり移動するようにするため。

問2　コロナウイルスによって起こる肺炎では，肺表面が正常に働かなくなる。肺炎がひどくなると命が危険になるのはなぜか。その理由として最もふさわしいものを選び，記号で答えよ。

ア　肺の中を通る血管がつまって，血液がうまく流れなくなるから。

イ　肺から気管を通して口や鼻へ空気をはき出すことができなくなるから。

ウ　口や鼻から気管を通して肺へ空気を吸い込むことができなくなるから。

エ　肺へ吸い込んだ空気中の酸素を，肺の血管の血液へ取り込めなくなるから。

オ　肺の血管の血液中の二酸化炭素が，肺内部の空気の方へ放出されなくなるから。

問3　肺で取り込まれた酸素は，血液中の赤血球がふくむヘモグロビンという物質と結合し酸素ヘモグロビンになる。この赤血球が筋肉などの器官へ運ばれると，酸素ヘモグロビンは酸素を離《はな》して供給する。酸素ヘモグロビンの色は鮮紅《せんこう》色(あざやかな赤色)であり，ヘモグロビンの色は暗赤色(やや暗い赤色)である(図2)。また，ある血液中に存在する全ヘモグロビンに対する酸素ヘモグロビンの割合は「酸素飽《ほう》和度」と呼ばれ，健康な状態の動脈血では96～99%である。

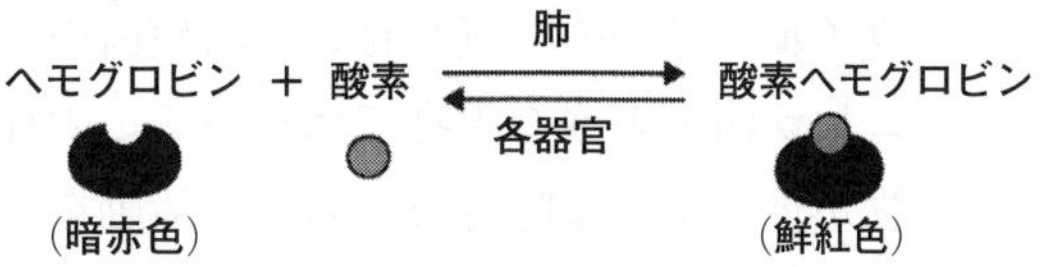

図2

コロナ肺炎の状態を調べるために，パルスオキシメーターという機器が使われる。これは指先の動脈に特別な光を当てて流れる動脈血の色を調べ，酸素飽和度を検出するものである。コロナ肺炎の状態が非常に悪くなっている場合，動脈血の色と酸素飽和度は健康な状態に比べてどのようになるか。最もふさわしいものを選び，記号で答えよ。

	動脈血の色	酸素飽和度
ア	暗赤色が少しあざやかになる	上がる
イ	暗赤色が少しあざやかになる	下がる
ウ	もとの暗赤色のまま変わらない	上がる
エ	もとの暗赤色のまま変わらない	下がる
オ	鮮紅色が少し暗くなる	上がる
カ	鮮紅色が少し暗くなる	下がる

問４　コロナウイルスの感染予防のために行われてきたのが予防接種である。これについて説明する次の文中の空欄《らん》**X**に適する語を，下の**ア**～**エ**から１つ選び，記号で答えよ。

コロナウイルス感染の拡大を予防するため，行われたのが（　**X**　）接種である。これは，コロナウイルスの遺伝子の一部から（　**X**　）をつくり，それを注射によって体内に接種するものである。（　**X**　）が接種されると，ヒトのからだの中で病原体などを取り除くしくみである免《めん》疫《えき》システムが働きだし，体内に入りこんだコロナウイルスに結合してその働きを止める抗体《こうたい》と呼ばれる特別なタンパク質がつくられるようになる。

ア　インフルエンザ　　**イ**　DNA　　**ウ**　RNA　　**エ**　ワクチン

問５　図３の０日目から40日目までのグラフは，あるウイルスに対する予防接種後の抗体の血液中での量の相対的な変化を示している。40日目に同じウイルスに感染した場合，抗体の量の変化として最もふさわしいグラフはどれか。図中の**ア**～**エ**から選び，記号で答えよ。

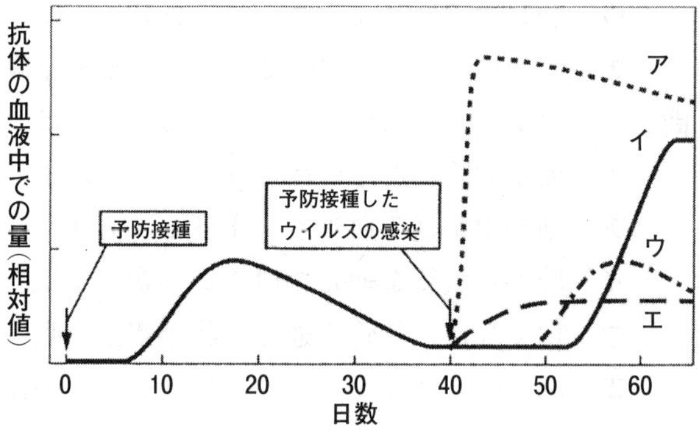

図３

問６　コロナウイルスを拡大してみると，図４のような形をしている。しかし，ウイルスは他の病気を起こす結核菌《けっかくきん》やコレラ菌のような生物ではない。この球状のカプセルの中では，他の生物が行うような呼吸などの生命活動をまったく行わないためである。それでも，生物がもつ別の特徴《ちょう》はあるため，ウイルスは「生物と無生物の間のもの」と表現される。ウイルスももつ生物的特徴とは何か，簡潔に述べよ。

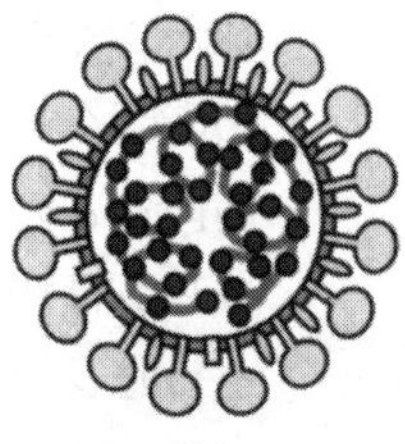
図４

２　音と光について，以下の問いに答えなさい。ただし，空気中の音速は秒速340m，水中の音速は秒速1500mとします。

問１　船Ａと船Ｂが水上で２km 離れている。空気中で船Ａから船Ｂに向けて音を出し，それと同時に水中で船Ａから船Ｂに向けて音を出す。このとき，水中で受信する音は空気中で聞こえる音に比べて何秒速く聞こえるか。答えは四捨五入して小数第２位まで答えよ。

問２　アーティスティックスイミングの選手は水中で演技を行うが，空気中にあるスピーカーから出た音を水中で聞くとあまり聞こえない。そこで水中に防水スピーカーを入れて演技をする。水中にいる選手の演技の速さと演技を始める時刻は，空気中にいるときと比べてどうなるか。最もふさわしいものを選び，記号で答えよ。

	演技の速さ	演技を始める時刻
ア	空気中と同じ	約3.4秒早い
イ	空気中と同じ	約3.4秒遅い
ウ	約3.4倍の速さ	約3.4秒遅い
エ	約3.4倍の速さ	空気中と同じ
オ	約0.77倍の速さ	空気中と同じ
カ	空気中と同じ	空気中と同じ

問3　表1のように，異なる長さの管を用意する。管の一端は開いているが，他端はふたがされている。空気中でその管のふたをしていない方の近くで手をたたくと，特定の音の高さ(ド・ミ・ソなど)がよく聞こえた。

表1

長さ	音の高さ
63cm	ド
49cm	ミ
41cm	ソ
31cm	高いド

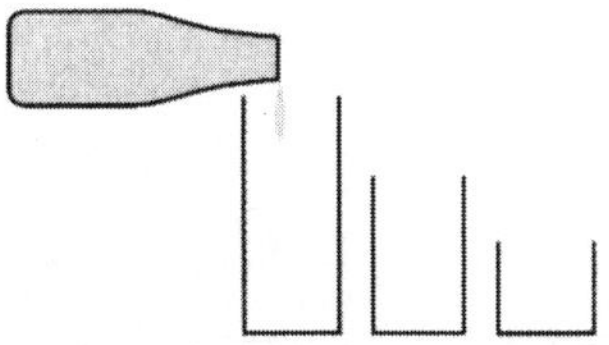

図1

この実験結果をもとに，図1のように同じ直径でさまざまな高さの円筒形のコップに水を注ぐときに聞こえる音の高さは以下のように説明できる。以下の文中の ① ～ ③ にあてはまる語の組合せとして最もふさわしいものを選び，記号で答えよ。

「コップ内の ① 柱の長さが ② ほど音が高く聞こえるので，水を注いでいくと聞こえる音がだんだん ③ なる。」

	①	②	③		①	②	③
ア	水	長い	高く	**イ**	水	短い	高く
ウ	空気	長い	高く	**エ**	空気	短い	高く
オ	水	長い	低く	**カ**	水	短い	低く
キ	空気	長い	低く	**ク**	空気	短い	低く

問4　T字路に左右が確認できるカーブミラーが設置されている。図2のように鏡に車が見えていたとき，車はどの位置にあるか。上空から見た図として最もふさわしいものを選び，記号で答えよ。

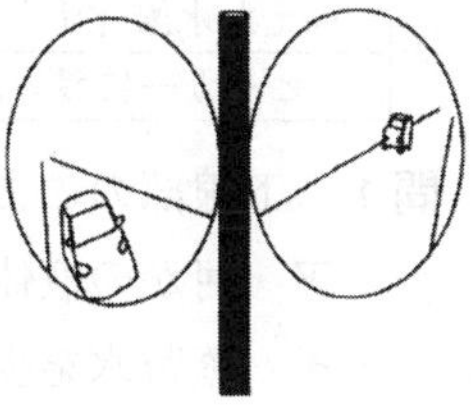

図2

ア

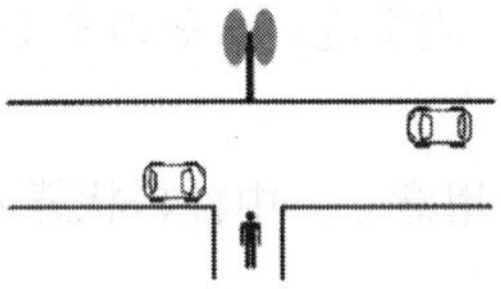

イ

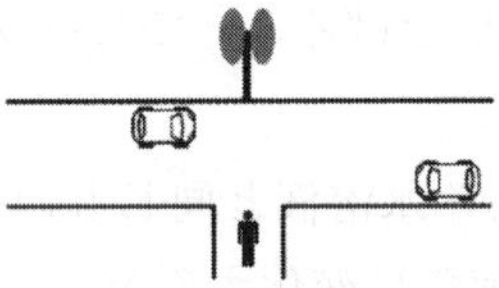

ウ

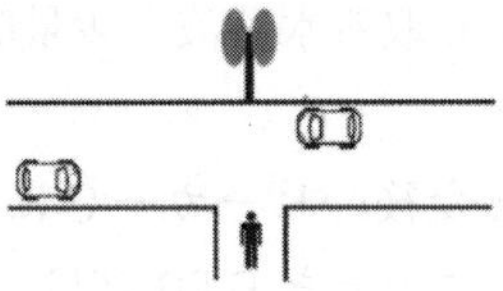

エ

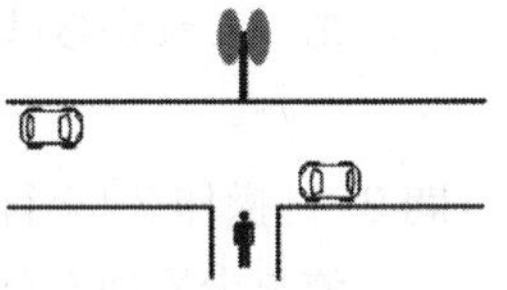

問5　図3のような双眼鏡《そうがんきょう》は，接眼レンズと対物レンズを用いて，見るものを拡大する。その内部には光を反射させるためのプリズムが配置されている。図4のように2つのプリズムが配置されているとき，対物レンズから入ってきた光はどのような経路を通り接眼レンズまで進むか。その光の経路を図示せよ。

図３

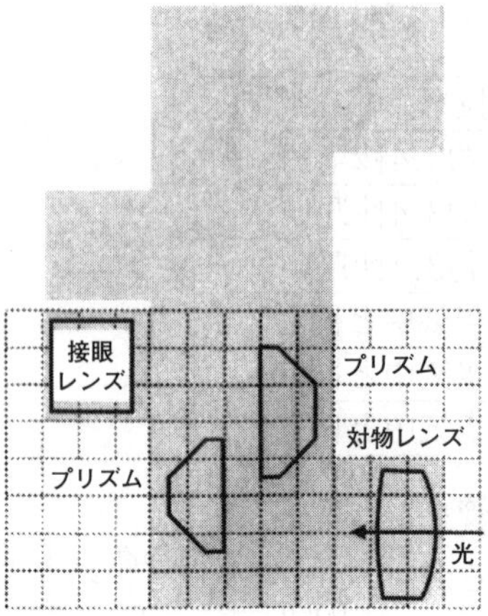

図４

3　次の実験操作を読み，以下の問いに答えなさい。なお，表は実験の結果をまとめたものです。

［操作１］　固体の水酸化ナトリウム10ｇに水を加えて混合し，水酸化ナトリウム水溶《よう》液500cm^{3}を作った。

［操作２］　ある濃度のうすい塩酸を70cm^{3}ずつ６つのビーカーＡ～Ｆに入れた。

［操作３］　図のようなこまごめピペットを用いて，［操作１］の水酸化ナトリウム水溶液を表の体積で，ビーカーＡ～Ｆに加え混合した。

［操作４］　ビーカーの水溶液を加熱し，蒸発させてビーカーに残った固体の重さをそれぞれ調べた。

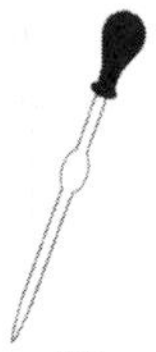

図

ビーカー	A	B	C	D	E	F
加えた水酸化ナトリウム水溶液(cm^3)	30	40	50	60	70	80
ビーカーに残った固体の重さ(ｇ)	0.90	1.20	1.50	1.76	1.96	2.16

問１　下線部のこまごめピペットについて，最もふさわしい使用方法を選び，記号で答えよ。

ア　何かの液体でぬれていたが，そのまま使用した。

イ　蒸留水を少量吸い上げることでピペット内を洗い，そのまま使用した。

ウ　蒸留水を少量吸い上げることでピペット内を洗い，ドライヤーで乾燥させてから使用した。

エ　これからはかり取る水溶液を少量吸い上げることでピペット内を洗い，そのまま使用した。

問２　［操作３］を行った後のビーカーＣにある水溶液と同じものを用意し，中性の状態のBTB液を少量加えた。このときBTB液は，何色に変化するか。

問３　このうすい塩酸70cm^{3}とちょうど中和する水酸化ナトリウム水溶液は何cm^{3}か。

問４　［操作４］を行った後のビーカーＤに残った固体の中で，食塩は何ｇか。

問５　［操作４］を行った後のビーカーＥとＦに残った固体を別のビーカーに入れ，水を加えて完全に溶かした。これに［操作２］で用いたうすい塩酸70cm^{3}を加えたとき，水溶液は酸性になった。その後，この水溶液に再び［操作４］を行うと，残った固体の重さは何ｇか。

問６　［操作３］を行った後のビーカーＢの水溶液11cm^{3}と，ビーカーＦの水溶液15cm^{3}をはかり取り混合した。この水溶液を中性にするには，ビーカーＢの水溶液をあと何cm^{3}加えたらよいか。

4　地層について，以下の問いに答えなさい。

図は，ある地域の地層の分布や断層のようすを示しています。このような図は，地質図と呼ばれます。図中の点線は等高線で，この地域には丘があることがわかります。この地域には異なる岩石でできているＡ層，Ｂ層，Ｃ層が分布していて，Ｂ層から見つかった化石のほうが，Ａ層で見つかった化石より，新しい時代に栄えた生物の化石でした。また，図中の実線は，Ａ層，Ｂ層，Ｃ層の互いの境界を示していて，太線は南北方向の断層を示しています。

この地質図から，断層の［　①　］側が［　②　］m隆起《りゅうき》していることがわかります。

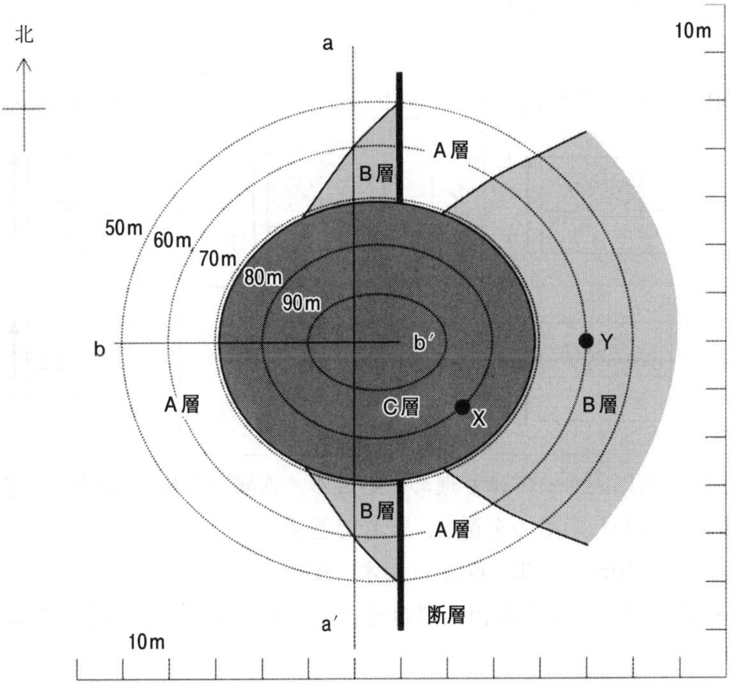

図
＊縦横の１目盛は10mを示す。

問１　図中の **a** ― **a′** の地形の断面を，西側から見たときの図として最もふさわしいものを選び，記号で答えよ。

ア	イ	ウ	エ
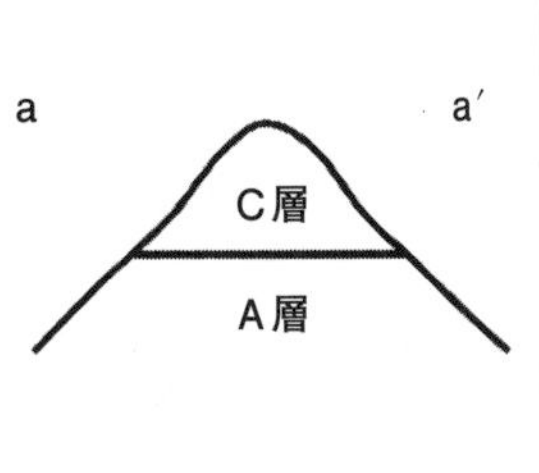	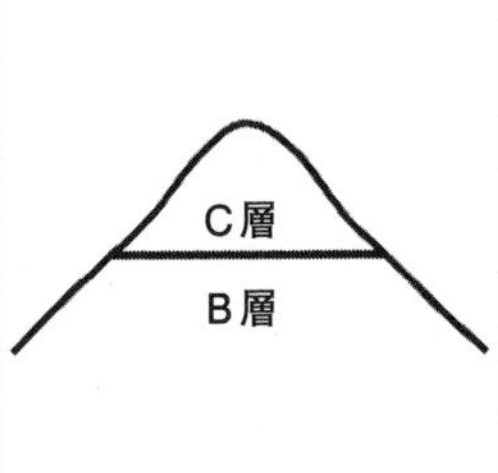	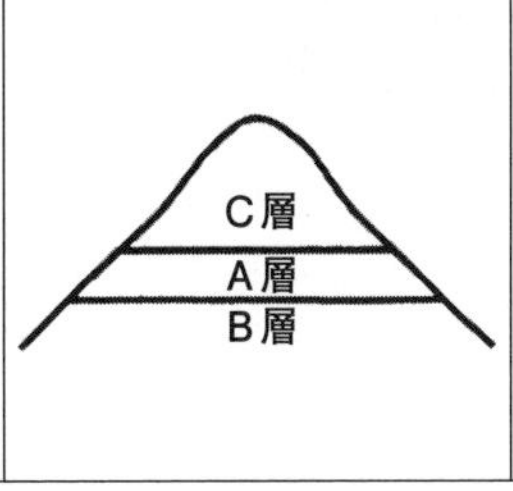	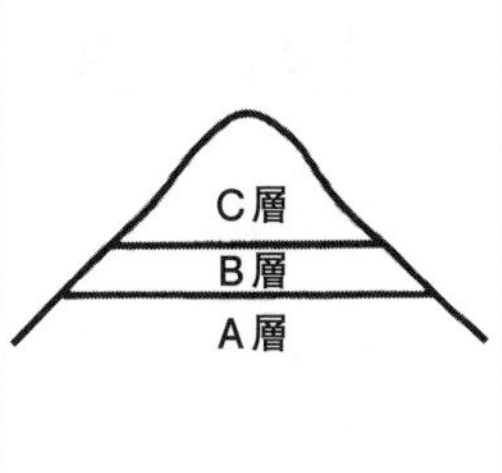

問２　図中の **b** ― **b′** の地形の断面を，南側から見たときの図として最もふさわしいものを選び，記号で答えよ。

ア	イ	ウ	エ
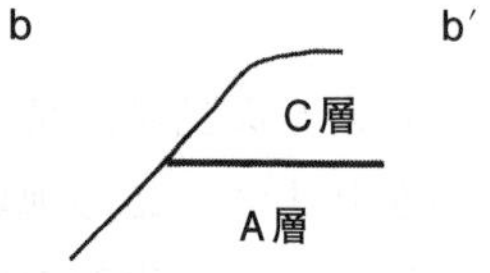	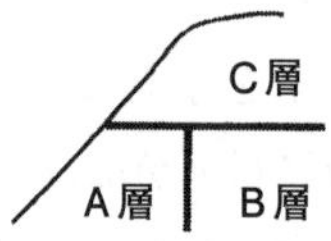	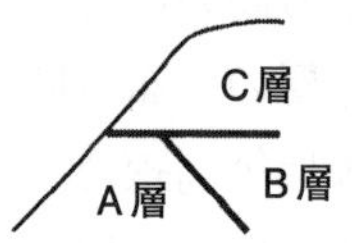	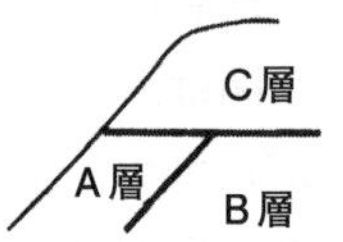

問3　C層は，砂が下から上に向かって順に堆《たい》積して形成されたことが分かっている。図中の地点XではC層の地層が見られ，地層中の砂の粒の大きさや浅い海だったときに生息していたカニの巣穴の化石に注目して観察した。観察したスケッチとして最もふさわしいものを選び，記号で答えよ。

	砂粒の大きさの変化	カニの巣穴		砂粒の大きさの変化	カニの巣穴
ア	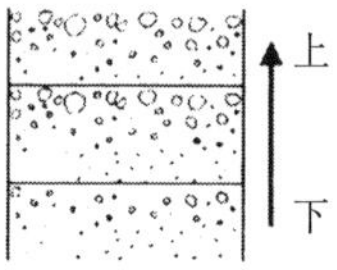	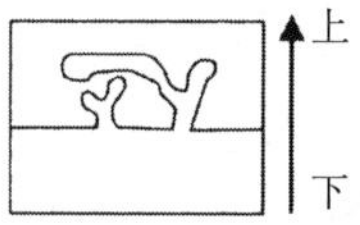	**イ**	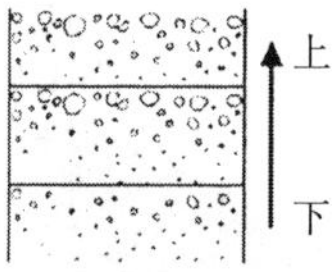	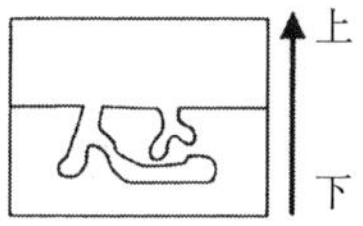
ウ	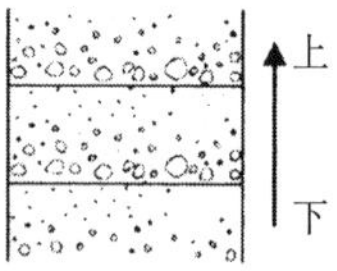	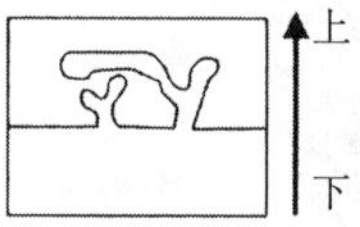	**エ**	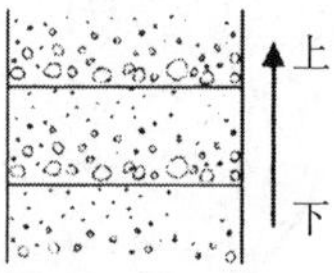	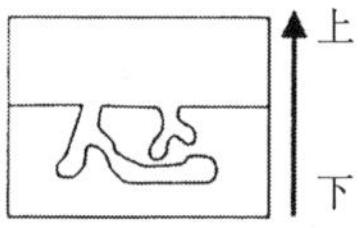

問4　図中の地点Yから水平に，西に向かってほり進めたところ，A層とB層の境界面に達した。ほり進んだ距離として最もふさわしいものを選び，記号で答えよ。

ア　10m　　**イ**　20m　　**ウ**　40m　　**エ**　60m　　**オ**　80m

問5　文章中の ① ， ② にあてはまる語と数値の組合せとして最もふさわしいものを選び，記号で答えよ。

	①	②
ア	東	10
イ	東	20
ウ	東	30
エ	西	10
オ	西	20
カ	西	30

問５　傍線部**3**「小説のタイトルは、誠実であることが大切だ」とありますが、それはなぜですか。次の［X］・［Y］にふさわしいことばを、［X］は十字以上十五字以内、［Y］は五字以上七字以内で補って答えなさい。

たとえば「門」というタイトルは、作者が［X　十字〜十五字］ということを表現することができ、そのようなタイトルを持つ小説を読んだ人は、小説とは［Y　五字〜七字］ものだと受け止めるから。

問６　次の中から本文の内容に合うものを二つ選び、記号で答えなさい。

ア　勧善懲悪小説は扱われる悩みが浅く、一見主張が明確であるが、かえって読者は受け取り方を考えさせられる。

イ　小説と自己啓発本はどちらも、人が生きる上での痛みや苦しみに作者が向き合った結果として生まれたものである。

ウ　作者が悩みの本質に迫ろうとするあまり抽象的な内容になった小説は、悩みに共感できない読者にとっては難解である。

エ　読者は自分の悩みにそったタイトルを探して小説を選ぶので、的確なタイトルは豊かな読書経験のために重要である。

オ　小説は、簡単に片づけられない悩みを持つ人間にとっては、孤独から解放され、安心するために読むものである。

カ　我々が小説を読むのは、いかに思慮深い作者であっても悩みの解決は難しいということを知り、自分を慰《なぐさ》められるからである。

やすさ以上に、小説と同じ深さの悩みを持った読者に対して、誠実であることが大切だ。それが小説のタイトルのルールである。（中略）

私は、小説のタイトルは分かりづらくあるべきだ、と思う。だって、えんえん語っているように、小説のタイトルは、悩んでいる、苦しんでいる読者に、「俺のことを信頼してよ」って説く誘う文句だから。それは、「俺はきみと同じくらい、またはきみ以上につらいよ」って言うものだからだ。

小説は、「ちゃんと自分以上に悩んでいる、苦しんでいるやつがいる」って教えてくれる。悩んでいるのは、苦しんでいるのは、つらいのは、自分だけじゃない。この問いについてここまで考えている人がいる。その一点を感じるためだけに、私たちは小説を読む。ずっと読む。ずっと読んできたのだ。昔から。

だから、今つらい人はもちろん、今つらくない人も、小説を読んだらいいのになあ、と私はやっぱり思ってしまう。だって、あなたがつらくなったとき、小説は唯一寄り添ってくれる存在かもしれないよ。

（三宅香帆『（読んだふりしたけど）ぶっちゃけよく分からん、あの名作小説を面白く読む方法』〈笠間書院〉より）

問１　傍線部**１**「小説と自己啓発本では、異なる」とありますが、どういうことですか。その説明として最もふさわしいものを次から選び、記号で答えなさい。

ア　小説の主旨は読者が作者の思考に基づき適切に解釈するものだが、自己啓発本において読者は解釈をしてはならない。

イ　小説の作者は難解な悩みの過程しか描かないが、自己啓発本の作者はさらにその明快な結末まで表現している。

ウ　小説では悩みの行き着く先が読者の視点にゆだねられているが、自己啓発本では作者がそれを完全に指定してしまっている。

エ　小説に描かれる悩みにはこれといった解決がないが、自己啓発本に描かれる悩みには読者が納得する正しい答えがある。

オ　小説のタイトルは読者の悩みのために練られたものであるが、自己啓発本のタイトルは読者が誤解しないことを重視したものである。

問２　傍線部**２**「悩みの正体」とありますが、それはどのようなものですか。『門』の内容に基づいた次の説明の中から最もふさわしいものを選び、記号で答えなさい。

ア　夫婦仲が良いので子どもが生まれると思っていたが、子どもが生まれないという悩み。

イ　自分と妻は成育歴の違いがあるため、家庭の理想の在り方が異なってしまうという悩み。

ウ　夫婦の問題は取り巻く状況が入り組んでいるために、その状況が解決しないという悩み。

エ　当時の経済事情や社会事情の問題について夫婦という切り口で描写できるかという悩み。

オ　夫婦の問題を「門」というタイトルのひとことで表して象徴化できるかという悩み。

問３　□に入る最もふさわしいことばを漢字で答え、慣用句を完成させなさい。

問４　波線部「タイトルから内容が想像できる」「分かりやすいタイトル」とありますが、このような自己啓発本に対して、小説のタイトルはどのようなものですか。次の空欄《らん》に入る最もふさわしいことばを□より後の本文中から十字程度で探して、書き抜きなさい。

内容を **十字程度** タイトル。

長くてごめん！）。

なぜなら先ほど言ったように、小説は扱う「悩み」に対して、明確な答えを出さない。その答えはきわめて不明瞭《ふめいりょう》なことが多い。その**2**悩みの正体を綴《つづ》っただけで終わることもある。

たとえば、夏目漱石は『門』で「夫婦ってなんなんだよ」という悩みを扱った。が、『門』のなかで夏目漱石は「夫婦ってなにか」に明確な答えは出さない。というか、物語の主人公ですら、「夫婦ってなんだろうな」なんてとくに言わない。小説の中でただすることといえば、門の前に立ち尽くすことだけである。夫婦という悩みを扱って、門の前に立つ。意味が分からない。解決もしていない。もちろん答えもない。だけど、それがひとつの小説になっている。

そしてこの物語を、夏目漱石は「門」と名付けた。それは、そうとしか名付けられなかったからだ。「俺と仲の良いはずの妻のあいだに子どもがいないという件について」なんてタイトルはつけられない。だって、『門』という小説が扱っている悩みは、ただ夫婦の話だけじゃなくて、その夫婦を取り巻くもっと複雑に入り組んだ悩み全体のことだから。

実際、私たちが人生で抱く悩みなんて、ひとことでばしっと名付けてしまえるほど単純じゃない。

たとえばもしあなたが自分と妻の問題について悩んでいたとしたら、そこには自分の仕事が今どういう状態か、とか、そもそも結婚することになった青春時代の経緯《けいい》とか、さらに妻の幼少期から続く性格や親《しん》戚《せき》事情とか、自分の昔持っていた理想のありかたやそれを作った父母の関係とか、現在の経済事情や社会事情とか、それはもういろんな要素が絡《から》み合った状況を、「夫婦」という切り口で悩んでいるにすぎない。ひとくちに「夫婦の問題」とか言ったって、それは□の一角で、おそらくもっと問題は根深い。だからこそ私たちは悩む。絡まりすぎてほどけない糸を、どうしよっかなあ、と眺《なが》める。本当は、夫婦の状態だけが問題じゃないはずなのだ。ちょっとどうにかしようとしてみたって、本当は問題なんて解決しなくて、だけどそこに問題があることはたしかだ。

で、その状態を夏目漱石は「門」と言った。いや言ったわけじゃなくてタイトルなんだけど、夫婦を扱った小説の中で夏目漱石は「門の前に立ち尽くすしかなかった主人公」を描くに至った。

この場合、タイトルが「俺と仲の良いはずの妻のあいだに子どもがいないという件について」と、「門」だったら、どちらが、より悩みに対して誠実で、的確だろう？　「悩んだけど解決しなかった」と言うのと、「門の前で立ち尽くすしかなかった」と言うのでは、どちらがより状況を誠実に描写しているといえるのだろう？　どちらが、より、私たちに、その悩みの深さを伝えてくれるだろう？

たしかに「門」だけのほうが、分かりづらい。というか、一見しただけでは、分からない。だけど実際に小説の文脈を知り、その悩みにいったん共感してしまうと、私たちは、「門」と名付けた夏目漱石を信頼せざるをえない。少なくとも、私はそうだ。きっと私が同じようなことで悩んでいたとしたら、「ああ、夏目漱石は深く悩み、深く考えてくれている」とほっとしただろう。自分よりこの悩みについて考えている人が、ここにいたんだ、と感じるだろう。

それ――つまり「門」とかいう一見分かりづらくて複雑なタイトルは、分かりやすく直接的なタイトルよりももっと、実は、伝わるものの多い表現なのだ。

だからこそ、小説は分かりづらいタイトルをつける。一見、なにが書いてあるか分からないタイトルを。内容を私たちに事前に教えてくれない言葉で。それは不親切に見えるかもしれない。自己啓発本みたいにうまいタイトルつけろよ、と思うかもしれない。だけど、分かり

を有人は崩《くず》そうとしなかったから。

問７　本文中には、医師になりたいという有人の気持ちをたとえた一語があります。それを、傍線部**2**より後の部分から書き抜きなさい。

二

次の文章を読んで、後の問に答えなさい。

本書は、「小説の読み方入門」をテーマにした本である。って誰でも分かる。だって、この本のタイトルに書いてあるから。

これって意外と面白い話だ。あなたは、この本の内容をなんとなく分かっているから、読もうと思ってこの本を手に取る。

でもこれ、小説だとあまりない現象なのだ。小説は、「タイトルだけではどんな話か分からない」本だから。

たとえばこの瞬間、あなたが小説を書店で買うとすれば。それは、「タイトルで惹《ひ》かれても、中身が面白いかどうかは分からない」という博打《ばくち》をしているも同然だ。（中略）

じゃあ反対に、タイトルから内容が想像できる本って何だろうか？　たとえばビジネス書。実用書。あるいは、自己啓発本《けいはつぼん》。

自己啓発本って、本の中でもぶっちぎり「タイトルから中身が想定できる」ジャンルだ。というか、分かりやすいタイトルじゃないと買ってもらえなさそう。たとえば有名な自己啓発本の『７つの習慣―成功には原則があった！』なんて、タイトルですべて本の内容のオチまで言ってしまっている。この本を買う読者はもちろん「成功する原則とされる７つの習慣が知りたい人」だろうし、本の中身とタイトルの印象がちがった！　なんて齟齬《そご》もないはずだ。

そんなわけで、まったくちがうジャンルだと思われる小説と自己啓発本だけど。実は、小説も、ある種、自己啓発本と同じ効用があるのではないか。（中略）

なぜなら、小説も、自己啓発本も、「現在の自分が抱えている、どうにもならない不安」を扱いつつ、それに対して作者が「私はこう考えてるよ、私もがんばってるから、あなたもがんばろう」というものだから。

人生を過ごすのに、不安や、痛みや、苦しみは、避けられない。

――小説も、自己啓発本も、これを前提としている。

人生は、悩まされるものだ、と。

ただその悩みの行きついた先に「読者の解釈にゆだねられた結末」があるか、「読者の解釈が定まっている結末」があるか、のちがいが分かりやすい自己啓発本と分かりづらい小説の差を生み出している。

小説は、基本的に「私はこんなふうに悩みを持ってるよ。そんで、その悩みに対してこう考えたり、こんな体験をしたりしたけれど、まあ、これが解決になったかどうかは、あなたの解釈にゆだねるよ。ていうか、解決なんてしないかもしれないけど」と伝える（ことの多い）メディア。もちろん作品によっては「悩み、完全解決！」といえる結末を用意してくれることもあるけど、たとえそのような勧善《かんぜん》懲《ちょう》悪《あく》小説であっても、それが本当にハッピーエンドかどうかは、読者が決めていい。

反対に、自己啓発本の場合は、「私はこんな悩みを持ってるよ。そんで、こうやって解決したよ！」と伝える。結末を解釈にゆだねてはいけない。結末は作者が用意して、それを読者に渡すものだ。これが自己啓発本のルール。今抱えている悩みに対する結末を、どういうふうに、読者に渡すか。**1**小説と自己啓発本では、異なる。（中略）

で、この「悩みのためのモノ＝小説」という事実は、小説のタイトルが分かりづらいことと関係している（タイトルの話、まだ続きます。

て助けたんだろ？」

　有人は懸命に首を縦に振る。

「俺、そのときの川嶋先生、どんなだったかわかる。小西さんのとこに向かってったおまえだ。**3**おまえ、川嶋先生に似てた」

　まるで、全世界に自慢するように、怒鳴る。

「おまえ、あのとき、すっげー、かっこ良かった！」

　かつて一度は消えた灯が、その瞬間、もう一度生まれた。

（乾　ルカ『明日の僕に風が吹く』〔KADOKAWA〕より）

（注1）涼先輩…有人が通う高校の先輩。
（注2）エピペン…食物アレルギー等によるショック症状を和らげる注射。
（注3）誠…有人が通う高校の同級生。
（注4）森内…島の診療所の事務職員。
（注5）柏木…本島の大学病院に勤務する研究医。川嶋先生を慕っていた。
（注6）叔父…川嶋先生は、この少し前に癌《がん》のため他界している。
（注7）和人…有人の兄。
（注8）バイタル…脈拍・血圧など、患者の生命に関する基本的な情報。

問1　傍線部**a**～**c**のカタカナを漢字に直しなさい。

問2　次の一文を入れるのに最もふさわしいのはどこですか。本文中の【A】～【F】より選び、記号で答えなさい。

　しかし、脳裏に焼き付いていた。

問3　傍線部**1**「未来の自分を想像してみないか」とありますが、ここには川嶋先生のどのような思いが込められていますか。次の空欄《らん》にふさわしいことばを二十五字以上三十字以内で補って答えなさい。

　有人に、［二十五字～三十字］、ということを考えて行動してほしい。

問4　傍線部**2**「その子なら喜ぶんじゃないか」とありますが、誠がこのように思ったのは、有人の話に、どのような内容が含まれていたからだと考えられますか。その内容として最もふさわしいものを次から選び、記号で答えなさい。

ア　エピペンをはじめとする医療器具の使い方を学び直し、医師になる決意を早く固めてほしいと道下は言った。
イ　かつて川嶋先生がそうしたように、うまくいくという確信を得てから行動に移した方がよいと道下は言った。
ウ　確かとは言えない医学的知識を用いて医師の真似をするのはよくないことだと思う、と道下は言った。
エ　有人が傍観《ぼうかん》するのではなく、自分に人工呼吸をして助けようとしてくれたことを嬉《うれ》しく思っていると道下は言った。

問5　三か所の□に入る最もふさわしいことばを、「＊」以後傍線部**2**以前の本文中から探して、書き抜きなさい。

問6　傍線部**3**「おまえ、川嶋先生に似てた」とありますが、誠がこのように言った理由として最もふさわしいものを次から選び、記号で答えなさい。

ア　自分が窮地《きゅうち》に立たされる可能性のあることを知りながら、有人は自らエピペンを打ったから。
イ　善きサマリア人の法を守ることよりも、目の前で苦しむ病人を救うことを有人は優先したから。
ウ　緊急時であっても医師ではない人間による処置は認められないのに、有人は名乗り出て治療を施したから。
エ　たとえ結果が伴わなかったとしても、患者にとって諦めがつく最善のことを有人はやり遂げたから。
オ　過去のあやまちを反省し、川嶋先生と同じく患者本位の姿勢

それから、悔やみ続けたあの日の一部始終を話した。
　すべて聞き終わるまで、誠は口も挟まず、寒そうなそぶりも見せなかった。話し終えると、有人の震えも治まっていた。
「そっか」誠は立ち上がった。「その道下さん、元気になってよかったな」
「……うん」
「今夜のこと、教えてやれよ」
「え、なんで？」
「いや、なんとなく。2その子なら喜ぶんじゃないかと思った」（中略）
「もしも□がなかったらって、ずっと思ってた」手の中の雪玉を、握って潰《つぶ》す。「こんなことになってないのにって」
「でも、もしも□がなかったら、小西さんはヤバかったな」
誠は尻についた雪を素手で払い落とした。「今はどうなのよ」
「今？」
「今は□のこと、どう思ってんだよ？　やっぱ、なかったほうがいいか？」
　有人はもう一度雪玉を作って、今度は誠に投げつけた。誠がやり返してくる。
「なあ、なんで今夜は行ったんだよ！　あのとき！　涼ちゃんと小西さんのところに！　エピペンのありかと打ち方知ってるって！」
　打ち方なんて、一度見ただけだった。【E】もちろん、電話で的確な指示を出し続けてくれた医師のサポートは大きいが、ともかく有人は名乗り出てやり遂げた。
「涼ちゃんのことが好きだからかよ！」
「ま、誠って馬鹿だろ！」
　誠は笑いながらグラウンドを駆けだした。

「……誠だってわかってるくせに」
　叔父の言葉を知っている誠なら。
　あのとき有人は、一瞬で未来の自分を考えた。【F】十年後、二十年後の自分を想像して、今を振り返った。黙って突っ立っている己を後悔しないか考えた。
　次に思い出した誠の父、兄、それからなにより誠の声。
　号砲みたいだった。
「あのさ、有人！　救急車のかわりにドクターヘリがあるとか言うけどさ、俺や親父含めて島に住んでる人は、どっか覚悟してるところあんだよ」誠は飛び去ったヘリが雪面に残した跡の上に立った。「なんかあったら、しゃーない。駄目なときは駄目だって。都会じゃもしかしたら助かるかもしんなくても、ここじゃどうしようもないときがある」
「……うん」
「それでもさー。俺らだって人間だから、せめて医者がいたら、あわよくばすげー医者だったら、もしかしたらって思う」
「……うん」
「俺ら、川嶋先生ならいいやって思えてたんだ。なんかあって結局駄目でも、診《み》てくれたのが川嶋先生なら諦《あきら》めつく。最善を見つけてくれる、絶対それをやってくれるって信じられた」
　土日もたゆまず資料に目を通していた叔父の姿が思い起こされる。
「うん……わかる」（中略）
　誠の声がどんどん大きくなる。
「川嶋先生、やっぱすげーよ。その、善きサマリア人の法？　ヤバい状態の人を救うために最善を尽くしたら、結果が伴《ともな》わなかったとしてもおとがめなしみたいな決まり、日本にはないのに、機内で名乗り出

観光客の男性は、小西さんといった。ヘリでaハンソウされる際、同乗の医師に名を問われ、自分で答えた。
「エピペンを打ったのは君?」小西の（注８）バイタルを確認した医師は、小さく頷《うなず》いた有人に大きく頷き返した。「ありがとう、頑張ったね」
やりとりはあっという間だった。【Ｃ】ヘリはすぐに小西を乗せて、北海道本島に飛び去った。
ドクターヘリのライトが星に紛《まぎ》れてしまうと、有人はどすんと雪の上に尻もちをついた。
「なした、有人」
大人たちが訊《き》いてくるが、なにも答えられない。キャパシティを超えた緊張からようやく解放され、力がすっかり抜けた有人は、立ち上がることなんてできなかった。
怖かった。今になって震えが有人を襲う。
「でも、よくやったなあ、有人」
「あの、カチッてやるやつの使い方、よく知ってたな」
大人たちが口々にねぎらう中、涼先輩が涙ぐんで有人の前に膝をついた。
「有人くんが帰ってきてて、本当に良かった……」
「涼ちゃんも大変だったな。さ、帰るべ帰るべ」誠の父が有人の頭にぽんと手を乗せた。「今夜のヒーローも帰るど」
「……俺は」
「そんな格好で雪の上に座ってたら風邪ひくべ。ガタガタやってるしよ」
集まっていた人々は、三々五々帰りはじめている。こんな大騒動があっても、数時間後には船に乗って海に出る人たちなのだ。涼先輩も両親に連れられて去っていく。何度もbナゴリ惜しそうに有人たちを振り返りながら。
「親父。先帰ってろよ。俺、ちょっとここで一休みしてから、有人を寮に送ってく」
「そうか」誠の父は深追いしなかった。「なら、そうせ」
自分が着ていた防寒服を有人に投げてよこして、誠の父は車で去っていった。
さっきまでの喧騒《けんそう》が嘘みたいに静かなグラウンドだった。誠が兄のように防寒服を有人にはおらせた。有人は少し魚臭い温かみに包まれながら、空を見上げた。月は削《そ》がれたように薄く、そのぶん満天に広がる星の光は強い。
「小西さん、写真ちょっとは撮れたかな」誠が隣に腰を下ろした。
「こんな空、俺らには普通だけどな」【Ｄ】
「……ここ、すごくきれいに……ほ、星が見えるよ」歯の根が合わず、声にも力が入らない。
「夏の……花火のときも……そう思った」
「ふーん」誠は天を仰いだ。「全然関係ないけど、さっきのおまえ、おまえじゃないみたいだった」
誠の爪先《つまさき》が、器用に雪を有人へと蹴り上げてくる。目をやると、誠はにかっと笑った。
「すげーな、有人」
「……す、すごくないよ。全然」言葉が夜に白く漂《ただよ》う。「全然すごくないんだ……だって、あれを知っていたのには……わけがある」
あまりに気が抜けて、心のガードもcユルんでしまっている。有人は両手で顔を覆《おお》った。
「僕は……医者になりたかったんだ」
星の下で、雪の上で、有人は叔父への憧《あこが》れを抱いた幼い日のこと、

二〇二二年度　早稲田中学校

【国　語】〈第一回試験〉（五〇分）〈満点：六〇点〉

注意　字数制限のある問題については、かぎかっこ・句読点も一字と数えなさい。

一　次の文章は、乾ルカ『明日の僕に風が吹く』の一節です。主人公「有人《ゆうと》」は、中学校のクラスメートである「道下」が食物アレルギーによるショックのため倒れたとき、放っておくことができずに人工呼吸を試みようとした。しかし、人工呼吸はこの場合に意味をなさない処置であり、その一部始終を見ていた友人たちから「有人」は軽蔑《けいべつ》の言葉を浴びせられた。「有人」は自室にひきこもり不登校を続けたが、中学を卒業後、叔父《おじ》の「川嶋先生」が常駐医として赴任《ふにん》している離島の高校に入学したのだった。

　これに続く以下の場面は、島にやって来た「小西さん」という観光客が発作を起こした日のことを描いたものである。文章を読んで、後の問に答えなさい。

（注1）涼先輩の父が通話先にいっそう大声で問い返した。

「え？　エビ？　（注2）エピペン？」

　有人の心臓が硬く縮まり、続いて一気に膨《ふく》らんだ。あの日覚えた、忘れようがない単語。スティックのりみたいな形状のあれ。めくられたスカート。養護教諭の白衣。

「……保健の先生」有人は呟いていた。「学校の、保健の先生は」

　あのとき道下に処置をしたのは、養護教諭だった。しかし、（注3）誠が即座に首を横に振った。

「島の外から来た先生たちは、みんないない」

　そうだった。教職員住宅には人の気配が無かった。冬休みが明けるまではまだ一週間あるのだ。

「エピペンってのを使えばいいのか？」涼先輩の父が、（注4）森内にがなる。

「診療所にエピペンってのはあるか？　エピペンだ」

　森内の答えのかわりに、有人は過去の音を耳にした。【A】棚の戸を開ける音だ。診療室にあった薬剤を保管する棚に、六月に来島していた（注5）柏木が、二本のエピペンをしまっていた。

　もし、あの日と同じなら。あの人が道下と同じなら。でもわからない。間違えるかもしれない。黙っていても誰も責めない。

　なにも、しなくてもいい。

　なにも動かなければ。

　――有人。

　――1未来の自分を想像してみないか。

　そのとき有人は、（注6）叔父の声を聞いた。

　進んだ先にあるもんなんだよ。

　――動け。行動しろ。

　誠の父と（注7）和人の声も。そして

　――俺は出る。

　誠。

　突如、凄《すさ》まじい向かい風が吹きつけてきた。息もできないくらいの風だ。それを真正面から受ける。

　前に進むときに感じるのは、必ず向かい風だ。

　元旦の海に消えたマフラーがまなうらをよぎる。【B】

　有人は足を踏み出していた。

＊

2022年度

早稲田中学校 ▶解説と解答

算　数　＜第１回試験＞（50分）＜満点：60点＞

解　答

1 ⑴ 904　⑵ 18枚　⑶ 14.4％　2 ⑴ 21.98cm　⑵ 198cm^2　⑶ ⑥ イ　⑧ キ　3 ア 1.25　イ 30　ウ 3　エ 198　4 ⑴ 22時　⑵ 9時36分　⑶ 19時38$\frac{2}{11}$分　5 ⑴ 36cm^3　⑵ ① 解説の図３を参照のこと。　② 46cm^3

解　説

1 整数の性質，つるかめ算，濃度《のうど》

⑴ 17で割ると３余る数は{3，20，37，54，71，88，105，122，…}であり，23で割ると７余る数は{7，30，53，76，99，122，…}だから，両方に共通する最も小さい数は122とわかる。また，両方に共通する数は，17と23の最小公倍数である，17×23＝391ごとにあらわれるので，小さい方から３番目の整数は，122＋391×（３－１）＝904と求められる。

⑵ はがきと切手の枚数の比は２：１であり，その和が72枚だから，はがきの枚数は，$72\times\frac{2}{2+1}$＝48(枚)となり，はがきの代金は，63×48＝3024(円)と求められる。よって，84円切手と94円切手を合わせて，72－48＝24(枚)買い，その代金の合計が，5100－3024＝2076(円)なので，右上の図１のようにまとめることができる。94円切手を24枚買ったとすると，94×24＝2256(円)となり，実際よりも，2256－2076＝180(円)高くなる。94円切手のかわりに84円切手を買うと，１枚あたり，94－84＝10(円)安くなるから，84円切手の枚数は，180÷10＝18(枚)とわかる。

図１

84円切手｝合わせて
94円切手｝24枚で2076円

⑶ A，B，Cの重さをそれぞれa g，b g，c gとすると，AとBを混ぜたときのようすは下の図２のようになる。図２で，ア：イ＝（５－３）：（８－５）＝２：３なので，a：b＝$\frac{1}{2}$：$\frac{1}{3}$＝３：２とわかる。そこで，a＝300g，b＝200gとして，AとC，BとCを混ぜたときのようすを図に表すと，それぞれ下の図３，図４のようになる。図３で，300×ウ＝300×(0.09－0.03)＝18(g)だから，c×エ＝18(g)となり，図４で，200×オ＝200×(0.12－0.08)＝８(g)なので，c×カ＝８(g)とわかる。よって，(c×エ)：(c×カ)＝エ：カ＝18：８＝９：４となる。この差が，12－９＝３(％)にあたるから，比の１にあたる濃度は，３÷(９－４)＝0.6(％)であり，エ＝0.6×９＝5.4(％)と求められる。したがって，Cの濃度は，９＋5.4＝14.4(％)とわかる。

図２

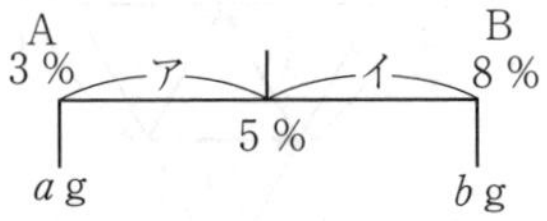

図３

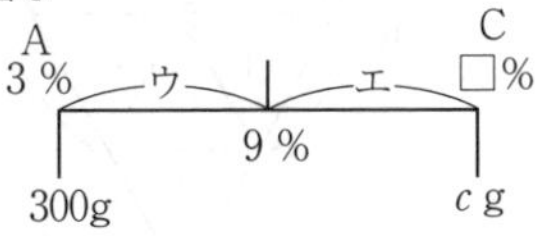

図４

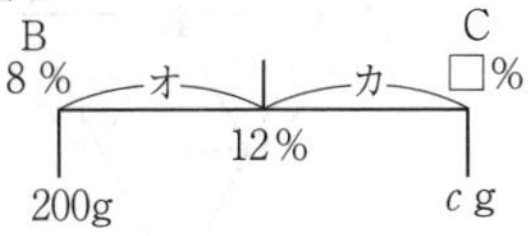

2 図形の移動，長さ，辺の比と面積の比，相似，展開図

⑴　点Ｐは下の図Ⅰの太線のように動く。これらはすべて半径が４cmのおうぎ形の弧《こ》であり，１つ目の中心角は，180－60＝120(度)，２つ目の中心角は，90－60＝30(度)，３つ目の中心角は，360－(60＋135)＝165(度)である。よって，中心角の合計は，120＋30＋165＝315(度)だから，点Ｐが通った道のりは，$4\times 2\times 3.14\times\frac{315}{360}=7\times 3.14=21.98$(cm)と求められる。

図Ⅰ

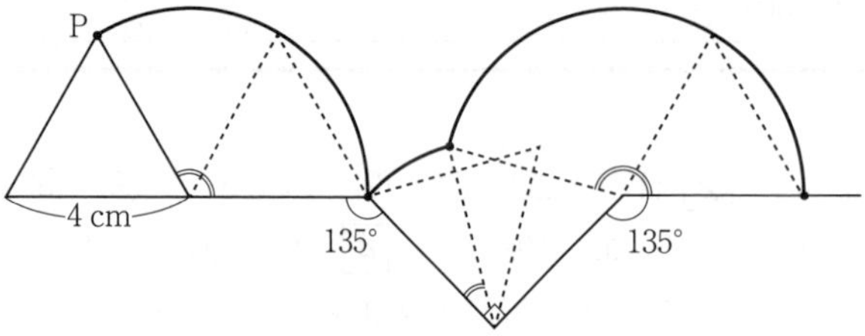

図Ⅱ

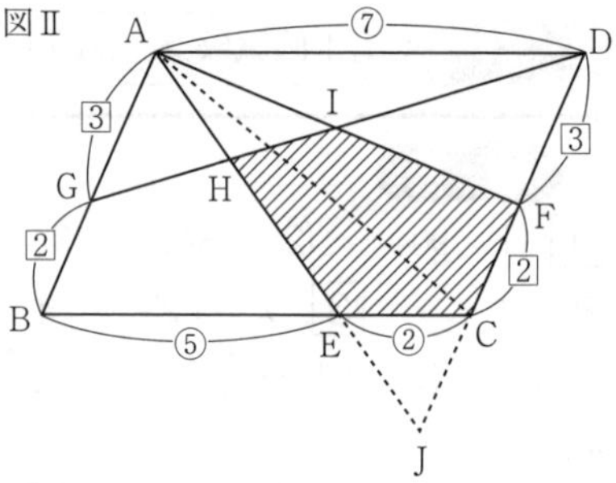

⑵　三角形ADFと三角形ADGの面積が等しいので，DFとAGの長さも等しくなる。また，AEとDCを延長した交点をＪとすると，上の図Ⅱのようになる。図Ⅱで，三角形JCEと三角形JDAは相似であり，相似比は，CE：DA＝２：７だから，JC：CD＝２：(７－２)＝２：５となり，JC＝$\boxed{2}$とわかる。また，三角形AGHと三角形JDHは相似であり，相似比は，AG：JD＝３：(２＋２＋３)＝３：７なので，GH：HD＝３：７となる。さらに，三角形AGIと三角形FDIは合同だから，Ｉは GDの真ん中の点である。よって，GH＝３，HD＝７とすると，GI＝ID＝(３＋７)÷２＝５だから，GH：HI：ID＝３：(５－３)：５＝３：２：５となり，三角形AHIの面積は，$210\times\frac{2}{3+2+5}=42(\mathrm{cm}^2)$と求められる。次に，三角形ADFの面積が$210\mathrm{cm}^2$なので，平行四辺形ABCDの半分の面積は，$210\times\frac{3+2}{3}=350(\mathrm{cm}^2)$であり，三角形ABEの面積は，$350\times\frac{5}{7}=250(\mathrm{cm}^2)$となる。したがって，平行四辺形ABCDの面積から，三角形ADF，三角形ABE，三角形AHIの面積をひくと，斜線《しゃせん》部分の面積は，$350\times 2-(210+250+42)=198(\mathrm{cm}^2)$と求められる。

⑶　下の図Ⅲで，①，②をなぞった後，ａの部分を通って③をなぞり，ｂの部分を通って④をなぞる。この後，オまたはカをなぞるが，カをなぞると次が⑩になってしまう。よって，次はオをなぞることになり，下の図Ⅳのようになる。この後，イまたはウをなぞることになるが，ウをなぞると，ウが⑥，ｂの部分を通ってクが⑦，ｃの部分を通ってエが⑧，ａの部分を通ってイが⑨となり，⑩につながらない。したがって，次はイをなぞることになり，下の図Ⅴのように次々と決まる。以上より，⑥はイ，⑧はキとわかる。

図Ⅲ

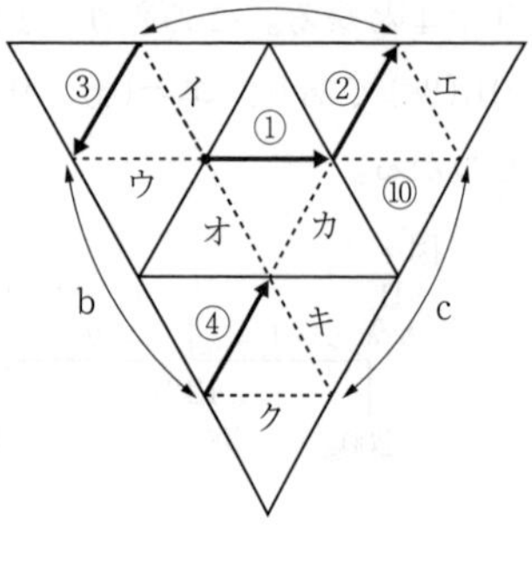

図Ⅳ

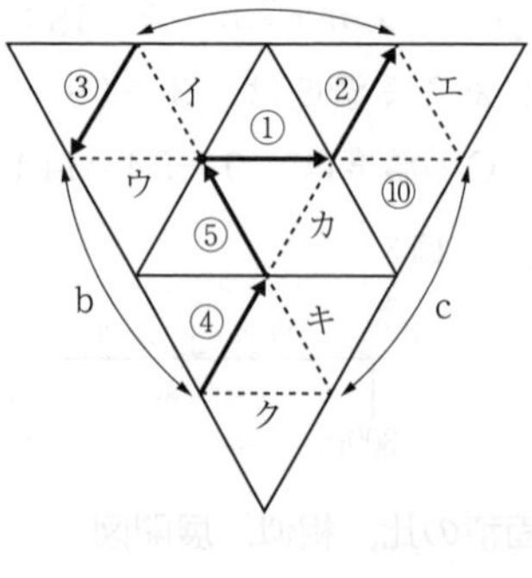

図Ⅴ

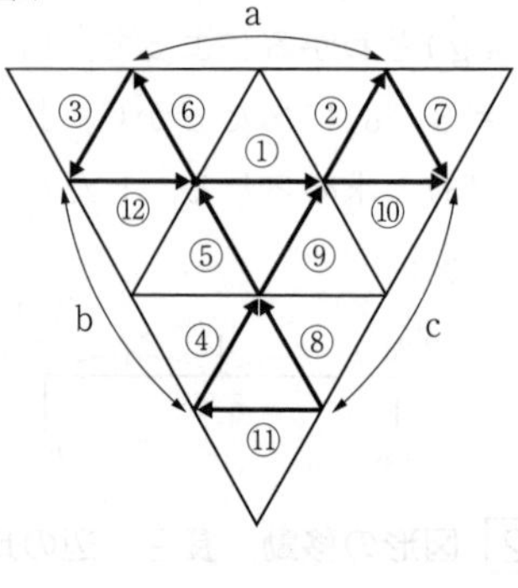

3 ニュートン算

(1)　給水管１本が１分間に給水する量を１，排水《はいすい》管１本が１分間に排水する量を$\boxed{1}$とする。１つ目の排水の仕方の場合，55分で給水した量は，１×55＝55であり，その間に排水した量は，$\boxed{1}$×２×55＝$\boxed{110}$となる。また，２つ目の排水の仕方の場合，給水した時間は全部で，６＋59＝65(分)だから，給水した量は，１×65＝65となる。また，排水した時間は59分なので，排水した量は，$\boxed{1}$×２×59＝$\boxed{118}$となり，上の図のように表すことができる。この図で，$\boxed{118}$－$\boxed{110}$＝$\boxed{8}$にあたる量と，65－55＝10にあたる量が等しいから，$\boxed{1}$＝10÷８＝1.25とわかる。よって，排水管１本の排水量は，給水管１本の給水量の，1.25÷１＝1.25(倍)(…ア)である。

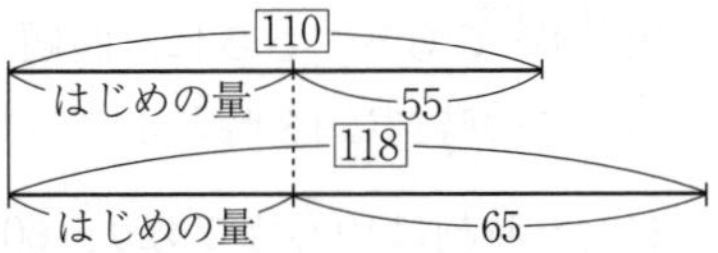

(2)　$\boxed{110}$＝1.25×110＝137.5より，はじめの水の量は，137.5－55＝82.5とわかる。また，給水しながら排水管３本で排水する場合，１分間に，1.25×３－１＝2.75の割合で減るから，空になるのは，82.5÷2.75＝30(分後)(…イ)であり，このときの総排水量は，1.25×３×30＝112.5となる。一方，排水管２本で55分かけて排水する場合の総排水量は図の$\boxed{110}$にあたる量なので，137.5である。この差が60Ｌだから，比の１にあたる量は，60÷(137.5－112.5)＝2.4(Ｌ)と求められる。よって，排水管１本の排水量は毎分，2.4×1.25＝３(Ｌ)(…ウ)，はじめの水の量は，2.4×82.5＝198(Ｌ)(…エ)とわかる。

4 時計算

(1)　針Ａは，８時間で周が８等分された小円を１周するので，１時間ごとに小円の●の点を指す。つまり，針Ａが問題文中の図１の位置を指す時刻は｛6時，14時，22時｝のいずれかである。同様に，針Ｂは，３時間で周が３等分された中円を１周するので，１時間ごとに中円の●の点を指す。つまり，針Ｂが図１の位置を指す時刻は｛1時，４時，７時，…，22時｝のように，３で割ると１余る時刻である。よって，両方に共通する時刻は22時ちょうどとわかる。

(2)　針Ａは１時間に，360÷８＝45(度)，針Ｂは１時間に，360÷３＝120(度)動くから，針Ａと針Ｂが重なるのは，360÷(120－45)＝4.8(時間)ごとである。よって，24時間の中では，｛0時，4.8時，9.6時，14.4時，19.2時｝の５回ある。また，問題文中の図２の針Ａは，１つ目の●と２つ目の●の間を指しているので，この時刻は｛1時と２時の間，９時と10時の間，17時と18時の間｝のいずれかである。したがって，条件に合うのは9.6時とわかり，60×0.6＝36(分)より，この時刻は９時36分となる。

(3)　針Ａと針Ｃの平均の速さで動く針をＤとすると，針Ｄは常に針Ａと針Ｃのつくる角を２等分するので，針Ｂと針Ｄが重なるときに針Ｂが２等分する。また，右の図のように，針Ｂが針Ｄのちょうど反対側にきたときにも針Ｂが２等分する。よって，針Ｂと針Ｄが動いた角の大きさの差が，180度になるごとに針Ｂが２等分することになる。ここで，針Ｃは１時間に360度動くから，針Ｄは１時間に，(45＋360)÷２＝202.5(度)動く。したがって，針Ｄは針Ｂよりも１時間に，202.5－120＝82.5(度)多く動くので，180÷82.5＝$\frac{24}{11}$＝$2\frac{2}{11}$(時間)ごとに針Ｂが２等分することがわかる。つまり，２

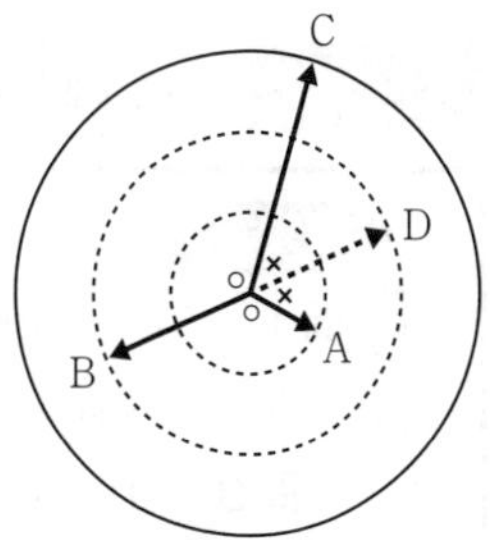

等分する時刻は，｛$2\frac{2}{11}$時，$4\frac{4}{11}$時，$6\frac{6}{11}$時，$8\frac{8}{11}$時，$10\frac{10}{11}$時，$13\frac{1}{11}$時，$15\frac{3}{11}$時，$17\frac{5}{11}$時，$19\frac{7}{11}$時，$21\frac{9}{11}$時｝である。さらに，問題文中の図３の針Ａは，３つ目の●と４つ目の●の間を指しているから，この時刻は｛３時と４時の間，11時と12時の間，19時と20時の間｝のいずれかである。この条件に合う時刻は$19\frac{7}{11}$時であり，$60\times\frac{7}{11}=38\frac{2}{11}$（分）より，19時$38\frac{2}{11}$分となる。

5 立体図形―分割，体積

⑴　切り口は右の図１の四角形DPQCになるから，小さい方の立体は三角柱APD－BQCである。三角形APDの面積は長方形AEHDの面積の，$\frac{2}{3+3}=\frac{1}{3}$（倍）なので，三角柱APD－BQCの体積は直方体の体積の$\frac{1}{3}$倍であり，$108\times\frac{1}{3}=36$（cm^3）とわかる。

図１

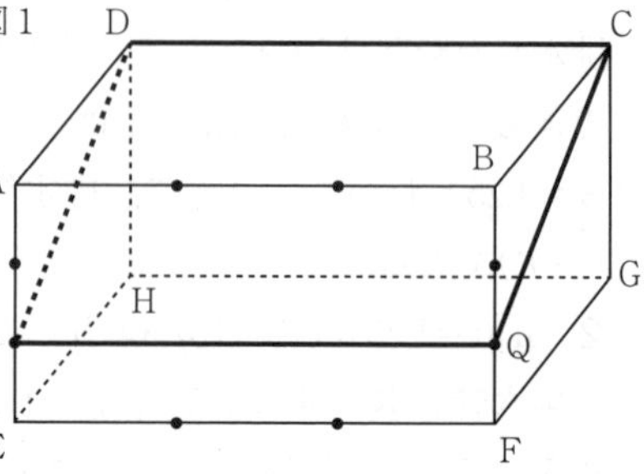

⑵　①　図１をさらにＡ，Ｄ，Ｇを通る平面で切ると，切り口は四角形AFGDになるから，点Ｅを含《ふく》む立体は下の図２の太線の立体になる。図２のように，PQとAFの交点をＲとすると，三角形APRと三角形FQRは相似であり，相似比は２：１なので，PQとIJの交点がＲになる。よって，見取図は下の図３のようになる。　②　図２で，三角柱AEF－DHGの体積から，三角すいR－APDの体積をひいて求める。三角柱AEF－DHGの体積は直方体の体積の半分だから，$108\div2=54$（cm^3）である。また，三角すいR－APDと図１の三角柱APD－BQCは，底面積が等しく高さの比が２：３なので，三角すいR－APDの体積は三角柱APD－BQCの体積の，$\frac{2}{3}\times\frac{1}{3}=\frac{2}{9}$（倍）であり，$36\times\frac{2}{9}=8$（$cm^3$）とわかる。よって，図２の立体の体積は，$54-8=46$（$cm^3$）と求められる。

図２

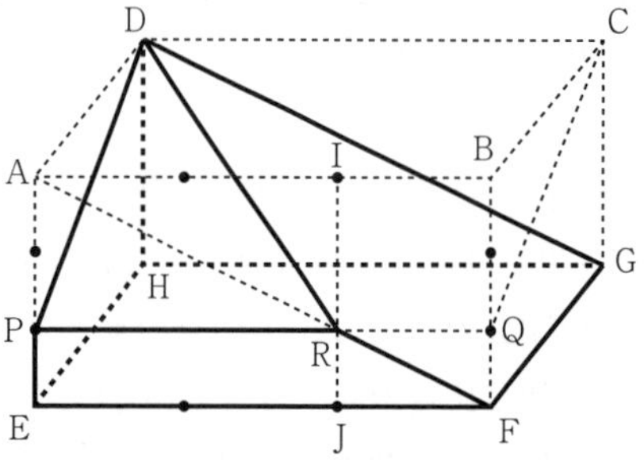

図３

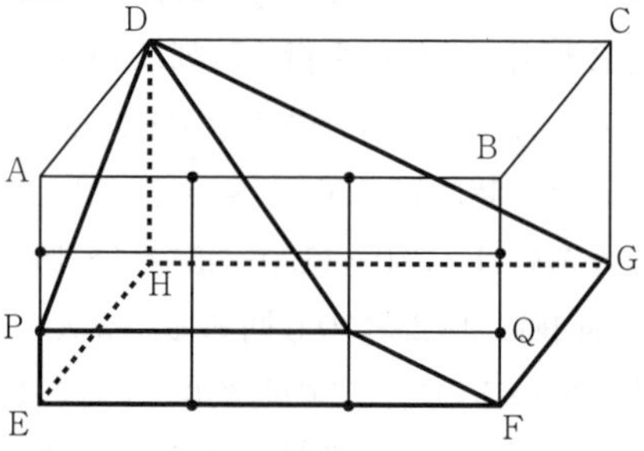

社 会 ＜第１回試験＞（30分）＜満点：40点＞

解 答

1 **問１** ⑴　三角州　⑵　ウ，オ　⑶　（例）　敵が大軍でせめてくるのを防ぐため。（侵入してきた敵を迎え撃ちやすくするため。）　⑷　エ　⑸　イ　**問２**　**そば**…オ　**鶏卵**…エ　**問３** ⑴　対馬海流，１　⑵　イ　⑶　栽培漁業　**問４**　ア　**2** **問１**　**Ａ**　法隆寺　**Ｂ**　天台（宗）　**Ｃ**　蘇我（馬子）　**Ｄ**　日本書紀　**Ｅ**　天保（の改革）　**問２**　（例）　満６歳以上のすべての男女（が）小学校（に通う。）　**問３**　ウ　**問４**　イ　**問５**　カ

→ウ→イ→エ　**問６**　ウ　**問７**　エ　**3**　**問１**　⑴　**A**　ウ　**B**　キ　⑵　ウ
問２　⑴　エ　⑵　イ　**問３**　⑴　**A**　イ　**B**　ア　**X**　集団的自衛(権)　⑵　核拡散防止(条約)

解　説

1　山口県萩《はぎ》市を中心とした地理と歴史の問題

問１　⑴　資料の地形図を見ると，萩市の市街地は，南東部で２つに分かれて海に注ぐ川の三角州上にある。「三角州」は，川が上流から運んできた土砂が河口付近に堆積《たいせき》してできた平らな地形である。　⑵「松陰大橋」から「玉江橋」に至る道路沿いには，警察署(⊗)・消防署(Y)・博物館(🏛)はあるが，神社(⛩)と病院(⊕)は見られない。　⑶　写真のような鉤《かぎ》の手に曲がった街路や丁字路《ていじろ》は，城下町から発展した都市によく見られる街並みである。これは城を守るため，侵入《しんにゅう》してきた敵が大軍でなだれこむことを防ぎ，迎《むか》え撃《う》ちやすくするために設けられた。　⑷　地図記号の(ȯ)は果樹園を表し，萩市では夏みかんの栽培がさかんである。夏みかんは江戸時代中ごろ，付近に流れ着いた果実の種をまいて育てたのが最初とされ，明治時代の廃藩置県後，元権令(県知事)の小幡高政《おばたたかまさ》は職を失い困窮《こんきゅう》した士族を救うため，夏みかんの苗木を配って武家屋敷《やしき》地に植えさせた。日本海に面する萩市は沖合を暖流の対馬《つしま》海流が流れているため温暖で，やがて夏みかんは萩市の特産物として各地に出荷されるようになった。よって，エがふさわしい。　⑸　地形図の「面影《おもかげ》山」の西斜面《しゃめん》は，東斜面と比べて等高線の間隔《かんかく》が広いので，傾斜《けいしゃ》が緩《ゆる》やかである。よって，イがふさわしい。アの「堀内地区」と市役所(◎)周辺の標高はほとんど変わらない。ウの「旧萩藩校明倫《めいりん》館」から見て「萩城跡」は北西の方向にある。エの市役所は鉄道(山陰本線)の駅から離れたところにある。

問２　そばの生産量は北海道が全国の約46％を占《し》めて最も多く，以下，長野・山形・栃木・秋田の各県が続く。よって，オがあてはまる。鶏卵《けいらん》の生産量は茨城県が全国の約９％を占めて最も多く，以下，鹿児島・千葉・岡山・広島の各県が続く。よって，エがあてはまる。なお，アはレモン，イは肉牛，ウはねぎ。統計資料は『データでみる県勢』2021年版による。

問３　⑴　問１の⑷の解説を参照のこと。　⑵　萩市の海面漁業における魚種別漁獲《ぎょかく》量は，アジ類・サバ類とブリ類が多い。統計資料は農林水産省HPによる。　⑶　卵を人工ふ化し，稚魚《ちぎょ》に育てて海や川に放流し，自然の力で育った成魚を漁獲する漁業を「栽培漁業」という。水産資源を保護する方法として養殖業とともに注目されており，近海魚が主流だが，回帰性の高いサケ・マスなどの回遊魚でも行われている。

問４「備前焼」は岡山県，「益子《ましこ》焼」は栃木県，「有田焼」は佐賀県でつくられる陶磁器である。萩市は日本海に面しているが，沖合を対馬海流が流れているため，夏と冬の気温差が小さい。佐賀市もそれに近いが，梅雨の時期の降水量は萩市のほうが少ない。よって，アがあてはまる。イは岡山市，ウは佐賀市，エは宇都宮市(栃木県)。

2　聖徳太子と法隆寺を題材にした歴史の問題

問１　**A**　法隆寺は聖徳太子が大和国斑鳩《いかるが》(奈良県)に建立《こんりゅう》した寺で，現存する世界最古の木造建築物として知られ，1993年にユネスコ(国連教育科学文化機関)の世界文化遺産に登録された。

B　寛永寺の山号の「東叡《とうえい》山」が「東の比叡山」という意味だとあるので，天台宗になる。天台宗は平安時代初めに最澄が開いた宗派で，最澄は比叡山(滋賀県・京都府)に延暦《えんりゃく》寺を創建した。
C　聖徳太子は593年におばにあたる推古天皇の摂政《せっしょう》となり，蘇我馬子《そがのうまこ》の協力を得て天皇中心の政治を行った。　**D**　720年に成立した『日本書紀』は舎人《とねり》親王や太安万侶《おおのやすまろ》らが編さんした初の官《かん》撰《せん》歴史書で，712年に成立した『古事記』とともに「記紀」とよばれる。　**E**　天保の改革(1841~43年)は老中の水野忠邦《ただくに》が行った幕政改革で，享保《きょうほう》の改革・寛政の改革とともに江戸時代の三大改革に数えられる。

問２　1872年，明治政府は学制を発布し，満６歳以上の男女に義務教育を施《ほどこ》すことにした。義務教育期間ははじめ４年であったが，のちに６年に延長された。ただし，小学校の建設は地元住民の負担で，授業料が高かったことから，学校反対一揆《いっき》も起こった。また，子どもは貴重な働き手であったため，当初の就学率は低かった。

問３　律令制度の下《もと》で，地方の政治は中央から派遣された国司が行い，先祖代々各地を治めてきた地方豪族は郡司として郡の行政，税の取り立てなどの仕事を行った。なお，アの地頭は鎌倉時代に荘園や公領に置かれた幕府の役職。イの国司には中央の中・下級貴族が就任した。エの防人《さきもり》は北九州の警備にあたった兵士。

問４　卑弥呼《ひみこ》は３世紀に存在した邪馬台国《やまたいこく》の女王で，239年に魏《ぎ》(中国)に使いを送り，皇帝から「親魏倭王《わおう》」の称号と金印，銅鏡100枚などをさずけられた。卑弥呼が使者を送ったのは，魏から倭王(日本の国王)としての立場を認めてもらうことにより，その権力を安定させるためであった。

問５　アの日本国憲法の施行《しこう》は1947年，女性参政権の実現は1945年の衆議院議員選挙法の改正によるものなので，この文は誤り。イの広島・長崎への原子爆弾投下は1945年，ウは太平洋戦争の始まりで1941年，エの中華人民共和国の成立は1949年のことで正しい。オの朝鮮半島南部に大韓民国が成立したのは1948年のことで，アメリカ合衆国の支援によるものなので，この文は誤り。カは日独伊三国軍事同盟で1940年に成立したので正しい。よって，イ，ウ，エ，カの４つを年代の古い順に並べると，カ→ウ→イ→エとなる。

問６　鎌倉時代に元寇《げんこう》(元軍の襲来《しゅうらい》)が行われたとき，幕府は将軍と主従関係を結んでいない非御家人にも動員令を出しているので，ウが正しい。アの『枕草子』は清少納言の随筆で，紫式部は長編小説『源氏物語』の作者。イの御成敗《ごせいばい》式目は，第３代執権《しっけん》の北条泰時《やすとき》が1232年に制定した51カ条からなる武家法。エの琉球《りゅうきゅう》王国が室町時代に貿易相手とした中国の王朝は，宋ではなく明。

問７　聖徳太子を肖像《しょうぞう》とする１万円札と5000円札の発行が停止された1986年１月には，礼二くんのお父さんが今の礼二くんと同じ年齢(12歳)だったとあるので，礼二くんのお父さんが生まれたのは1974年である。アの男女雇用《こよう》機会均等法の制定は1985年，イの日本の国民総生産(GNP)が初めて世界第２位になったのは1968年，ウの元号が「昭和」から「平成」に変わったのは1989年，エの沖縄が日本に返還されたのは1972年のことである。よって，エがこれに最も近い。

3 「人間の安全保障」を題材とした問題

問１　(1)　**A**　日本国憲法第29条は「財産権」を保障する条文であるが，２項に「公共の福祉(国民全体の幸福や利益)に適合するように」という言葉があり，３項に「私有財産は，正当な補償《ほしょう》の下に，これを公共のために用いることができる」とある。　**B**　ハンセン病訴訟《そしょう》では，隔離《かくり》政策を行った国がその誤りを認め謝罪するなど，原告の患者《かんじゃ》側が全面的に勝訴している。　(2)　国会における予算の議決では，衆参両議院の議決が異なり，両院協議会を開いても意見が一致《いっち》しないとき，衆議院の議決が国会の議決となる。これは「衆議院の優越」の原則にもとづくものである。よって，ウが正しい。アの予算案を国会に提出するのは内閣，イの予算案の審議を行うのは予算委員会。エの年度途中に変更する補正予算は国会の議決を必要とする。

問２ (1) 保健所は地域住民の健康や衛生を支える公的機関の１つであるが，1989年に848カ所あった保健所は，2020年には469カ所と半分近くまで減っている。よって，エが誤っている。 (2) 貧困は個人の責任とする「自己責任論」が主張されているが，貧困は個人の努力だけで解決するのが困難であり，日本国憲法も第25条の生存権の規定において，１項ですべて国民は健康で文化的な最低限度の生活を営む権利を有するとし，２項で国の社会的責任を定めている。よって，イがあてはまる。

問３ (1) **A** 1997年に香港《ホンコン》がイギリスから中国に返還されたとき，香港は資本主義体制，中国は社会主義体制なので，50年間は２つの制度を共存させるという「一国二制度」が定められた。しかし，中国は強権を発動し，これを事実上破棄《はき》している。 **B** 台湾は国際法上は中国の一部とされているが，台湾は資本主義体制であり，中国の対応が注視されている。 **X** 2014年，当時の安倍晋三内閣は「集団的自衛権」の限定的な行使を容認する閣議決定を行い，翌年にはこれを可能にする安全保障関連法案を国会で成立させた。集団的自衛権とは，日本と同盟・友好関係にある国が別の国から攻撃《こうげき》されたとき，日本が直接攻撃を受けていなくても，共同で防衛を行える権利のことである。 (2) 核兵器禁止条約は2017年に国連総会で採択《さいたく》され，2020年10月にこの条約の発効に必要な批准《ひじゅん》国が50に到達し，2021年１月に正式に発効した。これは，核拡散防止条約(NPT)の再検討《けんとう》会議の交渉《こうしょう》が遅々《ちち》として進まないという問題がその背景にある。核拡散防止条約は1968年に採択され，アメリカ合衆国・ロシア連邦(当時はソ連)・イギリス・フランス・中国の核保有５カ国を除き，これ以外の国が核兵器を保有することを禁止している。ただし，第６条にこの５カ国が「誠実に核軍縮交渉を行う義務」を定めており，５年ごとに再検討会議が行われている。ところが，2015年の会議で交渉が決裂《けつれつ》したことで，核兵器に対する脅威《きょうい》が改めて認識され，核兵器禁止条約の採択と発効を後押ししたといえる。なお，核保有国は核兵器禁止条約を批准しておらず，世界で唯一《ゆいいつ》の被爆国である日本も，アメリカ合衆国の「核の傘《かさ》」に依存《いそん》していることから参加していない。

理　科　＜第１回試験＞（30分）＜満点：40点＞

解　答

[1] **問１** イ　**問２** エ　**問３** カ　**問４** エ　**問５** ア　**問６** (例) 自分のなかまを増やすことができる。　[2] **問１** 4.55秒　**問２** カ　**問３** エ　**問４** イ　**問５** 右の図　[3] **問１** エ　**問２** 黄色　**問３** 56cm^3　**問４** 1.68ｇ　**問５** 4.5ｇ　**問６** 5.5cm^3　[4] **問１** エ　**問２** ウ　**問３** エ　**問４** イ　**問５** ウ

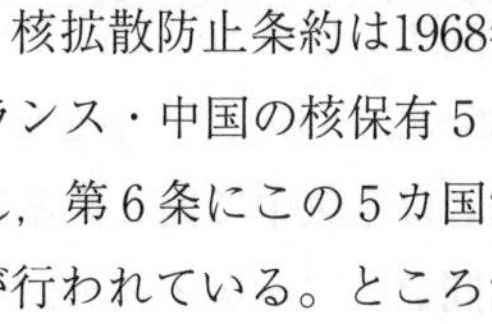

解説

1 コロナウイルスについての問題

問1 肺胞《はいほう》は直径0.1～0.3mmの袋《ふくろ》で，まわりには毛細血管がはりめぐらされている。このようなつくりにより，肺の表面積が大きくなり，酸素と二酸化炭素の交換《こうかん》を効率よく行うことができる。

問2 コロナウイルスによって起こる肺炎《はいえん》では，肺表面に炎症《えんしょう》が起こり，吸いこんだ空気中の酸素を十分に肺の血管の血液に取りこめなくなるため，命が危険になる。

問3 コロナ肺炎の状態が悪くなると動脈血の酸素飽和《ほうわ》度が下がり，鮮紅《せんこう》色のはずの動脈血の色が少し暗くなる。

問4 コロナウイルス感染の拡大を予防するために，ワクチン接種が行われた。コロナウイルスのタンパク質の一部をつくる遺伝情報をもつワクチンをつくってヒトに接種すると，ヒトの細胞内でその遺伝情報にしたがってタンパク質がつくられる。そのタンパク質を，ヒトのからだが病原体と認識すると，抗体《こうたい》がつくられる。

問5 ワクチンを接種しておくと，ウイルスに感染したときに早く抗体を増やすことができ，発症を予防する効果が期待できる。

問6 ウイルスは遺伝子情報をもつが細胞をもたないので，他の結核菌《けっかくきん》やコレラ菌のような生物とはいえない。しかし，他の生物の細胞に入ると，自身の遺伝子のコピーをつくって増えることができるという点では，生物的である。

2 音の伝わり方，光の進み方についての問題

問1 船Aから出した音が船Bに伝わるまでの時間は，空気中を伝わった場合は，2000÷340＝5.882…(秒)，水中を伝わった場合は，2000÷1500＝1.333…(秒)である。よって，水中で受信する音は空気中で聞こえる音に比べて，5.88－1.33＝4.55(秒)はやく聞こえる。

問2 アーティスティックスイミングの競技では，演技を行う水中と観客のいる会場にそれぞれスピーカーを置き，同時に音楽が流れるようにしている。音が伝わる速さは水中の方が速いが，プールや会場の広さを考えるとその差はわずかで，はじめの音が聞こえるまでにア～ウのような3.4秒もの差は生じない。したがって，演技の速さも演技を始める時刻も空気中と同じとするカを選ぶ。

問3 管やコップの中の空気が振動《しんどう》することによって，音が聞こえる。表1では，空気柱の長さが短くなるほど高い音になっている。同じように，コップに水を注いでいくと，コップ内の空気柱の長さがだんだん短くなるので，聞こえる音はしだいに高くなる。

問4 右の図のように，カーブミラーにうつる像は，人から見て手前にあるものは奥《おく》に，奥にあるものは手前にうつって見える。このとき，左のミラーには左の道の車が，右のミラーには右の道の車がうつり，遠いほど像も小さい。したがって，イが正しい。なお，カーブミラーは凸《とつ》面鏡になっているので，平面鏡より広い範囲《はんい》をうつし出すことができるという特徴《とくちょう》がある。

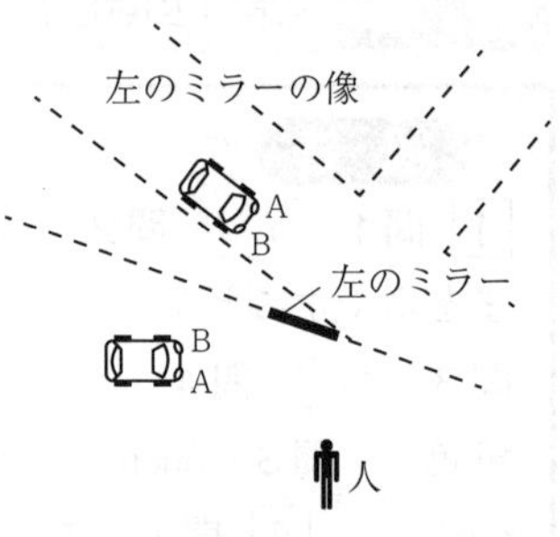

問5 解答の図のように，対物レンズを通った光は左のプリズムに垂直に入り，2回反射したあと右のプリズムに入る。さらに右のプリズムの中で2回反射し，接眼レンズへと進む。

3 塩酸と水酸化ナトリウム水溶液《すいようえき》の中和についての問題

問１　これからはかり取る水溶液を少量吸い上げてピペット内を洗うと，水溶液をうすめずに吸い取ることができる。この操作を共洗《ともあら》いという。

問２　表の残った固体の重さの増え方に着目すると，加える水酸化ナトリウム水溶液が10cm^3増えるごとに，ビーカーＡ～Ｃでは，1.20－0.90＝0.30(ｇ)ずつ増え，ビーカーＣからビーカーＤでは，1.76－1.50＝0.26(ｇ)，ビーカーＤ～Ｆでは，1.96－1.76＝0.20(ｇ)ずつ増えている。このことから，ちょうど中和するのはビーカーＣとビーカーＤの間なので，ビーカーＣは酸性を示し，BTB液は黄色になる。

問３　表から，ビーカーＤからビーカーＥでは，水酸化ナトリウム水溶液が１cm^3増えるごとに固体(水酸化ナトリウム)が，0.20÷10＝0.02(ｇ)増えるので，水酸化ナトリウム水溶液80cm^3が塩酸と反応しない場合は，0.02×80＝1.6(ｇ)の固体(水酸化ナトリウム)が得られるはずである。しかし，実際に残った固体は2.16ｇで，2.16－1.6＝0.56(ｇ)の差がある。水酸化ナトリウム水溶液がすべて塩酸と反応しているビーカーＡからビーカーＢでは，水酸化ナトリウム水溶液１cm^3あたり，0.30÷10＝0.03(ｇ)の固体(食塩)ができるので，0.03－0.02＝0.01(ｇ)の差より，反応した水酸化ナトリウム水溶液の体積は，0.56÷0.01＝56(cm^3)とわかる。

問４　うすい塩酸70cm^3と水酸化ナトリウム水溶液56cm^3がちょうど中和してできる食塩の重さを求めればよい。その重さは，$0.90\times\frac{56}{30}=1.68$(ｇ)である。

問５　ビーカーＥとビーカーＦに残った固体は，中和によってできた食塩とあまった水酸化ナトリウムである。これを水に溶《と》かしたものにうすい塩酸を加えて酸性になったのだから，水酸化ナトリウムはすべて反応して食塩になったことになる。よって，水酸化ナトリウム水溶液70cm^3と80cm^3を合わせたものがすべて塩酸と反応したときにできる食塩の量を求めればよく，残った固体の重さは，$0.90\times\frac{70+80}{30}=4.5$(ｇ)とわかる。

問６　ビーカーＢの水溶液の体積は，70＋40＝110(cm^3)なので，11cm^3取り出した中には，水酸化ナトリウム水溶液が，$40\times\frac{11}{110}=4$(cm^3)と，うすい塩酸が，11－４＝７(cm^3)ふくまれている。また，ビーカーＦの水溶液の体積は，70＋80＝150(cm^3)で，取り出した15cm^3には，水酸化ナトリウム水溶液が，$15\times\frac{80}{150}=8$(cm^3)と，うすい塩酸が，15－８＝７(cm^3)入っている。これらを混ぜ合わせると，水酸化ナトリウム水溶液が，４＋８＝12(cm^3)，うすい塩酸が，７＋７＝14(cm^3)となり，うすい塩酸があと，$70\times\frac{12}{56}-14=1$($cm^3$)必要である。ビーカーＢの水溶液110$cm^3$中に残っている塩酸は，$70-70\times\frac{40}{56}=20$($cm^3$)なので，ビーカーＢの水溶液をあと，$110\times\frac{1}{20}=5.5$($cm^3$)加えればよい。

図Ｉ

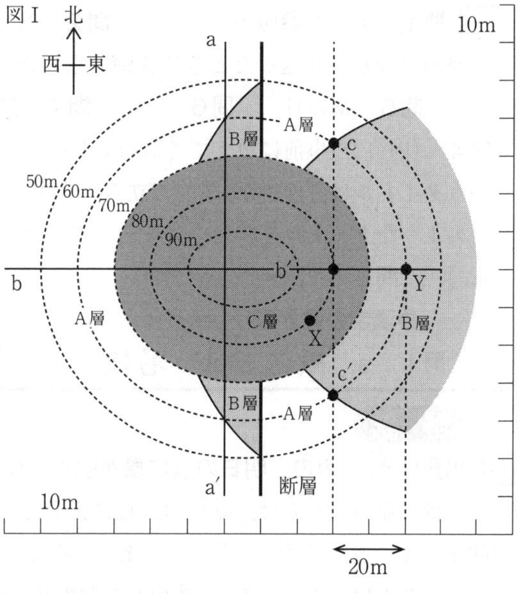

4 地層についての問題

問１　Ｂ層はＡ層より新しい地層なので，Ａ

層の上にＢ層が堆積《たいせき》し，さらにその上(標高70ｍより上)にＣ層が水平に堆積している。

問２　地質図から，この地域ではＡ層の上にＢ層が堆積してかたむいたあと断層ができ，隆起《りゅうき》して地上で侵食《しんしょく》されてから海底に沈《しず》んでＣ層ができ，再び隆起して地上で侵食を受けて丘《おか》となったと考えられる。Ａ層とＢ層の境目は東ほど低いので，ｂ－ｂ’の地形の断面を南側から見ると，ウのようになる。

問３　砂が堆積するときは，大きな粒《つぶ》の方がはやく沈むので，層の下の方に大きな粒，上の方に小さな粒が見られる。また，カニは海底を下に向かって巣穴をほるので，エが適切である。

問４　地点Ｙは標高60ｍである。上の図Ⅰのように，標高60ｍにＡ層とＢ層の境目があるｃ点とｃ′点を結ぶと，地点Ｙから西に20ｍの位置を通る。

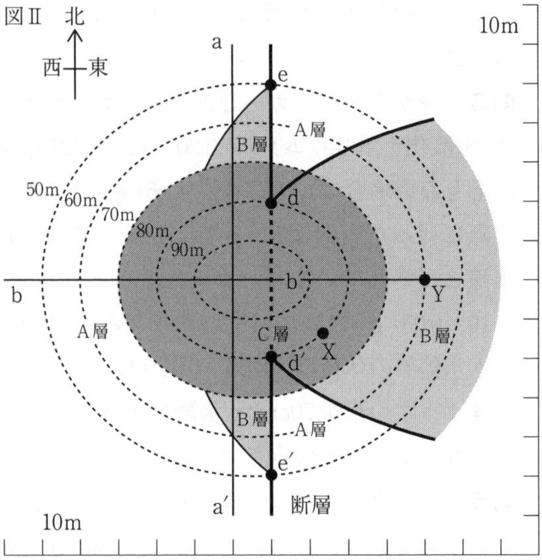

図Ⅱ

問５　右の図Ⅱのように，断層の東側のＡ層とＢ層の境界線をのばすと，断層と交わる点ｄと点ｄ′は，ほぼ標高80ｍである。また，断層の西側のＡ層とＢ層の境界線上の点ｅと点ｅ′は標高50ｍなので，東側の方が，80－50＝30(ｍ)だけ隆起したことがわかる。

国　語　＜第１回試験＞（50分）＜満点：60点＞

解　答

一　**問１**　下記を参照のこと。　**問２**　Ｅ　**問３**　(例)　(有人に,)今の己を十年後，二十年後の自分が振り返ったときに後悔しないか(，ということを考えて行動してほしい。)　**問４**　エ　**問５**　あの日　**問６**　ア　**問７**　灯　二　**問１**　ウ　**問２**　ウ　**問３**　氷山　**問４**　(内容を)事前に教えてくれない(タイトル。)　**問５**　Ｘ，Ｙ　(例)　(たとえば「門」というタイトルは，作者が)門前で立ち尽くすほど悩んでいる(ということを表現することができ，そのようなタイトルを持つ小説を読んだ人は，小説とは)信頼するに足る(ものだと受け止めるから。)　**問６**　イ，オ

●漢字の書き取り

一　**問１**　ａ　搬送　ｂ　名残　ｃ　緩(んで)

解　説

一　**出典は乾《いぬい》ルカの『明日の僕《ぼく》に風が吹《ふ》く』による。**中学時代，よかれと思ってしたことが原因で不登校になった有人《ゆうと》は，離島《りとう》の高校に入学し，似たような状況《じょうきょう》に出くわす。

問１　ａ　運んで送ること。　ｂ　「名残《なごり》惜《お》しい」は，“心がひかれて，別れにくい”という意味。　ｃ　音読みは「カン」で，「緩和」などの熟語がある。

問２「脳裏《のうり》に焼き付く」は，“鮮明《せんめい》に覚えている”という意味。戻《もど》す一文の最初に，前後で相反する内容が置かれるときに使う「しかし」があるので，すぐ前の部分では，覚えていなくても当然であるような状況が描《えが》かれていると推測できる。よって，Ｅに入れると，「エピペン」の「打ち方なんて，一度見ただけだった」のに，それを鮮明に覚えていたことになり，文意が通る。

問３ 後のほうで，有人が「未来の自分」を考えている。「十年後，二十年後の自分を想像して，今を振《ふ》り返った。黙《だま》って突《つ》っ立っている己《おのれ》を後悔《こうかい》しないか考えた」とあるので，これをもとに，「十年後，二十年後の己が今の自分を振り返ったときに後悔しないか」のようにまとめる。

問４「その子」とは「その道下さん」のことで，前書きに，「『有人』は〜『道下』が〜倒《たお》れたとき，放っておくことができずに人工呼吸を試みようとした」とある。このような道下なら「喜ぶんじゃないか」と推測できることなので，「傍観《ぼうかん》するのではなく」，「助けようとしてくれたことを嬉《うれ》しく思っている」とあるエが選べる。

問５ 有人の発言から，空欄《くうらん》に入ることばで表されることがらを，有人が悔《く》やんでいることがわかる。また，少し前に，有人が誠に「悔やみ続けたあの日の一部始終を話した」とある。よって，有人がエピペンを知るとともに不登校のきっかけともなった「あの日」がぬき出せる。

問６ 誠が川嶋先生のどのような点を「すげー」と言っているのかに注意する。　ア「善《よ》きサマリア人の法〜みたいな決まり，日本にはないのに」，つまり，「ヤバい状態の人を救うため」とはいえ，医《い》療《りょう》行《こう》為《い》を行って失敗すれば自分が法律上の責任を問われる可能性のあることを知りながら，川嶋先生が「名乗り出て助けた」ことを誠は「すげー」と言っているのだから，あてはまる。なお，「善きサマリア人の法」は，アメリカやカナダなどで施行されている。　イ「善きサマリア人の法」を正しくとらえていない。　ウ　小西にエピペンを打つさい，有人は医師から「電話で的確な指示」を受けていたほか，処置を施《ほどこ》した後には「ありがとう，頑張《がんば》ったね」と言われている。よって，「緊急時であっても〜処置は認められない」という部分が合わない。　エ，オ　有人は十年後，二十年後から今を振り返ったとき，後悔しないように自ら動き出したのだから，「患者《かんじゃ》にとって諦《あきら》めがつく」ようにといった思いや，「患者本位の姿勢」から行動を起こしたわけではない。

問７「かつて一度は消えた灯が，その瞬間《しゅんかん》，もう一度生まれた」という最後の一文では，医師になりたいという有人の気持ちが「灯」にたとえられている。

二　出典は三宅《みやけ》香帆《かほ》の『(読んだふりしたけど)ぶっちゃけよく分からん，あの名作小説を面白《おもしろ》く読む方法』による。小説のタイトルが分かりづらいのはなぜかを考察し，説明している。

問１　ア　自己啓発《けいはつ》本には「読者の解釈《かいしゃく》が定まっている結末」があるが，「読者は解釈をしてはならない」わけではない。　イ，エ　小説によっては「『悩《なや》み，完全解決！』といえる結末を用意してくれることもある」ので，「小説の作者は難解な悩みの過程しか描かない」や「小説に描かれる悩みにはこれといった解決がない」はふさわしくない。　ウ　悩みの行きついた先に「読者の解釈にゆだねられた結末」があるのが小説だが，自己啓発本は悩みの結末を作者が用意すると述べられているので，正しい。　オ　傍線《ぼうせん》部１は，「タイトル」ではなく，「結末を，どういうふうに，読者に渡《わた》すか」について述べた一文である。

問２　続く部分で，『門』が扱《あつか》っている悩みは「ただ夫婦の話だけじゃなくて，その夫婦を取り巻くもっと複雑に入り組んだ悩み全体のこと」で，「本当は問題なんて解決しな」いと述べられているので，ウがよい。なお，ア，イは悩みの一部であり，エ，オは『門』で描かれた悩みではなく，作者が執筆するさいに抱《いだ》きうる悩みなので，いずれもふさわしくない。

問３　「氷山の一角」は，“大きな全体のほんの一部分”という意味。表面化しない悪事などがほかに多くあることを，全体の大半が海面下に隠《かく》れている氷山にたとえた表現である。

問４　後のほうで，小説は自己啓発本とは対照的に，「内容を私たちに事前に教えてくれない言葉」で「分かりづらいタイトルをつける」と述べられているので，「事前に教えてくれない」がぬき出せる。

問５　**Ｘ**　「誠実」さについて筆者は，「門」というタイトルは「門の前に立ち尽《つ》くすしかなかった主人公」の「状況を誠実に描写《びょうしゃ》している」と述べている。よって，「俺《おれ》は門の前で深く悩み考えている」のようにまとめる。　**Ｙ**　読者が小説をどう受け止めるかが入る。小説を読んだ読者は「つらいのは，自分だけじゃない」と「共感」し，「ここまで考えている人がいる」と知ることによって作者の「誠実」さを「信頼《しんらい》」し，小説は「寄り添《そ》ってくれる存在」だと感じて「ほっと」するのだから，これをもとに，「安心を得られる」，「信頼できる」，「読者に寄り添う」のようにまとめる。あるいは，「悩む」という共通点を重視して，「深く悩むための」，「悩む作者に会う」などでも意味は通る。

問６　ア　「勧善懲悪《かんぜんちょうあく》小説」については，「『悩み，完全解決！』といえる結末を用意してくれることもある」と述べられているが，「扱われる悩みが浅」いとは述べられていない。　イ　二つ目の(中略)の直後の「なぜなら，小説も，自己啓発本も～これを前提としている」の内容と合う。　ウ　本文では，「抽象《ちゅうしょう》的な内容になった小説」は取り上げられていない。　エ　本文の最初に，小説は「タイトルだけではどんな話か分からない」とあり，これに合わない。　オ　最後の二つの段落の内容と合う。　カ　最後から二つ目の段落に「この問いについてここまで考えている人がいる。その一点を感じるためだけに，私たちは小説を読む」とあるように，我々が小説を読むのは，「自分を慰《なぐさ》められるから」ではなく，「ちゃんと自分以上に悩んでいる，苦しんでいるやつがいる」ことを感じられるからである。

2022年度　早稲田中学校

〔電　話〕(03) 3202－７６７４
〔所在地〕〒162-8654　東京都新宿区馬場下町62
〔交　通〕東京メトロ東西線―「早稲田駅」より徒歩１分
「高田馬場駅」よりバス―「馬場下町」下車

【算　数】〈第２回試験〉（50分）〈満点：60点〉

注意　定規，コンパス，および計算機(時計についているものも含む)類の使用は認めません。

1　次の問いに答えなさい。

(1)　次の□にあてはまる数を答えなさい。

$$70.35 \div \left(3\frac{3}{40} \div 0.375 - \square\right) - 3\frac{3}{8} = 13.375$$

(2)　年令が２才離《はな》れた兄弟がいます。現在から４年後に，父の年令は弟の年令の５倍になります。また，現在から９年後に，父の年令は兄の年令の３倍になります。兄と弟の年令の和が父の年令と等しくなるのは現在から何年後ですか。

(3)　２人の職人Ａ，Ｂが，ちょうど18日間で工場Ｘと工場Ｙの仕事を終わらせます。初めは，職人ＡがＸ，職人ＢがＹで働き，途《と》中のある日から働く工場を交換《かん》します。Ａの１日あたりの仕事量は，Ｂの１日あたりの仕事量の1.5倍です。また，Ｙで必要な仕事量は，Ｘで必要な仕事量の1.25倍です。職人ＡはＸで何日間働けばよいですか。

2　次の問いに答えなさい。ただし，円周率は3.14とします。

(1)　辺ABと辺CDの長さが等しい台形の紙を図１のように折りました。角**ア**の大きさは何度ですか。

(2)　図２の３つの点線PAとPBとPCの長さの和は何cmですか。

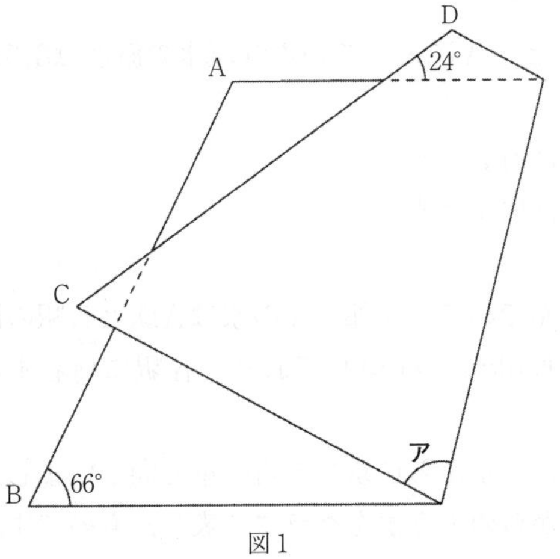

図１

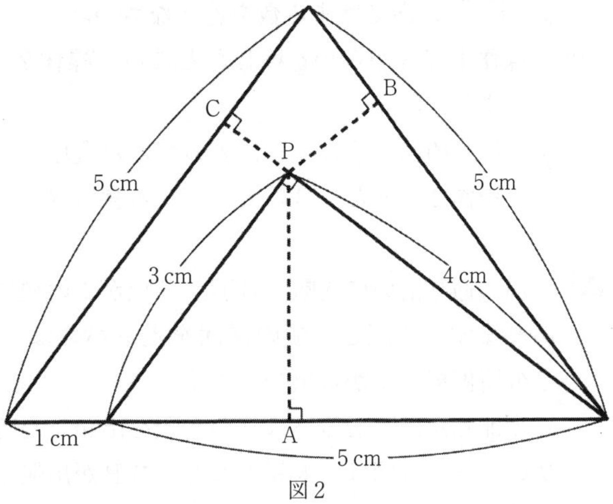

図２

(3)　底面の半径が８cmで高さが40cmの円柱の容器と，底面の半径が５cmで高さが40cmの円すいの形をしたおもりがあります。図３のように，円柱の容器におもりを置いて，深さ24cmまで水を入れました。おもりを取り出すと水の深さは何cmになりますか。

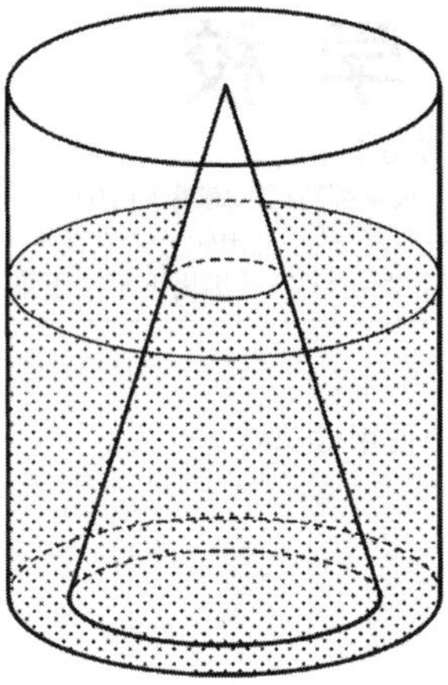

図３

3　容器Ａ，Ｂには同じ量の食塩水が入っていて，濃度はそれぞれ12%，２%です。次の**操作１**，**操作２**を順に行います。

操作１　Ａ，Ｂからそれぞれある量の食塩水を空《から》の容器Ｃへ移し，かき混ぜて100ｇの食塩水をつくります。

操作２　Ｃに［ア］ｇの水を加えてかき混ぜたあと，**操作１**でＣへ移した量をそれぞれＡ，Ｂに戻《もど》してかき混ぜます。

次の問いに答えなさい。ただし，**操作１**でＡ，Ｂから移す食塩水の量にかかわらず，［ア］には同じ数があてはまります。

(1)　**操作１**でＡから60ｇ移したところ，**操作２**のあと，ＢとＣに入っている食塩水の濃度は等しくなりました。

①　**操作１**のあと，Ｃでつくった食塩水の濃度は何%ですか。

②　［ア］にあてはまる数を答えなさい。

(2)　**操作１**でＡから40ｇ移したところ，**操作２**のあと，Ａに入っている食塩水の濃度は8.5%になりました。

①　はじめに容器Ａ，Ｂに入っていた食塩水の量は何ｇですか。

②　**操作２**のあと，Ｂに入っている食塩水の濃度は何%ですか。

4　バス通り沿いにＡ駅，Ｂ駅，Ｃ駅がこの順に並んでいて，太郎くんの家はＡ駅とＢ駅の間にあります。Ａ駅とＣ駅の区間を走るバスは，時速36kmで往復しており，各駅に到《とう》着すると２分間停車してから出発します。

太郎くんは，あるバスＰがＡ駅を出発した時刻に，家からＣ駅まで自転車で向かいました。次のページの図は，太郎くんとバスＰが出発してからのようすをグラフに表したものです。下の問いに答えなさい。

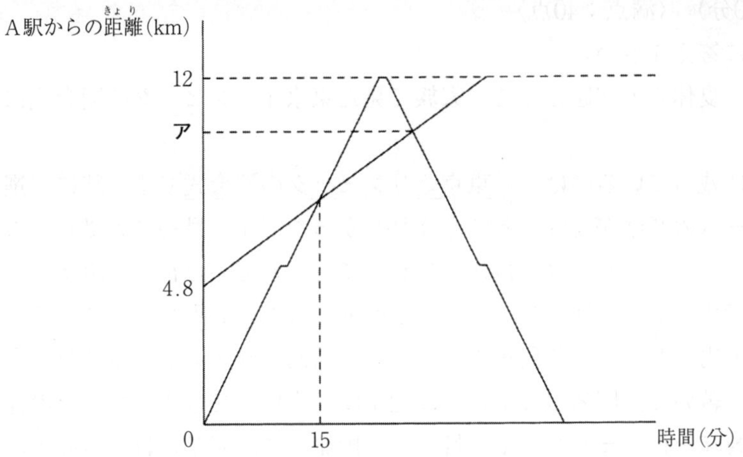

⑴　自転車は毎分何mの速さで進みましたか。

⑵　グラフの**ア**にあてはまる数を答えなさい。

⑶　太郎くんが出発してから15分後に，弟は家からＣ駅へ向かって毎分80mの速さで歩き始めました。弟がＢ駅に着いたとき，Ｃ駅行きのバスＱもＢ駅にちょうど到着したので，そのバスに乗りました。太郎くんがＣ駅に到着したとき，弟を乗せたバスＱはまだＣ駅の350m手前にいました。家からＢ駅までの距離は何mですか。

5　あるスポーツの複合競技を５人の選手で競います。まず，３つの基本種目Ａ，Ｂ，Ｃを順に行います。それぞれの基本種目では，２人以上が同じ順位になることはありません。次に，基本種目Ａ，Ｂ，Ｃの順位の数字をすべてかけ合わせた数を得点にします。さらに，得点の低い選手が上位となるように，総合順位を決めます。

例えば，基本種目Ａで３位，Ｂで２位，Ｃで３位となった選手の得点は18点です。また，得点が18点の選手は，20点の選手よりも総合順位は上位となります。

次の問いに答えなさい。

⑴　得点としてありえない整数のうち，最も小さいものはいくつですか。ただし，０は考えないものとします。

⑵　基本種目ＡもＢも１位であった選手がいましたが，総合順位が１位となったのは別の選手でした。総合順位が１位となった選手の得点は何点ですか。

⑶　５人の選手の得点に同じものはなく，また，総合順位が４位，５位の選手の得点は，それぞれ16点，80点でした。総合順位が１位，２位，３位となった選手の得点はそれぞれ何点ですか。

⑷　基本種目ＡとＢの順位の数字をかけ合わせた数は，３人だけが同じでした。総合順位が１位となった選手の得点が12点であるとき，選手全員の得点の平均は何点ですか。

【社　会】〈第２回試験〉（30分）〈満点：40点〉

1　次の文章を読み，各問に答えなさい。

小学６年生の和也君は，夏休みの宿題として，家族で見た東京オリンピックの開会式について作文を書きました。

夏休み，僕《ぼく》が最も印象に残っているのは，①東京オリンピックの開会式です。特に，選手入場の時に僕の大好きなゲームの音楽が流れ，とてもうれしかったです。最初に入場したのは，ギリシャの選手団でした。オリンピックは，古代ギリシャで行われていた神々を讃《たた》えるスポーツの祭典がルーツだそうです。②第１回オリンピックが開催《かいさい》されたのもギリシャにある（ Ｘ ）という都市でした。次に入場したのは，難民選手団でした。前回のリオデジャネイロ大会で初めて結成されたそうです。続いて，国名の五十音順に選手団が入場してきました。その様子を見て，僕は２つのことに興味を持ちました。１つ目は，③国旗です。同じ宗教を信仰《しんこう》する国々や，歴史的に関係の深い国同士で似たようなデザインが用いられていて，関連性を調べてみたくなりました。中には，旗の中に大切な言葉が書かれている国旗や，山脈の形をした国旗など，めずらしい国旗もありました。２つ目は，入場の際に，④「1964年の東京大会で初めてオリンピックに参加しました」と紹介《しょうかい》される国がとても多かったことです。この大会では，どんな競技が行われるのかを，世界各国から来日する選手や観客に一目で伝えるために，⑤ピクトグラムが初めて導入されたそうです。2021年の開会式では，実施《じっし》される競技が，動くピクトグラムで紹介され，とても面白かったです。新型コロナウイルス感染症の影響《えいきょう》でほとんどの試合が無観客で行われ，楽しみにしていた⑥サッカーの試合はテレビでの観戦となりました。それでも，僕にとっては良い思い出になりました。

問１　下線部①に関して，開会式は，2021年７月23日20時から東京で行われ，全世界に中継《ちゅうけい》されました。この時，2028年のオリンピック開催地であるロサンゼルスでは，何日の何時でしたか，解答欄《らん》に合うように24時間表記で答えなさい。なお，ロサンゼルスは西経120度の標準時で動いていますが，この時期はサマータイムで１時間，時刻を早めています。

問２　下線部②に関して，右図は，ある国際組織のロゴで，(X)にある世界遺産をもとにデザインされています。

(1)　デザインのもとになった建築物を次の中から１つ選び，記号で答えなさい。

ア　コロッセオ　　　　**イ**　パルテノン神殿

ウ　ヴェルサイユ宮殿　**エ**　モン・サン・ミッシェル

(2)　この国際組織の役割の説明として正しいものを次の中から１つ選び，記号で答えなさい。

ア　発展途上国に対して，社会の発展や福祉の向上のために，先進国の資金や技術の提供を行うこと。

イ　教育，科学，文化の分野における協力と交流を通じて，国際平和と人類の福祉を促進《そくしん》すること。

ウ　戦争や貧困等で困難な状況にある子供たちの支援《しえん》を行うなど，子供の権利と健やかな成長を促進すること。

エ　国際的な金融《きんゆう》協力や外国為替《かわせ》相場の安定を図ること。

問３　下線部③に関して，和也君は日本と関係の深いＡ～Ｄの国々の国旗について調べ，表にまとめました。

	A	B	C	D
国旗				
人口	2550万人	13億8000万人	3481万人	２億1256万人
面積	769.2万km^2	328.7万km^2	220.7万km^2	851.6万km^2
国旗の特徴	左上に，かつてこの国を植民地にしていた(　あ　)の国旗が，右半分に南十字星が描《えが》かれている。	勇気と献身《けんしん》を示すオレンジ，平和と真理を示す白，忠誠と礼節を示す緑の色が用いられている。	中央には，この国のほとんどの人びとが信仰している宗教の聖典(　い　)の一節が書かれている。	中央にある天球に「秩《ちつ》序《じょ》と進歩」という言葉が書かれている。

(『世界国勢図会 2020/21』より作成)

(1)　(あ)(い)にあてはまる言葉を答えなさい。

(2)　C，Dの国旗には，その国の公用語で言葉が記されています。C，Dの公用語を次の中から１つずつ選び，記号で答えなさい。

ア　ロシア語　　**イ**　フランス語　　**ウ**　ポルトガル語

エ　スペイン語　　**オ**　アラビア語

(3)　次の表は，A～Dの国々から日本への輸出品目上位５位と，それらが輸出額全体に占める割合を示しています。A，Bにあてはまるものをそれぞれ選び，記号で答えなさい。

	ア	イ	ウ	エ
１位	有機化合物(13.4%)	原油(94.2%)	液化天然ガス(35.4%)	鉄鉱石(38.4%)
２位	機械類(10.4%)	石油製品(2.1%)	石炭(30.0%)	とうもろこし(12.4%)
３位	石油製品(9.9%)	有機化合物(1.1%)	鉄鉱石(12.4%)	肉類(11.4%)
４位	魚介類(8.3%)	アルミニウム(0.9%)	肉類(4.5%)	コーヒー(5.7%)
５位	ダイヤモンド(6.4%)	プラスチック(0.5%)	銅鉱(3.5%)	有機化合物(4.7%)
輸出総額	5855億円	３兆158億200万円	４兆9575億9500万円	8723億3500万円

(『日本国勢図会 2020/21』より作成)

問４　下線部④に関して，和也君は，1956年に開催されたメルボルン大会と1964年に開催された東京大会の参加国・地域を調べ，現在の世界地図に黒く着色しました。下の地図を参考に，東京大会で参加国・地域の数が増えた主な理由を，解答欄に合うように答えなさい。

1956年　メルボルン大会

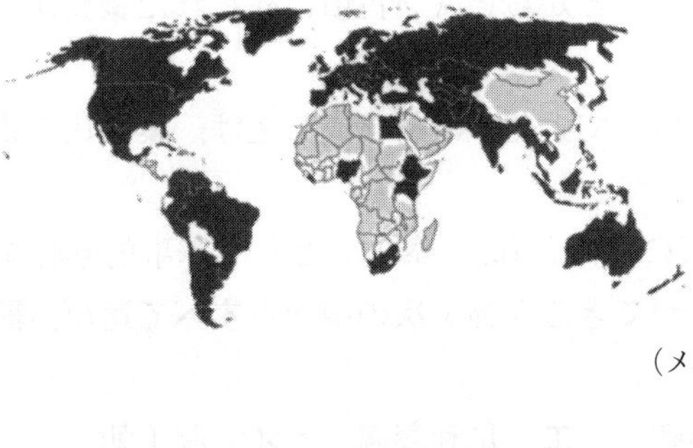

1964年　東京大会

(メルボルン大会・東京大会の「The Official Report」より作成)

問5　下線部⑤に関して，海外からの訪問者にも分かりやすいように，空港やショッピングセンターなどでもピクトグラムが導入されています。下のピクトグラムは，主に何をするための施設を示していますか。解答欄に合うように答えなさい。

問6　下線部⑥に関して，サッカーの試合は，東京都だけでなく右の地図で黒く着色された5つの都道府県でも行われました。下の表は，それらの都道府県の産業に関する統計を示しています。AとEにあてはまる都道府県名を**漢字**で答えなさい。

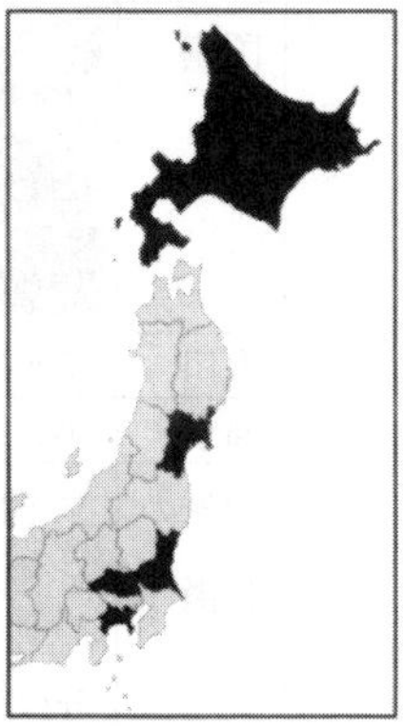

	産業別有業者割合[%]			主な製造品出荷額の割合[%]			
	1次	2次	3次	1位	2位	3位	4位
A	3.9	23.6	72.5	食料品(14.1)	石油・石炭製品(12.4)	輸送用機械(11.6)	電子部品(11.2)
B	5.4	30.6	64.0	化学(12.8)	食料品(11.2)	生産用機械(10.1)	輸送用機械(8.6)
C	0.8	21.1	78.1	輸送用機械(22.4)	石油・石炭製品(12.6)	化学(10.8)	食料品(8.8)
D	6.1	17.4	76.5	食料品(34.8)	石油・石炭製品(16.5)	鉄鋼(6.5)	パルプ・紙(6.2)
E	1.7	23.6	74.7	輸送用機械(18.9)	食料品(14.2)	化学(12.1)	金属製品(5.6)

(『データでみる県勢 2021』より作成)

2　次の各問に答えなさい。

問1　弥生時代以前の人々の暮らしについて述べた以下の**ア**～**エ**を，出現した順に並べかえて記号で答えなさい。

ア　水や平地などを求めて争う中で，戦いの指導や気候予想などができる人物が指導者となりました。

イ　ナウマンゾウやマンモスなどの巨大な動物を，集団で捕獲《ほかく》して食料としていました。

ウ　木の実を採集するだけでなく，コメを育てて安定的に食料を得る試みがなされました。

エ　シカやイノシシなどの小型動物を，弓矢などを用いて捕獲して食料としていました。

問2　古墳時代には，古墳の形を共有し，大きさに差をつけることで，大王と地方の豪族は関係を結んだと考えられています。これについて説明した次の文の空欄にあてはまる言葉をそれぞれ**漢字**で答えなさい。

「ワカタケル大王」と記された剣が出土した，埼玉県の（ A ）古墳は，大阪府の大仙古墳と同じ（ B ）の形式でつくられています。このことから（ A ）古墳に葬《ほうむ》られた豪族が，大王と主従関係を結んでいたと考えられています。

問3　飛鳥時代に権勢をふるっていた蘇我氏を倒して大化の改新を成し遂《と》げ，藤原氏の祖となった人物の氏名を**漢字**で答えなさい。

問4　鎌倉時代，御家人は「ご恩」として地頭に任命され，「奉公」として軍事的奉仕を求められました。御家人に「ご恩」を与えることができる人物を次の中から**すべて**選び，記号で答えなさい。

ア　源義経　　**イ**　竹崎季長　　**ウ**　源頼朝　　**エ**　足利義満　　**オ**　源実朝

問５　戦国時代，織田信長は「天下布武」の印章を用いて，ある人物が室町幕府の将軍になることを軍事的に支援しました。この人物の氏名を**漢字**で答えなさい。

3　次の文章を読み，各問に答えなさい。

①明治維新という大きな変革は，江戸時代の社会の仕組みを壊《こわ》しました。江戸時代の②村請制による連帯責任のように，相互に助けあうことを強いられていた人びとの結びつきはなくなります。できたばかりの③小さくて弱い政府は頼《たよ》りになりません。頼りになるのは自分の努力だけです。（中略）がんばって成功した人は，自分の成功は自分のがんばりのおかげだと主張します。成功しなかった人は，ああがんばりが足りなかったのだなあと思い込むようになります。本当は，成功した人は運が良かっただけかもしれず，失敗した人は運が悪かっただけかもしれないとしても，です。私は，この本のなかで，こうした思考のパターンに人びとがはまりこんでゆくことを「通俗《つうぞく》道徳のわな」と呼びました。

（松沢裕作『生きづらい明治社会』岩波ジュニア新書）

問１　下線部①に関して，明治維新の変革で廃止された「江戸時代の社会の仕組み」として**誤っているもの**を次の中から１つ選び，記号で答えなさい。

ア　武士の子は武士になるというような固定化された身分制

イ　徳川家が代々征夷大将軍を務めるという慣例

ウ　全国の年貢はすべて幕府に納められるという税制度

エ　百姓は村，町人は町，というような身分による居住地の制限

問２　下線部②に関して，個人ではなく村単位で納税の責任を負う村請制は，明治政府が行ったある政策の結果廃止され，個人が納税の責任を負うことになりました。その政策の名称《めいしょう》を**漢字**で答えなさい。

問３　下線部③に関して，「小さくて弱い政府」である発足当初の明治政府は財源に乏《とぼ》しく，人々を救済するような政策を十分行うことができませんでした。その理由として最もふさわしいものを次の中から１つ選び，記号で答えなさい。

ア　不平等条約を結んでいた結果，日本の国内産業の多くが外国資本に押さえられてしまったから。

イ　士族反乱や自由民権運動に直面し，人々に信頼《しんらい》されていなかった政府は，高い税をかける力がなかったから。

ウ　徳川慶喜が将軍職を辞した後も，佐渡金山と石見銀山からの収入を独占し続けていたから。

エ　開国後，貿易赤字が続き，明治政府が外国から借金を重ねていたから。

問４　日清戦争後，日本は軍備増強のために増税を進めました。議会で，議員たちは政府の増税案をのむ代わりに道路網《どうろもう》や学校の建設などを政府に認めさせました。これは当時の選挙権保有者で，議員たちの支持母体である地方の富裕層《ふゆうそう》の要望にこたえるためでした。日清戦争に勝利した1895年時点で，どのような人々が衆議院議員の選挙権を持っていましたか。解答欄に合うように答えなさい。

4　次の文章を読み，各問に答えなさい。

世界では，①アフガニスタン，シリア，イエメンなど23カ国で戦争が続いています。国連(国際連合)のグテーレス事務総長は2020年３月23日，②新型コロナウイルスが世界的な広がりを見せる中で，全世界に停戦を呼びかけました。命を必死に守ろうとする動きがある中で，人の命を奪《うば》うことを考えるのはバカバカしく，とても虚《むな》しく思えます。

③中村先生も，アフガニスタンでらい菌《きん》(ハンセン病)やコレラの感染症の治療《ちりょう》のために努力しました。この国では食べ物がまったくないわけではなく，食べ物が不足して栄養が足りないところに，不衛生な水を飲み，赤痢《せきり》などの感染症に罹《かか》り，脱水症状《だっすいしょうじょう》になって死ぬケースが多いのです。中村先生は，感染症の患者《かんじゃ》に抗生《こうせい》物質を与えるよりも清潔な水を与えるほうが有効だと考え，井戸を掘《ほ》っていきました。先生が掘った井戸の数は1600本にも上りました。(中略)

中村先生がアフガニスタンの人びとにきれいな水を与え，彼らの体を清潔にしようとしたことはよくわかります。皆《みな》さんも転んで腕《うで》や脚《あし》などをすりむいたら，まず傷口を水で洗い，清潔にしようとするでしょう。アフガニスタンではそのようなきれいな水が不足し，怪我《けが》や病気を悪化させているのです。

そのようなアフガニスタンの現実を知って，困ったものだと思う人は少なからずいることでしょう。また，医師の中には医療支援を考える人もいるかもしれません。しかし，④アフガニスタンの人びとを取り巻く環境を変えて彼らを救おうと実際に行動を起こすところが中村先生の並外れたところです。

2001年９月11日，アメリカのニューヨークやワシントンDCで同時多発テロ(９・11テロ)が起こりました。アメリカがその報復として⑤アフガン戦争を始めた頃《ころ》，NHK・Eテレの番組で中村先生と初めてお会いしました。番組の担当者からアフガニスタン情勢を語ってくださいと頼まれたのです。

中村先生がアフガニスタンで井戸を掘っていた頃のことです。屋外での活動が多いせいか，先生は日焼けして，農作業をしているおじさんという印象でしたが，話し方は自分の信念をもっておられるという印象で，実に堂々としていて圧倒《あっとう》されそうでした。

「人が死んでいるところに爆弾を落としてどうなるんですか」

⑥先生は，アフガニスタンで戦争を始めたアメリカに対して批判《ひはん》的でした。中村先生が一生懸命《けんめい》に人の命を救おうとしているアフガニスタンに対してアメリカは戦争をし，さらに人びとの命を奪おうとしていたのです。中村先生とアメリカ軍とはまったく逆の行動をしていたわけです。

先生は，「私の福岡の親族の中には太平洋戦争中，アメリカの空襲で死んだ者もいる」とも語っていました。幼い時から周囲の人たちの戦争体験を聞かされていたのでしょう。戦争を嫌《きら》い，憎《にく》む気持ちがひじょうに強い人だなと思いました。人の命を大切にしたいという思いから医師の道を選んだことは言うまでもありません。

(宮田　律『武器ではなく命の水をおくりたい　中村哲医師の生き方』平凡社)

問１　下線部①に関して，戦争は多くの難民を生み出し続けています。

(1)　難民の諸権利を守り，国際的な保護・支援を行うために設立された組織で，その活動の重要性が認められてノーベル平和賞を２度受賞した国際組織の名称を，解答欄に合うように**漢字**で答えなさい。

⑵　世界の国々は難民条約を結んで難民問題の解決に向けて取り組んでおり，日本も参加しています。日本は他にも多くの条約を結び，国際的な活動に参加していますが，**日本が結んでいない条約**を次の中から１つ選び，記号で答えなさい。

ア　子どもの権利条約　　**イ**　対人地雷《じらい》全面禁止条約

ウ　核兵器禁止条約　　**エ**　ラムサール条約

問２　下線部②に関して，ワクチンの供給や発展途上国への援助について提言するなど，世界の人びとの健康問題を専門的に扱《あつか》っている国連の専門機関の名称を**漢字６字**で答えなさい。

問３　下線部③に関して，中村さんの活動を讃えて，右の切手がアフガニスタンで発行されました。日本国内において切手の発行などの郵政事業を管轄《かんかつ》している省庁を次のＡの中から，その省庁が主に担当している他の事業をＢの中からそれぞれ１つずつ選び，記号で答えなさい。

Ａ　**ア**　経済産業省　　**イ**　総務省

　　ウ　文部科学省　　**エ**　財務省

Ｂ　**オ**　食品や薬の安全の確認

　　カ　河川の管理や気象の観測業務

　　キ　選挙や情報通信の管理

　　ク　企業などの公正な取引の監督《かんとく》

問４　下線部④に関して，中村さんは「ペシャワール会」という非政府組織を設立して活動していました。**非政府組織ではないもの**を次のＡの中から，それと最も関係が深いものをＢの中からそれぞれ１つずつ選び，記号で答えなさい。

Ａ　**ア**　国際オリンピック委員会　　**イ**　国境なき医師団

　　ウ　国際赤十字社　　**エ**　青年海外協力隊

Ｂ　**オ**　PKO　　**カ**　ODA　　**キ**　JOC　　**ク**　IAEA

問５　下線部⑤に関して，アメリカが戦争を起こした理由の一つとして，９・11テロの指導者を当時のアフガニスタン政府が保護していたことが挙げられます。この戦争(2001～2021年)への日本の関わり方について述べた文として正しいものを次の中から１つ選び，記号で答えなさい。

ア　憲法で平和主義を掲《かか》げる国として戦争に一貫《いっかん》して反対し，関わりをもちませんでした。

イ　他国で起こった戦争には自衛隊を派遣《はけん》できないため，アメリカなどの国々に資金援助のみを行いました。

ウ　戦争には批判的だったが，戦争終結の際，自衛隊の護衛艦《ごえいかん》を派遣し，文民や協力者を救助しました。

エ　国会で自衛隊を派遣できる法律を制定し，アメリカ軍などの後方支援を行いました。

問６　下線部⑥に関して，医師でもある中村さんは一貫して戦争に反対していました。日本国憲法も第９条などで平和主義を掲げています。第９条の一部を示している次の文の空欄にあてはまる言葉をそれぞれ**漢字**で答えなさい。

「…陸海空軍その他の（　Ａ　）は，これを保持しない。国の（　Ｂ　）は，これを認めない。」

【理　科】〈第２回試験〉（30分）〈満点：40点〉

注意　定規，コンパス，および計算機(時計についているものも含む)類の使用は認めません。

1　2021年７月に，「奄美《あまみ》大島，徳之島，沖縄島北部および西表《いりおもて》島」地域が世界自然遺産に決定されました。この地域は温暖な亜熱帯性気候で a 常緑広葉樹林におおわれ，生物多様性が高く，日本の陸上にすむ b セキツイ動物(背骨をもつ動物)の57％が生息しています。島のでき方から固有種も多く，イリオモテヤマネコ，ヤンバルクイナ，アマミノクロウサギなどが有名です。イリオモテヤマネコは西表島のみに生息する野生小型ネコのなかまで，1965年に発見されました。 c 世界の野生小型ネコのなかまは，西表島のような小さな島では個体数を保つことができず，ふつうは生息できませんが， d 西表島では奇跡《きせき》的にイリオモテヤマネコは生き残ってきました。また，ヤンバルクイナは，沖縄島北部のヤンバルの森のみに生息する日本で唯一《ゆいいつ》の飛べない鳥で，1980年に新種として発見されました。アマミノクロウサギは奄美大島と徳之島の２島のみに生息する，ウサギのなかまでも原始的な特徴《ちょう》を残す希少種です。これらについて，以下の問いに答えなさい。

問１　下線部ａの常緑広葉樹とは一年中広い葉を付けている樹木のことである。一方，冬に葉を落とす樹木は落葉樹である。次の樹木の中から，常緑広葉樹を２つ選び，記号で答えよ。

ア　アカマツ　　**イ**　イチョウ　　**ウ**　クスノキ
エ　サクラ(ソメイヨシノ)　　**オ**　スダジイ

問２　下線部ｂのセキツイ動物の中で，ウサギは移動するときに背骨を中心にからだ全体を動かして進む。ウサギと同じような背骨の動かし方で移動する動物として最もふさわしいものを選び，記号で答えよ。

ア　フナ　　**イ**　サメ　　**ウ**　イルカ　　**エ**　ヘビ　　**オ**　トカゲ　　**カ**　ワニ

問３　下の**ア**～**エ**の写真の生物のうち，イリオモテヤマネコ，アマミノクロウサギ，ヤンバルクイナをそれぞれ選び，記号で答えよ。

ア

イ

ウ

(環境省HPより)
エ

問４　世界の野生小型ネコのなかまは，一般的にネズミやウサギなどの小型ホ乳類をエサとしている。下線部ｃの理由として最もふさわしいものを選び，記号で答えよ。

ア　小さな島では生物の個体数が少ないため，エサとなる小型ホ乳類の間で食う食われるの関係が新たに生じるから。

イ　小さな島では生物の個体数の変化が大きく，エサとなる小型ホ乳類の数よりも野生小型ネコの数が多くなる場合があり，野生小型ネコの間で食う食われるの関係が新たに生じるから。

ウ　小さな島では生物の種類数が多くなるため，決まったエサだけを食べるのではなく，いろいろなエサを食べるようになるから。

エ　小さな島では小型ホ乳類一匹が生息するのに必要な面積が限られてしまうため，野生小型ネコのエサとして十分な量の小型ホ乳類の数が得られないから。

問５　イリオモテヤマネコのおもな生息地は山のふもとから低地部で，マングローブ林(海水と淡《たん》水が混じり合う河口付近の林)や湿《しっ》地，河川や沢《さわ》沿いに出現する。これをふまえて，下線部ｄの理由として最もふさわしいものを選び，記号で答えよ。

ア　小型ホ乳類とイリオモテヤマネコの生息地が一致するから。

イ　小型ホ乳類以外にも，鳥やトカゲ，カエル，コオロギ，エビなどさまざまな動物をエサとして利用したから。

ウ　小型ホ乳類ではなく，島のまわりの海の魚をおもなエサとして利用したから。

エ　小型ホ乳類ではなく，島に豊富に存在する常緑広葉樹の葉や果実をおもなエサとして利用したから。

問６　奄美大島では，かつて毒ヘビのハブを駆除《くじょ》するために，ハブをエサとすることを期待してマングースを他の地域から導入した。しかし，ハブは減らず，在来の希少種であるアマミノクロウサギの減少が起こった。これは，マングースがアマミノクロウサギをエサとしたためである。この場合のマングースは，外来生物と呼ばれ，導入した地域の在来生物や生態系へ大きな影響《えいきょう》を及ぼす。外来生物とその影響を受ける在来生物の組合せとしてふさわしいものを２つ選び，記号で答えよ。

ア　アメリカザリガニ―ウシガエル
イ　オオクチバス(ブラックバス)―フナ
ウ　オオサンショウウオ―アユ
エ　セイヨウオオマルハナバチ―マルハナバチ
オ　モンシロチョウ―アゲハチョウ

２　図１は日本付近での台風の進路の変化のようすを示しています。これによると，６月から11月にかけて，日本の南海上で発生した台風は東から西に進み，途《と》中で西から東に進路を変えていることがわかります。また，進路を変えた後には，台風の移動速度が速くなっていることもわかっています。これは，［　①　］の縁《へり》に沿って進んできた台風が，上空の［　②　］によって進路を変えて移動するためです。

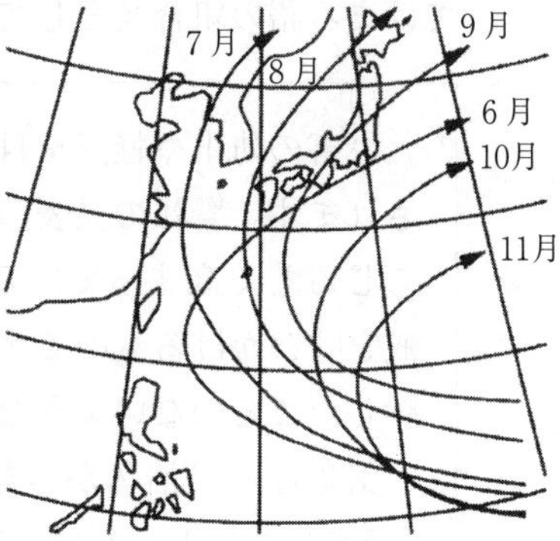

図１

台風が日本に接近または上陸すると，高潮の被害が起こることもあります。高潮は，海岸付近に台風が接近したとき，海水面が上昇して防潮堤を越え，浸《しん》水などの被害が起こる現象です。高潮が起こる原因の一つとして，台風の接近によって気圧が下がり，海水面が上昇することがあげられます。

問１　文章中の［①］，［②］にあてはまる語の組合せとして正しいものを選び，記号で答えよ。

	①	②
ア	移動性高気圧	貿易風
イ	移動性高気圧	偏西風
ウ	太平洋高気圧	貿易風
エ	太平洋高気圧	偏西風

問2　図2の地点Xにおいて，台風の通過にともなう風向の変化を記録した。このとき，風向が次の通りに変化したとすると，台風は図2の**ア**～**エ**のいずれの経路を通過したと考えられるか。最もふさわしいものを選び，記号で答えよ。

【風向の変化】　東→北→西

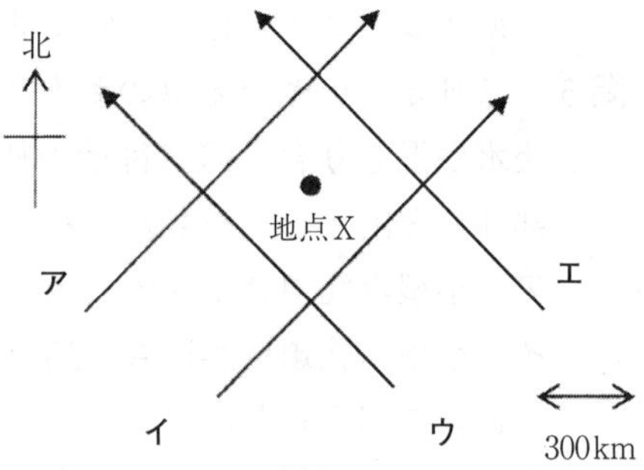

図2

問3　気圧とは1 m^2あたりの空気の重さと考えられ，単位はhPa(ヘクトパスカル)である。1気圧は1013hPaである。台風が接近して気圧が下がれば，1 m^2あたりの空気の重さは軽くなる。軽くなった空気と同じ重さの分だけ海水面を押さえつける力が減少し，海水が上昇する。上昇した海水の重さは，減少した空気の重さと同じになる。台風の接近により気圧が1013hPaから983hPaへと低下したとすると，海水面は何cm上昇するか。四捨五入して小数第1位まで答えよ。ただし，1気圧のときの1 m^2あたりの空気の重さは10 t，また，海水1 m^3の重さは1 tとする。

問4　台風について述べた以下の文のうち，正しいものを1つ選び，記号で答えよ。

ア　台風は上陸すると，中心の気圧が下がって勢力が弱まることが多い。
イ　台風の勢力が弱まると，中心に雲のない部分が現れることが多い。
ウ　台風本体の雲のうち，大雨を降らせている雲の多くは積乱雲である。
エ　台風情報の予報円が大きくなっていくときは，台風が発達することを表している。

問5　日本では，大雨や暴風などの気象災害が起こっている。以下の文章中の ③ ， ④ にあてはまる語の組合せとして正しいものを選び，記号で答えよ。

災害の防止や軽減を目的として，気象庁から注意報や警報などの防災気象情報が発表されます。警報の発表基準をはるかに超える大雨など，重大な災害の起こるおそれがいちじるしく高まっている場合には， ③ 警報が発表されます。これは最大級の警戒《かい》を呼びかけるものです。この警報が発表された場合，数十年に一度の，これまでに経験したことのないような，重大な危険が差しせまった異常な状況にあります。

気象庁や自治体から発表された防災気象情報にもとづいて，住民がとるべき行動は「警戒レベル1」から「警戒レベル5」の5段階の警戒レベルで示されています。たとえば，「危険な場所からの全員避《ひ》難」を呼びかける警戒レベルは，警戒レベル ④ です。

	③	④
ア	特別	4
イ	特別	5
ウ	広域	4
エ	広域	5

3　電池と回路について，以下の問いに答えなさい。

［A］　図１のように新品の乾《かん》電池，電流センサー，電球箱をつないだ回路を作ります。表１は４種類の電球箱**ア**～**エ**のいずれかをつないで，それぞれ電流センサーで測った結果です。電球箱の中身は，表２のように同じ電球ａ，ｂ，ｃを用いて構成された①～④のいずれかです。

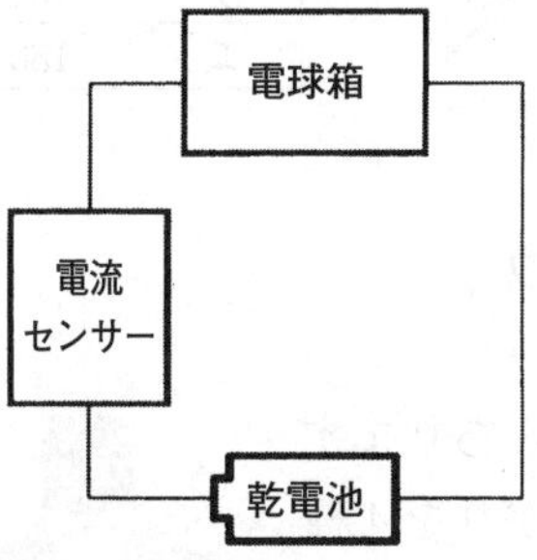

図１

表１

電球箱	電流
ア	110mA
イ	200mA
ウ	0.50A
エ	0.70A

表２

①	電球ａ，ｂの直列 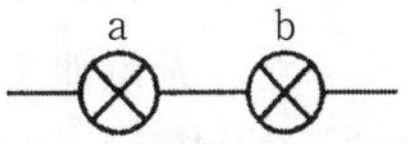
②	電球ａ，ｂ，ｃの直列 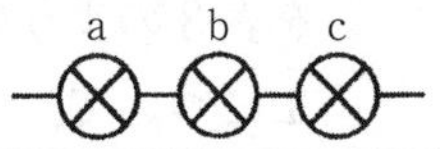
③	電球ａ，ｂの並列 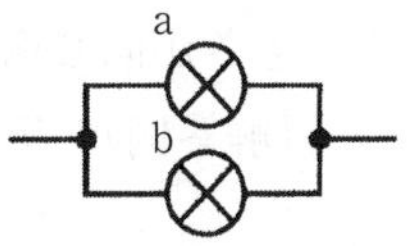
④	電球ａ，ｂ，ｃの並列 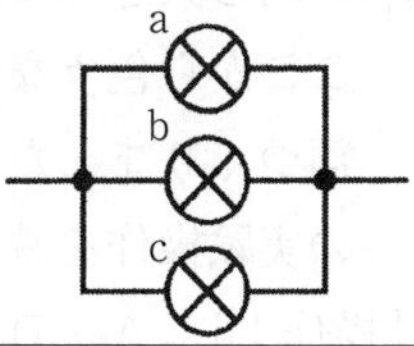

問１　このとき，表２の①が入った電球箱はどれか。表１の**ア**～**エ**から最もふさわしいものを選び，記号で答えよ。

問２　表２の①の電球ｂに並列に電球ｃをつないだ。このとき，電球ａ，ｂに流れる電流は，電球ｃをつなぐ前に比べてそれぞれどうなるか。最もふさわしいものをそれぞれ選び，記号で答えよ。

ア　大きくなる　　**イ**　小さくなる　　**ウ**　変わらない

［B］　図２や図４のように光電池に電流センサーをつなぎ実験をしました。光電池は晴れた日の太陽光などの強い光を当てたときには乾電池と同様のはたらきをしますが，室内灯のような弱い光を当てたときには乾電池とは異なり，接続するものを変えても，光電池から流れ出す電流が一定であることが知られています。なお，以下の問いではショート回路ではないとして考えます。

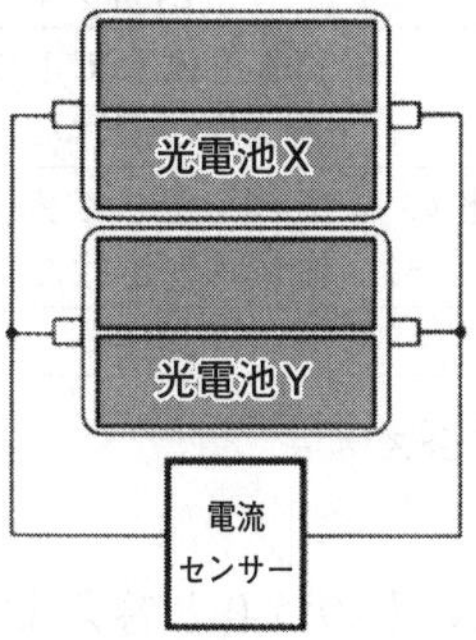

図２

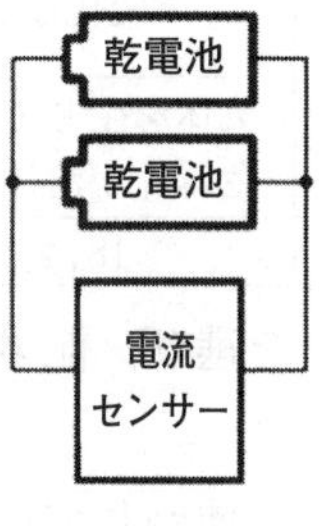

図３

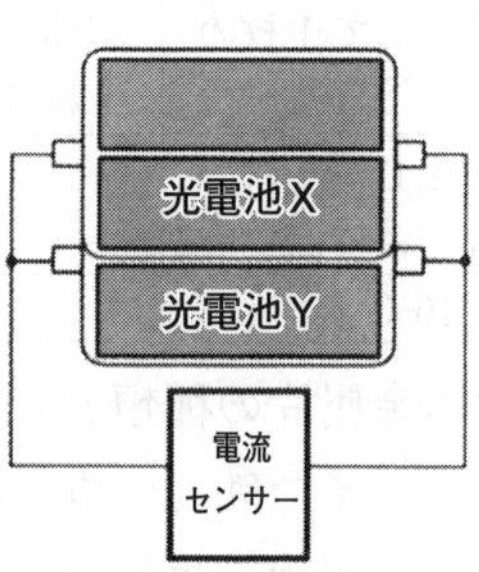

図４

問３　光電池Ｘに太陽光を当てると80mA の電流が流れた。図２のように，同じ光電池Ｙを光電池Ｘに並列につないで回路を作った。この回路は，図３の回路と同じように考えられる。このとき，電流センサーに流れる電流は何 mA か。

問４　光電池Ｘに室内灯を当てると20mA の電流が流れた。図４のように，２つの同じ光電池を並列につなぎ，光電池Ｙの半分が光電池Ｘでおおわれているとき電流センサーに流れる電流は何 mA か。

問５　光電池１つを電流センサーにつなぎ，図５のように，室内灯の光を45°の方向から当てた。光電池を裏返した状態①から時計回りに45°ずつ180°まで回転させ，それぞれの状態を表３のように①，**ア**～**エ**とした。状態**ア**～**エ**について，(解答例)を参考にして，電流を大きい順に左から並べよ。ただし，電流の大きさが同じ場合は「＝」を使って表せ。

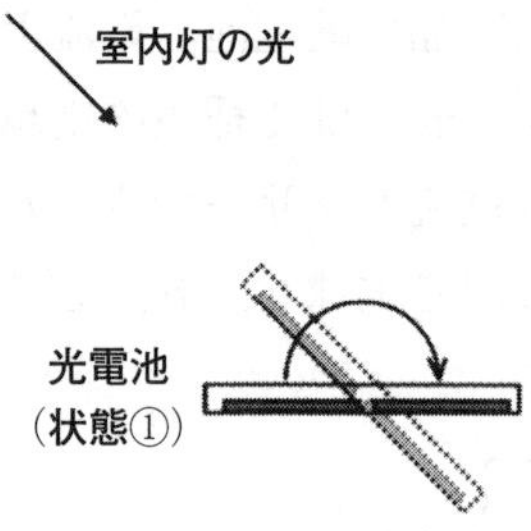

図５

表３

状態	光電池の回転角度
①	0°
ア	45°
イ	90°
ウ	135°
エ	180°

(解答例)　**ア**と**エ**が同じで，**イ**，**ウ**の順の場合：**ア**＝**エ**＞**イ**＞**ウ**

4　同じ大きさで正方形のアルミニウム，鉄，銅の金属片がたくさんあります。ここから色々な組合せで３枚を選び，図１のような金属片のつながりを４種類つくりました。これらをＡ，Ｂ，Ｃ，Ｄとします。このＡ～Ｄに行った次の実験操作を読み，以下の問いに答えなさい。

金属片のつながり
図１

［操作１］　Ａ～Ｄそれぞれの重さを調べた。

［操作２］　十分な量のうすい水酸化ナトリウム水溶《よう》液に入れ，気体を生じながら金属片が溶《と》けるかどうか調べた。

［操作３］　［操作２］の後，残った金属片を蒸留水ですすぎ，十分な量のうすい塩酸に入れ，気体を生じながら金属片が溶けるかどうか調べた。

［操作４］　［操作１］で用いたものと同じＡ～Ｄそれぞれを燃焼させて，空気中の酸素と完全に反応した燃焼後の各重さを調べた。このとき，燃焼によってそれぞれの金属と酸素が結びついて，別の物質に変化している。

次の表はこれらの実験操作の結果をまとめたものである。

	A	B	C	D
［操作１］	11.5ｇ	8.6ｇ	(①)ｇ	13.9ｇ
［操作２］	気体を生じて１枚の金属片が溶けた	気体を生じて２枚の金属片が溶けた	変化なし	気体を生じて１枚の金属片が溶けた
［操作３］	気体を生じて１枚の金属片が溶けた	変化なし	気体を生じて２枚の金属片が溶けた	気体を生じて２枚の金属片が溶けた
［操作４］	16.3ｇ	14.2ｇ	18.4ｇ	19.5ｇ

問１　［操作２］で溶ける金属片の種類として正しいものを選び，記号で答えよ。

ア　アルミニウム　　**イ**　鉄　　**ウ**　銅

問２　Ｂに使われている金属片の枚数をそれぞれ答えよ。使われていないものは０と答えよ。

問３　表の(①)にあてはまる数値を答えよ。

問４　アルミニウムの金属片１枚は何ｇか。

問５　ＡとＣの１つずつを完全に燃焼させたとき，使われる空気中の酸素は何ｇか。

［操作５］　［操作１］で用いたものと同じＡ～Ｄから，図２のように３つを選んで金属片のつながりをつくった。これをＸとする。

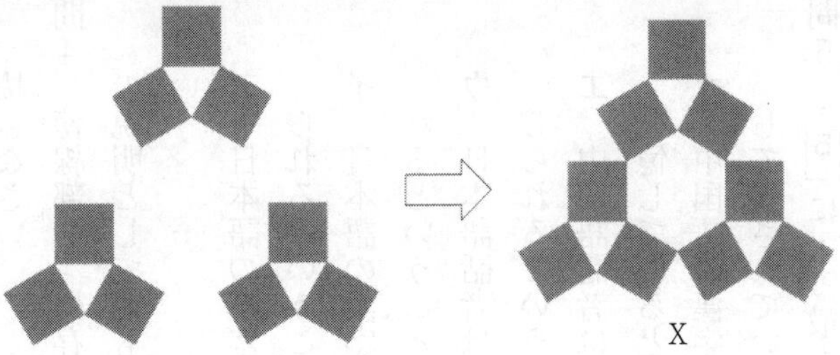

図２

［操作６］　このＸを十分な量のうすい塩酸に入れた。図３はこのとき溶け残った金属片のようすを表し，溶けた金属片は点線  で示している。

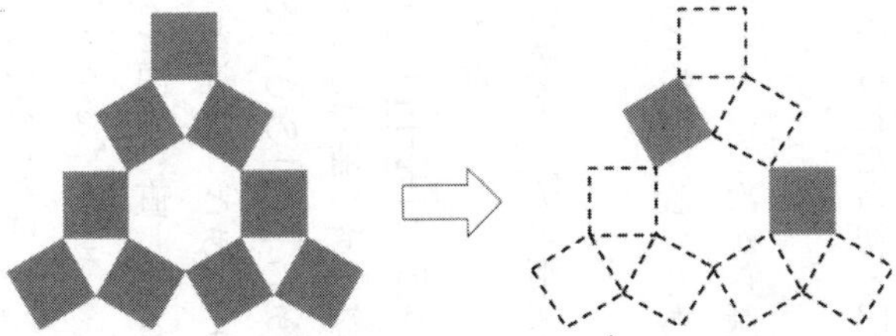

Ｘ

図３

［操作７］　［操作５］で用意したものと同じＸを燃焼させて，空気中の酸素と完全に反応したＸの燃焼後の重さを調べたところ52.1ｇだった。

問６　［操作５］で用意したものと同じＸを，図３と同じ配置にした。これに［操作２］を行ったところ，溶け残ったものの中に，５つの金属片のつながりが残った。（解答例）を参考にして，このＸ中の５つのつながりを解答欄《らん》に答えよ。なお，アルミニウム，鉄，銅の各金属片を，それぞれ **a**，**b**，**c** とする。

（解答例）　図４の例は，５つの金属片 **a**，**b**，**c** がつながった場合である。

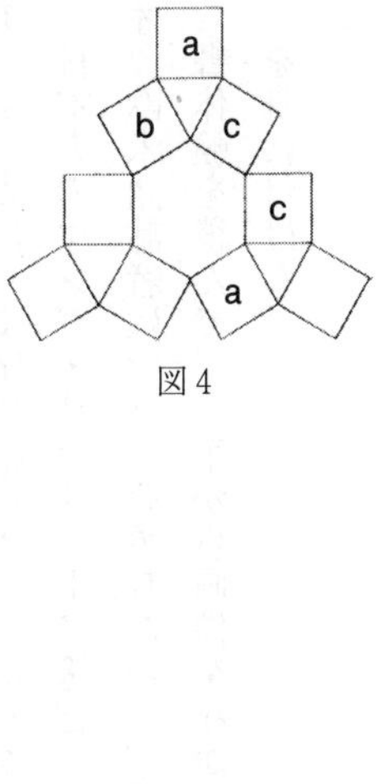

図４

（内田　樹『日本辺境論』〔新潮社〕より）

（注1）イノベーション…技術の革新。
（注2）リテラシー…読む能力。
（注3）祝詞…神に祈るときに用いることば。
（注4）・（注5）“curse”“呪”…ともに「のろい」の意。

問1　傍線部**a**〜**c**のカタカナを漢字に直しなさい。

問2　傍線部**1**「日本はちょっと違う」とありますが、どのような点で違うのですか。次の文の二つの[　]にふさわしいことばを、それぞれ二十字以上三十字以内で補って、答えなさい。

　日本語の表記では、[**二十〜三十字**]という点と、日本語話者は、脳内で[**二十〜三十字**]という点。

問3　[**A**]に入る最もふさわしい漢字一字を本文中から探して、書き抜きなさい。

問4　傍線部**2**「残存臭気をとどめている」とありますが、その内容の説明として最もふさわしいものを次から選び、記号で答えなさい。

ア　日本語の漢字からは、作られた当初と同じように原意が感じられるということ。
イ　日本語の漢字からは、漢字の呪術的な働きを何となく感じられるということ。
ウ　日本語話者は、漢字の持つ音を身体的な実感をともなって感じられるということ。
エ　中国語話者は、漢字の音の持つ呪術的な力能を意識の深層に記憶しているということ。
オ　中国語の漢字には、古代の呪術的な戦いの痕跡《こんせき》が日常表現として残されているということ。

問5　[**B**]に入る最もふさわしいことばを次から選び、記号で答えなさい。

ア　「ふきだし」は文字なのです
イ　「ふきだし」は画像なのです
ウ　「ふきだし」は音声なのです
エ　「絵」は表意的なのです
オ　「絵」は概念的なのです
カ　「絵」は視覚的なのです

問6　傍線部**3**「寸暇を惜しんで」の意味として最もふさわしいものを次から選び、記号で答えなさい。

ア　休みの時間を削っても　**イ**　時間が少し遅くなっても
ウ　多くの時間をかけてでも　**エ**　大切な時間を費やして
オ　わずかな時間も無駄にせずに

問7　本文の内容として最もふさわしいものを次から選び、記号で答えなさい。

ア　日本語の処理の特殊性と、「絵」と「ふきだし」を処理するリテラシーには対応関係がある。
イ　世界の文字言語の大半は文字と音声の両方を用いるので、欧米でもマンガ・リテラシーは発展してきた。
ウ　多くの漢字学者が漢字の持つ呪的機能を考慮せずにその起源の研究を行った結果、漢字の使用者も呪的機能を忘れてしまった。
エ　マンガは、文字は縦書き、頁は右から左に進む形式で発達し、日本人のマンガ・リテラシーに適合した芸術形式となった。
オ　欧米語話者はマンガを読むために、長期にわたる集中的な読書体験を積んで、文字から画像を浮かび上がらせるリテラシーを身に付けた。

アルファベットを用いる言語圏と、漢字を用いる言語圏での難読症の発生率には有意な差が示されていますが、おそらく日本語話者において、難読症の発生は世界でもっとも少ないはずです。医学的にはまったくの素人の推測ですから、専門家は取り合ってくれないでしょうけれど、文字がざくりと身体に刻み込まれ、切り込んでくるという感覚の鋭さは、日本語話者と英語話者では明らかに違う。(注4)"curse"という文字が英語話者にもたらす不安と(注5)〝咒〟が漢字読者にもたらす不安は質が違うはずです。

私たちは言語記号の表意性を物質的、身体的なものとして脳のある部位で経験し、一方その表音性を概念《がいねん》的、音声的なものとして別の脳内部位で経験する。養老先生のマンガ論によりますと、漢字を担当している脳内部位はマンガにおける「絵」の部分を処理している。かなを担当している部位はマンガの「ふきだし」を処理している。そういう分業が果たされている。

マンガは「絵」と「ふきだし」から構成されています。「ふきだし」が文字で書かれているので、私たちはそれが表意機能ではなく、表音機能を担っているということをうっかり見落としていますが、間違いなく［ B ］。

私が子どもの頃、マンガを読むとき、「ふきだし」部分を音読している子どもがずいぶんいました。あの子どもたちはおそらく音読することを通じて、「『ふきだし』は音声記号として処理せよ」という命令を自分の脳にbスり込んでいたのではないでしょうか。私自身はマンガを黙読していましたが、それは幼児期からのマンガのヘビー・リーダーであったために「ふきだし」を表音記号として処理する回路がもう出来上がっていたからではないかと思います。というのは、音読していると頁をめくる速度が遅くなるからです。3寸暇《すんか》を惜しんでマンガを読んでいる身としてはそんな手間暇《てまひま》をかけるわけにはゆかない。

マンガを読むためには、「絵」を表意記号として処理し、「ふきだし」を表音記号として処理する並列処理ができなければならないわけですが、日本語話者にはそれができる。並列処理の回路がすでに存在するから。だから、日本人は自動的にマンガのヘビー・リーダーになれる。

一方、欧米語話者には処理回路が一つしかない。もちろん読書人の中には幼児期から大量の文字情報に接してきたせいで、表音文字で綴《つづ》られた語を表意的に読むという技術を習得している人はいると思います。Quixoticという文字を見ると、「クイクサティック」という聴覚像より先に、ロシナンテにまたがり、サンチョ・パンサを供に荒野を行く憂《うれ》い顔の騎士の画像が浮かぶという人がいても不思議はありません。けれども、アルファベットを一瞥《べつ》すると、それが表意的に立ち上がり、ある種の物質性を持って直に身体に触れてくるような「白川静的」読字経験ができるためには、どうあっても長期にわたる集中的な、ほとんど偏執《へんしゅう》的な読書体験が必須です。その条件を満たす人はごく少数にとどまるでしょう。(中略)

だんだん話が逸脱《いつだつ》してきましたけれど、マンガの話をしていたのでした。「絵」と「ふきだし」を並列処理できるマンガ・リテラシーは、表意文字と表音文字を並列処理する特殊な言語である日本語話者において特権的に発達したという話です。ですから、マンガ分野における日本マンガの「一人勝ち」状態はこれからしばらく続くと思います。

ただ、アニメは事情が違います。アニメの場合、観客には「ふきだし」の文字を音声的に処理するという手間が要求されませんし、だいたいアニメの上映時間は世界中どこでも同じですから、「アニメ・リテラシー」の差は国語間では顕在化《けんざいか》しません(マンガ一頁を読むのに要する時間は個人のマンガ・リテラシーの差を示す一番わかりやすいcシヒョウですけど)。

ヨンの速度においても、日本は世界を圧倒しています。（中略）
日本のマンガは日本の雑誌掲載時のスタイルのまま、文字は縦書き、頁《ページ》は右から左へ進みます。欧米の漫画は文字は横書き、頁は左から右です。欧米の漫画を読みなれた読者にとって、物語が右から左へ移行するマンガを読むためには（注2）リテラシーそのものの書き換えが必要でした。そのようなリテラシーがまだ十分に育っていない時期は、日本のマンガは「裏焼き」され、欧米仕様の読み方で読めるように改作されていました。

それが今では、マンガだけは、欧米でも、日本で読むのと同じ製本、同じコマ割りで読めるようになった。欧米の若い読者たちがマンガをオリジナルの味わいで読むことができるように、彼らのリテラシーそのものを書き換えたのです。彼らが自分たちの文字の読み方の定型を崩しても惜しくないと思えるだけの水準の質に日本のマンガが達したということです。

なぜ、日本人の書くマンガだけが（とりあえず今までのところはということですが）例外的な質的高さを達成しうるのか。これは言語構造の特殊性によるのである、ということをaカンパされたのは、これまた養老先生です（受け売りばかりして、すみません）。

白川静先生が教えるように漢字というのは、世界のありさまや人間のふるまいを図示したものです。白川漢字学の中心になるのは「サイ」という表意要素です。「サイ」は英語のDの弧の部分を下向きにしたかたちです。

この文字を後漢の『説文解字』以来学者たちは「口」と解したのですが、白川先生はこれを退け、これが「（注3）祝詞《のりと》を入れる器」、もっとも根源的な呪具の象形であるという新解釈を立てました。そしてこれを構成要素に含む基本字すべての解釈の改変を要求したのです。

例えば、「告」は「木の枝にかけられたサイ」であり、それゆえ「告げる」とは「神に訴え告げること」になります。「サイ」を細長い木につけてささげると「史」になります。聖所に赴《おもむ》くときは、大きな木に「サイ」をつけ、吹き流しを飾り、奉じて出行する。「A」は「サイ」と「兄」の合字です。「兄」は祝禱《しゅくとう》の器であるサイを奉じて祖霊に祈る人を指します。サイを二つ並べると「咒《じゅ》」となり、これは烈《はげ》しい祈りを意味します。祈りを通じて忘我の境位に達すると「兌」という。「兄」（祖霊に祈る人）の上に「八」を加えたものであり、「神気が髣髴《ほうふつ》としてあらわれることを示している」などなど。

白川先生の解釈から私たちが知るのは、古代の呪術的な戦いは言葉によって展開したということです。「文字が作られた契機のうち、もっとも重要なことは、ことばのもつ呪的な機能を、そこに定着し永久化することであった」ということです。

私たちはもう漢字の原意を知りません。けれども、漢字がその起源においては、私たちの心身に直接的な力能をふるうものであったという記憶はおそらくいまだ意識の深層にとどめている。漢字というものは持ち重りのする、熱や振動をともなった、具体的な共物質性を備えたものとして私たちは引き受けた。そして、現在もなお私たちはそのようなものを日常の言語表現のうちで駆使しています。

私は日本人が漢字を読むときに示す身体反応と、中国人が漢字を読むときに示す身体反応は違うだろうと思います。中国人にとって、漢字は表意文字であると同時に表音文字でもあるからです。だから、外来語をそのまま漢字に音訳して表記することができる。日本語は外来語はカタカナ表記で処理しますから、漢字は表意に特化されている。だから、漢字の表意性は中国語においてよりも純粋であり、それだけ強烈であるはずです。だとすれば、白川漢字学の言う漢字の「呪的機能」は現代中国より現代日本においていまだその2残存臭気をとどめているのではないか。

問５　傍線部**４**「ジュンは、何故だか叱られているような気持ちになって」とありますが、そのような気持ちになったのはなぜですか。その理由を説明する次の文の□に最もふさわしいことばを本文中から五字で探して、書き抜きなさい。

カンとエリはコマリが音楽への熱意を語ることに魅了《みりょう》されていたが、ジュンは、［五字］ことで音楽に幸せを感じられず三人の輪から外れていたので、責められているような気持ちがしたから。

問６　［**B**］に入る最もふさわしいことばを次から選び、記号で答えなさい。

ア　不幸　**イ**　不自然　**ウ**　不可能
エ　不誠実　**オ**　不思議

問７　［**C**］に入る最もふさわしいことばを次から選び、記号で答えなさい。

ア　イオ先生でさえ知らない
イ　馴れ合いバンドでもわからない
ウ　俺だって知らなかった
エ　吹奏楽部員が経験しなかった
オ　ジュンが触れようとしなかった

［二］　次の文章を読んで、後の問に答えなさい。

日本語はどこが特殊か。それは表意文字と表音文字を併用する言語だということです。

かつて中華の辺境はどこもそのようなハイブリッド言語を用いていました。朝鮮半島ではハングルと漢字が併用され、インドシナ半島では「チュノム(字喃)」と漢字が併用されていました。(中略)

その中で、日本はとりあえず例外的に漢字と自国で工夫した表音文字の交ぜ書きをいまだにとどめている。

漢字は表意文字(ideogram)です。かな(ひらがな、かたかな)は表音文字(phonogram)です。表意文字は図像で、表音文字は音声です。私たちは図像と音声の二つを並行処理しながら言語活動を行っている。でも、これはきわめて例外的な言語状況なのです。

文字と音声の両方を使うという点では世界中の文字言語はどこも同じじゃないかと言う人がいるかも知れませんが、**1**日本はちょっと違う。

これは養老孟司先生からうかがったことの受け売りですけれど、脳の一部に損傷を受けて文字が読めなくなる事例がいくつか報告されています。生得的な難読症とは違います。文字処理を扱っている脳部位が外傷によって破壊された結果です。欧米語圏では失読症の病態は一つしかない。文字が読めなくなる。それだけです。ところが、日本人の場合は病態が二つある。「漢字だけが読めない」場合と「かなだけが読めない」場合の二つ。意味することはおわかりになりますね。漢字とかなは日本人の脳内の違う部位で処理されているということです。だから、片方だけ損傷を受けても、片方は機能している。

日本人の脳は文字を視覚的に入力しながら、漢字を図像対応部位で、かなを音声対応部位でそれぞれ処理している。記号入力を二箇所《かしょ》に振り分けて並行処理している。だから、失読症の病態が二種類ある。

言語を脳内の二箇所で並列処理しているという言語操作の特殊性はおそらくさまざまなかたちで私たち日本語話者の思考と行動を規定しているのではないかと思います。(中略)

もっとも際立った事例は「マンガ」という表現手段が日本において選択的に進化したという事実です。これに異論のある人はいないでしょう。マンガの生産量についても、質についても、(注1)イノベーシ

ーのうち三人は近所の同級生だったし、あとの二人はその弟だった。年がら年中一緒の奴らで、本気の喧嘩《けんか》もよくしたけど、結局なんでも許せる仲だ。バンドも遊びの延長で、イオさんにしてみりゃ、断る理由を口にするのも面倒だったろう。でも別に悔しくなかった。鍵盤担当を手に入れ損ねたってことを除けば、まったく。だってあの人が指先さえ触れようとしない世界で、毎日どんな奇跡が起きてるか、俺はよく知ってたから」

　音とリズムだけで形成されているはずのカンの声が、何故だか、膨《ぼう》大《だい》な意味を含む言葉としてしか聞こえなかった。それが苦痛で、ジュンはゆっくり、慎重に腕を動かし、手のひらで強く耳を塞《ふさ》いだ。心細さに涙ぐんだけれど、誰もそれに気付かなかった。

「好きな奴らともやれよ、コマリ」それまでより静かな声で、カンは言った。

「何個『大』付けても足りないくらい好きな奴らと、試していい、やってみろよ。［ **C** ］魔法を、自分たちでかけられるんだぜ」

　まばたきもせず、コマリはカンの笑顔を見つめていた。その瞳に、熾火《おきび》の色が見えた気がした。

（古谷田奈月『ジュンのための6つの小曲』〈新潮社文庫〉より）

問1　傍線部**1**「知らない部屋」とありますが、「床屋」の「居間」にジュンは何度も入ったことがあります。この「知らない部屋」という表現には、ジュンのどのような気持ちが込められていますか。その説明として最もふさわしいものを次から選び、記号で答えなさい。

ア　帰りたかったのに帰れなかったことで、自分の思いのままにならない状況や、言葉を失う場面に置かれて不満を覚えているということ。

イ　歌を歌えなくなってしまったために、部屋にあるものを見るにつけても、かつて訪れた時の憂鬱な気持ちになってしまうということ。

ウ　気乗りがしないままにしかたがなく来てしまったので、以前見た部屋にあるものを見ても自分には関わりがないと思えたということ。

エ　見慣れたものに気づかない振りをすることで、部屋にまつわる様々な感情や記憶を思い起こさないようにしているということ。

問2　［ **A** ］に入る最もふさわしい慣用句を次から選び、記号で答えなさい。

ア　借りてきた猫　　**イ**　狐《きつね》につままれた

ウ　同じ穴の狢《むじな》　　**エ**　牛に引かれた

オ　井の中の蛙《かわず》

問3　傍線部**2**「魔法使いみたい」とありますが、それはどういうことですか。解答欄《らん》にふさわしいことばを三十字以上四十字以内で補って答えなさい。

問4　傍線部**3**「あ、話、通じてない」とありますが、そのことを表す本文中の例として最もふさわしいものを次から選び、記号で答えなさい。

ア　イオ先生はピアノの演奏に集中すると、自分の時間の中に入り込んで周りの人を顧《かえり》みなくなるということ。

イ　イオ先生が気に入らなかった音楽教師をピアノと口先で負かして、教師の権力を奪ってしまったということ。

ウ　イオ先生の教え方は感覚的な言葉や指笛、ジェスチャーを使うため、その意味がわからないということ。

エ　イオ先生はコマリにとって初対面の人なので、演奏中に心を通わせられなかったということ。

を完成させようとしているだけなんだって、こっち側に座ってるみんなに、ちゃんとわかるので」

　コマリの白い頬《ほお》が上気し、その声が震え始めたのに気付き、三人は再び彼女を見守った。

「ほんとは、最初、すごく怖かったんです」膝の上に手をついて、コマリは小さく話し始めた。「だって指示が、『飛ばないで、はばたくだけ』とか、そんな感じで意味わかんないし、ピュウピュウ指笛吹いたり、舌を鳴らしたり、手話みたいに、ジェスチャーだけで伝えようとするのも謎だったし、あとはやっぱり……ちょっと、冷たい感じがする先生だったので」伏せていた目を、コマリは申し訳なさそうに上げた。

「でも、イオ先生を見てるとわかるんです。イオ先生は生徒のことなんか気にしてなくて、ただ音楽のことだけを考えてるんだって。音楽にとって、曲にとって、どうするのが一番いいかってことだけをずっと考えてるんだって。だから最後は全員が、バンドっていう、一つの生き物として幸せになれるんだって。このあいだもそうでした」コマリはそこで、不意に涙声になって、「それがまるで、魔法みたいだったんです」

　カンとエリは、コマリの大きな瞳《ひとみ》に見入っていた。そんな二人を見た4ジュンは、何故《なぜ》だか叱《しか》られているような気持ちになって、さっきのコマリと同じようにひゅっと首を縮めた。

「あの、私、ああいうの初めてだったので」カンとエリを交互に見ながら話すコマリは、涙をこらえず、話すのをやめもしなかった。

「これだ！　っていうアイデアに、あんなにどっぷり、飲み込まれたの。ずっと考えてたことなんです。ハッピーじゃなきゃいけないのかなって。音楽って、気持ちが繋がらなきゃ意味ないのかなって。だって、たとえばイオ先生だって、私にとっては初対面の人なわけだし、そんな人と、いきなり、心を通わせるなんてできるわけないじゃないですか。でも今までは、そういうことが大事だって教わってきたんです。気持ちを一つにして演奏しましょうって」コマリはそこで、大きく鼻をすすって、「でもそんなの、無理なんです」と呟《つぶや》いた。

「［B］なんです。絶対無理。だって私、嫌いな子、いっぱいいるし、私のこと嫌いな子は、それより多いし、先輩にも顧問にも目ぇ付けられてて、もう取り返しつかないくらいなのに、そんな人たちと、気持ちを一つになんてできません」

　流れ落ちる涙を手の甲《こう》で拭《ぬぐ》いながら、コマリはまた、勢いよく鼻をすすった。エリがそばにあったティッシュの箱をカンに渡し、カンがそれをコマリに差し出した。涙もろいカンは早くも目に涙を浮かべ、その大きな手をコマリの震える背中にあててやっていた。（中略）

　ちゃぶ台に片肘《かたひじ》をあずけ、爪の先をいじり、「もし俺なら、せめてあのぐらい自分のこと許してくれる奴とじゃなきゃ、バンドなんかやりたくねえなって話なんだけど」とカンは言った。「ていうか、お前のこと嫌ってる奴なんて、ほんとに、そんなにいるのかな。だって俺たち、こんなにポンポン人を好きになるのにさ」

　コマリは顔を強張《こわば》らせ、胸の前で持っていた湯飲みを、ゆっくりと膝の上に下ろしていった。

「そんな人ばっかりじゃないです」うつむいて、コマリは小さく返した。「悪口言ったり、人を嫌って元気になるような人も、たくさんいます」

「でもそんなの、お前が泣かされる理由になる？」口ぶりは悔しそうだったけれど、その顔には笑みが浮かんでいた。

「高校のとき、友達とバンド組んでてさ、鍵盤《けんばん》やれるメンバー欲しさにイオさんを誘ったらこう言われたんだ、『馴《な》れ合いバンドに触るとアレルギーが出るから』。確かに馴れ合いだったかも。五人のメンバ

込んで、やれ膝がどうの、畑がどうの、息子が出世してどうのって……俺みたいのに話して楽しいかねえ」カンはそこで、何やら物音をたてながら、「皿って何？　なんでもいいの？」

「木のお皿。丸いやつ。親孝行だと思えばいいのよ」エリは電気ポットの赤いランプを見ながら答えた。（中略）

「あの、イオさんって、イオ先生のことですか？」そこで、コマリが口を挟んだ。「あの、実は私、今日はイオ先生のことを教えてもらおうと思って……」

「ああ。そうそう、イオ先生」カンは笑顔で答え、エリの注いだお茶をコマリの前に置いた。「そっか、イオさんこないだ三中来たんだっけ。ああ俺、そんときの話も聞いてねえや」そこで視線をエリに向け、「トク、なんか言ってた？」

「どうだったかな」エリはそこでジュンに目をやり、「かばん、下ろせば？」と声をかけた。

「いや、すごかったですよ！」コマリは目を輝かせた。「2魔法使いみたいでした！」

「だろお？」カンは得意げにほほ笑み、ほうじ茶をすすった。「高校のときからああなんだぜ。気に入らない音楽教師、ピアノと口先で負かしてさ、下克上《げこくじょう》って感じに実権握っちゃった人なんだ。それで選抜の合唱隊鍛《きた》え上げて、初めての指揮、初めてのコンクールで、銀獲《と》って帰ってきちゃったの。とんでもねえよ」

カンの話を、ジュンはうつむいて聞いていた。合唱ではいつも女の子にまざってソプラノに回されるのだということも、出来合いの歌は嫌いだから結局少しも歌わないのだということも、黙っていた。

「ちなみにエリは、そのときのアルト」カンがかりんとうをかじりながら言うと、

「すごい。銀賞メンバーだったんですか」とコマリは身を乗り出した。

「イオ先生、そのときから、魔法使いみたいでしたか？」

「うん。まあ」エリは一口お茶を飲み、息をついた。「でも私はどちらかというと、宇宙人みたいって思ってたけど……」

「実際あの人、火星人だからね」カンの言葉に、ジュンは驚いて目を上げた。

「ピアノ弾かせるとわかるよ。いきなり腕が八本になる。本人はうまく地球人になりすましてるつもりみたいだけど、ちょっと喋《しゃべ》るとわかるだろ――」『3あ、話、通じてない』

「はい」コマリは大真面目に頷《うなず》いてから、「あの、でも、指揮してもらうと通じますよね」と、同意を求めるようにエリを見た。「私、指揮があんなに重要だって、イオ先生に会うまで全然実感なかったんです。だって私たち、よく指揮者なしでも合わせてて……別にそうしようとしてするわけじゃなくて、誰かが吹いたフレーズに、誰かが合わせて、そこにまた別の誰かが乗っかってっていう感じで、自然に始まっちゃうことがあるっていうだけなんだけど。でもそれでちゃんとかたちになるから、指揮者なんて正直、念のために立ってる人としか思ってなかったんです。だから偉そうに指示されたり、文句言われたり、一人だけ立って吹かされたりするともう、ほんと、むかついてむかついて……」

熱っぽく話し始めていたコマリは、そこで突然、ひゅっと首を縮めた。三人の視線が、自分に集中していることに気付いたのだった。

「イオさんだって、むかついたけどな」のんきな声で、エリが言った。「指揮棒持つと、あの人、平気でひどいこと言うんだもん。何回泣かされたかわかんないわ」

「でもイオ先生は」とコマリは再び口を開き、跳ね返すように言った。「別に、その生徒のことが嫌いでそういうことを言ってるんじゃないって、わかるので。好き嫌いで差別してるわけじゃなくて、ただ音楽

二〇二二年度　早稲田中学校

【国語】〈第二回試験〉（五〇分）〈満点：六〇点〉

注意　字数制限のある問題については、かぎかっこ・句読点も一字と数えなさい。

一　次の文章はコマリに連れられて、床屋を営んでいるカンとエリの家に中学生のジュンが訪れた場面です。コマリとトクはジュンと同じ中学校の吹奏楽部員です。カンとエリはトクの父と母で、ジュンとは顔見知りです。

文章を読んで、後の問に答えなさい。

もしコマリがいなければ、床屋に足を向けることもなかっただろう。音楽室より音楽に溢《あふ》れた床屋は、歌を失った今、遠巻きに眺《なが》めるだけでも憂鬱《ゆううつ》になる。だからもう、かれこれひと月近くジュンは床屋を訪れていなかった。（中略）

コマリと並んで廊下を歩きながら、カンは早速トクの愚痴《ぐち》をこぼし始めた。父親にだけ学校の話をせず、父親の洗濯物だけたたまず、父親の靴だけ蹴散らして出かけていく息子をどう思うかとコマリに迫り、対するコマリは緊張しながらも必死にカンの味方をした。

二人のうしろを、ジュンはとぼとぼついていった。初めて歩く暗い廊下も、窓から見える庭の風景もよそよそしく、一歩ごと不安になった。

「ジュンくん、髪、伸びたねえ」

うしろから、静かでのんきな声がした。振り返ると、エリが声と同じように静かな笑みをたたえていた。

「今日はちょっと冷えるから、あったかいほうじ茶、淹《い》れようね」笑顔のまま、エリは言った。

そこで不意に涙の匂いを嗅《か》ぎ取って、ジュンはすぐに前を向いた。帰りたいと言うなら今だと思ったけれど、言えなかった。

居間に入ってからも、ジュンは黙ったままだった。お茶の用意をするエリの隣に正座をし、通学かばんを肩にかけたまま、じっとちゃぶ台の一点を見つめていた。その1知らない部屋を形成する、到底受け入れることのできないものたち――きれいに張られた障子や、傷だらけの柱や、写真が二つ並んだ仏壇、年代物のエアコン、最新式のテレビ、そのテレビに繋《つな》がれたゲーム機、マタニティ雑誌の上に重ねられたスポーツ新聞、小物入れになっているガラス製の灰皿、シミのついた座布団などが、なるべく目に入らないように。

「なんだよ。さっきから、［　A　］みたいに」そう言うと、カンは押さえつけるような力強さでジュンの髪をかき回した。真下を向いたそのときに、ジュンはひと月前より大きくなったエリのお腹に目を留めた。「な、ゲームやろうぜ。新しいの買ったんだ。対戦しようよ、俺対、ジュンとコマリチームで」

「お皿にかりんとう出して、カンちゃん」急須《きゅうす》に茶葉を入れながら、エリが言った。

「二人の用事、ちゃんと聞いてあげてよ。ゲームは今日、朝からずっとやってたでしょ」

「あ、用あって来たの？」隣接する台所に入りながら、カンは意外そうな声を出した。

「なんだ、俺、なんとなく寄っただけかと思った。ほら、わざわざ火曜狙《ねら》って来る人いるじゃん。カスガイさんとかモチの爺さんとかさ、ちゃあんと車あるの見て、なあんも用ねえのに一時間も二時間も座り

2022年度

早稲田中学校 ▶解説と解答

算　数　＜第２回試験＞（50分）＜満点：60点＞

解　答

1 (1)　4　(2)　26年後　(3)　4日間　2 (1)　69度　(2)　4.32cm　(3)　$19\frac{1}{8}$cm
3 (1)　①　8％　②　300　(2)　①　120g　②　1.75％　4 (1)　毎分200m
(2)　10.2　(3)　700m　5 (1)　7　(2)　4点　(3)　**1位**…9点　**2位**…10点
3位…15点　(4)　18.2点

解　説

1 逆算，年齢《ねんれい》算，倍数算，つるかめ算，和差算

(1)　$3\frac{3}{40}\div0.375=\frac{123}{40}\div\frac{3}{8}=\frac{123}{40}\times\frac{8}{3}=\frac{41}{5}$より，$70.35\div\left(\frac{41}{5}-\square\right)-3\frac{3}{8}=13.375$，$70.35\div\left(\frac{41}{5}-\square\right)=13.375+3\frac{3}{8}=13\frac{3}{8}+3\frac{3}{8}=16\frac{6}{8}=16\frac{3}{4}$，$\frac{41}{5}-\square=70.35\div16\frac{3}{4}=70\frac{7}{20}\div\frac{67}{4}=\frac{1407}{20}\times\frac{4}{67}=\frac{21}{5}$　よって，$\square=\frac{41}{5}-\frac{21}{5}=\frac{20}{5}=4$

(2)　4年後の年令と9年後の年令の差は，9－4＝5(才)だから，4年後の弟の年令を①とすると，右の図1のようになる。また，9年後の兄と父の年令の比は1：3なので，(①＋7)：(⑤＋5)＝1：3と表すことができる。ここで，$A:B=C:D$のとき，$B\times C=A\times D$となるから，(⑤＋5)×1＝(①＋7)×3，⑤＋5＝③＋21，⑤－③＝21－5，②＝16より，①＝16÷2＝8(才)と求められる。よって，4年後の年令は，弟が8才，兄が，8＋2＝10(才)，父が，8×5＝40(才)なので，現在の年令は，弟が，8－4＝4(才)，兄が，10－4＝6(才)，父が，40－4＝36(才)とわかる。したがって，現在，父の年令と，兄と弟の年令の和の差は，36－(4＋6)＝26(才)である。また，この差は1年間で，2－1＝1(才)ずつ縮まるから，父の年令と，兄と弟の年令の和が等しくなるのは現在から，26÷1＝26(年後)と求められる。

図1

	弟	兄	父
4年後	①	①＋2	⑤
9年後	①＋5	①＋7	⑤＋5

(3)　AとBの1日あたりの仕事量の比は，1.5：1＝3：2なので，この比を用いると，AとBが18日間でする仕事量の合計，つまりXとYで必要な仕事量の合計は，(3＋2)×18＝90となる。また，XとYで必要な仕事量の比は，1：1.25＝4：5だから，Xで必要な仕事量は，$90\times\frac{4}{4+5}=40$となり，XでのAとBの仕事量は右上の図2のようにまとめることができる。BがXで18日間働いたとすると，2×18＝36の仕事をするので，実際より，40－36＝4少なくなる。BのかわりにAが1日仕事をすると，3－2＝1の仕事を多くできるから，AがXで働く日数は，4÷1＝4(日間)とわかる。

図2

A　1日に3｝合わせて
B　1日に2｝18日で40の仕事

2 角度，面積，水の深さと体積

(1)　下の図1で，四角形AB(C)(D)は等脚《きゃく》台形だから，○印をつけた角の大きさはすべて66度である。

よって，斜線《しゃせん》の三角形に注目すると，●印をつけた角の大きさは，66－24＝42(度)とわかる。また，かげの三角形は相似なので，角イの大きさも42度である。したがって，角アの大きさは，(180－42)÷２＝69(度)と求められる。

図１

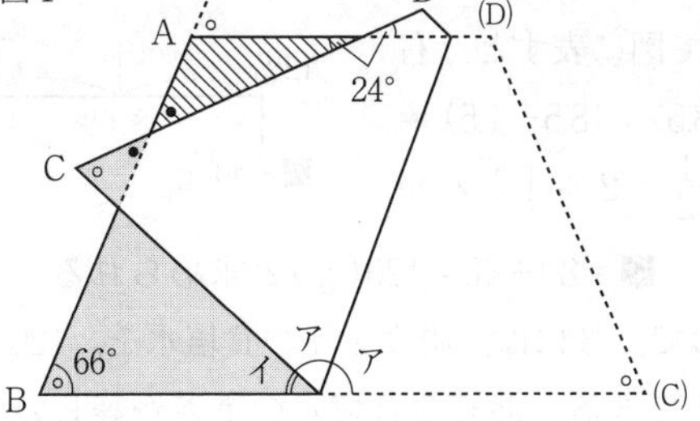

図２

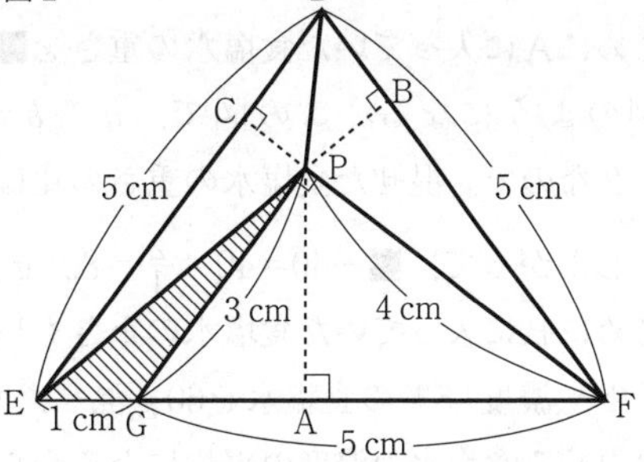

⑵　上の図２で，太線で囲んだ３つの三角形PDE，PGF，PFDの高さの和を求めればよい。はじめに，三角形PGFの面積は，３×４÷２＝６(cm^2)である。また，この三角形PGFを辺PFを対称《たいしょう》の軸《じく》として折り返し，２つ並べると，三角形DEFと合同な三角形になるから，三角形DEFの面積は，６×２＝12(cm^2)とわかる。次に，三角形PGFの底辺をGFとすると，高さは，６×２÷５＝2.4(cm)になるので，三角形PEGの面積は，１×2.4÷２＝1.2(cm^2)と求められる。よって，太線で囲んだ３つの三角形の面積の和は，12－1.2＝10.8(cm^2)となる。さらに，この３つの三角形の底辺はすべて５cmだから，高さの和は，10.8×２÷５＝4.32(cm)とわかる。

⑶　円柱と円すいの底面積の比は，(８×８)：(５×５)＝64：25である。この比を用いると正面から見た図は右の図３のようになり，円すいの体積は，25×40×$\frac{1}{3}$＝$\frac{1000}{3}$となる。また，アの円すいと(ア＋イ)の円すいは相似であり，相似比は，(40－24)：40＝２：５だから，体積の比は，(２×２×２)：(５×５×５)＝８：125となる。よって，イの部分の体積は(ア＋イ)の円すいの体積の，(125－８)÷125＝$\frac{117}{125}$(倍)なので，$\frac{1000}{3}$×$\frac{117}{125}$＝312と求められる。次に，太線で囲んだ部分の体積は，64×24＝1536だから，水の体積は，1536－312＝1224とわかる。したがって，おもりを取り出したときの水の深さは，1224÷64＝$\frac{1224}{64}$＝19$\frac{1}{8}$(cm)と求められる。

図３

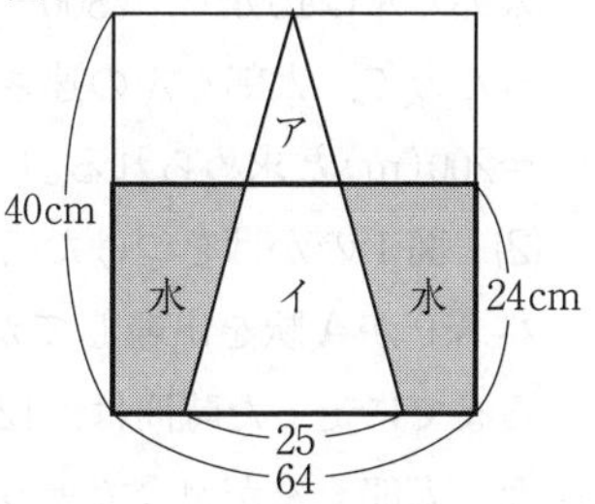

３　濃度《のうど》

⑴　①　Cには，濃度12％の食塩水を60ｇと，濃度２％の食塩水を，100－60＝40(ｇ)混ぜた食塩水ができる。(食塩の重さ)＝(食塩水の重さ)×(濃度)より，含《ふく》まれている食塩の重さは，60×0.12＋40×0.02＝８(ｇ)とわかる。また，食塩水の重さは100ｇだから，操作１のあと，Cでつくった食塩水の濃度は，８÷100＝0.08，0.08×100＝８(％)である。　②　操作２でCに水をアｇ加えると，８％よりもうすい濃度の食塩水ができる。この濃度を△％とすると，Bに残っている２％の食塩水に△％の食塩水を混ぜた結果，Bには△％の食塩水ができたことになるので，△＝２(％)とわかる。よって，８％の食塩水100ｇに水をアｇ加えた結果，濃度が２％になったことになる。食塩水に水を加えても食塩の重さは変わらないから，水を加えたあとの食塩水の重さを○ｇとすると，○×0.02＝８(ｇ)より，○＝８÷0.02＝400(ｇ)と求められる。したがって，ア＝400－100＝300

（ｇ）である。

⑵　①　Ｃには，濃度12％の食塩水を40ｇと，濃度２％の食塩水を，100－40＝60（ｇ）混ぜた食塩水ができるので，含まれている食塩の重さは，40×0.12＋60×0.02＝６（ｇ）になる。ここへ水を300ｇ加えるから，Ｃの濃度は，６÷(100＋300)＝0.015，0.015×100＝1.5(％)と求められる。よって，はじめにＡに入っていた食塩水の重さを■ｇとして図に表すと，右の図のようになる。この図で，a：b＝(12－8.5)：(8.5－1.5)＝1：2なので，混ぜた食塩水の重さの比は，$\frac{1}{1}$：$\frac{1}{2}$＝２：１とわかる。したがって，■－40＝40×$\frac{2}{1}$＝80（ｇ）だから，■＝80＋40＝120（ｇ）と求められる。

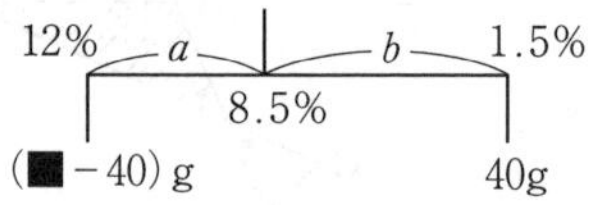

②　はじめにＢに入っていた食塩水の重さも120ｇなので，Ｂには，濃度２％の食塩水を，120－60＝60（ｇ）と，濃度1.5％の食塩水を60ｇ混ぜた食塩水ができる。混ぜる食塩水の重さが等しいとき，濃度は混ぜる食塩水の濃度の平均になるから，このときのＢの濃度は，（２＋1.5）÷２＝1.75(％)と求められる。

4　グラフ―旅人算，つるかめ算

⑴　バスの速さは分速，36×1000÷60＝600(m)である。また，バスＰがＡ駅を出発してから太郎くんを追いこすまでに走った時間は，15－２＝13(分)だから，右の図１のイの距離《きょり》は，600×13＝7800(m)とわかる。よって，太郎くんは15分で，7800－4800＝3000(m)走ったので，太郎くんの速さは毎分，3000÷15＝200(m)と求められる。

図１

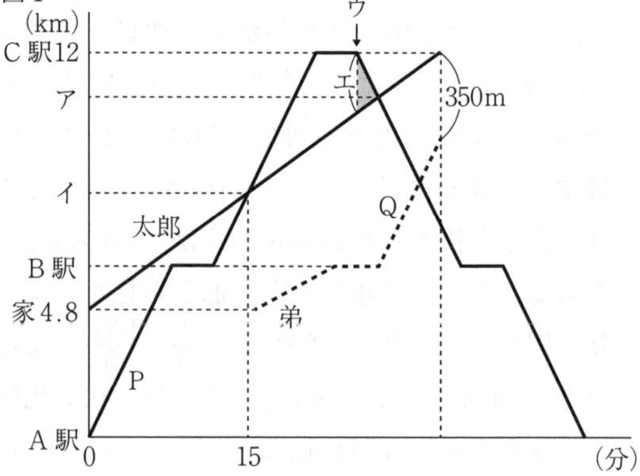

⑵　図１のかげをつけた三角形に注目する。バスＰがＡ駅を出発してからＣ駅に到着《とうちゃく》するまでに走った時間は，12000÷600＝20(分)だから，ウの時間は，20＋２＋２＝24(分)である。また，太郎くんが24分で走った距離は，200×24＝4800(m)なので，エの距離は，12000－4800－4800＝2400(m)と求められる。よって，かげをつけた三角形の時間は，2400÷(600＋200)＝３(分)だから，かげをつけた部分でバスＰが走った距離は，600×３＝1800(m)であり，アにあてはまる数は，12－1.8＝10.2(km)となる。

⑶　図１に弟とバスＱの進行のようすをかき入れると，太点線のようになる。太郎くんが家を出発してからＣ駅に到着するまでの時間は，(12000－4800)÷200＝36(分)なので，弟が歩いた時間とバスＱが走った時間の合計は，36－15－２＝19(分)となる。また，このとき進んだ距離の合計は，12000－350－4800＝6850(m)だから，右上の図２のようにまとめることができる。バスＱが19分で進む距離は，600×19＝11400(m)であり，実際に進んだ距離との差は，11400－6850＝4550(m)になるので，弟が歩いた時間は，4550÷(600－80)＝8.75(分)と求められる。よって，家からＢ駅までの距離は，80×8.75＝700(m)である。

図２

弟　(毎分80m)　｝合わせて
バスＱ(毎分600m)　19分で6850m

5　条件の整理

⑴ 例えば，$1\times1\times1=1$(点)，$1\times1\times2=2$(点)，$1\times1\times3=3$(点)，$1\times1\times4=4$(点)，$1\times1\times5=5$(点)，$1\times2\times3=6$(点)のように，１点から６点まではありえるが，７点にすることはできない。よって，得点としてありえない最も小さい整数は７である。

⑵ 考えられるのは下の図１の場合だけである。よって，総合順位が１位となった選手の得点は，$2\times2\times1=4$(点)である。

図１

総合	A	B	C
１位	２位	２位	１位
２位	１位	１位	５位

図２

総合	種目			得点
１位				
２位				
３位				
４位	２位	２位	４位	16点
５位	４位	４位	５位	80点

図３

総合	種目			得点
１位	１位	３位	３位	９点
２位	５位	１位	２位	10点
３位	３位	５位	１位	15点
４位	２位	２位	４位	16点
５位	４位	４位	５位	80点

⑶ １～５の整数の積が80になる組み合わせは，$4\times4\times5$だけである。また，積が16になる組み合わせは，$1\times4\times4$，$2\times2\times4$の２通り考えられるが，４はすでに２回使われているから，$2\times2\times4$と決まり，上の図２のようになる。さらに，１つの種目には１位～５位が１人ずついるので，残りの，１位３つ，２位１つ，３位３つ，５位２つを条件に合うように入れると例えば上の図３のようになるから，１位は９点，２位は10点，３位は15点とわかる。

⑷ AとBの積が同じになる３つの組み合わせは，1×4，2×2，4×1だけである。このとき，残り２人のAとBの積は同じではないので，下の図４のようになる。図４で，エ，オの得点が12点になることはないから，得点が12点で１位になるのはア，イ，ウのいずれかであり，その人のCの順位は３位と決まる。すると，残りの２人のCの順位は４位と５位となり，例えば下の図５のようになる。図５で，エ，オのCの順位は１位と２位になるが，エのCを１位にしてしまうとエの得点が１位になってしまうので，Cはエが２位，オが１位であり，下の図６のようになる。よって，全員の得点の合計は，$12+16+20+18+25=91$(点)だから，平均は，$91\div5=18.2$(点)と求められる。

図４

総合	A	B	C	得点
ア	１位	４位		
イ	２位	２位		
ウ	４位	１位		
エ	３位	３位		
オ	５位	５位		

図５

総合	A	B	C	得点
１位	１位	４位	３位	12点
イ	２位	２位	４位	16点
ウ	４位	１位	５位	20点
エ	３位	３位		
オ	５位	５位		

図６

総合	A	B	C	得点
１位	１位	４位	３位	12点
２位	２位	２位	４位	16点
４位	４位	１位	５位	20点
３位	３位	３位	２位	18点
５位	５位	５位	１位	25点

社 会 ＜第２回試験＞（30分）＜満点：40点＞

解 答

１ **問１** 23(日)４(時) **問２** ⑴ イ ⑵ イ **問３** ⑴ **あ** イギリス **い** コーラン ⑵ **C** オ **D** ウ ⑶ **A** ウ **B** ア **問４** (主に)アフリカ(大陸の国々が，)ヨーロッパ(諸国から)独立(したため) **問５** (主に)イスラム(教徒が，聖地である)メッカ(の方角に向かって)礼拝(するため) **問６** **A** 宮城県 **E** 埼玉県 **２** **問１**

イ→エ→ウ→ア　**問２**　**A**　稲荷山(古墳)　**B**　前方後円墳　**問３**　中臣鎌足　**問４**　ウ，オ　**問５**　足利義昭　**3**　**問１**　ウ　**問２**　地租改正　**問３**　イ　**問４**　(直接国税)15(円以上を納める)満25(歳以上の)男子　**4**　**問１**　(1)　(国連)難民高等弁務官(事務所)　(2)　ウ　**問２**　世界保健機関　**問３**　**A**　イ　**B**　キ　**問４**　**A**　エ　**B**　カ　**問５**　エ　**問６**　**A**　戦力　**B**　交戦権

解説

1　東京オリンピックを題材にした問題

問１　日本標準時は兵庫県明石市などを通る東経135度の経線を基準にしており，アメリカのロサンゼルスの標準時の基準が西経120度の経線なので，経度差は，135＋120＝255度になる。経度15度で１時間の時差が生じるので，日本とロサンゼルスの時差は，255÷15＝17時間で，日本のほうが時刻が早い。よって，日本が７月23日20時(午後８時)のとき，ロサンゼルスは17時間前の23日３時になるが，サマータイムで時刻を１時間早めているとあるので，23日４時(午前４時)である。

問２　(1)　資料の図は，UNESCO(国連教育科学文化機関)のロゴマークで，ギリシアの首都アテネにある「パルテノン神殿」をもとにデザインされている。パルテノン神殿は古代ギリシアのアクロポリス(都市国家の中心となる丘)上に建設された神殿で，アテネの守護神である女神アテナをまつっている。なお，アの「コロッセオ(円形闘技場)」はイタリア，ウの「ヴェルサイユ宮殿」とエの「モン・サン・ミッシェル」はフランスにあり，パルテノン神殿もふくめユネスコの世界文化遺産に登録されている。　(2)　ユネスコは国連の専門機関の１つで，教育・科学・文化などの分野を通じて国際協力をうながし，世界の平和と安全に貢献《こうけん》することを目的としている。よって，イが正しい。アはODA(政府開発援助)，ウはユニセフ(国連児童基金)，エはIMF(国際通貨基金)にあてはまる。

問３　(1)　**あ**　Aはオーストラリアの国旗。オーストラリアはイギリスから独立したため，左上にイギリスの国旗「ユニオンジャック」があしらわれている。　**い**　Cはサウジアラビアの国旗。サウジアラビアはイスラム教国で聖地メッカがあり，国旗には剣とイスラム教の聖典「コーラン」の一節がアラビア語で書かれている。　なお，Bはインド，Dはブラジルの国旗。　(2)　**C**　アラビア語は，西アジアから北アフリカにかけての国々で使われている公用語である。　**D**　中南米の国はほとんどがスペインから独立しているので，スペイン語が公用語であるが，ブラジルはポルトガルから独立しているので，公用語はポルトガル語になる。　(3)　**A**　日本はオーストラリアから液化天然ガス(LNG)や石炭，鉄鉱石などのエネルギー資源や工業原料を輸入している。よって，ウがあてはまる。　**B**　インドは，この４か国の中では日本への輸出額が最も少ない。よって，アがあてはまる。　なお，イはCのサウジアラビア，エはDのブラジル。統計資料は『日本国勢図会』2020／21年版による。

問４　資料のメルボルン大会(1956年)と東京大会(1964年)を比較《ひかく》して最も大きな変化が見られるのは，アフリカ大陸の参加国が増えたことである。かつてアフリカの国々は，その多くがヨーロッパ諸国の植民地であったが，「アフリカの年」とよばれる1960年以降，次々と独立したことがその背景にある。

問５　資料のピクトグラムは，イスラム教徒(ムスリム)を対象とした礼拝所があることを示してい

る。イスラム教では１日５回，聖地メッカの方角(キブラ)に向かって礼拝する。

問６　**Ａ**　2021年の東京オリンピックのサッカー競技では，東京都だけではなく，北海道・宮城県・茨城県・埼玉県・神奈川県でも試合が行われた。Ａは食料品のほか，電子部品の割合が高いので，宮城県である。宮城県を通る東北自動車道沿いは，IC(集積回路)をつくる工場が集まって「シリコンロード」とよばれており，電子部品の出荷額が多い。　**Ｅ**　輸送用機械の割合が高いが，石油・石炭製品が上位に入っていないので，海に面していない埼玉県があてはまる。　なお，Ｂは茨城県，Ｃは神奈川県，Ｄは北海道。統計資料は『データでみる県勢』2021年版による。

2　各時代の歴史的なことがらについての問題

問１　アは弥生時代，イは旧石器(先土器)時代，ウは縄文時代後期～弥生時代前期，エは縄文時代があてはまる。よって，時代の古い順にイ→エ→ウ→アとなる。

問２　**Ａ**　埼玉県行田市にある稲荷山《いなりやま》古墳は，墳丘《ふんきゅう》の全長が120ｍある前方後円墳で，「ワカタケル大王《おおきみ》」と刻まれた鉄剣が発見された。ワカタケル大王は５世紀末に在位した雄略天皇のことと推定され，この時期までに大王を頂点とするヤマト政権の力が関東地方にまでおよんでいたことが証明された。　**Ｂ**　「前方後円墳」は日本独特の形式といわれ，大阪府堺市にある大仙(大山)古墳は，墳丘の全長が486ｍにもおよぶ日本最大の前方後円墳である。

問３　中臣鎌足《なかとみのかまたり》は中大兄《なかのおおえの》皇子(のちの天智天皇)とともに，645年に蘇我《そが》氏を滅《ほろ》ぼし，大化の改新とよばれる一連の政治改革を行った。この功績により，鎌足は死のまぎわに天智天皇から「藤原」の姓をたまわり，藤原氏の祖となった。

問４　鎌倉時代，将軍と御家人は，土地を仲立ちとして「ご恩」と「奉公」の主従関係で結ばれていた。よって，鎌倉幕府の初代将軍源頼朝や，第３代将軍実朝《さねとも》があてはまる。アの源義経は平氏を滅ぼしたあと，兄の頼朝と仲たがいして追討《ついとう》されることになった武将。イの竹崎季長《すえなが》は元寇《げんこう》(元軍の襲来《しゅうらい》)で活躍《かつやく》した御家人。エの足利義満は室町幕府の第３代将軍。

問５　足利義昭は織田信長の協力により室町幕府の第15代将軍となったが，信長と対立するようになったため，1573年に京都を追放された。これにより，約240年続いた室町幕府が滅んだ。

3　明治時代の政治についての問題

問１　江戸時代，農民は年貢を納めることを強制されたが，天領(幕府の直轄《ちょっかつ》地)の農民は幕府に，大名の領地の農民は藩にそれぞれ年貢を納めた。よって，ウが誤っている。

問２　明治政府は1871年に廃藩置県を行ったあと，国の財政を安定させるため，1873年に地租改正を行い，土地所有者に地価の３％を地租として現金で納めさせるようにした。それまでの物納ではなく金納にしたのは，豊作や凶作《きょうさく》に関係なく，毎年一定の税収が見こめたからである。

問３　明治新政府はもともと財政基盤《きばん》が弱く，借金による債務《さいむ》もかかえていた。早急な財政基盤の強化が必要であったが，士族の反乱や自由民権運動に直面し，歳入を増やす強い税制改革は望めなかった。よって，イがふさわしい。

問４　1890年の国会(帝国議会)の開設にともなって行われた衆議院議員総選挙では，選挙権を持つ者は直接国税15円以上を納める満25歳以上の男子に限られたため，有権者は全人口の1.1％に過ぎなかった。納税額による選挙権の制限は，1900年には10円以上，1919年には３円以上と引き下げられ，1925年の普通選挙法の制定で納税額による制限が撤廃《てっぱい》された。しかし，女性に参政権が与えられたのは第二次世界大戦後の1945年12月のことである。

4 中村哲《てつ》医師のアフガニスタンでの活動を題材にした問題

問１ (1) 国連難民高等弁務官事務所(UNHCR)は，難民を救済するために設置された機関で，1991～2000年に日本人の緒方貞子《おがたさだこ》が高等弁務官として活躍したことで知られる。その活動が評価され，UNHCRは1954年と1981年にノーベル平和賞を受賞している。 (2) 核兵器禁止条約は2017年に国連総会で採択《さいたく》され，2021年に発効したが，世界で唯一《ゆいいつ》の被爆国である日本は，アメリカの「核の傘《かさ》」に依存《いそん》していることなどを理由として，話し合いの段階から参加していない。

問２ 世界保健機関(WHO)は国連の専門機関の１つで，世界の人々の健康増進や感染症《しょう》の対策を行うことを目的としている。2019年から広がった新型コロナウイルス感染症(COVID－19)でも，ウイルスについての情報やその対策などについて提言を行っている。

問３ **A** 郵便事業は，総務省の管轄《かんかつ》である。 **B** 総務省は，選挙や地方自治体間の連絡，情報通信事業の管轄などの仕事を担当している。よって，キがあてはまる。オは厚生労働省，カは国土交通省，クは内閣府の下にある公正取引委員会が担当。

問４ 非政府組織(NGO)は国境を越《こ》えて活動する民間組織で，医療《いりょう》支援などを行う国際赤十字社や国境なき医師団，人権擁護《ようご》活動を行うアムネスティ・インターナショナル，オリンピックを行う国際オリンピック委員会(IOC)などが知られる。しかし，青年海外協力隊は政府開発援助(ODA)の一環として行われている。

問５ 2001年にアメリカでイスラム教過激派による同時多発テロ事件が起こったのをきっかけとして，アフガニスタン戦争が始まった。これを受けて日本では，国会でテロ対策特別措置《そち》法が制定され，自衛隊がインド洋に派遣されてアメリカ軍の後方支援にあたった。よって，エが正しい。

問６ 日本国憲法の「平和主義」の原則は，前文と第９条に明記されている。中でも第９条２項には，「陸海空軍その他の戦力は，これを保持しない。国の交戦権は，これを認めない」と定められている。戦力の不保持と国の交戦権の否認は，戦争の放棄《ほうき》をうたう日本国が守らなければならない最低限の原則である。

理 科 ＜第２回試験＞(30分)＜満点：40点＞

解 答

1 **問１** ウ，オ **問２** ウ **問３** **イリオモテヤマネコ**…ア **アマミノクロウサギ**…イ **ヤンバルクイナ**…エ **問４** エ **問５** イ **問６** イ，エ 2 **問１** エ **問２** イ **問３** 29.6cm **問４** ウ **問５** ア 3 **問１** イ **問２** **a** ア **b** イ **問３** 80mA **問４** 40mA **問５** イ＝ウ＝エ＞ア 4 **問１** ア **問２** **アルミニウム片**…２枚 **鉄片**…０枚 **銅片**…１枚 **問３** 14.4g **問４** 2.7g **問５** 8.8g **問６** 解説の図を参照のこと。

解 説

1 世界自然遺産地域の生物についての問題

問１ 常緑広葉樹のクスノキは，防虫効果のある強い香りをもつことが知られている。また，スダジイも常緑広葉樹で巨木《きょぼく》になるものが多く，ドングリの実をつける。

問２　ウサギは後ろあしが前あしより長く，敵から身を守るときなどは４本のあしをそろえてジャンプし，背骨を中心にからだ全体を上下に動かして移動する。尾《お》びれが水平についているイルカも，尾びれを上下させながら，背骨を中心にからだを波打たせるように動かして進んでいる。なお，フナはひれを左右に動かして移動し，サメは垂直についた尾びれを左右に動かし，からだをくねらせて進む。また，ヘビは胴体《どうたい》をくねらせて移動し，トカゲとワニはからだを左右に動かしながら，４本のあしを交互《こうご》に動かして進む。

問３　アのイリオモテヤマネコは，ひたいにたてしまの模様があり，耳先が丸く，目の周りに白い線が見られる。イのアマミノクロウサギは，耳は小さめで黒褐色《かっしょく》のすがたをしている。エのヤンバルクイナは腹のあたりに白い横しまが見られ，日本で唯一《ゆいいつ》の飛べない鳥であり，夜間は敵から身を守るために樹上に移動して過ごす。

問４　小さな島ではネズミやウサギなどの小型ホ乳類一匹《いっぴき》が生息するのに必要な面積が限られてしまい，その生息数は多くはない。そのため，野生小型ネコのエサとして必要な量の小型ホ乳類の数が得られないため，ふつう，野生小型ネコは生息できない。

問５　イリオモテヤマネコは，他の野生小型ネコがエサとするネズミやウサギなどの小型ホ乳類だけでなく，鳥やトカゲ，カエル，コオロギ，エビなどさまざまな動物をエサとして食べることで生き残ることができている。

問６　外来生物のオオクチバス（ブラックバス）は，釣《つ》りなどを目的として全国各地に放流された。肉食性で，日本には天敵がいないため，在来生物のフナなどが食い荒《あ》らされ，生態系がこわされるなどの影響《えいきょう》をおよぼしている。また，外来生物のセイヨウオオマルハナバチは温室トマトなどを受粉させるために導入されたが，在来生物のマルハナバチの巣を乗っ取り，マルハナバチの数を減少させることが報告されている。なお，アメリカザリガニとウシガエルは外来生物で，オオサンショウウオ，アユ，モンシロチョウ，アゲハチョウは在来生物である。

２ 台風と防災気象情報についての問題

問１　６月から11月ごろに日本の南海上で発生した台風は，北上しながら太平洋高気圧の縁《へり》に沿って東から西に進むことが多いが，沖縄付近の中緯度《いど》地域に達すると，その上空を西から東へと吹《ふ》く偏西風《へんせいふう》によって運ばれるので，およそ北東方向へ進路を変える。

問２　台風の中心に向かって反時計回りに風が吹きこんでいるので，台風の北側の地点では東寄りの風，台風の西側では北寄りの風，台風の南側では西寄りの風が吹く。よって，台風は地点Ｘの南側，東側，北側の順に通過したと考えられるので，図２ではイが最も適する。

問３　１ m^2あたりにかかる空気の重さは，１気圧（1013hPa）のときに10ｔなので，983hPaのときは，$10\times\frac{983}{1013}=9.7038\cdots$（ｔ）となる。つまり，気圧が1013hPaから983hPaへと低下すると，海水面を押《お》さえつける力が，$10-9.704=0.296$（ｔ）減少することになる。海水１ m^3の重さが１ｔなので，海面１ m^2あたりで考えると，海水0.296ｔは，$1\times\frac{0.296}{1}=0.296$（m）分にあたり，海面は0.296m，つまり29.6cm上昇《じょうしょう》するとわかる。

問４　ア　台風は，上陸すると水蒸気の供給がなくなるので，中心の気圧が上がって勢力が弱まる。　イ　台風の勢力が強まると，中心に雲のない台風の目とよばれる部分が現れることが多い。　ウ　台風は，台風の目の周りを垂直に発達した積乱雲が取り囲んでおり，広い範囲《はんい》にはげしい雨を降らせる。　エ　台風情報の予報円は，今後予想される台風の中心位置の範囲を表しており，予報円が大きいほど，台風の進む方向が定まっていないことになる。

問５　災害の防止や軽減を目的として気象庁から発表される情報には，災害が起こるおそれがある場合に発表される注意報，重大な災害の起こるおそれがある場合に発表される警報，重大な災害の起こるおそれがいちじるしく高まっている場合に発表される特別警報がある。また，警戒《けいかい》レベルは５段階に分けられており，警戒レベル５は，すでに災害が発生または切迫《せっぱく》している状況《じょうきょう》で，ただちに安全確保をする必要がある。警戒レベル４は，避難《ひなん》指示が出された段階で，危険な場所から全員避難する必要がある。

3　回路と電流，光電池を使った回路についての問題

問１　乾電池《かんでんち》の数が決まっている場合，直列につないだ電球の数が多いほど流れる電流は小さくなり，並列につないだ電球の数が多いほど流れる電流は大きくなる。したがって，表２のつなぎ方で，流れる電流は小さい順に②，①，③，④となり，①が入った電球箱はイとわかる。

問２　電球には電流を流れにくくする抵抗《ていこう》がある。電球ｂと電球ｃを並列につなぐと，電球ｂだけのときと比べて，その部分の合計の抵抗の大きさは小さくなり，電流が流れやすくなる。したがって，電球ａに流れる電流は，電球ｃをつなぐ前に比べて大きくなる。しかし，電球ａに流れる電流が大きくなっても，枝分かれして電球ｂに流れてくる電流は，電球ｃをつなぐ前よりも小さくなる。

問３　図３において，２個の乾電池を並列につないでも，回路に流れる電流の大きさは乾電池１個のときと変わらない。よって，ここでは，図２のように光電池２個を並列につないだ場合も，電流センサーに流れる電流は光電池１個のときと変わらず80mAとなる。

問４　室内灯のような弱い光を当てたときは，接続するものを変えても，光電池から流れ出す電流が一定なので，図４では，室内灯を全体に当てた光電池Ｘも，半分が光電池Ｘでかくされている光電池Ｙも，流れ出す電流は一定の20mAとなり，電流センサーに流れる電流は，20＋20＝40(mA)となる。

問５　室内灯のような弱い光を当てたときは光電池から流れ出す電流の大きさが一定になるとあるので，室内灯の光が発電する面に当たるかどうかを考える。すると，状態アでは光が当たらず，状態イ～ウでは光が当たるので，電流の大きさは，イ＝ウ＝エ＞アとわかる。

4　金属と水溶液《すいようえき》の反応および金属の燃焼についての問題

問１　アルミニウムをうすい水酸化ナトリウム水溶液に入れると，気体を生じながら溶《と》けるが，鉄と銅はうすい水酸化ナトリウム水溶液に入れても溶けない。

問２　アルミニウムと鉄は，うすい塩酸に入れると気体を生じながら溶けるが，銅はうすい塩酸に入れても溶けない。Ｂは，操作２で２枚のアルミニウムが溶けているが，操作３で溶ける金属がないので，鉄は使われておらず，残りの１枚は銅だとわかる。

問３　操作２と操作３の結果より，それぞれの金属片の枚数をまとめると右の表のようになる。ここで，ＢとＣを合わせたものは，アルミニウム２枚，鉄２枚，銅２枚になる。一方，Ａを２つ合わせたものもアルミニウム２枚，鉄２枚，銅２枚になり，この重さは，11.5×２＝23.0(ｇ)とわかるので，①にあてはまる数値は，23.0－8.6＝14.4(ｇ)と求められる。

	アルミニウム片	鉄片	銅片
A	1	1	1
B	2	0	1
C	0	2	1
D	1	2	0

問４　ＡとＤを合わせたものから，Ｂを除くと鉄３枚分となるので，鉄１枚の重さは，$\frac{A+D-B}{3}$

$=\frac{11.5+13.9-8.6}{3}=5.6$(g)とわかる。すると，Ｄはアルミニウム１枚，鉄２枚からなるので，アルミニウム１枚の重さは，$13.9-5.6\times2=2.7$(g)と求められる。

問５　操作４より，Ａ１つを完全に燃焼させたときに使われる酸素は，$16.3-11.5=4.8$(g)，Ｃ１つを完全に燃焼させたときに使われる酸素は，$18.4-14.4=4.0$(g)とわかるので，ＡとＣの１つずつを完全に燃焼させたときに使われる酸素は，$4.8+4.0=8.8$(g)となる。

問６　操作６より，金属片が３枚とも溶けた左下のパーツは，うすい塩酸に溶けるアルミニウムと鉄からなり，銅は使われていないのでＤと決まる。操作７において，Ｄを燃焼させると19.5ｇになるので，残りの２つのパーツが燃焼した後の重さは，$52.1-19.5=32.6$(g)とわかる。操作４の結果から，$14.2+18.4=32.6$(g)となるので，残りの２つのパーツはＢとＣと決まり，図３から溶け残った銅の位置がわかる。Ｘをうすい水酸化ナトリウム水溶液に入れたときに溶け残るのは銅と鉄なので，Ｂは１枚，Ｃは３枚，Ｄは２枚溶け残ることになる。このときに５枚の金属片のつながりが残るようにするには，上のパーツをＢ，右下のパーツをＣとして，左下のＤは２枚の鉄が下側にくるようにすればよい。また，Ｂのパーツで銅は溶け残るが，これはつながっていないので，５つのつながった部分だけを記入すると右の図のようになる。

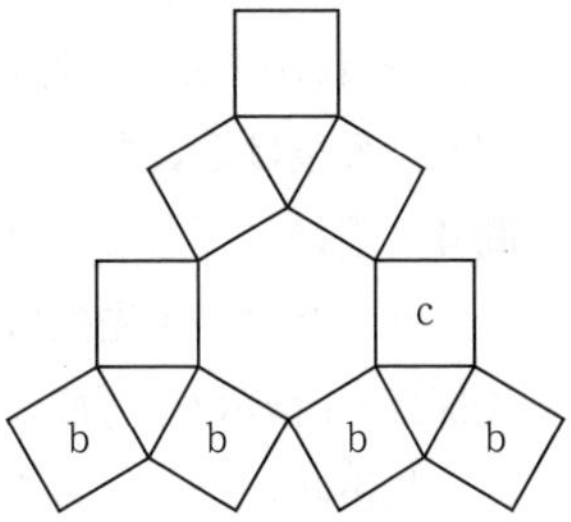

国　語　＜第２回試験＞（50分）＜満点：60点＞

解　答

□一 **問１**　エ　**問２**　ア　**問３**　（例）（イオ先生は意味のわからない指示をするにも関わらず，）その曲にとって一番いい方向を考え続け，みんなの気持ちを一つにして幸せな演奏へ導く（力がある人だということ。）　**問４**　ウ　**問５**　歌を失った　**問６**　ウ　**問７**　ア

□二 **問１**　下記を参照のこと。　**問２**　（例）（日本語の表記では，）図像である漢字と音声であるかな，この二つの交ぜ書きをしている（という点と，日本語話者は，脳内で）入力後の漢字とかなを，別々の部位に振り分けて並行処理している（という点。）　**問３**　呪　**問４**　ア　**問５**　ウ　**問６**　オ　**問７**　ア

●漢字の書き取り

□二 **問１**　a　看破　b　刷(り)　c　指標

解　説

□一 **出典は古谷田奈月《こやたなつき》の『ジュンのための６つの小曲』（新潮文庫刊）による。**ジュンはある日，コマリに連れられてトクの家（カンとエリの床屋《とこや》）を久しぶりに訪《おとず》れる。

問１　最初の部分で，ジュンがしばらくトクの家に行かなかった理由について，「音楽室より音楽に溢《あふ》れた床屋は，歌を失った今，遠巻きに眺《なが》めるだけでも憂鬱《ゆううつ》になる」と描《えが》かれている。その家の，何度も入ったことがある居間や見慣れたものに対して，「知らない部屋」，「到底《とうてい》受け入れることのできないものたち」といった強い拒否《きょひ》の感情をジュンが抱《いだ》いているのは，歌を歌えていたころの楽しい記憶を思い起こしてつらくならないようにするためだと推測できるので，エが選べる。

問２　何度も入ったことがある居間に「黙《だま》ったまま」で「正座をし」ていたジュンのようすには，ふだんと違《ちが》って非常におとなしくしているさまを表す「借りてきた猫《ねこ》」が合う。なお，イの「狐《きつね》につままれた」は，どうしてそうなったのかまったく事情がわからず，ぼんやりするようす。ウの「同じ穴の貉《むじな》」は，一見別のものに見えるが実際は同類であるということ。エの「牛に引かれた」は，「牛に引かれて善光寺参り」の略で，“思いがけないことが縁《えん》になって，よいほうに導かれる”という意味。オの「井《い》の中の蛙《かわず》」は，「井の中の蛙大海を知らず」の略で，“せまい世界にとじこもって，広い世界があることを知らない”という意味。

問３　コマリはイオ先生の「魔《ま》法《ほう》」について後のほうで，イオ先生の「指示」は「意味わかんない」が，「音楽にとって，曲にとって，どうするのが一番いいかってことだけをずっと考えてるんだって。だから最後は全員が，バンドっていう，一つの生き物として幸せになれるんだって」と語り，「それがまるで，魔法みたいだった」と言っている。これをふまえ，「ひたすら音楽の完成をめざし，最後は全員をバンドという一つの生き物として幸せにする」のようにまとめる。

問４　前後に「ちょっと喋《しゃべ》るとわかるだろ」，「でも，指揮してもらうと通じます」とあることと合わせると，イオ先生の意図は，会話では通じないが，指揮では通じることがわかる。また，その指揮は，「指示が，『飛ばないで，はばたくだけ』とか，そんな感じで意味わかんないし，ピュウピュウ指笛《ゆびぶえ》吹《ふ》いたり，舌を鳴らしたり，手話みたいに，ジェスチャーだけで伝えようとするのも謎《なぞ》」というものである。よって，ウがよい。

問５　ジュンが音楽に幸せを感じられなくなったのは，問１で見たように，ジュンが「歌を失った」からである。

問６　前後に「無理なんです」，「絶対無理」とあるので，“できない”という意味の「不可能」が入る。

問７　すぐ後の「魔法」は，コマリがイオ先生の音楽の力を表すのに使っている言葉である。また，カンは高校のときに，「なんでも許せる仲」の友達と組んでいたバンドにイオ先生を誘《さそ》って断られたが，「あの人が指先さえ触《ふ》れようとしない世界で，毎日どんな奇跡《きせき》が起きてるか，俺《おれ》はよく知ってた」から「別に悔《くや》しくなかった」と語っている。したがって，「好きな奴《やつ》ら」とならば「イオ先生でさえ知らない魔法を，自分たちでかけられる」とするのがふさわしい。

二　**出典は内田《うちだ》 樹《たつる》の『日本辺境論』による。**日本語の特殊《とくしゅ》さについて説明し，それがマンガの進化にどのように働いたのかを考察している。

問１　**a**　見破ること。見ぬくこと。　**b**　音読みは「サツ」で，「印刷」などの熟語がある。
c　ものごとを判断したり評価したりするための目印。

問２　傍線《ぼうせん》部１の前の部分では，日本語の表記は表意文字（図像）の漢字と表音文字（音声）のかなを併用《へいよう》する点が特殊《とくしゅ》だと述べられている。また，続く三つの段落では，「日本人の脳は～漢字を図像対応部位で，かなを音声対応部位でそれぞれ処理している」ことが説明されている。よって，二つの空欄《くうらん》にはそれぞれ，「図像である漢字と音声であるかなの二種類を，ずっと併用している」，「表意文字の漢字と表音文字のかなを別の部位にわけて並行処理する」などが入る。

問３　「サイ」（口）と「兄」の合字なので，「呪」が入る。

問４　日本語では中国語よりも「漢字は表意に特化されている」ため，日本人には「漢字の原意」についての記憶が中国人よりも強く残っているはずだと筆者は考えている。傍線部２はこのような筆者の考えをたとえた表現なので，「日本語の漢字」の「原意」にふれているアがふさわしい。

問5　同じ文の「それ」は，文の最初の「ふきだし」を指している。また，「ふきだし」は「表音機能を担《にな》って」おり，直前の段落に「表音性を～音声的なものとして～経験する」とある。よって，ウがふさわしい。

問6　「寸暇《すんか》」は，“わずかの暇《ひま》”という意味。「寸暇を惜《お》しんで～する」という言い方で，わずかの時間も無駄《むだ》にせずに何かを行うことを表す。類義語に，「わき目もふらず」，「一心不乱に」などがある。

問7　ア　最後の段落の内容と合う。　　イ　日本語話者の場合，表意文字(漢字)と表音文字(かな)を脳の別々の部位で並列処理しており，これがマンガ・リテラシーを特権的に発達させた。したがって，処理回路が一つしかない欧米語話者のマンガ・リテラシーは，日本ほど発展していないと考えられる。　　ウ　「漢字学者」が「漢字の使用者」におよぼした影響《えいきょう》については，本文で述べられていない。　　エ　欧米では，マンガが「文字は横書き，頁《ページ》は左から右」という形式で発達した。　　オ　集中的な読書体験を積んで，文字から画像を浮《う》かび上がらせるリテラシーを身につけた欧米語話者は，「ごく少数にとどまるでしょう」と筆者は述べている。

Dr.福井の
入試に勝つ! 脳とからだのウルトラ科学

睡眠時間や休み時間も勉強!?

みんなは寝不足になっていないかな？　もしそうなら大変だ。睡眠時間が少ないと，体にも悪いし，脳にも悪い。なぜなら，眠っている間に，脳は海馬《かいば》という部分に記憶をくっつけているんだから。つまり，自分が眠っている間も頭は勉強しているわけだ。それに，成長ホルモン（体内に出される背をのばす薬みたいなもの）も眠っている間に出されている。昔から言われている「寝る子は育つ」は，医学的にも正しいことなんだ。

寝不足だと，勉強の成果も上がらないし，体も大きくなりにくく，いいことがない。だから，睡眠時間はちゃんと確保するように心がけよう。ただし，だからといって寝すぎるのもダメ。アメリカの学者タウブによると，10時間以上も眠ると，逆に能力や集中力がダウンしたという研究報告があるんだ。

睡眠時間と同じくらい大切なのが，休み時間だ。適度に休憩するのが勉強をはかどらせるコツといえる。何時間もぶっ続けで勉強するよりも，50分勉強して10分休むことをくり返すようにしたほうがよい。休み時間は，散歩や体操などをして体を動かそう。かたまった体をほぐして，つかれた脳を休ませるためだ。マンガを読んだりテレビを見たりするのは，頭を休めたことにならないから要注意！

頭の疲れに関連して，勉強の順序にもふれておこう。算数の応用問題や理科の計算問題，国語の読解問題などを勉強するときには，脳のおもに前頭葉という部分を使う。それに対して，国語の知識問題（漢字や語句など）や社会などの勉強では，おもに海馬《かいば》という部分を使う。したがって，それらを交互に勉強すると，１日中勉強しても疲れにくい。

Dr.福井（福井一成《ふくいかずしげ》）…医学博士。開成中・高から東大・文Ⅱに入学後，再受験して翌年東大・理Ⅲに合格。同大医学部卒。さまざまな勉強法や脳科学に関する著書多数。

Memo

Memo

2021年度　早稲田中学校

〔電　話〕 (03) 3202－７６７４
〔所在地〕 〒162-8654　東京都新宿区馬場下町62
〔交　通〕 東京メトロ東西線―「早稲田駅」より徒歩１分
「高田馬場駅」よりバス―「馬場下町」下車

【算　数】 〈第１回試験〉 (50分) 〈満点：60点〉

注意　定規，コンパス，および計算機(時計についているものも含む)類の使用は認めません。

１　次の問いに答えなさい。

(1)　１から2021までの整数の中で，12でも18でも割り切れない整数は何個ありますか。

(2)　１階分上がるのにエスカレーターでは７秒，エレベーターでは３秒かかるビルがあります。このビルを太郎くんと次郎くんが同時に１階から上がり始めます。太郎くんは階段で上がり始め，途《と》中でエレベーターに乗り換《か》えます。次郎くんはエスカレーターだけで上がります。２人が同時に29階に到《とう》着するには，太郎くんは何階でエレベーターに乗り換えればよいですか。なお，太郎くんは階段で１階分上がるのに10秒かかり，各階での乗り換え時間は考えないものとします。

(3)　赤い玉５個と青い玉３個の重さの平均は18ｇ，赤い玉３個と青い玉５個の重さの平均は20ｇです。ある袋の中に赤い玉と青い玉がいくつか入っていて，それらの玉の重さの平均は21.2ｇです。この袋に入っている赤い玉と青い玉の個数の比をもっとも簡単な整数の比で答えなさい。

２　次の問いに答えなさい。

(1)　図１は正六角形１つと，正五角形２つを並べたものです。角アの大きさは何度ですか。

(2)　図２の四角形 ABCD の面積が63cm^2のとき，五角形 ABCEF の面積は何cm^2ですか。

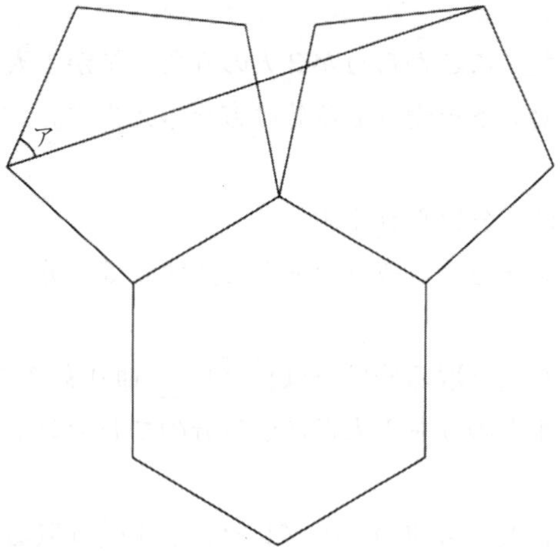

図１

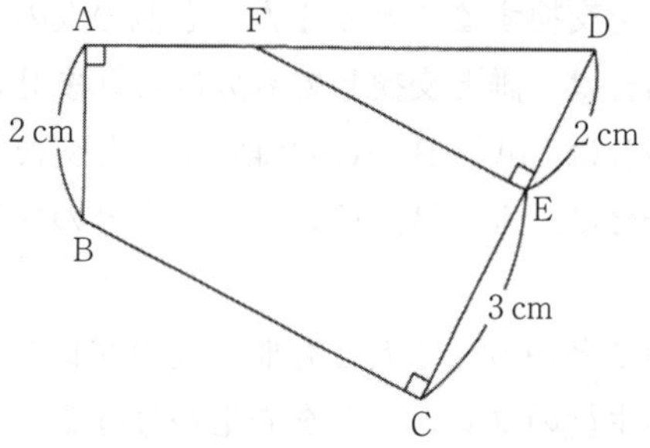

図２

(3)　図３のように，１辺の長さが６cmの正方形１つと，直角二等辺三角形４つ，正三角形２つを並べると，ある立体の展開図になります。この図を組み立ててできる立体の体積は何cm^3ですか。

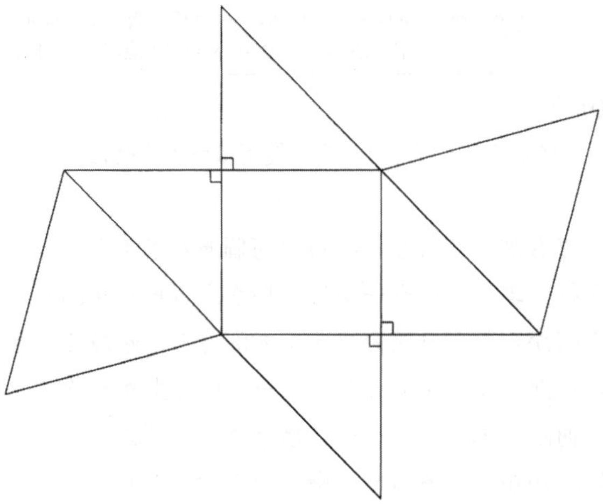

図３

3　生徒から１個ずつ集めたプレゼントを先生が生徒に分けることにしました。次の空らんに当てはまる数を答えなさい。

(1)　A，B，Cの３人から集めたプレゼントを先生が分けます。

(ア)　３人とも自分のプレゼントを受け取るとき，その分け方は１通りあります。

(イ)　３人とも他の人のプレゼントを受け取るとき，その分け方は２通りあります。

(ウ)　３人のうち，１人だけが自分のプレゼントを受け取るとき，その分け方は［　①　］通りあります。

その後，遅《おく》れてDがプレゼントを持ってきました。ここからDが３人のうち，誰か１人とプレゼントを交換《かん》することで４人とも他の人のプレゼントを受け取る分け方を考えます。

(ア)の場合は，誰と交換しても分けられません。

(イ)の場合は，A，B，Cの誰か１人と交換すれば，分けられます。

(ウ)の場合は，A，B，Cのうち，自分のプレゼントを受け取った人と交換すれば，分けられます。

以上のことから，４人とも他の人のプレゼントを受け取る分け方は［　②　］通りあります。

(2)　４人の生徒のプレゼントを先生が分けるとき，４人のうち１人だけが自分のプレゼントを受け取る分け方は［　③　］通りあります。

(3)　５人の生徒のプレゼントを先生が分けるとき，５人とも他の人のプレゼントを受け取る分け方は［　④　］通りあります。

4　図１のような直方体があります。点Pは直方体の辺上を点Aを出発して，一定の速さでA→B→C→Dの順に動き，その後1.5倍の速さでD→E→F→Aの順に動きました。図２は，点Pが点Aを出発してからの時間と三角形ADPの面積との関係を表したグラフです。あとの問いに答えなさい。

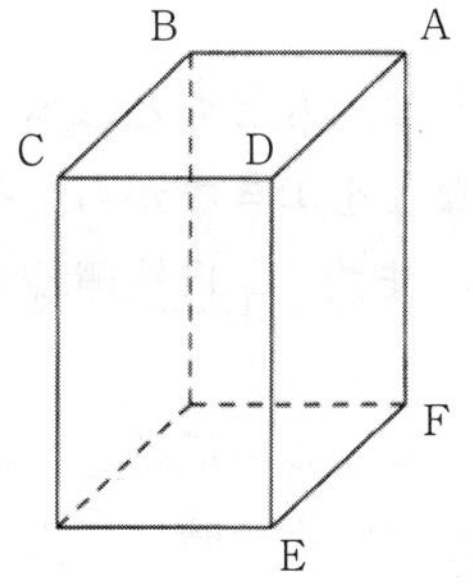

図１

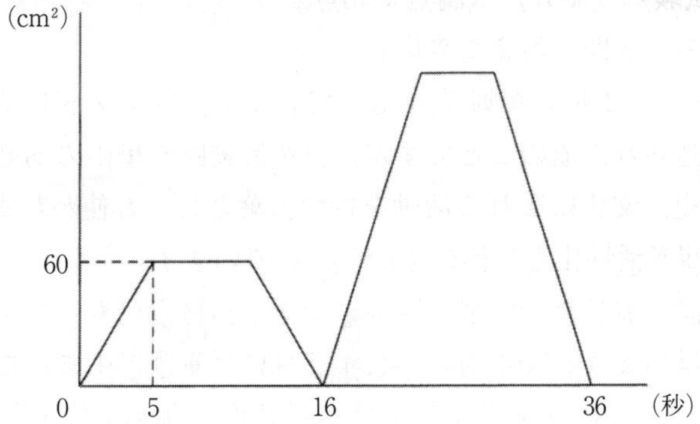

図２

(1)　点ＰはＡ→Ｂ→Ｃ→Ｄを毎秒何 cm の速さで動きますか。

(2)　三角形ADPが４回目に二等辺三角形になるのは，点Ａを出発してから何秒後ですか。

(3)　直方体の体積は何cm^{3}ですか。

5　ある正方形Ｐの周の内側に沿って，半径１cm の円が１周します。この円が通った部分の図形の面積は111.14cm^{2}でした。次の問いに答えなさい。ただし，円周率は3.14とします。

(1)　正方形Ｐの１辺の長さは何cm ですか。

(2)　正方形Ｐのそれぞれの頂点から１辺が２cm の正方形を４つ切り取った図形をＱとします。半径１cm の円がＱの周の内側に沿って１周するとき，この円が通った部分の図形をＸとします。また，半径１cm の円がＱの周の外側に沿って１周するとき，この円が通った部分の図形をＹとします。

①　解答らんの太線は，図形Ｑの周の一部分です。この部分の図形Ｘを解答らんの図にかき込み，斜《しゃ》線で示しなさい。

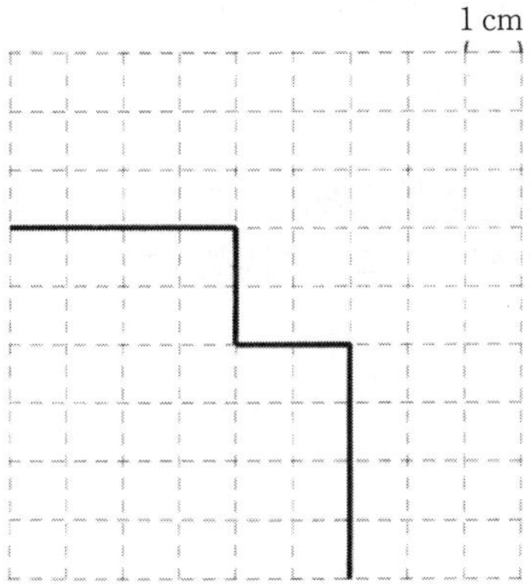

②　図形Ｘの面積と図形Ｙの面積の差は何 cm^{2}ですか。

【社　会】〈第１回試験〉（30分）〈満点：40点〉

1　次の文章を読み，各問に答えなさい。

近年，「ロングトレイル」が脚光《きゃっこう》を浴びています。ロングトレイルとは，もともとは歩く旅を楽しむために造られた道のことですが，自然散策路や里山のあぜ道などを歩きながら，その地域の自然や歴史，文化に触れる活動を指す言葉としても使われます。また，①自然環境の適正利用による②観光活性化も目標の１つとなっています。

日本が世界に誇《ほこ》る著名な登山家・冒険家である植村直己《うえむらなおみ》も，ロングトレイルで活躍していた人物でした。彼はちょうど80年前の1941年２月に兵庫県で生まれました。30歳の時に，南極大陸横断を目指し，まず稚内を出発して日本列島約3,000kmを徒歩で縦断し，鹿児島に到着するという偉業《いぎょう》を52日間で成し遂げました。次に3,000kmのグリーンランド単独犬ぞり行を約３カ月で成功させ，さらにその翌年には，③12,000kmの北極圏《ほっきょくけん》単独犬ぞり行に出発し，成功を収めました。

その後，1984年２月12日，43歳の誕生日に④世界初となるデナリの冬季単独登頂に成功しました。しかし，翌13日の無線交信を最後に消息を絶ちました。

問１　下線部①の事例で，よく富士山が挙げられます。これについて次の説明を読み，各問に答えなさい。

> 富士山はかつて，世界〈 **あ** 〉遺産として登録を目指していたものの，叶《かな》いませんでした。その後，国連教育科学文化機関の諮問《しもん》機関である「国際記念物遺跡会議（ **X** ）」の調査によって，2013年に世界〈 **い** 〉遺産として，ようやく登録となりました。再挑戦による登録は，国内では他に2016年登録の（ **Y** ）などがあります。

⑴　〈**あ**〉・〈**い**〉にあてはまる適切な言葉を，それぞれ**漢字２字**で答えなさい。

⑵　（**X**）にあてはまる略称名を，次の中から１つ選び，記号で答えなさい。

ア　ICOMOS（イコモス）　　**イ**　OPEC（オペック）

ウ　UNESCO（ユネスコ）　　**エ**　UNICEF（ユニセフ）

⑶　（**Y**）にあてはまる世界遺産を，次の中から１つ選び，記号で答えなさい。

ア　沖ノ島　　**イ**　小笠原諸島　　**ウ**　国立西洋美術館　　**エ**　富岡製糸場

問２　下線部②について，日本の観光活性化策として「ビジット・ジャパン・キャンペーン」(官民が協力して行っている訪日外国人旅行者に向けた観光促進活動)があります。これについて，各問に答えなさい。

表１　１人当たり旅行支出および訪日外国人旅行消費額(2019年)

国・地域	１人当たり旅行支出		訪日外国人旅行消費額	
	(円／人)	前年比(％)	(億円)	前年比(％)
全世界	158,531	3.6	47,331	7.2
【 A 】	212,810	−5.4	17,016	16.8
台湾	118,288	−7.3	5,452	−4.8
【 B 】	76,138	−2.5	4,240	−27.8
香港	155,951	0.9	3,512	4.9
アメリカ合衆国	189,411	−1.1	3,222	11.6
タイ	131,457	5.7	1,731	23.2
【 C 】	247,868	2.4	1,514	15.5
イギリス	241,264	9.2	996	38.9
ベトナム	177,066	−6.0	875	20.0
シンガポール	173,669	0.5	851	13.2

(日本政府観光局(JNTO)のHPから作成)

(1)　表１は，2019年の国・地域別の１人当たり旅行支出および訪日外国人旅行消費額(１人当たり旅行支出×訪日外国人旅行者数)を表したものです。この表のA～Cにあてはまる国名を答えなさい。なお，A～Cはいずれもアジア太平洋経済協力(APEC)の参加国です。

(2)　A国は2015年以降，訪日観光客数が大幅《おおはば》に増加しました。格安航空会社(LCC)による路線の充実もその理由の１つですが，それ以外の主な理由を解答欄《らん》に合うように答えなさい。

問３　下線部③について，12,000kmは赤道全周の何分の１の長さに相当しますか。最も近いものを次の中から１つ選び，記号で答えなさい。

ア　約２分の１　　**イ**　約３分の１　　**ウ**　約５分の１　　**エ**　約８分の１

問４　下線部④について，植村直己は世界初の五大陸最高峰《さいこうほう》登頂を成し遂げた人物でもあります。このうち，⑴北アメリカ大陸，⑵アフリカ大陸の最高峰の位置を，次の情報を参考に図１・図２の**ア**～**オ**からそれぞれ１つずつ選び，記号で答えなさい。

⑴　アメリカ合衆国内にある。　　⑵　赤道の近くにある。

（※図１・２の縮尺は異なります。）

図１　北アメリカ大陸

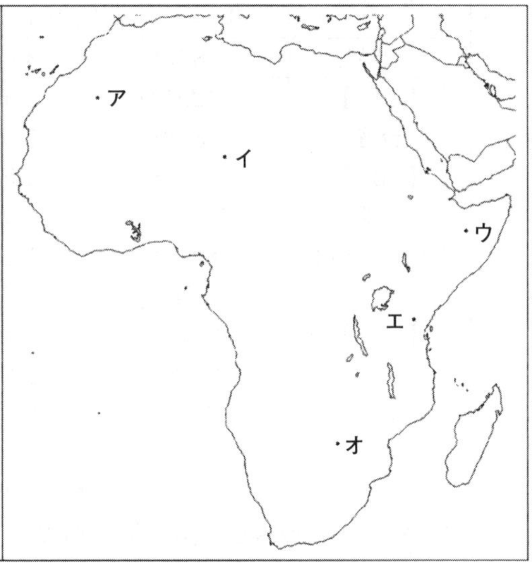

図２　アフリカ大陸

2　歴史上の人物について説明した以下の短文**A**～**F**を読み，各問に答えなさい。

A　この人物は，鎌倉幕府が（ **あ** ）上皇と争った承久の乱の後に京都に設置した（ **い** ）探題の初代です。後に執権となり，評定衆を置いて幕府の政治に合議制を取り入れた他，1232年には①御成敗式目を制定しました。

B　この人物は彦根藩主であり，幕府の大老を務めて天皇の許可を得ないまま②日米修好通商条約の調印に踏み切りました。（ **う** ）５年から６年にかけて，これに反対する大名や志士を一斉に弾圧《だんあつ》しましたが，かえって江戸城桜田門外で襲撃《しゅうげき》され，殺害されました。

C　この人物は1960～70年代に総理大臣を務め，安倍晋三に抜かれるまで戦後最長の政権でした。（ **え** ）条約に調印して隣国《りんごく》との国交正常化に成功しました。また在任期間は③高度経済成長期と重なり，日本経済が大きく発展しました。

D　この人物は，学者や漢詩の名手としても知られ，平安中期に天皇に取りたてられて右大臣にまで昇りました。④遣唐使の停止を建議したことでも知られています。しかし後に藤原氏との政争に敗れ，（ **お** ）の長官代理に左遷《させん》されました。

E　この人物は豊前中津藩士の家に生まれ，大阪で蘭学を学び幕末にアメリカやヨーロッパに渡りました。⑤帰国後は西洋の様子や思想を紹介する著作を多く残しました。また，後に有名な大学となる私塾を創設したことでも知られています。

F　この人物は，⑥元禄年間に弟子とともに東北・北陸地方を旅して，紀行文『奥の細道』をまとめました。奥州藤原氏の本拠地であった（ **か** ）では，「夏草や兵《つわもの》どもが夢の跡」という句を詠《よ》みました。

問１　文中の(**あ**)～(**か**)にあてはまる言葉を**漢字**で答えなさい。ただし，(**う**)は元号を答えなさい。

問２　下線部①について，御成敗式目の説明として**誤っているもの**を次の中から１つ選び，記号で答えなさい。

ア　式目が定められたときの元号は，貞永である。

イ　式目は頼朝以来の先例や道理をもとにしており，全51か条である。

ウ　式目は公平な裁判を行うための基準とすることを目的として定められた。

エ　式目の制定によってそれまで朝廷が定めていた法は効力を失った。

問３　下線部②について，日米修好通商条約の締結《ていけつ》によって新たに日本にとって不平等とされたのはどのような点ですか。次の（**１**）・（**２**）にあてはまる言葉を解答欄にしたがって答えなさい。ただし，いずれも**漢字４字**とします。

（ **１** ）権を認めた点と，（ **２** ）権が認められなかった点

問４　下線部③について，高度経済成長期の説明として正しいものを次の中から１つ選び，記号で答えなさい。

ア　(**え**)条約の調印と同じ年には名神高速道路が全線開通した。

イ　電気洗濯機，電気冷蔵庫，カラーテレビが三種の神器と呼ばれた。

ウ　**C**の人物の在任中に起こった第一次石油危機によって高度経済成長は終わった。

エ　公害が社会問題化し，**C**の人物の内閣で環境基本法が制定された。

問５　下線部④について，遣唐使の説明として**誤っているもの**を次の中から１つ選び，記号で答えなさい。

ア　初の遣唐使を務めた犬上御田鍬は，遣隋使を務めたこともある。

イ　吉備真備は遣唐使として唐に渡ったが，帰国できず唐で没《ぼっ》した。

ウ　遣唐使が唐に渡る航路は，大きく分けて北路と南路の２通りが存在した。

エ　空海や最澄は遣唐使とともに唐に渡って仏教を学んだ。

問６　下線部⑤について，以下の文章は**E**の人物の著作の抜粋《ばっすい》です。**【X】**にあてはまる言葉を**漢字**で答えなさい。

天は人の上に人をつくらず人の下に人をつくらずと言う…（中略）…人には生まれながらに身分の上下や貧富の差はない。ただ**【 X 】**に努めて物事を良く知る人は身分が高く豊かな人となり…（後略）

問７　下線部⑥について，元禄文化の説明として**誤っているもの**を次の中から１つ選び，記号で答えなさい。

ア　井原西鶴が，浮世草子の『日本永代蔵』などを著した。

イ　太夫と呼ばれる人形浄瑠璃の語り手として近松門左衛門が有名である。

ウ　浮世絵作者の菱川師宣が「見返り美人図」を描いた。

エ　歌舞伎では江戸の市川団十郎などの有名役者が登場した。

問８　**A**～**F**の人物と以下の**G**・**H**で説明されている人物の計８名の人名を五十音順に並べ替えるとき，**G**・**H**の人物はそれぞれ五十音順で何番目になりますか。**数字**で答えなさい。

G　福島県出身の医師で，アメリカで細菌《さいきん》学の研究を行い，黄熱病の研究中に自身も感染し

てアフリカで死亡しました。

H　明治政府の役人で，郵便制度の創設を主導し，現在も１円切手に肖像《しょうぞう》画が使用されています。

3　2024年，以下の新しい紙幣《しへい》が日本銀行から発行される予定です。あとの各問に答えなさい。

表

裏

（財務省HPより）

問１　日本銀行について述べた文として正しいものを次の中から１つ選び，記号で答えなさい。

ア　日本銀行は財務省に属する独立行政法人である。

イ　日本銀行は紙幣のほかに，10円・100円などの硬貨《こうか》も発行している。

ウ　日本銀行は「政府の銀行」として，国の預金を管理している。

エ　日本銀行は「国民の銀行」として，一般企業や国民の預金を管理している。

問２　一般の銀行(市中銀行)について述べた文として正しいものを次の中から１つ選び，記号で答えなさい。

ア　銀行の預金者への金利は同一に設定されている。

イ　銀行は預金者への金利よりも高い金利で貸し付けを行う。

ウ　銀行の預金者は１つの銀行に1,000万円までしか預金できない。

エ　銀行の預金者は，銀行が倒産《とうさん》しても預金の全額が保障される。

問３　上記の紙幣のほかに，今回は刷新されませんが二千円札も存在します。これは2000年に日本でサミットが開催《かいさい》されたことを記念して作られ，表には守礼門が描かれています。この守礼門を含《ふく》む城の名称を解答欄に合うように**漢字**で答えなさい。

問４　新しい一万円札の肖像として描かれる人物について，次の各文の(　)にあてはまる言葉をそれぞれ**漢字**で答えなさい。

(1)　この人物は，近代日本の産業の発展に貢献《こうけん》し，生涯《しょうがい》を通じて約500にものぼる株式会社の設立にかかわったことなどから，「近代日本における(　　)主義の父」と呼ばれています。

(2)　この人物は，日本で初めて株式の売買を公的に行う「東京株式取引所」の設立に関与しました。この取引所は，現在の「東京(　　)取引所」に継承《けいしょう》されています。

(3)　この人物は，老衰《ろうすい》や貧困，病気などで生活が苦しい人を救護する法律の必要性を政府に陳情《ちんじょう》し続け，1929年の救護法制定に尽力《じんりょく》しました。この法律は，現在の「(　　)法」という法律に継承されています。

問５　新しい五千円札の肖像として描かれる人物について，次の各問に答えなさい。

⑴　この人物は，明治初期に日本からアメリカやヨーロッパ諸国に派遣された使節団に随行《ずいこう》した最初の女子留学生の１人です。この使節団に**参加していない人物**を次の中から１人選び，記号で答えなさい。

ア　板垣退助　　**イ**　伊藤博文　　**ウ**　大久保利通　　**エ**　木戸孝允

⑵　時代こそ違いますが，2014年に史上最年少でノーベル平和賞を受賞したマララ・ユスフザイさん(右写真)は，この人物と同じようなことを主張し，今でも世界に対して訴《うった》え続けています。それはどのようなことですか。次の中から１つ選び，記号で答えなさい。

(国連広報センターHPより)

ア　女子が社会で働くことの必要性

イ　女子が教育を受けることの必要性

ウ　女子が政治に参加することの必要性

エ　女子が平和活動に参加することの必要性

問６　新しい千円札の肖像として描かれている人物は「日本細菌学の父」として有名ですが，彼の発見した細菌を次の中から１つ選び，記号で答えなさい。

ア　ペスト菌　　**イ**　コレラ菌　　**ウ**　結核菌　　**エ**　赤痢菌

問７　2019年10月に消費税率が引き上げられました。これにともない，新聞の定期購入《こうにゅう》や食料品などに対しては，消費税率を８％のままにする制度が導入されました。この制度名を**漢字４字**で答えなさい。

【理　科】〈第１回試験〉（30分）〈満点：40点〉

注意　定規，コンパス，および計算機(時計についているものも含む)類の使用は認めません。

1　振《ふ》り子について，以下の問いに答えなさい。

図１のように重さの無視できる糸に鉄球をつけ，もう一方の端《はし》を天井に固定して作った振り子で実験をしました。振り子が１往復する時間を「周期」といいます。振り子のふれはばが変わっても，振り子の周期が変わらないことを「振り子の等時性《とうじせい》」といいます。ふれはば，鉄球の重さ，振り子の長さについて条件を変え，１周期を測定する【実験Ａ】～【実験Ｃ】を行いました。

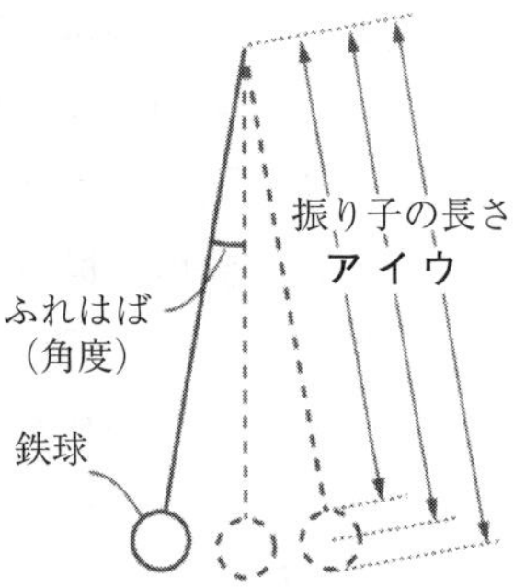

図１

【実験Ａ】　ふれはばを変える実験(振り子の長さ50cm，鉄球の重さ50ｇ)

ふれはば	2°	4°	6°	8°	10°
１周期	1.42秒	1.43秒	1.42秒	1.41秒	1.42秒

【実験Ｂ】　鉄球の重さを変える実験(振り子の長さ50cm，ふれはば10°)

鉄球の重さ	25ｇ	50ｇ	75ｇ	100ｇ	125ｇ
１周期	1.43秒	1.42秒	1.41秒	1.42秒	1.42秒

【実験Ｃ】　振り子の長さを変える実験(鉄球の重さ50ｇ，ふれはば10°)

振り子の長さ	25cm	50cm	75cm	100cm	200cm
１周期	1.01秒	1.42秒	1.74秒	2.02秒	2.84秒

問１　振り子の長さとしてふさわしいものを図１の**ア**～**ウ**から選び，記号で答えなさい。

問２　振り子の等時性を発見したといわれる人物を選び，記号で答えなさい。

ア　アルキメデス　　**イ**　アインシュタイン

ウ　ニュートン　　**エ**　ガリレイ

問３　【実験Ｃ】で，振り子の長さが10cmのとき10周期が6.35秒ならば，160cmのときの１周期は何秒ですか。

次に【実験Ａ】～【実験Ｃ】からふれはばのみを大きくし，【実験Ｄ】～【実験Ｆ】を行いました。

【実験Ｄ】　ふれはばを変える実験(振り子の長さ50cm，鉄球の重さ50ｇ)

ふれはば	30°	45°	60°	75°	85°
１周期	1.44秒	1.47秒	1.51秒	1.58秒	1.64秒

【実験Ｅ】　鉄球の重さを変える実験(振り子の長さ50cm，ふれはば60°)

鉄球の重さ	25ｇ	50ｇ	75ｇ	100ｇ	125ｇ
１周期	1.52秒	1.51秒	1.52秒	1.51秒	1.52秒

【実験Ｆ】　振り子の長さを変える実験(鉄球の重さ50ｇ，ふれはば60°)

振り子の長さ	25cm	50cm	75cm	100cm	200cm
１周期	1.07秒	1.52秒	1.88秒	2.15秒	3.04秒

問４　振り子の等時性は，ふれはばが小さい範囲《はんい》のみで成り立ちます。【実験Ｄ】～【実験Ｆ】のようにふれはばが大きい範囲まで含《ふく》めると，振り子の周期を変えるためには，どの量を変化させればよいですか。ふさわしいものをすべて選び，記号で答えなさい。

ア　ふれはば　　**イ**　鉄球の重さ　　**ウ**　振り子の長さ

問５　【実験Ｂ】,【実験Ｅ】で，鉄球のかわりに25ｇのおもりをいくつか用意して実験をしました。

⑴　鉄球のかわりのおもりのつけ方として**ふさわしくない**のは右の**ア**と**イ**のどちらですか，記号で答えなさい。

⑵　**ふさわしくない**おもりのつけ方をした場合，振り子の長さは鉄球をつけていたときとくらべてどうなりますか。正しいものを選び，記号で答えなさい。ただし，糸の長さは変えないものとします。

ア　長くなる　　**イ**　短くなる

ウ　変わらない

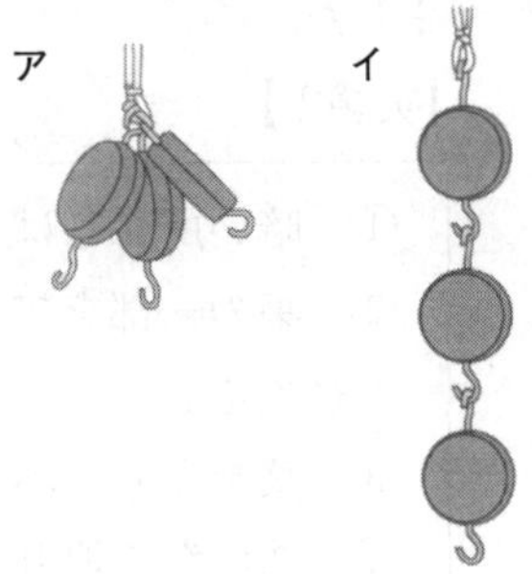

問６　図２のように幼児(身長110cm，体重20kg)と中学生(身長160cm，体重50kg)がそれぞれ公園のブランコにすわって乗ったり，立って乗ったりしました。ただし，ブランコの周期は振り子の【実験Ａ】～【実験Ｆ】と同様の結果が成り立つものとし，周期を測るときは図３のように人は動かないようにしました。

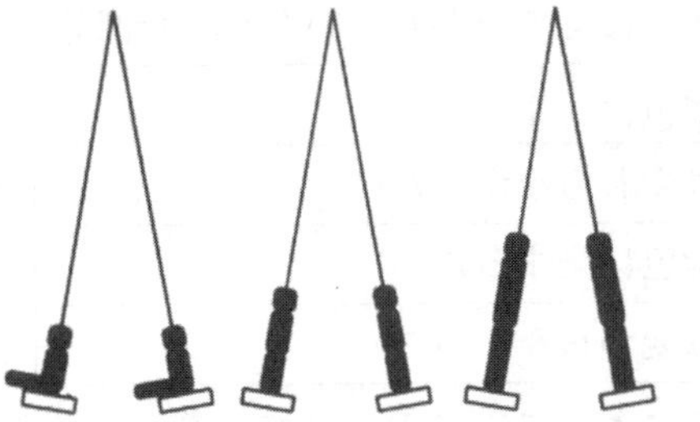

幼児(すわる)　幼児(立つ)　中学生(立つ)

図２

周期測定中の幼児(立つ)

図３

問４，問５をふまえて考えた場合，人物，乗り方，ふれはばについて１周期がもっとも長くなる組み合わせを選び，記号で答えなさい。

	人物	乗り方	ふれはば
ア	幼児	すわる	10°
イ	幼児	すわる	50°
ウ	幼児	立つ	10°
エ	幼児	立つ	50°
オ	中学生	立つ	10°
カ	中学生	立つ	50°

2　植物について，以下の問いに答えなさい。なお，ここで行われる実験では，植物が成長するのに必要な水，空気，光，温度などの条件は整っているものとします。

問１　葉は細胞《さいぼう》と呼ばれる多数の小部屋状に分かれたものからできています。光合成は細胞内のあるつくりで行われます。このつくりを何といいますか。漢字３文字で答えなさい。

光合成によって，アサガオの葉の中にデンプンがつくられることを確かめる【実験１】を行いました。

【実験１】

① 暗い所にしばらく置いたアサガオの鉢《はち》植えを用意する。
② 葉の一部をアルミはくで覆《おお》い，光が当たる場所に鉢植えを移動し，葉に光をしばらく当てる。
③ 葉をとり，熱湯につけた後，温めたアルコールの入ったビーカーの中に入れる。
④ ③の葉を取り出し，水で洗う。その後，ヨウ素液につけ，葉の色の変化を観察する。

問２　【実験１】の結果の組み合わせとしてふさわしいものを選び，記号で答えなさい。

	アルミはくで覆われていなかった部分	アルミはくで覆われていた部分
ア	青紫色に染《そ》まった	色は変わらなかった
イ	色は変わらなかった	青紫色に染まった
ウ	青紫色に染まった	青紫色に染まった
エ	色は変わらなかった	色は変わらなかった

水草の光合成によって，BTB 液の色が変化することを確かめる【実験２】を行いました。

【実験２】

① <u>沸騰《ふっとう》させ，冷ました水</u>を試験管に入れ，BTB 液を加え，緑色にする。
② ①の試験管に息を軽く吹きこんで，水を黄色にする。
③ ②の試験管に水草を入れ，ゴム栓《せん》をして，光を当てる。しばらく置いて，色の変化を観察する。

結果　BTB 液が黄色から緑色に変化した。

問３　【実験２】の①の下線部について，このような操作を行う理由としてもっともふさわしいものを選び，記号で答えなさい。

ア　水中の細菌《さいきん》などを殺すため
イ　水中に酸素を取りこませるため
ウ　水と BTB 液がよくなじむようにするため
エ　水を少し蒸発させるため
オ　水中の気体を取り除くため

問４　【実験２】の②，③の結果で BTB 液の色を変化させた気体は何か。もっともふさわしいものを選び，記号で答えなさい。

ア　窒素《ちっそ**》**　　**イ**　酸素　　**ウ**　二酸化炭素
エ　二酸化炭素と酸素　　**オ**　酸素と窒素　　**カ**　二酸化炭素と窒素

【実験２】だけでは，水草の光合成で BTB 液の色が変化したとはいいきれません。【実験２】における②の試験管の水の色は，光が当たっても変化しないことを確かめる必要があります。そこで【実験３】を行いました。

【実験３】

①　沸騰させ，冷ました水を試験管に入れ，BTB 液を加え，緑色にする。
②　①の試験管に息を軽く吹きこんで，水を黄色にする。
③　②の試験管に水草を（　A　），ゴム栓を（　B　），光を（　C　）。しばらく置いて，色の変化を観察する。

問５　空らんA～Cにあてはまる語を次の選択しの中からそれぞれ選び，記号で答えなさい。

A　**ア**　入れ　　　**イ**　入れず
B　**ア**　して　　　**イ**　しないで
C　**ア**　当てる　　**イ**　当てない

3　金属の燃焼について次のような実験を行いました。以下の問いに答えなさい。ただし，実験に使用したステンレスの皿の重さは32ｇで，熱することで皿の重さは変化しないものとします。

【実験１】

図のようにステンレスの皿にマグネシウムやアルミニウムの粉をのせ，ガスバーナーの強い火で加熱した。すると，それぞれ空気中の酸素と結びついて，マグネシウムは物質**A**に，アルミニウムは物質**B**になった。このとき，ステンレス皿ごと加熱前後の重さをはかると，表１，表２のようになった。

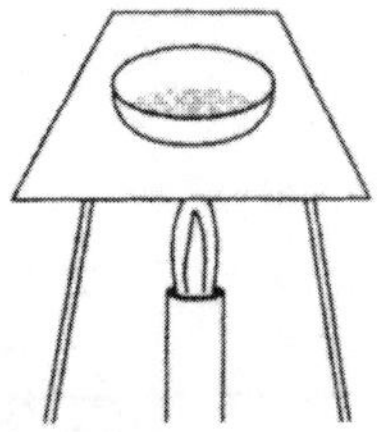

図　加熱のようす

表１　マグネシウム

	１班	２班	３班	４班
加熱前の重さ（g）	32.6	33.2	34.7	35.6
加熱後の重さ（g）	33	34	35.7	38

表２　アルミニウム

	１班	２班	３班	４班
加熱前の重さ（g）	32.45	32.9	33.8	34.7
加熱後の重さ（g）	32.85	33.7	34.6	37.1

【実験２】

【実験１】では，３班のマグネシウムおよびアルミニウムが加熱不十分であった。３班の加熱後の物質にそれぞれ十分な量の塩酸を加えたところ，どちらも1.2Lの気体**C**が発生した。ただし，加熱後に生じた物質**A**および物質**B**と塩酸が反応しても気体**C**は発生しないものとする。

問１　【実験１】で使用した３班のマグネシウムのうち，酸素と結びつかずに残った重さは何ｇですか。

問２　同じ重さの酸素に結びつくマグネシウムとアルミニウムの重さの比を，最も簡単な整数の比で答えなさい。

問３　マグネシウムとアルミニウムを混ぜた粉が13.5ｇあります。これを十分に加熱したところ，残った物質の重さは24.5ｇでした。加熱前の粉の中に含まれていたアルミニウムは何ｇですか。

問４　【実験２】で発生する気体**C**について述べた文のうち，**あやまっているもの**をすべて選び，記号で答えなさい。

ア　燃料電池の燃料として用いられている。

イ　もっとも軽い気体であり，空気中に２番目に多く存在する。

ウ　うすい塩酸に鉄を加えると発生する。

エ　色やにおいがない。

オ　水に少し溶《と》けて酸性を示す。

問５　マグネシウムを4.5ｇ，アルミニウムを６ｇ混ぜた粉があります。粉に十分な量の塩酸を加えると，【実験２】の結果から考えて，気体**Ｃ**は何Ｌ発生しますか。

4　日本付近では，図１のように４枚のプレートが接しています。このうち，大陸のプレートの下に海洋のプレートが沈《しず》みこんでいるところでは，図２中の①～③のようなしくみで，大きな地震《しん》とともに地面が大きく変化することがあります。プレートの動く速さはほぼ一定であるため，大きな地震もほぼ一定の周期でくり返されると考えられます。以下の問いに答えなさい。

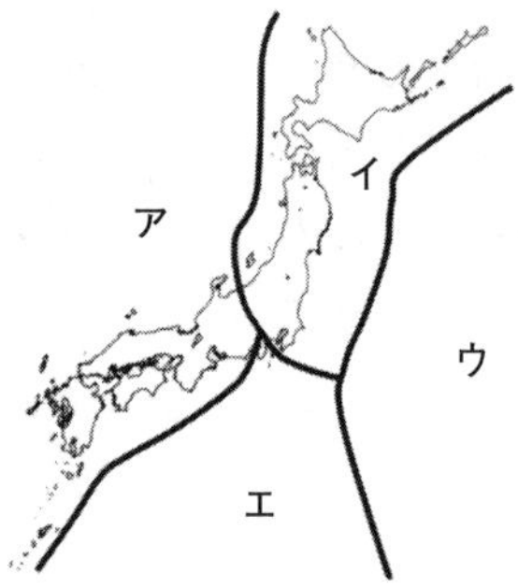

図１　日本付近のプレートの境界
（太い実線がプレートの境界）

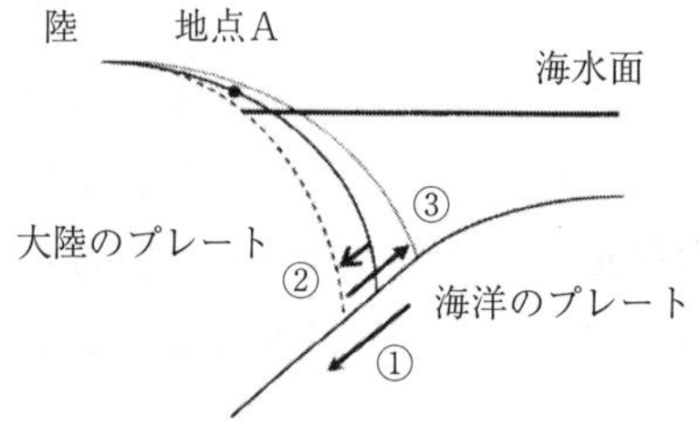

①　海洋のプレートが沈みこむ

②　大陸のプレートが引きこまれる

③　地震とともに大陸のプレートがはね上がる

図２　プレートの境界でおこる地震のしくみ

問１　大陸のプレートの下に沈みこんでいる海洋のプレートを，図１の**ア**～**エ**からすべて選び，記号で答えなさい。

問２　次の文のうち，正しいものをすべて選び，記号で答えなさい。

ア　震源に近い場所では，ゆれ始めてから緊急《きんきゅう》地震速報が発せられることがある。

イ　震度は，７段階で示される。

ウ　ある地震において，観測点ごとにマグニチュードは異なる。

エ　地震によって海底の地形が変化すると津波を発生することがある。

問３　日本の平野には，地盤《ばん》に水を多く含んでいる場所があります。このような場所では，地震の強いゆれによって，砂や泥《どろ》が水とともにふき出し，地盤が沈《ちん》下する現象が見られることがあります。この現象の名称を漢字３文字で答えなさい。

問４　力が加わり続けて岩盤が割れたときに，地震が起こります。そのときの加わる力の向きによって，図３のようにさまざまな断層を形成します。図４のように，上下方向のずれはなく，岩盤が水平方向にずれたとすると，どのような向きに力が加わったと考えられますか。もっともふさわしいものを選び，記号で答えなさい。ただし，**ア**～**エ**は図４を上から見たものです。

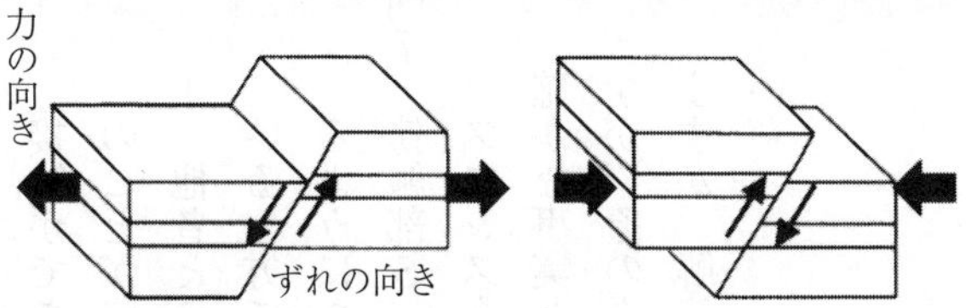

図３　断層による岩盤のずれと力の向き

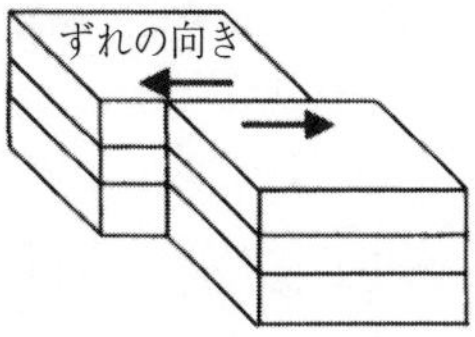

図４

ア	イ	ウ	エ
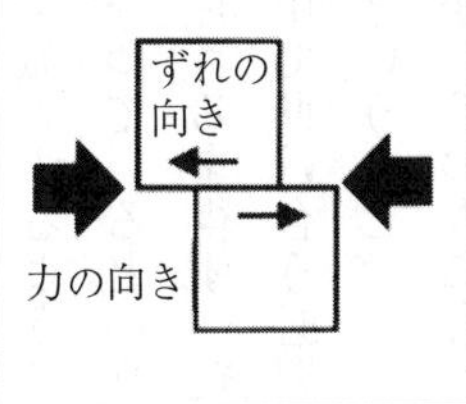	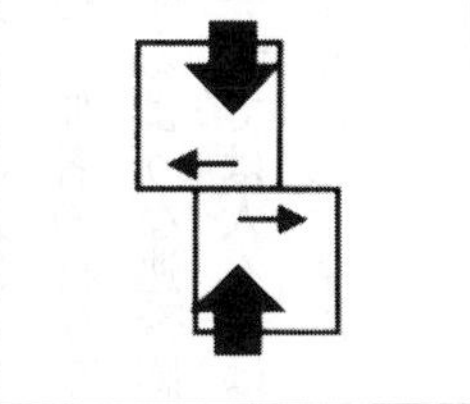	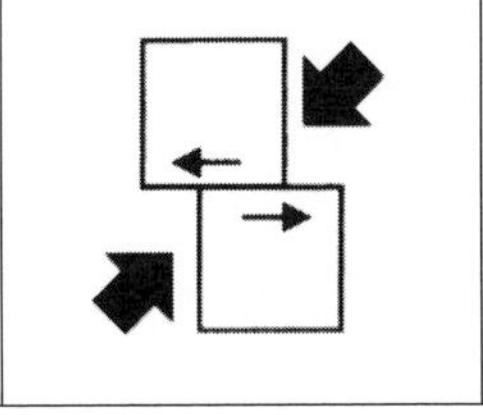	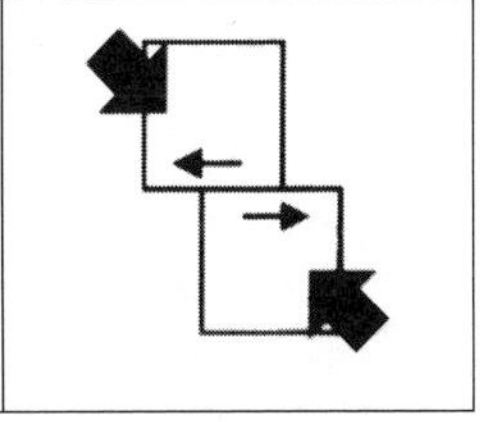

問５　図２の地点Ａでは，図５のような海岸段丘と呼ばれる地形が見られました。海岸段丘は，波の侵食《しんしょく》によってできた平らな地面が，地震によって隆起《りゅうき》(上昇)し，これがくり返されてできた地形です。地点Ａの高度を測り続けると，図６のようにしばらくは沈降していましたが，大きな地震とともに急激に隆起し，そのあと再び沈降しました。沈降の割合は１年間に約６mmで，地震の前と後で変わりませんでした。また，この地域では約150年周期で地震がくり返され，現在は前回の地震から100年以上が経過していることが分かっています。海岸から離れた平らな地面を調査すると，その平らな地面は約3000年前に波の侵食によって形成された面で，高度は６ｍであることが分かりました。陸上の平らな地面はほとんど侵食されず，かつこの地域の沈降や隆起の量や海水面の高さは変わらないと仮定すると，１回の地震の隆起量は何cmとなるか，答えなさい。

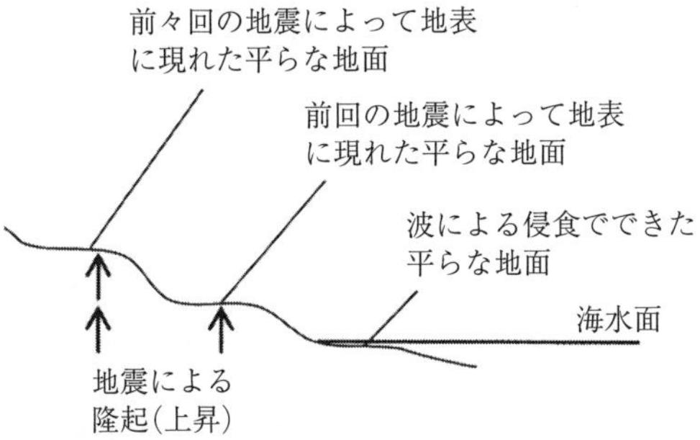

図５　海岸段丘のでき方
（波による侵食でできた平らな地面は，もともと海水面の高さと同じと考えてよい。）

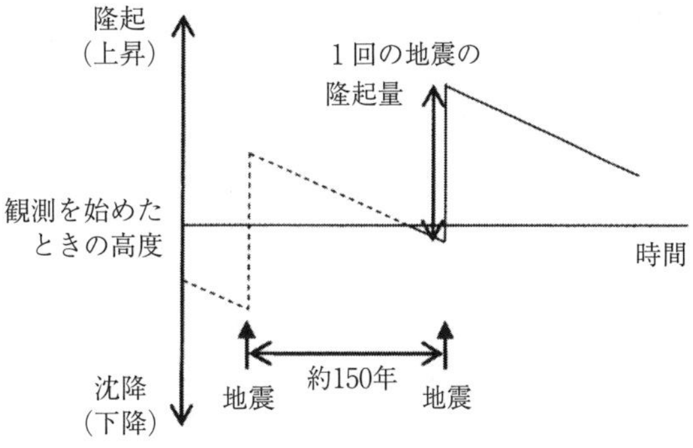

図６　地点Ａの高度の変化
（図中の破線は，調査から推定された変化）

アクセスする他ないということ。

エ　社会的な弱者は、ソーシャル・ディスタンスのために誰とも接触ができなくなり、孤立するようになってしまう一方で、そのことが感染防止になっているということ。

オ　他者との距離をとらざるを得ず、経済的に損失を受ける人がいる一方で、社会の中で助け合う必要があり、寄付が重視されるようになっているということ。

問7　傍線部**5**「それぞれが、その人に合った適切なソーシャル・ディスタンスを保持しつつ、他者の喜びや痛みをフェイクではなく確かな事実として理解するような連帯感に溢れた社会」とありますが、そのような「社会」では人々にはどうすることが求められますか。解答欄に合うように三十字以上四十字以内で説明しなさい。

のですか。その説明として最もふさわしいものを次から選び、記号で答えなさい。

ア　庶民は自主隔離《かくり》によって命が助かっても、経済的な困難により苦しめられていた状況。

イ　庶民の営業自粛によって感染拡大が抑えられ、感染症が社会全体で乗り越えられた状況。

ウ　芝居の禁止など人の密集を避ける政策が行われており、庶民もそれに積極的に協力していた状況。

エ　芝居などの娯楽は人間の生活に欠かせないものであり、庶民は芝居を見て感染症の情報を共有していた状況。

オ　感染拡大の防止のために活動の制限が行われた一方で、それによって庶民は経済的な困難に陥《おちい》っている状況。

問3　傍線部**2**「古典は、共同の経験知の集積であって、その意味では、私たちにとって大事な資源なのです」とありますが、どういうことですか。その説明として最もふさわしいものを次から選び、記号で答えなさい。

ア　古典には、社会全体で感染症を乗り越えようとしていた人々の感情・対策や様子などが記録されており、感染症流行に直面している私たちの参考にもなるということ。

イ　古典には、協力して感染症に対処してきた人々の知恵が記録されており、それは当時の人の情報として有効だったが、科学的な知見のある現代においては無意味になっているということ。

ウ　古典には、感染症の恐ろしさや経済的苦境、娯楽の禁止などが現在と異なることなく客観的に記録されており、感染症が流行している現代においてもじゅうぶんに教訓になり得るということ。

エ　文学や歴史史料を中心とした古典資料は、高精細画像として保存され、それが書誌データとして集積されるようになっていることで、大学の共同研究など現代の情報共有にも役に立っているということ。

オ　古典には、二十から二十五年毎に流行する感染症の様子が文学的に描かれているため、当時の人の諦《あきら》めや恐怖などの感情が現代人にも容易に理解できるようになっているということ。

問4　本文中の**A**・**B**に当てはまる漢字の組み合わせとして最もふさわしいものを次から選び、記号で答えなさい。

ア　**A**一　**B**半　　イ　**A**苦　**B**楽

ウ　**A**悪　**B**善　　エ　**A**隠　**B**陽

オ　**A**美　**B**醜

問5　傍線部**3**「寄付やボランティアは特別なことだし、ちょっと違う、恥ずかしいなと思う」とありますが、人々がこのように思うのはなぜですか。その理由を含む一文として最もふさわしいものを本文中から探し、初めの五字を書き抜きなさい。

問6　傍線部**4**「ソーシャル・ディスタンス（社会的距離）を保ちながら連帯感を築くという二律背反に直面しています」とはどういうことですか。その説明として最もふさわしいものを次から選び、記号で答えなさい。

ア　感染防止のため他者と距離をとらねばならない一方で、孤立しがちな社会的弱者とも協力して立ち向かわねば感染の拡大は抑えられないということ。

イ　感染防止のために他者と距離をとる一方で、他者との接触を避けられない人々のために、寄付などの援助をすることによって、感染の拡大を防止するということ。

ウ　他者と距離をとることによって感染拡大が抑えられている一方で、社会的弱者は経済的にますます困窮し、社会文化資本に

（略）

大規模災害など非常時のさなかや直後には、一時的に連帯感やc**コウヨウ**感が高まってモラルも向上し、今後の社会をより良くしようという意欲が湧《わ》くとされています。新型コロナが終息したとき、私たちは社会に何を残せるでしょうか。パンデミックの状況にある今から手を着けておかないと、喉元《のどもと》を過ぎれば熱さを忘れてしまう。社会のどこをどう良くしたいと感じたのか。不便や不安を極めた状況で、どんな種を見いだして意識や制度を変えていくのか。尊い命が失われ、経済的にも大変な価値が損なわれました。人々の努力に応え、喪失感を埋《う》めるためにも、一つでも二つでも変えるきっかけが生まれればいいと思います。

いま私たちは、4ソーシャル・ディスタンス（社会的距離）を保ちながら連帯感を築くという二律背反に直面しています。子どもに朝食を食べさせ登校させられない一人親世帯、手を挙げて「困った」と言いづらい人たちがいます。普段から声を出すといじめられる、浮いてしまうと感じている人たち、社会文化資本にアクセスできないような立場の人は、現在のような状況では、適切なタイミングで声を挙げないと命にかかわります。

ひとりになってしまって話ができる相手がいない状況が、一番の弱者ではないでしょうか。自分が悪いわけではないのです。頑張っているのだけれども、なかなかその状況から抜け出すことができない。困ってしまうと、どうしても自分というものを閉ざしてしまう傾向に、私たちはあるんですね。でも、そこはぜひ聞く耳を持つ相手を探して欲しいですし、私たち一人ひとりが、明日は誰かを助けられるかもしれない、そういう自分になりたいという気持ちを持つこと、持てる環境をもっと整えていくべきではないでしょうか。

隣で感染が広がれば、自分にとってもリスクです。一緒に立ち向かっていかないと、新型コロナウイルスには勝てない。数日姿を見ない人、一人暮らしのお年寄りなどに声をかけていくことが大切だと思います。

新しい生活様式は、私たちの感性を変え、日々の行動パターンも変えていくでしょう。らせん階段を上るようにして、私たちは色んな角度から新たな景色を迎えるはずです。社会の変化をくみ取り、新たなビジネスを世界に打ち出すチャンスかもしれません。若い人にはアイデアがあるし、わたくしの知る限り、もう考え始めている人もいます。

ソーシャル・ディスタンスは、今はまだ物理的な距離として考えられていますが、社会の中の自分自身の位置づけを知る、自分の居場所から他者との関係を見つめ直すことだとも捉えたい。一人ひとりの資質、意欲によって、自律的に能力を発揮できる社会をいかに整備できるか、そこが問われています。女性の活躍の場を広げる、様々なセクシュアリティのあり方を認め合う、今後も増えると予想される外国人と共存していくなど、課題は山積しているように見えますが、一方でこの半年間に味わった経験の中には、大きなチャンスが芽を出そうとしているように思います。

5それぞれが、その人に合った適切なソーシャル・ディスタンスを保持しつつ、他者の喜びや痛みをフェイクではなく確かな事実として理解するような連帯感に溢《あふ》れた社会、そういう未来を是非《ぜひ》迎えたいものです。

（ロバート・キャンベル「『ウィズ』から捉える世界」村上陽一郎編
『コロナ後の世界を生きる――私たちの提言』（岩波書店）より）

問1　傍線部a～cの漢字をひらがなに、カタカナを漢字に直しなさい。

問2　傍線部1「二〇〇年前の日本人が、驚くほど今と似た状況に直面していた」とありますが、「今と似た状況」とはどのようなも

たときに、その中でお互いにどう守り、コミュニティをどう再生したかという経験が多く記録されていることに気付かされました。

感染症についての文献も多く残されています。戯作者《げさくしゃ》の式亭三馬《しきていさんば》には、享和《きょうわ》三年（一八〇三）に江戸を襲ったはしかを描いた『麻疹戯言《ましんきげん》』という小説があります。そこでは「うめきながら、彼らが飲むもの、食べるもの、まるで味がしない。ひとりぼっちで体調が回復するまで一二日間を、指を折って布団の中で待つ以外ないのである」とあります。当時、感染症は二〇～二五年に一度、人生で二、三回は経験するものでした。感染症の怖さを肌感覚で知っていて、どう体作りをするか、どう衛生状態を保つか。人々は出版物や講談などを通じて情報共有していたのです。文政《ぶんせい》七年（一八二四）に再流行した際の『麻疹癘《ましんせん》語《ご》』には、芝居も（略）営業停止にした江戸の様子や、客が来ず生活できないという人々の嘆きが書かれています。1二〇〇年前の日本人が、驚くほど今と似た状況に直面していたことがわかります。

安政《あんせい》五年（一八五八）のコレラ流行について書かれている『安政午《あんせいうまの》秋《あき》／頃痢《ころり》流行記《りゅうこうき》』には、夫が体調を崩して働けなくなり、無理をした妻が先に亡くなるという話があります。困窮《こんきゅう》しているところを町内の人が見かねて葬式の費用を出すけれど、妻は残した夫が心配だと亡霊となって夜な夜な出てくるのです。ある種の奇談ですが、人はひとりでは生きていけないということがa示唆されています。当時から、感染症は社会全体で乗り越えないといけないという認識でした。2古典は、共同の経験知の集積であって、その意味では、私たちにとって大事な資源なのです。

また江戸時代の後期、天保《てんぽう》年間（一八三一年～四五年）には、大雨による洪水や冷害によって、全国的な飢饉《ききん》が起こります。いわゆる「天保の大飢饉」ですが、その時に出された『豊年教種《ほうねんおしえぐさ》』という書物があります（天保四年（一八三三）刊）。この中に、当時の人々がお互いに助けあう時の心がけについて記述された箇所《かしょ》があります。お米のある人がお米を持ち寄って、ない人に向けての炊き出しをする。困窮している人をどのように助けたらよいのか。「飢えたる人に粥《かゆ》を施すには尤《もっと》も恭《うやうや》しく謹《つつし》みて与へよ。必ず必ず不遜《ぞんざい》にして人を恥づかしむべからず」とあります。その人が困っているのは天災だからであって、自分のせいではない。明日はあなたが困窮するかもしれないのだから、という意味のことが書かれています。

「A徳あればB報あり」という言葉があるように、人に施しを与える、誰かを助けたりすることは、周りの評価などを期待しないで、淡々とシェアしなさいという文化が、江戸時代にはあるわけです。それは今でも日本の文化に生きていると思います。自分の名前を出して、これだけのことをしていると主張するような人については、恥ずかしいというか、悪目立《わるめだ》ちしているのではないか、といったプレッシャーがかかる。でも、逆に、今はそこは変えていくべきではないかと考えます。

東日本大震災以降、あるいはその少し前から、日本でもボランティアの文化が広がり、bシントウしました。実際に多くの若い人たちが、被災地に入り込んで活動されました。現地に赴《おもむ》くことも重要ですが、現地に行けなくてもできることは沢山あります。「このプロジェクトを信じるから自分は寄付をしたけれども、あなたもどうですか」というように、もっと気軽に、お互いに呼びかけ合えるような状況がつくり出せないか。寄付をすることで自分を拡張する、自分を新しく何かにコネクトしていく、そういう意識が大切ではないでしょうか。今回のコロナ禍を通して、新しい感覚を育てることができるような気がしています。そのための一歩として、3寄付やボランティアは特別なことだし、ちょっと違う、恥ずかしいなと思う気持ちを無くしていきたいです。

エ　三太郎と大吉親子の世代間のギャップを認識し、両者の橋渡しを務めようとしている。

問3　大吉が家出から帰って来た日の三太郎の不機嫌な顔つきには、どのような心情が込められていますか。ふさわしくないものを次から一つ選び、記号で答えなさい。

ア　大吉はしかるべき制裁を受けるべきなのに、六平が安易にその過ちをうやむやにするのは、到底納得できない。

イ　見識ある親として、道をはずした子をいつでも強く叱責《しっせき》できるのに、周囲がそうさせないことに業《ごう》を煮やしている。

ウ　節度を守り、守れなければ自分でその過失を挽回《ばんかい》する大人になってほしいのに、大吉の振る舞いにはその片鱗《へんりん》もなく、憤《いきどお》っている。

エ　許可なく家を出て行きながら、困ると親を頼りに帰ってくる大吉の意思の弱さや自分勝手なところを非難している。

問4　[Y] に最もふさわしい四字熟語を次の語群から選び、カタカナを漢字に直して答えなさい。

ジゴウジトク　アクセンクトウ　キシカイセイ
コウガンムチ　フゲンジッコウ

問5　傍線部**2**「やはり、しゃべりたかったらしい」とありますが、大吉が言いたかったのはどのようなことですか。次の空欄に合うように、本文中から最もふさわしいことばを二十字以内で抜き出し、最初の三字を答えなさい。

[20字以内] ということ。

問6　傍線部**3**「『こいつ！』」とありますが、このときの三太郎の気持ちとしてふさわしいものを次から二つ選び、記号で答えなさい。

ア　胸くそが悪い　イ　そらぞらしい
ウ　気はずかしい　エ　慕わしい
オ　うれしい

問7　鞍馬女史の性格を説明した次の文章の空欄に最もふさわしいことばを入れなさい。なお、[A]・[B]・[D]はそれぞれ指定された字数で本文中より書き抜き、[C]は後の選択肢から最もふさわしいものを選び、記号で答えなさい。

> 三太郎や玉子とは違って、大吉に対しては [A 3字] な立場であり、また三太郎たちの苦労に格別配慮するわけでもない [B 3字] な人柄のため、物怖《ものお》じすることなく大吉の窮状《きゅうじょう》を [C] している。その [C] は学者らしい豊富な [D 8字] を用いて、的確に言い当てたものである。

【Cの選択肢】

ア　定義　イ　断言　ウ　記録
エ　曲解　オ　分析

問8　二重傍線部「大吉はいちばんうしろにふてくされた顔で、うす汚れて、すこし小さくなっていた」とありますが、これはどのような心情のあらわれですか。本当は何をしたいのかにも触れつつ、四十字以上五十字以内で答えなさい。

二．

次の文章を読んで、後の問に答えなさい。

わたくしが館長を務めている国文学研究資料館（国文研）は、全国の大学共同利用機関として大規模なデータの集積、整備、発信をしています。また、館内にある数十万点の文芸や歴史史料、あるいは新日本古典籍総合データベースという、高精細画像や書誌データなどを検索するための仕組みを用いて様々な共同研究を行なっています。新型コロナの影響を受けて四月からは閉鎖していました。

国文研の資料を見ていると、過去の書物には、社会が天災に遭遇《そうぐう》し

「それは……この前、お父さんが、お母さんに話してたから……思いついた」

大吉は素直にいう。

2やはり、しゃべりたかったらしい。大吉はぶっきらぼうな口調であるが、反撥《はんぱつ》の感じられない返事をする。

「どうせ、お父さんらも行くやろ。その下見にいってきてやった」

3「こいつ！」

「絵葉書、見る？」

大吉は身を翻《ひるが》えして台所から、絵葉書を持ってきた。そうして、地図をばしゃばしゃと拡《ひろ》げて、コースを説明するのである。

「ここから、船で四時間もかかった！　地図見てると近いけど、乗ったら遠いねん」

「待て、どこからどこや」

と三太郎は眼鏡をかける。

「まず、どこへいった」

「長崎」

と大吉は得意そうにいう。

「お蝶《ちょう》さんの家があったか。お母さんがいうてた……」

「これ、この絵葉書。グラバー邸《てい》やろ」

「よかったか」

「観光客で満員でどないもならへんねん。いま観光シーズンやし、なあ。お父さんら行くときは、シーズンはずした方がええわ」

「連休でないと、休まれへんやないか」

「そんなこというてんと、タマには休んで骨休めしたらええやんか。長いこと働いて」

「大きに……おい、どないなっとんねん、これは」

三太郎は妙な気分になる。息子の家出をとっちめようと思っていたのに、どこでどうまちがったのか、話がへんな方へすげ変えられてしまった。

「ここは、皿うどんがおいしかった。お父さんらも、そこで食べたらええわ。地図書いたげるから……。お母さん美味しがるよ」

「皿うどん、なあ」

若者向きらしい好物である。

「ここから福江へ渡った。船に乗りたかったから。お父さんらも、いっぺん乗ったらええねん」

「五島列島へいったのか」

「あ、もっとええ航路あった、ここへお父さんらいっぺん来たらええのになあ、と思うた」

大吉の話では、さながら旅行中たえまなく両親のことを考えていたように聞こえる。

（田辺聖子『夕ごはんたべた？』〈新潮社〉より）

問１　X に最もふさわしいことばを次から選び、記号で答えなさい。

ア　理智的な標準語　　イ　丁寧なですます調

ウ　粗野な共通語　　エ　気色悪いざあます言葉

オ　分かりやすい公用語

問２　傍線部**1**「『まあまあ、兄ちゃん』と六平が間へ入った」とありますが、このときの六平の気持ちとして最もふさわしいものを次から選び、記号で答えなさい。

ア　兄の三太郎とは考え方が違って反りが合わず、なるべくもめごとを起こしたくないと思っている。

イ　三太郎と玉子の代わりに大吉を更生させようという決意のもと、大吉を守ろうとしている。

ウ　立派な肩書の妻を連れてきた優越感に浸り、三太郎を自分の意見に従わせようとしている。

ない。そのへんもいうなら、屈折したおとなのやさしさ、みたいなものであろう。

しかし三太郎はそうこまかく分析するクセはない。漠然《ばくぜん》と感じるだけである。（略）

細君はハンドバッグから名刺をとり出し、

「もっと早くご挨拶にうかがうつもりでいましたのに、つい遅うなりまして。今年は外国へ出る用事が多うて――どうぞよろしく」

と可愛いらしい声でいい、三太郎と玉子の前にそれぞれ置いた。女物の小ぶりな名刺である。私大の助教授という肩書があって「鞍馬《くらま》富《ふ》士子《じこ》」というリッパな名前があった。吉水六平などという頼りない名とは格段の差である。（略）

「大吉がよくおたくらの家を知ってましたなあ」

三太郎はお詫びの意味をふくめていう。

「ええ、あたしたち、『ゴンドラ』いう喫茶店で会いましたから。二三べん、うちへ遊びにきはったかしら。泊ったこともありますわ」

「まあ」

と玉子は目をみはった。

「そんな、ご厄介《やっかい》かけてたんでございますか」

子供というものは何をするかわからない、と玉子も三太郎も思った。鞍馬女史は大吉を通じて、吉水家と接触しているつもりでいたかもしれないが、玉子たちは夢にも思わぬことであった。六平がそこへかえってきた。

「大吉の奴、いうとらへんから何も知らなんだ」

三太郎がいうと、六平はすぐ、

「まあ、ええやんか。若いときは、あんまり、家の中でしゃべらんもんでなあ」

と若者を庇《かば》う言い方をする。いつもの通り、若者サイドに立っているのである。

「いったい、どこへいっとってんやろ、大吉の奴」

「平戸から長崎へ廻《まわ》っとったらしい」

玉子と三太郎は顔を見合わせた。いつか、長崎へんを旅行したいと二人で話したとき、台所に大吉がいたが、そのときにヒントを得たのだろうか。六平はのんびりしていた。

「五島列島まで渡ったそうやなあ」

「ふーん。結構なことでございますなあ」

と三太郎はいわずにおれない。

「お天気つづきで、とってもよかったそうですわ、海がきれいでしたって」

鞍馬女史は無邪気にそういい、

「六ちゃん、シチュー、たきすぎたら焦《こ》げつくよ。もう、持ってきなさい」

と六平に命じる。（略）

いっぺん、改めて大吉を叱《しか》らないといけない、と三太郎が思っていると、いい機会が来た。――彼が居間にいると、大吉もそこへ来たのだ。そうして、三太郎が食事をはじめても、出ていかない。

いつもは、顔を合わせるのを避けて、そそくさと姿を消すのに。膝《ひざ》を抱いてテレビを見ている恰好《かっこう》は、三太郎には寄り添うように感じられた。

そう感じたときは、親はやはり、声をかけてやりたくなる。仕方ない。

三太郎は意地を張って、親の方からは折れぬ、という根性の男ではないのである。

「オマエ、なんで長崎へいった？」

「なんで黙って家をあける。出ていくつもりなら帰ってくるな。なんのつもりや、それは。ノコノコ帰ってきて」（略）

1「まあまあ、兄ちゃん」と六平が間へ入った。

「ま、兄ちゃんの怒るのもわかるけど、……大吉も反省しとるんやし」

「まあ、ええやんか」

「反省してるようには見えん」

ええことない。

三太郎は、けじめをつけたい気である。どうしてことわりなく家を出たり入ったりするのだ。

「親の家にいる限りは勝手なこと、するな」

「兄ちゃん、まあそう、親の家、親のメシいうたら、若いもんはカッカくるさかいなあ」

六平はそういうが、三太郎はこんどは六平に腹が立ってきた。親が、親かぜ吹かせてどこがわるい、と思うものだ。

「あの……」

と、六平の細君が、可愛いらしい声で口を挟《はさ》んだので、六平も三太郎も口をつぐんだ。

「大吉さんもしょげてるみたいやし……自分ではあやまりたいと思ってても、若いひとというのは、おとなに向ったときのヴォキャブラリイが少ないのんですわ。手持ちのことばがないので、どないいうたらええもんか、途方にくれてて……思いあまったあげく、あたしたちを通訳にして、お父さんお母さんに詫《わ》びを入れたい、とこんな所と違いますかしら。ね、大吉さん。同時通訳したら、こんなとこやね」

とやさしくいうと、石のように硬くなっていた大吉はこっくり、する。みんな笑うが、三太郎と玉子は笑えない。

六平夫婦の手前、いつまでも三太郎はふくれっつらをしているわけにはいかず、

「今日はゆっくりできるのか」

とお愛想をいう。

「うん、そのつもりできた。どうもごぶさたしてしもて。その後の報告もあるし」

話題がおとな同士のことに移ったので、大吉はこれで釈放された、というように、生色《せいしょく》をとりもどして、体をもぞもぞと動かしはじめた。

「大吉、もう行ってもええで。――あとでよう、お父さんに謝っときや」

と六平はやさしくいう。三太郎の思うに、それは無責任のやさしさである。無能、無定見の場合も人はやさしくなるものだが、無責任の場合も、人はやさしい。それはほんとうのやさしさとはちがうのだが、区別出来得る人は少ない。

そうして、大吉が、クサリを解かれたように跳ねて飛んでいく後姿を見ると、三太郎はどうしても（おい、ちょっと待て。オマエさっきから一卜言《ひとこと》も、ものいわんやないか。――何もかもヒトにしゃべらせてすませとるやないか。 Y 、卑怯陋劣《ひきょうろうれつ》、というのは、オマエのことではないか。男らしくないぞ）と大喝《だいかつ》して、息子をぶんなぐりたくなる。……しかし、わざわざついてきている六平夫婦の顔を立てて、言いたいコトバを飲みこむ、それがほんとうのやさしさ、のような気もするのだ。

かつまた、三太郎はほんとうに大喝したり、ぶんなぐったり、できる男ではない。

そう思うのと、実際に行動にうつすのとは大ちがいだ。できないから、しぜんにふくれっつらになるのだが、そこを六平たちがやってきて、うやむやにごまかしてくれたから、たすかった気も、しないでは

二〇二一年度　早稲田中学校

【国　語】〈**第一回試験**〉（五〇分）〈満点：六〇点〉

注意　字数制限のある問題については、かぎかっこ・句読点も一字と数えなさい。

一　次の文章は、田辺聖子『夕ごはんたべた？』の一節です。開業医の吉水《よしみず》三太郎は、何を考えているのか分かりづらいところがあり、家族からは「半仙」と言われています。ある日、不良息子の大吉が家出から帰って来ました。以下の文章を読んで、後の問に答えなさい。

十五日めの晩、つまり半月たった日の夜である。

玉子は、例のごとく台所で夕食の支度《したく》をしていたら、三太郎が診察室からやってきた。

「おい大吉が帰ってきた」

「ほんと！」

「六平と一緒や。それはええが、六平、よめはんをつれてきとんねん」

「何ですって」

三太郎のうしろには、久しぶりのにこにことやさしい微笑を浮べた六平がいた。

そのうしろに、彼と同じくらい長身の痩《や》せぎすな婦人がいる。大吉はいちばんうしろにふてくされた顔で、うす汚れて、すこし小さくなっていた。

大吉を見て、まっ先に罵声《ばせい》が出そうになった玉子は、さすがに六平の細君《さいくん》と初対面なので、そちらの挨拶《あいさつ》からしなくてはならない。

応接間へ通した。

六平の細君は、色白の、かわいらしい顔の婦人である。赤い縁《ふち》の眼鏡などかけているが、六平と同じように、にこにこしていた。

（これが、えらい大学の先生かしら）

と玉子は緊張して、長々と挨拶をはじめた。

その間、大吉ははしっこの椅子に坐って、のんびりした顔でいる。

「仕事、すましたらくるわ」

と三太郎が立っていったので、玉子は、夫のぶんも、しゃべらなければいけなかった。

婦人は気さくにしゃべった。

玉子は、大学の先生というからには、［　X　］だろうと思っていたら、やさしい上方なまりである。

「ほんで、一人でよう帰らん、いうて大吉さんがいいはるさかい、わたしら二人でついてきましたの。お母さん、どうぞ、堪忍《かんにん》してあげて頂戴《ちょうだい》ね、――ちょうどええ折やし、あたしらもご挨拶にうかがおう、思うて……」

玉子は婦人に気をとられながらも、大吉のチャッカリぶりに腹が立った。

診察をすませた三太郎がやってきた。

三太郎は、あたまから湯気の出るほど腹を立てていた。のっそりと家をあけ、やっと帰ってきたと思うと、ヒトを楯《たて》にしてうしろへ隠れて風当りを避けようとする。男らしくないではないか、といいたいのだ。

「大吉！」

と三太郎がいうと、座は一瞬、しんとなった。

いくら半仙でも、やっぱり一家の主の風格が出るのだろう。

2021年度

早稲田中学校　▶解説と解答

算　数　＜第１回試験＞（50分）＜満点：60点＞

解　答

[1] (1)　1797個　(2)　17階　(3)　9：31　[2] (1)　48度　(2)　51cm^2　(3)　144cm^3
[3] ①　3　②　9　③　8　④　44　[4] (1)　毎秒２cm　(2)　20秒後　(3)　2880cm^3　[5] (1)　16cm　(2)　①　解説の図２を参照のこと。　②　29.42cm^2

解　説

[1] 整数の性質，集まり，つるかめ算，平均とのべ，消去算

(1)　2021÷12＝168余り５，2021÷18＝112余り５より，１から2021までに12の倍数は168個，18の倍数は112個あることがわかる。また，12と18の最小公倍数は36だから，2021÷36＝56余り５より，１から2021までに12と18の公倍数は56個あることがわかる。よって，右の図１のように表すことができるので，12と18の少なくとも一方で割り切れる整数は，168＋112－56＝224(個)ある。したがって，12でも18でも割り切れない整数の個数は，2021－224＝1797(個)である。

図１
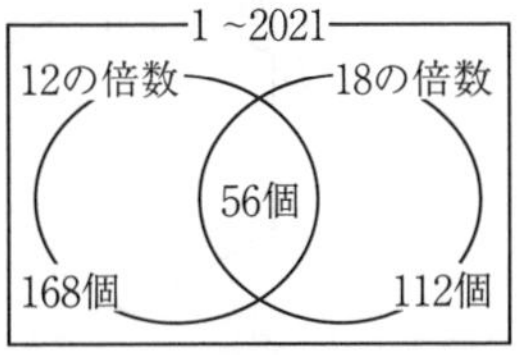

(2)　１階から29階まで上がるとき，上がる階数は，29－１＝28(階分)である。よって，次郎くんがエスカレーターだけで１階から29階まで上がるのにかかる時間は，７×28＝196(秒)だから，太郎くんについてまとめると下の図２のようになる。エレベーターだけで28階分上がるとすると，３×28＝84(秒)しかかからないので，実際よりも，196－84＝112(秒)短くなる。エレベーターのかわりに階段を使うと，１階分あたり，10－３＝７(秒)多くかかるから，階段で上がる階数は，112÷７＝16(階分)とわかる。したがって，太郎くんがエレベーターに乗り換《か》えるのは，１＋16＝17(階)である。

図２

階段　　　　　（10秒で１階分）｝合わせて
エレベーター（３秒で１階分）｝196秒で28階分

図３

赤×５＋青×３＝144(g)…ア
赤×３＋青×５＝160(g)…イ
⬇
赤×25＋青×15＝720(g)…ア×５
赤×９＋青×15＝480(g)…イ×３

図４
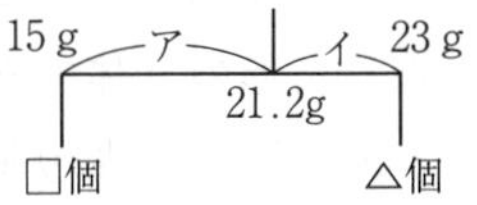

(3)　(平均)＝(合計)÷(個数)より，(合計)＝(平均)×(個数)となるので，赤い玉５個と青い玉３個の重さの合計は，18×(５＋３)＝144(g)，赤い玉３個と青い玉５個の重さの合計は，20×(３＋５)＝160(g)となり，上の図３のようにまとめることができる。アの式の等号の両側を５倍，イの式の等号の両側を３倍して青の個数をそろえ，２つの式をくらべると，赤い玉，25－９＝16(個)の重さが，720－480＝240(g)とわかる。よって，赤い玉１個の重さは，240÷16＝15(g)であり，これをアの式にあてはめると，青い玉１個の重さは，(144－15×５)÷３＝23(g)と求められる。し

たがって，赤い玉の個数を□個，青い玉の個数を△個として図に表すと，上の図４のようになる。図４で，ア：イ＝(21.2－15)：(23－21.2)＝31：９だから，赤い玉と青い玉の個数の比は，□：△＝$\frac{1}{31}$：$\frac{1}{9}$＝９：31とわかる。

2 角度，相似，面積，展開図，体積

⑴　多角形の外角の和は360度だから，正六角形の１つの内角は，180－360÷６＝120(度)，正五角形の１つの内角は，180－360÷５＝108(度)であり，下の図１のようになる。図１で，三角形ABCと三角形DECは合同なので，CAとCDの長さは等しく，三角形CDAは二等辺三角形になる。また，●印をつけた角の大きさは，(180－108)÷２＝36(度)だから，角DCFの大きさは，108－36＝72(度)となり，角ACDの大きさは，360－(36＋120＋72)＝132(度)とわかる。よって，角DACの大きさは，(180－132)÷２＝24(度)なので，角アの大きさは，108－(36＋24)＝48(度)と求められる。

図１

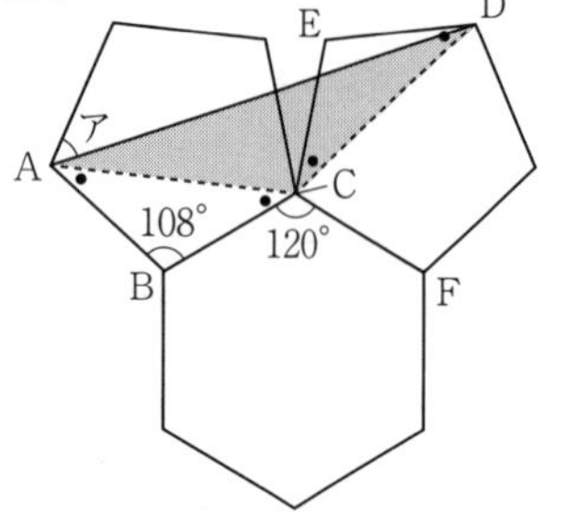

図２

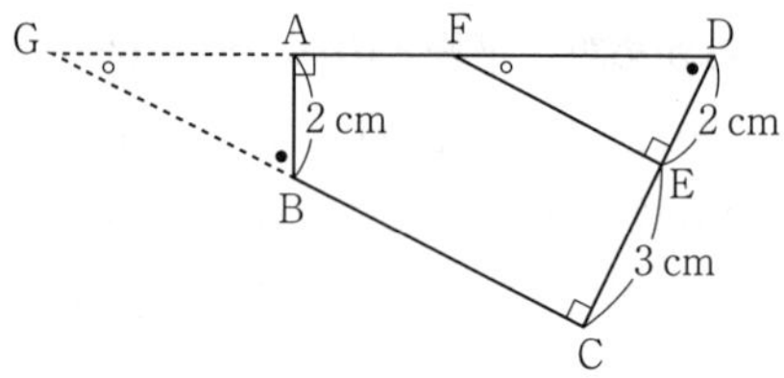

図３

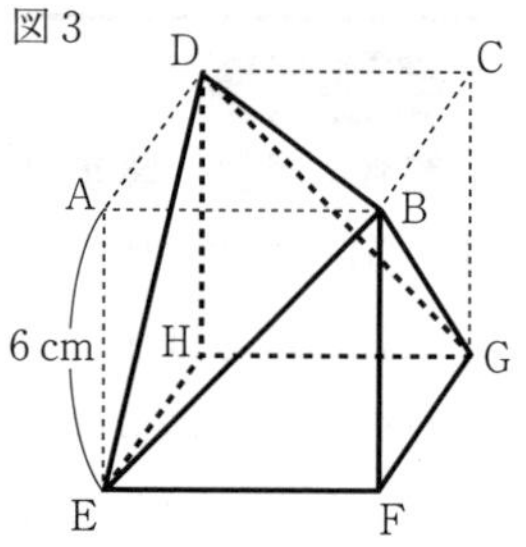

⑵　上の図２のように，DAとCBを延長して交わる点をＧとすると，EFとCBは平行だから，○印をつけた角の大きさは等しくなる。また，角EDFの大きさを●とすると，○＋●＝90度なので，角ABGの大きさも●になる。さらに，ABとEDの長さは等しいから，三角形BGAと三角形DFEは合同とわかる。次に，三角形DFEと三角形DGCは相似であり，相似比は，DE：DC＝２：(２＋３)＝２：５なので，面積の比は，(２×２)：(５×５)＝４：25となる。よって，三角形DFEの面積を４とすると，三角形DGCの面積は25になる。このとき，三角形BGAの面積も４だから，四角形ABCDの面積は，25－４＝21，五角形ABCEFの面積は，21－４＝17となる。したがって，四角形ABCDと五角形ABCEFの面積の比は21：17なので，五角形ABCEFの面積は，63×$\frac{17}{21}$＝51(cm^2)と求められる。

⑶　問題文中の展開図を組み立てると，上の図３のような立体になる。これは，１辺の長さが６cmの立方体から，２つの三角すいE－ABDとG－CDBを切り取った形の立体である。立方体の体積は，６×６×６＝216(cm^3)であり，切り取った三角すいの体積はどちらも，６×６÷２×６÷３＝36(cm^3)だから，この立体の体積は，216－36×２＝144(cm^3)と求められる。

3 場合の数

⑴　はじめに，右の図１のようにA，B，Cに３人分を分ける場合を考える。㋐のように３人とも自分のものを受け取る分け方は１通り，㋑のように３人とも他人のものを受け取る分け方は２通りある。また，㋒のように１人だけ自分のものを受け取

図１

㋐３人とも自分のものを受け取る
Ⓐ　Ⓑ　Ⓒ　←持ってきた人
A　B　C　←受け取る人
㋑３人とも他人のものを受け取る
Ⓐ　Ⓑ　Ⓒ
B　C　A(★)
C　A　B(☆)
㋒１人だけ自分のものを受け取る
Ⓐ　Ⓑ　Ⓒ
A　C　B
C　B　A
B　A　C

る分け方は３通り(…①)ある。その後，ＤがＡ，Ｂ，Ｃの誰《だれ》かと交換《こうかん》することで，４人とも他人のものを受け取る分け方を考える。(ア)の場合は，誰と交換しても分けられない。また，(イ)の場合は，★と☆のどちらについても誰か１人と交換すれば分けられる。どちらの場合も交換する１人の選び方が３通りあるから，２×３＝６(通り)となる。さらに，(ウ)の場合は，自分のものを受け取った１人と交換すれば分けられるので，３×１＝３(通り)とわかる。よって，４人とも他人のものを受け取る分け方は，６＋３＝９(通り)(…②)と求められる。

(2)　右の図２のように，Ａだけが自分のものを受け取る分け方は２通りある。Ｂ，Ｃ，Ｄの場合も同様だから，１人だけが自分のものを受け取る分け方は，２×４＝８(通り)(…③)とわかる。

図２

Ⓐ　Ⓑ　Ⓒ　Ⓓ
Ａ＜Ｃ－Ｄ－Ｂ
　　Ｄ－Ｂ－Ｃ

(3)　はじめに，右の図３のようにＡ，Ｂ，Ｃ，Ｄに４人分を分ける場合を考える。(ア)のような分け方は１通り，(イ)のような分け方は(1)の②より９通り，(ウ)のような分け方は(2)より８通りとわかる。また，(エ)のような分け方は，自分のものを受け取る２人の選び方が，$\dfrac{4\times3}{2\times1}$＝６(通り)あり，どの場合にも残りの２人の分け方は１通りに決まるので，６×１＝６(通り)となる(３人だけが自分のものを受け取る分け方はない)。次に，遅《おく》れてＥがやってきたとすると，ＥがＡ，Ｂ，Ｃ，Ｄの誰かと交換することで，５人とも他人のものを受け取る分け方を考える。(ア)の場合は，誰と交換しても分けられない。また，(イ)の場合は誰か１人と交換すれば分けられる。このとき，交換する１人の選び方が４通りあるから，９×４＝36(通り)となる。さらに，(ウ)の場合は，自分のものを受け取った１人と交換すれば分けられるので，８×１＝８(通り)とわかる。(エ)の場合は誰と交換しても分けられないので，全部で，36＋８＝44(通り)(…④)と求められる。

図３

(ア)４人とも自分のものを受け取る
Ⓐ　Ⓑ　Ⓒ　Ⓓ
Ａ　Ｂ　Ｃ　Ｄ
(イ)４人とも他人のものを受け取る
Ⓐ　Ⓑ　Ⓒ　Ⓓ
Ｂ　Ｃ　Ｄ　Ａ(例)
(ウ)１人だけ自分のものを受け取る
Ⓐ　Ⓑ　Ⓒ　Ⓓ
Ａ　Ｃ　Ｄ　Ｂ(例)
(エ)２人だけ自分のものを受け取る
Ⓐ　Ⓑ　Ⓒ　Ⓓ
Ａ　Ｂ　Ｄ　Ｃ(例)

4　グラフ―図形上の点の移動，速さ，体積

(1)　問題文中のグラフから，ＰがＡからＢまで動く時間は５秒，ＡからＤまで動く時間は16秒とわかる。また，ＣからＤまで動く時間も５秒だから，ＢからＣまで動く時間は，16－５×２＝６(秒)となる。つまり，辺ABと辺BCの長さの比は５：６なので，右の図１のように，長方形ABCDは同じ大きさの，５×６＝30(個)の正方形に分けることができる。また，Ｐが辺BC上にいるときの三角形ADPの面積が60cm²だから，長方形ABCDの面積は，60×２＝120(cm²)となる。よって，正方形１個の面積は，120÷30＝４(cm²)なので，４＝２×２より，この正方形の１辺の長さは２cmとわかる。したがって，辺ABの長さは，２×５＝10(cm)だから，ＰがＡからＤまで動くときの速さは毎秒，10÷５＝２(cm)と求められる。

図１

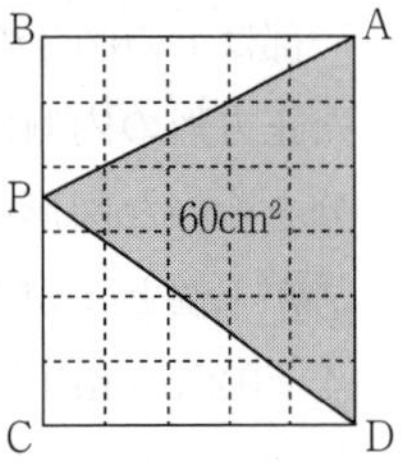

図２

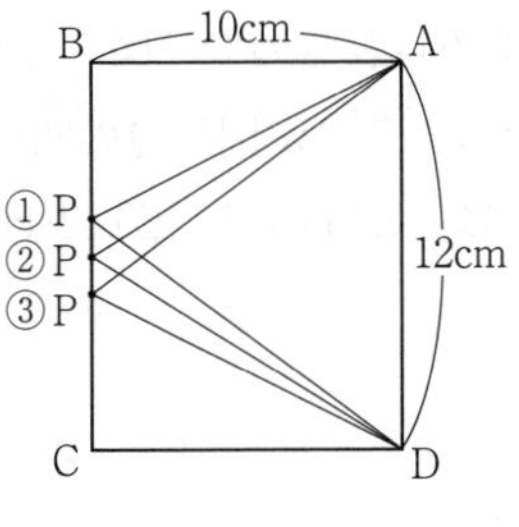

図３

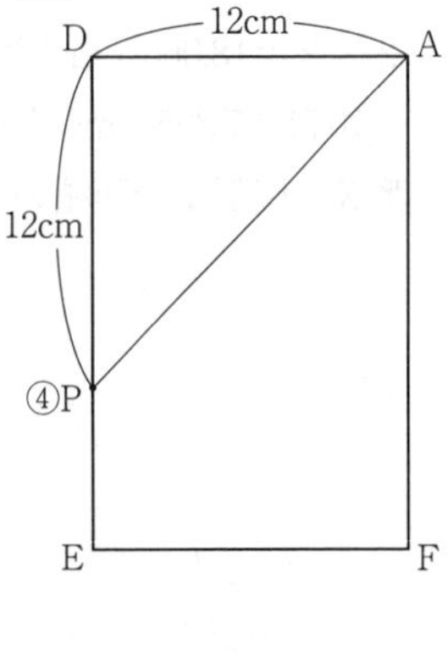

⑵　辺BCの長さは，２×６＝12(cm)なので，１回目～３回目は上の図２のようになる（１回目はDA＝DP，２回目はPA＝PD，３回目はAP＝AD)。よって，４回目は上の図３のように，辺DE上をＤから12cm進んだときである。また，ＤからＡまで進むときの速さは毎秒，２×1.5＝３(cm)だから，12cm進むのにかかる時間は，12÷３＝４(秒)となる。したがって，図３のようになるのは出発してから，16＋４＝20(秒後)である。

⑶　ＤからＡまで動く時間は，36－16＝20(秒)なので，ＤからＡまでの道のりは，３×20＝60(cm)である。よって，辺DEの長さは，(60－12)÷２＝24(cm)だから，直方体の体積は，12×10×24＝2880(cm^3)とわかる。

5　平面図形—図形の移動，面積

⑴　円の直径は，１×２＝２(cm)だから，円が通った部分は下の図１のかげの部分になる。図１で，★印の部分４個分の面積の合計は，２×２－１×１×3.14＝0.86(cm^2)なので，かげの部分の面積にこれらの面積を加えると，111.14＋0.86＝112(cm^2)となる。よって，太線で囲んだ長方形１個の面積は，112÷４＝28(cm^2)だから，xの長さは，28÷２＝14(cm)とわかる。したがって，正方形Ｐの１辺の長さは，14＋２＝16(cm)と求められる。

図１
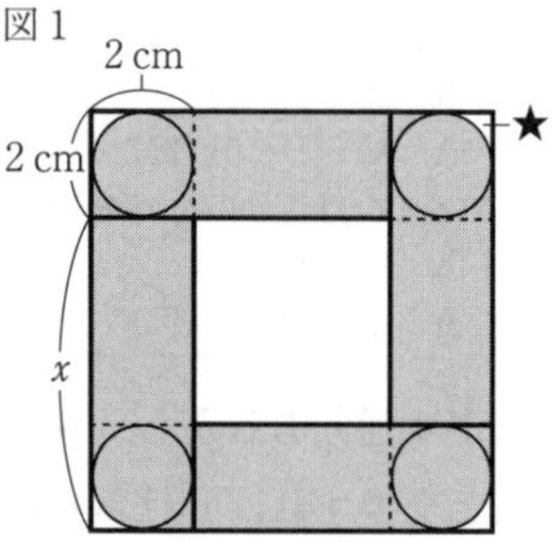

図２
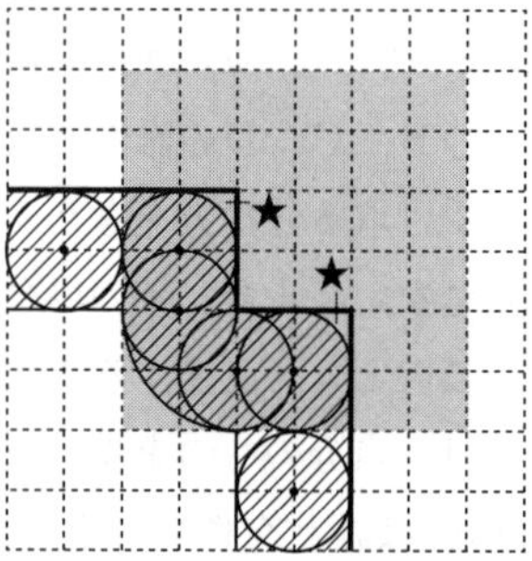

図３
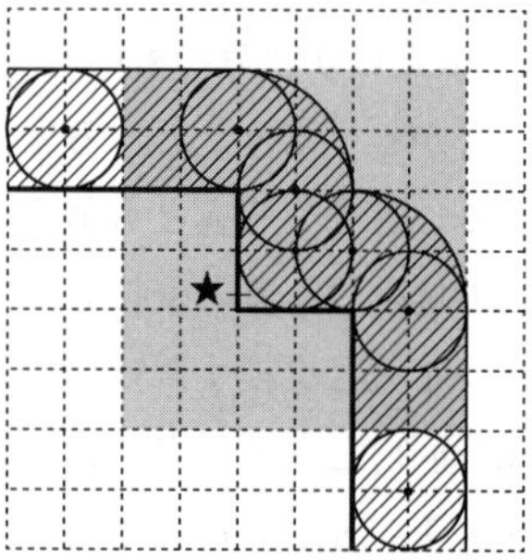

⑵　①　図形Ｘの一部は上の図２の斜線《しゃせん》部分になる(★印の部分はふくまない)。　②　図形Ｙの一部は上の図３の斜線部分になる(★印の部分はふくまない)。はじめに，図２と図３のかげをつけた正方形の内側について，斜線部分の面積を求める。図２では，１辺２cmの正方形から★印の部分を除いた図形(㋐とする)が２個と，半径２cmの四分円(㋑とする)が１個ある。また，図３では，㋐が１個と㋑が２個と１辺２cmの正方形が２個ある。⑴より，★印の部分１個の面積は，0.86÷４＝0.215(cm^2)と求められるので，㋐の面積は，２×２－0.215＝3.785(cm^2)となる。また，㋑の面積は，２×２×3.14×$\frac{1}{4}$＝3.14(cm^2)だから，図２のかげの内側の斜線部分の面積は，3.785×２＋3.14＝10.71(cm^2)とわかる。一方，図３のかげの内側の斜線部分の面積は，3.785＋3.14×２＋２×２×２＝18.065(cm^2)と求められるので，図２と図３のかげの内側の斜線部分の面積の差は，18.065－10.71＝7.355(cm^2)となる。これが図形Ｑの四隅《よすみ》にあり，それ以外の部分の面積は同じだから，図形Ｘと図形Ｙの面積の差は，7.355×４＝29.42(cm^2)とわかる。

社　会　＜第1回試験＞（30分）＜満点：40点＞

解　答

1 **問1** (1) **あ** 自然　**い** 文化　(2) ア　(3) ウ　**問2** (1) **A** 中国　**B** 韓国　**C** オーストラリア　(2) (例) ビザ(査証)の発給条件(の緩和)　**問3** イ　**問4** (1) ア　(2) エ　**2** **問1** **あ** 後鳥羽　**い** 六波羅　**う** 安政　**え** 日韓基本　**お** 大宰府　**か** 平泉　**問2** エ　**問3** (1) 領事裁判(権)　(2) 関税自主(権)　**問4** ア　**問5** イ　**問6** 学問　**問7** イ　**問8** **G**…4(番目)　**H**…7(番目)
3 **問1** ウ　**問2** イ　**問3** 首里(城)　**問4** (1) 資本　(2) 証券　(3) 生活保護　**問5** (1) ア　(2) イ　**問6** ア　**問7** 軽減税率

解　説

1 **植村直己《なおみ》の業績を題材にした問題**

問1 (1) 富士山(標高3776m)は山梨県と静岡県の境にそびえる日本の最高峰《ほう》で，当初はユネスコ(国連教育科学文化機関)の世界自然遺産への登録を目指していた。しかし，登録に必要な条件を満たしていないことからこれを断念し，古来より「信仰の対象と芸術の源泉」であった文化的な価値にもとづき，2013年に世界文化遺産への登録を果たした。　(2) ICOMOS(イコモス)は国際記念物遺跡会議の略称で，世界の歴史的な記念物および遺跡の保存にかかわる専門家の国際的な非政府組織(NGO)であり，ユネスコの諮問《しもん》機関である。世界遺産登録の可否についての調査を行い，世界遺産委員会とユネスコに答申する。なお，イのOPEC(オペック)は石油輸出国機構，エのUNICEF(ユニセフ)は国連児童基金の略称。　(3) 2016年には，東京の上野恩賜《おんし》公園内にある国立西洋美術館が，世界の7か国にまたがる「ル・コルビュジエの建築作品」の構成資産の1つとして，世界文化遺産に登録された。なお，アの沖ノ島(福岡県)は2017年，イの小笠原諸島(東京都)は2011年，エの富岡製糸場(群馬県)は2014年に世界遺産に登録。

問2 (1) **A** 2019年における訪日外国人旅行者は，国別では中国(中華人民共和国)が最も多く，旅行消費額も最も多い。　**B** 韓国(大韓民国)は訪日外国人旅行者数が中国についで2番目であるが，1人当たり旅行支出は少ない。　**C** オーストラリアは旅行者数は少ないが，1人当たり旅行支出は中国やイギリスをぬいて最も多い。　なお，アジア太平洋経済協力(APEC《エイペック》)は，太平洋を取り囲む地域の経済発展や地域協力をおし進める枠組《わくぐ》みで，現在，21の国・地域が参加している。　(2) 中国からの訪日観光客が急増したのは，景気や所得水準の上昇，円安傾向《けいこう》によるメリット(円安は外国人旅行者に有利)，格安航空会社(LCC)により航空運賃が安くなったことのほか，ビザ(査証)の発給条件が緩和《かんわ》されたことも大きく影響している。ビザは入国許可証のことで，ふつう入国に不可欠であるが，この発給条件が大幅に緩和され，中国から日本へのビザなし渡航が可能になった。

問3 地球(赤道)の全周は約4万kmなので，12000kmはこの約3分の1にあたる。

問4 (1) 北アメリカ大陸の最高峰は，アメリカ合衆国のアラスカ州にあるデナリ(旧称マッキンリー，標高6194m)である(図1のア)。植村直己は1970年8月にデナリに単独登頂し，世界初の五大陸最高峰登頂者となった。　(2) アフリカ大陸の最高峰は，タンザニアにあるキリマンジャロ

(標高5895m，図２のエ)で，植村は1966年に単独登頂に成功した。なお，「五大陸最高峰」はこのほか，アジアのエベレスト(チョモランマ，標高8848m)，ヨーロッパのモンブラン(標高4810m)，南アメリカのアコンカグア(標高6962m)である。植村は1970年５月に日本山岳会の一員として日本人初のエベレスト登頂に成功，モンブランは1966年に単独登頂に成功，アコンカグアは1968年に単独登頂に成功している。その後，1984年に世界初のデナリ冬季単独登頂に成功したが，下山途中に消息を絶った。

2　歴史上の人物についての問題

問１　**あ**　後鳥羽《ごとば》上皇は，政治の実権を鎌倉幕府から朝廷の手に取りもどそうとして1221年に承久の乱を起こしたが，わずか１か月で幕府軍に敗れ，隠岐《おき》(島根県)に流された。　**い**　承久の乱ののち，鎌倉幕府は朝廷の監視や西国の御家人を統制する目的で，京都に六波羅《ろくはら》探題を設置した。Aの人物は六波羅探題の初代探題，鎌倉幕府の第３代執権《しっけん》の北条泰時《やすとき》である。　**う**　Bの人物は彦根藩(滋賀県)の藩主で，幕末に幕府の大老に就任した井伊直弼《なおすけ》。1858年に朝廷の許可を得ないままアメリカ総領事ハリスとの間で日米修好通商条約を結ぶとともに，これに反対する勢力を安政の大《たい》獄《ごく》で弾圧した(「安政」は当時の元号)。しかし1860年，江戸城の桜田門外で，この弾圧に憤激《ふんげき》した水戸藩(茨城県)の浪士らに暗殺された(桜田門外の変)。　**え**　Cの人物は佐藤栄作。1964年に内閣総理大臣に就任すると，以後，７年８か月にわたる長期政権を担《にな》った。この間の1965年に日韓基本条約を結び，韓国との国交が正常化した。　**お**　Dの人物は平安時代前半に活躍《かつやく》した菅原道真。894年に遣唐使の廃止を朝廷に進言して認められるなど，宇多天皇の信任も厚く右大臣まで昇進したが，左大臣の藤原時平《ときひら》らの中傷により，九州の大宰府《だざいふ》に左遷《させん》された。　**か**　平安時代後半には，奥州藤原氏が平泉(岩手県)を本拠《ほんきょ》地として東北地方に勢力を広げた。Fの人物は江戸時代前半に活躍した俳人の松尾芭蕉《ばしょう》で，東北・北陸地方を旅したときのことを，俳諧《はいかい》紀行文『奥の細道』にまとめた。　なお，Eの人物は明治時代に活躍した思想家・教育者の福沢諭吉で，『学問のすゝ《(す)》め』などを著した。

問２　御成敗式目は北条泰時が1232年に制定した初の武家法で，武士(御家人)を対象にした51か条からなる法令である。朝廷の法令が効力を失ったわけではないので，エが誤っている。

問３　日米修好通商条約は，アメリカ合衆国に領事裁判権(治外法権)を認め，日本に関税自主権がないなど，日本にとって不平等な内容の条約であった。

問４　ア　高度経済成長期は，1950年代後半から1970年代前半まで続いた。名神高速道路は愛知県小牧市と兵庫県西宮市を結ぶ高速道路で，1965年に全線開通した。よって，正しい。　イ　「三種の神器《じんぎ》」は電気洗濯機，電気冷蔵庫と白黒テレビの３つである。　ウ　第一次石油危機(1973年)は，田中角栄内閣のときに起こった。　エ　環境基本法の制定は1993年のことである。

問５　吉備真備《きびのまきび》は遣唐使とともに唐(中国)に渡って20年近く留学し，帰国すると日本文化の発展につとめ，政治の世界でも活躍した(のちに遣唐副使として再び唐に渡る)。帰国できず唐でなくなったのは阿倍仲麻呂なので，イが誤っている。

問６　福沢諭吉は『学問のすゝめ』で，個人の自立と国家の隆盛《りゅうせい》は学問によると説いた。

問７　近松門左衛門は人形浄瑠璃《じょうるり》や歌舞伎《かぶき》の台本作家で，浄瑠璃において音曲を語る「太夫《たゆう》」としては竹本義太夫がよく知られる。よって，イが誤っている。

問８　Gはアフリカのガーナで黄熱病の研究中，同病に感染して死亡した野口英世，Hは明治時代に郵便制度を創設した前島密《ひそか》である。A～Fの人物をふくめ，五十音順に並べると，B（井伊直弼）→C（佐藤栄作）→D（菅原道真）→G（野口英世）→E（福沢諭吉）→A（北条泰時）→H（前島密）→F（松尾芭蕉）となるので，Gは４番目，Hは７番目である。

3 新しい紙幣《しへい》の発行を題材にした問題

問１　日本銀行はわが国でただ１つの中央銀行で，政府から独立した法人とされている。ただ１つの発券銀行として日本銀行券（紙幣）を発行し，銀行の銀行として銀行を対象に預金業務や貸付業務などを行う。また，政府の銀行として政府の資産を管理するほか，市場の通貨量を調整する金融《きんゆう》政策を行う。よって，ウが正しい。なお，硬貨を発行するのは政府（財務省）。

問２　一般の銀行（市中銀行）は市民からお金を預かり（預金業務），市民にお金を貸し（貸付業務）て，商取引を代行する（為替《かわせ》業務）。ふつう預かるときの金利（利息）より，貸し付けるときの金利のほうが高く，その差額が銀行の利益になる。よって，イが正しい。なお，ウについて，預金金額に上限はない。エについて，銀行が倒産したとき，預金はおおむね1000万円まで保障される。

問３　二千円札の表面には，かつて沖縄県に存在した琉球《りゅうきゅう》王国の王城である首里城の「守礼門」が描かれている。

問４　(1)　新一万円札の肖像《しょうぞう》として描かれる渋沢栄一は埼玉県深谷市出身の実業家で，明治時代に多くの会社設立にかかわり，「近代日本における資本主義の父」とよばれる。　(2)　渋沢は株式の売買を行う「東京株式取引所」の設立にもかかわり，これは現在の「東京証券取引所」に受け継《つ》がれている。　(3)　渋沢は社会事業にも力を注ぎ，生活困窮《こんきゅう》者を救済するための救護法制定に貢献《こうけん》したが，これは現在の生活保護法に受け継がれている。

問５　(1)　新五千円札の肖像として描かれるのは津田梅子で，明治政府が1871年に欧米に派遣した岩倉具視《ともみ》を大使とする使節団に随行《ずいこう》して初の女子留学生となり，アメリカに渡った。帰国後の1900年には女子英学塾（現在の津田塾大学）を創立し，女子教育に尽力《じんりょく》した。この使節団には，木戸孝《たか》允《よし》・伊藤博文・大久保利通《としみち》らが参加したが，板垣退助は岩倉使節団が外遊中の政府に残った。

(2)　マララ・ユスフザイはパキスタンの学校に通う少女で，「女が教育を受けることは許しがたく，死に値する」とするイスラム過激派の銃撃《じゅうげき》により重傷を負ったものの，奇跡的に回復。2013年に国連本部で「自分の行動は銃弾では止められない」と演説し，女子が教育を受けることの必要性を訴《うった》えた。こうしたことが評価され，翌2014年には史上最年少の17歳でノーベル平和賞を受賞した。

問６　新千円札の肖像として描かれるのは北里柴三郎で，留学先のドイツで破傷風の血清療法を発見し，帰国すると伝染病研究所の所長となった。また，香港《ホンコン》でペスト菌《きん》を発見するなど，「日本細菌学の父」とよばれている。

問７　2019年10月に消費税の税率が10％に引き上げられたが，飲料や食料品，新聞の定期購読《こうどく》料などは８％のまますえ置かれた。この制度を軽減税率という。

理　科　＜第１回試験＞（30分）＜満点：40点＞

解　答

1　**問１**　イ　　**問２**　エ　　**問３**　2.54秒　　**問４**　ア，ウ　　**問５**　(1)　イ　　(2)　ア

問６　イ　　**2**　**問１**　葉緑体　**問２**　ア　**問３**　オ　**問４**　ウ　**問５**　**A**　イ
B　ア　**C**　ア　　**3**　**問１**　1.2ｇ　**問２**　４：３　**問３**　9.0ｇ　**問４**　イ，オ
問５　12.5Ｌ　　**4**　**問１**　ウ，エ　**問２**　ア，エ　**問３**　液状化　**問４**　ウ　**問５**
120cm

解　説

1　振《ふ》り子についての問題

問１　振り子の長さとは，振り子の支点からおもりの重心までの長さのことで，鉄球の重心は球の中心にあるので，イが振り子の長さとなる。

問２　イタリアのガリレオ・ガリレイは，自分の脈拍《みゃくはく》を使い，礼拝堂につるされたランプが大きくゆれても小さくゆれても，１往復するのにかかる時間(周期)は同じであるという振り子の等時性を発見した。

問３　実験Ｃより，振り子の長さが４倍になると，周期が２倍になることがわかる。したがって，160÷10＝16，16＝４×４より，振り子の長さが16倍のときは，周期が４倍になる。10cmの振り子の１周期は，6.35÷10＝0.635(秒)なので，160cmの振り子の１周期は，0.635×４＝2.54(秒)と求められる。

問４　実験Ｄより，ふれはばが大きくなると周期は長くなり，実験Ｆより，振り子の長さを長くすると周期は長くなるが，実験Ｅより，ふれはばが60度と大きいときでも，鉄球の重さは周期に影《えい》響《きょう》しないことがわかる。よって，振り子の周期を変えるためには，ふれはばと振り子の長さを変化させればよい。

問５　(1)　振り子の長さは，支点からおもりの重心までの長さなので，イのようにたてにおもりをつなげると，おもりの数によって重心の位置が変わってしまうため，振り子の長さも変わってしまう。実験Ｂと実験Ｅは鉄球の重さを変えて比べる実験で，振り子の長さは変わらないので，振り子の長さが変わるイはふさわしくない。　(2)　イのつけ方をすると，重心までの長さが長くなるので振り子の長さは長くなる。

問６　実験Ｆより，振り子の周期に大きく影響を与《あた》えるのは振り子の長さである。図２で中学生や幼児が立ってブランコに乗った場合よりも，幼児がすわってブランコに乗った場合の方が支点から重心までの長さが長くなる。また，実験Ａと実験Ｄより，ふれはばが10度以内ならば周期はほぼ一定しているが，30度より大きくなるとふれはばを大きくするほど周期は長くなることがわかる。よって，幼児がすわって乗り，ふれはばを50度にしたときにブランコの１周期がもっとも長くなる。

2　光合成の実験についての問題

問１　光合成は葉の細胞《さいぼう》の中にある葉緑体というつくりで行われる。光合成では二酸化炭素と水を材料に光のエネルギーを使ってデンプンをつくり出し，酸素を放出している。

問２　葉に光が当たると光合成を行ってデンプンをつくるので，アルミはくで覆《おお》われていなかった部分は，つくられたデンプンがヨウ素液に反応して青紫《むらさき》色に染《そ》まる。一方，アルミはくで覆われていた部分では光が当たらず，デンプンがつくられていないので，ヨウ素液につけてもうす茶色のまま変わらない。

問３　水中には二酸化炭素や酸素などの気体が溶《と》けこんでいる。実験２の②で息を吹《ふ》きこむ操作を

するので，その前に水を沸騰《ふっとう》させて，水中に溶けている気体を取り除いておく必要がある。

問４　はく息の中には二酸化炭素が多く含《ふく》まれており，二酸化炭素は水に溶けると酸性を示すため，実験２の②ではBTB液の色が中性の緑色から酸性の黄色に変化した。③では光合成の材料として二酸化炭素が使われ，水中に含まれる二酸化炭素が減少したため，BTB液の色は中性の緑色に変化した。

問５　実験において，ある条件の効果を調べるためには，他の条件をそろえて，調べたい条件だけを除いた実験(対照実験という)を行う必要がある。水草の光合成によって水の色が変化したかどうかは，水草を入れずにゴム栓《せん》をして光を当てた実験と実験２の結果を比べればよい。

3　金属の燃焼と重さの変化についての問題

問１　マグネシウムが酸素と結びつくと酸化マグネシウム(物質A)になる。表１で１班が加熱したマグネシウムは，32.6－32＝0.6(g)で，これが酸化マグネシウムになると，33－32＝1.0(g)になり，マグネシウム0.6gと結びつく酸素の重さは，1.0－0.6＝0.4(g)とわかる。表１で３班が加熱したマグネシウムは，34.7－32＝2.7(g)で，このマグネシウムがすべて酸素と結びついたときの酸素の重さは，$0.4\times\frac{2.7}{0.6}=1.8$(g)となるが，実際に結びついた酸素の重さは，35.7－34.7＝1.0(g)である。よって，酸素があと，1.8－1.0＝0.8(g)マグネシウムと結びつくはずだったので，酸素と結びつかずに残ったマグネシウムの重さは，$0.6\times\frac{0.8}{0.4}=1.2$(g)と求められる。

問２　アルミニウムが酸素と結びつくと酸化アルミニウム(物質B)になる。表２で２班が加熱したアルミニウムは，32.9－32＝0.9(g)で，これが酸化アルミニウムになると，33.7－32＝1.7(g)になり，アルミニウム0.9gと結びつく酸素の重さは，1.7－0.9＝0.8(g)とわかる。問１より，マグネシウム0.6gと結びつく酸素の重さは0.4gなので，同じ重さの酸素に結びつくマグネシウムとアルミニウムの重さの比は，$\frac{0.6}{0.4}:\frac{0.9}{0.8}=4:3$となる。

問３　仮に，13.5gがすべてマグネシウムで，すべてが酸化マグネシウムになると重さは，$13.5\times\frac{1.0}{0.6}=22.5$(g)になり，実際の重さの方が，24.5－22.5＝2.0(g)重い。マグネシウム１gがアルミニウム１gに置きかわると，加熱後の重さは，$1\times\frac{1.7}{0.9}-1\times\frac{1.0}{0.6}=\frac{2}{9}$(g)だけ増える。これより，加熱前に含まれていたアルミニウムの重さは，$2.0\div\frac{2}{9}=9.0$(g)と求められる。

問４　マグネシウム，アルミニウム，鉄に塩酸を加えると水素(気体C)が発生する。燃料電池は，酸素と水素が結びついて水になるという化学反応を利用して電気を発生させている。水素は色やにおいがなく，水にはほとんど溶けず，もっとも軽い気体で空気中にはほとんど含まれていない。なお，空気中に２番目に多く存在する気体は酸素である。

問５　問１より，３班で残ったマグネシウムは1.2gで，塩酸と反応して発生する水素は1.2Lなので，4.5gのマグネシウムが塩酸と反応すると，$1.2\times\frac{4.5}{1.2}=4.5$(L)の水素が発生することがわかる。また，問２より，0.9gのアルミニウムは0.8gの酸素と結びつくが，３班で結びついた酸素の重さは，34.6－33.8＝0.8(g)なので，アルミニウムは0.9gしか反応していない。したがって，最初に加熱した，33.8－32＝1.8(g)のアルミニウムのうち，1.8－0.9＝0.9(g)が反応せずに残っており，これに塩酸を加えたときにも1.2Lの水素が発生することがわかる。よって，アルミニウム６gが塩酸と反応して発生する水素は，$1.2\times\frac{6}{0.9}=8.0$(L)となるから，発生する水素の合計は，4.5+8.0＝12.5(L)と求められる。

4 地震《じしん》についての問題

問１　日本列島付近は４つのプレートの境界にあり，大陸のプレートである日本列島（大陸側）のユーラシアプレート（ア）と北米プレート（イ）の下に，海洋のプレートである太平洋側の太平洋プレート（ウ）とフィリピン海プレート（エ）が沈《しず》みこむように動いている。大陸側のプレートは太平洋側のプレートに少しずつ引きずりこまれひずみがたまり，そのひずみにたえられなくなると，はね返るようにしてもとにもどる。このときの大きな振動《しんどう》が，太平洋側の沖合《おきあい》で発生する巨大《きょだい》地震となる。

問２　緊急《きんきゅう》地震速報は，Ｐ波（小さいゆれ）のあとにＳ波（大きいゆれ）が遅《おく》れてやってくることを利用し，Ｐ波をとらえた時点で地震の規模や震源を予測して，Ｓ波がくる前に速報として発表するシステムである。しかし，分析《ぶんせき》したり伝達したりするのに数秒かかるため，震源に近い場所ではゆれの到達《とうたつ》に間に合わないこともある。地震による土地のゆれの大きさを震度といい，０～４，５弱，５強，６弱，６強，７の10段階に分けられている。一方，地震の規模（放出したエネルギーの大きさ）はマグニチュードで表し，１つの地震に１つの値となる。また，震源が海底にあり，海底の地形が変化すると，それが海水に伝わって津波《つなみ》を発生させることがある。

問３　地下水をたくさん含む砂などでできた地盤《じばん》が地震により大きくゆさぶられると，砂などの粒《つぶ》の積み重なりがバラバラになり，液体状になってしまう。この現象を液状化といい，地盤が沈下《ちんか》したり，地下水とともに砂がふき出たり，その上に建つ建物が傾《かたむ》いたりするなどの被害《ひがい》がもたらされることがある。

問４　水平方向にずれる断層の場合でも，ウのように，岩盤に加わる力を逃《に》がすような向きに地層がずれる。

問５　3000年間に起きた地震の回数は，3000÷150＝20（回）とわかる。3000年前にできた海岸段丘《だんきゅう》は，20回の地震で600cmの高度になったので，１回の地震ごとに，隆起《りゅうき》と沈降を合わせて，600÷20＝30（cm）高くなっていることになる。一方で，１年間に約６mm沈降するので，150年間では，0.6×150＝90（cm）沈降する。よって，１回の地震の隆起量は，30＋90＝120（cm）と求められる。

国語　＜第１回試験＞（50分）＜満点：60点＞

解答

一　**問１**　ア　**問２**　エ　**問３**　イ　**問４**　厚顔無恥　**問５**　タマに　**問６**　イ，ウ　**問７**　**A**　無責任　**B**　気さく　**C**　オ　**D**　ヴォキャブラリイ　**問８**　（例）　本当は直接あやまりたいが，両親に叱られる緊張もあって余計にことばにできず，もどかしさを感じている。　二　**問１**　**a**　しさ　**b**，**c**　下記を参照のこと。　**問２**　オ　**問３**　ア　**問４**　エ　**問５**　自分の名前　**問６**　ア　**問７**　（例）　社会での自分の位置づけ，自分と他者との関係を考えて，自律的に能力を発揮する（こと。）

●**漢字の書き取り**

二　**問１**　**b**　浸透　**c**　高揚

解説

一　**出典は田辺聖子《たなべせいこ》の『夕ごはんたべた？』による。**三太郎と玉子の息子《むすこ》である大吉が家出して十五日目，六平夫妻のかげにかくれるようにして戻《もど》ってきた場面である。

問1　玉子の想像と異なり，六平の細君は「大学の先生」らしからぬ「やさしい上方なまり」で話したのだから，「大学の先生」とは「理智的な標準語」で話すものだという先入観が玉子にあったものとわかる。

問2　「のっそりと家をあけ，やっと帰ってきたと思うと，ヒトを楯《たて》にしてうしろへ隠《かく》れて風当りを避《さ》けようとする」，「男らしくない」大吉に腹を立てた三太郎が怒鳴《どな》ると，六平は「兄ちゃんの怒《おこ》るのもわかる」けれど「大吉も反省しとる」と両方の立場を認め，親子の仲をとりもとうとしている。よって，エがふさわしい。

問3　大吉の，「黙《だま》って家をあけ」ておきながら「ノコノコ帰って」くる身勝手さや「ヒトを楯に〜風当りを避けようとする」姿勢に，「あたまから湯気の出るほど」怒《いか》りを覚えた三太郎は，どうにか「けじめをつけたい」と思っている。だから，何かと大吉を庇《かば》おうとする六平にも腹を立てているのだから，ア，ウ，エは正しい。なお，アの「六平が安易《あんい》にその過《あやま》ちをうやむやにするのは，到底納得《とうていなっとく》できない」という部分については，空らんYの少し後に「六平たちがやってきて，うやむやにごまかしてくれたから，たすかった気も，しないではない」とはあるものの，三太郎が「そうこまかく分析《ぶんせき》」したわけではなく「漠然《ばくぜん》」と感じただけであって，実際には「若者サイド」に立つ六平に怒りを感じているので，「三太郎の不機嫌《きげん》」の内容としては合っている。また，イについて，三太郎が自身を「見識ある親」だと自負しているようすは見られないうえ，大吉に対しては叱責《しっせき》しているので「周囲がそうさせないことに業《ごう》を煮《に》やしている」わけでもない。

問4　自分からは「一ト言《ひとこと》」も「詫《わ》びを入れ」ず，庇われながら「何もかも」六平夫妻に「しゃべらせてすませ」た大吉が，解放されたかのように跳《は》ねて飛んでいったさまを見て，三太郎は「男らしくない」と苦々しく思っている。よって，“厚かましく恥《はじ》知らずである”という意味の「厚顔無《む》恥《ち》」が入る。

問5　以前，三太郎と玉子が話していた長崎の「下見」をしてきたと言う大吉は，地図を拡《ひろ》げてコースを説明しはじめ，観光客の多いところは「シーズンはずした方がええ」などとアドバイスしている。その後，連休でなければ休めないという三太郎に「タマには休んで骨休めしたらええやんか」と，親が喜ぶような言葉を返している。

問6　無断で長崎にいった気まずさを，両親がいきたがっていたからという話にすりかえ，「下見にいってきてやった」と恩着せがましく安直な言い訳《わけ》をする大吉のとぼけたようすに，三太郎は「こいつ！」と言ったのだから，“言動に誠意や真実味のないことが見え透《す》いている”という意味の「そらぞらしい」が合う。また，「いつもは，顔を合わせるのを避けて，そそくさと姿を消す」大吉が，自分の機嫌をとろうとしていることに対する「気はずかし」さで，三太郎は「こいつ！」と言ったとも読み取れる。

問7　**A**　六平や鞍馬女史《くらまじょし》が大吉をかばうのを，三太郎は「無責任」のやさしさととらえている。親と違《ちが》い，鞍馬女史の立場には責任がないのである。　**B**　「物怖《ものお》じ」しない鞍馬女史の人柄《ひとがら》を表す言葉が入る。空らんXの前後で，鞍馬女史は「やさしい上方なまり」で「気さくにしゃべった」とあるので，ここがぬき出せる。「気さく」は，さっぱりしてこだわりのない性質。　**C**，**D**　鞍馬女史は「自分ではあやまりたいと思ってても，若いひとというのは〜ヴォキャブラリイが少ないのんですわ〜あたしたちを通訳にして，お父さんお母さんに詫びを入れたい，とこんな所と違いますかしら」と，巧みな言葉で大吉の思いを的確に代弁しているので，Ｃには複雑なものごとを細かな要素に分けて明らかにすることを表す「分析」，Ｄには“語彙《ごい》”を意味する「ヴォキャブラリイ」が入る。

問８　鞍馬女史が大吉の思いを的確に代弁していたことに注意して考える。つまり，本来ならば，家を十五日間も無断であけて三太郎や玉子を心配させたことについて自分から詫びを入れるべきだが，「おとなに向《むか》ったときのヴォキャブラリイが少ない」大吉は，どのように思いを伝えたらよいかわからず，もどかしさのあまり「ふてくされた」ものと推測できる。同時に，三太郎と玉子から叱責されることに対する緊張《きんちょう》やおそれで「小さくなっていた」こともおさえ，「本当は詫びたいが手持ちのことばがないうえ，叱られる緊張もあって余計に表現できずもどかしく思っている」のようにまとめる。

二　**出典は村上陽一郎《むらかみよういちろう》編の『コロナ後の世界を生きる―私たちの提言』所収の「『ウィズ』から捉《とら》える世界（ロバート・キャンベル作）」による。**国文学研究資料館に所蔵されている古典から，感染《かんせん》症《しょう》に見舞《みま》われたときの記録をとりあげて紹介《しょうかい》し，我々が新型コロナ下でなすべきことを考察している。

問１　**a**　間接的に教え示すこと。　**b**　次第《しだい》に広く行き渡《わた》ること。　**c**　気分が高まること。

問２　直前で，「芝居《しばい》も（略）営業停止にした江戸の様子や，客が来ず生活できないという人々の嘆《なげ》き」がかかれた作品が紹介されている。これは，パンデミックの状況にある今と重なるのだから，オが合う。

問３　『安政午秋《うまのあき》／頃痢《ころり》流行記』には，江戸時代の人々が「感染症は社会全体で乗り越《こ》えないといけないという認識《にんしき》」を持ち，町内で困窮《こんきゅう》者を援助《えんじょ》するようすが描かれている。また，この一つ前の段落には，こうした出版物を通して当時の人々が「感染症の怖《こわ》さ」を知り，体作りや衛生状態の保持などの情報を共有したと述べられている。つまり，過去の「経験知の集積」である古典は，似た状況に直面している私たちが取るべき行動の参考になるという点で「大事な資源」なのだから，アがよい。

問４　「陰徳《いんとく》（選択肢《せんたくし》では「隠」）あれば陽報あり」とは，ひそかによいことを行えば，よい報いがあることを表す。

問５　この一つ前の段落で，江戸時代から続く文化が根づいていると考える筆者は，「自分の名前を出して，これだけのことをしていると主張するような人については，恥ずかしいというか，悪目立ちしているのではないか，といったプレッシャーがかかる」と指摘《してき》している。日本人が，寄付やボランティアをすることに恥ずかしさを感じるのは，「プレッシャー」（＝外部からの精神的圧力）のせいである。

問６　「二律背反」は，矛盾《むじゅん》する二つのものが同時に存在すること。感染を防ぐには社会的距離《きょり》を保つ必要がある一方，「連帯感を築」き，「社会全体で乗り越え」ることも求められる。よって，アがふさわしい。

問７　前の部分で，ソーシャル・ディスタンスの保持と，連帯感の構築を両立することについて説明されていることをおさえる。人々は，ソーシャル・ディスタンスを「物理的な距離」ではなく，社会の中での「自分自身の位置づけ」や「他者との関係」を見つめ直す，という意味だと捉え直し，それぞれが「自律的に能力を発揮」すべきだと述べられている。これをもとにまとめる。

2021年度　早稲田中学校

〔電　話〕 (03) 3202－７６７４
〔所在地〕 〒162-8654　東京都新宿区馬場下町62
〔交　通〕 東京メトロ東西線―「早稲田駅」より徒歩１分
「高田馬場駅」よりバス―「馬場下町」下車

【算　数】〈第２回試験〉（50分）〈満点：60点〉

注意　定規，コンパス，および計算機(時計についているものも含む)類の使用は認めません。

1　次の問いに答えなさい。

(1)　A，B，Cはいずれも１以上９以下の整数です。３けたの数ABCを３倍すると，４けたの数CCCAになります。３けたの数ABCはいくつですか。

(2)　花子さんは６人の友達A，B，C，D，E，Fの家までおみやげを渡《わた》しに行きました。おみやげを渡し終わって自宅に戻《もど》ったところ，帽子《ぼうし》をどこかで落としてしまったことに気がつきました。６人の友達に電話をして，以下のような話を聞くことができました。花子さんはどのような順でおみやげを渡しに行きましたか。A～Fを渡した順に並べなさい。また，帽子を落としたのはどこですか。解答らんの矢印を丸で囲みなさい。

A：帽子はかぶっていたよ。おみやげを受け取ったあと，まだおみやげを２個か３個持っていたよ。

B：まだEの家には行っていないと言っていたけど，帽子をかぶっていたかどうかはわからないな。

C：次の家が最後だって言っていたよ。帽子はかぶっていなかったな。

D：帽子をかぶっていたか覚えてないけど，次にBの家に行くと言っていたよ。

E：Fにはもうおみやげを渡したと言っていたけど，帽子はかぶっていなかったんじゃないかな。

F：帽子はかぶっていなかったよ。

(3)　あるパズルを完成させるのに，父１人だと３時間，父と兄の２人だと２時間，父と弟の２人だと２時間15分かかります。

ある日10時から兄と弟の２人でそのパズルを作り始めました。全体の$\frac{2}{9}$ができたところで弟があきて作るのをやめてしまったため，代わりに父と兄の２人で続けました。完成する前に再び弟が戻ってきて最後は３人で作り，12時20分に完成しました。弟が戻ってきたのは何時何分ですか。

2　次の問いに答えなさい。ただし，円周率は3.14とします。

(1)　図１のように，形の異なる平行四辺形が２つ重なっています。角アの大きさは何度ですか。

(2)　図２の四角形 ABCD の面積が33cm^{2}のとき，三角形 CDE の面積は何 cm^2 ですか。

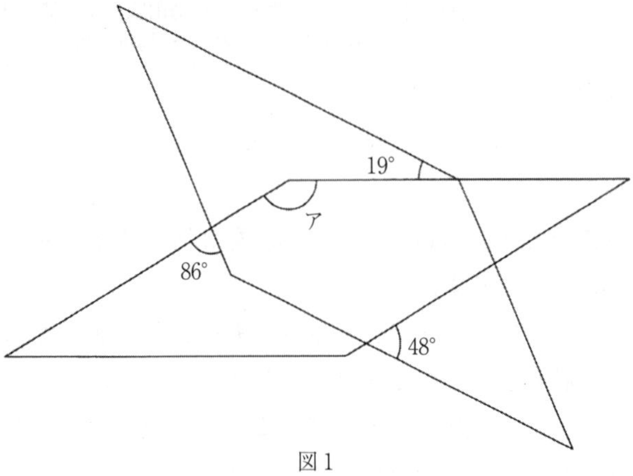

図１

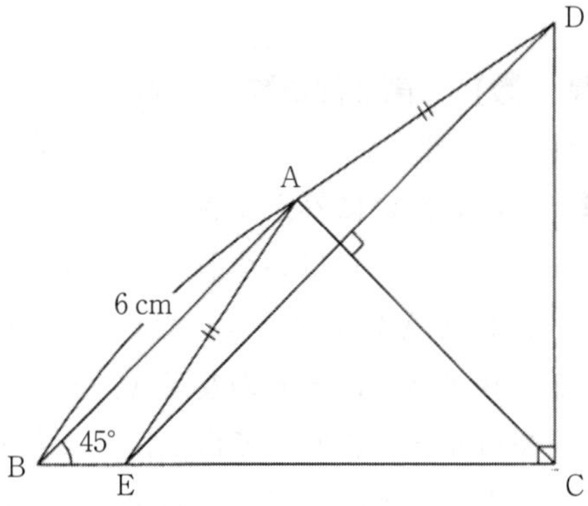

図２

(3)　図３の台形 ABCD を辺 AB を軸《じく》として１回転させてできる立体の体積は何 cm^3 ですか。

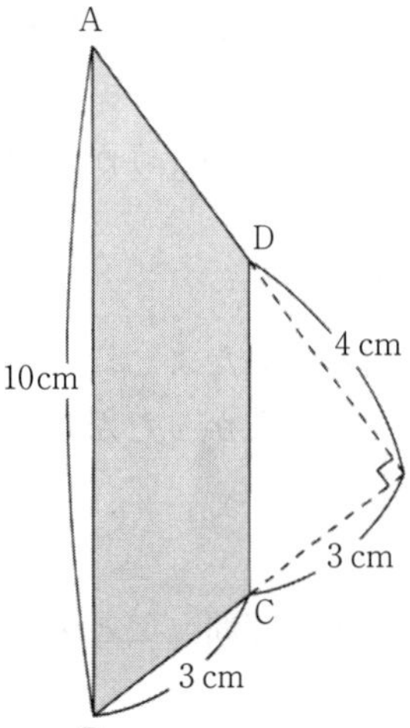

図３

3　図のように，平らな地面の上に直方体の形をした建物が立っています。屋根 ABCD の対角線が交わる点をＥとします。点Ｅの４ｍ真上の位置をＰとし，点Ｃの４ｍ真上の位置をＱとします。Ｐに電球を設置し点灯させたとき，地面にできた建物の影《かげ》の面積は384m^{2}でした。次の問いに答えなさい。ただし，電球の大きさは考えないものとします。

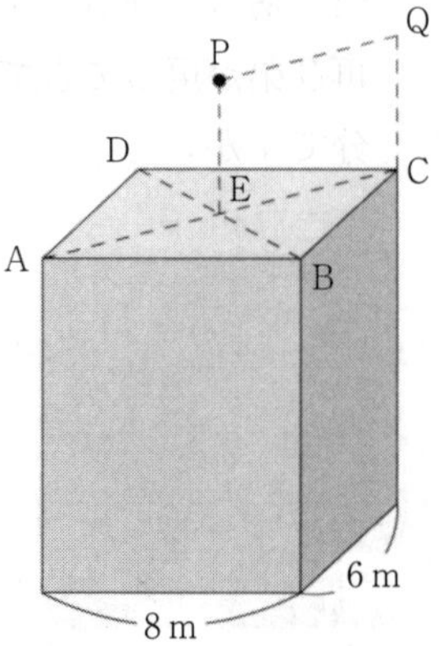

(1)　建物の高さは何ｍですか。

(2)　この電球をＰからＱまでまっすぐ動かすとき，地面にできている影が通る部分の面積は何 m^2 ですか。

(3)　Ｑに電球があるとき，電球の光が届かない部分を立体Ｋとします。立体Ｋの体積は何 m^3 ですか。ただし，立体Ｋは建物を含《ふく》みません。

4　太郎くんと次郎くんは，毎週日曜日の10時にＡ駅を出発し，一緒《しょ》にＢ公園まで歩きます。２人は，普《ふ》段は一定の速さで歩きます。Ａ駅からＢ公園まで1500ｍあり，途《と》中Ａ駅から900ｍのところに観覧車があります。観覧車の箱型の乗り物をゴンドラといい，ゴンドラには異なる番号が書かれています。

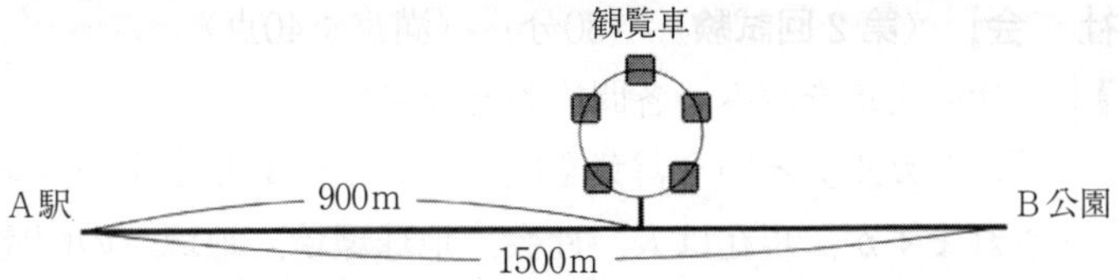

　ある日曜日，次郎くんが時間通りに来なかったので，太郎くんは10時にＡ駅を普段の速さで出発し，観覧車に１周乗ってからＢ公園へ向かうことにしました。次郎くんはＡ駅を10時15分に出発し，普段の1.2倍の速さでＢ公園へ向かいました。太郎くんはゴンドラの中から次郎くんが通り過ぎたのを見たため，観覧車を降りてから普段の1.5倍の速さで追いかけたところ，普段より10分遅れて２人同時にＢ公園に到《とう》着しました。

　Ｂ公園で遊んだ後，２人で観覧車に一緒に乗ってから帰ることにしました。観覧車から降りた後Ａ駅へ向かって普段の速さで420ｍ歩いたところで，どこかに忘れ物をしていることに気がつきました。太郎くんは普段の1.5倍の速さでＢ公園まで引き返し，Ｂ公園で忘れ物を３分探してから，そのままの速さでＡ駅へ向かいました。次郎くんは普段の速さのまま観覧車に戻り，２人が乗った番号のゴンドラが下に来るのを待ち，ゴンドラの中を確認してから，そのままの速さでＡ駅へ向かいました。次の問いに答えなさい。ただし，観覧車の乗り降りの時間や，ゴンドラの中の確認の時間は考えないものとします。

⑴　２人は普段Ｂ公園に何時何分に到着しますか。

⑵　観覧車は１周回るのに何分かかりますか。

⑶　忘れ物を確認した後，太郎くんが次郎くんに追いついたのはＡ駅から何ｍのところですか。

5　３以上の整数A，Bを用いて，次の操作を行います。

①　１辺の長さがAcmである正B角形を作り，頂点と，頂点から各辺上に１cmごとに点を打ちます。正B角形のすべての頂点に黒い石を置きます。

②　次の手順(i)，(ii)を交互《ご》に繰《く》り返し，残り全ての点の上に黒か白の石を１つずつ置いていきます。ただし，すでに石が置いてある点には新たな石は置きません。

(i)　黒い石のとなりにあるすべての点の上に白い石を置きます。

(ii)　白い石のとなりにあるすべての点の上に黒い石を置きます。

　たとえば，図１は，$A=3$，$B=4$のときで，置いた黒い石の数は４，置いた白い石の数は８です。また，図２は，$A=4$，$B=3$のときで，置いた黒い石の数は６，置いた白い石の数は６です。次の問いに答えなさい。

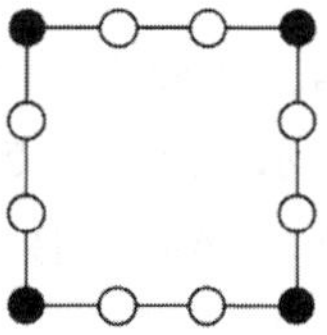
図１

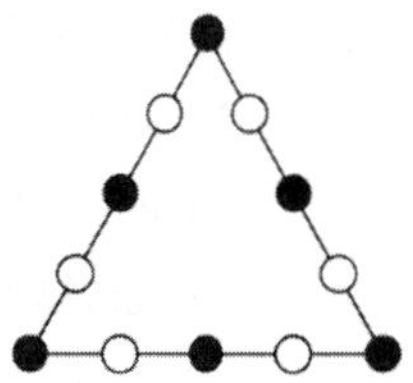
図２

⑴　$A=5$，$B=7$とするとき，黒い石の数と白い石の数はそれぞれいくつですか。

⑵　白い石の数が15のとき，考えられるAの値を全て書きなさい。

⑶　黒い石の数が24のとき，考えられるAの値は何通りありますか。

【社　会】〈第２回試験〉（30分）〈満点：40点〉

1　次の文章を読み，各問に答えなさい。

「エシカル」という言葉を聞いたことがありますか。エシカルとは「倫理的《りんりてき》」という意味に訳されますが，現在は人，社会，地球環境，地域への配慮《はいりょ》という観点で用いられており，人間中心主義的または経済成長至上主義的な価値観を見直さなければならないという考え方を土台にしています。

例えば，私たちの衣類の原料の１つである①綿花について，考えてみましょう。綿花栽培《さいばい》には多量の農薬が必要であり，世界の耕地面積の約2.5％が綿花畑ですが，かつて世界の殺虫剤《さっちゅうざい》の25％がこの栽培に使われ，現在でも16％が使われている，と言われています。現在オーガニックコットンの生産は，全生産量のわずか0.8％に過ぎません。

しかしそもそもなぜ，ここまで綿花を大量に生産する必要があるのでしょうか。その背景の１つに，衣服の需要《じゅよう》と供給のアンバランスがあります。例えば日本では，2015年には販売されている衣服の半分ほどしか消費されていません。安価な衣服を大量に作り続けた結果，余るようになったのです。また約40の発展途上国では，中古（リサイクル）の衣服の受け入れを禁止しました。果してこれで，循環《じゅんかん》型社会と言えるのでしょうか。

2015年９月，国連総会で「持続可能な開発目標（SDGs）」が採択《さいたく》され，17のスローガンが定められました。これは，2030年までに全世界が達成することが目標とされています。この中の「つくる責任，つかう責任」というスローガンは，まさにエシカルを表していると考えられます。（　②　）もその１つです。私たち自身が，それぞれの製品・産物の背景を考え，大切に使っていくことが，未来につながっていくのではないでしょうか。

（数値は日本オーガニックコットン協会HPより）

問１　下線部①について，次の各問に答えなさい。

(1)　次の**ア**～**エ**の文は，「綿花，大豆，茶，カカオ」のいずれかの栽培条件をまとめたものです。このうち，綿花にあてはまるものを１つ選び，記号で答えなさい。

ア　高温多雨地域で栽培する。直射日光と風を防ぐ母の木が必要で，とくに強風地域は栽培に不向きである。

イ　生育期は高温多雨で，成熟期は乾燥を必要とする。無霧《むそう》期間200日以上を必要とする。

ウ　年中高温多雨を好むが，気候に対する適応力が高い。排水《はいすい》良好な丘陵《きゅうりょう》地が栽培に向いている。

エ　冷涼な気候を好むが，近年では熱帯でも栽培が広がっている。やせた土地でも栽培が可能である。

(2)　次の表１は，(1)の４つの作物について，世界の生産量上位５か国とその生産量の比率（単位：％）を示したものです。このうち綿花にあてはまるものを，**【あ】**～**【う】**から１つ選びなさい。また〈A〉・〈B〉にあてはまる国名を答えなさい。

表１

農産物	世界の生産量上位５か国(2017年)									
	１位		２位		３位		４位		５位	
茶	中国	40.3	〈 Ａ 〉	21.7	ケニア	7.2	スリランカ	5.7	ベトナム	4.3
【 あ 】	〈 Ｂ 〉	33.9	ブラジル	32.5	アルゼンチン	15.6	中国	3.7	〈 Ａ 〉	3.1
【 い 】	〈 Ａ 〉	24.9	中国	23.1	〈 Ｂ 〉	16.1	パキスタン	7.7	ブラジル	5.2
【 う 】	コートジボワール	39.1	ガーナ	17.0	インドネシア	12.7	ナイジェリア	6.3	カメルーン	5.7

(FAOSTATより作成)

(3)　日本では現在，衣類の原料となる繊維《せんい》作物の生産量はかなり少なくなりました。しかし，かつて世界に誇《ほこ》る品質と生産量をもつ繊維がありました。その繊維の生産地域に多く見られた土地利用を示す地図記号を次の中から１つ選び，記号で答えなさい。

ア	イ	ウ	エ
	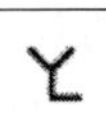	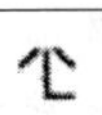	

(4)　(3)の繊維産業はその後日本では衰退《すいたい》しました。その結果，(3)で答えた地図記号も2013年図式でなくなってしまいました。その衰退した理由を，国際競争力の観点から具体的に繊維名と国名を含めて説明しなさい。

問２　(②)には，「発展途上国の生産物を，生産者の生活を支援《しえん》するため，労働条件や環境保護などにも配慮しながら適正な価格で生産者から直接購入《こうにゅう》すること」という意味のカタカナの言葉が入ります。この言葉を答えなさい。

2　次の文章を読み，各問に答えなさい。

皆さんは，「小倉百人一首」という歌集を知っていますか。

例えば，紀友則の「ひさかたの　光のどけき　春の日に　しづ心なく　花の散るらむ」や，小野小町の「花の色は　うつりにけりな　いたづらに　わが身世にふる　ながめせしまに」などの歌が収められています。これは，天智天皇から順徳天皇に至る各時代の著名な歌人百人の歌を一首ずつ選び，京都嵯峨《さが》の小倉山荘の障子に貼《は》ったと伝えられるところから名付けられました。また，「歌がるた」として近世以降庶民《しょみん》の間にも流行しました。諸説ありますが，この「小倉百人一首」は100首のうち40首ほどは，詠《よ》まれた場所や地名が特定できると言われています。

問１　文中の下線部について，その内訳を現在の都道府県別にまとめると，京都府と奈良県が10か所以上と圧倒的《あっとうてき》に多く，次いで滋賀県，大阪府，兵庫県，そして宮城県と続きます。茨城県，静岡県，和歌山県，鳥取県，島根県も登場しています。

表２はこのうち，「宮城県・茨城県・静岡県・和歌山県・鳥取県」のいずれかの県庁所在地における月平均気温と月降水量を表したものです。和歌山県の県庁所在地にあてはまるものを次の**ア**〜**オ**から１つ選びなさい。

表２

(上段が月平均気温(℃)，下段が月降水量(mm)，1981～2010年の平年値)

	1月	2月	3月	4月	5月	6月	7月	8月	9月	10月	11月	12月	全年
ア	4.0	4.4	7.5	13.0	17.7	21.7	25.7	27.0	22.6	16.7	11.6	6.8	14.9
	202.0	159.8	141.9	108.6	130.6	152.1	200.9	116.6	204.0	144.1	159.4	194.0	1914.0
イ	1.6	2.0	4.9	10.3	15.0	18.5	22.2	24.2	20.7	15.2	9.4	4.5	12.4
	37.0	38.4	68.2	97.6	109.9	145.6	179.4	166.9	187.5	122.0	65.1	36.6	1254.1
ウ	6.7	7.3	10.3	14.9	18.8	22.0	25.7	27.0	24.1	18.9	13.9	9.0	16.5
	75.0	102.6	216.8	209.9	213.0	292.8	277.6	250.9	292.0	199.9	131.5	63.0	2324.9
エ	3.0	3.6	6.7	12.0	16.4	19.7	23.5	25.2	21.7	16.0	10.4	5.4	13.6
	51.0	59.4	107.6	119.5	133.3	143.2	134.0	131.8	181.3	167.5	79.1	46.1	1353.8
オ	6.0	6.4	9.5	14.9	19.3	23.0	27.0	28.1	24.7	18.8	13.5	8.5	16.7
	44.4	61.0	96.5	100.3	150.0	188.6	144.9	86.0	183.8	121.5	90.5	49.5	1316.9

(『地理統計要覧 2020年版』二宮書店より作成)

問２　詠まれた歌のうち，複数使われている地名として，「逢坂《おうさか》の関」・「難波潟《なにわがた》」・「吉野」などがあります。このうち「逢坂の関」は東海道と東山道の合する要地であり，畿内防備の三関の１つでした。この「逢坂の関」があった都市を次の中から１つ選び，記号で答えなさい。

ア　大津市　　**イ**　米原市　　**ウ**　宇治市　　**エ**　長岡京市

問３　問２の「吉野」について，次の各問に答えなさい。

(1)　吉野を流れる吉野川は，西隣《どなり》の県では名前を変えて流れ，県庁所在地で海に注いでいます。この西隣の県での呼び名を答えなさい。

(2)　吉野は製材業も盛んです。この地は日本で最も古い人工林地帯にあり，固有の芳香《ほうこう》を有する樹木の産地として有名です。この樹木名を答えなさい。

問４　詠まれた歌の中には，１首の中に３つの地名が出てくる歌があります。

「大江山　生野の道の遠ければ　まだふみも見ず　(Ｘ)」(小式部内侍)

「大江山」・「生野」はいずれも京都府福知山市付近で，さらに北上し，丹後半島まで出たところが(Ｘ)です。この(Ｘ)は京都府宮津市にある日本三景に数えられる地で，ある特徴《とくちょう》的《てき》な景観が有名です。この場所の写真を次の中から１つ選び，記号で答えなさい。

ア

イ

ウ

エ

3　次の文章を読み，各問に答えなさい。

日本において初めて発行された銅銭と考えられているのが，天武天皇の在位中に鋳造《ちゅうぞう》されたと見られる(**あ**)です。ただしこれはあまり流通しなかったと考えられています。708年になると，有名な(**い**)が鋳造されました。(**う**)国の秩父地方から朝廷に銅が献上《けんじょう》されたことでつくられたと伝わり，(**え**)天皇の在位中に行われた平城京の造営・遷都《せんと》の際に，動員された人々に賃金として支払われたと見られています。①律令国家となった日本ではこれ以後も平安後期までにたびたび銅銭が鋳造されましたが，全国的な流通貨幣《かへい》となるまでには至りませんでした。

12世紀になると②平清盛が銅銭を［　X　］しました。これ以後，室町時代まで同じような状態が続きます。③戦国時代に入ると，各地で金山・銀山の開発が進んだこともあって，銅銭の他に金貨や銀貨も使用されるようになりました。④江戸時代には金・銀・銅の三貨を併《へい》用《よう》する状態が定着し，三貨の交換《こうかん》や預金・貸し付けといった業務を行う(**お**)も現れました。

明治時代に入ると⑤1871年に新貨条例が出されて欧米同様に十進法が導入され，単位も改められて現在の通貨制度にかなり近づきました。昨今ではさらにキャッシュレス化が進み，電子マネーや，さらにはビットコインに代表されるいわゆる(**か**)通貨も普及《ふきゅう》してきています。

問１　文中の(**あ**)～(**か**)にあてはまる言葉を**漢字**で答えなさい。

問２　下線部①について，律令国家についての説明として**誤っているもの**を次の中から１つ選び，記号で答えなさい。

ア　大宝律令は，中臣鎌足の子である藤原不比等らによって編さんされた。

イ　律とは現在で言う刑法にあたり，令とは行政法であった。

ウ　中央政治の機関として二官八省が置かれたが，八省の中には大蔵省や神祇省があった。

エ　律令制下で民衆に課された税としては，特産物や布を納める調などがあった。

問３　下線部②について，清盛はどのように銅銭を調達したか，文中の［X］にあてはまるように，**５字以上８字以内**で答えなさい。

問４　下線部②について，平氏についての説明として**誤っているもの**を次の中から１つ選び，記号で答えなさい。

ア　平清盛は，武士としてはじめて太政大臣の地位についた。

イ　平氏は，藤原氏と同じように一族の娘を天皇のきさきにすることで権力を握った。

ウ　平氏と源氏の戦いである屋島の戦いが行われたのは，現在の香川県である。

エ　平氏は，世界遺産にもなっている備前国の厳島神社を崇拝し，経典などを納めていた。

問５　下線部③について，日本で16世紀前半に発見されたと言われ，当時世界有数の産出量を誇り，世界遺産にも登録された鉱山の名称と，所在する都道府県名をそれぞれ**漢字**で答えなさい。

問６　下線部④について，江戸時代に日本で鋳造された銅銭を次の中から１つ選び，記号で答えなさい。

ア

イ

ウ

エ

問７　下線部⑤について，1871年に起こったことを次の中から**すべて**選び，記号で答えなさい。

ア　廃藩置県　　**イ**　版籍奉還　　**ウ**　岩倉使節団出発

エ　学制公布　　**オ**　徴兵令公布

問８　下線部⑤について，新貨条例によって導入された通貨の単位を次の中から**すべて**選び，記号で答えなさい。

ア　両　　**イ**　厘　　**ウ**　円　　**エ**　貫　　**オ**　銭　　**カ**　文

4　昨年は，新型コロナウイルスの感染拡大をきっかけに内閣総理大臣はもちろん，各都道府県知事の存在感が増しました。国や地方の政治について，各問に答えなさい。

問１　下の(1)～(5)のＡ・Ｂの文がそれぞれ正しいか，誤っているかを判断し，その正誤の組み合わせとして適切なものを次の**ア**～**エ**の中から１つ選び，記号で答えなさい。

ア　Ａ　正　Ｂ　正　　**イ**　Ａ　正　Ｂ　誤

ウ　Ａ　誤　Ｂ　正　　**エ**　Ａ　誤　Ｂ　誤

(1)　Ａ　内閣総理大臣は最高裁判所の裁判官を任命する。

　　Ｂ　知事は地方裁判所の裁判官を任命する。

(2)　Ａ　衆議院あるいは参議院で内閣不信任決議が可決された場合，内閣総理大臣は国会を解散することができる。

　　Ｂ　議会で知事に対する不信任決議が可決された場合，知事は議会を解散することができる。

(3)　Ａ　内閣総理大臣の任期は定められておらず，再選は何回でも可能である。

　　Ｂ　知事の任期は４年で，再選は何回でも可能である。

(4)　Ａ　内閣総理大臣が国のいろいろな問題について国民の意見を聞くため，国民投票制度が法律で制定された。

　　Ｂ　知事が自治体のいろいろな問題について住民の意見を聞くため，住民投票制度が法律で制定された。

(5)　Ａ　国民は内閣総理大臣に対して辞職するように求める解職請求権を持っている。

　　Ｂ　住民は知事に対して辞職するように求める解職請求権を持っている。

問２　1999年に国に集中していた権限や財源を地方自治体に移す法律が制定されてから，都道府県の仕事が大きく変わり，知事のリーダーシップがより問われるようになりました。この法律は，地方自治法を含《ふく》め475の法律が一括《いっかつ》して改正されたことから，一般に何と言われていますか。次の中から１つ選び，記号で答えなさい。

ア　地方分散一括法　**イ**　地方集中一括法
ウ　地方分権一括法　**エ**　地方集権一括法

問３　下の写真の中から**東京圏《けん》(東京都・埼玉県・千葉県・神奈川県)の知事ではない人物**を１人選び，記号で答えなさい。

ア

大野元裕

イ

森田健作

ウ

黒岩祐治

エ

吉村洋文

オ

小池百合子

(各自治体HPより)

問４　「日本に住む人や世帯」について知ることで，生活環境の改善や防災計画などの様々な施《し》策《さく》に役立てられる調査が，昨年で実施100年の節目を迎《むか》えました。この５年に一度実施されている重要な統計調査の名称を**漢字４字**で答えなさい。

問５　昨年，政府は新型コロナウイルスの感染拡大により打撃《だげき》を受けている観光業や飲食業を支援するため，需要を喚起《かんき》する政策として「Go To キャンペーン」を始めました。そのキャンペーンは大きく分けて４つありますが，それぞれ担当する省庁が違います。次のキャンペーンを所管(担当)する省名を**省略せずに漢字**で答えなさい。

(1)　旅行代金等を補助する「Go To トラベルキャンペーン」
(2)　飲食代金等を補助する「Go To イートキャンペーン」

【理　科】〈第２回試験〉（30分）〈満点：40点〉

注意　定規，コンパス，および計算機(時計についているものも含む)類の使用は認めません。

1　2020年６月21日は夏至で，日本各地で部分日食を観察することができました。部分日食は，図１のように，地球から見て，月が太陽の一部をかくしてしまう現象です。日食は，図２のように太陽―月―地球の順に並び，月の影《かげ》が地球の表面にうつることでおきます。以下の問いに答えなさい。

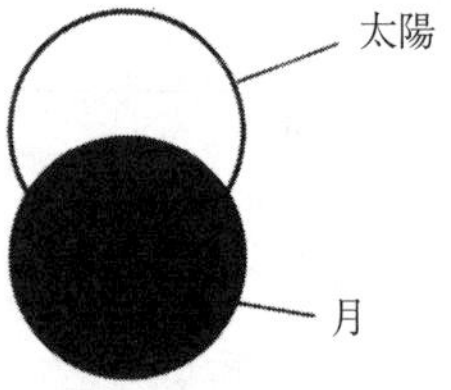

図１　部分日食

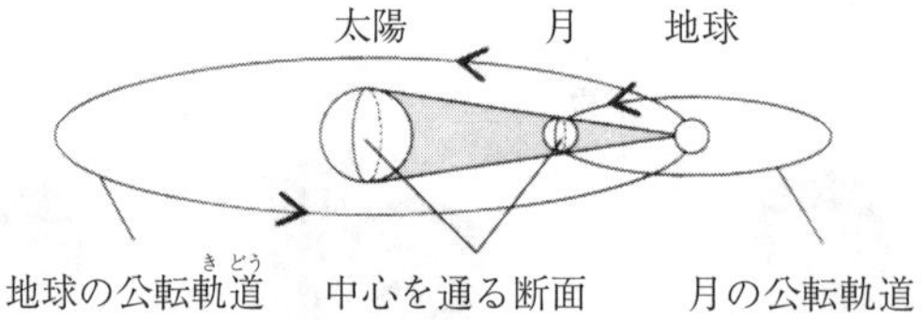

図２　日食のしくみ

問１　月と同様に，地球から見て太陽の前を横切ることがあるすべての惑星《わくせい》を漢字で答えなさい。

問２　地球から太陽までの距離《きょり》は，地球から月までの距離の約400倍です。また，地球から見たときの見かけの大きさは，太陽と月でほぼ同じになります。ともに球形である太陽と月の，それぞれの中心を通る断面の面積を比べると，太陽は月の何倍になりますか。もっともふさわしいものを選び，記号で答えなさい。

ア　20倍　　**イ**　400倍　　**ウ**　1600倍
エ　2400倍　　**オ**　160000倍　　**カ**　480000倍

問３　東京では16時11分に太陽が欠け始め，17時10分にもっとも大きく欠けて，18時３分に部分日食が終わりました。このときの東京から見た部分日食のようすを示した図としてもっともふさわしいものを選び，記号で答えなさい。

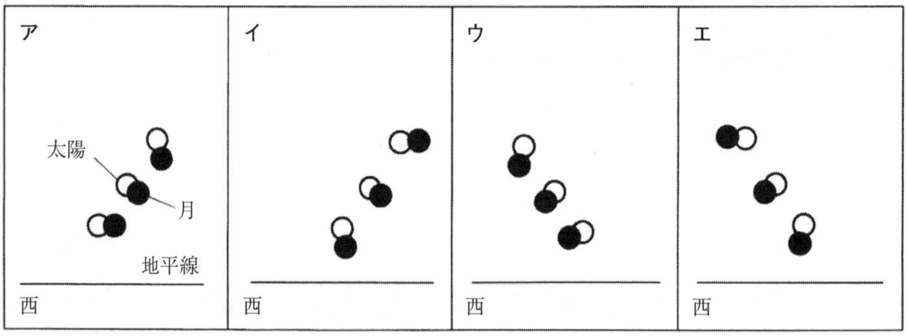

表は，秋田市と千葉市の緯度《いど》と経度を示しています。

表

	緯度	経度
秋田市	北緯39.7度	東経140.1度
千葉市	北緯35.6度	東経140.1度

問４　次の問いに答えなさい。ただし，日の出の時刻も南中の時刻も分の単位までで考えるものとします。

(1)　夏至である2020年６月21日に，秋田市の日の出の時刻は千葉市と比べてどのようになりますか。ふさわしいものを選び，記号で答えなさい。

ア　日の出の時刻は，千葉市よりも早い

イ　日の出の時刻は，千葉市よりも遅い

ウ　日の出の時刻は，千葉市と同じ

(2)　夏至である2020年６月21日に，秋田市の太陽の南中の時刻は千葉市と比べてどのようになりますか。ふさわしいものを選び，記号で答えなさい。

ア　南中の時刻は，千葉市よりも早い

イ　南中の時刻は，千葉市よりも遅い

ウ　南中の時刻は，千葉市と同じ

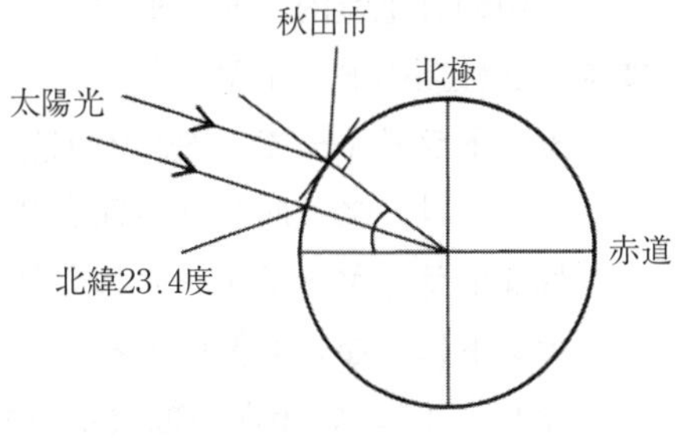

問５　夏至である2020年６月21日の秋田市の南中高度は何度になりますか。ただし，夏至の日に南中高度が90度となる緯度を，北緯23.4度とします。

2　回路について，以下の問いに答えなさい。

問１　同じ種類の新品のかん電池と豆電球を使って実験をしました。①，②にあてはまる回路をそれぞれ選び，記号で答えなさい。

①　豆電球がもっとも明るく光る回路

②　豆電球がもっとも長い時間光る回路

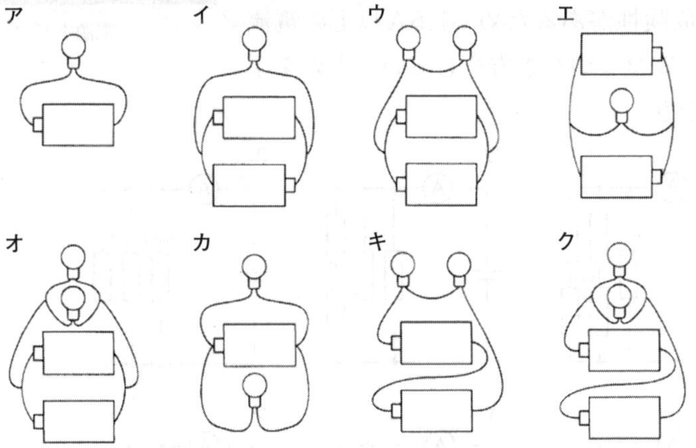

電池のかわりに家庭用電源を利用する場合は，コンセントに電気器具のプラグをさして使います。家庭用電源は電池とは異なりますが，以下の問いでは電池の記号で表して考えていくことにします。

問２　家庭用電源に，同じ規格の電熱線と電流計をａ～ｃのようにつなぎました。

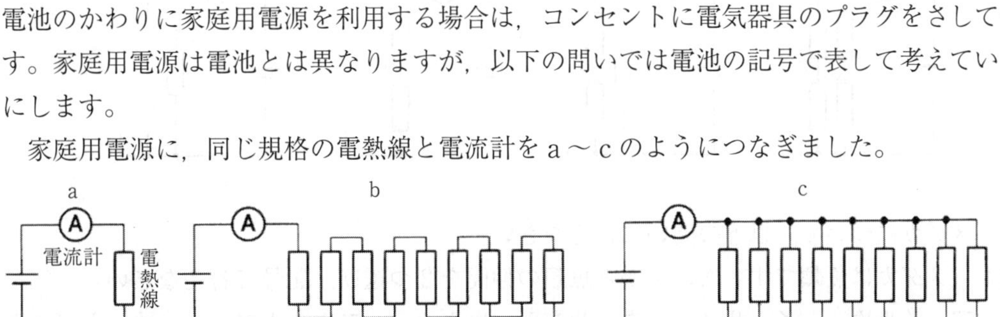

次の①，②についてふさわしい組み合わせを**ア**～**カ**から選び，記号で答えなさい。

①　もっとも電流計の値が大きくなり，電源付近の温度が上昇しやすいつなぎ方

②　電熱線を電気器具と考えた場合，家庭用電源に対する電気器具の正しいつなぎ方

	ア	イ	ウ	エ	オ	カ
①　電流大	a	b	c	a	b	c
②　家庭	b（直列）	b（直列）	b（直列）	c（並列）	c（並列）	c（並列）

問３　家庭では，異常な量の大電流が各部屋に流れないよう，自動的に電流を遮断《しゃだん》する装置が家の中の分電盤《ぶんでんばん》内にあります。その装置の名前をカタカナ５字以内で答えなさい。

問４　２種類のドライヤー㋐，㋑があります。㋐はふつうのドライヤーで，内部の電熱線が通常通り１本です。㋑は，㋐と同じ電熱線を２本直列につないだ特《とく》殊《しゅ》なドライヤーです。それぞれのドライヤーをコンセントにつないで使用すると㋐には1.2Ａ《アンペア》の電流が流れ，㋑には0.6Ａの電流が流れたとして次の問いに答えなさい。

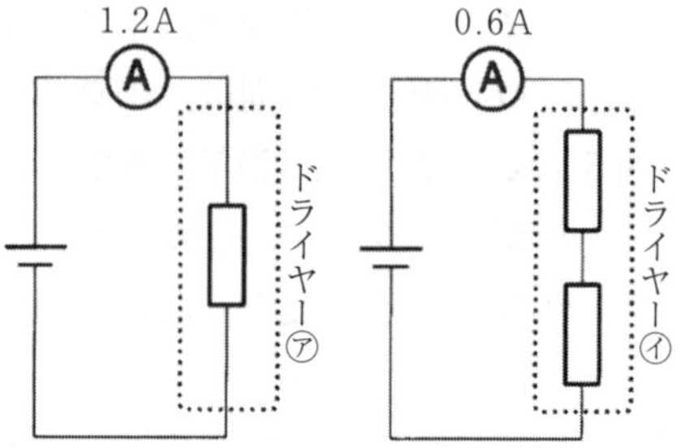

(1)　家庭用電源のコンセントにつないで使用するとき，㋐と㋑のどちらが高い温度になりますか。ふさわしいものを㋐，㋑から選び，記号で答えなさい。

(2)　家庭用電源のコンセントに３個口の電源タップをつなぎ，電源タップに㋐や㋑のドライヤーをつなげて使用します。この電源タップは発火の危険性があるため，1.5A以上の電流を流してはいけません。安全なつなぎ方をしているものをすべて選び，記号で答えなさい。

電源タップ

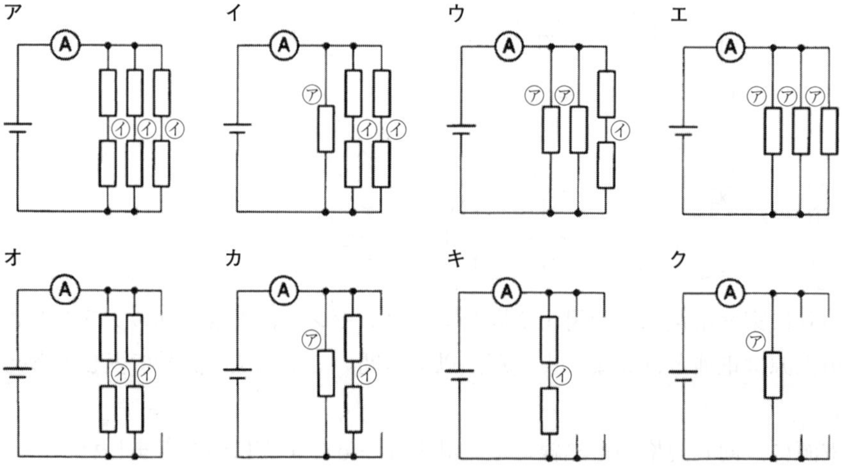

3

メダカについて，以下の問いに答えなさい。

問１　メダカは魚類です。次の中から魚類の仲間を２つ選び，記号で答えなさい。

ア　イルカ　　**イ**　サメ　　**ウ**　サンショウウオ　　**エ**　オキアミ　　**オ**　ドジョウ

問２　メダカのオスとメスでは２つのひれの形が大きく異なっています。

見分けるひれ	ひれ①	ひれ②
オスのひれの形	形Ⅰ	形Ⅱ

(1)　オスとメスを見分けることができるひれのうち，ひれ①を**ア**～**ウ**から，ひれ②を**エ**，**オ**からそれぞれ選び，記号で答えなさい。

ひれ①　**ア**　せびれ　　**イ**　むなびれ　　**ウ**　おびれ

ひれ②　**エ**　しりびれ　　**オ**　はらびれ

(2)　形Ⅰと形Ⅱに，ひれ①とひれ②のオスのひれの形としてふさわしいものをそれぞれ**A**～**D**から選び，記号で答えなさい。

A　切れ込みは入っておらず丸みをおびている

B　切れ込みが入っている

C　平行四辺形に近い形をしている

D　三角形に近い形をしている

問３　メダカは水温と昼の長さの条件が整うと産卵します。メダカにはさまざまな種類がいますが，盛岡のある場所にいるメダカでは４月の下旬《じゅん》から９月の初旬までが，産卵時期です。次にあげた図は盛岡の平均気温を，表は盛岡の昼の長さを示したものです。図や表の結果をふまえると，このメダカの産卵可能な水温は何度以上ですか。また産卵可能な昼の長さは何時間以上ですか。最もふさわしいものをそれぞれ選び，記号で答えなさい。なお，このメダカがいる場所の水温は平均気温よりも５℃高いものとします。

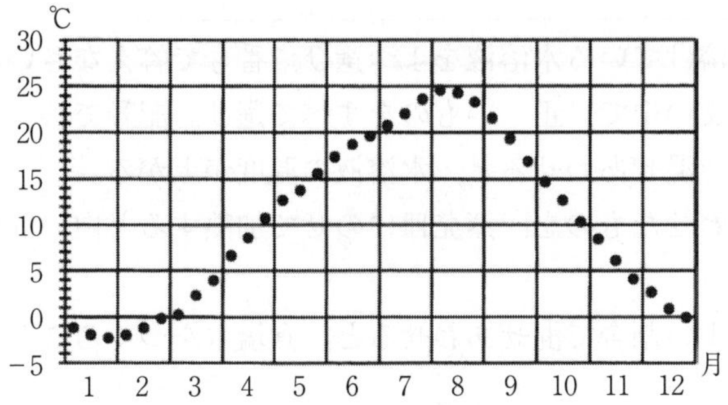

図　盛岡の平均気温

表　盛岡の昼の長さ

2020年	昼の長さ
３月21日	12時間11分
４月１日	12時間40分
４月11日	13時間06分
４月21日	13時間31分
５月１日	13時間54分
６月１日	14時間47分
７月１日	14時間56分
８月１日	14時間15分
８月11日	13時間53分
８月21日	13時間30分
９月１日	13時間04分
９月11日	12時間38分
９月21日	12時間12分

水温　**ア**　５℃以上　　**イ**　10℃以上

　　　ウ　15℃以上　　**エ**　20℃以上

昼の長さ　**ア**　11時間以上　　**イ**　12時間以上

　　　　　ウ　13時間以上　　**エ**　14時間以上

問４　次の文はメダカを飼うときのエサの与《あた》え方について述べたものです。文中の空らんにあてはまるものを①については**ア**，**イ**から，②については**ウ**～**カ**からそれぞれ選び，記号で答えなさい。

「エサは(　①　)。理由は，(　②　)である。」

①　**ア**　食べ残すくらいに多めに与える

　　イ　食べ残さないくらい少なめに与える

②　**ウ**　親メダカ同士が共食《ともぐ》いしないようにするため

　　エ　メダカが運動するのに，たくさんの栄養を必要とするため

　　オ　メダカが食べ過ぎて，動きがにぶくならないようにするため

　　カ　残ったエサが，水質の悪化をもたらさないようにするため

問５　水温が高い場合には，水そうにエアーポンプをつけた方がメダカにとってよい環境となります。その理由としてふさわしいものを２つ選び，記号で答えなさい。

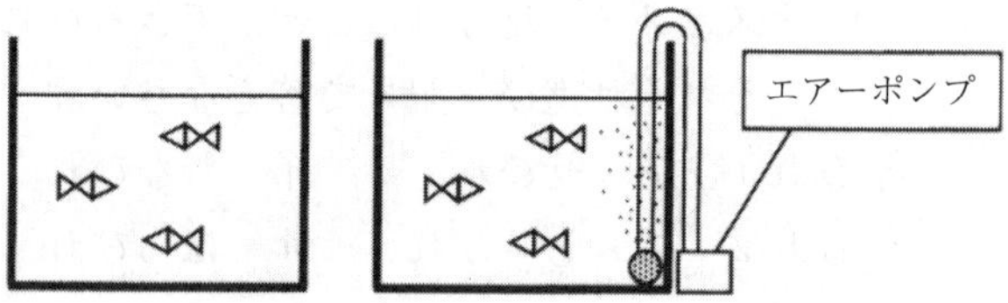

ア　メダカは水温が高いほど，酸素を消費する量が増えるため

イ　メダカは水温が高いほど，二酸化炭素を出す量が増えるため

ウ　水温が高いほど，二酸化炭素が水に溶《と》けるため

エ　水温が高いほど，二酸化炭素が水に溶けにくくなるため

オ　水温が高いほど，酸素が水に溶けるため

カ　水温が高いほど，酸素が水に溶けにくくなるため

4　７種類の水溶液**1**～**7**の性質について，以下の問いに答えなさい。

1　食塩水	**2**　塩酸	**3**　炭酸水
4　アンモニア水	**5**　アルコール水	**6**　水酸化ナトリウム水溶液
7　ホウ酸水		

問１　水溶液**1**～**7**の中で，液体が水に溶けている水溶液を１つ選び，番号で答えなさい。

問２　水溶液**1**～**7**について述べた次の文の中で，正しいものをすべて選び，記号で答えなさい。

ア　塩酸と水酸化ナトリウム水溶液を混ぜあわせると，水溶液の温度が上がる。

イ　炭酸水とアルコール水を混ぜあわせたものを，蒸発皿にのせて加熱すると白い固体が残る。

ウ　塩酸とアンモニア水をちょうどよい割合で混ぜあわせると，食塩水をつくることができる。

エ　試験管に入れたアンモニア水をふると，においが強くなる。

オ　食塩水は電気を通さない。

水溶液**1**～**7**のいずれかが入っている，７つのビーカー**A**～**G**があります。ビーカーに何が入っているかを見分けるために，次のような【実験】を行いました。この【実験】ではホウ酸水は金属と反応しないものとします。

【実験】

・**A**～**G**について，操作①「赤色リトマス紙につける」を行ったところ，**A**，**B**で青色に変化した。

・**A**，**B**を見分けるために操作②を行ったところ，**A**だけに変化が見られた。

・**C**，**D**，**E**，**F**，**G**について，操作③を行ったところ，**C**だけに変化が見られた。

・**D**，**E**，**F**，**G**について，操作④「においをかぐ」を行ったところ，**D**，**E**からは鼻をさすようなにおいまたは特有のにおいが感じられた。

・**D**，**E**を見分けるために操作⑤を行ったところ，**D**だけに変化が見られた。

・**F**，**G**を見分けるために操作⑥を行ったところ，**F**だけに変化が見られ，**F**はホウ酸水であることがわかった。

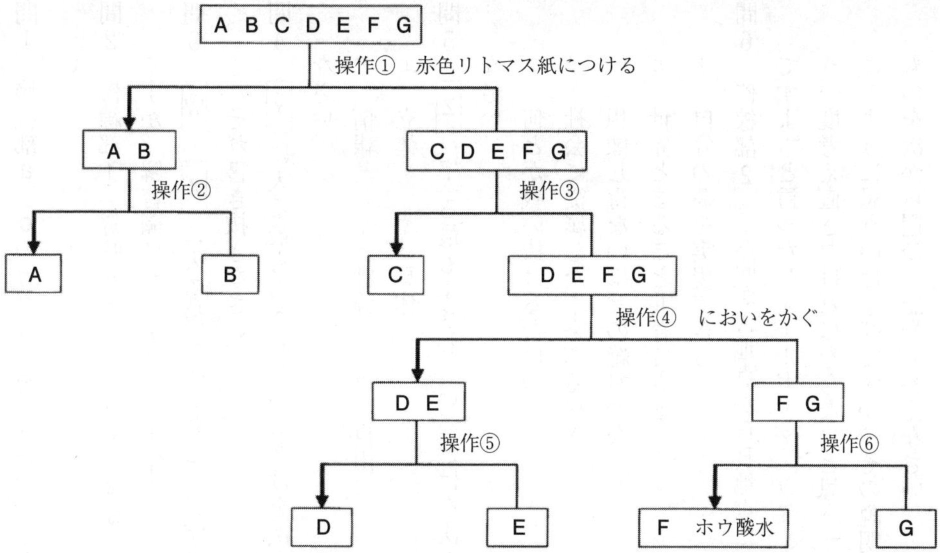

問３　操作②，③，⑤，⑥の方法としてふさわしいものを選び，記号で答えなさい。ただし，操作②，③，⑤，⑥はすべて異なる方法です。

ア　石灰水に水溶液を少量加え，白くにごるかを調べる

イ　緑色のBTB液を加え，黄色に変化するかを調べる

ウ　水溶液にアルミニウムを入れ，アルミニウムの表面から気体が発生するかを調べる

エ　水溶液をスライドガラスに数滴《てき》とって水を蒸発させたあと，固体が残るかを調べる

問４　**A**，**C**，**E**，**G**はどの水溶液ですか。**1**～**6**の番号でそれぞれ答えなさい。

（大林宣彦「芸術」角川文庫編集部編
『いまを生きるための教室　今ここにいるということ』〈角川書店〉より）

問1　傍線部**a**～**c**のカタカナを漢字に、漢字をひらがなに直しなさい。

問2　傍線部**1**「意味がある」とありますが、それはどのような意味ですか。解答欄に合うように二十字以上三十字以内で答えなさい。

問3　W・X に入る最もふさわしい二字の熟語を、本文中からそれぞれ書き抜きなさい。

問4　Y に入る最もふさわしいことばを次から選び、記号で答えなさい。

ア　情報　イ　細分　ウ　自由
エ　立体　オ　具体

問5　Z に入る最もふさわしいことばを次から選び、記号で答えなさい。

ア　何とか戦い抜けるだけの
イ　社会に従属した本来あるべき
ウ　想像し得ないほどの絶対的な
エ　世界とまるごと共存できる
オ　自分の夢を実現できる

問6　傍線部**2**「『人間がA地点からB地点に移動するには馬が一番ですよ』と言ったレオナルド・ダ・ヴィンチの言葉の意味を、もう一度考え直さなければならないと思う」とありますが、筆者がこのように思うのはなぜですか。その説明として最もふさわしいものを次から選び、記号で答えなさい。

ア　様々な欲望によって大きな争いや災いが生じることは歴史的事実であり、これからも避けられない宿命と考えられるから。
イ　人間たちが欲望のままに近代的技術を用いることにより、結果的に戦争が回避され世界平和が実現されるから。
ウ　人間は不便さを共有して生活しているが、それは時に優しさにつながる反面、災いの火種にもなりかねないから。
エ　見えない物事を見ようとすることによって人間は幸福感を失ってしまうため、想像力を用いて幸福感を補う必要性があるから。
オ　行き過ぎた科学文明は、戦争などの人間を滅ぼす事態を生むため、あえて不便を受け入れることが幸福につながるから。

人物の心を感じることができる。僕たちの想像力がそれを捉えるのである。

心とは何か。どんなに目を見開いても見ることはできない。どんなに語りかけても心は答えてくれない。しかし、目を閉じると心が見える。心の声が聞こえてくる。心とは　W　力ではなく、　X　力の世界にあるのだ。（略）

人間に前と後ろがあるように、世界にも昼と夜とが同時にある。人間がこの地球上で幸せに生きていくことを考えたら、一日中昼の方がよく見えるし、何でも情報になるし、便利でbカイテキなはずである。それなのになぜ、一日の半分は何にも見えない、不便な怖い夜なのだろうか。

人間は一日の半分の昼間、一所懸命世界を見つめ、観察し、理解する。しかし一日の半分は、見えない闇《やみ》の中で思いやる。想像する。そして優しさを身につける。世界に対して本当の優しさを得ることができる。そのように僕たちは神様から作られてきたわけである。僕たちには、後ろ姿や闇が大事なのだ。けれども見えないということは不便である。そして恐ろしい。誤解も生まれる。そこで、見えない闇の中で何かを見ようという好奇心によって、見えないものが見えるようになった。

今は、夜でさえも明るい。ビデオやカメラによって見えないはずの後ろの世界が見えるようにもなった。現代の科学文明の力である。今の東京大学が帝国大学と呼ばれていた時代の入学試験で、「神様があなたの体にもう一つ目をつけて下さるとすれば、あなたはどこにほしいですか」という問題が出されたそうだ。多くの学生は「背中にほしい」と答えた。たしかに背中に目があれば、世界をまるごと見ることができる。しかし正解は小指の先だったのである。小指の先に目があれば、後ろだけではなく、例えばポケットの中でも耳の穴の中でも覗《のぞ》き込むことができる。世界をすべて　Y　化することができる。

これが僕たちの願望だったのである。その力によって科学文明を発達させてきた。だから、ビデオやカメラや情報機器は、神様が与えてくれた小指の先の目だといえるのではないか。それを使うことで、世界をまるごと情報として捉え、観察し、理解してきた。しかしそれによって幸福になったかといえば、どうもそうではないようである。

なぜか。背中の後ろの見えない部分を、夜を、世界の半分の闇を失ったからである。飛行機や新幹線を得て便利になったけれども、馬の背で旅をする幸福感を失ったのである。ここに僕たちが生きる難しさがある。行き過ぎた科学文明は凶器となり、人間を滅ぼしてしまう。その行き過ぎた科学文明を幸福に使う力、文明が凶器になる部分をc緩やかに穏やかにする力こそが文化なのである。

文化とは本来、暗いもの、古いもの、遅いもの、科学の技術の高さのかわりに深みのあるもの、便利になるかわりにゆっくりと考える力のことである。芸術・美術とは、科学文明の力に対して、文化の力の強さや素晴らしさを学び、そこから　Z　人間の力を得ることである。

この百年は科学文明の世紀だった。あるいは映像の世紀だった。すべてが　Y　化され、闇が昼になった。そして同時に、戦争の世紀でもあった。自由に夢を見て、その夢を自由に表現しようとする欲望が、人の夢を奪い、自分の夢だけを実現しようとして戦争を生んだ。これからの僕たちは自分の夢よりも人の夢を大切にし、便利さだけではなく、不便さも大切にし、我慢の力を尊び、そして真の人間の幸福を考えていくようにならなければならない。僕たちは、2「人間がA地点からB地点に移動するには馬が一番ですよ」と言ったレオナルド・ダ・ヴィンチの言葉の意味を、もう一度考え直さなければならないと思う。

情熱的に伝えることにいつも長けているから。

オ　父は、繊細《せんさい》で思慮深い性格であり、相手の立場や状況を思いやりつつ優しく接することができるから。

問6　傍線部**4**「不思議と耳に心地よかった」とありますが、なぜ浩介はこのように感じたのですか。その説明として最もふさわしいものを次から選び、記号で答えなさい。

ア　父の高校時代について話を聞こうと提案したものの、自分も俊平と同様に本当は面倒くさいと感じていたから。

イ　いつも自分を小馬鹿にしてくる俊平が、父との会食に来る気がないことがわかりひそかに安心したから。

ウ　内向的な自分と比べて、自分の意見をはっきりと言うことのできる俊平の言動が痛快だったから。

エ　一見冷淡なそぶりを見せる俊平だがそれは家族と関わることの拒否ではなく、これからも家族としてつながっていくのだろうと思えたから。

オ　口では父と話をすることが面倒だと言いつつ、父の過去を掘り返さない配慮が俊平なりの親孝行なのだと理解したから。

問7　この文章の内容や表現の説明として誤っているものを次から一つ選び、記号で答えなさい。

ア　登場人物各々が個性的でありながらも、しばしば親子や兄弟などで似ているところが描かれ、家族のつながりが暗示されている。

イ　家族の支柱であった母を失った若菜家が、母を忘れることで、新しい家族として再出発するさまが描かれている。

ウ　家族が知り得なかった父の過去を知る高畑さんの登場は、浩介のいだく父への気持ちを変えていくきっかけとなっている。

エ　母の通夜の暴風雨から三回忌の晴天へという変化は、若菜家のありようの変化と連関する情景描写となっている。

オ　「一連の騒動」が起こっている世の中の今後と、苦しみを経験した若菜家の未来が重ね合わされている。

二　次の文章を読んで、後の問に答えなさい。

人間の面白いところは「前」と「後ろ」があるところである。目がついている方、鼻がついている方、口がついている方が前である。耳は横についているが、なぜか耳たぶがついていて、前からの音だけを聴く。人間は丸い世界の中に生きている生き物のはずなのに、前しか見ることのできない、前を向いてしか喋《しゃべ》ることのできない、前からくる匂《にお》いしか嗅《か》ぐことができない、前からくる音しか聞くことができない存在である。全能の神からすればずいぶん不便な形に人間を作られたものである。後ろには排泄《はいせつ》のための**a**キカンしかない。不思議だ。でもそれにはきっと**1**意味がある。

その意味を考えてみると、僕たちは前を向いた世界の半分としか向き合えず、その世界の半分について一所懸命、目や鼻や耳や口の力を用いて観察したり理解したりする。そして理解をすれば、この世界に対する優しさを身につけることができる。だが、後ろにも目や鼻や口があったら、もっと優しくなれるかもしれないというのは間違いである。語りかけられない後ろ、聞こえない後ろ、それは観察することはできないが想像することはできる。どんなものがあるんだろう、どういう声を発しているのだろう、どういう匂いを発しているのだろうと、僕たちは一所懸命想像する。その想像をすることがまた優しさを生む。

映画の中では俳優は鼻や口や相手から聞こえる耳を一所懸命使って演技をする。しかし、名優は後ろ姿で演技をする。目も鼻も口も何もない後ろ姿で。後ろ姿を見るとなぜか僕たちはその人の優しさや悲しさや喜び、願いや夢を見ることができる。つまり、後ろ姿からはその

空はますます青色の度を増している。

「はぁ？　今度はなんだよ」

「たまにはいいだろ。お父さんから、〝女教師取っ組み合い事件〟の顛末《てんまつ》がどうだったか聞いてみようぜ」

ほんの一瞬、俊平は興味をひかれた顔をした。

でも、振り払うように言い放った「いや、俺はいいよ。面倒くさい」という言葉は、**4**不思議と耳に心地よかった。

（早見和真「それからの家族」『小説トリッパー　二〇二〇年夏号』〈朝日新聞出版〉より）

（注）春からの一連の騒動…新種の疫病《えきびょう》が流行し、世の中が混乱していた。

問1　傍線部**1**「俊平の目もとが意地悪そうに歪む」とありますが、このときの俊平の気持ちの説明として最もふさわしいものを次から選び、記号で答えなさい。

ア　子供のくせに生意気な質問をしてきた健太が小憎らしく、この際こらしめてやろうと考えている。

イ　臆《おく》することなく大人に注意をするような健太にも、うぶなところもあると分かり可愛らしく感じている。

ウ　思った通り健太には好きな子がいるのだと確信し、そのことで少しからかってやろうと思っている。

エ　くだらないことを聞いてくる健太がうっとうしく、さっさと話しを終わらせたいと思っている。

オ　健太が隠したがっている好きな子への好意を言い当て、自らの推理の的確さに酔《よ》い得意になっている。

問2　傍線部**A**「好々爺然と」・傍線部**B**「したり顔」の意味として最もふさわしいものをそれぞれ後から選び、記号で答えなさい。

A「好々爺然と」

ア　親しみやすい顔つきで

イ　紳士的な態度で

ウ　余裕のある老人にふさわしく

エ　親友らしく振る舞って

オ　人の良いおじいさんらしく

B「したり顔」

ア　真剣な顔　　イ　得意げな顔

ウ　悲しげな顔　　エ　自信に満ちた顔

オ　不安げな顔

問3　[X]に入る最もふさわしい二字の熟語を、[X]より後の本文中から書き抜きなさい。

問4　傍線部**2**「あの苦しい時期を乗り越えてきて俺たちの家族はいまが最強だ」とありますが、父のこのことばをきっかけとして、浩介は家族の未来についてどのような思いをいだくようになりましたか。本文中のことばを用いて、解答欄に合うように三十字以上四十字以内で説明しなさい。

問5　傍線部**3**「意外と『俳優みたいでカッコいいこと』が理由じゃなかったのかもしれないな」とありますが、父が「モテた」のはなぜだと浩介は考えているのですか。その説明として最もふさわしいものを次から選び、記号で答えなさい。

ア　父は、気取らない人柄であり、物事を自然と前向きに捉えるような姿勢によって周囲の人を勇気づけることもできるから。

イ　父は、どのような困難に直面しても家族の結束を第一に考えるような、愛情に満ちた頼りがいのある人物だから。

ウ　父は、包容力に満ちた雰囲気をもっており、不安や寂しさを感じている時にそっと寄り添いつつ癒《いや》してくれるから。

エ　父は、大切な人や想いを寄せる人に対して、自分の気持ちを

小説家という人が映っていて、その人がどこかBしたり顔で『私たちはもう元いた世界に戻ることはできないんです』というようなことを言っていた。

まるで目の前に小説家がいるかのように、俊平は毒づき続けた。

「なんでテメーは元の世界をまるっと肯定してるんだよ。一年に二万も、三万も人が自殺してた社会が本当に正常だったのか？　感傷に浸《ひた》る前に何か変えろよ。もっといい世界にするための努力をしろよ」

父は空を見上げながら満面に笑みを浮かべた。そして古い友人に向け、あの日の俊平とよく似たことを口にした。

「戻るに決まってるよ。いや、元の世界なんかよりずっと良くなるに決まってる」

風がやみ、誰の話し声も聞こえなかった。不意に立ち込めた静寂を拒《こば》むように、父はその理由を説明した。

意外と理屈っぽく、大上段に構えがちな俊平とは違い、父が語った理由はとてもシンプルで、父らしいものだった。

「悪夢を見たあとはいい夢が見られるし、大雨のあとは必ず快晴が待ってる。そういうふうにできてるんだ。俺たちがまさにそう。玲子の闘病はもちろん大変だったけど、2あの苦しい時期を乗り越えてきて俺たちの家族はいまが最強だ」

「最強？」

「ああ。いまでは玲子が置いていってくれたプレゼントだったとさえ思ってるよ」

呆《あき》れたように苦笑する高畑さんの背中を父が叩《たた》いて、二人は先に本堂へ向かった。ぽつんと取り残された喫煙所で、俊平がおどけたように尋ねてきた。

「そうだったの？　最強なの？　俺たち？」

「さぁね、どうなんだろう」

「いやいや、全然違うでしょ。っていうか、俺たちこそ何も変わってなくない？　オフクロの病気があったからって、俺たちの関係は何一つ変わってないじゃん。親父のあの溢《あふ》れんばかりの自信はいったいどこから来るんだよ」

「それはよく知らないけどさ。でも、3意外と『俳優みたいでカッコいいこと』が理由じゃなかったのかもしれないな」

「はぁ？　なんだよ、急に」

「あの人がモテたっていう理由だよ。いまのお父さんはなかなか良かったもん。いまのは少しだけ感動した」

僕の顔をマジマジと見つめ、俊平は本気でバカにするように鼻を鳴らした。そのとき、健太が血相を変えてやって来た。

「ねぇ、二人とも何してるの！　もうそろそろ始まるって、お母さんたち怒ってるよ」

「ああ、わかった。すぐ行く」

「早くしてね！」

あの悪夢のような出来事を経て僕たちは生まれ変わったのか、母の闘病生活を乗り越えて家族が最強になったのか、正直、僕にはわからない。

ただ、わかることが一つだけある。まだ物語は途中であるということだ。たとえ誰かが去ったとしても、また新しい誰かが輪の中に入ってきて、ぼくたちの家族の物語はこれからも続いていく。あの日、歯車を必死に回し続けた先にあったのは間違いなく希望だった。それだけは、きっと正解だ。

そういえばワイドショーを見ていたとき、俊平が一ついいことを言っていた。その物語がより良いものになるためのことなら、僕も努力を惜しまない。

「近々、お父さんと三人でメシでも行くか」

「ああ、それはね――」と、高畑さんは静かにタバコを揉《も》み消し、ただでさえ細い目をますます細めた。

「一人でジーパンを洗ってたよ」

「はぁ？」

「どうしても色の落ち具合が気に入らないとか言って、校庭の水飲み場で一心不乱にジーパンを洗ってたんだ。校舎の窓から見たその光景を僕は忘れられないよ。そのあとにあいつが先生たちのケンカのことを知ったのか、知ったとしたらどうしたのか、そのへんのことはさっぱり覚えてないけどね。ジーパンを洗っていたことだけは絶対だ」

再び俊平と目が合った。互いの顔にじわじわと笑みが滲《にじ》んでいく。一瞬のズレもなく、今度は二人そろって吹き出した。

僕たちと一緒に笑いながら、「俺、ちょっとじいちゃん探してくる！」と、健太が駆《か》け足で去っていく。

そのうしろ姿を見送りながら、僕は高畑さんに頭を下げた。

「いやぁ、ちょっとホントにすごかったです。おもしろいエピソードを聞かせていただきました。ありがとうございます。なんて言うんでしょう。僕、はじめて父のことを――」

「尊敬した？」と満足そうに微笑む高畑さんに、僕は苦笑しながらうなずいた。

「そうですね。悔しいですけど」

「そうか。それは良かった。これは若菜に貸し一だな」と言って、高畑さんが新しいタバコをくわえようとしたとき、父が一人でやって来た。

「おお、高畑。ここにいたのか。今日は遠いところを悪かったな」

「なんの、なんの。嵐で電車が止まっちゃって、玲子ちゃんの通夜には参列できなかったからな。ずっと気に病んでたんだ」

「とんでもない。こうして来てくれただけで嬉《うれ》しいよ。それよりお前、まだタバコなんて吸ってるのか」

「ん？　ああ、これか。わりと長い間やめてたんだけどな。また最近……。なんかちょっと自棄《やけ》になっちゃって」

「自棄？」

「うん。（注）春からの一連の騒動で、俺は結局店を畳《たた》むことに決めたから」

「ああ、そうか。そう言ってたな。でも、だからって自棄になっていいことなんて一つもないぞ。気持ちはわかるけど、俺たちももう七十だ。身体も労《いたわ》ってやらなきゃ」

「まぁ、そうだよな。わかってはいるんだよ。でもな……」とつぶやき、一度は口を閉ざそうとした高畑さんだったが、さびしげな目をゆっくりと父に戻した。

「なぁ、若菜さ。また元の世界に戻る日って来ると思うか」

「うん？　どういう意味だ？」

「俺たちはもう以前とはまったく違う世界を生きているんだよなって、ついそんなことを考えてしまうんだ。空の色は何も変わらないのにって思うと、なんとなく［X］的な気持ちになっちゃってな」

そのまま視線を上げた高畑さんに釣られるように、父も青い空を見上げた。僕はボンヤリととなりの俊平に目を向ける。

つい数日前、お互いの家族を伴って実家に行ったときのことだ。なぜかそれぞれの妻子と父だけが買物に行くという流れになって、俊平と二人で家に残された。

気まずいわけではなかったけれど、いつも通り会話は弾まなかった。なんとなくつけていたテレビではワイドショーをやっていて、それを睨《にら》むように見つめていた俊平が独り言のようにつぶやいた。

「そんなに元の世界が良かったのかよ」

ふっと我に返る気がして、僕もテレビに集中した。画面には有名な

「昔はってなんだよ。俺はいまでも普通にモテるぞ」
「ううん、それはウソだよ。お母さんが言ってたもん」
「なんて？」
「あの兄弟はモテないって。性格は全然違うけど、そこだけは一緒だって」
僕がいることに気づかずに、健太はずいぶんなことを言っている。さすがの俊平もやりづらそうに鼻をかいたが、僕を見つけるといたずらっぽく微笑んだ。
「いやいや、健太の父ちゃんだって昔は結構モテてたぞ。なんだよ、お前。好きな子でもできたのか？」
「べつに。そんなんじゃないけど」と、健太は頬《ほお》を赤らめた。1俊平の目もとが意地悪そうに歪《ゆが》む。
「ま、どっちでもいいんだけど、お前がモテないのを俺たちのせいにするなよな。お前がモテないのはお前のせいだ。ＤＮＡのせいじゃない」
健太が口をとがらせて俊平のすねを蹴ったとき、見たことのない壮年の男性が汗を垂らしながら喫煙所にやって来た。
健太はあわてて僕の背中に身を隠す。気に入った人間にはよくなつくけれど、基本的には人見知りだ。そんなところは親に似た。
「ああ、今日は暑いねぇ」と言いながら、男性はシャツの襟元《えりもと》をパタパタと扇《あお》ぎ、ポケットからシガーケースを取り出した。
「今日はわざわざありがとうございます。あの――」と丁寧に頭を下げ、名前を聞こうとするより一瞬早く、男性は楽しそうに肩をすくめた。
「君たちのお父さんはよくモテたよ。僕のおじいちゃんだね。学生時代、それはもう信じられないくらいモテたんだ」
「え……？」と、健太が目をパチクリさせる。
「すまないね。さっきの君たちの会話が聞こえてしまって。邪魔するつもりはなかったんだけど――」
父の高校時代の同級生なのだという。高畑と名乗った男性はA好々《こうこう》爺《や》然と目を細め、おいしそうに煙を吐き出した。
思わず俊平と目を見合わせた。本音を言えば、どうでも良かった。自分の父親が高校時代によくモテた話になんて興味はない。
俊平も同じなのだろう。すぐに退屈したように身体を揺《ゆ》らし始め、僕の背後の健太にちょっかいを出す。
高畑さんは僕たちの気持ちを察してくれなかった。真っ青な空をまぶしそうに見上げながら、淡々と続ける。
「あれはいつだったっけなぁ。たしか高二の頃だったと思う。うん、夏だった。君たちのお父さんをめぐって二人の女性が取っ組み合いのケンカを始めたんだ」
「え、なんですか？」
「音楽の教師と、歴史の教師。二人ともそれはキレイな人でね。学校中の男たちの憧《あこが》れの的だった。その二人が、君らのお父さんをめぐって大ゲンカを始めた。あれはすごかったなぁ。すごすぎて若菜をやっかむ気にもなれなかったよ」
ふと見た俊平は大口を開けていた。「あんぐり」という表現がふさわしい、はじめて見るような顔をしている。（略）
健太も「じいちゃん、超スゲー！」と、瞳《ひとみ》を爛々《らんらん》と輝かせた。
僕も無意識に口を開いた。
「あ、あの、そのとき父はどうしたんですか？」
「うん？」と首をひねった高畑さんに、今度は気持ちを鎮《しず》めながら問いかける。
「いや、二人の女の先生が父をめぐってケンカをしたんですよね？　そのとき、当の本人は何をしていたのかなって」

二〇二一年度　早稲田中学校

【国　語】〈**第二回試験**〉（五〇分）〈満点：六〇点〉

注意　字数制限のある問題については、かぎかっこ・句読点も一字と数えなさい。

一　次の文章を読んで、後の問に答えなさい。

> いつも若菜家の中心にいた母は、重い病気にかかり徐々に衰弱していった。「僕」（浩介）、弟の俊平、そして父の三人は、それでもなんとか家族の歯車を回し続けようとしていた。そうしたなか浩介は、「俳優みたいでカッコいい」見た目だけれども、家族の危機に際してふがいない姿を見せる父を尊敬できずにいた。浩介は父に尊敬できる存在であってほしいと望んでいたが、弟の俊平は現状の父をありのまま受け入れていた。

次に俊平と二人きりで話をしたのは、その半年後、母が息を引き取った日の夜だった。「家族みんなで海のそばに住んでみたい」「大きい家で暮らしたい」という夢を叶《かな》えてやることはできなかったが、病気をしたあとにできた新しい家族にも見守られて、最期は微笑《ほほえ》むようにして眠りに就いた。発病から六年半後のことだった。

通夜の晩は嵐のような雨風が吹き荒れていた。変化を望んだ僕と、望まなかった俊平。兄弟の間に正反対の二つの願いがあったのだとしたら、父が叶えたのは弟のものだった。

重苦しい空気が充満する真夏の葬儀場《そうぎじょう》で、喪主《もしゅ》としてマイクの前に立った父は、涙を堪《こら》えることができなかった。用意していた紙を手にし、なんとか口を開こうとするものの、言葉が出てこない。孫の健太の「じいちゃん！　がんばれ！」のかけ声もむなしく、ついにみんなの前で号泣し始めた父は、「浩介、すまん。あとは頼む」という一言を残して、逃げるように奥の部屋へ引っ込んでしまった。

「兄貴はこれからも大変そうだな。引き続き若菜家をよろしく頼むな」という小馬鹿にした俊平の声が、いまも耳に残っている。

別室から聞こえてきた情けない父の泣き声も、あの日の強烈な雨音とともにあざやかに心に残っている。

☆

二年前の雨がウソのように、空には雲一つ浮かんでいない。母の三《さん》回忌《かいき》は、通夜で経を唱えてくれた僧侶《そうりょ》の寺で行うことになった。

母の友人を中心に、たくさんの人が来てくれた。嵐で参列できない人もいた通夜の日より多いくらいだ。

法事が始まるまで、まだ二十分くらい時間があった。みんなが和気《わき》藹々《あいあい》としている寺の境内に、健太の姿が見当たらない。どちらかと言うと内向的な僕や妻の深雪《みゆき》に似ず、小学校四年生になった健太はどういうわけか活発だ。

探していた姿は本堂の裏にあった。そこに設置された喫煙所で、健太は叔父《おじ》である俊平とじゃれ合っていた。「もう、煙たいからタバコやめなよ！」などと鼻をつまみながらも、健太は昔から俊平になついている。

「ねぇねぇ、俊平おじちゃんって昔はモテたの？」

俊平が新しいタバコに火をつけようとしたときだ。想定外の健太からの質問に、俊平は「おっ」という表情を浮かべる。

2021年度

早稲田中学校　▶解説と解答

算　数　＜第２回試験＞（50分）＜満点：60点＞

解　答

1 (1) 371　(2) D→B→A⊖F→C→E　(3) 12時14分　2 (1) 151度　(2) 25 cm^2　(3) 120.576cm^3　3 (1) 8 m　(2) 672m^2　(3) 1280m^3　4 (1) 10時30分　(2) 14分　(3) 150m　5 (1) **黒**…21，**白**…14　(2) 6，10　(3) 8通り

解　説

1 整数の性質，推理，仕事算

(1)　3けたの数ABCを3倍したものが4けたの数$CCCA$だから，$CCCA$は3の倍数である。また，3の倍数は各位の数字の和が3の倍数になるので，$C+C+C+A=C\times3+A$が3の倍数になる。ここで，$C\times3$は3の倍数だから，Aも3の倍数であり，下の図1の3つの場合が考えられる。$A=3$の場合，一の位のかけ算に注目すると，$C=1$となる。よって，$3B1\times3=1113$より，$1113\div3=371$となり，条件に合う($B=7$)。また，$A=6$の場合，$C=2$，$2226\div3=742$となり，条件に合わない。同様に，$A=9$の場合，$C=3$，$3339\div3=1113$となり，条件に合わない。したがって，3けたの数ABCは371とわかる。

図1

($A=3$)	($A=6$)	($A=9$)
$3BC$	$6BC$	$9BC$
× 3	× 3	× 3
$CCC3$	$CCC6$	$CCC9$

図2

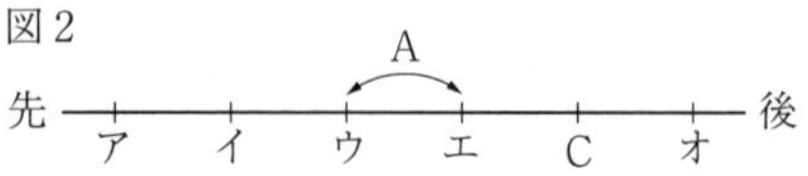

図3

(2)　AとCの話から，上の図2のようになる。また，Aの家に行ったときには帽子《ぼうし》をかぶっていて，Fの家に行ったときには帽子をかぶっていなかったので，AはFよりも先である。さらに，Eの話から，Fはオではないことがわかるから，ウがA，エがFと決まる。これにDの話を加えると，アがD，イがBであり，オは残りのEとわかる。よって，上の図3のように決まり，帽子を落としたのはAとFの間である。

(3)　3時間：2時間：2時間15分＝$3:2:2\frac{1}{4}=12:8:9$だから，父1人，父と兄，父と弟が1時間に作る量の比は，$\frac{1}{12}:\frac{1}{8}:\frac{1}{9}=6:9:8$とわかる。よって，父が1時間に作る量を6とすると，兄が1時間に作る量は，$9-6=3$，弟が1時間に作る量は，$8-6=2$となる。また，パズル全体の量は，$6\times3=18$となる。次に，兄と弟の2人で作った量は，$18\times\frac{2}{9}=4$なので，その時間は，$4\div(3+2)=0.8$(時間)，$60\times0.8=48$(分)とわかる。すると，その残りの量は，$18-4=14$，その時間は，(12時20分－10時)－48分＝140分－48分＝92分となるから，3人が作った量と時間を図に表すと，下の図4のようになる。図4で，兄が作った時間は140分なので，兄が作った

量は，$3\times\frac{140}{60}=7$となる。また，父が作った時間は92分だから，父が作った量は，$6\times\frac{92}{60}=9.2$とわかる。すると，弟が作った量は，18－（７＋9.2）＝1.8となるので，弟が作った時間の合計は，1.8÷２＝0.9(時間)，0.9×60＝54(分)と求められる。そのうち兄と２人で作った時間が48分だから，戻《もど》ってきた後に作った時間は，54－48＝６(分)である。したがって，弟が戻ってきた時刻は，12時20分－６分＝12時14分とわかる。

図４

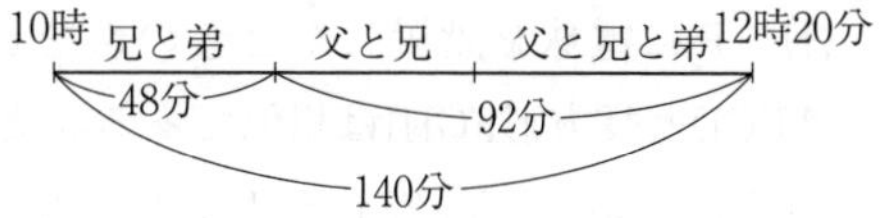

2　角度，面積，相似，体積

⑴　平行四辺形の向かい合う角の大きさは等しく，となり合う角の大きさの和は180度だから，下の図１で，同じ印をつけた角の大きさはそれぞれ等しく，アと×，○と●の和はどちらも180度になる。また，かげをつけた五角形の内角の和は，180×（５－２）＝540(度)であり，そのうち，アと×の和は180度，ウとエの和は，(180－86)＋(180－48)＝226(度)なので，●＝540－(180＋226)＝134(度)とわかる。よって，○＝180－134＝46(度)だから，イ＝46＋86＝132(度)となり，ア＝132＋19＝151(度)と求められる。

図１

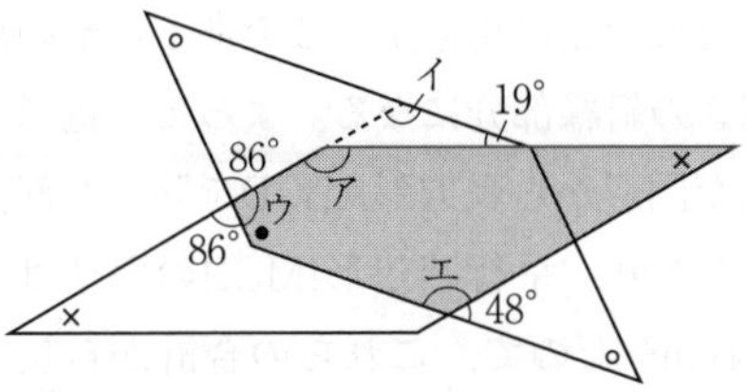

図２

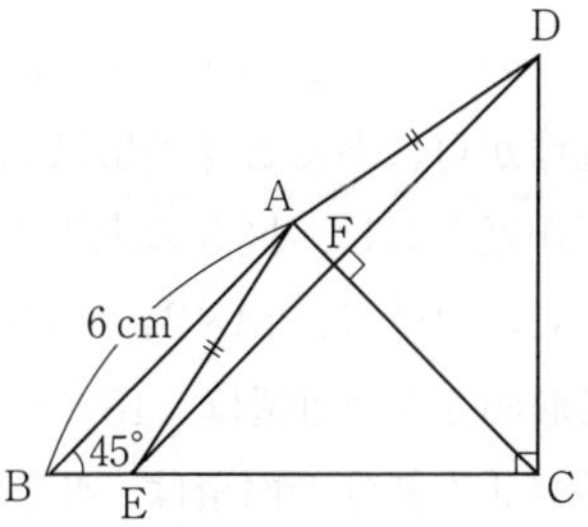

図３

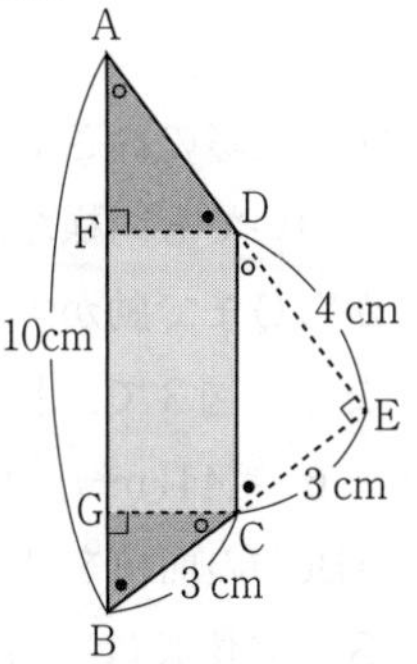

⑵　上の図２で，四角形AECDはACを軸《じく》とする線対称《せんたいしょう》な図形なので，三角形CDEは直角二等辺三角形であり，角DECの大きさは45度とわかる。よって，BAとEDは平行だから，角CABの大きさは90度である。つまり，三角形ABCも直角二等辺三角形なので，ACの長さは６cmであり，三角形ABCの面積は，６×６÷２＝18(cm^2)と求められる。したがって，三角形DACの面積は，33－18＝15(cm^2)とわかる。ここで，三角形DACは底辺がACで高さがDFの三角形なので，DFの長さは，15×２÷６＝５(cm)となる。すると，EFとCFの長さも５cmになるから，三角形CDEの面積は，（５＋５）×５÷２＝25(cm^2)と求められる。

⑶　上の図３で，ABとDCは平行だから，同じ印をつけた角の大きさはそれぞれ等しくなり，図３にあらわれる三角形はすべて相似になる。また，ＣはBEの真ん中の点なので，ＤもAEの真ん中の点であり，DCの長さはABの長さの半分になることがわかる。つまり，ADの長さは４cm，DCの長さは，10÷２＝５(cm)である。よって，図３にあらわれる三角形は３つの辺の長さの比が３：４：５の直角三角形だから，FDの長さは，$4\times\frac{3}{5}=2.4$(cm)となり，長方形FGCDを１回転させてできる円柱の体積は，2.4×2.4×3.14×５(cm^3)と求められる。また，三角形AFDを１回転させてできる円すいと，三角形GBCを１回転させてできる円すいは，底面が共通で高さの和が，10－５＝５(cm)なので，体積の和は，$2.4\times2.4\times3.14\times5\times\frac{1}{3}=2.4\times2.4\times3.14\times\frac{5}{3}$(cm^3)となる。したがって，

台形ABCDを１回転させてできる立体の体積は，$2.4\times2.4\times3.14\times\left(5+\frac{5}{3}\right)=2.4\times2.4\times3.14\times\frac{20}{3}=38.4\times3.14=120.576(\mathrm{cm}^3)$とわかる。

3 立体図形―相似，面積，体積

⑴　Ｐに電球を設置したときの影《かげ》を真上から見ると，下の図１のようになる。図１で，長方形ABCDと長方形FGHIは相似である。また，長方形ABCDの面積は，$6\times8=48(\mathrm{m}^2)$だから，面積の比は，$48:(48+384)=1:9$となる。よって，$1:9=(1\times1):(3\times3)$より，相似比は$1:3$とわかるので，$\mathrm{EC}:\mathrm{CH}=1:(3-1)=1:2$となる。したがって，真横から見ると下の図２のようになる。図２で，斜線《しゃせん》をつけた三角形は相似であり，相似比は$1:2$だから，建物の高さは，$4\times\frac{2}{1}=8(\mathrm{m})$と求められる。

図１

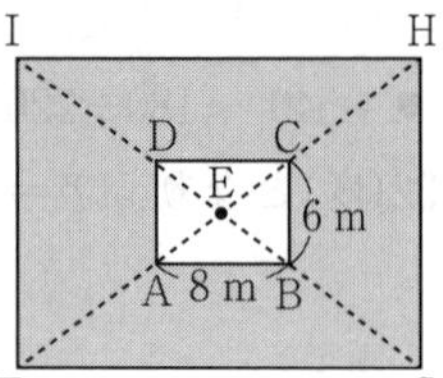

図２

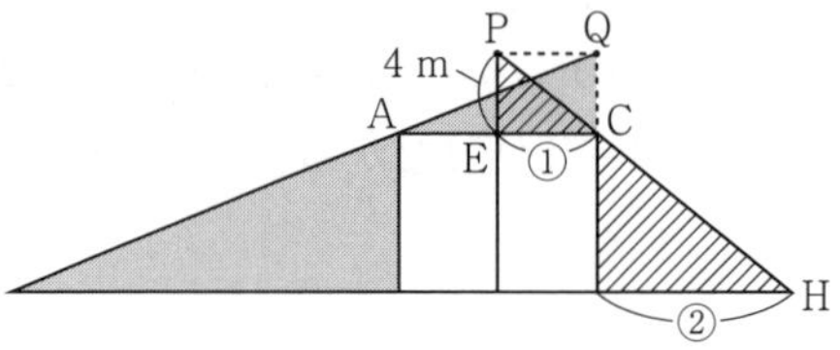

図３

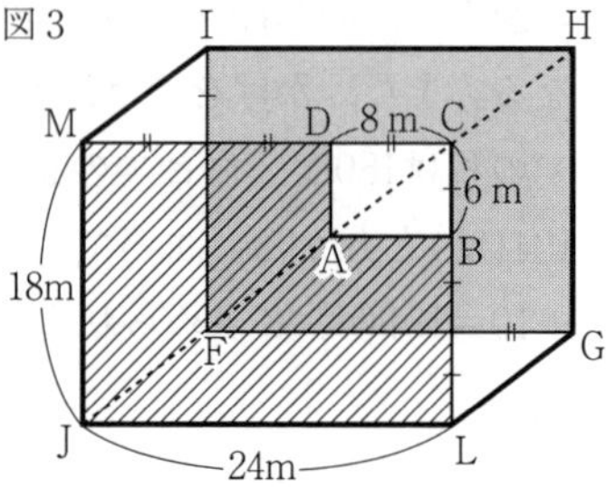

⑵　電球の高さは変わらないので，図２のかげをつけた三角形の相似比も$1:2$である。他の部分についても同様だから，電球がＱにあるときの影は上の図３の斜線部分になる。よって，電球をＰからＱまで動かすときに影が通るのは，図３の太線で囲んだ図形から長方形ABCDを除いた部分になる。図３で，長方形JLCMの面積は，$18\times24=432(\mathrm{m}^2)$であり，平行四辺形IMCHの面積は，$24\times6=144(\mathrm{m}^2)$，平行四辺形HCLGの面積は，$18\times8=144(\mathrm{m}^2)$なので，これらの合計から長方形ABCDの面積をひくと，影が通る部分の面積は，$432+144+144-48=672(\mathrm{m}^2)$と求められる。

⑶　立体Ｋは，右の図４の四角すいQ－JLNMから，四角すいQ－ABCDと建物を除いた部分になる。はじめに，四角すいQ－ABCDの体積は，$6\times8\times4\div3=64(\mathrm{m}^3)$である。また，四角すいQ－ABCDと四角すいQ－JLNMは相似であり，相似比は$1:3$だから，体積の比は，$(1\times1\times1):(3\times3\times3)=1:27$となる。よって，四角すいQ－JLNMの体積は，$64\times\frac{27}{1}=1728(\mathrm{m}^3)$とわかる。さらに，建物の体積は，$6\times8\times8=384(\mathrm{m}^3)$なので，立体Ｋの体積は，$1728-(64+384)=1280(\mathrm{m}^3)$と求められる。

図４

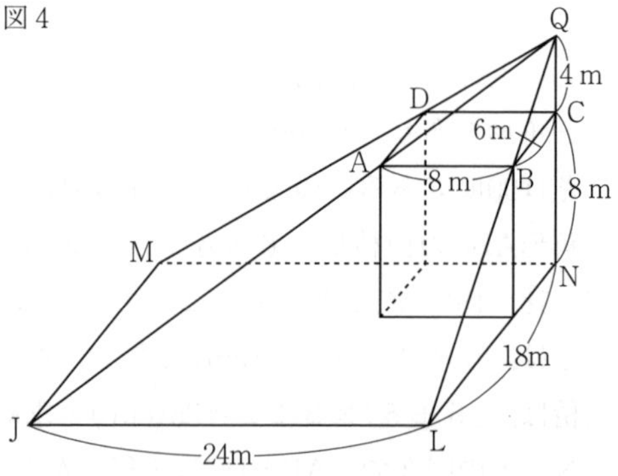

4 旅人算

⑴　太郎くんがＡ駅を出発してから２人がＢ公園に着くまでのようすをグラフに表すと，右の図１のようになる(□は普段《ふだん》の速さを①としたときの速さを表す)。図１で，普段の速さとこの日の次郎くんの速さの比は，$1:1.2=5:6$だから，この速さで

図１

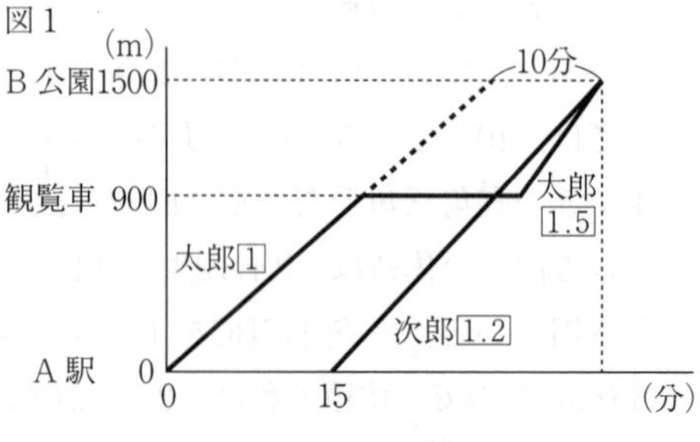

Ａ駅からＢ公園まで行くのにかかる時間の比は，$\frac{1}{5}:\frac{1}{6}=6:5$となる。また，この差は，15－10＝５(分)なので，比の１にあたる時間は，５÷(６－５)＝５(分)となり，普段の速さでＡ駅からＢ公園まで行くのにかかる時間は，５×６＝30(分)とわかる。よって，普段Ｂ公園に到着《とうちゃく》する時刻は，10時＋30分＝10時30分である。

(2)　普段の速さは毎分，1500÷30＝50(m)だから，Ａ駅から観覧車まで行くのにかかる時間は，900÷50＝18(分)である。また，この日，太郎くんが観覧車からＢ公園まで行くときの速さは毎分，50×1.5＝75(m)なので，観覧車からＢ公園まで行くのにかかった時間は，(1500－900)÷75＝８(分)とわかる。さらに，この日，太郎くんがＡ駅からＢ公園まで行くのにかかった時間は，30＋10＝40(分)だから，観覧車が１周回るのにかかる時間は，40－(18＋８)＝14(分)と求められる。

(3)　２人が観覧車を降りてから，太郎くんが次郎くんに追いつくまでのようすをグラフに表すと，右の図２のようになる。普段の速さで420m歩くのにかかった時間(ア)は，420÷50＝8.4(分)なので，次郎くんが観覧車のところに戻った時間(イ)は，8.4×２＝16.8(分)となる。また，観覧車が１周回るのにかかる時間は14分だから，２人が乗ったゴンドラが次に下に来た時間(ウ)は，14×２＝28(分)とわかる。一方，太郎くんの速さは毎分75mなので，420＋(1500－900)＝1020(m)歩くのにかかった時間は，1020÷75＝13.6(分)となる。よって，太郎くんがＢ公園を出発した時間(エ)は，8.4＋13.6＋３＝25(分)だから，次郎くんが観覧車を出発するまでに，太郎くんはＢ公園から，28－25＝３(分)歩いていることがわかる。したがって，次郎くんが観覧車を出発するときの２人の間の距離《きょり》(オ)は，(1500－900)－75×３＝375(m)なので，太郎くんが次郎くんに追いついたのは，次郎くんが観覧車を出発してから，375÷(75－50)＝15(分後)と求められる。その間に次郎くんが歩いた距離は，50×15＝750(m)だから，太郎くんが次郎くんに追いついたのは，Ａ駅から，900－750＝150(m)のところである。

図２

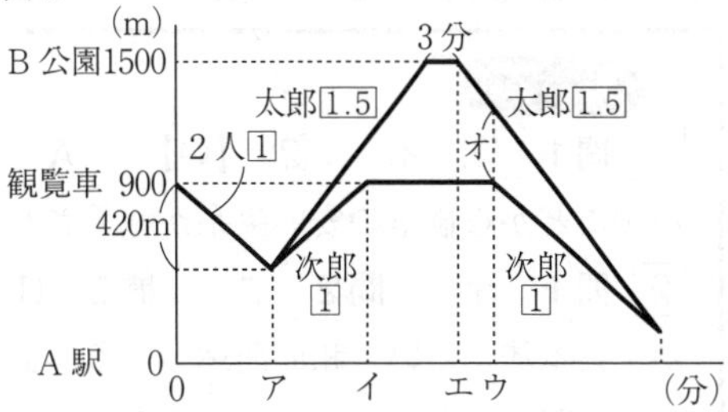

5　図形と規則，整数の性質，調べ

(1)　１辺が５cmの正七角形について，１つの辺だけを調べると右の図Ⅰのようになる。図Ⅰのように区切ると，１つの区切りの中の黒い石の数は３個，白い石の数は２個になる。これが全部で７か所あるから，黒い石は，３×７＝21(個)，白い石は，２×７＝14(個)とわかる。

図Ⅰ

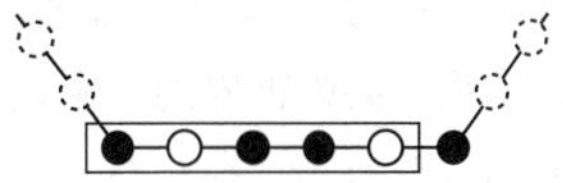

図Ⅱ

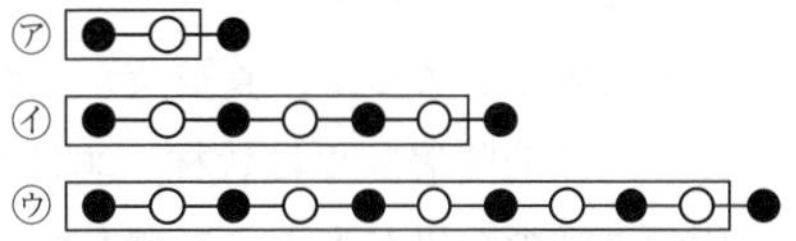

(2)　15＝１×15，３×５より，(１つの区切りの中の白い石の数，辺の数)の組は，㋐(１，15)，㋑(３，５)，㋒(５，３)の３通り考えられる。よって，それぞれの場合の１つの区切りについて，両端《りょうはし》から順に調べると右上の図Ⅱのようになるので，㋐は１辺が２cmの正十五角形，㋑は１辺が６cmの正五角形，㋒は１辺が10cmの正三角形とわかる。ただし，１辺の長さは３cm以上だから，あてはまるのは㋑と㋒の場合であり，考えられるAの値は{6，10}となる。

(3)　24＝１×24，２×12，３×８，４×６より，(１つの区切りの中の黒い石の数，辺の数)の組は，㋓(１，24)，㋔(２，12)，㋕(３，８)，㋖(４，６)，㋗(６，４)，㋘(８，３)の６通り考えられる。

⑵と同様に，それぞれの場合の１つの区切りについて調べると，右の図Ⅲのようになる。㋓は３通りあるが，上の２つの場合は図Ⅱの㋐と同様に条件に合わない。また，㋕は３通りともあてはまることに注意すると，考えられるAの値は{３，４，５，６，７，８，12，16}の８通りある。

図Ⅲ

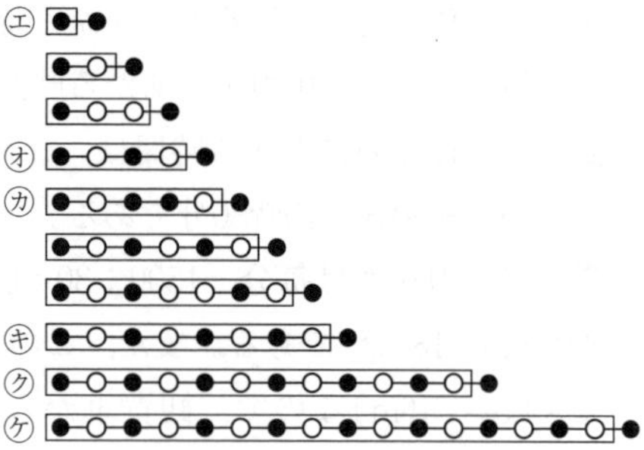

社　会　＜第２回試験＞（30分）＜満点：40点＞

解　答

1 **問１** ⑴　イ　⑵ 【い】　**A**　インド　**B**　アメリカ合衆国　⑶　イ　⑷　（例）中国などから価格の安い生糸が輸入されるようになったから。　**問２**　フェアトレード

2 **問１**　オ　**問２**　ア　**問３** ⑴　紀ノ川　⑵　吉野すぎ　**問４**　ア

3 **問１** **あ**　富本銭　**い**　和同開珎　**う**　武蔵　**え**　元明　**お**　両替商　**か**　仮想　**問２**　ウ　**問３**　（例）中国の宋から輸入（日宋貿易で輸入）　**問４**　エ　**問５**　**鉱山名**…石見銀山　**都道府県名**…島根県　**問６**　エ　**問７**　ア，ウ　**問８**　イ，ウ，オ

4 **問１** ⑴　エ　⑵　ウ　⑶　ア　⑷　エ　⑸　ウ　**問２**　ウ　**問３**　エ　**問４**　国勢調査　**問５** ⑴　国土交通省　⑵　農林水産省

解　説

1　繊維作物と「持続可能な開発目標」を題材にした問題

問１　⑴　綿花は綿糸の原料で，綿糸から綿織物がつくられる。綿花の栽培には高温多雨の気候が適しているが，成熟期には乾燥が必要である。よって，イがあてはまる。アはカカオ，ウは茶，エは大豆の説明。　⑵　綿花は，インド・中国（中華人民共和国）・アメリカ合衆国が主産地である。よって，【い】があてはまる。【あ】は大豆，【う】はカカオの産地。　**A**　インドは，中国とともに綿花・茶の世界的な産地となっている。　**B**　アメリカ合衆国は，大豆や小麦・とうもろこしといった穀物，綿花などの世界的な産地となっている。　⑶　日本ではかつて製糸業が発達し，生糸の生産量が世界一だったこともある。生糸は蚕の繭《まゆ》からとった糸のことで，蚕は桑《くわ》の葉を食べて成長する。よって，養蚕業がさかんだったころは，いたるところに桑畑（Y）が広がっていた。なお，アは消防署，ウは竹林，エはヤシ科樹林の地図記号。　⑷　養蚕業と製糸業が衰《おとろ》えたのは，化学繊維の登場が大きく影響しているが，国際競争力という観点では，中国やインドなどから価格の安い生糸が輸入されるようになったことが，大きな原因となった。

問２　「フェアトレード」は公正な貿易という意味で，発展途上国の原料や製品を適正な価格で継《けい》続《ぞく》的に購入することで，立場の弱い途上国の生産者や労働者の生活改善と自立をめざすものである。

2　「小倉百人一首」に詠《よ》まれた場所や地名についての問題

問１　和歌山市は瀬戸内の気候に属しているため降水量は少なめだが，梅雨と台風の影響で６月と９月の降水量が多く，１年を通して比《ひ》較《かく》的温暖である。よって，オがあてはまる。アは鳥取市，イは宮城県仙台市，ウは静岡市，エは茨城県水戸市のもの。

問２　古代，「逢坂《おうさか》の関」は東海道と東山道(のちの中山道)が合流する地点で，山城国(京都府南東部)と近江《おうみ》国(滋賀県)の国境付近にあった。ここは，現在の大津市にあたる。イの米原市も滋賀県，ウの宇治市とエの長岡京市は京都府にある。なお，畿内防衛の「三関」は不破関《ふわのせき》(岐阜県)・鈴鹿《すずか》関(三重県)・愛発《あらち》関(福井県)だったが，平安時代に入ると愛発関から逢坂関に代わった。

問３　(1)「吉野」は奈良県中南部の地名で，吉野川は紀伊山地の大台ケ原山(1695m)を水源として西へ向かって流れ，和歌山県に入ると「紀ノ川」と名称を変え，和歌山市で紀伊水道に注いでいる。　(2)吉野地方は古くからすぎの産地として知られ，吉野すぎは奈良や京都の社寺・仏閣の建築資材，酒の樽《たる》や桶《おけ》などとして使われてきた。人工的にすぎの植林が行われ，伐採《ばっさい》されたすぎは以前は筏《いかだ》に組んで紀ノ川の河口まで運ばれた。なお，吉野すぎ・尾鷲《おわせ》ひのき(三重県)・天竜すぎ(静岡県)は合わせて「人工の三大美林」とよばれる。

問４　京都府宮津市にあるアの天橋立《あまのはしだて》は，潮流によって運ばれた海底の砂が堆積して形成された砂州で，日本三景の１つとなっている。イも日本三景の１つである宮島(広島県)，ウは白米《しろよね》千枚田(石川県)，エは江の島(神奈川県)。なお，日本三景の残る１つは松島(宮城県)である。

３　各時代の通貨を題材とした問題

問１　**あ**　富本銭は日本初の鋳造《ちゅうぞう》貨幣とされ，天武天皇の時代に鋳造されたと考えられている。　**い，う**　708年には，武蔵《むさし》国秩父《ちちぶ》郡(埼玉県)から和銅(自然銅)が朝廷に献上《けんじょう》されたさいに和同開珎《かいちん》が鋳造され，以後，平安時代にかけて12種類の貨幣が鋳造された(皇朝十二銭)。しかし，これらの通貨は畿内とその周辺でしか流通せず，その後は中国から輸入した銅銭にたよることになった。

え　平城京は元明天皇が710年に藤原京から移した都で，唐(中国)の都長安を手本にしてつくられた。　**お**　江戸時代には幕府が鋳造した金・銀・銭の三貨が流通したが，その交換や預金・貸し付けなどの業務を行う両替商が登場した。これが現在の銀行へと受け継《つ》がれた。　**か**　現在ではキャッシュレス化が進行し，電子マネーのほか，ビットコインのような仮想通貨も普及《ふきゅう》している。

問２　律令制度のもと，中央には二官八省が置かれたが，中心となるのは行政を担当する太政《だいじょう》官と祭祀《さいし》を担当する神祇《じんぎ》官で，太政官の下に大蔵省などの八省が置かれた。よって，ウが誤っている。

問３　平清盛は大輪田泊《おおわだのとまり》(現在の神戸港の一部)を修築して宋(中国)と民間貿易を始め，大きな利益を上げたが，この貿易では宋から銅銭(宋銭)を大量に輸入した。

問４　安芸《あき》国(広島県西部)の厳島《いつくしま》神社は古くから瀬戸内海航路を守護する神社として知られ，これを厚く敬った平清盛は社殿を修復して一門の氏神とした。よって，エが誤っている。備前国は岡山県南東部の旧国名である。

問５　島根県中部にある石見《いわみ》銀山は，江戸時代には天領(幕府の直轄《ちょっかつ》地)として良質の銀を多く産出し，最盛期には日本の産出量が世界の３分の１を占《し》め，その多くが石見産であったという。また，石見銀山は，2007年に「石見銀山遺跡とその文化的景観」としてユネスコ(国連教育科学文化機関)の世界文化遺産に登録された。

問６　エの寛永通宝は江戸時代に大量に鋳造された銭貨で，三貨(金・銀・銭)の基準となった。アは皇朝十二銭の１つで「隆平《りゅうへい》永宝」，イは宋銭の「政和通宝」，ウは明銭の「永楽通宝」である。

問７　1871年，明治政府は岩倉具視《ともみ》を大使とする使節団を欧米に派遣した。また，この年には廃藩置県が行われ，全国に府県を置いて中央から任命された府知事・県令(のちの県知事)に治めさせるなど，中央集権体制が固められた。なお，イの版籍奉還は1869年，エの学制公布は1872年，オの徴兵《ちょうへい》令公布は1873年のできごと。

問８　1871年に出された新貨条例では，「円(圓)」が採用され，「銭」「厘《りん》」の十進法にもとづく貨幣制度が整備された。これにより，江戸時代に用いられた「両」「文」「貫」などの単位はすべて廃止された。

４　国や地方政治についての問題

問１　(1)　最高裁判所の裁判官は，内閣が任命する(長官は内閣が指名し天皇が任命)。また，地方裁判所の裁判官も内閣が任命する。よって，A，Bとも誤っている。　(2)　内閣不信任案(信任案)を議決できるのは，衆議院だけである。また，地方自治において，議会で知事の不信任案が可決されたとき，知事は議会を解散することができる。よって，Aは誤りで，Bは正しい。　(3)　内閣総理大臣に任期はないが，知事は任期が４年である。また，再選は何回でも可能である。よって，A，Bとも正しい。　(4)　国民投票法は，憲法改正の具体的な手続きを定めた法律である。また，地方自治における住民投票は，議会が住民投票条例を定めて行う。よって，A，Bとも誤っている。　(5)　地方自治において，住民は知事の解職請求(リコール)ができるが，国政においては，国民が内閣総理大臣の解職を求めることはできない。よって，Aは誤りで，Bは正しい。

問２　1999年，地方分権一括《いっかつ》法が制定され，これまで国が持っていた権限の一部が地方に委譲《いじょう》され，中央集権から地方分権へと，日本の政治が変化することになった。

問３　エの吉村洋文《ひろふみ》は，大阪府知事である。アは埼玉県の大野元裕《もとひろ》知事，イは千葉県の森田健作知事，ウは神奈川県の黒岩祐治《ゆうじ》知事，オは東京都の小池百合子知事(いずれも2021年２月時点)。

問４　国勢調査は５年に１度行われ，日本国内の外国籍をふくむすべての人および世帯を対象として実施される，最も重要かつ基本的な統計調査のことである。

問５　(1)，(2)　2020年には，コロナウイルス感染症《しょう》の拡大により，国内外で経済に大きな混乱が生じた。政府は不要不急の外出自粛《じしゅく》や休業要請をするとともに，国民１人あたり10万円の特別定額給付金を支給したり，事業者に対しても持続化給付金や雇用《こよう》調整助成金などを給付したりした。また，大きな打撃《だげき》を受けた観光業者や飲食業者を支援するため，政府主導による「Go To キャンペーン」が実施されたが，旅行代金を補助する「Go To トラベル キャンペーン」は国土交通省，飲食代金を補助する「Go To イート キャンペーン」は農林水産省が担当した。

理　科　＜第２回試験＞（30分）＜満点：40点＞

解　答

１　**問１**　水星，金星　**問２**　オ　**問３**　ウ　**問４**　(1)　ア　(2)　ウ　**問５**　73.7度

２　**問１**　①　ク　②　ウ　**問２**　カ　**問３**　ブレーカー　**問４**　(1)　㋐　(2)　オ，キ，ク　**３**　**問１**　イ，オ　**問２**　(1)　**ひれ①**…ア　**ひれ②**…エ　(2)　**形Ⅰ**…B　**形Ⅱ**…C　**問３**　**水温**…ウ　**昼の長さ**…ウ　**問４**　①　イ　②　カ　**問５**　ア，カ

４　**問１**　５　**問２**　ア，エ　**問３**　②　エ　③　ア　⑤　ウ　⑥　イ　**問４**　**A**　６　**C**　３　**E**　５　**G**　１

解 説

1 部分日食と太陽の見え方についての問題

問１ 地球から見て太陽の前を横切る惑星《わくせい》は，地球よりも内側を公転する水星と金星である。

問２ 地球から太陽までの距離《きょり》は地球から月までの距離の400倍であり，地球から見たときの太陽と月の見かけの大きさは同じなので，太陽の半径は月の400倍である。したがって，面積は，400×400＝160000(倍)となる。

問３ 夕方ごろ，太陽は西の空にしずむ。また，月は地球が自転する方向と同じ方向に公転するため，月の動きは太陽の動きよりも遅く見える。よって，太陽が月を追いぬくように西の地平線に向かって動いて見えるウが適当である。

問４ (1) 秋田市は千葉市よりも緯《い》度が高いので，夏至のころの日の出の時刻は秋田市の方が千葉市よりも早い。 (2) 秋田市と千葉市の経度は同じだから，太陽の南中時刻も同じである。

問５ 夏至の太陽の南中高度は，90－(その土地の緯度)＋23.4で求められるので，90－39.7＋23.4＝73.7(度)である。

2 豆電球や電熱線の回路についての問題

問１ ① 豆電球がもっとも明るくなるのは，かん電池を直列つなぎにして，豆電球を並列つなぎにしているクである。 ② 豆電球がもっとも長い時間光るのは，かん電池を並列つなぎにして，豆電球を直列つなぎにしているウである。

問２ ①について，ｂのような直列つなぎの回路では，回路全体に流れる電流が，電熱線１本だけのａより小さくなる。一方，ｃのように並列つなぎにすると，電源から流れ出る電流は，それぞれの電熱線に流れる電流の和になるため，ａより大きくなる。したがって，ｃがもっとも大きい。また，②について，電気器具が直列つなぎになっていると，１つの電気器具のスイッチを切ったとき，ほかのすべての電気器具に電流が流れなくなってしまう。家庭の電気器具は，１つ１つの電気器具のスイッチを入れたり切ったりしても，ほかの電気器具が消えることのない並列つなぎである必要がある。

問３ 異常に大きな電流が流れると，電気器具がこわれたり，導線が発熱して燃えたりすることがあるため，分電盤《ぶんでんばん》内には，電流を自動的に遮断《しゃだん》できるブレーカーがある。

問４ (1) 電熱線の発熱量は電熱線に流れる電流の大きさに比例するので，㋐の方が高い温度になる。 (2) ドライヤーはそれぞれ並列つなぎになっているため，電流計が示す値はドライヤーに流れる電流の和になる。そこで，ア～クの電流計が示す値をそれぞれ求めると，アは，0.6×３＝1.8(Ａ)，イは，1.2＋0.6×２＝2.4(Ａ)，ウは，1.2×２＋0.6＝3.0(Ａ)，エは，1.2×３＝3.6(Ａ)，オは，0.6×２＝1.2(Ａ)，カは，1.2＋0.6＝1.8(Ａ)，キは0.6Ａ，クは1.2Ａとなる。したがって，1.5Ａ以下になるオ，キ，クが安全である。

3 メダカの特ちょうと飼い方についての問題

問１ サメはおもに暖かい地方の海に，ドジョウは川や池などにすむ，どちらも魚類の仲間である。イルカはほ乳類，サンショウウオは両生類，オキアミは甲殻《こうかく》類である。

問２ メダカのオスとメスは，せびれとしりびれの形で見分ける。オスは，せびれに切れこみがあり，しりびれが平行四辺形に近い形をしているが，メスのせびれには切れこみがなく，しりびれは三角形に近い形をしている。

問３　**水温**…図から，盛岡の平均気温は，４月21日が約11℃で，その後だんだんと上がり，８月１日が最高で，９月１日に約22℃まで下がる。メダカがいる場所の水温は平均気温より５℃高いので，11＋５＝16(℃)より，ウがふさわしい。　**昼の長さ**…表より，盛岡の昼の長さは，4月21日は13時間31分，その後じょじょに長くなり，７月１日が最長で，９月１日は13時間04分である。したがって，ウがふさわしい。

問４　メダカにエサを与《あた》えるときは，食べ残さないくらいの量にする。これは，食べ残したエサが原因で水そうの水がにごったり，プランクトンが増えすぎたりすることを防ぐためである。

問５　水温が高いと，メダカの活動がさかんになり，呼吸をさかんに行うため，水中の酸素をより多く消費する。また，酸素などの気体は水温が高くなるほど水に溶《と》けにくくなる性質があるため，エアーポンプなどを使って，より多くの酸素を水中に溶かすくふうをするとよい。

4　水溶《よう》液の性質についての問題

問１　アルコール水に溶けているアルコールは，ふつう室温では液体である。これに対し，食塩水，水酸化ナトリウム水溶液，ホウ酸水は固体，塩酸，炭酸水，アンモニア水は気体が溶けている水溶液である。

問２　塩酸は酸性の水溶液で，水酸化ナトリウム水溶液はアルカリ性の水溶液であるから，混ぜ合わせると中和反応がおこり熱が発生する。また，アンモニア水を入れた試験管をふると，水に溶けていたアンモニアが気体となって出てきやすくなるのでにおいが強くなる。なお，ちょうどよい割合で混ぜ合わせると，食塩水ができるのは塩酸と水酸化ナトリウム水溶液である。

問３　操作①から，赤色リトマス紙を青く変化させるのはアルカリ性の水溶液なので，ＡとＢはアンモニア水か水酸化ナトリウム水溶液のどちらかとわかる。よって，これを分ける操作②はウかエである。操作③でＣとして１つだけ見分けられるのは，アかウで，アの場合，Ｃは炭酸水，ウの場合，Ｃは塩酸である。操作④でにおいがあるＤとＥは塩酸かアルコール水なので，操作③で１つだけ変化が見られたＣは炭酸水で，操作③はアとなる。また操作⑤にはイかウがあてはまる。さらに，操作⑥はＦのホウ酸水とＧを分け，Ｇは食塩水だから，操作⑥はイである。以上より，操作③がア，操作⑥がイなので，操作⑤がウ，操作②がエと決まる。

問４　問３から，操作②で固体が残るＡは水酸化ナトリウム水溶液，残らないＢはアンモニア水，操作③で石灰水が白くにごるＣが炭酸水である。操作④でにおいがあるＤ，Ｅのうち，操作⑤でアルミニウムと反応するＤは塩酸，しないＥはアルコール水とわかる。残ったＦとＧは，操作⑥でBTB液が黄色に変化するＦがホウ酸水で，変化しないＧは食塩水があてはまる。

国　語　＜第２回試験＞（50分）＜満点：60点＞

解　答

一　**問１**　ウ　　**問２**　Ａ　オ　　Ｂ　イ　　**問３**　感傷　　**問４**　（例）　家族の物語はまだ途中で，誰かが去っても新しい誰かが入ってきて，物語はまだ続く(という思い。)　　**問５**　ア　**問６**　エ　　**問７**　イ　　**二**　**問１**　ａ，ｂ　下記を参照のこと。　　ｃ　ゆる(やかに)　**問２**　（例）　見えない後ろの世界を想像することによって，優しさが生まれる(という意味。)

問３　W　観察　X　想像　問４　ア　問５　エ　問６　オ

●漢字の書き取り

二　問１　a　器官　b　快適

解説

一　**出典は『小説トリッパー』2020年夏号所収の「それからの家族(早見和真《はやみかずまさ》作)」による。**母の三回忌《き》，「僕《ぼく》」(浩介)と弟の俊平が父の同級生から，高校時代の父の意外な話を聞く場面である。

問１　「おじちゃんって昔はモテたの？」という想定外の質問を受けた俊平は，健太に「好きな子でもできたのか？」と指摘《してき》している。図星だったのか，「頬《ほお》を赤らめた」健太をからかってやろうと思い，俊平は「意地悪そう」な目をしたのだから，ウがふさわしい。なお，健太に「うぶなところもあると分かり可愛《かわい》らしく感じている」というだけでは，「意地悪そう」な目つきをした俊平の心情をとらえきれていないので，イは合わない。

問２　**A**　「好々爺《こうこうや》」は，気のいい老人。「然」は，名詞について“～らしい”という意味を表す。
B　「したり顔」は，得意げな顔つき。

問３　「空の色は何も変わらないのに」，「俺《おれ》たちはもう以前とはまったく違《ちが》う世界を生きているんだよな」とさびしげに語る高畑さんと，続く回想の場面で「私たちはもう元いた世界に戻《もど》ることはできないんです」と話した有名な小説家の嘆《なげ》きに共通する部分があることをおさえる。この小説家に対し，俊平は「感傷に浸《ひた》る前に何か変えろよ」と非難していたが，高畑さんもまた，知らぬ間に失われていた日常に思いをはせ，心をいためていたのだから，「感傷的」とするのがよい。なお，「感傷的」は悲哀《ひあい》の感情にとらわれるようす。

問４　父は，母が闘病《とうびょう》生活を送る中であっても，どうにか家族の歯車を回し続けようとしてきた自分たちは「最強だ」と自信満々に語っている。正直，父の言うことはわからなかったが，ただ一つ，「たとえ誰《だれ》かが去ったとしても，また新しい誰かが輪の中に入ってきて」，自分たち家族の物語は続くという「希望」を見出《みいだ》せたことだけは明確だと「僕」は気づいているのだから，これをふまえ「母は亡《な》くなったが，自分たち家族のつながりは続き，希望が失われることはない」という趣旨《しゅし》でまとめればよい。

問５　母の闘病中には「ふがいな」く，葬儀《そうぎ》のときには「号泣《ごうきゅう》」して挨拶《あいさつ》もできなかった父を，「僕」は「情けな」く思っていた。しかし今では，感染症の流行で閉店を決め，「元の世界」へ戻れるのかと気落ちする高畑さんとは対照的に，「元の世界なんかよりずっと良くなる」と笑顔《えがお》で請《う》け合ったり，苦しい時期を乗り越《こ》えた「俺たちの家族はいまが最強」だからと迷わず語ったりする父の「カッコ」よさを認めている。このような言動からは，困難にうろたえたり泣いたりしながらも明るい未来を信じ，周囲が希望を失いかけたときには自然体で勇気づけられる人柄《ひとがら》がうかがえるので，アがよい。

問６　これまでの家族に対する俊平の態度を，前書きの内容にも注目して整理する。俊平は，ふがいない父の代理で葬儀の挨拶をするはめになった「僕」に，尊敬できる父を望む「兄貴はこれからも大変そうだな。引き続き若菜家をよろしく頼《たの》むな」と「小馬鹿《ばか》に」した声で言う一方，法事で顔を合わせた甥《おい》の健太には，じゃれ合うなどして親しく接している。さらに，苦しい時期を乗り越えた自分の家族は「最強」だと言い切る父を見て少し「感動」する「僕」とは対照的に，あの「自信はいったいどこから来るんだよ」とあきれている。つまり俊平は，父に理想の姿を求める「僕」や能天気な父には冷めた目を向けながらも，家族としては受け入れているのである。そんな俊平を知っている「僕」は，食事の誘《さそ》いを素っ気なく断られても，彼《かれ》らしさをむしろ心地よく感じ，家族としてのつながりを感じたのだから，エがよい。

問7　イ　自分たちの「家族」が「最強」になれたのは，妻である玲子の闘病生活をみんなで乗り越えたことがあったからだとしたうえで，父はそのことを「玲子が置いていってくれたプレゼント」だと話しているので，「母を忘れることで，新しい家族として再出発するさまが描《えが》かれている」という部分がふさわしくない。

二　出典は角川文庫編集部編の『いまを生きるための教室　今ここにいるということ』所収の「芸術(大林宣彦《おおばやしのぶひこ》作)」による。人間に「前」と「後ろ」があることの意味，心，文化の力，人間の真の幸福について述べられている。

問1　**a**　多細胞《さいぼう》生物を構成して，一定の形と生理機能を持つ部分。心臓，目，胃などをいう。　**b**　不快に感じられるところがなく，気持ちがよいこと。　**c**　音読みは「カン」で，「緩和」などの熟語がある。

問2　直後の段落で，「観察」できない「世界の半分」を「想像」することが「優《やさ》しさを生む」と述べられていることをおさえる。これが「後ろ」に「目や鼻や耳や口」がないことの意味にあたる。

問3　**W，X**　二つ前の段落で，「後ろ」は「前」のように「観察することはできないが想像することはできる」と述べられていることをふまえて考える。直前の段落に，人の「後ろ姿」からは「心」を感じることができるとあることからも，「心」とは対象を直接に見る「観察」力ではなく，見えないものをとらえる「想像」力の世界にあるのだといえる。

問4　直後の段落で，「神様が与《あた》えてくれた小指の先の目」である「ビデオやカメラや情報機器」によって，人々は「世界をまるごと情報として捉《とら》え，観察し，理解してきた」と述べられていることをおさえる。つまり，小指の先に目があれば，世界をすべて「情報」化できるということになる。

問5　科学文明における「文化」の働きについて，直前の二つの段落の内容を整理する。「世界をまるごと情報として捉え」る科学文明は，「行き過ぎ」ると人間を滅《ほろ》ぼす「凶《きょう》器《き》」となる。その文明を「緩やかに穏《おだ》やかにする力」が「文化」だから，「芸術・美術」などによって得られるのは「世界とまるごと共存できる」力である。

問6　科学文明の産物である「飛行機や新幹線」ではなく，「馬」で旅をする意義を読み取る。馬による旅で得られるものとは，問5で見たように「世界とまるごと共存できる」幸福である。逆に，便利を追求するあまり，行き過ぎた科学文明は「凶器」となり「戦争の世紀」を生んだのだから，オがよい。オ以外は，科学文明の危《あや》うさと「馬」による旅との関係をおさえていない。

Dr.福井の入試に勝つ！脳とからだのウルトラ科学

復習のタイミングに秘密あり！

算数の公式や漢字，歴史の年号や星座の名前……。勉強は覚えることだらけだが，脳は一発ですべてを記憶することができないので，一度がんばって覚えても，しばらく放っておくとすっかり忘れてしまう。したがって，覚えたことをしっかり頭の中に焼きつけるには，ときどき復習をしなければならない。

ここで問題なのは，復習をするタイミング。これは早すぎても遅すぎてもダメだ。たとえば，ほとんど忘れてしまってから復習しても，最初に勉強したときと同じくらい時間がかかってしまう。これはとっても時間のムダだ。かといって，よく覚えている時期に復習しても何の意味もない。

そもそも復習とは，忘れそうになっていることを見直し，記憶の定着をはかる作業であるから，忘れかかったころに復習するのがベストだ。そうすれば，復習にかかる時間が一番少なくてすむし，記憶の続く時間も最長になる。

では，どのタイミングがよいか？　さまざまな研究・発表を総合して考えると，１回目の復習は最初に覚えてから１週間後，２回目の復習は１か月後，３回目の復習は３か月後——これが医学的に正しい復習時期だ。復習をくり返すたびに知識が海馬《かいば》（脳の，知識をためる倉庫みたいな部分）にだんだん強くくっついていくので，復習する間かくものびていく。

この計画どおりに勉強するには，テキストに初めて勉強した日付と，その１週間後・１か月後・３か月後の日付を書いておくとよい。あるいは，復習用のスケジュール帳をつくってもよいだろう。もちろん，計画を立てたら，それをきちんと実行することが大切だ。

ちなみに，記憶量と時間の関係を初めて発表したのがドイツのエビングハウスという学者で，「エビングハウスの忘却《ぼうきゃく》曲線」として知られている。

えーと
1週間後
あ，そうだった！
1カ月後
あ，思い出した！
3カ月後
もう，覚えてるよ

Dr.福井（福井《ふくい》一成《かずしげ》）…医学博士。開成中・高から東大・文Ⅱに入学後，再受験して翌年東大・理Ⅲに合格。同大医学部卒。さまざまな勉強法や脳科学に関する著書多数。

Memo

2020年度　早稲田中学校

〔電　話〕(03) 3202－７６７４
〔所在地〕〒162-8654　東京都新宿区馬場下町62
〔交　通〕東京メトロ東西線―「早稲田駅」より徒歩１分
「高田馬場駅」よりバス―「馬場下町」下車

【算　数】〈第１回試験〉（50分）〈満点：60点〉

（注意）定規，コンパス，および計算機（時計についているものも含む）類の使用は認めません。

1　次の問いに答えなさい。

(1)　$\frac{51005}{3232}$からある数を引いて最も大きい整数にします。そのある数は何ですか。約分できない分数で答えなさい。

(2)　水そうにある量の水が入っていますが，穴があいていて，常に一定量の水が流れ出ていきます。

この水そうを空《から》にして，３台のポンプで水を注ぐと10時間で満たされ，５台のポンプで水を注ぐと５時間で満たされます。ポンプ９台で空の水そうに水を注ぐと，何時間何分で満たされますか。

(3)　容器Ａ，Ｂ，Ｃに食塩水が200ｇずつ入っています。ＡからＢへ40ｇ移してかき混ぜた後，ＢからＣへ40ｇ移してかき混ぜ，最後にＣからＡへ40ｇ移してかき混ぜました。その結果，食塩水の濃度はそれぞれ，Ａが５％，Ｂが８％，Ｃが12％になりました。初めに容器Ｂに入っていた食塩水に含まれる食塩の量は何ｇですか。

2　次の問いに答えなさい。ただし，円周率は3.14とします。

(1)　図１の点は，円周を15等分した点です。角アの大きさは何度ですか。

(2)　図２の四角形ABCDは１辺の長さが３cmの正方形です。この正方形を，頂点Ａを中心に反時計回りに60度回転させたとき，正方形ABCDが通った図形の面積は何cm^2ですか。

(3)　図３の台形を辺ABを軸として１回転させてできる立体の表面積は何cm^2ですか。

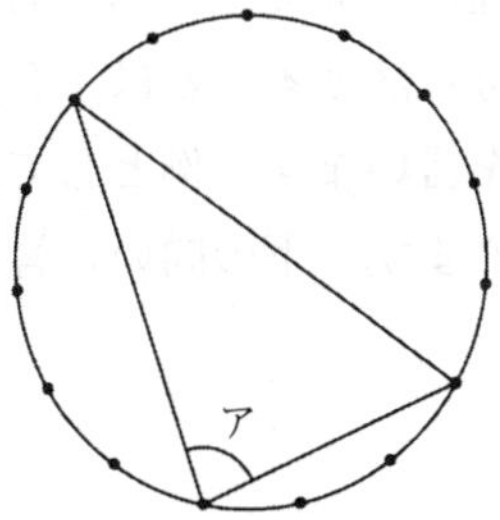

図１

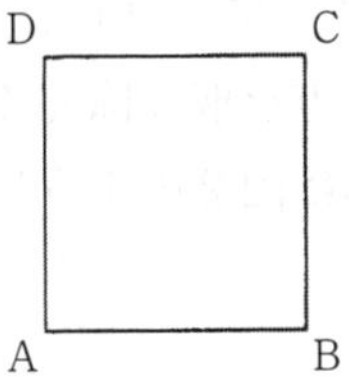

図２

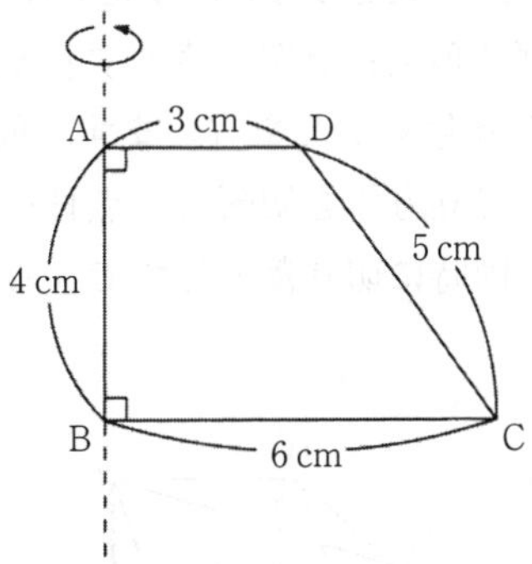

図３

3　三角すい ABCD の頂点Aに点Pがあり，点Pは１秒ごとに他の頂点に移動します。たとえば，２秒後に点Pが頂点Aにある移動の仕方は全部で３通りです。次の問いに答えなさい。

(1)　３秒後に点Pが頂点Aにある移動の仕方は全部で何通りありますか。

(2)　４秒後に点Pが頂点Aにある移動の仕方は全部で何通りありますか。

(3)　５秒後に点Pが頂点Aにある移動の仕方は全部で何通りありますか。

(4)　９秒後に点Pが頂点Aにある移動の仕方のうち，３秒後に頂点Bにあり，６秒後に頂点Aにある移動の仕方は全部で何通りありますか。

4　図のように点Oを中心とする円形のジョギングコースとサイクリングコースがあります。この２つのコースのスタート地点から兄はジョギングコースを分速120mで，弟はサイクリングコースを一定の速さで，同時に反時計回りに走り始めます。このジョギングコースの直径は1.4kmで，兄が５周，弟が12周したとき，２人は同時にスタート地点に戻ってきました。

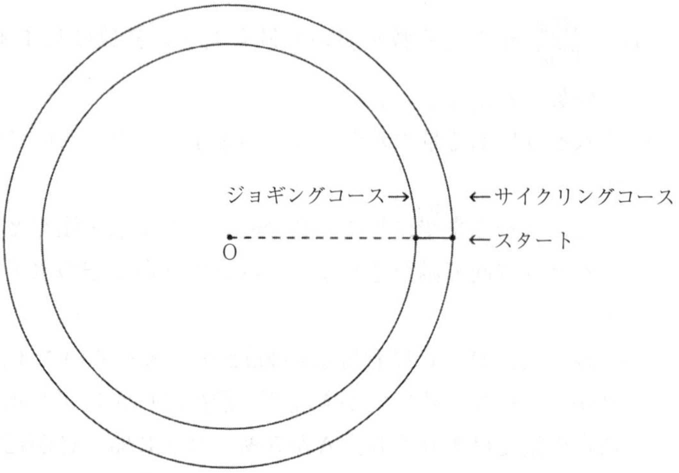

次の問いに答えなさい。ただし，円周率は$\frac{22}{7}$とし，コースの幅《はば》は考えないものとします。

(1)　弟が走る速さを調べるため，140mのまっすぐな道の両端《はし》から兄と弟が向かい合って同時に走り始めると，兄が40m進んだところで弟と出会いました。弟が走る速さは分速何mですか。

(2)　兄がジョギングコースを５周するのにかかった時間は，何時間何分何秒ですか。

(3)　ジョギングコースとサイクリングコースの間隔《かく》は何mですか。

5　図１のような１辺の長さが１cm の立方体 ABCDEFGH から「頂点を切り落とす」ことを考えます。たとえば「頂点Bを切り落とす」とは，３点A，C，Fを通る平面で立方体を切断し，点Bを含む方を取り除くことを言います。同じように，「頂点Hを切り落とす」とは，３点D，E，Gを通る平面で立方体を切断し，点Hを含む方を取り除くことを言います。例として，２つの頂点B，Hを同時に切り落としてできる立体は図２のようになります。下の問いに答えなさい。

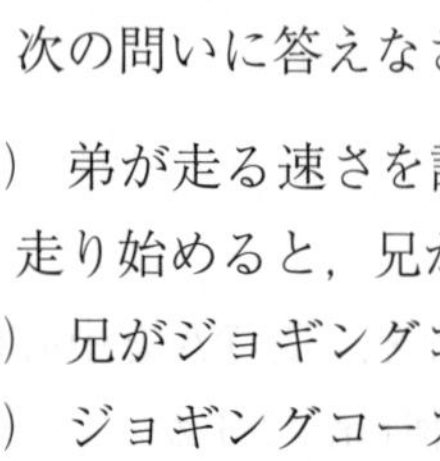

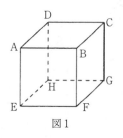

図１

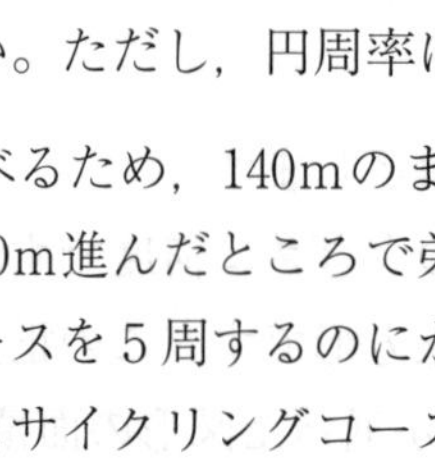

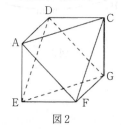

図２

(1)　立方体ABCDEFGHから２つの頂点B，Hを同時に切り落としてできる立体の体積は何cm^3ですか。

(2)　立方体ABCDEFGHから４つの頂点A，B，G，Hを同時に切り落としてできる立体について，

①　この立体の表面を黒く塗《ぬ》って，面BFGCの方向から見たとき，黒く塗られている部分を解答らんの図にかき込み，斜線で示しなさい。ただし，辺上の点は各辺を等分した点です。

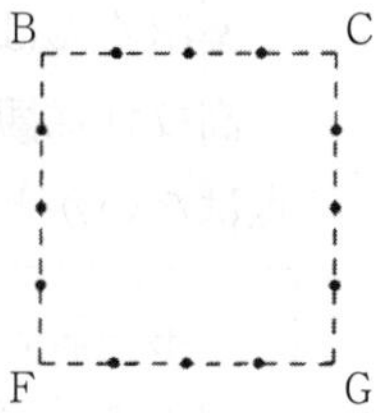

②　この立体の体積は何cm^3ですか。

(3)　立方体ABCDEFGHから８つの頂点A，B，C，D，E，F，G，Hを同時に切り落としてできる立体の体積は何cm^3ですか。

【社　会】〈第１回試験〉（30分）〈満点：40点〉

1　次の文章を読んで，各問に答えなさい。

桑田《くわた》くんは，夏休みに大好きな高校野球を観戦しに甲子園《こうしえん》へ行きました。

高校野球観戦後，Ａ～Ｆの６つの高校がある都府県（以下県と略します）どうしで，何か共通点はないかと調べてみました。すると，それぞれ次のような共通点があることに気づきました。

> 第一試合のＡ高校は四国三大祭り，Ｂ高校は東北三大祭りとして知られている県の代表同士の，「夏祭り」対決。
>
> 第二試合のＣ高校は日本（　　），Ｄ高校は西洋（　　）の収穫《しゅうかく》量が全国第１位の県の代表同士の，「果実」対決。
>
> 第三試合のＥ高校は印刷業，Ｆ高校は半導体製造装置製造業が全国第１位の県の代表同士の，「製造業」対決。

次に，桑田くんはＡ～Ｆ高校がある各都市について調べて，以下のようにまとめました。

> Ａ高校のある都市
>
> ①向かい合う島との間にある海峡《かいきょう》では，海の満ち干きによって起こる特徴《とくちょう》的な現象がみられる。この現象は両岸から見ることができる。
>
> Ｂ高校のある都市
>
> 1989年に全国で11番目に②政令指定都市となった。杜《もり》の都と呼ばれ，東北地方で最大の人口である。
>
> Ｃ高校のある都市
>
> ラムサール条約に認定された谷津干潟がある。③世界有数の大都市に近く，ねぎの栽《さい》培《ばい》など近郊農業が行われている。
>
> Ｄ高校のある都市
>
> ④冬に季節風の影響《えいきょう》を受け，10月～１月の降水量が多い。全国有数の稲作地帯に位置している。
>
> Ｅ高校のある都市
>
> 世界有数の大都市で⑤出版・印刷業の工場が多い。かつては小松菜の収穫量が全国第１位だった。
>
> Ｆ高校のある都市
>
> 2012年に全国で20番目に政令指定都市となった。⑥この都市のある県では，トマトなど全国第１位の収穫量を誇《ほこ》る野菜が栽培されている。

さらに，桑田くんは，Ａ～Ｆ高校のある都市や県に他に共通点はないか調べてみました。

すると，⑦Ａ～Ｆ高校のある都市はすべて平野部に位置していることがわかりました。またＢ高校とＤ高校，Ｃ高校とＥ高校はそれぞれ同じ地方であることに気づきました。さらにはＣ高校やＤ高校だけでなく⑧Ａ高校の県も，ある特産果実の収穫量が全国第１位であることがわかりました。

問１　文中の（　）にあてはまる共通の果実名を答えなさい。

問２　次の各問に答えなさい。

⑴　下線部①について，向かい合う島を示したものとして正しいものを次の中から選び，記号で答え，島名を答えなさい。

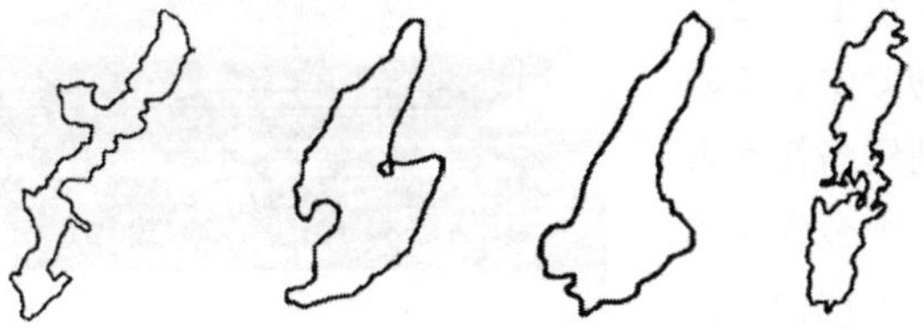

ア　　　イ　　　ウ　　　エ

⑵　下線部②について，この都市名を**漢字**で答えなさい。

⑶　下線部③について，大都市の近くで野菜を栽培する主な理由を２つ，解答欄《らん》にあうようにそれぞれ答えなさい。

⑷　下線部④について，この都市に吹《ふ》く冬の季節風の風向きを**8方位**で答えなさい。

⑸　下線部⑤について，出版・印刷業の工場が多い理由として**あてはまらないもの**を１つ選び，記号で答えなさい。

ア　情報や流行の発信地だから　　**イ**　労働力が豊富で人件費が安いから

ウ　学術や文化の中心地だから　　**エ**　道路網《もう》が整備され交通の便が良いから

⑹　下線部⑥について，この県がトマト以外で全国第１位の収穫量を誇る野菜は何か答えなさい。

⑺　下線部⑦について，Ｄ高校とＥ高校が位置する平野名をそれぞれ**漢字**で答えなさい。

⑻　下線部⑧について，この特産果実を１つ選び，記号で答えなさい。

ア　びわ　　**イ**　レモン　　**ウ**　おうとう　　**エ**　すだち

問３　次の表はＡ高校，Ｃ高校，Ｆ高校がある県の製造品出荷額等割合の上位５位を示したものです。Ｃ高校とＦ高校がある県のものをそれぞれ選び，記号で答えなさい。

	製造品出荷額等割合(2016年)				(単位：%)
ア	化学31.3	電子部品18.3	食料品 8.4	パルプ・紙 7.0	電気機械 6.2
イ	石油・石炭製品19.5	化学19.1	食料品13.3	鉄鋼13.0	金属製品 5.3
ウ	電子部品15.7	輸送用機械14.0	生産用機械13.8	食料品13.3	金属製品 6.0

『データでみる県勢2019』より作成

問４　Ａ～Ｆ高校がある県をすべて塗《ぬ》りなさい。

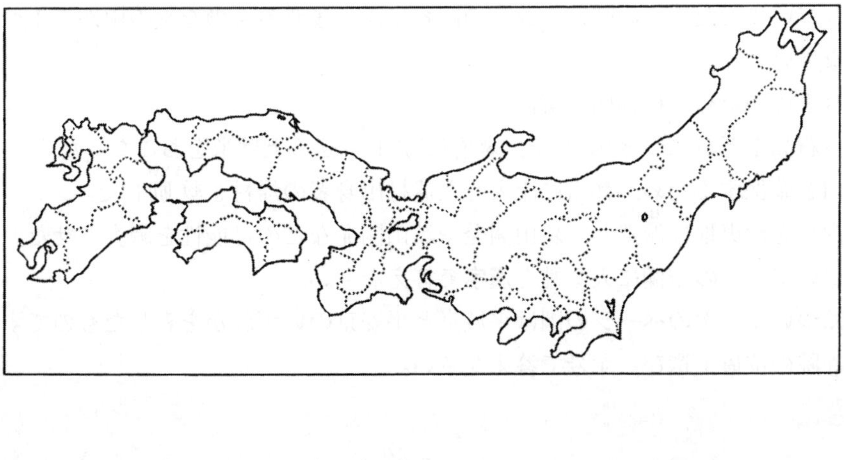

2 次の文章を読んで，各問に答えなさい。

2018年10月，奈良の大寺院で「中金堂《ちゅうこんどう》(右の写真)」という建物が再建されて話題となりました。金堂とは本尊となる仏像を安置する建物です。この寺院には3棟《とう》の金堂があり，中金堂は創建当初から存在する金堂です。①1717年の大火で，中金堂をふくむ多くの建物が焼失しました。ようやく1819年になって，中金堂の再建がはかられましたが，資金が少なかったため大幅《おおはば》に規模を縮小し，質も落とした仮のお堂という形で建てられました。それも老朽《ろうきゅう》化したため，今回の再建となりました。本来の規模の「中金堂」としては，ほぼ300年ぶりのものとなります。

この寺院は，710年に朝廷の有力者であった(②)氏の寺院として③現在の地に創建されました。その後，734年に④天皇とその皇后により，おもな建物が完成されました。この天皇の母も皇后も，(②)氏の出身だったからです。都が奈良から離《はな》れて以後，(②)氏が朝廷の重要な地位を独占《どくせん》するようになると，この寺院も⑤豊かな財力をもち，さらに(②)氏の氏神である春日神社と一体のものとみなされ，大きな権勢をもつようになりました。11世紀後半になると，この寺院の武装した僧侶《そうりょ》が自分たちの要求を通すため，都に強訴《ごうそ》にのぼり，時には⑥政権を握《にぎ》る勢力と対立することもありました。12世紀以降もこの寺院が財力と武力を兼《か》ね備えた状況《じょうきょう》は続き，鎌倉幕府や⑦室町幕府の時代においては，事実上の大和国の守護をつとめていました。

この寺院は⑧長い歴史の中で，何度も危機を迎《むか》えました。まず，くりかえし火災にみまわれ，多くの建物が被災《ひさい》してきたことです。そのたびに建物は再建されてきました。中金堂だけでも，7度も被災しています。しかし最大の危機は，1868年に明治政府が出した神仏分離《ぶんり》令をきっかけに，各地で寺院の建物や仏像・仏具などを破壊《はかい》する⑨廃仏毀釈《はいぶつきしゃく》が起こったことです。この寺院でも住職が不在となり，仏像などの文化財が海外へ流出し，破壊された建物もありました。⑩1881年に明治政府により再興が許可されて，ようやく寺院として復活しました。現在，⑪この寺院は世界遺産「古都奈良の文化財」の重要な担い手です。今後も建物の再建，改修が続けられていく予定です。かつての壮麗《そうれい》な姿を，将来見ることができるようになるかもしれません。

問1 下線部①について，このころ幕府では財政を立て直すために倹約《けんやく》令をはじめとする政治改革が進められていました。この時期の改革の内容にふくまれるものを次の中から1つ選び，記号で答えなさい。

ア 物価引き下げのため，株仲間を解散した。

イ 大名から石高1万石につき100石を，幕府に献上《けんじょう》させる上げ米をおこなった。

ウ 農村人口を確保するため，都市に流入した農村出身者の帰村を奨励《しょうれい》した。

エ 最上徳内らを蝦夷地に派遣《はけん》し，新田開発や鉱山開発などの可能性を調査させた。

問2 空欄②について，この空欄に入る姓《せい》を**漢字**で答えなさい。

問3 下線部③について，次のページの図は平城京と平安京のいずれかを表したものです。図の中からこの寺院の位置を選び，記号で答えなさい。

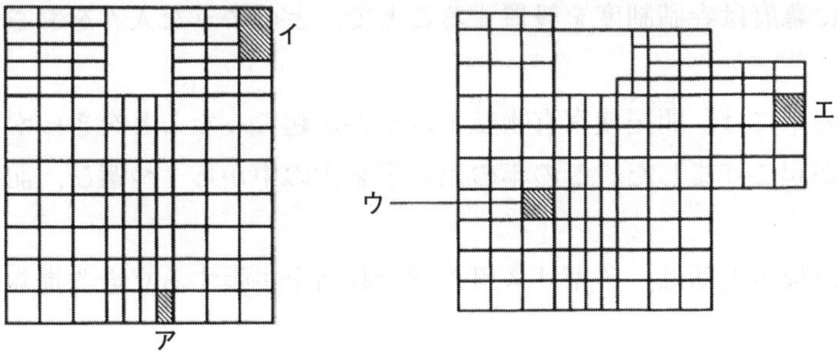

問４　下線部④について，この人物は各国に国分寺と国分尼寺を建立しました。次の各問に答えなさい。

⑴　国分寺の跡《あと》とされている場所が**１カ所もない県**を，次の中から１つ選び，記号で答えなさい。

ア　宮城県　　**イ**　福島県　　**ウ**　栃木県　　**エ**　群馬県

⑵　この人物の時代の出来事として正しいものを，次の中から１つ選び，記号で答えなさい。

ア　田地の開墾《かいこん》をうながすため，墾田永年私財法を制定した。

イ　貴族の力をおさえ天皇の力を強化するため，長岡京に都を遷《うつ》そうとした。

ウ　土地や人民をすべて国家の所有とする政策方針を，はじめて発表した。

エ　朝廷の役人の位を12段階に分けて，家柄《いえがら》ではなく，能力によって役人をとりたてようとした。

問５　下線部⑤について，この寺院は大和国をはじめとして各地に多くの私有地を所有していました。この私有地は歴史的には何と呼ばれていますか。**漢字２字**で答えなさい。

問６　下線部⑥について，1180年に平氏が奈良に兵を進め，この寺院や隣接《りんせつ》する東大寺に火を放ちました。翌年には早くも東大寺再建の動きが始まり，大仏殿《でん》や南大門が13世紀初めごろには建立されました。この再建に関わった人物を次の中から１人選び，記号で答えなさい。

ア　行基　　**イ**　運慶　　**ウ**　雪舟　　**エ**　道元

問７　下線部⑦について，この幕府で将軍を補佐《ほさ》して政治をまとめる職に就《つ》くことができたのは，３家に限られていました。その職名を次の**ア**～**エ**から選び，３家にふくまれる一族を下の**あ**～**え**から選び，それぞれ記号で答えなさい。

【職名】 **ア**　管領　　**イ**　公方　　**ウ**　執権　　**エ**　別当

【一族】 **あ**　赤松氏　　**い**　一色氏　　**う**　細川氏　　**え**　山名氏

問８　下線部⑧について，次の各問に答えなさい。

⑴　1046年に多くの建物が焼失した際の再建は，とても迅速《じんそく》に行われました。それは，当時の朝廷で政治権力を握《にぎ》っていた人物が再建を積極的に進めたからです。このようなことを可能にした，当時の特色のある政治を何と言いますか。**漢字**で答えなさい。

⑵　1595年に，この寺の領地として２万1000石が定められました。これは誰《だれ》の，どのような政策によって定められたものですか。次の文の空欄**a**には人物名を，**b**には政策名を解答欄にしたがって答えなさい。

（　a　）が全国におこなった（　b　）によって定められた。

問９　下線部⑨について，それまで多くの寺院は寺請《てらうけ》制度のもとで，江戸幕府の統治と関わりを

もってきました。17世紀に幕府は寺請制度を設置することで，どのような人々をおさえようとしましたか。

問10　下線部⑩について，この年には，開拓《かいたく》使官有物払下《はらいさ》げ事件が起こったことをきっかけに，明治政府内で大きな変化が起こりました。この年の出来事を次の中から１つ選び，記号で答えなさい。

ア　この年に政府を去った板垣退助は，イギリス風の議会政治を主張する立憲改進党を結成した。

イ　伊藤博文を中心とする政府は，国会を10年後に開設することを約束した。

ウ　徴兵《ちょうへい》令が出され，満20才以上の男子に３年間軍隊に入ることが義務づけられた。

エ　地租《ちそ》改正条例を定めて，租税は地価に税率2.5％をかけた額を金納することにした。

問11　下線部⑪について，この寺院の名称《めいしょう》を**漢字**で答えなさい。

3　次の文章を読んで，各問に答えなさい。

日本国憲法の原則の１つである①国民主権を実現するためにとられている政治制度が，議会制民主主義(代議制)です。では，議会さえあれば民主主義が実現されているといえるのでしょうか。議会制民主主義の条件について考えてみました。

第一は，議会が十分な権限をもっていることです。日本国憲法では，国会を「国の唯一の立法機関」であるとともに，「(　　　　)機関」であると定め，国会を中心として国政が行われるべきことを明らかにしています。まず国会は，内閣の長である内閣総理大臣を指名します。さらに国会は②証人を呼んだり，政府に資料を提出させたりするなどの手段で，行政権を監督《かんとく》する役割を果たしています。

第二に，議会が真に国民の代表機関となるためには，国民の考えを正しく反映させることのできる選挙制度が必要です。例えば日本で初めて帝国《ていこく》議会の選挙が行われたとき，有権者の人口に占《し》める割合は，約１％でした。このとき議会は，１％の人々の代表でしかなかったのです。それと比べ，現在では普通選挙制度によって③有権者の割合は，はるかに高くなっています。

第三に，民主主義の実現のためには，④国会での審議《しんぎ》が十分に尽《つ》くされ，国民の理解が深まった上で決定がなされる必要があります。

ところで国会は，衆議院と参議院とからなる二院制をとっています。国会がこのような二院制をとるのは，国民の間の様々な意見を反映させ，審議を慎重《しんちょう》に行うためとされています。そこで，この二つの院は定数だけでなく，⑤選挙制度にも違《ちが》いが設けられています。

議会制民主主義は，一度つくられたら完成というものではありません。その内容や運営を，常に国民が注意深く見守っていく必要のある制度なのです。

問１　文中の空欄にあてはまることばを，解答欄にしたがって答えなさい。

問２　下線部①について，次の各問に答えなさい。

(1)　次の文中の空欄にあてはまることばを答えなさい。

アメリカの歴史について書いた，ある本の中に次のような話があります。
※『ある西部の満員の集会で数人の役人が人ごみをおしわけて演壇《えんだん》に近づこうとしていた。彼らは，「そこをどけ，われわれは人民の代表だぞ！」とどなった。ところが，

間髪《かんはつ》をいれず群集のなかから答があった。いわく，「てめえたちこそどけ！　おれたちが人民だぞ！」』
　この話が示す精神と，リンカーン大統領が1860年代に行った有名な演説の一節である，「(　　)，(　　)による，(　　)の政治」という言葉は，国民主権の意味をよく表しているといえるでしょう。

※レオ・ヒューバーマン著　小林良正・雪山慶正 訳『アメリカ人民の歴史(上)』岩波新書から

(2)　日本国憲法の中で，国民が主権をもつことをはっきり書いてあるのは前文と第何条でしょうか。正しいものを次の中から１つ選び，記号で答えなさい。

ア　天皇の地位について定めている第１条
イ　戦争放棄《ほうき》について定めている第９条
ウ　国会の地位について定めている第41条
エ　行政権について定めている第65条

問３　下線部②について，次の文中の空欄にあてはまることばを，解答欄にしたがって答えなさい。

　これらは国会のもつ(　**a**　)権に基づくものですが，それは国政の実情を明らかにし，主権者である国民の(　**b**　)権利にこたえるという意味ももっています。

問４　下線部③について，有権者の割合が高くなっても，投票に行かない人が多くなると国民の考えは正確に議会に反映されません。昨年７月に行われた参議院議員通常選挙の投票率に最も近いものを次の中から１つ選び，記号で答えなさい。

ア　60%　　**イ**　50%　　**ウ**　40%　　**エ**　30%

問５　下線部④に関連して，2018年12月に成立し，翌年４月から施行《しこう》されたある法律は，国会での審議時間が短かったことが話題になりました。その法律(法案)を次の中から１つ選び，記号で答えなさい。

ア　集団的自衛権の行使容認を含む，安全保障関連法案
イ　高齢者《こうれいしゃ》に十分な生活費を保障するための，年金改革法案
ウ　外国人労働者の受け入れを拡大する，出入国管理及び難民認定法改正案
エ　消費税率を８%から10%に引き上げるための，税と社会保障の一体改革関連法案

問６　下線部⑤について，衆議院議員選挙と参議院議員選挙のどちらにも比例代表制がとりいれられています。そのことについて述べた文として，**誤っているもの**を次の中から１つ選び，記号で答えなさい。

ア　衆議院も参議院も，議員の半数は民意を比較《ひかく》的正確に反映するといわれる比例代表制で選ばれています。
イ　衆議院の比例代表制では全国を11のブロックに分けていますが，参議院では全国１区で選びます。
ウ　衆議院の比例代表制の候補者には，小選挙区で立候補している人も加えることができますが，参議院では都道府県の選挙区で立候補している人は，比例代表制の候補者になることはできません。

エ　衆議院の比例代表制では，あらかじめ届出された政党・政治団体名を書いて投票しますが，参議院の比例代表制では，政党・政治団体名だけでなく候補者の個人名を書いて投票することもできます。

問７　昨年７月の参議院議員通常選挙で，難病や障がいのため大型車いすが必要な２人の候補者が当選しました。このことについて述べた文として，正しいものを次の中から１つ選び，記号で答えなさい。

ア　２人が所属する政党・政治団体は，障がい者の社会参加の問題だけをとりあげ，選挙にのぞみました。

イ　２人は，優先的に当選する候補者をあらかじめ決めておく，比例代表制の「特定枠《わく》」の制度によって当選しました。

ウ　２人は特別な配慮《はいりょ》によって，初めての国会審議からテレビ会議方式で参加しました。

エ　２人の当選を受けて，障がい者の社会参加のために合理的配慮を求める，障がい者差別解消法案が国会に提出されました。

【理　科】〈第１回試験〉(30分)〈満点：40点〉

(注意)　定規，コンパス，および計算機(時計についているものも含む)類の使用は認めません。

1　地層や岩石の中に残された，昔の生物の死がいや生活のあとを化石といいます。化石は野外のほかに，デパートなどの石造りのかべの中にも見ることができます。あるビルのかべに化石を見つけたので，スケッチ(図１)をしてこれについて調べることにしました。以下の問いに答えなさい。

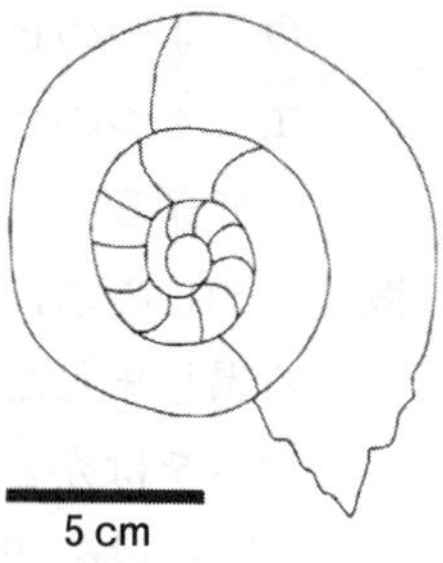

図１

問１　この化石は断面が見えており，図鑑《かん》で調べると中生代という時代に生息していた生物のものでした。この化石の名前を答えなさい。

問２　この化石のように，地層がたい積した時代が分かる化石を示準化石といいます。示準化石に適している生物の条件としてふさわしいものをすべて選び，記号で答えなさい。

ア　広い範囲《はんい》に生息していた生物　　**イ**　限られた環境《かんきょう》でしか生息できない生物

ウ　長い期間生息していた生物　　**エ**　短い期間に栄えた生物

問１の化石は，標高8,000mを超えるヒマラヤ山脈の山頂付近の地層からも見つかっています。ヒマラヤ山脈の南に位置するインドなどは，かつては別の小さな大陸(古インド大陸)でした。図２は，古インド大陸の南から北への移動のようすと，現在のユーラシア大陸，ヒマラヤ山脈の位置を示しています。

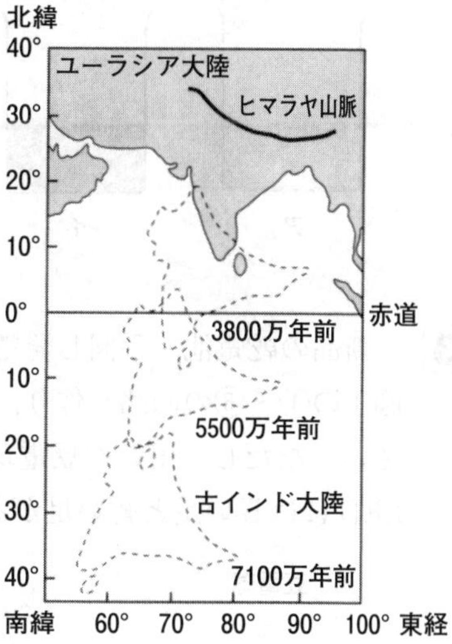

図２

問３　ヒマラヤ山脈の山頂付近の地層から**問１**の化石が見つかったことから，この地層がつくられたのはどのような場所だったと考えられますか。

問４　古インド大陸の移動は何の動きによるものですか。

問５　古インド大陸は１年でどのくらい移動しましたか。図２を用いて計算し，もっともふさわしいものを選び，記号で答えなさい。ただし，子午線の長さを40,000km とします。

ア　約１mm　　**イ**　約10cm

ウ　約１m　　**エ**　約10m

2　右表は，いろいろな温度で，100ｇの水に溶《と》けるだけ溶かした食塩，砂糖，ホウ酸，硝酸カリウムの量を示したものです。以下の問いに答えなさい。

水の温度(℃)	20	40	60	80
食塩(ｇ)	35.8	36.3	37.1	38.0
砂糖(ｇ)	203.9	238.1	287.3	362.1
ホウ酸(ｇ)	4.9	8.9	14.9	23.5
硝酸カリウム(ｇ)	31.6	63.9	109.2	168.8

問１　40℃の水50ｇに食塩20ｇを加えてよくかきまぜ，溶けるだけ溶かしました。溶けずに残った食塩の重さは何ｇですか。

問２　80℃の水100ｇに硝酸カリウム40ｇを加えてよくかきまぜ，溶けるだけ溶かしました。この水溶液を20℃まで冷やすと何ｇの結しょうが出てきますか。

問３　40℃の水100ｇが入ったビーカーを４つ用意しました。食塩，砂糖，ホウ酸，硝酸カリウムを40ｇずつはかり，それぞれ別々のビーカーに加えてよくかきまぜました。次のうち，正しいものはどれですか。ふさわしいものをすべて選び，記号で答えなさい。

ア　ホウ酸を加えたビーカーには溶け残りができる。

イ　４つのうち，２つのビーカーの水溶液は同じ濃《こ》さである。

ウ　４つのビーカーを20℃まで冷やすと，すべてのビーカーに溶け残りができる。

エ　４つのビーカーを60℃まで温めてよくかきまぜると，１つのビーカーにだけ溶け残りができる。

問４　20℃の水にある量の食塩を入れてよくかきまぜたところ，溶け残りが生じたので，これをろ過しました。溶け残った食塩をのせたままろ紙をろうとから外し，十分に乾燥《かんそう》させてから重さをはかると，ろ紙のみの重さから2.1ｇ増えていました。また，ろ過して得られた液体（ろ液）は67.9ｇでした。最初に入れた食塩は何ｇですか。ただし，ろうとに食塩水は残っていないものとします。

問５　80℃の水をビーカーに入れ，食塩を溶けるだけ溶かしました。この水溶液を20℃まで冷やすと，結しょうが生じました。生じた結しょうの量と形としてもっともふさわしいものをそれぞれ選び，記号で答えなさい。

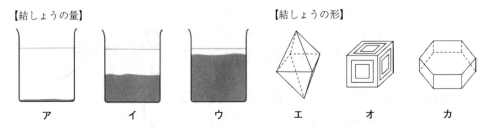

【結しょうの量】

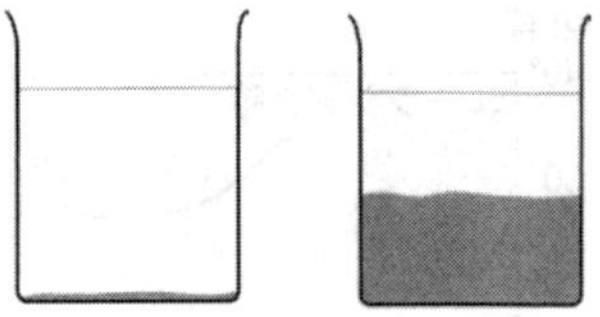

ア　　イ　　ウ

【結しょうの形】

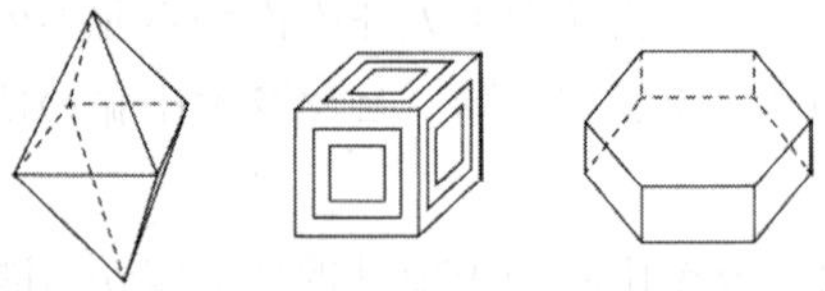

エ　　オ　　カ

3　新品の乾《かん》電池，手回し発電機，豆電球，発光ダイオード（LED），電流計，スイッチを用いて，図１の①～⑤の回路を作り，**実験１**～**実験４**を行いました。これについて以下の問いに答えなさい。ただし，用いた豆電球とLEDはすべて同じ種類であるとします。また，図２のように，LEDには長い足と短い足があることに注意しなさい。

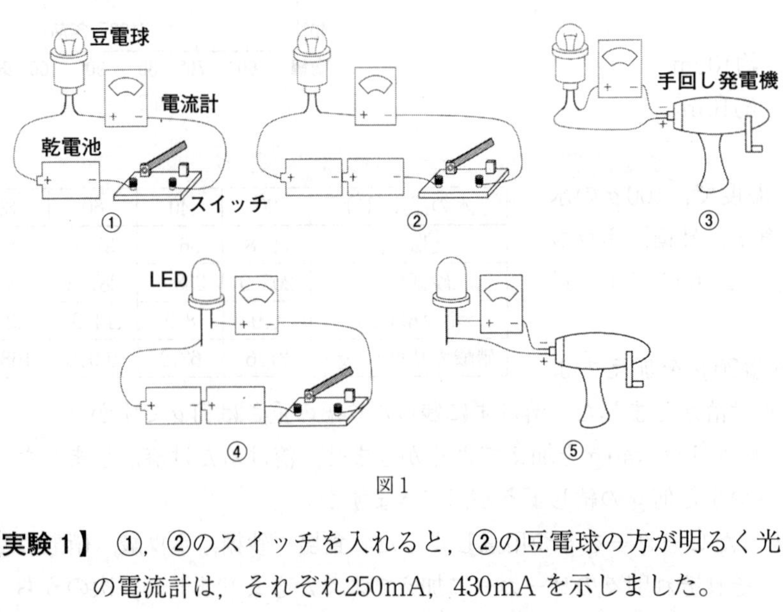

図１

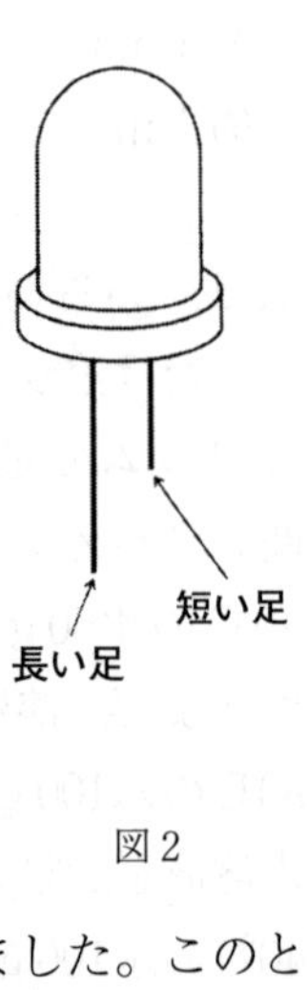

図２

【実験１】　①，②のスイッチを入れると，②の豆電球の方が明るく光りました。このとき①，②の電流計は，それぞれ250mA，430mAを示しました。

【実験２】 ③の手回し発電機のハンドルを時計回りに一定の速さで回すと，豆電球は**【実験１】**の①と同じ明るさで光り，電流計は250mA を示しました。ハンドルを回す速さをゆっくりと上げると，それにともなって豆電球は明るくなり，電流計の示す値は大きくなりました。ある速さに達したところで，豆電球は**【実験１】**の②と同じ明るさになり，電流計は430mA を示しました。

【実験３】 ④のスイッチを入れると，LED は光り，電流計は20mA を示しました。また，⑤の手回し発電機のハンドルを時計回りに一定の速さで回すと，⑤の LED は④の LED と同じ明るさで光り，電流計は20mA を示しました。この状態からハンドルを回す速さをゆっくりと下げると，それにともなって LED は暗くなり，電流計の示す値が小さくなりました。ある速さに達したところで，LED が光らなくなり，電流計は０mA を示しました。LED が光らなくなった速さで③の手回し発電機のハンドルを時計回りに回すと，豆電球は**【実験１】**の①よりも明るく光り，電流計は300mA を示しました。

【実験４】 ⑤の LED を逆向き（短い足を手回し発電機の＋側，長い足を電流計の＋側）につなぎ，手回し発電機のハンドルを時計回りに回しました。すると，回す速さにかかわらず LED は光りませんでした。電流計は常に０mA を示しました。

問１ **【実験１】**と**【実験２】**からわかることは何ですか。ふさわしいものを２つ選び，記号で答えなさい。

ア 豆電球は，電流の流れる向きに関係なく光る。

イ 豆電球は，大きな電流が流れるとより明るく光る。

ウ 豆電球は，つないだ乾電池の個数に関係なく同じ明るさで光る。

エ 手回し発電機のハンドルを回す向きを変えると，流れる電流の向きも変わる。

オ 手回し発電機のハンドルを速く回すほど，大きな電流を流すことができる。

問２ 図３のような回路を作ったとき，光る豆電球をすべて選び，記号で答えなさい。

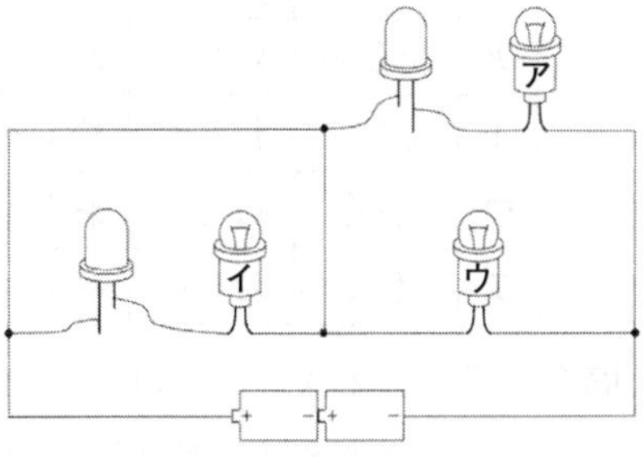

図３

問３ 図４のような４つの回路を作ったとき，光る LED をすべて選び，記号で答えなさい。

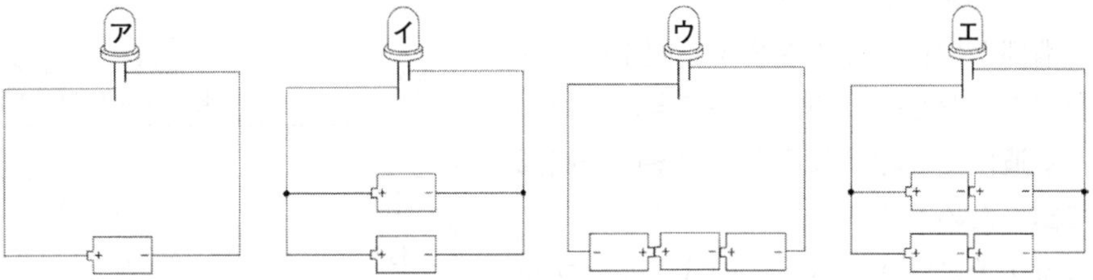

図４

問４ 次のページの図５のような回路を作ったとき，光る LED をすべて選び，記号で答えなさい。

問５ 乾電池は使い続けると消耗《しょうもう》することが知られています。図１の②と④のスイッチを同時に入れると，豆電球の方が LED よりも早く明かりが消えました。新品の乾電池を用いて，

図6のような回路を作ったとき，どのような現象が起きますか。もっともふさわしいものを選び，記号で答えなさい。ただし，乾電池の寿命《じゅみょう》は豆電球やLEDの寿命に比べて短いものとします。

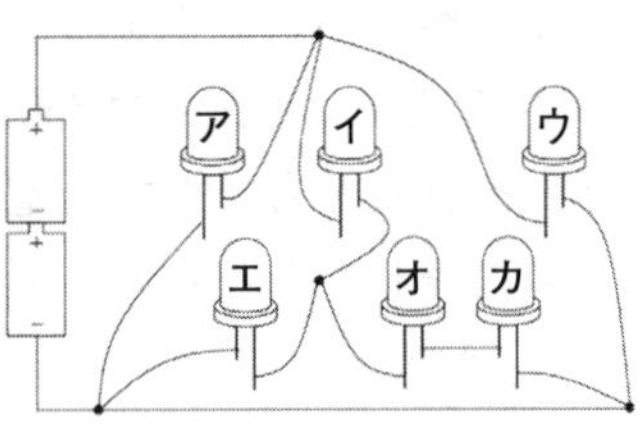

図5

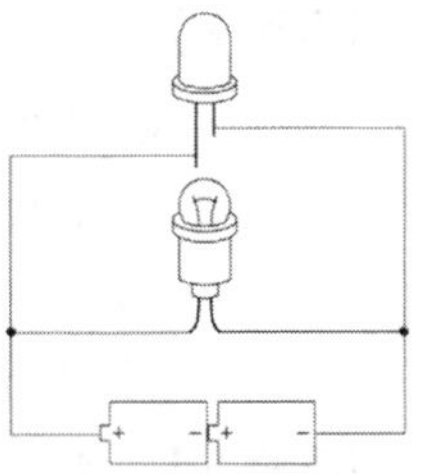

図6

ア　豆電球とLEDはいずれも光り，豆電球の明かりが先に消える。

イ　豆電球とLEDはいずれも光り，LEDの明かりが先に消える。

ウ　豆電球とLEDはいずれも光り，同時に消える。

エ　豆電球のみ光り，しばらくたつと消える。

オ　豆電球とLEDはいずれも光らない。

4

多くの植物は成長して花をさかせ，その後，受粉をして実をつけます。花のつくりや受粉，実のでき方について，以下の問いに答えなさい。

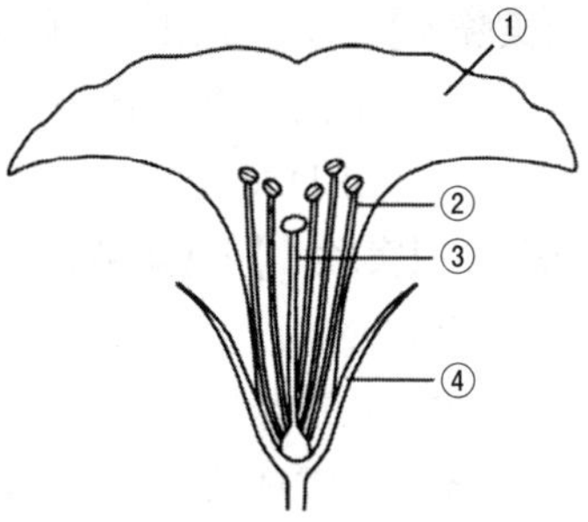

図1

問1　図1はアサガオの花をたてに切ったときのようすを示しています。図中の①～④は何ですか。正しいものの組み合わせとしてふさわしいものを選び，記号で答えなさい。

	①	②	③	④
ア	花びら	めしべ	おしべ	がく
イ	花びら	おしべ	めしべ	がく
ウ	がく	めしべ	おしべ	花びら
エ	がく	おしべ	めしべ	花びら

問2　アサガオは，1つの花の中におしべとめしべを両方もつ「両性花」をつけます。それに対して，ヘチマは，おばなとめばなを別々につけ，これらは「単性花」と呼ばれます。単性花をつける植物はどれですか。ふさわしいものを2つ選び，記号で答えなさい。

ア　アブラナ　　**イ**　インゲンマメ　　**ウ**　キュウリ

エ　コスモス　　**オ**　トウモロコシ

花は茎《くき》の先端《せんたん》部が変化してできます。図1のように，がく，花びら，おしべ，めしべができるのは，設計図にあたる遺伝子と呼ばれるものが茎の先端部で調節されて働くためです。

花のつくり	正常な花がつくられるときに働くグループ遺伝子
がく	Aのみ
花びら	AとB
おしべ	BとC
めしべ	Cのみ

花をつくる遺伝子にはA，B，Cの3グループがあり，茎の先端部はどこの部分もA，B，Cのグループ遺伝子すべてをもっています。そのうちのどれが働くかによって，花のつくりのどの部分ができるかが決まります。正常な花がつくられる場合，各部分ではA～Cのグループ遺伝子が上表のように働いています。

問3　何らかの影響でBグループ遺伝子の働きが失われた場合，どのような形の花ができますか。

次の文の①～④にあてはまる語を**ア～エ**から選び，それぞれ記号で答えなさい。

　Ｂグループ遺伝子の働きが失われると，花のつくりのうち，外側の本来（ ① ）になる部分が（ ② ）に，内側の本来（ ③ ）になる部分が（ ④ ）に変化し，（ ② ）と（ ④ ）だけをもつ花ができる。

ア　がく　　**イ**　花びら　　**ウ**　おしべ　　**エ**　めしべ

問４　ＡグループいでんしとＣグループ遺伝子はおたがいに働きをおさえ合っているので，もしＣが働いている部分でＣの働きが失われると，Ａがその部分で働きだすようになります。このとき，どのような形の花ができますか。もっともふさわしいものを選び，記号で答えなさい。

ア　おしべを失い，めしべ，花びら，がくが増えた花

イ　めしべを失い，おしべ，花びら，がくが増えた花

ウ　おしべとめしべを失い，花びらだけが増えた花

エ　おしべとめしべを失い，がくだけが増えた花

オ　おしべとめしべを失い，花びらとがくが増えた花

花がさいた後，実ができるためには受粉が必要です。そのことを調べるために，ヘチマを用いて次のような実験を行いました。

［実験］

⑴　翌日に花がさきそうなめばなのつぼみを２つ選び，袋《ふくろ》をかぶせる（図２）。

⑵　花がさいたら，１つは袋をかぶせたままにし，これを㋐とする。もう１つは袋を取りおしべの花粉を筆でめしべの先につけ，またすぐに袋をかぶせもとのようにし，これを㋑とする。

⑶　花がしぼんでから両方の袋を取り，その後，実ができるかを観察する。

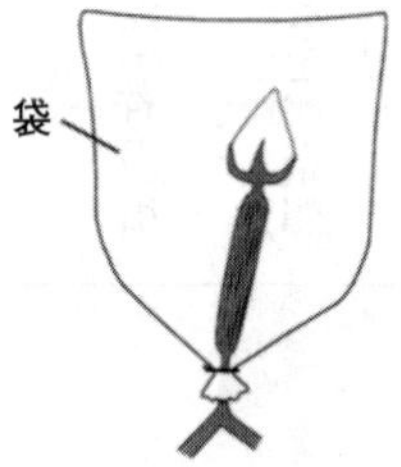

図２

問５　実験の結果，㋐は実がならず，花粉をつけた㋑では実がなったことから，実がなるためには受粉が必要であることがわかりました。では，㋑の花に下線部のように再び袋をかぶせる必要があったのはなぜですか。その理由を答えなさい。

で感じとれるようになると、独創的な音楽が生まれているということ。

エ　ひとつの川の流れにも多種多様な音があふれていることを知ったときのように、自ら発する音の微細な違いにも気づき、それらを愛おしく感じられると、自分の音楽が生まれているということ。

問4　X に入る最もふさわしいことばを次から選び、記号で答えなさい。

ア　昔話　イ　会話　ウ　指揮　エ　議論　オ　録音

問5　Y に入る最もふさわしいことばを次から選び、記号で答えなさい。

ア　自分が欲《ほっ》しているものは、美しさの中にある

イ　歌い続けることで、そっと森に一体化したい

ウ　自然よりも美しい曲を、つくることができる

エ　昔を伝える唄の中にこそ、求める音楽がある

オ　本当に美しい楽曲は、自分の中に眠っている

問6　傍線部3「心が揺さぶられる」とありますが、それはなぜですか。解答欄に合うように、四十字以上五十字以内で説明しなさい。

問7　傍線部4「耳を澄まして、どこまでも自分を開いて、受け取って、与えて、混じり合って」とありますが、この一文についての説明として最もふさわしいものを次から選び、記号で答えなさい。

ア　ある朝目覚めた後に曲を生み出した筆者の探究心を、詳細《しょうさい》な言葉で表現している。

イ　目が開けられなくなるほどの大量の音楽に触れた筆者の衝《しょう》撃《げき》を、客観的に表現している。

ウ　音楽が生まれるときに筆者の身に起こっていることを、余韻《よいん》をもたせつつ表現している。

エ　蝉達の合唱の中で聞き慣れた音楽が今日も立ち上がってくるさまを、象徴《しょうちょう》的に表現している。

曲ができたな、いい演奏ができたなと思っても、鳥がやってきて歌うのを、風が吹いて葉が揺《ゆ》れるのを、村一番の歌い手マッチャンさんが昔の唄《うた》をうたうのを、１００歳になったシヅさんが震《ふる》える声で丁寧《ていねい》に昔話を聞かせてくれるのを、生まれたばかりの赤ちゃんがお母さんと目が合って歓《よろこ》ぶ声を、またたく星々のささやきを、耳にする度に、ほんとうに美しいと思う。ただただこのようにあれたらと思う。自分も同じように音を奏でられたらと思うけれど、どうすれば近づけるのだろう。

僕の大好きな音楽のひとつに昔から残る民謡《みんよう》がある。民謡は誰かに評価してもらったり大勢に聴いてもらうための唄ではない。自分の心をなぐさめるような、愛するものに優しく触《ふ》れるような、仲間同士しみじみと寄り添《そ》うような、自然に魂《たましい》を捧《ささ》げるような、そんな唄だ。その中でも田植え唄や木遣《きや》り唄などの作業唄は、特別なよさがある。独りで唄ってもいいのだけれど、みんなで唄った時の特別な響きに**3**心が揺さぶられる。同じ村に住んで、同じ景色のなかで暮らして、同じ土や水から育ったものを食べて、同じ作業をして、同じ大変さと歓びがあって。そうやってじっくりじっくり育まれた関わり合いや繋《つな》がりの中から生まれてきた唄だ。人間だけじゃなく、他の生き物や自然をきちんと内に入れている美しい音楽だ。

朝早くに目が覚めると、ひぐらしが一斉《いっせい》にトゥルルルルル、トトトトトト、と鳴いていた。空気の隙間《すきま》がないくらい、あまりに大量に鳴いているのを聴いていると目が開けられなくなってくる。再び、そおっと目を開けてみると、なにか、音をつかって巨大な**c**モヨウを描こうとしているのかなと思えてくる。この世に極楽《ごくらく》を一瞬《いっしゅん》だけ生み出したような。しばらくすると、鳥たちが鮮《あざ》やかにそれぞれの歌声を響かせて、新鮮な色とりどりの波紋《はもん》を残していく。音の色が混じり合って、すっかり朝の気配が立ち上がった頃、太陽が昇《のぼ》ってきて、風が生まれた。一枚一枚の葉が輝《かがや》きながら裏返って、山が揺れている。たくさんの蟬《せみ》が力の限り歌い合って、どこもかしこも、愛で結ばれ合って新しい命に連なっていく。**4**耳を澄まして、どこまでも自分を開いて、受け取って、与えて、混じり合って。

（高木正勝《たかぎまさかつ》「音楽が生まれる」『新潮』〈新潮社〉より）

問１　傍線部**a**～**c**のカタカナを漢字に直しなさい。

問２　傍線部**1**「学校で習いそうな基礎的な知識は大事だけれど、自分で曲をつくるときにはそれ程役に立っていない」とありますが、筆者が「曲をつくる」際に大切にしているのはどのようなことですか。次の空欄《らん》に合うように、最もふさわしいことばを本文中から二十字以上二十五字以内で探し、最初の五字を書き抜きなさい。

〔　　　　〕**こと。**

問３　傍線部**2**「こういう風に音を『聴く』ことができる時、曲が生まれる」とありますが、それはどういうことですか。その説明として最もふさわしいものを次から選び、記号で答えなさい。

ア　不思議な音に満ちた川の雄大《ゆうだい》さに対して自分の小ささを感じたときのように、身のまわりの面白い響きに謙虚《けんきょ》に耳を傾《かたむ》けていると、いつのまにか周囲と響き合う音楽が生まれているということ。

イ　風に運ばれてきた遠くの川の音がやっと聞き取れてうれしさを覚えたときのように、自然が鳴らした異なる表情の音すべてに愛着を感じられると、すでに本当の音楽が生まれているということ。

ウ　川の流れが発する複雑な響きの中から美しい音を発見し驚いたときのように、自分の歌声がもつ優《すぐ》れた響きを新鮮な気持ち

クな例え話に落ち着く。

　目の前に川が流れていたとして、その川の音を声に出して表すとしたら。ざあああ、と勢いよく流れているかもしれないし、ちょろろろ、とｂオダやかに流れているかもしれない。さらさら、てらてら、そよそよ、しゃーしゃー、と浮かんできそうだけれど、実際に川の前に立ってみると、もっと複雑でいろんな音がしている。あちらの大きな石のところでは、ぴちゃぴちゃ、そちらの小さな段差のところは、ピロロロロ。こちらの溜《た》まり場では、どごん、どごん。聴こうとすればする程、いろんな音が聞こえてきて、いったいどの音を『川の音』とすればいいのか分からなくなってくる。ちょっと集中するだけでも、すぐに10種類くらいの音が見つかる。さらに耳を澄《す》まして、遠くの方まで聴こうとすると30種類、もっと細かな違いに気づきだすと100種類、ぴゃらぽぽ、ぷぷっぷ、ぽるるぽるん、まるで奇妙な微生物《びせいぶつ》を観察しているように、どんどん微細で複雑で不思議な音たちが、たったひとつの川にあふれていることに圧倒される。

　2こういう風に音を『聴く』ことができる時、曲が生まれる。ドミソと鳴らしてみて、ああ美しい響《ひび》きだなと感じたなら、あんまりウロチョロしたりしないで、いいな、いいなという気持ちを大事にして、よくよく聴こうとしてみる。例えば、ドミソと歌ってみたら、口の開け方を少し変えてみるだけで幾《いく》通りも違う表情が味わえる。ドミソから、ドーミソになってもいいし、ドミーーーソッと繰《く》り返しても面白い。鳥が歌っているみたいに、ああ、楽しい、身体に響いて楽しい、空気に響いて楽しい、少しずつの違いが、どれもこれも愛《いと》おしいと感じられる心になると、もう音楽が生まれている。あとはもう、ただただその時間を録音しておけばいい。後で聴いてみたら、その時に自分が抱《かか》えている気持ちや暮らしの状況《じょうきょう》がきちんと音に刻まれている筈《はず》で、表現しようと試みなくても、嘘偽《うそいつわ》りなく、いまの自分そのものがそのまま鳴ってしまっている。

　「どうやったら音楽がつくれるようになるか」を探すよりも、じっと耳を澄ましたい音が既《すで》にある場所に身をおくといいのではと思う。僕はいま、兵庫県の山奥の小さな村で暮らしている。家の周りは山なので、毎日毎日、いろんな音がやってきて楽しい。この前の晩は、アオバズクというフクロウが窓の外にやってきて、ホーホーホーと美しく歌った。それで、僕もそおっとピアノに向かって静かに同じ音を奏《かな》でてみる。トートートー。しばらく待っていると、またホーホーホーと歌い返した。本当に歌い返したのかは分からないけれど、僕はそういう気持ちで、［Ｘ］をするように、一緒にこの美しい夜を生み出すように音を馴染《なじ》ませてゆく。

　こんな遊びを特にこの一年、ずっとやっているのだけれど、鳥や虫たちの歌をよく聴こう、相手によく合わせようと演奏すると、不思議な間の取り方が生まれて新鮮《しんせん》だ。自分勝手に弾《ひ》きたいように演奏するのとは全く違って、ひと呼吸もふた呼吸もゆったりした間が生まれる。そうなってくると、うまくいった日には自然の方がよく歌い出して、ピアノを弾いている自分は溶けていってしまう。身体は部屋の中にいるけれど、よく澄ました耳だけがどんどん山に分け入って、どんどん細やかな音たちが身体に入ってくる。気がつけば、身体がぬおんと山じゅうに広がった心地《ここち》がして、いち音鳴らす度に山となって歌っているような。

　最近は、素直《すなお》に、「［Ｙ］」と思っている。どれだけいい

的な理由として最もふさわしい一文を傍線部4以前の本文中から探し、最初の五字を書き抜きなさい。

問6 Y に入る文として最もふさわしいものを次から選び、記号で答えなさい。

ア 私はそれでもまだ楽観していた
イ 私は初めて不吉《ふきつ》な予感を覚えた
ウ 私のOさんへの信頼が揺《ゆ》らいだ
エ 私は初めてコンタの気持ちを想像した
オ 私はコンタとの雪の日の記憶をたどった

問7 傍線部5「そういう心持を詩に託することが出来よう」とありますが、「私」にとって「詩」とはどのようなものだと考えられますか。その説明として最もふさわしいものを次から選び、記号で答えなさい。

ア 言語化しがたい想いを間接的に表すもの
イ 人の心を日本的な風景美に置き換《か》えるもの
ウ 人間の一般《いっぱん》的な感情を物語として語るもの
エ 個人の具体的な経験を正確に送り届けるもの
オ 動物の行動を擬《ぎ》人化して理解しやすくするもの

問8 傍線部6「私は、何か永遠なる信頼関係といったものを感じないではいられない」とありますが、「私」がその「信頼関係」を感じている例としてふさわしいものを次から二つ選び、記号で答えなさい。

ア 家の中に入ろうとしてガラスを泥で汚すキク
イ 夜泣きもせず首輪もいやがらなくなったハナ
ウ 朝霧の中で主人である「私」を振りかえるコンタ
エ 大昔の狩猟民族の記憶を「私」に思い出させたコンタ
オ 家族の誰かが外出するたびに見送りに飛んでくるハナ

問9 傍線部7「私にはそれは、いじましいのではなくて、いじらしいのである」とありますが、それはどういうことですか。その説明として最もふさわしいものを次から選び、記号で答えなさい。

ア 「私」は、人に見られていると家に上がってこないハナを、意地っ張りだと感じつつも、痛ましくもあると思っているということ。
イ 「私」は、人恋しがる犬の特性に関して基本的に好ましく思っているものの、家の中に上がることには嫌悪《けんお》感を抱いているということ。
ウ 「私」は、叱られたとしても、家族が恋しくて家に上がろうとするキクを、せせこましいとは思わず、可憐だと感じているということ。
エ 「私」は、家に上がりたくなったときに、我慢しないキクを意地が悪いと思う一方で、じっと我慢するハナには同情しているということ。
オ 「私」は、家の中に上がると叱られるのを知っていて我慢しているハナを、意地が汚《きたな》いとは考えずに、むしろけなげだと思っているということ。

二

次の文章を読んで、後の問に答えなさい。

「どうやったら音楽がつくれるようになりますか?」と、時々、尋《たず》ねられる。なんとか答えてみようと考えてみる。音階やハーモニーの説明をすればいいのだろうか、いや、リズムの話がわかりやすいかも、それとも倍音の話、いやいや、そんなことがわかっても音楽にはならないな、と考え込んでいるうちに説明するのが難しくなって、諦《あきら》めてしまう。1学校で習いそうな基礎的な知識は大事だけれど、自分で曲をつくるときにはそれ程《ほど》役に立っていない。それで、なんともaソボ

が、ガラス戸をあけておいても、勝手に中へ這入《はい》ってくるようなことはない。敷居《しきい》に前肢をかけると、叱られることを知っていて、そばで人が見ているかぎり、それ以上のことはしない。這入りたいのに、じっとがまんして、両前肢をすり合せるように足踏《ぶ》みしている。そのへんのところが、犬嫌いの人に言わせると、いじましくてイヤらしいのかもしれない。しかし、**7**私にはそれは、いじましいのではなくて、いじらしいのである。しかも、抱いて家の中を見せてやると、両眼をぱっちりあけて、文字通り別世界を覗《のぞ》いたように、驚いた顔をする。そういうところが、何ともいえず可憐《かれん》なものに思われる。

可憐といえば、家族の誰かが外出するときは、庭で遊んでいても必ず、木戸のところまで飛んできて、扉《とびら》の鉄格子《てつごうし》の間から鼻先きを突き出すようにして、見送りをする。それは「いってらっしゃい、はやく帰ってきてね」といっているみたいだ。

また、家族の誰かが外から帰ってくる場合も同じである。門前に足音がきこえただけでもう誰の足音か聞き別《わ》けがつくらしく、木戸のところへ素っ飛んで行く。そして木戸から入って行くと跳びついて喜ぶ。こうなれば、もう完全に家族の一員である。

(安岡章太郎『愛犬物語』〈KSS出版〉より)

問1　傍線部**1**「二月十七日、東京ではことし初めて雪らしい雪がふった」とありますが、この日の雪を通して、「私」は最終的にどのような認識《にんしき》にいたりましたか。**文章A**を読み、解答欄《らん》に合うように、二十五字以上三十字以内で答えなさい。

問2　傍線部**2**「死というものは正面からやってくるとは限らない、むしろ必ず背後から忍びよってくるものだ」とありますが、それはどのようなことについて述べたものですか。最もふさわしいものを次から選び、記号で答えなさい。

ア　兼好法師のような文学史にその名を残す有名な人でも、自分自身の生死を正確に理解することはできないということ。

イ　ひどく衰えていたとはいえ時には元気な姿を見せていたコンタが、「私」の予想していた以上に年をとっていたということ。

ウ　愛犬コンタとの思い出を書くのに必要だった時間が、偶然にもコンタが死んでしまってからちょうど一と月だったということ。

エ　自分のねぐらでは排尿をしたことがなかったにもかかわらず、風呂場でおしっこをしたことが、意外にもコンタの死因だったということ。

オ　体が弱っていたことを認識しつつも、数年は生きているだろうと考えていたコンタが、老衰によってあっけなく息を引き取ったということ。

問3　二つの **X** に入る最もふさわしい二字の熟語を、次の点線内の漢字を組み合わせて答えなさい。

合　性　本　理　族　貴　野　日

問4　傍線部**3**「自分の方が辛い気がした」とありますが、その説明として最もふさわしいものを次から選び、記号で答えなさい。

ア　コンタが自分の状態を惨《みじ》めであると感じている。

イ　コンタが「私」に対して申し訳がないと思っている。

ウ　コンタが「私」に対して思いやりがなかったと反省している。

エ　「私」がコンタの抱《かか》える想いをくみとることで心を痛めている。

オ　「私」はコンタの主人としての資格がもはやないと嘆《なげ》いている。

問5　傍線部**4**「それでも私は、これでコンタが永遠に帰ってこなくなるだろうとは考えられなかったのだ」とありますが、その根本

いまコンタは息を引きとったばかりであった。私は茫然《ぼうぜん》とした。

あれから一と月、私はまだコンタの死んだのが本当のことだと思えない。遺体を庭の片隅に埋《う》め、家内が花と水をそなえてやっているが、私は何となくコンタはOさんのところへでも預けてあるのだという気がしてならなかった。それが、きょうの雪のふる庭を見ているうちに、なぜかコンタの死が実感としてやってきた。雪はボタン雪にちかい大《おお》粒《つぶ》のもので、それが絶え間なく音もなしに白くなった庭の上に降りつもって行くのを眺《なが》めていると、そこに仔犬の頃のコンタが転げまわって遊んでいる姿が眼にうつり、すると年老いたコンタの死んだことがハッキリとわかってきた。それは淋《さび》しいとか悲しいとかいうものではなく、何とも名づけようのないムナシサであった。もし私に詩才があれば、5そういう心持を詩に託《たく》することが出来よう。しかし私には、その才能もない。ただ、先輩《せんぱい》の抒情《じょじょう》詩人を口真似《くちまね》して、次のようにつぶやいてみるだけだ。

　コンタの庭にコンタを眠らせ
　コンタの上に雪ふりつもる……

文章B

犬は人類最古の友だという。古代エジプトの彫刻《ちょうこく》には、貴族がいまのダックス・フントみたいな犬をはべらせたものがたくさんあるから、その頃から犬を飼う習慣はあったわけだろう。（略）

それにしても、数ある動物のなかから、とくに犬というものが選ばれて、何千年も昔からわれわれ人間と一緒に暮らしてきたということを考えると6私は、何か永遠なる信頼《しんらい》関係といったものを感じないではいられない。コンタが達者《たっしゃ》だった頃、私は早朝、コンタをつれて、よく多摩川べりへ出掛《か》けた。人っ子ひとりいない河原でコンタを引き綱《づな》からはなしてやると、草原の中を真っ白いコンタが尻尾《しっぽ》を一直線になびかせて素《す》っ飛んで行く。そして縦横に駈《か》けまわったあと、ふと立ちどまって主人の存在をたしかめるように、こちらを振《ふ》りかえる。そんなとき私は、犬というより〝友情〟そのものが、朝霧《あさぎり》に包まれてそこに立っているように思ったものだ。

また、晩秋から初冬にかけて、川べりにそって霜《しも》の下りた枯草《かれくさ》の間をコンタと一緒に歩いて行くと、半分氷のはった薄《うす》暗い河面から不意に驟雨《しゅうう》のような羽音が伝って、飛び立った雁《かり》の群れが一瞬《いっしゅん》、空を黒い斑点《はんてん》で覆《おお》ってしまう。そんなとき凝然《ぎょうぜん》と立ちどまったコンタの全身に、［X］の血の騒《さわ》ぐのが引き綱をひいた私の体にまでかよってきて、何か狩猟《しゅりょう》で暮らしを立てていた昔の人の呼び声がきこえてくるようでもあった。

いや、またしてもコンタの話になってしまった。しかし、じつをいうと私は、この頃ようやくコンタのことを忘れようとしているのだ。以前は、ハナを見てもそのうしろにまるでコンタの幻《まぼろし》が立っているように、いちいちコンタのことを憶い出し、こんなときコンタはどうだったこうだった、とそんな比較ばかりしていたが、やっと最近にいたってハナはハナとして可愛《かわい》がってやれるようになった。ハナがわが家にやってきて、これで一と月、今月の三日で三箇月《さんかげつ》の誕生を迎えることになるわけだ。

この一と月の間に、ハナは顔つきも体つきも、めっきり大人っぽくなった。もう夜鳴きすることもないし、首環《くびわ》をつけてもイヤがらなくなった。キクをここへ連れてきたのは、生後四箇月目であったが、あの頃のキクと較《くら》べても、いまのハナは体も大きく、性質もたしかに大人びているようだ。キクは庭に放しておいても家の中へ入りたがって、しきりにガラス戸に跳《と》びつき、ガラス戸の下半分ぐらいはキクの泥足《どろあし》でどろどろに汚《よご》れてしまったが、ハナはそういうことはしない。

人恋しがるのは犬の特性だから、ハナも家の中へは入ってきたがる

ンタを叱《しか》る気にはなれなかった。
（ああ、こまった！　相済《あいす》みません、こんな粗相《そそう》をしちまって……）
と言うように、私の顔を申し訳なさそうに見詰《つ》めるコンタのオドオドした眼つきを見ると、私は叱るよりも 3 自分の方が辛《つら》い気がした。コンタは仔犬《こいぬ》の頃、まだ庭の隅《すみ》の小舎で飼っていたときでも、自分のねぐらのまわりでは排泄《はいせつ》はしたことがないくらい、シモの始末はよかったのである。それがいま、風呂場のタイルの上に垂れ流してしまったのだから、コンタ自身がどんなにか情ない想いをしているに違いなかった。

本来なら、こういうことがあれば、コンタの老い先がもはや長くはないことを察知すべきであったろう。しかし、なぜか私はコンタに死期がくるということが信じられなかった。ずいぶん弱っていることは知っていたが、それでもまだあと一年や二年は生きているものとばかり考えていたのだ。まだ、目は見えていたし、歯もシッカリしていた。そして毛艶《けづや》も決して悪くはなかったからだ。それに何よりも、げんに自分の傍《かたわら》で生きているものが、ある日、ぽっくり死んでしまうなどということは、到底《とうてい》有り得べからざることのように思われたのだ。まことに、

……死は前よりしも来《きた》らず、かねて後に迫れり。人、皆、死する事を知りて、まつこと、しかも急ならざるに、覚えずして来《きた》る。

とは、このことであろう。

コンタは、しかし風呂場で湯を使ったその翌日から具合が悪くなったというわけではない。むしろわれわれの眼からは、真白く洗われたコンタは、いつにも増して凛々《りり》しく見え、食欲もあり、散歩も元気にした。それが一月十四日の夕刻、来客があり、私は一緒《いっしょ》に街に出て食事をしたあと、家に帰ってみると煖炉《だんろ》のそばで寝ていたコンタが、何か吐《は》いている。よく見ると、吐瀉物《としゃぶつ》のなかに血が混っているので、かかりつけの獣医《じゅうい》のOさんに電話で相談すると、すぐ連れてくるようにとのことだった。Oさんは、ふだんから何でもない病気を騒《さわ》ぎ立て、人をおどかすような獣医ではない。むしろ、のんびりし過ぎるくらい、のんびりかまえている人なのだ。私は即刻《そっこく》、家内《かない》の運転する車にコンタを乗せて、Oさんのところへ連れて行った。コンタは、ふだんから車に乗るのは大好きで、ドアをあけてやりさえすれば、いつでも喜んで飛び乗ってくるのだが、この日は前肢《まえあし》をドアのステップにかけたなり、体を私が支えてやらなければ自分の力では自動車の中にも上れないほど弱っていた。しかし、何ということだろう。4 それでも私は、これでコンタが永遠に帰ってこなくなるだろうとは考えられなかったのだ。

翌日、Oさんから電話で連絡があり、コンタは腎臓《じんぞう》の機能が悪くなって、このままでは尿毒症《にょうどくしょう》を起こすおそれがあるので、何とか尿を出させるように努めているとのことであった。［　Y　］。風呂場で小便をしたときのコンタのやるせなげな眼つきが憶い浮かんだからである。私が「急性の腎臓炎でも起こしたのでしょうか」と訊《き》くと、Oさんは「いや、急性というわけじゃありません。ずっと前から少しずつ機能が衰えていたのです。まァ老衰《ろうすい》でしょうね」とこたえた。

老衰か、老衰とあっては仕方がない。普通、紀州犬は十歳ぐらいまでしか生きられないように聞いている。それをコンタは満五年近くも長く生きのびたのだ。このままイケなくなるとしても、以《も》って瞑《めい》すべきだろう。しかし、Oさんは名医である。ことによったら、という気持は、まだ私のなかでつづいた。翌々、十七日の昼間、私はOさんの診療所《しんりょうじょ》をたずねた。すでに前夜から、点滴《てんてき》をうけているコンタは、相変らず尿が出ず、尿毒症の症状があらわれたのか、こんこんと眠りながら、ときどき小さな声で泣いていた。そして、その晩、私がOさんに電話で連絡をとり、もう一度、診療所に出向いてみると、たった

二〇二〇年度　早稲田中学校

【国語】〈第一回試験〉（五〇分）〈満点：六〇点〉

（注意）字数制限のある問題については、かぎかっこ・句読点も一字と数えなさい。

一 次の**文章A**、**B**はいずれも安岡章太郎《やすおかしょうたろう》『愛犬物語』の一節です。「コンタ」は最初に、「キク」は二番目に、「ハナ」は三番目に、「私」が飼った犬の名前です。これらの文章を読んで、後の問に答えなさい。

文章A

1二月十七日、東京ではことし初めて雪らしい雪がふった。二、三日、めずらしく暖い日がつづき、この日も朝、眼を覚ましたときは雨で、春先きのような暖かさだった。それがミゾレまじりになり、雪になって、昼近くから逆に冷えこんできた。

わからないものだな――、と私は思った。この日からちょうど一と月まえの一月十七日、コンタの死んだことを憶《おも》い出したからである。

兼好《けんこう》法師は、2死というものは正面からやってくるとは限らない、むしろ必ず背後から忍びよってくるものだといっているが、これは人間の場合だけではない、犬の死ぬときだって同じである。

コンタはことし数え十六歳、人間なら米寿《べいじゅ》にも相当する年恰好《としかっこう》だから、お祝いをしてやらなくてはならない。とついこの正月、皆さんに言ったばかりであった。無論、そんな老犬がこれからさき、そう長く生きられるとは思ってはいなかったが、まさかそれから二週間そこそこで死ぬとは、夢にも考えられなかったのである。

実際、コンタの体力がこの一、二年、ひどく衰《おとろ》えていることは、何かにつけて明らかだった。朝夕の散歩も、数年前までは三十分から一時間ぐらいずつもやらせていたが、この一年ばかりはもう二十分も歩くと、もうへとへとで自分の方から家へ帰りたがるようになっていた。それに、みちみち小便をするのでも、牡犬《おす》らしく後脚《あとあし》の片方をピンと上げるやり方はめったにせず、たいていは四つ肢《あし》を地べたにつけたまま、何か不安げな眼な差しで私の顔など見上げながら、やっていた。コンタにしてみれば、そんな恰好で放尿《ほうにょう》するのは、わびしくてタヨリない想いだったが、それでも片脚上げて立っているのが大儀《たいぎ》でたまらず、自分の小便が両脚の間を流れて行く気分の悪さを我慢《がまん》していたのであろう。私は、そういうコンタを見るにつけて、哀《あわ》れさよりも妙に滑稽《こっけい》なおもいがしたものだ。何という情無しの主人だろう。

情無しといえば、あれはコンタの死ぬ一週間ばかり前のことだ。カメラマンのS氏が雑誌のグラビア写真をとりにくるというので、その前日、私はコンタを風呂場で洗ってやった。コンタは、もともと水は怖《こわ》がらない方だし、とくに私の言うことはよくきくから、いつもおとなしく体を洗わせる。しかし元来は［　X　］的な日本犬なのだ。無《む》闇《やみ》に自分の体に触《さわ》られるだけだって好きではないのに、体中に石鹸《せっけん》を塗《ぬ》りたくられて湯をぶっかけられることなんか、まったくありがた迷惑もいいところ、イヤで仕方がないのだが、主人のすることだからというのでジッと我慢していたのである。

とくに、その日は寒かった。濡《ぬ》れた体がすぐ乾《かわ》くように、部屋には暖房をきかせ、ストーヴにも薪《まき》をたくさんくべて温かくしておいたが、風呂場には暖房はない。コンタの体に湯をかけてやると、そのときは気持よさそうにしているが、すぐに冷えるらしく、体を震《ふる》わせはじめた。それでまた湯をかけてやると――こんなことは初めてなのだが――流し場で小便をしはじめた。不潔にはちがいなかったが、私はコ

2020年度

早稲田中学校 ▶解説と解答

算 数 ＜第１回試験＞（50分）＜満点：60点＞

解 答

[1] (1) $\frac{25}{32}$　(2) ２時間30分　(3) 17.9ｇ　[2] (1) 84度　(2) 18.42cm^2　(3) 282.6cm^2　[3] (1) ６通り　(2) 21通り　(3) 60通り　(4) 294通り　[4] (1) 分速300ｍ　(2) ３時間３分20秒　(3) $29\frac{1}{6}$ｍ　[5] (1) $\frac{2}{3}$cm^3　(2) ① 解説の図エを参照のこと。　② $\frac{5}{12}$cm^3　(3) $\frac{1}{6}$cm^3

解 説

[1] 四則計算，ニュートン算，濃《のう》度《ど》

(1) 51005÷3232＝15余り2525より，$\frac{51005}{3232}=15\frac{2525}{3232}$となる。また，3232＝101×32，2525＝101×25より，$15\frac{2525}{3232}=15\frac{25}{32}$となることがわかる。よって，最も大きい整数にするには，$\frac{25}{32}$を引けばよいことになる。

(2) １時間に流れ出る水の量を①，１台のポンプが１時間に注ぐ水の量を[1]とする。３台のポンプで水を注ぐとき，10時間で，[1]×３×10＝[30]の水が注がれ，その間に，①×10＝⑩の水が流れ出て満水になる。同様に，５台のポンプで水を注ぐとき，５時間で，[1]×５×５＝[25]の水が注がれ，その間に，①×５＝⑤の水が流れ出て満水になる。よって，上の図１のように表すことができる。図１で，[30]－[25]＝[5]にあたる量と，⑩－⑤＝⑤にあたる量が等しいから，①＝[1]になる。そこで，①＝[1]＝１とすると，満水の量は，30－10＝20となる。また，９台のポンプで注ぐとき，１時間に，１×９－１＝８の割合で水がたまるので，満水になるまでの時間は，20÷８＝2.5(時間)と求められる。これは，60×0.5＝30(分)より，２時間30分となる。

図１

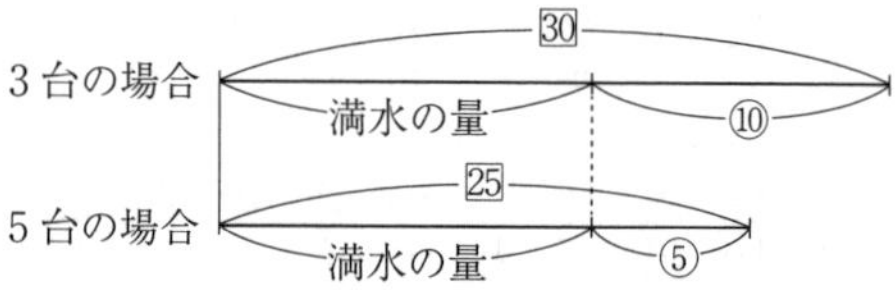

(3) やりとりのようすをまとめると右の図２のようになり，エ＝８，オ＝12である。まず，ＣからＡに移した前後に注目すると，できたＡの食塩水200ｇに含《ふく》まれている食塩の重さは，200×0.05＝10(ｇ)であり，そのうちＣからＡに移した40ｇの食塩水に含まれていた食塩の重さは，40×0.12＝4.8(ｇ)だから，Ａの食塩水160ｇに含まれていた食塩の重さは，10－4.8＝5.2(ｇ)と求められる。よって，ア＝5.2÷160×100＝3.25(％)とわかる。次に，ＡからＢに移した前後に注目すると，できたＢの食塩水240ｇに含まれている食塩の重さは，240×0.08＝19.2(ｇ)であり，そのうちＡからＢに移した40ｇの食塩水に含まれていた食塩の重さは，40×0.0325＝1.3(ｇ)なので，初めのＢの食塩水200ｇに含まれていた食

図２

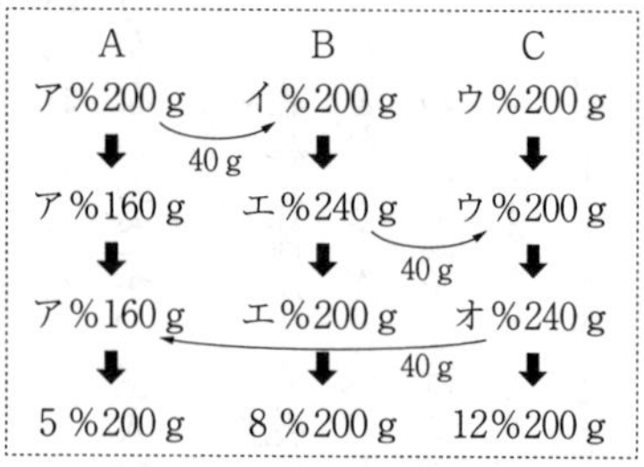

塩の重さは，19.2－1.3＝17.9（g）と求められる。

2 角度，面積，表面積

(1) 下の図１のように，円周上の点と円の中心Oを結ぶと，同じ印をつけた部分はすべて円の半径だから，長さは等しくなる。よって，三角形OABと三角形OBCはそれぞれ二等辺三角形になる。また，弧《こ》ABの長さは円周の長さの，$\frac{5}{15}=\frac{1}{3}$にあたるので，角AOBの大きさは，$360\times\frac{1}{3}=120$(度)となり，角ABOの大きさは，(180－120)÷２＝30(度)と求められる。同様に，弧BCの長さは円周の長さの，$\frac{3}{15}=\frac{1}{5}$にあたるから，角BOCの大きさは，$360\times\frac{1}{5}=72$(度)となり，角OBCの大きさは，(180－72)÷２＝54(度)とわかる。よって，角アの大きさは，30＋54＝84(度)である。

(2) 正方形ABCDが通った図形は，下の図２の斜線《しゃせん》とかげをつけた部分である。斜線をつけた部分の面積の合計は正方形ABCDの面積と等しいので，３×３＝９(cm^2)となる。また，正方形の面積は，(対角線)×(対角線)÷２で求められるので，正方形の対角線の長さを□cmとすると，□×□÷２＝９(cm^2)と表すことができる。よって，□×□＝９×２＝18(cm^2)だから，かげをつけた部分の面積は，$□\times□\times3.14\times\frac{60}{360}=18\times3.14\times\frac{1}{6}=3\times3.14=9.42$(cm^2)と求められる。したがって，正方形ABCDが通った図形の面積は，９＋9.42＝18.42(cm^2)となる。

図１

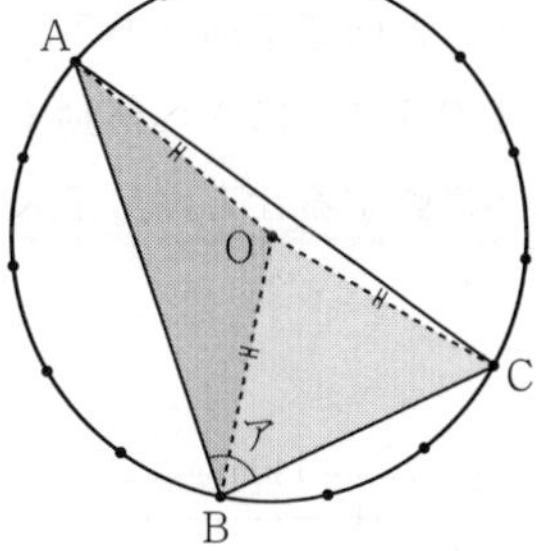

図２

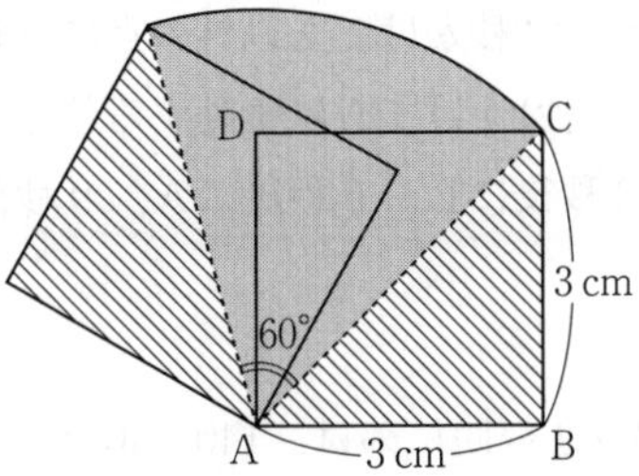

図３

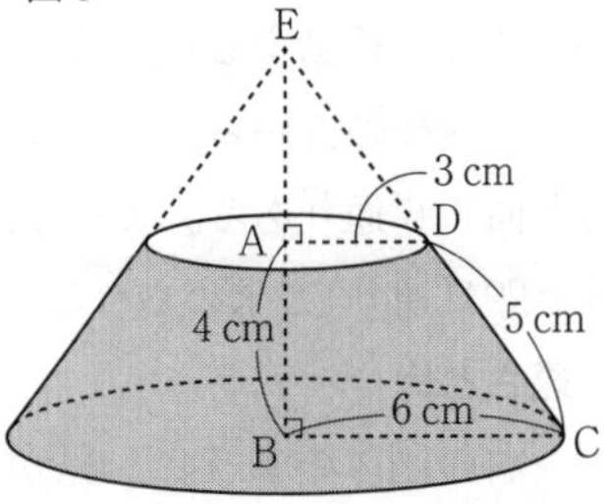

(3) 上の図３のように，三角形EBCを１回転させてできる円すい㋐から，三角形EADを１回転させてできる円すい㋑を取り除いた形の立体(円すい台)ができる。ここで，三角形EBCと三角形EADは相似であり，相似比は，６：３＝２：１なので，ED：DC＝１：(２－１)＝１：１となり，EDの長さは５cmとわかる。また，円すいの側面積は，(母線)×(底面の円の半径)×(円周率)で求められるから，円すい㋐の側面積は，(５＋５)×６×3.14＝60×3.14(cm^2)，円すい㋑の側面積は，５×３×3.14＝15×3.14(cm^2)となり，かげをつけた部分の面積は，60×3.14－15×3.14＝(60－15)×3.14＝45×3.14(cm^2)と求められる。さらに，円すい㋐と円すい㋑の底面積の合計は，６×６×3.14＋３×３×3.14＝(36＋９)×3.14＝45×3.14(cm^2)なので，この立体の表面積は，45×3.14＋45×3.14＝(45＋45)×3.14＝90×3.14＝282.6(cm^2)となる。

3 場合の数

(1) 下の図１で，１秒後にＡからＢ，Ｃ，Ｄへ移動する仕方はそれぞれ１通りある。次に，２秒後にＡへ移動する仕方は，１秒後のＢから移動する１通りと，Ｃから移動する１通りと，Ｄから移動する１通りを合わせた，１＋１＋１＝３(通り)が考えられる。また，２秒後にＢへ移動する仕方は，１秒後のＣから移動する１通りと，Ｄから移動する１通りを合わせた，１＋１＝２(通り)があり，２秒後にＣ，Ｄへ移動する仕方も同じく２通りずつある。よって，３秒後にＡへ移動する仕方は，２秒後のＢから移動する２通りと，Ｃから移動する２通りと，Ｄから移動する２通りを合わせた，

2＋2＋2＝6（通り）になる。

図1

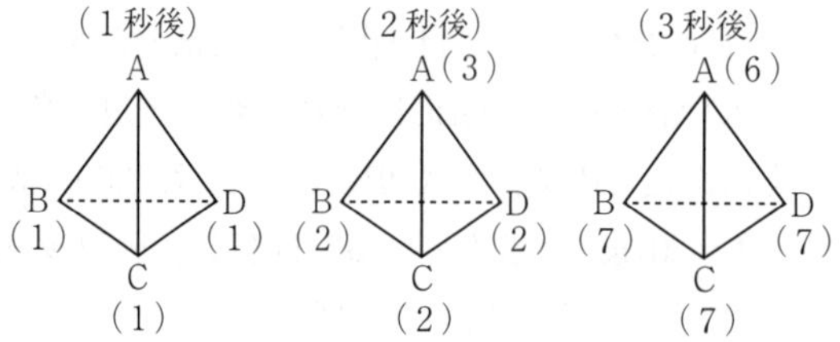

図2

時間（秒後）	1	2	3	4	5
A（通り）	0	3	6	21	60
B（通り）	1	2	7	20	61
C（通り）	1	2	7	20	61
D（通り）	1	2	7	20	61

⑵　⑴より，3秒後にBへ移動する仕方は，2秒後のAから移動する3通りと，Cから移動する2通りと，Dから移動する2通りを合わせた，3＋2＋2＝7（通り）があり，3秒後にC，Dへ移動する仕方も同じく7通りずつある。よって，4秒後にAへ移動する仕方は，3秒後のBから移動する7通りと，Cから移動する7通りと，Dから移動する7通りを合わせた，7＋7＋7＝21(通り)が考えられる。

⑶　⑴，⑵より，各点へ移動する仕方の数は，1秒前の他の3点へ移動する仕方の数の和になるから，上の図2のように表せる。よって，図2より，5秒後にAに移動する仕方は60通りとわかる。

⑷　図2より，3秒後にBへ移動する仕方は7通りある。また，3秒後のBから，6－3＝3（秒）かけてAに移動する仕方は，Aから3秒かけてA以外の点に移動する仕方と同じ7通りある。さらに，6秒後のAから，9－6＝3（秒)かけてAに移動する仕方は，図2で3秒後にAへ移動する仕方と同じ6通りある。よって，3秒後にB，6秒後にA，9秒後にAへ移動する仕方は，7×7×6＝294(通り)と求められる。

4 速さと比

⑴　右の図1のように，兄が40m進む間に弟は，140－40＝100(m)進むから，兄と弟の速さの比は，40：100＝2：5である。また，兄の速さは分速120mなので，弟の速さは分速，120×$\frac{5}{2}$＝300(m)とわかる。

図1

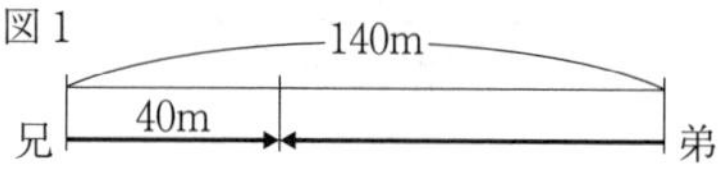

図2

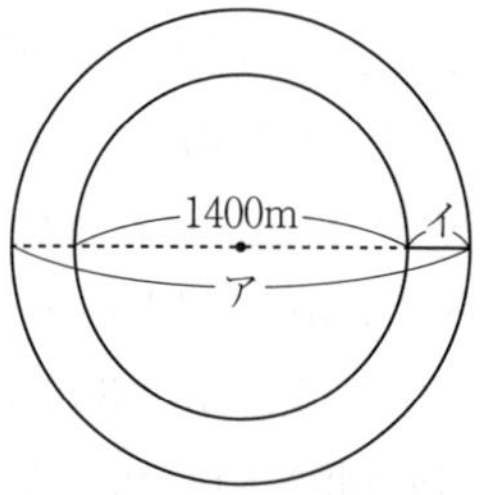

⑵　右の図2で，ジョギングコースの直径は，1.4×1000＝1400(m)だから，ジョギングコース5周分の道のりは，1400×$\frac{22}{7}$×5＝22000(m)である。よって，兄がジョギングコースを5周するのにかかった時間は，22000÷120＝$\frac{22000}{120}$＝$\frac{550}{3}$＝183$\frac{1}{3}$(分)とわかる。これは，183÷60＝3余り3，60×$\frac{1}{3}$＝20より，3時間3分20秒となる。

⑶　兄と弟が同じ時間で進む道のりの比は，速さの比に等しく2：5である。また，同じ時間で兄はジョギングコースを5周，弟はサイクリングコースを12周したので，ジョギングコース5周分とサイクリングコース12周分の道のりの比が2：5とわかる。よって，ジョギングコース1周分とサイクリングコース1周分の道のりの比は，$\frac{2}{5}$：$\frac{5}{12}$＝24：25だから，ジョギングコースとサイクリングコースの直径の比も24：25であり，サイクリングコースの直径(図2のア)は，1400×$\frac{25}{24}$＝1458$\frac{1}{3}$(m)となる。したがって，ジョギングコースとサイクリングコースの間隔《かんかく》(図2のイ)は，(1458$\frac{1}{3}$

$-1400\Big)\div 2=29\frac{1}{6}$(m)と求められる。

5 立体図形―分割，体積

⑴ 頂点Bを切り落とすと右の図アのようになる。図アで，切り落としたのは三角すいF－ABCであり，その体積は，$1\times1\times\frac{1}{2}\times1\times\frac{1}{3}=\frac{1}{6}$(cm^3)とわかる。同様に，頂点Hから切り落とす部分の体積も$\frac{1}{6}$cm^{3}になる。また，もとの立方体の体積は，$1\times1\times1=1$(cm^3)だから，頂点B，Hを切り落としてできる立体の体積は，$1-\frac{1}{6}\times2=\frac{2}{3}$(cm^3)と求められる。

図ア

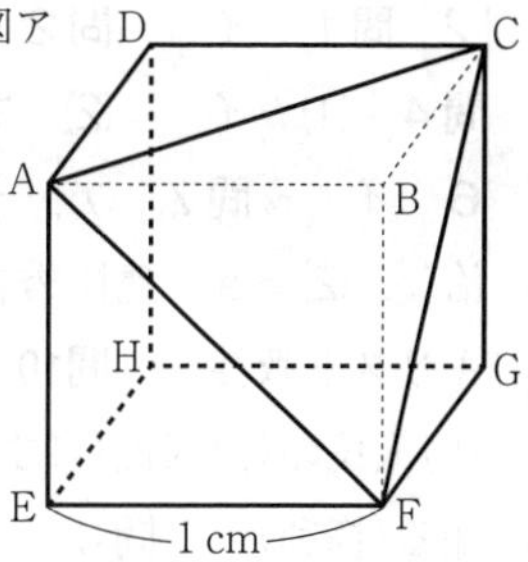

⑵ ① 頂点A，Bだけを切り落とすと下の図イのようになり，残った立体を面BFGCの方向から見ると，下の図ウのようになる。また，頂点G，Hから切り落とす部分と頂点A，Bから切り落とす部分は合同であり，面BFGCの方向から見ると，CFを軸《じく》として対称《たいしょう》の位置にある。よって，４つの頂点A，B，G，Hを切り落とした立体を面BFGCの方向から見ると，下の図エのようになる。 ② 図イで，立方体から切り落としたのは２つの三角すいE－DABとF－ABCであり，これらの体積はどちらも$\frac{1}{6}$cm^{3}である。また，２つの三角すいの共通部分は三角すいJ－IABであり，この体積は，$1\times\frac{1}{2}\times\frac{1}{2}\times\frac{1}{2}\times\frac{1}{3}=\frac{1}{24}$(cm^3)となる。よって，頂点A，Bから切り落とした部分の体積の合計は，$\frac{1}{6}\times2-\frac{1}{24}=\frac{7}{24}$(cm^3)と求められる。頂点G，Hから切り落とした部分の体積の合計も同様なので，４つの頂点A，B，G，Hを切り落とした立体の体積は，$1-\frac{7}{24}\times2=\frac{5}{12}$(cm^3)とわかる。

図イ

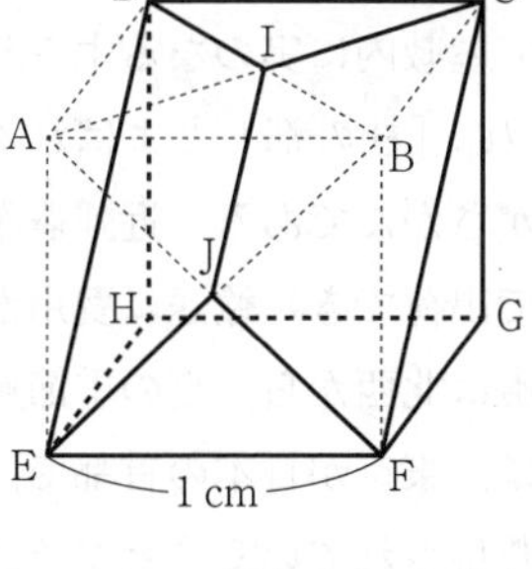

図ウ

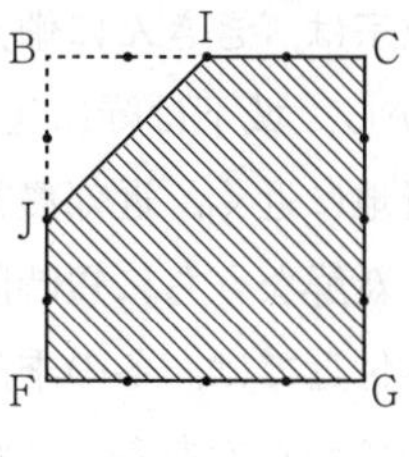

図エ

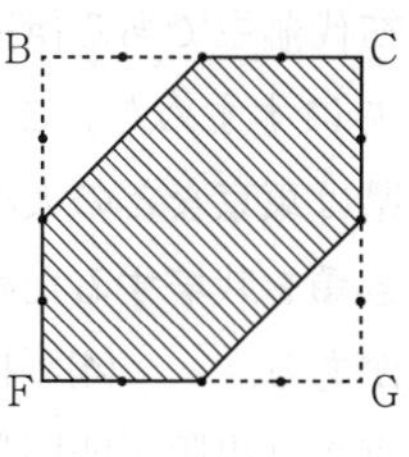

図オ

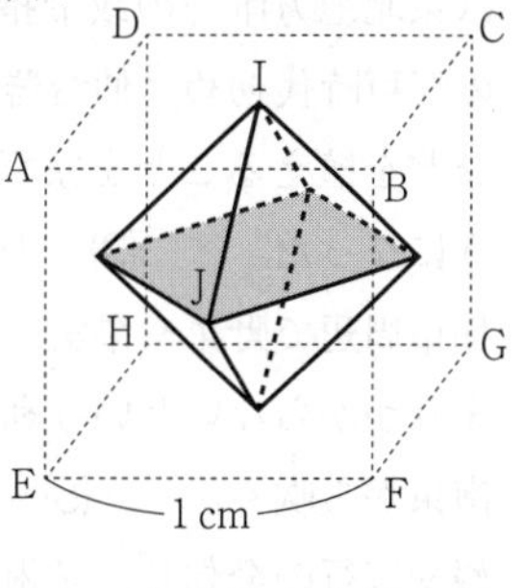

⑶ ８つの頂点を切り落としてできる立体は上の図オのようになる。これは，もとの立方体の各面の対角線の交点を頂点とする立体である。よって，かげをつけた部分の底面積が，$1\times1\times\frac{1}{2}=\frac{1}{2}$(cm^2)で高さが$\frac{1}{2}$cmの四角すいを２つ組み合わせたものだから，体積は，$\frac{1}{2}\times\frac{1}{2}\times\frac{1}{3}\times2=\frac{1}{6}$(cm^3)と求められる。

社 会 <第１回試験>（30分）<満点：40点>

解 答

1 **問１** なし **問２** ⑴ ウ，淡路(島) ⑵ 仙台 ⑶ (例) 新鮮なうちに出荷できる(ため)／輸送に費用があまりかからない(ため) ⑷ 北西 ⑸ イ ⑹ すいか ⑺

D　庄内(平野)　　E　関東(平野)　　(8)　エ

問3　C　イ　　F　ウ　　**問4**　右の図

[2]　**問1**　イ　　**問2**　藤原　　**問3**　エ

問4　(1)　イ　　(2)　ア　　**問5**　荘園　　**問6**　イ　　**問7**　ア，う　　**問8**　(1)　摂関政治　　(2)　a　豊臣秀吉　　b　検地　　**問9**　キリスト教徒　　**問10**　イ　　**問11**　興福寺

[3]　**問1**　国権(の)最高(機関)　　**問2**　(1)　(「)人民の(，)人民(による，)人民のため(の政治」)　　(2)　ア　　**問3**　a　国政調査(権)　　b　知る(権利)　　**問4**　イ　　**問5**　ウ　　**問6**　ア　　**問7**　イ

解説

[1]　各都道府県の地理についての問題

問1　「日本」と「西洋」に分けられた２種類の果実なので，「なし」があてはまる。日本なしはほぼ球形で実が固く，水気が多いのに対し，西洋なしはひょうたんのような形をしていて実がやわらかく，水気が少ない。日本なしの収穫《しゅうかく》量は千葉県が全国の13.0％を占《し》めて最も多く，西洋なしの収穫量は山形県が全国の64.6％を占めて最も多い。統計資料は『データでみる県勢』2019年版と『日本国勢図会』2019／20年版による(以下同じ)。

問2　(1)「海の満ち干きによって起こる特徴《とくちょう》的な現象」とは「うずしお」のことで，徳島県と，ウの淡路島(兵庫県)の間の鳴門《なると》海峡で発生するうずしおがよく知られる。なお，アは沖縄島，イは佐渡島(新潟県)，エは対馬《つしま》(長崎県)。　(2)　宮城県の県庁所在地である仙台市(人口約106万人)は東北地方唯一《ゆいいつ》の政令指定都市で，同地方の政治・経済の中心地となっている。今から約400年前の江戸時代初め，仙台藩の初代藩主である伊達政宗は，ききんに備えて屋敷内に実のなる木や，竹などを植えることを家臣たちにすすめた。ここから，城下は緑に包まれ，「杜《もり》の都」とよばれるようになった。　(3)　千葉県は東京などの大消費地に近く，近郊農業がさかんである。近郊農業は都市周辺で野菜や果実，花き類を栽培するため，新鮮なうちに短時間で出荷でき，輸送に費用があまりかからないという利点がある。　(4)　日本付近では，冬の季節風は北西から，夏の季節風は南東から吹《ふ》く。　(5)　東京都は出版・印刷業がさかんである。これは，東京が日本の首都で，情報や流行の発信地，学術や文化の中心地という特徴があり，交通網《もう》が整備されていることがその理由である。労働力は豊富だが人件費は高いので，イがあてはまらない。　(6)　熊本県はトマトの収穫量が全国の17.4％，すいかの収穫量が全国の14.2％を占め，いずれも全国第１位である。

(7)　D　山形県の庄内平野は最上川の下流に広がる平野で，米どころとして知られる。　E　東京都は関東平野の南部に位置する。　(8)　徳島県の特産果実である「すだち」の収穫量は，全国の98.3％を占める。すだちはミカン科の果実で，食酢《しょくす》用に栽培されている。

問3　C　千葉県の東京湾沿岸には京葉工業地域があり，大規模な鉄鋼・石油化学コンビナートが形成されている。石油・石炭製品や化学工業の割合が高いので，表のイがあてはまる。　F　熊本県は電子部品をはじめとした機械工業の割合が高いので，表のウがあてはまる。　なお，残るアは徳島県である。

問4　Aは徳島県，Bは宮城県，Cは千葉県，Dは山形県，Eは東京都，Fは熊本県である。

2 奈良の大寺院を題材にした問題

問１　1717年は，江戸幕府の第８代将軍徳川吉宗が享保の改革(1716～45年)を始めた時期である。吉宗は幕府の財政を立て直すため，大名から石高１万石につき100石の米を献上《けんじょう》させ，代わりに参勤交代における江戸滞在《たいざい》期間を半年に縮める上米の制を行った。よって，イが正しい。なお，アは水野忠邦《ただくに》の天保の改革，ウは松平定信の寛政の改革，エは田沼意次《おきつぐ》の政治で行われたこと。

問２　興福寺は，藤原氏の祖先である中臣鎌足《なかとみのかまたり》(藤原鎌足)が亡くなったさいに建てられた山階寺《やましなでら》を起源とし，710年に都が平城京に遷《うつ》されたのにともない，鎌足の子の不比等が寺を都に移転し，興福寺と改めた。以後，藤原氏の氏寺として栄え，平安時代には仏教教学の中心地として，比叡山《ひえいざん》延暦寺《えんりゃくじ》の「北嶺《ほくれい》」とともに「南都」と並び称された。

問３　左の図は平安京，右の図が平城京で，興福寺は東大寺とともにエの外京に位置する。なお，アには東寺，イには現在の京都御所，ウには薬師寺がある。

問４　(1)　聖武天皇は地方の国ごとに国分寺・国分尼《に》寺を建てさせたが，当時の東北地方は太平洋側の陸奥《むつ》国と日本海側の出羽国の２つに分かれており，陸奥国の国分寺は現在の宮城県，出羽国の国分寺は現在の山形県に建てられた。よって，福島県には国分寺の跡とされる場所はない。　(2)　聖武天皇の時代には，農民の逃亡や口分田の不足などから，743年に開墾《かいこん》地の永久私有を認める墾田永年私財法が制定されている。よって，アが正しい。なお，イは784年，エは603年のできごと。ウについて，公地公民の政策方針は646年の改新の詔《みことのり》によって出された。

問５　興福寺は大和国(奈良県)をはじめ各地に多くの私有地をもっていたが，こうした私有地は「荘園」とよばれ，大和国のほとんどは興福寺が支配していた。

問６　鎌倉時代初めに再建された東大寺南大門には，「慶派」とよばれる運慶・快慶らの仏師集団がわずか72日間で完成させたといわれる「金剛《こんごう》力士像」２体が安置されている。なお，アの行基は奈良時代に東大寺の大仏づくりに協力した僧，ウの雪舟は室町時代に日本風の水墨画《すいぼくが》を大成した画僧，エの道元は鎌倉時代に曹洞《そうとう》宗を開いた禅僧。

問７　室町時代，将軍を補佐して政治をまとめる役職は「管領《かんれい》」とよばれ，細川・斯波《しば》・畠山の３氏が交代でその役職についた(三管領)。なお，管領につぐ要職である侍所《さむらいどころ》の所司(長官)には，赤松・一色《いっしき》・山名・京極の４氏が交代で就任した(四職)。

問８　(1)　藤原氏は10世紀末から11世紀前半にかけての道長・頼通《よりみち》父子のときに全盛期をむかえ，天皇が幼いときは摂政《せっしょう》，天皇の成人後は関白となって政権を独占した。これを摂関政治という。　(2)　豊臣秀吉は全国統一事業を進めるなかで，検地(太閤検地)や刀狩を行って支配体制を確立した。この検地によって荘園はすべて消滅し，興福寺の寺領は２万1000石と定められた。

問９　江戸幕府は島原の乱(1637年)前後から，キリスト教を厳しく取りしまるため，すべての人々がいずれかの寺の檀家《だんか》(ある寺に属し，寺に金品を寄進してその財政を助ける家)になることを強制する寺請《てらうけ》制度(檀家制度)を実施した。

問10　1881年，開拓使官有物払下げ事件(北海道の官営事業が，一社に破格の好条件で払下げられようとして政治問題化した事件)が起こると，政府は国民の批判をそらすため10年後に国会を開設することを約束した。よって，イが正しい。なお，アの立憲改進党を結成した(1882年)のは大隈重信，ウの徴兵令が出されたのは1873年，エの地租改正(1873年)では，地租は地価の３％とされたが，三重県などで地租改正反対一揆《いっき》が広がったことから，1877年に2.5％に引き下げられた。

問11　問２の解説を参照のこと。

3　議会制民主主義についての問題

問１　日本国憲法は国会の地位について，第41条で国会を「国権の最高機関」，「国の唯一の立法機関」と定めている。国権の最高機関とされるのは，主権をもつ国民の代表者で構成されているからである。

問２　⑴　アメリカ合衆国の第16代大統領リンカーンは，南北戦争中の1863年，最大の激戦地であったゲティスバーグで演説を行い，その中で述べた「人民の，人民による，人民のための政治」という言葉は，民主主義政治の原則を示すものとして知られる。　⑵　日本国憲法の「国民主権」の原則は前文と，天皇の地位を定めた第１条に明記されており，象徴としての天皇の地位は「主権の存する日本国民の総意に基《もとづ》く」としている。

問３　**a**　国会は証人をよんだり政府に資料の提出を求めたりするなど，国政が正しく行われているかどうかを調査する権限をもっている。これを「国政調査権」という。　**b**　これは，主権者である国民の「知る権利(情報の公開を求める権利)」にこたえるものという意味をもつ。なお，「知る権利」は「プライバシーの権利」「環境権」「自己決定権」などとともに，憲法には明記されていないが，近年，新しい人権として主張されるようになっている。

問４　2019年７月に行われた参議院議員通常選挙の投票率は48.8％で，1995年の参議院議員通常選挙(投票率44.5％)についで過去２番目に低かった。よって，イがこれに最も近い。

問５　2018年12月，外国人労働者の受け入れを拡大するため，出入国管理及び難民認定法改正案が成立した。これは，「少子高齢社会」「人口減少社会」にともなう労働力不足を解消することなどを目的に定められた。なお，アの安全保障関連法案は2015年，イの年金改革法案は2016年，エの税と社会保障の一体改革関連法案は2012年に成立している。

問６　衆議院の比例代表区の定数は176で，総定数465の半数に満たない。また参議院の比例代表区の定数は100で，総定数248(現時点では245)の半数に満たない。よって，アが誤っている。

問７　2019年の参議院議員通常選挙では，難病や障がいをもつ２人の候補者が当選したが，これは山本太郎が代表をつとめる「れいわ新選組」という政党が，比例代表区において優先的に当選できる候補者をあらかじめ決めておく「特定枠《わく》」を利用したものである。よって，イが正しい。なお，アについて，れいわ新選組は難病や障がいをもつ人ばかりではなく，性的少数者や派遣労働者などの社会的弱者を支援することを目標にしている。ウについて，この２人は特別に設置された議員席について国会審議に参加している。エの障がい者差別解消法は，2016年４月から施行されている。

理　科　＜第１回試験＞（30分）＜満点：40点＞

解　答

1　**問１**　アンモナイト　**問２**　ア，エ　**問３**　海底　**問４**　プレート　**問５**　イ

2　**問１**　1.85ｇ　**問２**　8.4ｇ　**問３**　ア，イ　**問４**　20ｇ　**問５**　**量**…ア，**形**…オ

3　**問１**　イ，オ　**問２**　ウ　**問３**　エ　**問４**　ウ　**問５**　イ　**4**　**問１**　イ

問２　ウ，オ　**問３**　①　イ　②　ア　③　ウ　④　エ　**問４**　オ　**問５**　（例）

受粉させる，させない以外の条件を同じにするため。

解　説

1　化石と地層のでき方についての問題

問１　図１は，恐竜《きょうりゅう》や始祖《しそ》鳥がいた中生代に，世界中の海で栄えたアンモナイトの化石である。アンモナイトはイカやタコと同じなかまで，うず巻状のからをもち，からの内部はかべでいくつもの部屋に分かれている。

問２　示準化石として利用するには，対象となる生物が短い期間だけ栄えたことが条件となる。長期間にわたって栄えていると，時代をくわしく特定することができない。また，広いはん囲に生息していた方が，地層のできた時代を広く比べることができる。

問３　海の生き物であるアンモナイトの化石が見つかったことから，この地層は海底でできたと考えられる。

問４　地球の表面は，プレートという大きな岩石の板でおおわれている。その下にはマントルというやわらかくなっている層があり，これがゆっくり対流することでプレートが動く。古インド大陸がのったプレートが移動してユーラシア大陸にぶつかったために，ヒマラヤ山脈ができたと考えられている。

問５　子午線は北極と南極を通る地球の円周のことである。図２の古インド大陸の南のはしは，7100万年前から3800万年前までの，7100万－3800万＝3300万(年)の間に，南緯《い》40度から南緯５度まで，40－５＝35(度)移動している。これを距離《きょり》にすると，40000×$\frac{35}{360}$＝3888.8…より，約3900km＝39000万cmなので，１年間あたりの移動した距離は，39000万÷3300万＝11.8…より，約10cmと求められる。

2　もののとけ方についての問題

問１　食塩は，40℃の水50ｇに，36.3×$\frac{50}{100}$＝18.15(ｇ)溶《と》けるので，20ｇの食塩のうち，20－18.15＝1.85(ｇ)が溶けずに残る。

問２　硝酸《しょうさん》カリウムは，20℃の水100ｇには31.6ｇしか溶けない。したがって，40－31.6＝8.4(ｇ)の結しょうが出てくる。

問３　アは，ホウ酸が40℃の水100ｇに8.9ｇしか溶けないので，正しい。イは，砂糖のビーカーと硝酸カリウムのビーカーが，40℃の水100ｇにそれぞれ40ｇ溶けて同じ濃《こ》さになるため，正しい。ウは，20℃に冷やした水100ｇに溶ける重さが，食塩35.8ｇ，砂糖203.9ｇ，ホウ酸4.9ｇ，硝酸カリウム31.6ｇで，砂糖以外のビーカーに溶け残りができるので，あやまりである。エは，60℃の水100ｇに溶ける重さが，食塩37.1ｇ，ホウ酸14.9ｇで，どちらのビーカーも溶け残りができるため，正しくない。

問４　食塩は20℃の水100ｇに35.8ｇ溶けるので，重さ67.9ｇのろ液に溶けている食塩は，67.9×$\frac{35.8}{100+35.8}$＝17.9(ｇ)である。また，溶け残りは2.1ｇなので，最初に入れた食塩は，2.1＋17.9＝20(ｇ)とわかる。

問５　食塩は水100ｇに，80℃のときは38.0ｇ溶け，20℃のときは35.8ｇ溶ける。食塩を溶かすだけ溶かした水溶液《すいようえき》を80℃から20℃に冷やしたとき，生じる結しょうはわずか，38.0－35.8＝2.2(ｇ)なので，アが適切である。また，食塩の結しょうは立方体のような形になっている。

3 豆電球と発光ダイオードを用いた回路についての問題

問１　実験１より，２個の乾《かん》電池を直列につなぐと，１個のときよりも大きな電流が流れ，豆電球が明るく光ることから，イが正しく，ウはあやまりである。実験２から，手回し発電機のハンドルを速く回すほど大きな電流を流すことができることがわかるので，オは正しい。電流の向きを変える実験は行っていないので，アとエについてはわからない。

問２　実験３と実験４より，LEDは長い足を電源の＋極側につないだときは光るが，短い足につなぐと光らず，電流も流れない。したがって，アと直列につないだLEDには電流が流れないため，アは光らない。また，イと，これと直列につないだLEDは，ショートしているので，電流が流れずにつかない。ウには，乾電池２個分の電流が流れ，明るく光る。

問３　実験１から，豆電球は乾電池１個でも２個の直列つなぎでも光ることがわかる。また，実験３からは，手回し発電機を“乾電池２個の直列つなぎ”に相当する速さで回すとLEDを光らせることができるが，“乾電池１個”に相当する速さでは光らせることができないことがわかる。これより，ア，イ，ウは，電流を流そうとする働きが乾電池１個分しかないので，LEDは光らない。エは，電流を流そうとする働きが乾電池２個分なので，LEDが光る。

問４　ウは，直列つなぎの乾電池２個と長い足が＋極側になるようにつながっているので，LEDは光る。これに対し，アとカは逆向きにつながっているのでLEDは光らず，カと直列のオにも電流が流れない。イとエは直列つなぎであり，LED１個あたりの電流を流そうとする働きが乾電池１個分となるため，これらは光らない。

問５　図６の回路では，はじめLEDに20mA，豆電球に430mAの電流が流れ，どちらも光らせることができる。しかし，乾電池が消耗《しょうもう》すると，流れる電流が小さくなっていき，先にLEDが消える。

4 花と実についての問題

問１　アサガオの花は，①の花びら，②のおしべ，③のめしべ，④のがくがそろった，完全花である。

問２　キュウリとトウモロコシは，おばなとめばなを別々につける単性花，アブラナ，インゲンマメ，コスモスは，１つの花の中におしべとめしべの両方をもつ両性花である。

問３　花のつくりは，外側から順に，がく，花びら，おしべ，めしべとなっている。正常な場合はＢグループ遺伝子が働く花びらとおしべのうち，外側の本来花びらになる部分でＢグループの遺伝子の働きが失われると，Ａだけが残り，がくに変化する。また，内側の本来おしべになる部分で，Ｂグループの遺伝子の働きが失われると，Ｃのみとなり，めしべに変化する。その結果，がくとめしべだけをもつ花ができる。

問４　Ａグループ遺伝子とＣグループ遺伝子はたがいの働きをおさえ合っていることから，ＢとＣが働いて，本来おしべのつくりになる部分では，Ｃの働きが失われると，ＢとＡが働いて花びらとなる。また，Ｃのみが働いて，本来めしべになる部分では，Ｃの働きが失われると，Ａのみが働いてがくになる。よって，おしべとめしべを失い，花びらとがくが増えた花となる。

問５　実験で，実ができるためには受粉が必要であることを調べるために，受粉させたものとさせないものを，他の条件すべてを同じにして比べなければならない。受粉させない花は，ずっと袋《ふくろ》をかぶせたままなので，おしべの花粉を筆でめしべの先につけた花も，この操作をするとき以外は，ずっと袋をかぶせておく必要がある。

国　語　＜第１回試験＞（50分）＜満点：60点＞

解　答

一　**問１**　（例）（「私」にとって）コンタの死は受け入れがたいけれど，コンタは本当に死んだのだ（という認識。）　**問２**　オ　**問３**　野性　**問４**　エ　**問５**　それに何よ　**問６**　イ　**問７**　ア　**問８**　ウ，オ　**問９**　オ　二　**問１**　下記を参照のこと。　**問２**　じっと耳を　**問３**　エ　**問４**　イ　**問５**　ア　**問６**　（例）（皆で唄っている「作業唄」の響きは，）人間も他の生き物も自然も時間をかけて関わり合ってきた村の暮らしの中から生まれた，優しく美しいもの（であるから。）　**問７**　ウ

●漢字の書き取り

二　**問１**　a　素朴　b　穏（やか）　c　模様

解　説

一　**出典は安岡《やすおか》章《しょう》太郎《たろう》の『愛犬物語』による。**文章Aでは，十六年暮らしたコンタが老衰《ろうすい》で息を引き取ったことが語られている。文章Bでは，コンタやその後に飼ったハナとの心の通い合いについて語られている。

問１　「二月十七日」の「雪」については，文章Aの最後のほうで再びふれられている。「あれから一と月，私はまだコンタの死んだのが本当のことだと思えない」「それが，きょうの雪のふる庭を見ているうちに，なぜかコンタの死が実感としてやってきた」と筆者は「認識《にんしき》」しているので，これらの内容を中心にまとめればよい。

問２　ア　すぐ後に「これは人間の場合だけではない，犬の死ぬときだって同じである」とあるように，ここでは「人」ではなく「犬（コンタ）」について述べられているので，合わない。　イ　直後の段落に「コンタは～人間なら米寿《べいじゅ》」とあるように，筆者はコンタが高齢《こうれい》であることを理解していたので，「予想していた以上に年をとっていた」はあてはまらない。なお，「米寿」は八十八歳《さい》のこと。　ウ　傍線《ぼうせん》部２は，「思い出」ではなく「死」そのものについて述べられたものだから，ふさわしくない。　エ　獣《じゅう》医《い》のＯさんは「まァ老衰でしょうね」と診断《しんだん》しているので，「風呂《ふろ》場でおしっこをしたことが～コンタの死因だった」というのは誤り。　オ　「コンタの体力がこの一，二年，ひどく衰《おとろ》えていることは，何かにつけて明らかだった」「それでもまだあと一年や二年は生きているものとばかり考えていた」「まさかそれから二週間そこそこで死ぬとは，夢にも考えられなかった」とあるので，あてはまる。

問３　二つの空欄《くうらん》Ｘのすぐ後に，「無闇《むやみ》に自分の体に触《さわ》られるだけだって好きではない」「血の騒《さわ》ぐ」とあるので，“生まれつきのあらあらしい性質”という意味の「野性」がよい。

問４　風呂場で小便をしてしまい，筆者の顔を「申し訳なさそうに」見詰《みつ》めるコンタは「どんなにか情《なさけ》ない想《いも》いをしているに違《ちが》いなかった」と筆者はコンタを思いやっているので，エがあてはまる。なお，すぐ前に「私は」とあるように，傍線部３は筆者の気持ちだから，「コンタが」を主語にしているア～ウはふさわしくない。また，「コンタ自身」の想いにふれているという点で，オよりもエのほうがよい。

問５　「根本的」な理由だから，コンタの具体的なようすから考えを深めた「それに何よりも，げ

んに自分の傍《かたわら》で生きているものが，ある日，ぽっくり死んでしまうなどということは，到底《とうてい》有り得べからざることのように思われたのだ」がぬき出せる。

問６　それまで「コンタが永遠に帰ってこなくなるだろうとは考えられなかった」筆者が，コンタが「このままイケなくなる」こと，つまり，コンタの死について初めて考えた場面なので，「不吉な予感」とあるイが選べる。

問７　「そういう心持」とは，すぐ前の「何とも名づけようのないムナシサ」のこと。また，「託《たく》する」は，“ほかのことにかこつける”という意味。よって，「何とも名づけようのないムナシサ」を「言語化しがたい想い」，「託する」を「間接的に表す」とそれぞれ言い換《か》えているアがふさわしい。

問８　ここでの「信頼《しんらい》関係」とは，すぐ前で描《えが》かれている，人間が犬を「はべらせ」るような関係，つまり，人間と犬との主従関係である。よって，「主人」や「家族の誰《だれ》か」（どちらも人間）に対する犬の忠誠心が表れているウとオが選べる。

問９　傍線部７に「いじましいのではなくて，いじらしい」とあり，すぐ前の一文に「いじましくてイヤらしい」とあるので，「いじましい」は悪い意味，「いじらしい」はよい意味の言葉と判断できる。また，傍線部７の「それ」は，ハナが「這入《はい》りたいのに，じっとがまんして，両前肢《まえあし》をすり合わせるように足踏《あしぶ》みしている」ことを指している。よって，オが選べる。なお，「いじましい」は，意地汚《きたな》く見苦しいようす。「いじらしい」は，小さな者や弱い者のけなげな行動に，胸が痛んだり心打たれたりするようす。

二　出典は『新潮』2018年９月号所収の「音楽が生まれる（高木正勝《たかぎまさかつ》作）」による。筆者が作曲するときに，自分と周囲の間でどのようなことが起こっているかについて語っている。

問１　**a**　ありのままで飾《かざ》りけのないようす。単純で手が加えられていないようす。　**b**　音読みは「オン」で，「平穏」などの熟語がある。　**c**　図柄《ずがら》。

問２　少し後に，「『どうやったら音楽がつくれるようになるか』を探すよりも，じっと耳を澄《す》ましたい音が既《すで》にある場所に身をおくといいのではと思う」とある。この一文から，筆者が「曲をつくる」さいに，「じっと耳を澄ましたい音が既にある場所に身をおく」ことを「知識」よりも大切にしていることがわかる。

問３　「こういう風」は，直前の段落で描かれている，「川の音」を聴《き》くようすを指す。　ア，イ　直前の段落に，「川の雄大《ゆうだい》さに対して自分の小ささを感じた」「川の音がやっと聞き取れてうれしさを覚えた」にあたる部分はない。　ウ　直前の段落に，川の音の中から「美しい音を発見」することについて述べられている部分はない。　エ　直前の段落と，傍線部２をふくむ段落の内容と合う。

問４　筆者はピアノを使ってアオバズクと音のやりとりをしている。「一緒《いっしょ》に」「生み出す」とあるので，“向かい合って話し合う”という意味の「会話」か，“おたがいに意見を述べ合う”という意味の「議論」が入るが，筆者もアオバズクも特別な意見を持ってやりとりをしているわけではないので，「会話」がふさわしい。

問５　続く部分で筆者は，いろいろな音などを並べ立てて，「ほんとうに美しいと思う。ただただこのようにあれたらと思う」と述べているので，これとほぼ同じ内容のアがあてはまる。

問６　傍線部３の理由は，直後の「同じ村に住んで～美しい音楽だ」の部分で述べられているので，その内容をまとめればよい。

問７　傍線部４は，「音楽が生まれる」という表題の文章の最後の一文である。よって，「音楽が生まれる」ときのことについて説明しているウが選べる。

2020年度　早稲田中学校

〔電　話〕(03) 3202－７６７４
〔所在地〕〒162-8654　東京都新宿区馬場下町62
〔交　通〕東京メトロ東西線─「早稲田駅」より徒歩１分
「高田馬場駅」よりバス─「馬場下町」下車

【算　数】〈第２回試験〉（50分）〈満点：60点〉

（注意）定規，コンパス，および計算機(時計についているものも含む)類の使用は認めません。

1　次の問いに答えなさい。

(1)　ある品物Ａに仕入れ値の32％の利益を見込んで定価をつけましたが，売れなかったので60円引きにしたところ売れました。その結果，196円の利益が出ました。売った値段はいくらですか。なお，消費税は考えないものとします。

(2)　ガソリン１Ｌあたり，平地では15km，上り坂では12km，下り坂では18km 進む車があります。この車でＡ町からＢ町まで往復するのにガソリンを10Ｌ使いました。Ａ町とＢ町の間に平地は30km あって，残りは坂道です。Ａ町とＢ町の距離《きょり》は片道で何 km ですか。

(3)　一郎くん，二郎くん，三郎くん，四郎くんの４人が競走しました。４人に話を聞くと，次のように答えました。

一郎くん「僕は二郎くんよりはやくゴールしたよ。」
二郎くん「僕は四郎くんよりはやくゴールしたよ。」
三郎くん「僕は二郎くんより後にゴールしたよ。」
四郎くん「一郎くんが先にゴールしてから僕がゴールするまでの間に，１人だけゴールしたよ。」

この話を聞いたあと，だれか１人だけうそをついていたことが分かりました。４人の中で，絶対にうそをついていない人はだれですか。

2　次の問いに答えなさい。ただし，円周率は3.14とします。

(1)　図は円周の半分を次々とつなぎ合わせた曲線です。この曲線の長さはあわせて何cm ですか。

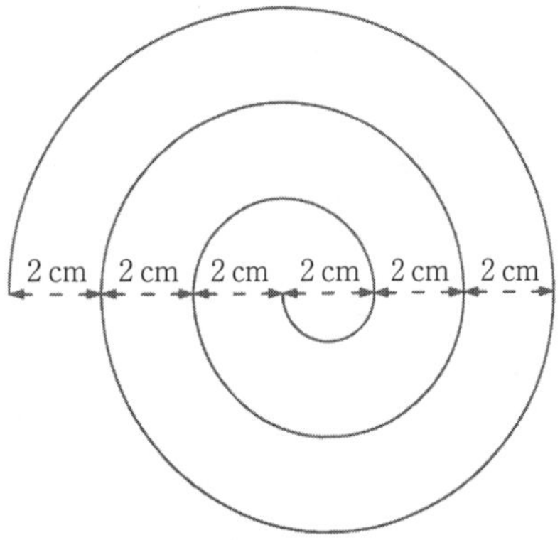

(2)　次のページの図１のような円すい形の紙の容器があります。この容器の頂点Ｏが直径 AB の真ん中の点に重なるように折り込んで次のページの図２のような容器を作り，深さが５cm になるまで上から水を入れました。入れた水の量は何cm^3ですか。ただし，この容器は水を通さず，紙の厚さは考えないものとします。

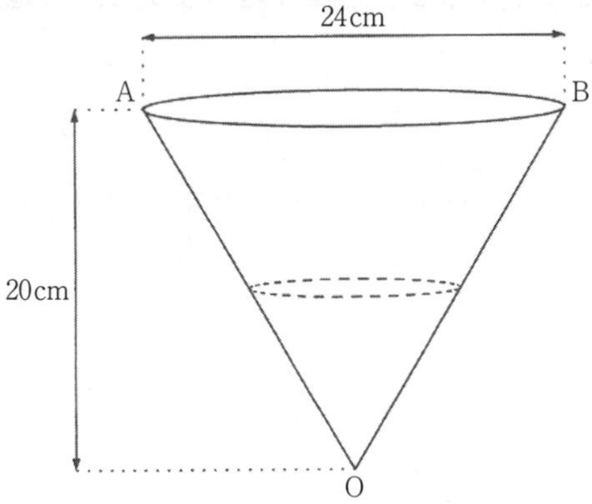

図１

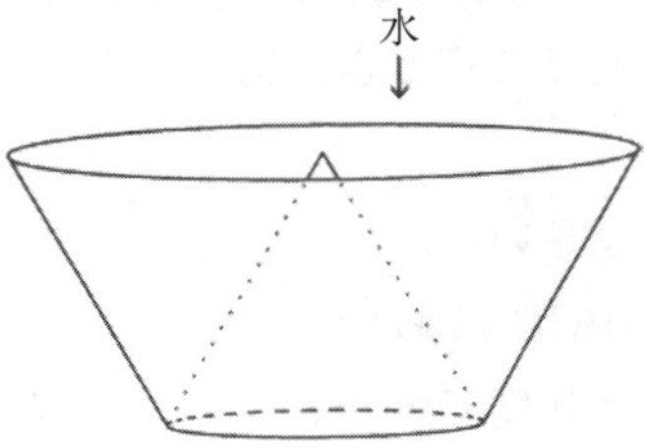

図２

(3)　右の図１は各面を赤，青，黄，緑，茶，黒の６色で塗《ぬ》り分けた立方体Ａの展開図です。次のア～オの５つの図の中から，山折りで組み立てたときに立方体になり，Ａと同じ色の配置になるものをすべて選び，記号で答えなさい。ただし，実際には色で塗ってあるものを，ここでは文字で示しました。

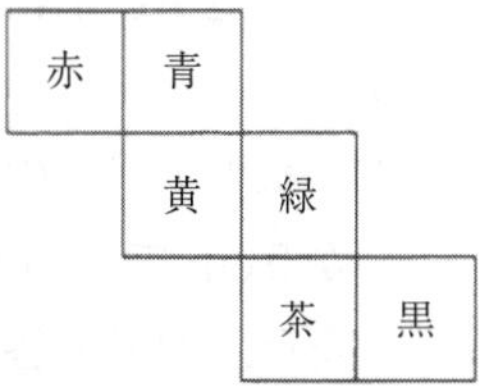

図１

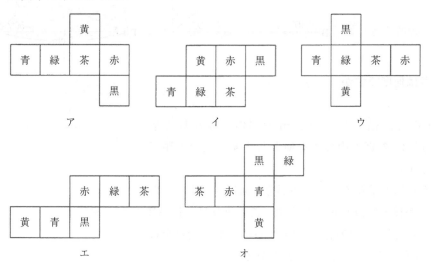

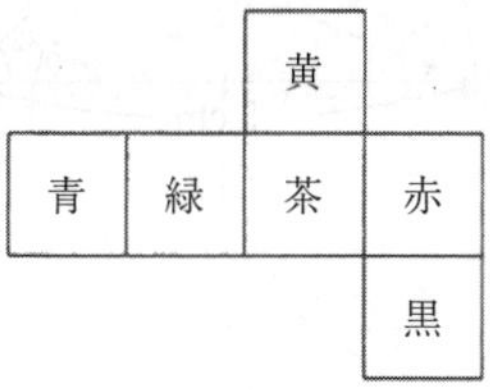

ア

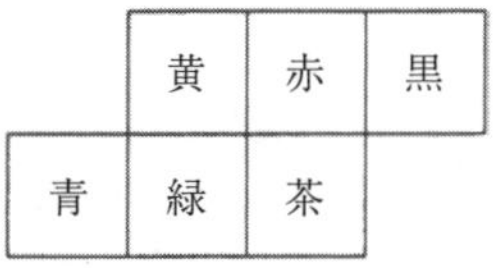

イ

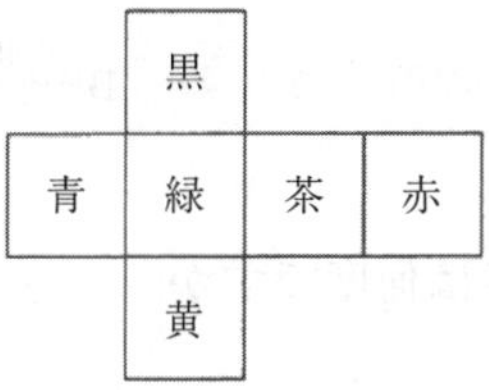

ウ

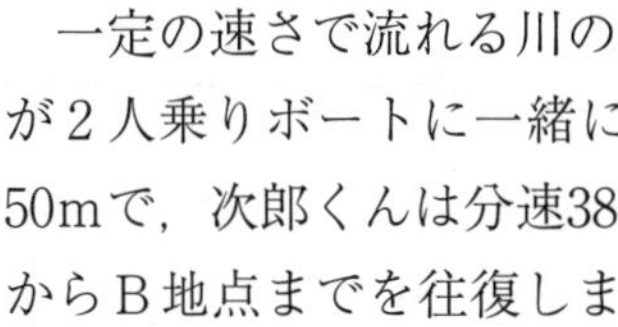

エ

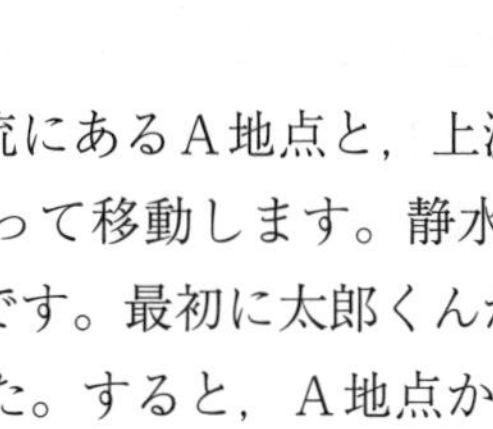

オ

3　一定の速さで流れる川の下流にあるＡ地点と，上流にあるＢ地点の間を太郎くんと次郎くんが２人乗りボートに一緒に乗って移動します。静水でボートをこぐ速さが，太郎くんは分速50mで，次郎くんは分速38mです。最初に太郎くんがこぎ始め，交互に８分ずつこいでＡ地点からＢ地点までを往復しました。すると，Ａ地点からＢ地点までは112分かかり，Ｂ地点からＡ地点までは64分かかりました。次の問いに答えなさい。ただし，交代にかかる時間は考えないものとします。

(1)　川の流れの速さは分速何mですか。

(2)　Ｂ地点からＡ地点に戻《もど》る途《と》中に，ペットボトルを川に落としました。２人がＡ地点に戻ってきてから65分後に，落としたペットボトルがＡ地点に流れてきました。ペットボトルを落としたのは，２人がＡ地点に到《とう》着する何分前ですか。

(3)　太郎くんを乗せたまま，次郎くんが「13分こいだら2分休む」を繰《く》り返しながら，A地点からB地点までを1人でこぐとき，何分かかりますか。

4　次の問いに答えなさい。

(1)　図1の四角形ABCDにおいて，角あの大きさは何度ですか。

(2)　図2の三角形ABCにおいて，点Dは辺AB上に，点Eは辺AC上にあります。辺BCの長さとBFの長さが同じになるように，辺AC上に点Fをとります。

①　次のア～エの中から，長さが5cmであるものをすべて選び，記号で答えなさい。

ア　BD

イ　BE

ウ　CD

エ　EF

②　角いの大きさは何度ですか。

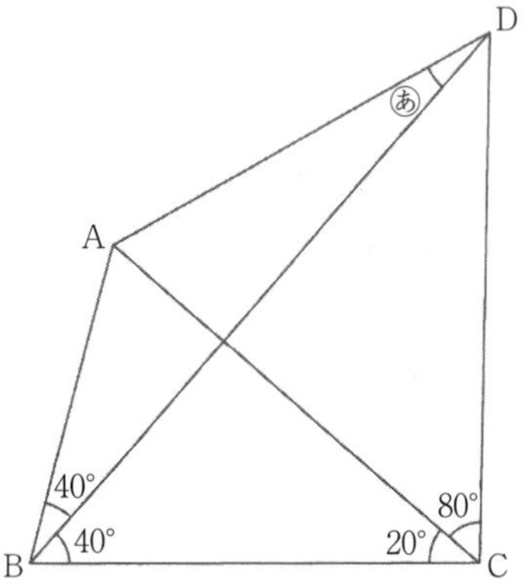

図1

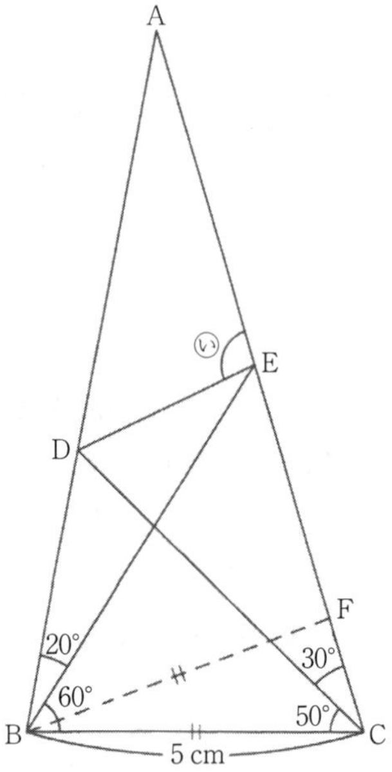

図2

5　たての長さが6cm，横の長さが4cmの図のような長方形ABCDがあり，辺BCの真ん中の点をMとします。次の手順でこの図形を折ります。

手順1　頂点Aが点Mと重なるように図形を1回折ります。このとき，点Dが移った点をEとします。この折り目と辺ABの交わった点をF，この折り目と辺CDの交わった点をGとします。CGとEMの交わった点をHとします。

手順2　手順1のあと，頂点Eが点Mと重なるように図形を1回折ります。この折り目とFGの交わった点をI，この折り目とCGの交わった点をJとします。

次の問いに答えなさい。

(1)　BFの長さは何cmですか。

(2)　手順1でできる六角形BCHEGFの面積は何cm^2ですか。

(3)　手順2でできる五角形BCJIFの面積は何cm^2ですか。

【社　会】〈第２回試験〉（30分）〈満点：40点〉

1　日本の産業について述べた次の文章を読み，各問に答えなさい。

戦後，日本は高度経済成長と呼ばれる目覚ましい経済発展を成し遂《と》げました。さまざまな工業が発達し，世界の工場と呼ばれました。日本の工業は戦前，せんい工業が発達し，①戦時中から戦後にかけて造船業，そして鉄鋼業，自動車工業が発達し，世界一の生産量を誇《ほこ》る工業国となりました。しかし，このような工業発展による経済成長は，②大気汚染《おせん》や水質汚濁《おだく》，騒音《そうおん》や振動《しんどう》などの公害を引き起こしました。現在，これらの公害は経済成長が進む世界各地でも起こっていて，地球規模の環境《かんきょう》問題になっています。

③日本は高齢化社会から高齢社会となり，現在は超高齢《ちょうこうれい》社会に突入《とつにゅう》しています。2012年に老年人口は3000万人を超《こ》え，地方では過疎《かそ》化が進み，人口の50％以上が老年人口となり，集落の維持《いじ》が困難な状態となる（　　）集落が増え続けています。そして農業や漁業は深刻な後継《こうけい》者不足となっています。さらには，食文化の多様化により米や魚の消費も減り，国内市場の拡大は厳しい状況《じょうきょう》です。しかし，米，果実，牛肉などの農産物や，すし，ラーメンなどの食文化が世界へ広まり注目されています。これからは日本の高品質で新鮮《しんせん》な農産物や海産物，それらを加工したものを輸出することに活路を見出すべきかもしれません。

問１　文中の（　）にあてはまることばを**漢字**で答えなさい。

問２　下線部①について，右の表は，船舶《せんぱく》，＊粗鋼《そこう》，自動車いずれかの生産量について，上位３か国それぞれが世界に占める割合を示したものです。正しい組み合わせを**ア**～**カ**から１つ選び，記号で答えなさい。

＊粗鋼…加工する前の鋼のこと

（単位は％）

A		B		C	
中国	36.2	中国	29.6	中国	49.7
韓国	34.1	アメリカ合衆国	12.8	日本	6.3
日本	19.9	日本	9.7	インド	6.1

『データブック オブ・ザ・ワールド2019』より

	ア	イ	ウ	エ	オ	カ
船舶	A	A	B	B	C	C
粗鋼	B	C	A	C	A	B
自動車	C	B	C	A	B	A

問３　下線部②について，日本や世界の環境問題について述べた文として**誤っているもの**を１つ選び，記号で答えなさい。

ア　日本の都市部では，緑地の減少や建物の高層化などが原因でヒートアイランド現象が起こっています。

イ　日本では，騒音や振動などから住民の生活を守るため，国土交通省が公害を防ぐための法律をつくっています。

ウ　赤道付近の国々では，過度な森林伐採《ばっさい》や放牧，焼畑などにより森林の減少や砂漠《さばく》化の被《ひ》害《がい》が深刻です。

エ　世界では，化石燃料を燃やすことで二酸化炭素などの温室効果ガスが発生するため，温暖化が進んでいます。

問４　下線部③について，総人口に占める老年人口の割合が７％を超えると高齢化社会といいます。では，超高齢社会とはどのような社会のことですか。次の文の空欄《らん》にあてはまる数字をそれぞれ答えなさい。

総人口に占める(　**a**　)歳《さい》以上の老年人口の割合が(　**b**　)％以上の社会のこと。

問５　次の表は，日本の海面漁業の魚種別漁獲《ぎょかく》量と養殖《ようしょく》業の魚種別収穫量のうち，まぐろ，さんま，かきについて，上位５都道府県を示したものです。正しい組み合わせを**ア～カ**から１つ選び，記号で答えなさい。

	上位５都道府県				（単位　トン）
A	①広島　95,634	②宮城　19,061	③岡山　15,461	④岩手　6,024	⑤兵庫　5,862
B	①静岡　26,844	②宮城　19,258	③宮崎　17,034	④高知　14,776	⑤三重　13,206
C	①北海道　51,156	②宮城　14,562	③岩手　12,543	④富山　10,990	⑤福島　7,972

『データでみる県勢　2019』より

	ア	**イ**	**ウ**	**エ**	**オ**	**カ**
まぐろ	A	A	B	B	C	C
さんま	B	C	A	C	A	B
かき	C	B	C	A	B	A

2　次の表は，Ｐ～Ｓの４つの県について，それぞれ条件があてはまるものには○，あてはまらないものには×と示したものです。また面積は大きい順の順位を示しています。右の地図を参考にして，各問に答えなさい。

	P	Q	R	S
北緯35～40度の間に位置している	○	○	×	×
東経135～140度の間に位置している	○	○	×	○
海に面している	○	×	○	×
面積	5	4	42	40

問１　次の表はＰ～Ｓにある県庁所在地の月平均気温の最暖月と最寒月，月平均降水量の最多月と最少月を示したものです。ＰとＳの県庁所在地のものとしてあてはまるものをそれぞれ選び，記号で答えなさい。

（数値は1981～2010年の平均値）

	最暖月平均気温	最寒月平均気温	最多月平均降水量	最少月平均降水量
ア	26.6℃(８月)	2.8℃(１月)	217.4mm(12月)	91.7mm(４月)
イ	25.2℃(８月)	−0.6℃(１月)	134.4mm(７月)	44.3mm(11月)
ウ	26.9℃(８月)	3.9℃(１月)	188.8mm(６月)	47.3mm(12月)
エ	27.8℃(８月)	5.4℃(１月)	339.0mm(６月)	44.7mm(12月)

『データブック　オブ・ザ・ワールド2019』より

問２　次にあげるものは，Ｐ～Ｓの県のいずれかが全国第１位のものです。ＱとＲの県にあてはまるものをそれぞれ**２つずつ**選び，記号で答えなさい。

ア　金属洋食器の出荷額　　**イ**　陶磁器《とうじき》製置物の出荷額　　**ウ**　ソックスの出荷額
エ　レタスの生産量　　**オ**　まいたけの生産量　　**カ**　わさびの生産量
キ　養殖のり類の生産量

問３　Ｐ～Ｓの県名を**漢字**で答えなさい。

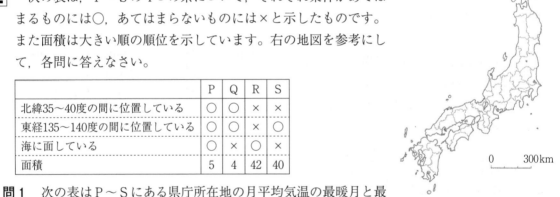

3　今年は日本でオリンピックが開催《かいさい》され，世界各国から多くの人々が訪れます。日本の歴史を振《ふ》り返って，日本と世界の国々がこれまでどのように関《かか》わってきたのか考えてみましょう。

A　古代においては，インドや西アジアなどの文化が中国や朝鮮半島を経て，日本にも伝わりました。

問１　古代には，中国や朝鮮半島から多くの渡来人が移り住みました。渡来人について述べた次の文のうち，**誤っているものを１つ**選び，記号で答えなさい。

ア　蘇我《そが》氏は渡来人との結びつきを強め，仏教の保護をうったえて物部《もののべ》氏と対立した。

イ　稲作は渡来人によって，大陸から伝えられた。

ウ　古墳を築く技術や紙のつくり方，漢字，そして仏教などが渡来人によって伝えられた。

エ　このころの朝廷は，他国からやってきた渡来人を信用しなかったため，公の仕事を与《あた》えなかった。

問２　大陸の文化の影響《えいきょう》は，右の写真のような品々に表れています。これらが保管されている建物は何と言いますか。**漢字**で答えなさい。

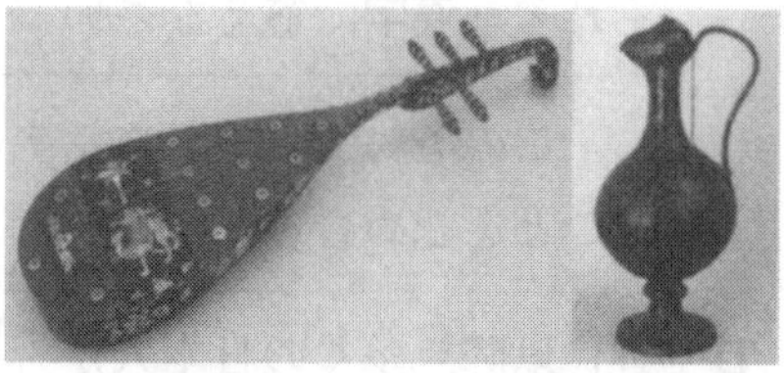

B　武士が政治を行う時代になると，支配者の中には盛んに貿易を行い，諸外国の文化を積極的に取り入れようとした者もいました。

問３　12世紀後半に武士として初めて太政《だいじょう》大臣となった人物は，瀬戸内海に面した「ある港」を大幅《はば》に改修し，盛んに中国との貿易を行ったことが知られています。人物の氏名と，その港があった県をそれぞれ**漢字**で答えなさい。

問４　16世紀に日本に伝来したキリスト教は，多くの大名によって保護されました。その中でも，近畿地方を中心に勢力を広げていた大名が，1576年に築いた城について正しく述べているものを１つ選び，記号で答えなさい。

ア　この城は，かつて一向宗の中心地であった石山本願寺の跡《あと》に建てられた。

イ　宣教師ザビエルは，大名の許可を得て，この城の城下町でキリスト教の学校を設立した。

ウ　きわめて珍《めずら》しい形状であるこの城の天守閣《てんしゅかく》は，現在にいたるまで重要文化財として保存されている。

エ　琵琶湖のほとりにつくられたこの城の城下町では，商人や職人は自由に商工業ができるようになった。

C　江戸時代には，幕府の方針により外国との交流は制限されていましたが，幕末から明治時代の日本は諸外国の影響を受け，近代化の道を歩んでいきました。

問５　江戸時代には，いわゆる「４つの窓口」での交流が続いていました。例えば，琉球王国との貿易は薩摩藩が主に担っていました。この時代に，①朝鮮王国　②アイヌ民族　との交流を主に担っていた藩の名称を，それぞれ**漢字**で答えなさい。

問６　1853年にアメリカ合衆国の使節が日本を訪れました。当時の世界各地の状況について，正しく述べたものを１つ選び，記号で答えなさい。

ア　南アフリカやインドは，「世界の工場」と呼ばれたアメリカ合衆国の植民地になっていた。

イ　ハワイ王国はアメリカ合衆国の支配を受け，50番目の州になっていた。

ウ　アヘン戦争に敗れた清は，欧米《おうべい》諸国と不平等条約を結んでいた。

エ　沖縄は琉球藩の支配下にあり，かつての琉球王が藩主となっていた。

問７　明治時代に入ると，多くの人物が欧米に留学し，近代的な文化を学んできました。右の写真は日本初の女子留学生を写したものです。右から２人目の人物の氏名を**漢字**で答え，彼女が設立した学校を以下から１つ選び，記号で答えなさい。

ア　鳴滝塾　　　　**イ**　同志社女学校

ウ　華族女学校　　**エ**　女子英学塾

問８　このころになると，日本の国境も次第に確定されていきました。ロシアとの間で1875年に結ばれた条約の内容を説明した次の文の空欄にあてはまることばをそれぞれ**漢字**で答えなさい。

> この条約で日本とロシアは，（　**a**　）を日本の領土とし，（　**b**　）をロシアの領土とすることを認め合った。

D　近代以降，多くの日本人が外交分野で活躍《かつやく》し，世界の平和に貢献《こうけん》しました。

ア

イ

ウ

エ

問９　リトアニアに赴任《ふにん》した外交官で，第二次世界大戦後にイスラエル政府から「諸国民の中の正義の人」として表彰《ひょうしょう》された人物を**ア**～**エ**から選び，記号で答え，氏名を**漢字**で答えなさい。

問10　2019年までIAEAの事務局長を務めた人物を**ア**～**エ**から選び，記号で答えなさい。また，IAEAについて説明した次の文の空欄にあてはまることばを答えなさい。

> 各国による（　　）の平和的利用を促進《そくしん》し，軍事分野への転用を監視《かんし》する国際機関である。

4　次の文章を読み，各問に答えなさい。

茂《しげる》君は昨年の夏休みに宿題をしていて，次のような記事を見つけました。要約すると，「おととし台湾東部の小学生たちが，海辺の清掃《せいそう》ボランティア活動中に防水ケースに入ったデジタルカメラを拾った。学級担任がSNSで持ち主探しを呼びかけたところ，日本人の女子大生が約２年半前に旅行先の石垣島で紛失《ふんしつ》したものであることが判明した。彼らは，この経験をもとにして①海洋ごみ問題を考える物語を創《つく》り，人形劇にして台湾各地の小学校をまわって上演した。その後日本でも公演を行った。」というものでした。

新学期になって茂君がこのことをクラスで発表すると，翔《しょう》君も2019年６月に大阪で開かれた

②20カ国・地域(Ｇ20)首脳会議で，プラスチックごみによる海洋汚染の問題が議題に含《ふく》まれていたことや，「③大阪ブルーオーシャンビジョン」という目標が決まったことを発表していました。茂君は，プラスチックごみによる海洋汚染の問題が，こんなに大きくとり上げられていることに驚《おどろ》きました。

先生は，日本では石油化学工業の発達とともにプラスチックの生産が盛んになり，1980年代にペットボトルやプラスチック容器が登場して私たちの生活の中に普及《ふきゅう》してきたこと，④プラスチックは自然界では分解されにくいので，多くのプラスチックごみが海に流れこんで生態系や漁業などに深刻な悪影響を及《およ》ぼしていることについて話しました。

茂君は，この問題についてどのような対策が行われているのか，さらに調べてみました。

日本国内では，⑤地方自治体を中心にごみ問題に取り組んでいて，プラスチックごみも細かく分別しています。一方，お店ではレジ袋をやめたり，⑥プラスチック製ストローから木製ストローに切り替《か》えたりするところがあることを知りました。さらに，⑦国連環境計画(UNEP)のホームページを見ると，個人の取り組みだけではなく，国を超《こ》えた取り組みの重要性も訴《うった》えていました。茂君はますますこの問題に興味を持つようになりました。

問１　下線部①について，プラスチックごみについて述べた文として正しいものを１つ選び，記号で答えなさい。

ア　魚やクジラなどがプラスチックごみをえさと間違《まちが》えて飲み込むことはほとんどありませんが，体にからみついて命を落とすことがあります。

イ　マイクロプラスチックと呼ばれている５ミリメートル以下の大きさの粒子《りゅうし》になったプラスチックごみは，生物や環境への影響が心配されています。

ウ　アフリカ大陸沿岸部では，経済発展が進んでいないため，海洋プラスチックごみの問題はほとんど起きていません。

エ　この問題が国際会議などで大きくとり上げられた結果，世界のプラスチックごみの発生量は年々減ってきています。

問２　下線部②の参加国で，主要７カ国(Ｇ７)首脳会議の参加国でもある国を**すべて**選び，記号で答えなさい。

ア　イタリア　　**イ**　ロシア　　**ウ**　インド

エ　中国　　**オ**　オーストラリア　　**カ**　カナダ

問３　下線部③を説明した文として正しいものを１つ選び，記号で答えなさい。

ア　2020年までに，汚《よご》れたプラスチックごみの国境を越えた移動を禁止することにしました。

イ　2030年までに，先進国が使い捨てプラスチック容器の使用を30%削減《さくげん》することに合意しました。

ウ　2040年までに，使い捨てプラスチック容器の使用を全面禁止する方針を打ち出しました。

エ　2050年までに，海洋プラスチックごみによる新たな汚染をゼロにすることを目指すことにしました。

問４　下線部④のような理由から，プラスチックを焼却して処分することも行われています。ごみを焼却するとき，発がん性のある有害な物質が発生する可能性があるため，清掃工場で特に気をつけていることがあります。そのことについて述べた次の文のうち，正しいものを１つ選び，記号で答えなさい。

ア　有害物質は燃やす温度が低いと発生するので，高温で燃やすようにしています。

イ　有害物質のもとになる物質を取り除くため，繰り返し燃やすようにしています。

ウ　発生した有害物質を吸着させて回収するために，焼却炉に石灰を入れて燃やすようにしています。

エ　異なる種類のごみと燃やすと有害物質が発生するので，プラスチックだけを厳しく分別して燃やすようにしています。

問５　下線部⑤はごみの処理をはじめ，住民の生活のための仕事を行っています。地方自治体について述べた次の文のうち，正しいものを１つ選び，記号で答えなさい。

ア　ごみの処理のように多くの費用がかかる仕事は，政令指定都市以外では都道府県が行っています。

イ　地方自治の原則に基づき，地方自治体の仕事は，すべてその自治体が集めた税金で行われています。

ウ　地方自治体の長は住民から直接選挙で選ばれているので，議会は長を不信任することができません。

エ　地方議会が制定した条例によって行われる住民投票では，その結果に法的拘束力《こうそくりょく》はありません。

問６　下線部⑥について，次の各問に答えなさい。

(1)　木製ストローの材料として，森林で樹木の生長を助けるために，一部の木を切ることによって出た木材が使われます。この木材を何といいますか。

(2)　このことは，循環《じゅんかん》型社会を目指すうえで重要な「3R」にあたります。「3R」について述べた次の文の空欄にあてはまることばをそれぞれ答えなさい。

> 木製ストローを利用することは，プラスチックごみの問題から見ると，ごみを減らす（ a ）にあたります。それに対し，ペットボトルなどを回収し，洋服などの原材料に作り変えることは（ b ）にあたります。

問７　下線部⑦は，1972年にスウェーデンのストックホルムで開かれた国連人間環境会議で設立が決められました。この会議のスローガンは，どのようなものであったか答えなさい。

【理　科】〈第２回試験〉（30分）〈満点：40点〉

（注意）　定規，コンパス，および計算機(時計についているものも含む)類の使用は認めません。

1　次の文章を読み，以下の問いに答えなさい。

表　気温とほう和水蒸気量

気温(℃)	0	5	10	15	20	25
ほう和水蒸気量(g/m^3)	4.8	6.8	9.4	12.8	17.3	23.1

空気が含《ふく》むことのできる水蒸《じょう》気の量には限度があります。空気１m^{3}中に含むことのできる水蒸気の量をほう和水蒸気量といい，これは上表のように気温が高いほど大きくなります。水蒸気を含む空気の温度が下がると，ほう和水蒸気量が小さくなるので，含みきれなくなった水蒸気が水てきになります。これが，雲や霧《きり》です。

問１　雲ができるためには，空気のかたまりが上昇《じょうしょう》することが必要です。上昇した空気のかたまりはぼう張し，温度が下がることで水てきができます。次の中から雲ができる条件をすべて選び，記号で答えなさい。

ア　風上側の山の斜面　　**イ**　風下側の山の斜面

ウ　高気圧の中心付近　　**エ**　低気圧の中心付近

オ　地面の一部が強くあたためられたとき

カ　地面の一部が強く冷やされたとき

ほう和水蒸気量に対する水蒸気の量の割合をしつ度といい，以下の式で求められます。

$$\text{しつ度(\%)} = \frac{\text{空気中の水蒸気量(g/m}^3\text{)}}{\text{その気温でのほう和水蒸気量(g/m}^3\text{)}} \times 100$$

問２　図１は，気温とほう和水蒸気量の関係を示したグラフです。図中の空気**ア**～**オ**は，水蒸気を含むいろいろな温度の空気です。**ア**～**オ**のうち，もっともしつ度が低い空気を選び，記号で答えなさい。また，その空気のしつ度は何％ですか。小数第１位を四捨五入して，整数で答えなさい。なお，ほう和水蒸気量は表の値を，空気中の水蒸気量は図１から読み取った値を用いなさい。

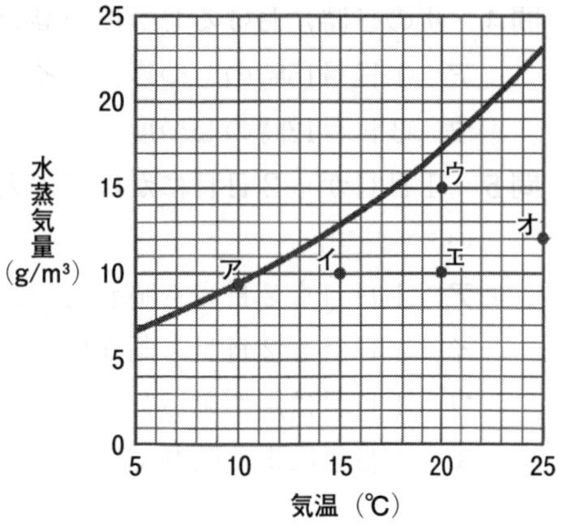

図１

次のページの図２は，しつ度を測る器具です。この器具は乾球温度計としっ球温度計からなり，しっ球温度計の球部はしめったガーゼでおおわれています。

問３　次の文章は，図２の器具でしつ度を測るしくみについて説明したものです。文中の空らんにあてはまる語の組み合わせとしてふさわしいものを選び，記号で答えなさい。

乾球温度計(乾球)としっ球温度計(しっ球)では，しっ球は乾球より温度が(　①　)なる。これは，しっ球の球部を包んだしめったガーゼから水が蒸発するときに(　　②　　)からである。しつ度は，乾球としっ球の温度の差からしつ度表を使って求めるが，しつ度が低いほど水がたくさん蒸発し，乾球としっ球の温度の差が(　③　)なる。

	①	②	③
ア	高く	まわりから熱をうばう	大きく
イ	高く	まわりに熱を出す	大きく
ウ	高く	まわりから熱をうばう	小さく
エ	高く	まわりに熱を出す	小さく
オ	低く	まわりから熱をうばう	大きく
カ	低く	まわりに熱を出す	大きく
キ	低く	まわりから熱をうばう	小さく
ク	低く	まわりに熱を出す	小さく

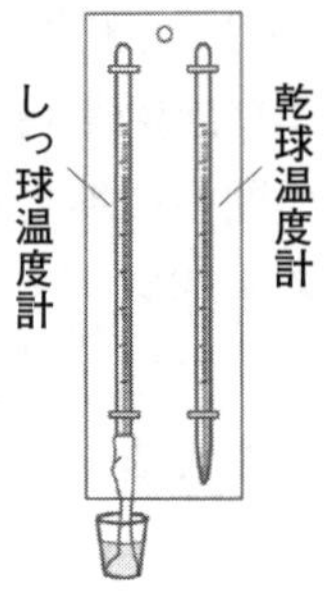

図２

図２の器具を使い，３時間ごとの乾球としっ球の温度を３日間記録しました。図３はこの結果を示したグラフで，実線と破線は，それぞれ乾球としっ球の温度のいずれかを示します。なお，２日目の６時から３日目の３時までは，乾球としっ球の温度は同じでした。

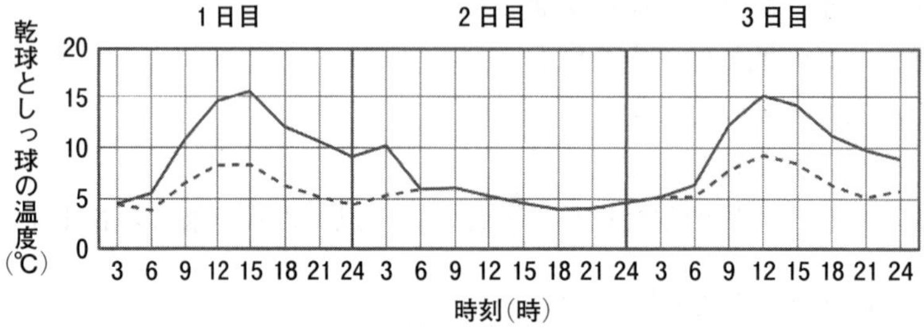

図３

問４　次の日時におけるしつ度を高い順に並べ，記号で答えなさい。

ア　１日目15時のしつ度　　**イ**　２日目18時のしつ度

ウ　３日目12時のしつ度

問５　１日目から２日目にかけての天気としてもっともふさわしいものを選び，記号で答えなさい。

ア　１日目も２日目も晴れていた。

イ　１日目も２日目も雨が降っていた。

ウ　１日目は雨が降っていたが，２日目の朝から晴れた。

エ　１日目はよく晴れていたが，２日目の朝から雨が降り始めた。

2　固体の食塩が水に溶《と》けるように，液体のエタノールも水に溶けます。いろいろな濃《こ》さのエタノール水溶《よう》液100mL をつくるのに必要な水とエタノールの量を調べる実験を行い，結果を次のページの表にまとめました。以下の問いに答えなさい。

《実験》

①　電子てんびんにメスシリンダーを静かにのせ，「０キー」をおし，表示を0.0ｇにする。

②　電子てんびんからメスシリンダーを下ろし，下表のａ～ｆのように決められた体積の水を入れる。

③　そこにさらにエタノールを注いでよく混ぜ，全体の体積が100mL になるようにする。

④　すぐに電子てんびんにメスシリンダーをのせ，液全体の重さをはかる。

	a	b	c	d	e	f
水の体積(mL)	0	20	40	60	80	100
液全体の重さ(g)	79.0	84.9	90.0	94.3	97.4	100.0

問１　エタノール１mL あたりの重さは何ｇですか。

問２　この実験結果からわかることとして，正しいものをすべて選び，記号で答えなさい。

ア　水１mL の重さは１ｇである。

イ　水20mL とエタノール64.9mL を混ぜると，体積は100mL になる。

ウ　水60ｇとエタノール34.3ｇを混ぜると，体積は100mL になる。

エ　水80ｇとエタノール17.4mL を混ぜると，体積は100mL になる。

問３　ｃの水溶液100mL をつくるために，水40mL に加えたエタノールは何 mL ですか。答えは小数第２位を四捨五入して，小数第１位まで求めなさい。

問４　水60mL とエタノール40mL を混ぜた水溶液の重さは何ｇですか。

問５　混ぜる前の水とエタノールの体積をそれぞれはかり，その合計をＡとします。また，それらを混ぜた後の水溶液の体積をＢとします。上表のｂ，ｃ，ｄ，ｅの結果からわかるＡとＢの関係について，もっともふさわしいものを**ア**～**ウ**から選び，記号で答えなさい。

ア　ＡはＢより大きい

イ　ＡとＢは等しい

ウ　ＡはＢより小さい

3　ヒトは生きていくために体にさまざまな器官をもっており，それらを使って体内の状態を一定に保っています。これらの器官について，以下の問いに答えなさい。

問１　栄養分の吸収をになう小腸の表面は，図１のような形をしています。表面に突き出た部分は「柔《じゅう》毛」と呼ばれ，内部に毛細血管などがあります。小腸の表面がこのようなつくりになっているのと同じ理由で，特別なつくりになっている器官を選び，記号で答えなさい。

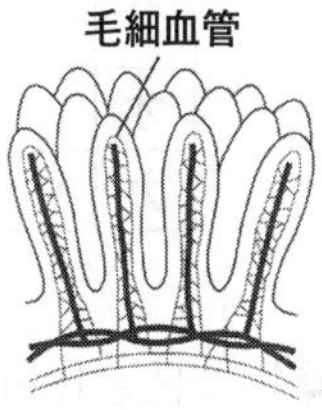

図１

ア　食道　　**イ**　肺　　**ウ**　心臓

エ　筋肉　　**オ**　関節

問２　肝《かん》臓と小腸は肝門脈という血管でつながっています。小腸から送られてきた血液がはじめに肝臓に入る理由としてふさわしいものを２つ選び，記号で答えなさい。

ア　小腸で吸収した水の一部を血液から除くため

イ　小腸で吸収した栄養分の一部をたくわえるため

ウ　小腸から送られてきた血液の温度を下げるため

エ　小腸から送られてきた血液に，胆汁《たんじゅう》を加えるため

オ　小腸から送られてきた血液中の有害な物質を，無害な物質に変えるため

問３　ヒトは肺で呼吸を行います。はき出す空気(呼気)と吸い込む空気(吸気)をそれぞれポリエチレンの袋に集め，酸素用検知管と二酸化炭素用検知管を用いて酸素と二酸化炭素の体積の割合を調べました。呼気中の酸素(①)と吸気中の二酸化炭素(②)を調べた検知管はどれですか。ふさわしいものを選び，それぞれ記号で答えなさい。ただし，**ア**の検知管は，気体の割合が小さくて，色の変化が観察できていません。

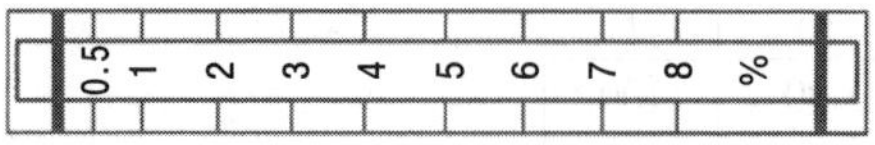

ア

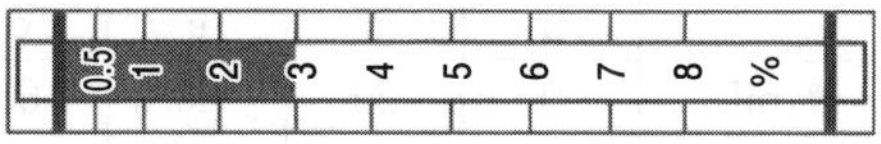

イ

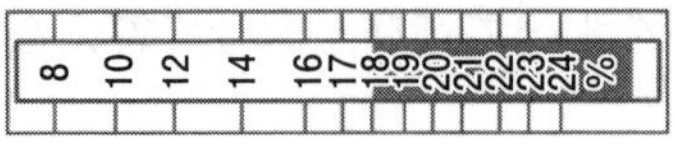

ウ

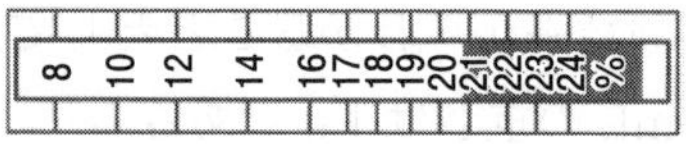

エ

問４　呼気の中には，酸素や二酸化炭素以外で吸気に比べて明らかに体積の割合が増加する物質があります。その物質は何ですか。また，呼気でその物質が増加する理由を15字以内で説明しなさい。

問５　心臓は拍《はく》動することで血液を全身に送り出しています。拍動数は脈拍数を測定することで調べることができます。そこで，小学６年生の太郎君は，運動による心臓の拍動数の変化を調べました。その結果としてもっともふさわしいものを**ア**～**カ**から選び，記号で答えなさい。

《実験》

①　運動開始前に，脈拍数を20秒間測定する。

②　高さ30cmのふみ台を用意し，上り下りをゆっくり歩くくらいの速さで３分間続ける。

③　運動終了直後，終了１分後，２分後，３分後の脈拍数を，それぞれ20秒間測定する。

	運動前	運動直後	１分後	２分後	３分後
ア	28	40	32	29	28
イ	28	40	40	32	28
ウ	28	40	42	29	28
エ	84	120	96	87	84
オ	84	120	120	96	84
カ	84	120	126	87	84

4　長さ10cmの消しゴム，長さ18cmで重さ80ｇのコンパス，重さの無視できる糸を使って，**【実験１】**と**【実験２】**を順番に行いました。コンパスの太さは両脚《あし》ともに一様であり，コンパスの脚以外の部分の重さは考えないものとします。以下の問いに答えなさい。

【実験１】　机の上に置かれた消しゴムを指先でゆっくり押したところ，図１のように，机から６cmはみ出たところで消しゴムが落下しました。その後，消しゴムをこの位置で切りました。これらをそれぞれ消しゴム**A**，消しゴム**B**と

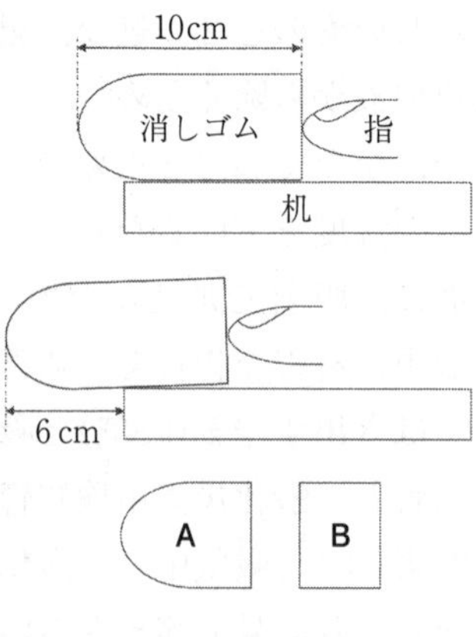

図１

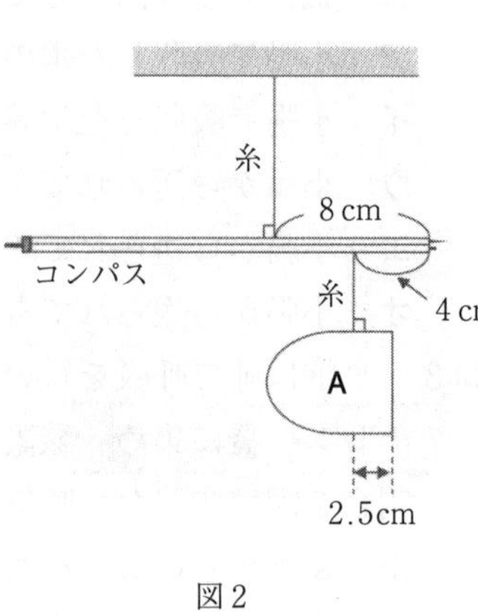

図２

します。また，消しゴム**B**は，直方体であるとします。

【実験２】 コンパスの右から８cm の位置を真上から糸でつるし，さらにコンパスの右から４cm の位置と，消しゴム**A**の右から2.5cm の位置を糸でつなぎました。すると，前のページの図２のように，コンパスと消しゴム**A**はどちらも水平になって静止しました。

問１ 消しゴム**A**，**B**の重さはそれぞれ何 g ですか。

問２ コンパスを90°に開き，両脚の接合部Oを糸でつるしました。さらに，消しゴム**A**を脚 OY の真ん中の点Pから，消しゴム**B**を脚 OX 上の点Qから糸でつるしたとき，図３のような状態で静止しました。このとき，Oから真下に下した線は，両脚のつくる角を二等分しました。OQ の長さは何 cm ですか。

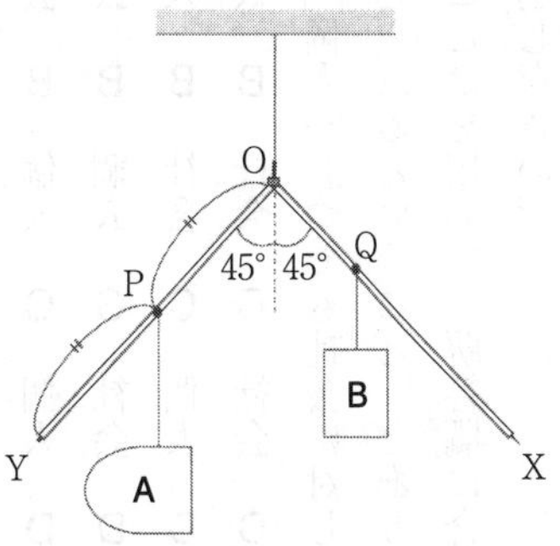

図３

問３ 消しゴム**B**は，使用されて小さくなりました。これを消しゴム**B′**とします。コンパスをある角度に開き，両脚の接合部Oを糸でつるしました。さらに，消しゴム**B′**を脚 OY の真ん中の点Pから，消しゴム**A**を脚 OX の先端《たん》Xから糸でつるしたとき，図４のような状態で静止しました。このとき，脚 OY は水平になりました。また，Oからの長さが12cm となる脚 OX 上の点をRとし，Rから真上にのばした線がOから水平にのばした線と交わる点をR′とすると，OからR′までの距離は7.2cm となりました。消しゴム**B′**の重さは何 g ですか。

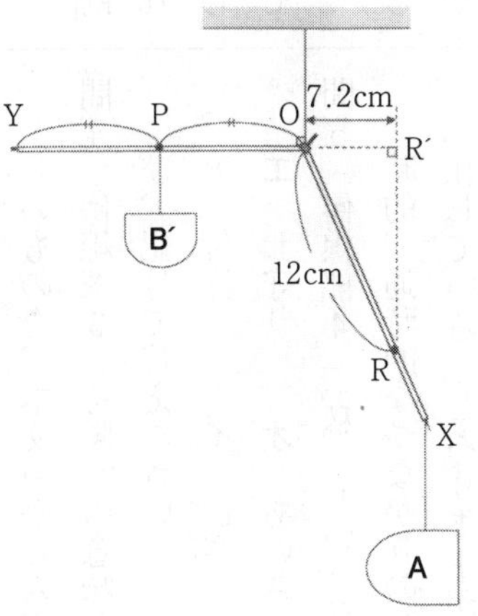

図４

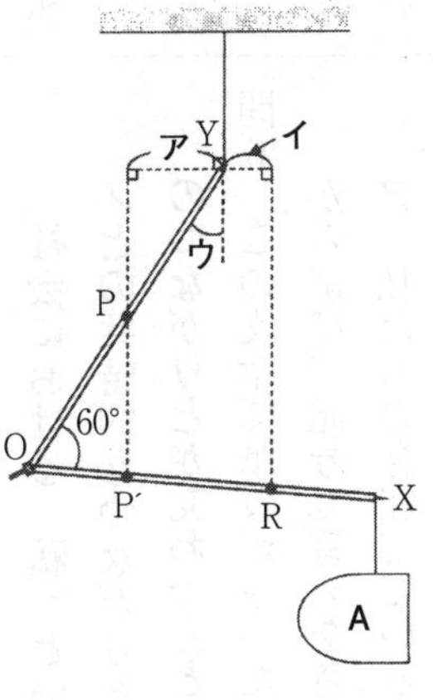

図５

問４ 図５のように，コンパスの角度を60°に固定し，一方の脚の先端Yを糸でつるし，もう一方の脚の先端Xからは，消しゴム**A**を糸でつるしました。**問３**と同様に OP の長さを９cm，OR の長さを12cm として，以下の問いに答えなさい。

(1) 図５に示した**ア**と**イ**の長さの比はどうなりますか。もっとも簡単な整数比で答えなさい。

(2) Pから真下に下した線が脚 OX と交わる点をP′とします。P′R の長さは何 cm ですか。

(3) Yから真下に下した線と脚 OY のつくる角**ウ**は何度ですか。

たつながりを、歴史や時間の流れを通じての関係であるという意味で「通時性」や「通時態」という言葉で言い表わすこともある。

4「私」という存在は、さまざまな他者や事物との共時的、通時的なつながりの中の「結び目」のようなものとして存在している。それは、私という存在が「社会の中」に存在しているということだ。そしてそのことは、私やあなたが現にある私やあなたであることが、すでに社会的な関係の中で与えられる社会的な出来事であるということ、その中で私もあなたも、死者をも含《ふく》んだ私以外の他者たちから与えられ、我がものとした言葉を使い、やはり他者たちから我がものにした慣習や道徳に従って生きているということだ。とすれば、社会について考えるとき、その対象は法律や政治や経済の中に、そしてまたさまざまな「社会問題」の中にあるだけではなく、この私という存在や私の日々の営みの中にすでに存在しているのだということになる。

私は社会の中に、つねに社会から遅れて現われる。私も、私の日々の生活も、社会の中で生じる社会的な出来事なのだ。

（若林《わかばやし》幹夫《みきお》『社会学入門一歩前』（ＮＴＴ出版）より）

問１　[A]～[D]に入ることばの組み合わせとして最もふさわしいものを次から選び、記号で答えなさい。

ア　A 社会　B 個人　C 個人　D 社会
イ　A 社会　B 個人　C 社会　D 個人
ウ　A 個人　B 社会　C 個人　D 社会
エ　A 個人　B 社会　C 社会　D 個人

問２　傍線部１「個人がいつでも社会に対して遅れて、社会の中でその存在を与えられるということ」とありますが、その最初の経験を本文中のことばを用いて、解答欄《らん》に合うように三十字以上四十字以内で説明しなさい。

問３　傍線部２「時の隔たりを超えてつながっているもの」とありますが、これと同じ意味で用いられていることばとして最もふさわしいものを、本文中から六字で書き抜きなさい。

問４　傍線部３「符牒」の意味として最もふさわしいものを次から選び、記号で答えなさい。

ア　付録　イ　亡霊《ぼうれい》　ウ　しるし
エ　お守り　オ　あいさつ

問５　傍線部４「『私』という存在は、さまざまな他者や事物との共時的、通時的なつながりの中の『結び目』のようなものとして存在している」とありますが、これを説明した次の文章の〔①〕・〔②〕に最もふさわしいことばを、本文中からそれぞれ指定の字数で探し、書き抜きなさい。

社会における「私」という存在は、〔①（九字）〕する人やモノとの共時的なつながりと、〔②（八字）〕を通じた死者たちとのつながりとが交わったところに出現するものであるということ。

問６　この文章で筆者が言いたいこととして最もふさわしいものを次から選び、記号で答えなさい。

ア　私たちの存在している世界は、死者によって作られた社会である。
イ　社会というものは、個人のあつまりやつながりによって作られている。
ウ　現代社会では、お金のつながりよりも人とのつながりの方が大切である。
エ　私という存在や私の日常の営みも、社会について考えるときの対象となる。

係の後から私の中に現われてくる。私が私を見出す〝つながり〟とは、私が自らの存在を見出すそうした状況のことだ。

こうしたつながりの相手は、必ずしも人間でなくともよい。犬や猫《ねこ》のようなペット、野山の獣《けもの》や鳥、魚や虫でもいいし、家や田畑、山や川のような環境《かんきょう》でもいい。神や精霊《せいれい》や魔物《まもの》や死者のような、現代人の多くから見ると想像上の存在であるものたちでもいい。たとえば農業社会では、人は他の人びとと結びつくのと同じように、ときにそれよりもずっと強く大地と結びついている。狩猟《しゅりょう》採集する社会では、野山の動植物やその精霊とのつながりが、ときに生身の人間とのつながりよりも大切だろう。現代の社会では、人とのつながりよりもお金とのつながりのほうが大切かつリアルだという人もいるかもしれない。ともかく、そのようなさまざまな空間的つながりの中で、人は「自分」を見出し、そんなつながりの中の「誰か」になる。同じ時間の中である空間や場を共有する人やモノとのこのようなつながりのことを、同じ時を共有するという意味で「共時性」や「共時態」という言葉で言い表わすこともある。

けれども、人が自分を「誰か」として見出すつながりは、共時的なつながりだけではない。右に私は「死者」とのつながりということを述べた。このとき「死者」という存在はどこにいるのだろうか。

注意してほしいのだが、私はここで「死体」のことを言っているのではない。死体、つまり死んだ人間の体は、いつも現在という時の中に現われる。エジプトのミイラは何千年も前に作られたものだが、私にとってそれは「今、ここにあるよく保存された死体」である。それに対してここで「死者」と呼んでいるのは、死体になってしまった身体の中にかつては〝生きた人間〟の人格として存在していたが、いまやその身体が死体というモノになってしまったので、その身体から切り離《はな》して考えられる〝死んだ人間〟の人格のことだ。

ご先祖様とか祖先とかいうのがその典型である死者は、一方では現在に存在する共時的存在として現われる。たとえばお盆の迎《むか》え火をするとき、そこで迎えられるのは、「今ここに彼岸《ひがん》からやってきた死者の霊」である。だが他方で死者は、過去に存在するものとしても考えられる。「私たちの先祖は……」とか、「祖先から継承《けいしょう》された伝統として……」とか言うとき、「先祖」や「祖先」という言葉で総称《そうしょう》されるのは、かつて生き、けれども今は死んでしまってもうここにはいない死者たちの群れである。だが、過去に位置するこの死者たちと私たちは、2時の隔《へだ》たりを超《こ》えてつながっているものとして考えられている。言語が、文化が、知識が、伝統が、かつて生き、今は死んだ人びとから継承されて今あるものとして存在しているからだ。苗字《みょうじ》というのは、両親とのつながりを示しているだけでなく、その苗字を継承してきた今は亡《な》き数知れぬ人びとのつながりの中に個々の人びとが生きていることを示す3符牒《ふちょう》のようなものだ。また「日本人」とか「韓国人」、「アメリカ人」や「フランス人」といった言葉が使われるとき、そこで意味されているのも現に生きている諸国民の共時的な集合体である場合もあるけれども、そのような共時的なつながりを超えた歴史的連続体としての人びとの群れを意味することもしばしばである。

私たちの生きている世界は、風景や町並み、建物のような有形のものも、言語や文化、法や制度のような無形のものも、その少なからぬ部分――分野によってはほとんどの部分――が、すでに死んでしまった人びとによって作られている。私たちは、その多くの部分が死者たちによって作られた世界に生まれてくる。私たちが経験する「死者たちの作った世界」は共時的な現在である。だが、そのような共時的な現在を生きているということは、その世界を通じて私たちが死者たち、その個々の名も顔も知らぬ無数の死者たちとのつながりを、多くの場合は取り立てて意識することもなく生きているということだ。そうし

そうした個人のあつまりやつながりとして社会が存在するというのが、多分ごく普通の考え方だろう。社会を構成する要素である個々人なしに、それ以前に存在する社会などという奇妙《きみょう》なものは、どこにも存在しないからだ。

だが、本当にそうなのだろうか？

私やあなたといった個々人の人生の具体的なあり方から考えてみよう。

アダムとイヴのような神話の中の「最初の人間」はともかくとして、私たちが生まれてきたときにはすでに、そこには「社会」――他の人間たちが作った関係や集団やルールや慣習――が存在していた。私たちはみな、自分に先立って存在する社会の中に生み出され、その社会に組み込《こ》まれて、社会の構成員になったのだ。こうした事実関係に即《そく》してみれば、社会は個人の後から現われるのではない。逆に、個人はつねに社会の中に産み込まれる。私の存在は、社会の存在に対していつも遅《おく》れて、社会の中で与《あた》えられるのだ。

生まれたばかりの赤ん坊《ぼう》は、さしあたり社会的な個人ではなく、生物としてのヒトの個体にすぎない。だが、そのヒトの個体としての赤ん坊は、生まれてすぐに周囲の人間たち――すでに社会を生きている人間たち――によって、息子《むすこ》や娘《むすめ》、子どもとして扱《あつか》われ、子や孫といった親族関係上の位置や名前を与えられ、〝 C の中の D 〟として扱われる。自分自身を社会の中の誰《だれ》かとして自覚する以前に、周りにいる人びとによって〝 C の中の D 〟にさせられるのだ。（略）

私自身もかつてそうだったし、私の子どもも現にそうなのだが、幼年期の子どもは自分自身を言う一人称《いちにんしょう》として、「僕」や「私」という言葉以前に「＊＊ちゃん」といった他者から名指される二人称的な言葉を使う。それは、人が社会の中で見出《みいだ》すのが、「自分にとっての自分」である以前にまず、「人から呼ばれる自分」であるからだ。「僕」や「私」という言葉を獲得《かくとく》した後でも、この間の事情は変わらない。なぜなら、「私」とは「他者から＊＊と呼ばれる私」であるからだ。「あなたは誰？」と聞かれたとき、「私は＊＊です」というその名前。それは、私やあなたが他の人びとから呼ばれる名前や属性――学生だとか、主婦だとか、会社員だとか――である。別の言い方をすると、「私」という一人称は、人から「＊＊」と呼ばれる存在を、当の存在が呼ぶときの呼び名であるということだ。「私」とは、つねに、そしてすでに「他の人びとの中の誰か」であり、「他の人びとにとっての誰か」なのである。

1個人がいつでも社会に対して遅れて、社会の中でその存在を与えられるということ。それは、人がいつも他の誰かとのつながりの中で、自ら「私」と呼び、「僕」と呼び、「自分」と言う〝誰か〟になるのだということである。

この〝つながり〟について、もう少していねいに考えてみよう。

まず私は、他の誰かと同じ時間の中で、ある空間や場を共有して生きており、そこで誰かとのつながりの中に置かれている。家の中で、地域の中で、学校で、会社で、もっと広い社会の広がりの中で、私たちはそこにいる誰かとさまざまなつながりをもち、そのつながりの中の「誰か」として、他の人びとと関係している。そのつながりの中で私たちは、名前や役割や、性別や年齢《ねんれい》といった属性に即した呼び名で他者から呼ばれ、そのような「誰か」として接せられ、応対される。そうしたつながりの中の私の位置や扱いが、私にとっていつも快適とはかぎらない。いじめや差別のように、どうしてもそこから抜《ぬ》け出したいような位置や扱いもある。そうしたひどい扱いや関係から抜け出ようとする私の存在もまた、そうした関係の中で、そうした関

問１　傍線部**a**～**c**のカタカナを、それぞれ漢字に直しなさい。

問２　茶子の「おば」である初子に関する説明として、正しいものには○を、正しくないものには×をつけなさい。

ア　大輔のことを心配するあまり、あえて言ってはならない言葉をかけている。

イ　大輔と茶子が険悪な関係にならないように、あえて二人の気をそらしている。

ウ　大輔に対して茶子が恋愛《れんあい》的な感情を抱《いだ》いていることを、実はよく思っていない。

エ　大輔のことを応援しているが、実は男子の制服を着て学校に行って欲しいと思っている。

問３　[1] に入ることばとして最もふさわしいものを次から選び、記号で答えなさい。

ア　もう、茶子にあわせる顔があらへん

イ　そないに、殴られへんのとちゃうか

ウ　何というか、負けたような気がする

エ　これ以上、みんなに迷惑《めいわく》をかけないですむ

オ　きっと、後藤先生かて僕のことを見捨てるわ

問４　茶子は結局のところ、大輔のどのような言動に対して怒っているのですか。そのことについて説明した次の文章の〔①〕～〔③〕に最もふさわしいことばを、指定の字数で答えなさい。ただし、〔①〕は会話文中から書き抜《ぬ》き、〔②〕・〔③〕は自分で考えて書きなさい。

　大輔は「〔①　（八字以上十字以内）〕」と言うけれども、そうではなく、すでに〔②　（十字以内）〕のである。ところが、その現実を大輔が〔③　（五字以内）〕としないことに対して、茶子は怒っている。

問５　傍線部**2**「何か世界そのものを壊されたような感覚」とありますが、その説明として最もふさわしいものを次から選び、記号で答えなさい。

ア　大輔の理想も、それを思い描《えが》いていた大輔自身も完全に否定されたような感覚。

イ　目の前に立ちはだかる障害は、これからも大輔にずっとついて回ると宣告されたような感覚。

ウ　女性として生きていく幸せは、大輔が暴力を克服《こくふく》しない限り手に入れられないと通告されたような感覚。

エ　大輔の希望を実現するためにはスカートをはいて学校に行ってはならないのだ、と痛感させられたような感覚。

問６　この文章の内容として正しいものを次から一つ選び、記号で答えなさい。

ア　大輔は、女子の制服にあこがれを抱いてしまう自分の性質に対して、以前から悲しさを感じていた。

イ　大輔は、自分の置かれている状況《じょうきょう》をやっと理解することができ、解決の糸口を見出《みいだ》そうとして苦しんでいる。

ウ　大輔は、自分の考えが錯覚であると気づいたことによって、茶子の言葉の真意を理解できるようになっていった。

エ　大輔は、自分が見た目だけではなく考え方も独特な人間であることを、クラスメートにわかって欲しいと思った。

オ　大輔は、蜂須賀への恐怖心に支配されていることを思い知るとともに、自分の考えが甘かったと強く感じるようになった。

二

次の文章を読んで、後の問に答えなさい。

常識的に考えると、「[A]」というものは「[B]」の後から現われる。社会を構成するメンバーや要素である個人がまずあって、

大輔は顔を伏《ふ》せたまま立ち上がった。襖を開け、台所の机でDSをやっている初子に「ごちそうさまでした」と礼を言って玄関《げんかん》に出た。

「大ちゃん、がんばりよ。おばちゃん、応援《おうえん》してるで」

商売柄《がら》ゆえ、少し割れた感じの初子の声を、靴《くつ》ひもを結びながら、大輔は背中で聞いた。

家に戻る途中《とちゅう》、榎木《えのき》大明神に立ち寄った。巨大《きょだい》な神木は影《かげ》となって空を覆《おお》い、鳥居の朱《しゅ》が闇《やみ》ににじむように色を放っていた。鏡と小さな白蛇《しろへび》の置物が納められた祠《ほこら》の前で、大輔は手を合わせた。

「僕は——どうしたらいいかわかりません」

もちろん巳《み》いさんは、何も答えてはくれなかった。ただ、緩《ゆる》やかな風を受け、枝葉がさよさよと鳴るばかりだった。

(略)

木曜日の一件について、担任の後藤《ごとう》にどれほど訊ねられても、大輔は蜂須賀の名を出さなかった。何をされたかなんて思い出したくもなかったし、それを口にするなど、絶対にゴメンだった。大輔自身の意地もあった。それに、たとえ教師が注意したところで、コントロールの効く相手ではないことは、学校じゅうの人間が知っている。

しかし、ほんのわずかな時間、蜂須賀を目撃《もくげき》しただけで、大輔ははっきりと了解《りょうかい》した。それらしいことを並べ、蜂須賀への感情を圧《お》し殺していたが、要は相手の仕返しが怖かった——ただ、それだけだったのだ。あの部室棟《とう》の前で、恐怖《きょうふ》で身体がこわばり、口も利けぬまま、ひたすらうずくまっていた時間。長く、暗く、重い、絶望の時間。服を脱《ぬ》がされ、殴《なぐ》られ、蹴《け》られ、石灰《せっかい》をまかれたこと。痛みよりも、2何か世界そのものを壊《こわ》されたような感覚。未《いま》だ、ジャージの下に残るあざ。

駄目《だめ》だった。

これまで開くまいと念じていた記憶《きおく》の扉《とびら》が、校庭から明るい b カンセイが響く廊下《ろうか》でからんと開いた。大輔は壁際にもたれるように立ち止まった。黒い、粘《ねば》っこい泥流《でいりゅう》が、身体をぐるぐると回る感覚がした。窓を透過《とうか》した日射《ひざ》しが、大輔の顔を白く照らしても、何ら肌《はだ》に熱を感じなかった。気がつけば全身が総毛立っていた。俄《にわか》に吐き気がこみ上げた。

壁に手をつき、大輔は廊下をのろのろと進んだ。

今にして、大輔は思う。女子の制服を着て、学校へ行けたらどれだけしあわせだろう——と好き勝手に夢想していたときが、いちばん楽しかった、と。セーラー服を纏《まと》うだけで、魔法《まほう》のように、目の前を塞《ふさ》ぐ障壁《しょうへき》が一気に取り払《はら》われる気がした。長い長い夜が明けるように思えた。たった一枚のスカートが、すべてを解決してくれる〝希望〟そのものに感じられた。

だが、どれもこれも、すべては錯覚《さっかく》だった。希望どころか、現実はいよいよ闇を濃《こ》くして大輔を覆った。霧《きり》の中で大輔は c ロトウに迷い、あれほど苦痛だった男子の制服を着ずに済むよろこびは、もはやどこにも感じられない。怯《おび》えた心を抱《かか》えた、無様なジャージを纏う己《おのれ》の姿は、ひたすらみすぼらしく、哀《あわ》れだった。

図書室の入り口をふらふらと通り過ぎ、突《つ》き当たりの非常口の前で、大輔は立ち止まった。普段は開けてはいけないと言われている扉の鍵《かぎ》を回し、非常階段に出た。

らせん階段を屋上まで上り、錆《さ》びついた背の低い柵《さく》を開けた。安っぽい緑色のマットが、あちこち剝《は》げたまま敷《し》かれている屋上の中央で、大輔は膝に手をついた。

すり切れ、変色した緑のマットを見つめ、大輔はさっき食べたばかりの給食をすべて吐き出した。吐き終えてから、大輔は泣いた。

(万城目《まきめ》 学《まなぶ》『プリンセス・トヨトミ』〔文藝春秋《ぶんげいしゅんじゅう》〕より)

(注) 「おっちゃん」は大輔の父、「おばちゃん」は大輔の母を指す。

と茶子のおばの初子《はっこ》がお盆《ぼん》を手に顔を出した。

「大ちゃん、アンタ、ええときに来たな。ほらデザート、ゼー六のアイスモナカ。昨日、お客さんにもらってん」

と初子は白っぽい色合いのアイスモナカが入った皿を絨毯《じゅうたん》の上に置くと、代わりにスパゲティの皿を引き取り、「仲良くやで」と残し襖を閉めた。

大輔はお手玉くらいの大きさの、丸っこい形をしたアイスモナカを手に取り、茶子に差し出した。ありがとう、と茶子はくぐもった声で受け取った。アイスモナカは前歯で嚙《か》むと、みしりと皮が破れる感《かん》触《しょく》とともに、すうとしたアイスの甘《あま》みがやってきた。

「おいしいな、ゼー六」

「うん」

二人は黙々《もくもく》と一個を平らげた。二つ目を茶子に渡《わた》し、大輔は残りの一つを手に取った。

「僕はな、茶子に怒ってるんやない。僕は、暴力っていうか——そういうのが嫌《きら》いやねん。鼻を折るのは……やっぱり、やりすぎや」

茶子はモナカの皮の表面を人差し指で撫《な》でながら、「うん、わかってる」と小さくうなずいた。

「僕は単に、みんなに受け入れてもらいたいだけやねん。僕のこと鬱《うっ》陶《とう》しいとか、気持ち悪いとか思う人がいるってこと、僕も理解できる。気持ち的に受け入れられへん、ってのもわかる。むしろ、それが普通かもしらへん。でも、僕みたいに見た目と中身が違う人間も世の中にはいる。ちょっと変かもしらへんけど、人間としての中身はみんなと何も変わらへん、って知ってもらいたい——」

茶子はうつむき加減にアイスモナカを齧《かじ》りながら、黙って大輔の訴《うった》えを聞いた。大輔は上目遣《うわめづか》いに茶子の反応を待ったが、立てた片膝に頰《ほお》を預けたまま、言葉を放つ様子がないのを見て、アイスモナカを口に持っていった。白みを帯びた皮に前歯を立てると、ぱり、と軽い音が鳴った。

「明日はどうすんの。またセーラー服で学校行くんか」

アイスモナカを食べ終え、茶子は小さな声で訊《たず》ねた。

「それ、島にも訊《き》かれた」

最後のかけらを口に放り、大輔は顔を後ろに回した。茶子のベッドを見下ろすように、壁際《かべぎわ》のフックにセーラー服がかけられていた。

「また、あんな目に遭ったらどうすんの。じっと我慢して、耐え続けるんか?」

「わからへん……。でも、もしもアイツの言うとおりにしたら——

[1]」

「アホッ」

いきなり、茶子の吐き捨てるような短い叫《さけ》び声が部屋に響《ひび》いた。

「いい加減、一人で戦ってるフリするんやめッ」

肩《かた》をビクリと震《ふる》わせ、正面に向き直った大輔を、茶子は目を赤くして、イスの上から睨みつけた。

「そら、大輔の言うとおり、少しずつしか、物事は進まんのかもしれん。でも、大輔一人やったら、その少しも進まんのやで。みんなが大輔を助けるから、進んでいけるんやろ。負けた? アンタだけの勝負ってこと? 私だって、怖《こわ》い思いして、いっしょに戦ってんやで。(注)おっちゃんもおばちゃんも、きっとまわりにいろいろ言われてるやろうけど、知らんとこでアンタのために戦ってんねんで。何でもかんでも一人でできるなんて、思い上がりなッ」

茶子の怒《いか》りに満ちた眼差《まなざ》しを、大輔は蒼《あお》い顔で受け止めた。

ふたたび、重い沈黙が二人の間に舞《ま》い戻《もど》った。背中を丸め大輔がうつむいている前で、茶子は壁の a **ガクブチ**をじっと睨みつけていた。

「僕——帰る」

二〇二〇年度 早稲田中学校

【国　語】〈**第二回試験**〉（五〇分）〈満点：六〇点〉

（注意）　字数制限のある問題については、かぎかっこ・句読点も一字と数えなさい。

一　次の文章を読んで、後の問に答えなさい。

不《ふ》貞《て》腐《くさ》れた顔で腕《うで》を組み、あぐらをかいている大輔《だいすけ》を、勉強机のイスに腰《こし》かけ、茶子《ちゃこ》もまた膨《ふく》れっ面で見下ろしていた。

大輔の前には、宗《そ》右衛《え》門町《もんちょう》のスナックが定休日だった茶子のおばが作ってくれた、たらこスパゲティの空き皿が二つ並んでいる。二人してひと言も口を利《き》かずに食べきった皿には、ピンクのたらこ粒《つぶ》と、のりの切れ端《はし》がさびしげに貼《は》りついている。

「やっぱり、僕《ぼく》は気に入らへん」

長い沈黙《ちんもく》を破り、大輔は湿《しめ》った声でつぶやいた。途端《とたん》、これまで溜《た》めていたものを吐《は》き出すように、細い目を吊《つ》り上げ、茶子は一気に言葉を放った。

「何で？　何で、私が大輔に怒《おこ》られなアカンの？　だって、あいつは許されへんことしたんやで。何されたか、まさか忘れたはずないやろ？　あのくらいじゃ、まだまだ足りへん。いっそ鼻がもげてもいいくらいやわ」

「違う」

そうやないねん、と大輔は首を横に振《ふ》った。

「これは僕の問題や。茶子の問題やない」

「じゃあ、大輔はこれからもずっと黙《だま》って我慢《がまん》するつもりなんか？　あいつにやられっ放しでも、じっと耐《た》え続けるんか？　あいつは、大輔がこれまでどれだけ長い間、真剣《しんけん》に考えて、どれだけ覚悟《かくご》を決めてセーラー服で学校に行ったかなんて、何も知らん。これからもずっと知らんやろ。そんな阿呆《あほう》がすることに大人しく我慢して、何の意味があんの？」

「茶子は間違ってる」

「何が？　どこが？」

茶子はひときわ声のトーンを高くして、大輔を睨《にら》みつけた。

「うまく言われへんけど……そうじゃないねん。僕には何となくわかる。ある日、何もかもがガラッと変わって、すべてがうまくいくなんてこと、世の中では絶対にない。どんなものでも少しずつ、ちょっとずつ変わっていくもんやと思う。せやから……」

せやから、と続け、大輔は耳の後ろのあたりを乱暴に掻《か》いた。

「ううん、上手に説明できへん。でも、茶子のやり方は違うと思う。むしろ騒《さわ》ぎが大きくなるだけやと思う」

「何、今さらズルいこと言ってんの」

茶子はこれ見よがしに舌打ちをして、イスの上に片膝《かたひざ》を立てた。

「騒ぎになることわかってて、女子の制服着て学校に行ったんは誰《だれ》？なのに、自分で騒ぎを起こすだけ起こしといて、怒られんのは私？　私だって金曜日、蜂須賀《はちすか》が仕返しにくるんちゃうか、ってずっと怖《こわ》かったんよ。正直言って、大輔がセーラー服着て学校に行かんかったら、こんなことにはならへんかったのに、って一瞬《いっしゅん》思った。でも、ホンマに腹が立ったから、許されへんて思ったから、あんなことしたんやで。大輔のためにしたんやで。それやのに――」

大輔を睨む茶子の瞳《ひとみ》が急に潤《うる》み始めるのを見て、大輔は慌《あわ》てて「わかってる、ごめん」と手を挙げて取りなした。

そのとき、部屋の襖《ふすま》がスッと開き、

「あらあら、喧嘩《けんか》かいな？」

2020年度
早稲田中学校 ▶解説と解答

算　数　＜第２回試験＞（50分）＜満点：60点＞

解　答

1 (1) 996円　(2) 73.2km　(3) 二郎くん　**2** (1) 65.94cm　(2) $565.2cm^3$　(3) ウ，オ　**3** (1) 分速12m　(2) 18分前　(3) 170分　**4** (1) 10度　(2) ① ア，エ　② 110度　**5** (1) $2\frac{2}{3}$cm　(2) $14\frac{5}{6}cm^2$　(3) $10cm^2$

解　説

1 売買損益，比例と反比例，推理

(1) 60円引きにしなかったとすると，利益は，196＋60＝256(円)になる。これが仕入れ値の32％にあたるから，(仕入れ値)×0.32＝256(円)より，仕入れ値は，256÷0.32＝800(円)とわかる。また，実際の利益は196円なので，売った値段は，800＋196＝996(円)である。

(2) 平地を30km進むのに使うガソリンの量は，30÷15＝２(L)だから，平地を往復するのに使ったガソリンの量は，２×２＝４(L)となり，坂道を往復するのに使ったガソリンの量は，10－４＝６(L)と求められる。また，坂道を１km往復するのに使うガソリンの量は，１÷12＋１÷18＝$\frac{5}{36}$(L)なので，坂道(片道)の距離《きょり》を□kmとすると，$\frac{5}{36}$×□＝６(L)と表すことができる。よって，□＝６÷$\frac{5}{36}$＝43.2(km)だから，AB間の距離は，30＋43.2＝73.2(km)である。

(3) 一郎くんがうそをついているとすると，一郎くんは二郎くんより後にゴールしたことになるので，一郎くんは１位ではなく，二郎くんは４位ではない。このとき，二郎くんと三郎くんの発言は正しいから，二郎くんは三郎くんと四郎くんよりはやくゴールしたことになり，三郎くんと四郎くんは１位ではない。よって，下の図１のようになるから，１位は二郎くんと決まる。さらに，四郎くんの発言は正しいので，２位は一郎くん，４位は四郎くんとわかり，３位は三郎くんと決まる。すると，すべての条件に合うから，一郎くんはうそをついている可能性がある。次に，二郎くんがうそをついているとすると，二郎くん以外の３人の発言から，下の図２のようになる。ところが，図２では二郎くんが四郎くんよりはやくゴールすることになるので，「二郎くんがうそをついている」という条件に合わない。よって，二郎くんは絶対にうそをついていない。なお，三郎くん，四郎くんがうそをついている場合はそれぞれ下の図３，図４のようになり，どちらも条件に合うので，三郎くんと四郎くんもうそをついている可能性がある。

図１（一郎がうそ）

	1	2	3	4
一郎	×			
二郎				×
三郎	×			
四郎	×			

➡

	1	2	3	4
一郎	×	○	×	×
二郎	○	×	×	×
三郎	×	×	○	×
四郎	×	×	×	○

図２（二郎がうそ）

	1	2	3	4
一郎	○	×	×	×
二郎	×	○	×	×
三郎	×	×	×	○
四郎	×	×	○	×

図３（三郎がうそ）

	1	2	3	4
一郎	×	○	×	×
二郎	×	×	○	×
三郎	○	×	×	×
四郎	×	×	×	○

図４（四郎がうそ）

	1	2	3	4
一郎	○	×	×	×
二郎	×	○	×	×
三郎	×	×	○	×
四郎	×	×	×	○

2 長さ，相似，体積，展開図

⑴　直径が２cm，４cm，６cm，８cm，10cm，12cmの半円の弧《こ》の長さの合計だから，(２＋４＋６＋８＋10＋12)×3.14÷２＝21×3.14＝65.94(cm)となる。

⑵　右の図①で，４つの三角形OAB，OCD，OEF，OGHは相似であり，相似比は４：３：２：１なので，各部分の体積の比は，(４×４×４)：(３×３×３)：(２×２×２)：(１×１×１)＝64：27：８：１となる。よって，ア，イ，ウ，エの部分に入る水の量の比は，１：(８－１)：(27－８)：(64－27)＝１：７：19：37とわかる。次に，右上の図②の容器に深さが５cmになるまで水を入れると，かげをつけた部分に水が入る。これは図①のウの部分からイの部分を除いたものだから，容器に入れた水の量はアの部分に入る水の量の，(19－７)÷１＝12(倍)とわかる。また，アの部分の底面の円の半径は，24÷４÷２＝３(cm)なので，アの部分に入る水の量は，３×３×3.14×５÷３＝15×3.14(cm^3)となり，図②で入れた水の量は，15×3.14×12＝180×3.14＝565.2(cm^3)と求められる。

図①

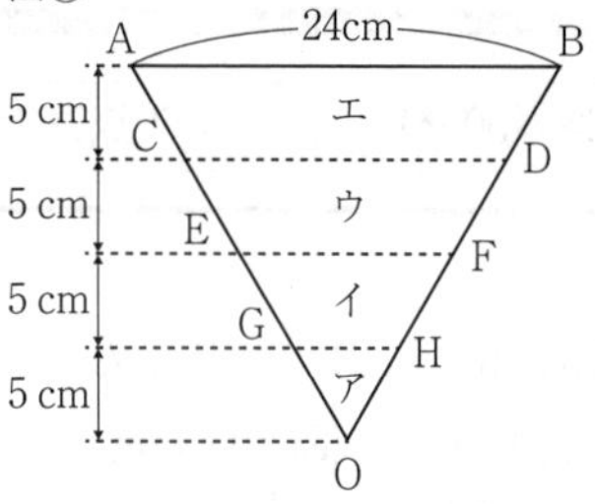

図②

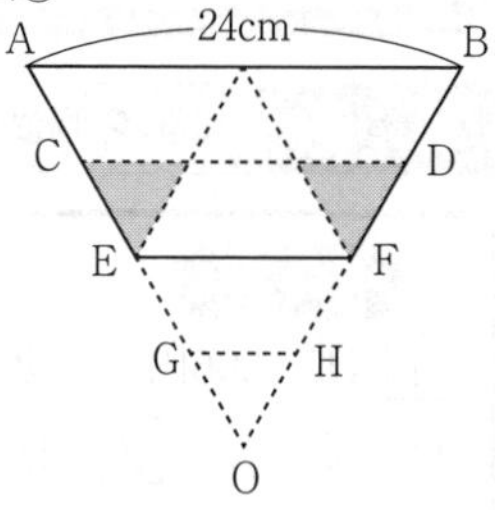

⑶　問題文中の図１の展開図を組み立てると，赤と緑，青と茶，黄と黒がそれぞれ向かい合うことになる。下の図③の中で，この条件に合うのは，ア，ウ，オである(イは立方体の展開図ではなく，エは赤と茶が向かい合う)。次にアについて，太線で囲んだ３つの面の位置関係が図１とは異なることがわかる。また，ウとオは太線で囲んだ３つの面の位置関係が図１と同じなので，図１と同じになるのはウとオである。

図③

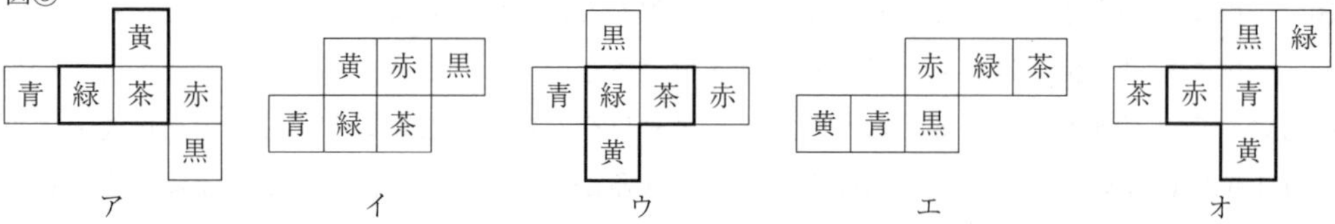

3 流水算，旅人算，周期算

⑴　Ａ地点からＢ地点まで行くとき，太郎くんと次郎くんは，112÷(８＋８)＝７(回)ずつこいだから，川の流れがなかったとすると，(50＋38)×８×７＝4928(m)進む。また，Ｂ地点からＡ地点まで行くとき，太郎くんと次郎くんは，64÷(８＋８)＝４(回)ずつこいだので，川の流れがなかったとすると，(50＋38)×８×４＝2816(m)進む。実際には，Ａ地点からＢ地点まで行くときは川の流れで112分戻《もど》され，Ｂ地点からＡ地点まで行くときは川の流れで64分流されるから，流れの速さを分速$\boxed{1}$mとして図に表すと，上の図１のようになる。よって，$\boxed{112}$＋$\boxed{64}$＝$\boxed{176}$にあたる距離が，4928－2816＝2112(m)なので，$\boxed{1}$にあたる距離は，2112÷176＝12(m)とわかる。したがって，流れの速さは分速12mである。

図１

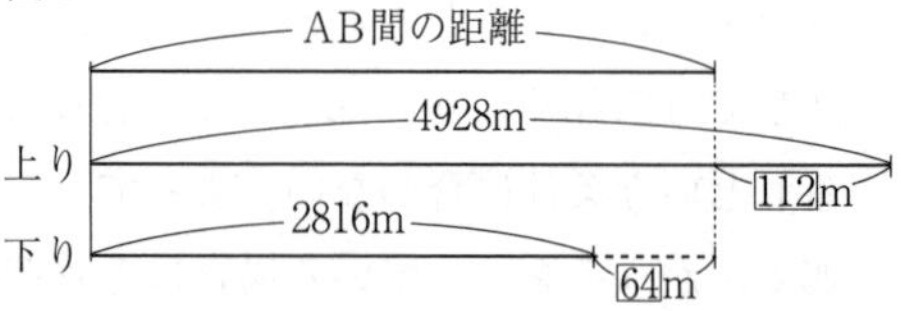

⑵　ペットボトルを落とした後のようすをグラフに表すと，下の図２のようになる(太郎くんと次

郎くんが交互《こうご》にこいでいるから，実際には実線部分は折れ線になる)。ボートとペットボトルの間の距離について，太郎くんがこいでいる場合は１分間に，(50＋12)－12＝50(m)の割合で広がり，次郎くんがこいでいる場合は１分間に，(38＋12)－12＝38(m)の割合で広がる。また，アの距離は，ペットボトルが川の流れの速さで65分かけて流れた距離だから，12×65＝780(m)であり，最後の８分は次郎くんがこいでいるので，イの距離は，780－38×８＝476(m)となる。また，その前は太郎くんがこいでいるから，ウの距離は，476－50×８＝76(m)と求められる。よって，エの部分では次郎くんが，76÷38＝２(分)こいでいるから，ペットボトルを落としたのは２人がＡ地点に到着《とうちゃく》する，８＋８＋２＝18(分前)とわかる。

図２

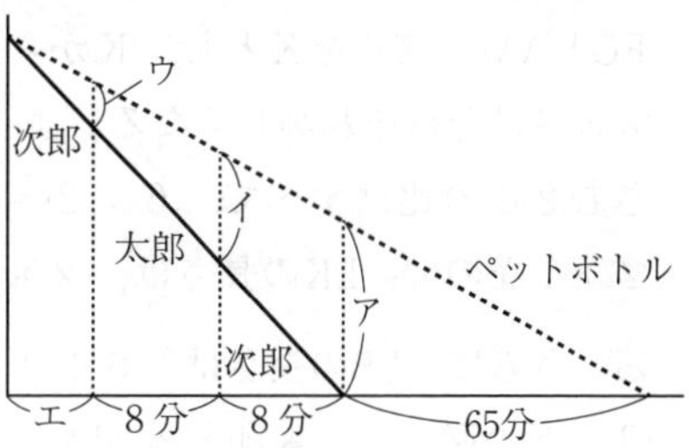

(3)　(1)より，AB間の距離は，4928－12×112＝3584(m)とわかる。また，次郎くんがＡ地点からＢ地点まで行くとき，13分で上る距離は，(38－12)×13＝338(m)であり，２分で戻される距離は，12×２＝24(m)なので，13＋２＝15(分)で，338－24＝314(m)進むことを繰《く》り返すことになる。よって，3584÷314＝11余り130より，15分を11回繰り返し，さらに130m上ったときにＢ地点に到着することがわかる。最後の130mを上るのにかかる時間は，130÷(38－12)＝５(分)だから，かかる時間は全部で，15×11＋５＝170(分)と求められる。

4　平面図形―角度

(1)　問題文中の図１で，角ABCの大きさは，40＋40＝80(度)であり，角CABの大きさも，180－(80＋20)＝80(度)だから，三角形CABは二等辺三角形とわかる。また，角DBCの大きさは40度であり，角CDBの大きさも，180－(40＋20＋80)＝40(度)なので，三角形CDBも二等辺三角形となる。よって，CB＝CA＝CDより，三角形CDAも二等辺三角形だから，角CDAの大きさは，(180－80)÷２＝50(度)とわかる。したがって，角あの大きさは，50－40＝10(度)である。

(2)　①　右の図で，角BCDの大きさは50度であり，角CDBの大きさも，180－(20＋60＋50)＝50(度)なので，三角形BCDは二等辺三角形となる。また，三角形BCFは二等辺三角形だから，角BCFと角CFBの大きさは，50＋30＝80(度)であり，角FBCの大きさは，180－80×２＝20(度)とわかる。よって，角EBFの大きさは，60－20＝40(度)であり，角FEBの大きさも，180－(60＋80)＝40(度)なので，三角形FEBも二等辺三角形となる。したがって，BD(…ア)とEF(…エ)の長さが５cmとわかる。　②　BFとBDの長さは等しく，角DBFの大きさは，20＋40＝60(度)だから，三角形BFDは正三角形とわかる。よって，FDの長さも５cmなので，三角形FEDは二等辺三角形となる。また，角DFEの大きさは，180－(60＋80)＝40(度)だから，角FEDの大きさは，(180－40)÷２＝70(度)となり，角いの大きさは，180－70＝110(度)と求められる。

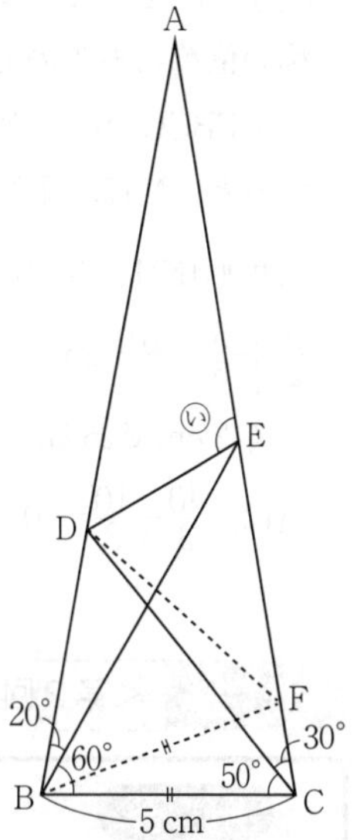

5　平面図形―相似，面積

(1)　手順１でできる図形は下の図１のようになる。図１で，四角形AFGDと四角形MFGEは直線

FGを軸《じく》として線対称《たいしょう》の位置にあるから，FGはAMと直角に交わり二等分する直線になる。また，FGとAMの交点をKとし，KからABと直角に交わる直線KLを引くと，●印と○印をつけた角の大きさはそれぞれ等しくなる。よって，３つの三角形ABM，ALK，KLFは相似であり，直角をはさむ２辺の比はすべて，$6:2=3:1$とわかる。また，三角形ABMと三角形ALKの相似比は$2:1$なので，LKの長さは，$2\times\frac{1}{2}=1$(cm)となり，LFの長さは，$1\times\frac{1}{3}=\frac{1}{3}$(cm)と求められる。さらに，LBの長さは，$6\div2=3$(cm)だから，BFの長さは，$3-\frac{1}{3}=\frac{8}{3}=2\frac{2}{3}$(cm)とわかる。

(2)　下の図２で，▲印と△印をつけた角の大きさはそれぞれ等しいので，３つの三角形FBM，MCH，GEHは相似である。また，AF(MF)の長さは，$6-\frac{8}{3}=\frac{10}{3}$(cm)だから，BM：BF：FM＝$2:\frac{8}{3}:\frac{10}{3}=3:4:5$となる。よって，３つの相似な三角形の３辺の比はすべて$3:4:5$になるので，各辺の長さを求めると図２のようになる。したがって，台形FBCGの面積は，$\left(\frac{8}{3}+\frac{3}{2}+\frac{5}{2}\right)\times4\div2=\frac{40}{3}$(cm²)，三角形GHEの面積は，$\frac{3}{2}\times2\div2=\frac{3}{2}$(cm²)だから，かげをつけた六角形BCHEGFの面積は，$\frac{40}{3}+\frac{3}{2}=\frac{89}{6}=14\frac{5}{6}$(cm²)と求められる。

図１

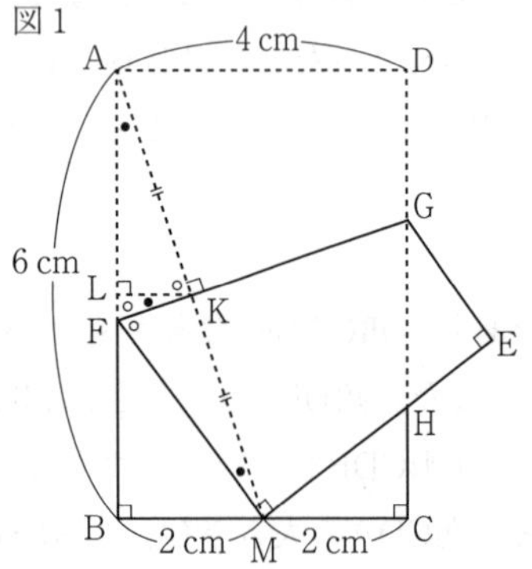

図２

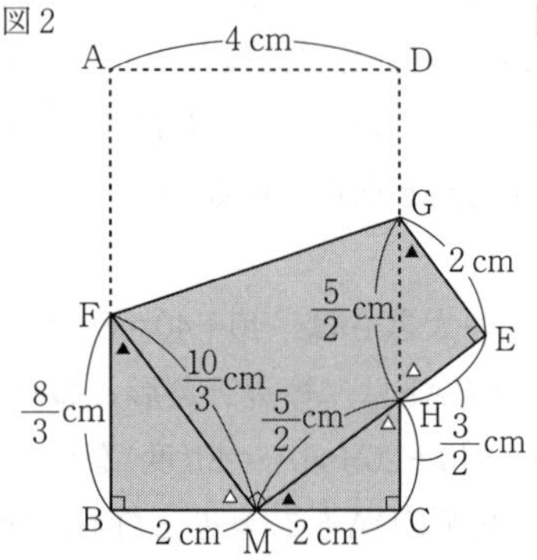

図３

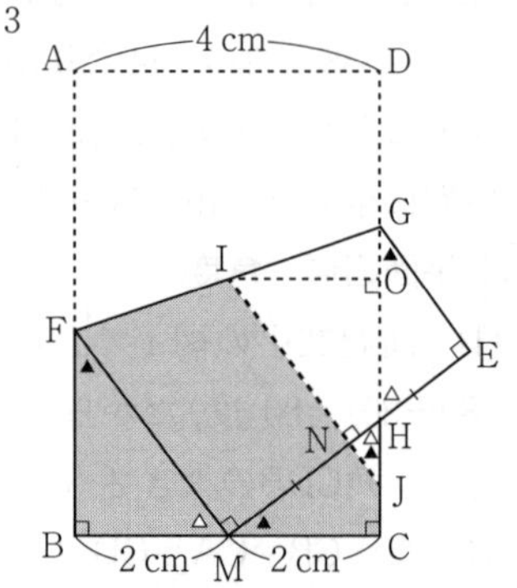

(3)　手順２でできる図形は上の図３のかげの部分になる。図３で，ＥとＭは直線IJを軸として線対称の位置にあるので，IJはEMと直角に交わり二等分する直線になる。また，五角形BCJIFの面積は，台形FBCGの面積から三角形GIJの面積をひいて求めることができる。まず，IJとEMの交点をＮとすると，MNの長さは，$4\div2=2$(cm)なので，NHの長さは，$\frac{5}{2}-2=\frac{1}{2}$(cm)とわかる。次に，三角形JNHの３辺の比も$3:4:5$だから，HJの長さは，$\frac{1}{2}\times\frac{5}{3}=\frac{5}{6}$(cm)となり，GJの長さは，$\frac{5}{2}+\frac{5}{6}=\frac{10}{3}$(cm)と求められる。さらに，ＩはFGの真ん中の点なので，IOの長さはMCの長さに等しく２cmである。よって，三角形GIJの面積は，$\frac{10}{3}\times2\div2=\frac{10}{3}$(cm²)だから，五角形BCJIFの面積は，$\frac{40}{3}-\frac{10}{3}=10$(cm²)とわかる。

社　会　＜第２回試験＞（30分）＜満点：40点＞

解　答

[1]　問１　限界　　問２　イ　　問３　イ　　問４　a　65　　b　21　　問５　エ　　[2]

問１　P　ア　　S　ウ　　問２　Q　エ，カ　　R　イ，キ　　問３　P　新潟(県)　　Q

長野(県)　**R**　佐賀(県)　**S**　奈良(県)　**[3]** **問1**　エ　**問2**　正倉院　**問3**　平清盛，兵庫(県)　**問4**　エ　**問5**　①　対馬(藩)　②　松前(藩)　**問6**　ウ　**問7**　津田梅子，エ　**問8**　**a**　千島列島　**b**　樺太　**問9**　イ，杉原千畝　**問10**　エ，原子力　**[4]** **問1**　イ　**問2**　ア，カ　**問3**　エ　**問4**　ア　**問5**　エ　**問6**　(1)　間伐材　(2)　**a**　リデュース　**b**　リサイクル　**問7**　かけがえのない地球

解　説

[1] 日本の産業，日本と世界の環境，超高齢化社会についての問題

問1　大都市に人口が集中して過密化が進む一方で，地方では人口が著しく減少する過疎化が深刻な問題になっている。過疎化などで65歳以上の人口の割合が50％を超《こ》え，社会的共同生活を維持することが困難になっている集落は，限界集落とよばれる。

問2　近年，急速な経済成長をとげている中国(中華人民共和国)は，工業生産力が飛躍《ひやく》的にのびたことから，「世界の工場」とよばれるようになった。船舶《せんぱく》・自動車・粗鋼《そこう》の生産量はいずれも世界第1位で，船舶の第2位は韓国(大韓民国)，自動車の第2位はアメリカ合衆国となっている。粗鋼は，上位にインドが入ってくる。よって，イが正しい。統計資料は『日本国勢図会』2019／20年版と『データでみる県勢』2019年版による(以下同じ)。

問3　法律をつくる(制定する)のは国会であり，国土交通省などの行政機関が法律をつくることはできない。よって，イが誤っている。

問4　一般に，人口に占《し》める65歳以上の高齢者の割合が7％を超えると「高齢化社会」，14％を超えると「高齢社会」，21％を超えると「超高齢社会」といわれる。現在の日本はその割合が28％を超え，上のランクの超高齢社会となっている。

問5　かきの養殖量は広島県，まぐろの漁獲《ぎょかく》量は静岡県，さんまの漁獲量は北海道がそれぞれ全国第1位である。よって，エが正しい。

[2] 各県の特色についての問題

北緯35度の緯線が房総半島の先端や京都市などを通ること，東経135度の日本標準時子午線が兵庫県明石市を通ること，北緯40度の緯線と東経140度の経線が秋田県の八郎潟で交差することなどを手がかりに解くとよい。

問1　**P**　北緯35～40度の間，東経135～140度の間に位置し，海に面しているとあるので，近畿地方から中部地方の日本海側の県になる。また，面積が47都道府県で第5位と広いので，新潟県があてはまる。県庁所在地の新潟市は日本海側の気候に属し，12月の降水量(降雪量)が多いので，アがあてはまる。　**S**　東経135～140度の間に位置するが，北緯35～40度の間に位置しないとあるので，近畿地方南部にしぼられる。このうち，海に面していないのは奈良県である。県庁所在地の奈良市は内陸にあるが，おおむね太平洋側の気候に属しているので，ウがあてはまる。　なお，Qは長野県で，県庁所在地の長野市は中央高地(内陸性)の気候に属するイがあてはまる。位置や面積からRは佐賀県で，北部は日本海，南部は有明海に面している。県庁所在地の佐賀市は筑紫《つくし》平野に位置するため太平洋側の気候に近く，比較《ひかく》的温暖な気候なので，エがあてはまる。

問2　**Q**　長野県では，野辺山原などの高原で野菜の抑制《よくせい》栽培がさかんで，レタスの生産量は全国の約38％を占めて第1位である。また，冷たくきれいな水にめぐまれているため，わさびの生産量

が全国の約37％を占めて第１位となっている。よって，エとカの２つがあてはまる。　**R**　佐賀県は有田焼などの陶磁器の生産がさかんで，陶磁器製置物の出荷額は全国の約38％を占めて第１位である。また，南部に面した有明海ではのりの養殖がさかんで，養殖のりの生産量は全国の約25％を占めて第１位となっている。よって，イとキの２つがあてはまる。　なお，アとオは，ともにＰの新潟県が全国第１位，ウはＳの奈良県が全国第１位となっている。

問３　問１の解説を参照のこと。

3　各時代の外国との結びつきについての問題

問１　古墳時代以降，中国大陸や朝鮮半島から日本に移住してきた渡来人は，大陸の進んだ文化や技術をもたらしたため，朝廷から優遇《ゆうぐう》された。よって，エが誤っている。

問２　756年に聖武天皇が亡くなると(亡くなったときは上皇)，光明皇太后は天皇の愛用品をはじめ多くの品々を東大寺に寄進した。東大寺ではこれらを収納するため校倉《あぜくら》造の正倉院を建てたが，収蔵品の中には，写真左の螺鈿紫檀五絃琵琶《らでんしたんのごげんびわ》や右の漆胡瓶《しっこへい》のように，遣唐使が大陸からもち帰った国際色に富んだ品物も見られる。

問３　平清盛は平治の乱(1159年)で源義朝《よしとも》を破って勢力をのばし，1167年には武士として初めて太《だい》政《じょう》大臣となって政権をにぎった。また，清盛は大輪田泊《おおわだのとまり》(現在の神戸港の一部)を修築し，宋(中国)と民間貿易を行って大きな利益を上げた。

問４　1576年，織田信長は全国統一事業の根拠《こんきょ》地として琵琶湖(滋賀県)東岸に安土城を築き，その城下を楽市楽座として商工業者が自由に営業活動できるようにした。よって，エが正しい。なお，アについて，石山本願寺跡には，豊臣秀吉が大坂(大阪)城を建てた。イについて，安土にキリスト教の学校(セミナリオ)を建てたのは，イタリア人宣教師のバリニャーノ。ウについて，安土城は本能寺の変(1582年)の直後に焼失した。

問５　①　豊臣秀吉の朝鮮出兵以来，朝鮮(李氏《りし》朝鮮)との国交は断絶していたが，徳川家康が対馬《つしま》藩(長崎県)の宗氏に国交回復交渉《こうしょう》を命じ，これが成功したため，幕府から朝鮮との交易を認められた。　②　蝦夷《えぞ》地(北海道)には松前藩が置かれ，先住民のアイヌと交易を行っていた。

問６　ア　南アフリカやインドは，イギリスの植民地であった。　イ　ハワイ王国がアメリカ合衆国の50番目の州となったのは1959年のことである。　ウ　清(中国)は1840年にイギリスとの間で始まったアヘン戦争に敗れ，1842年には南京条約という不平等条約を結んだ。その後，アメリカ合衆国やフランスとも同様の条約を結んだことで，列強の中国進出が進んだ。よって，正しい。

エ　沖縄は琉球《りゅうきゅう》王国の時代の1609年に薩摩藩(鹿児島県)の支配下に置かれ，明治維新後の1872年には琉球藩が置かれて琉球王が藩主となった。その後，1879年に沖縄県が設置された。明治維新後の一連の政策は，琉球処分とよばれる。

問７　津田梅子は，幼くして明治政府が1871年に欧米に派遣した岩倉使節団に従い，日本初の女子留学生としてアメリカ合衆国に渡った。帰国後，1900年に女子英学塾(のちの津田塾大学)を創立し，女子教育に力をつくした。なお，アの鳴滝塾は，オランダ商館の医師として来日したシーボルトが長崎郊外に設置した診療《しんりょう》所・蘭学《らんがく》塾。イの同志社女学校は，同志社大学の創立者である新島襄《じょう》の妻・八重が開校。ウの華族女学校は皇族・華族子女のために設立された学校で，現在の学習院女子。

問８　樺太《からふと》千島交換条約(1875年)では，ａの千島列島を日本領，ｂの樺太(サハリン)をロシア領とすることが定められた。

問９　外交官の杉原千畝《ちうね》(写真イ)は，1939年にリトアニアにある日本領事館の領事代理として赴任《ふにん》したが，その直後にドイツ軍がポーランドに侵攻《しんこう》して第二次世界大戦が始まった。翌40年，ナチスドイツの迫害からのがれてきたユダヤ系難民などがビザ(入国査証)の発給を求めて領事館に押し寄せてきたため，人道的立場から外務省の反対を無視して彼らに日本通過のビザを大量発給し続けたことで知られる。1985年には，イスラエル政府から日本人初となる「ヤド・バシェム賞」を授与された。

問10　天野之弥《ゆきや》(写真エ)は，2009年からIAEA(国際原子力機関)の事務局長をつとめた外交官で，2019年に３期目の任期途中で亡くなった。IAEAは原子力の平和利用の促進《そくしん》と，原子力の軍事利用を防止することを目的とした，国連の保護下にある国際機関である。なお，写真アは教育家・思想家で国際連盟の事務次長をつとめた新渡戸稲造《にとべいなぞう》，写真ウは外交官・政治家で，戦後，５次にわたって内閣を組織した吉田茂《しげる》。

4　海洋プラスチックごみによる海洋汚染についての問題

問１　ア　魚や海がめ・海鳥，クジラやアザラシなどの海洋動物がプラスチックごみを飲みこんで死ぬケースは多い。　イ　近年，プラスチックごみによる海洋汚染が問題になっているが，なかでも「マイクロプラスチック」とよばれる，一般に５ミリ以下とされるプラスチック粒子が，海洋環境に大きな影響をおよぼすとされている。よって，正しい。　ウ　プラスチックごみはすべての海洋に見られ，北極海や南極大陸沿岸でも確認されている。　エ　世界のプラスチックごみの発生量は，増加傾向《けいこう》にある。

問２　Ｇ７(主要７カ国)は，アメリカ合衆国・イギリス・フランス・ドイツ・日本・イタリア・カナダである。よって，アとカの２つがあてはまる。

問３　2019年６月，大阪市で開催されたＧ20(主要20カ国・地域)首脳会議では，海洋プラスチックごみの問題が話し合われ，2050年までに海洋プラスチックごみによる新たな汚染をゼロにするという目標「大阪ブルー・オーシャン・ビジョン」が合意された。よって，エが正しい。

問４　プラスチックやビニールなど，塩素をふくむ物質を比較的低温で燃やすと，「ダイオキシン」というきわめて毒性の強い物質が発生するので，これらは高温で焼却《しょうきゃく》処分するようにしている。よって，アが正しい。

問５　ア　ごみ処理は市町村や東京特別区などの自治体が行う。　イ　ほとんどの自治体は財政が苦しく，税金などの自主財源だけではまかなえないため，国から補助金(地方交付税交付金)を受けている。　ウ　地方議会は首長の不信任案を可決することができ，一方で首長は議会の解散権をもつ。　エ　地方自治体が議会で条例を定めて行う住民投票は，ある事柄《ことがら》についての住民の意思は明らかになるが，その結果について法的拘束《こうそく》力はない。よって，正しい。

問６　(1)　木製ストローや割りばしなどは，樹木の生長を助けるために行う間伐で切り出された材木(間伐材)を使用するようにしている。　(2)　循環型社会における「３Ｒ」は，買う量や使う量を減らすａのリデュース(発生抑制)，ペットボトルなどを回収して再び資源として生かすｂのリサイクル(再生利用，再資源化)，使えるものはくり返し使うリユース(再使用)である。

問７　1972年，スウェーデンのストックホルムで開催された国連人間環境会議では，「かけがえのない地球」をスローガン(標語)とした。なお，この会議では人間環境宣言，環境国際行動計画が採《さい》択《たく》され，これらの計画を実行に移す機関として国連環境計画(UNEP)が設立された。

理　科　＜第２回試験＞（30分）＜満点：40点＞

解　答

1 **問１**　ア，エ，オ　**問２**　オ，52％　**問３**　オ　**問４**　イ，ウ，ア　**問５**　エ
2 **問１**　0.79ｇ　**問２**　ア，ウ　**問３**　63.3mL　**問４**　91.6ｇ　**問５**　ア　**3** **問１**　イ　**問２**　イ，オ　**問３**　①　ウ　②　ア　**問４**　水／（例）体内の水分が放出されるから。　**問５**　ア　**4** **問１**　**A**　20ｇ　**B**　25ｇ　**問２**　7.2cm　**問３**　８ｇ　**問４**　(1)　３：２　(2)　7.5cm　(3)　30度

解　説

1 **しつ度についての問題**

問１　山の斜面《しゃめん》に風上から空気のかたまりがぶつかると，斜面にそって空気が上昇《じょうしょう》する。また，低気圧の中心付近には上昇気流が発生している。そして，太陽の光によって地面の一部が強くあたためられると，地面からの熱で地上付近の空気があたためられ，空気がぼう張して周りの空気より軽くなり，上昇気流が発生する。

問２　ある温度の空気があったとき，空気中の水蒸気量がほう和水蒸気量に近いほどしつ度は高くなり，水蒸気量が少ないほどしつ度は低くなる。このことを図１にあてはめると，ア，イ，ウはしつ度が高く，エ，オはしつ度が低いと考えられる。エの水蒸気量は10.0ｇ/m^3なので，エのしつ度は，$\frac{10.0}{17.3}\times100=57.8\cdots$より，58％となる。同様に，オのしつ度は，$\frac{12.0}{23.1}\times100=51.9\cdots$より，52％となる。したがって，オのしつ度がもっとも低い。

問３　水が蒸発するときにはまわりから熱をうばう。しっ球温度計の球部をつつんでいるガーゼから水が蒸発するときに熱をうばうので，しっ球温度計が示す温度は乾《かん》球温度計よりもふつう低くなる。しつ度が低いときには，より多くの水がガーゼから蒸発するので，乾球温度計としっ球温度計の温度差は大きくなる。

問４　図３のグラフで，実線は破線よりも低くなることがないので，実線が乾球の温度のグラフとわかる。しつ度が高いのは，実線と破線が重なっている２日目の18時で，両者の温度差がないのでしつ度は100％となっている。また，しつ度が低いのは実線と破線の差がもっとも開いている１日目の15時となる。

問５　１日目は，１日の気温の変化が大きく，昼間の乾球としっ球の温度差が大きいことから，しつ度の低いよく晴れた日とわかる。それにくらべて，２日目は気温が１日中低く，６時以降は乾球としっ球の温度差がないことから，しつ度が高い雨の日とわかる。

2 **エタノール水溶液《すいようえき》の重さと体積の関係についての問題**

問１　ａより，エタノール100mLの重さが79.0ｇだから，１mLあたりの重さは，79.0÷100＝0.79（ｇ）となる。

問２　ｆは水が100mL入っていてエタノールを加えていないので，水１mLの重さは１ｇとわかる。また，ｄに加えたエタノールの重さは，94.3－60＝34.3（ｇ）なので，水60ｇとエタノール34.3ｇを混ぜると体積が100mLになっている。よって，アとウが正しい。なお，イでは混ぜるエタノールを64.9ｇとしたとき，エでは混ぜるエタノールを17.4ｇとしたときに，それぞれ全体の体積が100mL

となる。

問３　ｃに加えたエタノールの重さは，90.0−40＝50.0(ｇ)で，その体積は，50.0÷0.79＝63.29…より，63.3mLである。

問４　エタノール40mLの重さは，0.79×40＝31.6(ｇ)なので，31.6＋60＝91.6(ｇ)と求められる。

問５　問３より，ｃにおいて，混ぜる前の水とエタノールの体積の和を求めると，40＋63.3＝103.3(mL)となる。これは混ぜた後の水溶液の体積100mLより大きい。このことは，ｂ，ｄ，ｅで調べても同様になる。

３　体の各器官のはたらきについての問題

問１　小腸の内側の壁《かべ》にある柔《じゅう》毛は，表面積を増やして食べものが消化されたものとふれる面積を大きくしている。また，肺にある肺胞《はいほう》は，小さな袋《ふくろ》状になっており，そこに毛細血管が取りまくことで，肺胞内の空気とふれる表面積を大きくしている。

問２　小腸から吸収されたブドウ糖の一部は，肝臓《かんぞう》でグリコーゲンに変えられてたくわえられる。これは血液中のブドウ糖の濃度《のうど》を一定に保つはたらきがある。また，肝臓には体に害のある物質を分解するはたらきもある。

問３　①　呼気には肺で血液中に取りこまれなかった酸素の残りがふくまれている。体の外の空気(吸気)には約21％の酸素がふくまれているので，18％を示しているウを選ぶ。　②　体の外の空気(吸気)には約0.04％の二酸化炭素がふくまれている。アとイの二酸化炭素用検知管は0.5％から８％まではかれるものだから，アを選べばよい。

問４　呼気には，肺や気管から蒸発した水蒸気がふくまれている。

問５　安静時，小学６年生くらいの児童の脈拍《みゃくはく》数は20秒間に28回ほどだが，運動した直後は脈拍数が増え，時間がたつにつれて減って，やがてもとの回数にもどる。そのとき，脈拍数はまず急激に減っていき，しだいに減り方がゆるやかになっていく。

４　コンパスを使った力のつり合いについての問題

問１　図２で，コンパスの重心はコンパスの脚《あし》の中央にあり，コンパスの重さ80ｇがここにかかっている。糸でコンパスをつるす場所を支点とすると，支点からコンパスの重心までの長さは，18÷２−８＝１(cm)で，支点から消しゴムＡをつるした位置までの長さは，８−４＝４(cm)となる。よって，消しゴムＡの重さを□ｇとすると，80×１＝□×４より，□＝20(ｇ)と求められる。次に，図２で消しゴムＡが水平になっているので，消しゴムＡの重心は切り口から2.5cmの位置にあることがわかる。消しゴムＢは直方体なので，重心は切り口から，(10−６)÷２＝２(cm)のところにある。すると，図１より，消しゴムが落下したときの机のはしの位置，つまり切り口にあたる位置を支点として考え，消しゴムＢの重さを△ｇとすると，20×2.5＝△×２より，△＝25(ｇ)と求められる。

図ａ

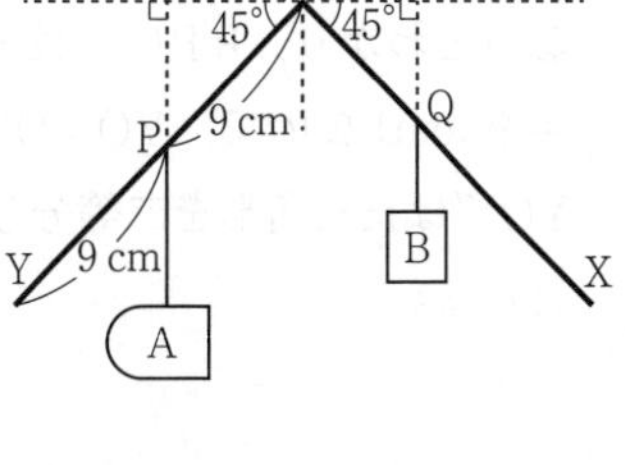

問２　図３では，コンパスの２本の脚が左右対称《たいしょう》の形になってつり合っているから，コンパスの脚の重さは考えなくてよい。また，コンパスの接合部Ｏを支点として力のつり合いを計算するとき，支点からおもりをつるした位置までの距離《きょり》は，右の図ａのように，おもりＡとＢの重心から真上にのばした線と，支点Ｏから左右に水平にのばした線との交点Ｓ，Ｔから支点までの長さにな

る。すると，三角形SPOと三角形TQOはともに直角二等辺三角形で相似になるから，OSとOTの長さの比はOPとOQの長さの比に等しい。したがって，９×20＝OQ×25が成り立つので，OQ＝7.2(cm)と求められる。

図b

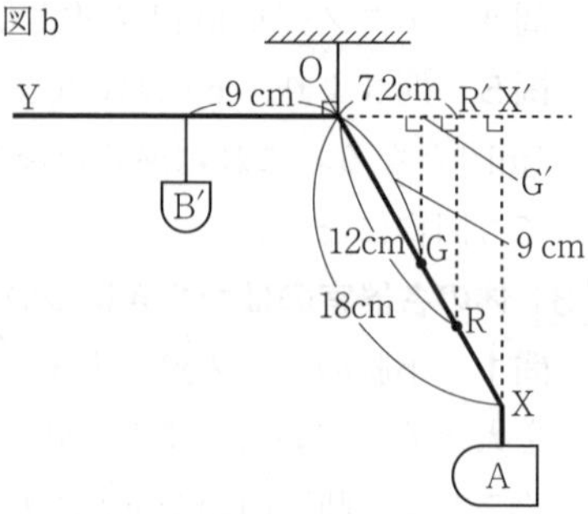

問３　右の図ｂのように，消しゴムＡの重心から真上にのばした線と支点Ｏから右に水平にのばした線との交点をＸ′，コンパスの脚の重心をＧとし，Ｇから真上にのばした線と支点Ｏから右に水平にのばした線との交点をＧ′とする。ここで，三角形ORR′と三角形OXX′は相似なので，OX′：OR′＝OX：ORが成り立つ。よって，OX′：7.2＝18：12＝３：２より，OX′＝10.8(cm)となる。また，OG′の距離は，10.8÷２＝5.4(cm)で，コンパスの脚１本の重さは，80÷２＝40(ｇ)である。これらのことから，消しゴムＢ′の重さを■ｇとすると，(■＋40)×９＝20×10.8＋40×5.4より，■＝８(ｇ)と求められる。

図ｃ

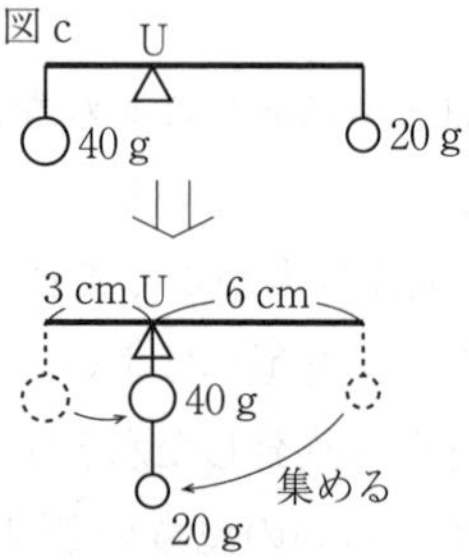

図ｄ

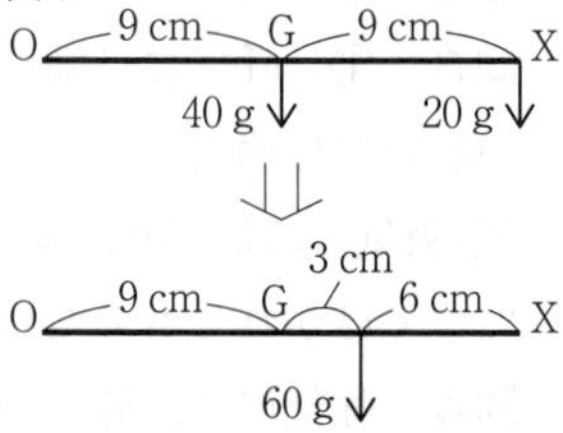

問４　⑴　右の図ｃのように，重さを考えない棒の両はしに40ｇと20ｇのおもりをつるすと，２つのおもりを合計した重さが，棒の１点(支点Ｕ)に集まると考えてよい。また，その１点は，おもりの重さの比と逆の比で棒を分けるところにある。棒を９cmとすると，おもりを１点に集めた位置(支点Ｕ)は，$\frac{1}{40}$：$\frac{1}{20}$＝１：２に分けた点，つまり，３cmと６cmに分けた位置になる。これをコンパスの脚OXにあてはめると，右上の図ｄのように，コンパスの脚OXの重さ40ｇと消しゴムＡの重さ20ｇを合わせた重さ60ｇは，GXを３cmと６cmに分けた点に集めることができる。この60ｇの重さがかかる点は，９＋３＝12(cm)で，これは点Ｒと同じ位置である。すると，上の図ｅのように，コンパスの脚OYの重心Ｐに40ｇ，コンパスOX上のＲに60ｇの力がかかっているので，ア：イ＝60：40＝３：２と求められる。

図ｅ

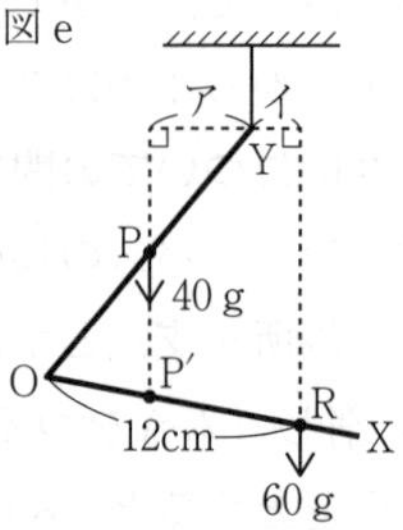

図ｆ

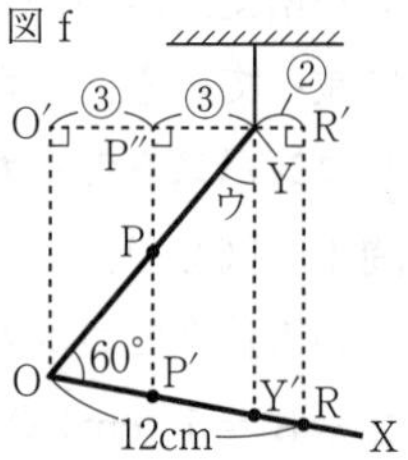

⑵　右上の図ｆのように，Ｏ，Ｐ，Ｒから真上にのばした線とＹから左右に水平にのばした線との交点をそれぞれO′，P″，R′とし，Ｙから真下にのばした線とコンパスの脚OXとの交点をY′とすると，三角形YO′Oと三角形YP″Pは相似なので，O′P″：P″Y＝OP：PY＝１：１となる。したがって，O′P″：P″Y：YR′＝３：３：２が成り立つから，P′，Y′はOR(12cm)を３：３：２に分ける点とわかり，P′Rは，$12\times\frac{3+2}{3+3+2}$＝7.5(cm)と求められる。　⑶　OY′は，$12\times\frac{3+3}{3+3+2}$＝９(cm)なので，YO：OY′＝18：９＝２：１となり，角YOY′＝60度であることから，三角形YOY′は正三角形を二等分した直角三角形とわかる。よって，角OY′Y＝90(度)より，角ウ＝30(度)となる。

国　語　＜第２回試験＞（50分）＜満点：60点＞

解　答

一　問１　下記を参照のこと。　問２　ア　×　イ　○　ウ　×　エ　×　問３　ウ
問４　①　これは僕の問題や(。)　②　(例)　周囲に助けられている　③　(例)　わかろう(認めよう／理解しよう)　問５　ア　問６　オ　二　問１　イ　問２　(例)　生まれてすぐに，周りの人びとに親族関係上の位置や名前を与えられ，社会の中の個人(になること。)
問３　歴史的連続体　問４　ウ　問５　①　ある空間や場を共有　②　歴史や時間の流れ
問６　エ

●漢字の書き取り

一　問１　a　額縁　b　歓声　c　路頭

解　説

一　**出典は万城目《まきめ》学《まなぶ》の『プリンセス・トヨトミ』による**。男子の制服が苦痛だった大輔《だいすけ》はセーラー服で登校し，蜂須賀《はちすか》に暴行を受ける。大輔のために仕返しした茶子《ちゃこ》は，大輔に暴力をとがめられる。

問１　a　絵や写真などをはめて飾《かざ》るためのわく。　b　喜んでさけぶ声。　c　道ばた。街頭。

問２　初子《はつこ》の人柄《ひとがら》やようすがうかがえるのは，「たらこスパゲティ」の場面と，「ゼー六のアイスモナカ」を届けにきた場面，そして大輔が帰るときに言葉をかわす場面である。　**ア**　初子の発言に，大輔に「言ってはならない言葉」はふくまれていない。　**イ**　大輔と茶子が険悪なようすだと感じ取り，アイスモナカを出して二人の気をそらしているので，合う。　**ウ**　大輔と茶子は，おたがい異性として意識し合うような関係ではなく，本音を出し合える友達の関係であると考えられる。また，大輔に対する茶子の感情を初子が「実はよく思っていない」ならば，喧嘩《けんか》中の二人に「仲良くやで」などと声をかけたりはしないはずである。　**エ**　初子が「大ちゃん，がんばりよ。おばちゃん，応援《おうえん》してるで」という言い方をしているのは，大輔がセーラー服で学校に行ったことを知っており，そのことに賛同しているためだと考えられる。また，男子は「男子の制服を着」るべきだと初子が思っているようすも描《えが》かれていない。

問３　大輔の言葉を聞いた茶子は，一人で戦っているかのように考えるのはやめろと言って怒《いか》りを爆発させ，「負けた？　アンタだけの勝負ってこと？」と大輔をとがめている。よって，「負けた」という言葉が入っているウがあてはまる。

問４　①　大輔がセーラー服を着て登校したことで，蜂須賀は大輔を暴行し，それに腹を立てた茶子は鼻を折るという暴力で蜂須賀に仕返しをした。だが，大輔は「これは僕《ぼく》の問題や」と言って茶子の行動を否定している。　②　大輔の発言を聞いた茶子は，すでに自分も大輔の両親も，「みんなが大輔を助ける」ために戦っていると反論している。　③　かげになりひなたになり，大輔のために戦っている人たちがいる現実をわかろうとせず，一人で戦っているかのように大輔が考えていることを，茶子は「思い上がりなッ」と怒《おこ》っている。

問５　ア　(略)以降の大輔についての描写《びょうしゃ》と合う。　イ～エ　大輔は現実に打ちのめされており，「これから」のことや「幸せ」「希望」について考えるゆとりはないと考えられる。

問６　ア　「女子の制服を着て，学校へ行けたらどれだけしあわせだろう――と好き勝手に夢想していたときが，いちばん楽しかった」とあるので，「以前から悲しさを感じていた」はふさわしくない。　イ　大輔は現実に打ちのめされており，「解決の糸口を見出《みいだ》そう」という前向きな気持ちは持てていない。　ウ　茶子に怒られた後，大輔が「茶子の言葉の真意を理解」しようとしているようすは描かれていない。　エ　大輔は「人間としての中身はみんなと何も変わらへん，って知ってもらいたい」と言っているので，「考え方も独特」は合わない。　オ　（略）以降の大輔についての描写と合う。

二　**出典は若林《わかばやし》幹夫《みきお》の『社会学入門一歩前』による。**私の存在や私の日常の営みの中にも，社会について考える対象はあると説明している。

問１　Ａ，Ｂ　直後に「個人がまずあって，そうした個人のあつまりやつながりとして社会が存在する」とあるので，空欄《くうらん》Ａに「社会」，空欄Ｂに「個人」を入れ，「『社会』というものは『個人』の後から現われる」とするのがよい。　Ｃ，Ｄ　空欄Ｃ，Ｄをふくむ段落では，直前の段落の「逆に，個人はつねに社会の中に産み込《こ》まれる」の具体例（赤ん坊《ぼう》）があげられている。よって，空欄Ｃに「社会」，空欄Ｄに「個人」を入れ，「社会の中の個人」とするのが合う。

問２　傍線《ぼうせん》部１は，直前にあるとおり，個人が社会の中で見出すのは「自分にとっての自分」である以前に人からよばれる名前や属性であることを指す。その「最初の経験」とは，「赤ん坊」として生まれてすぐに，周りの人びとに子や孫などの親族関係上の位置や名前を与《あた》えられ，“社会の中の個人”として扱《あつか》われることである。

問３　同じ段落の後のほうに，「歴史的連続体」とある。傍線部２の「時の隔《へだ》たりを超《こ》えて」と「歴史的」，「つながっているもの」と「連続体」が，それぞれ同じ意味で用いられている。

問４　「その苗字《みょうじ》を継承《けいしょう》してきた～人びと」における「苗字」の役割から考えると，ウの「しるし」が選べる。なお，「符牒《ふちょう》」は，何かの意味をふくんだ文字や線などのしるしのこと。

問５　①　「共時的なつながり」とは，同じ時間の中で「ある空間や場を共有」する人やモノとのつながりのことであると，本文の中ほどで述べられている。　②　生きている「私」たちと死者たちとのつながりは「歴史や時間の流れ」を通じての関係であると，傍線部４の直前で述べられている。

問６　ア　最後から三つ目の段落の前半で述べられている内容であり，同じ段落の後半部分（筆者が言いたいこと）の前提条件にあたる。　イ　筆者は最初の部分で，「個人のあつまりやつながりとして社会が存在する」という「ごく普通《ふつう》の考え方」に対して，「本当にそうなのだろうか？」と疑問を投げかけている。　ウ　本文の中ほどに，「現代の社会では，人とのつながりよりもお金とのつながりのほうが大切かつリアルだという人もいるかもしれない」とあるが，このような考え方に筆者が反論している部分はない。　エ　最後の二つの段落の内容と合う。

2019年度　早稲田中学校

〔電　話〕 (03) 3202－７６７４
〔所在地〕 〒162-8654　東京都新宿区馬場下町62
〔交　通〕 東京メトロ東西線－「早稲田駅」より徒歩１分
「高田馬場駅」よりバス－「馬場下町」下車

【算　数】〈第１回試験〉(50分)〈満点：60点〉

(注意) 定規，コンパス，および計算機(時計についているものも含む)類の使用は認めません。

1 次の問いに答えなさい。

(1) $\frac{5080}{5207}$ を最も簡単な分数にしなさい。

(2) ２つの容器Ａ，Ｂに同じ量の水を入れたところ，Ａには容積の $\frac{4}{5}$，Ｂには容積の $\frac{3}{4}$ だけ入りました。その後，Ａがいっぱいになるまで Ｂの水をＡに移すと，Ｂには18Ｌ残りました。Ｂの容積は何Ｌですか。

(3) 中学生(12才～15才)の太郎君とお父さんの年令の和は，現在と18年後では十の位の数字と一の位の数字が入れ替《か》わります。また，現在から18年後に初めて太郎君の年令の２倍がお父さんの年令を上回ります。お父さんは現在何才ですか。

2 次の問いに答えなさい。ただし，円周率は3.14とします。

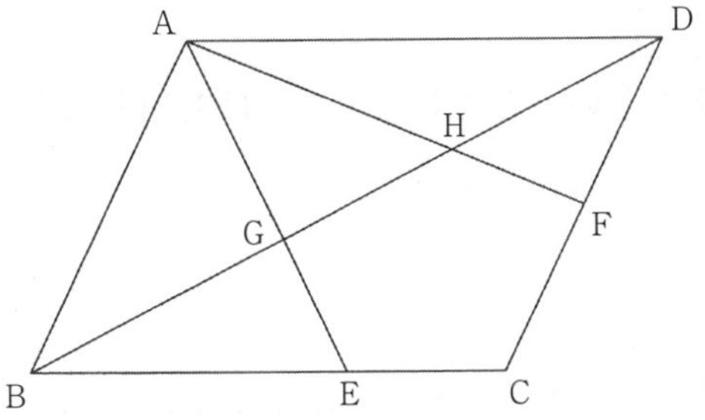

図１

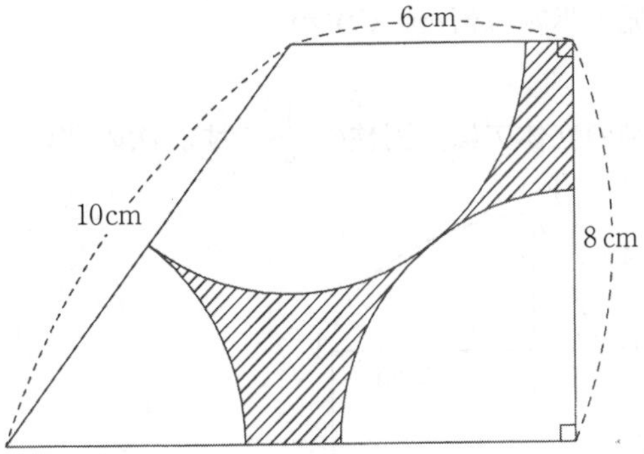

図２

(1) 図１の四角形ABCDは，対角線BDの長さが12cmの平行四辺形で，点Ｅは辺BCを２：１に分ける点，点Ｆは辺CDの真ん中の点です。GHの長さは何cmですか。

(2) 図２の斜線部分は，台形から半径が同じおうぎ形３つを取り除いたものです。斜線部分の面積は何cm²ですか。

(3) 図３のように正三角形の紙を折りました。紙が重なっている斜線部分の面積は何cm²ですか。

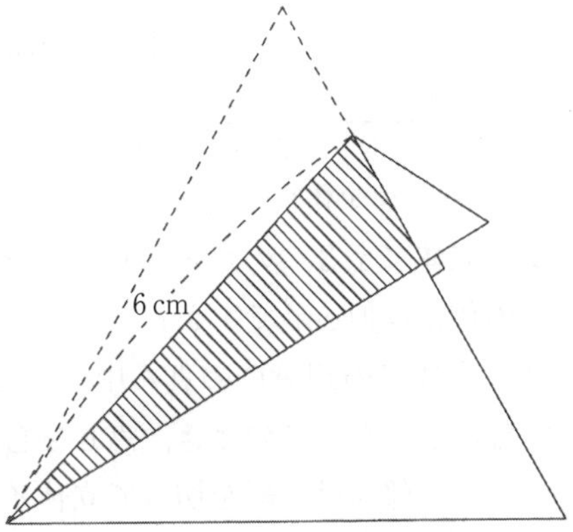

図３

3 あるお店のおにぎりは，シャケが１個100円で，イクラ１個はタラコ１個より40円高く売られています。6500円で，おつりのないように45個のおにぎりを買うとき，次の問いに答えなさい。

(1) シャケを10個と，イクラとタラコを合わせて35個買おうとしたところ，200円足りません。しかし，イクラとタラコの個数を入れ替えると，ちょうど6500円で買うことができます。タラコ１個は何円ですか。

(2) できるだけ多くタラコを買うとすると，タラコは何個買えますか。ただし，どのおにぎりも１個以上は買うものとします。

(3) 6500円で買ったおにぎりのうち，タラコ１個を落としてしまいました。代わりにどれかのおにぎりを１個もらって加えたところ，シャケ，イクラ，タラコはどれも３等分できる個数になりました。

このようなおにぎりの個数の組み合わせとして考えられるものは何通りかありますが，最初に買ったシャケの個数が最も多いのは，シャケを何個買ったときですか。

4 兄と弟は同時に学校を出発して，それぞれ一定の速さで家へ向かいました。兄は1800歩あるいて家に着きましたが，急に雨が降ってきたため，かさを持ってすぐに同じ速さで弟を迎えに行きました。兄は200歩あるいたところで弟と出会い，その後，弟の速さに合わせて一緒に家に帰りました。兄が弟を迎えに行ってから家に戻るまでに４分かかりました。弟の歩数は１分間に96歩であり，兄の歩幅《はば》は弟の歩幅よりも４cm 長いです。次の問いに答えなさい。

(1) 学校を出発したときの兄の速さは，弟の速さの何倍ですか。

(2) 兄は学校から家まであるくのに何分かかりましたか。

(3) 兄の歩幅は何cm ですか。

5 図の立体アは，円柱の $\frac{1}{4}$ です。次の問いに答えなさい。ただし，円周率は3.14とします。

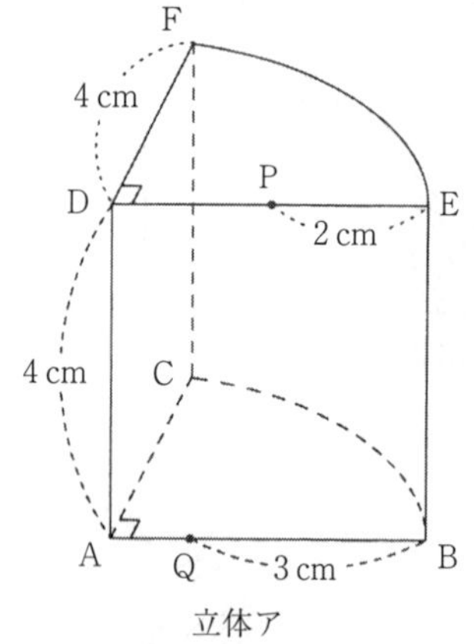

立体ア

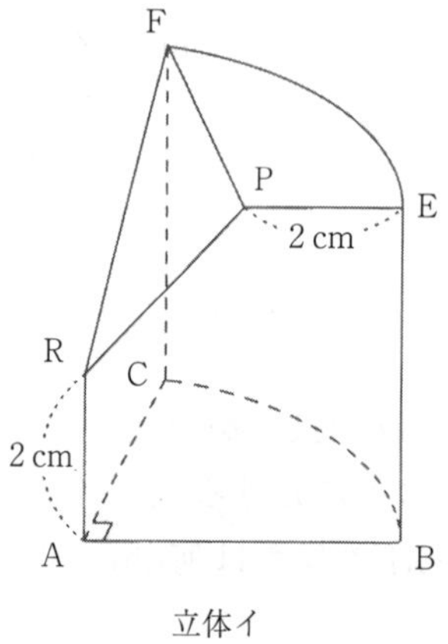

立体イ

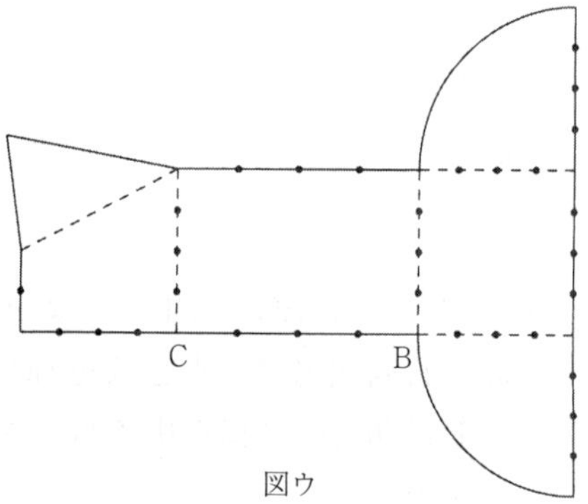

図ウ

(1) 立体アを３つの点Ｆ，Ｐ，Ｑを通る平面で切り分けました。このとき，点Ｅを含む方の立体の体積は何cm^3ですか。

(2) 立体アの辺 AD の真ん中の点をＲとして，立体アを３つの点Ｆ，Ｐ，Ｒを通る平面で切り分けました。このとき，点Ｅを含む方の立体をイとします。

① 次郎君は，紙を切って立体イの展開図を作ろうとして，図ウの状態まで切りました。展開図を完成させるには，さらにどこを切ればよいですか。切る線を解答らんの図に**太線**でかき入れなさい。ただし，辺上の点は，各辺を等分したものです。

② 立体イの表面積は何cm^2ですか。

【社　会】〈第１回試験〉（30分）〈満点：40点〉

1　次の秋彦くんの旅行記を読み，各問に答えなさい。

家族で新潟に住むいとこの春香ちゃんの家に行きました。大宮から上越新幹線に乗り，最初の駅に到着すると，お父さんが「秋彦，日本一暑い町として有名な①熊谷だ。この町は，２回も暑さ日本一になっているんだぞ。１回目は2007年８月16日に，②岐阜県の多治見市とともに国内最高気温の40.9度を観測したとき。③２回目は昨年の７月23日だ。」と言いました。僕《ぼく》は，暑いのが苦手なので，これから④地球温暖化が進むとますます猛暑《もうしょ》日が増えるのかと思いぞっとしました。

しばらくすると新潟県に入り，最初の駅に到着《とうちゃく》しました。お父さんは「秋彦，越後湯沢だ。小学１年生の時にここに来たのを覚えているか？　秋彦にスキーを教えてやったんだぞ。毎日，⑤スキー，温泉，おいしいごはん，楽しかったな。秋彦は，南魚沼産コシヒカリが気に入って，毎晩３回もおかわりをしていたんだぞ。」と言いましたが，僕はあまり覚えていませんでした。

新潟駅に到着すると，夏子おばさんが車で迎《むか》えにきてくれました。駅から南に進むと，⑥田んぼの中に湖と大きなスタジアムが見えてきました。この湖には，たくさんの白鳥がいました。おばさんは「白鳥は，夕方から朝までは湖で休息して，昼間は田んぼにエサを探しに行くのよ。田んぼはお米を作るだけではなく，白鳥にとっても大きなレストランみたいな存在なのよ。」と言っていました。僕は，⑦白鳥が住むこの湖と田んぼがずっと残ってくれるといいなと思いました。

春香ちゃんの家は，新潟市の秋葉区にあります。おばさんの話では，このあたりは，明治から大正時代にかけて石油がたくさんとれて，石油の町といわれていたそうです。僕が「その頃《ころ》に生まれていれば，僕も石油王になっていたかもしれないのに。」と悔《くや》しがっていると，おばさんは笑いながら「近くの石油の博物館で原油のほり方や⑧石油精製の仕組みなどについて教えてくれるから，明日，春香と一緒に行っておいで。」と言いました。

晩ごはんを食べた後，東区の工場夜景を見に行きました。阿賀野川と信濃川を結ぶ通船《つうせん》川周辺には，⑨たくさんの工場や火力発電所が立ち並んでいました。川のほとりで幻想《げんそう》的な夜景を見ながら，この地域は川が暮らしと密着しているんだなと思いました。自分の住んでいる地域のことをもっと調べてみたくなりました。

問１　下線部①の都市は，江戸時代に中山道の８番目の宿場町として栄えました。日本橋を出発して，中山道を通ると最初に到着する宿場を次の中から１つ選び，記号で答えなさい。

ア　板橋宿　　**イ**　品川宿

ウ　千住宿　　**エ**　内藤新宿

問２　下線部②の都市は，美濃焼の産地として有名です。次の陶磁《とうじ》器の中から，そのおもな産地が内陸県に属するものを**２つ**選び，記号で答えなさい。

ア　備前焼　　**イ**　信楽焼

ウ　有田焼　　**エ**　益子焼

オ　九谷焼

問３　下線部③について，この日，関東地方はチベット高気圧と太平洋高気圧の２つの高気圧に覆《おお》われ，多くの地点で猛暑となりました。特に熊谷周辺が暑くなった理由として最も適切なものを，次のページの図から判断して次の**ア**～**エ**から１つ選び，その文中の空らんにあてはまる現象名を答えなさい。

ア　都心部が(　　)現象によって暖められ，その都心の熱が海風によって運ばれてきたため。

イ　山から吹き降りてきた風により(　　)現象が起きたため。

ウ　台風により暖気が流入し，対流で持ち上げられた空気中の水蒸気が(　　)する現象によって大気が暖められたため。

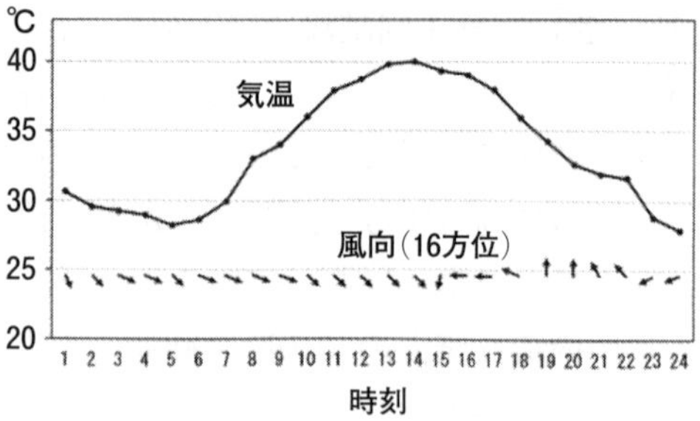

熊谷地方気象台における2018年７月23日の風向と気温の変化(気象庁 HPより作成)

エ　四方を山に囲まれているので風が弱く，(　　)循環《じゅんかん》により盆地内に暖かい空気が閉じ込められたため。

問４　下線部④について，次の各問に答えなさい。

(1)　地球温暖化対策として，さまざまな新しいエネルギーの開発が行われています。アメリカではある作物を利用したバイオ燃料の開発がさかんです。その作物名を答えなさい。

(2)　次の文の中から，正しいものを１つ選び，記号で答えなさい。

ア　地球温暖化は，温室効果ガスである二酸化炭素の排出《はいしゅつ》量が多い地域で特に進行している。

イ　シベリアでは，北極海の海水面の上昇《じょうしょう》により，沿岸部の大都市が津波による浸水被《しんすいひ》害《がい》にあっている。

ウ　パリ協定では，一部の先進国に対して温室効果ガス削減《さくげん》の具体的な数値目標を定めた。

エ　日本は，京都議定書で義務付けられた温室効果ガスの排出量の削減目標を達成した。

問５　下線部⑤について，次の各問に答えなさい。

(1)　次の表は，新潟県，群馬県，兵庫県，大阪府，奈良県における観光レクリエーション施《し》設《せつ》数を示しています。新潟県，兵庫県をＡ～Ｅの中から１つずつ選び，記号で答えなさい。

府県	温泉地宿泊施設数	ゴルフ場数	スキー場数	海水浴場数
A	594	78	22	0
B	394	159	13	40
C	42	38	0	4
D	558	44	60	61
E	68	33	0	0

『データでみる県勢 2018』より作成

(2)　日本には豊富な地熱資源があるにもかかわらず，地熱発電量が少ないことが知られています。その理由の１つに，温泉地の人々の反対がありますが，それ以外のおもな理由を説明した次の文の空らんを**20字以内**で埋《う》めなさい。

地熱資源が豊富な地域の多くが(　　　　)ため。

問６　下線部⑥について，次の表は新潟県，福井県，茨城県，山形県，青森県の耕地面積のうち，田，樹園(果樹園など)の占める割合，それぞれの県庁所在地における１月と７月の降水量を示しています。新潟県，茨城県をＡ～Ｅの中から１つずつ選び，記号で答えなさい。

県	＊1 耕地面積 (ha)	＊1 耕地面積のうち田の割合 (%)	＊1 耕地面積のうち樹園の割合 (%)	＊2 県庁所在地の降水量(mm)	
				1月	7月
A	119,400	79.0	8.8	83.0	157.0
B	169,200	57.9	4.0	51.0	134.0
C	171,300	88.7	1.3	186.0	192.1
D	152,300	53.0	14.9	144.9	117.0
E	40,500	90.6	1.9	284.8	233.4

＊1　『データでみる県勢 2018』より作成
＊2　1981年～2010年の平均値(気象庁 HP より)

問７　下線部⑦について，新潟県内の白鳥が飛来する瓢湖《ひょうこ》や佐《さ》潟《がた》は，水鳥の住む環境を守るための国際条約の登録地となっています。この条約は1971年にある国で結ばれました。この国でおもに使用されている言語を，次の中から１つ選び，記号で答えなさい。

ア　スペイン語　　**イ**　フランス語

ウ　ペルシャ語　　**エ**　ギリシャ語

問８　下線部⑧について，原油は沸騰《ふっとう》する温度によって，ガソリンや重油などさまざまな成分に分けられます。このうち，プラスチックなどの石油製品の原料となるものを答えなさい。

問９　下線部⑨について，下の図は，次の**ア**～**オ**のいずれかの分布図です。図１，図２は，それぞれどの分布図ですか。**ア**～**オ**の中から１つずつ選び，記号で答えなさい。

ア　石油化学工場　　**イ**　鉄鋼工場

ウ　半導体工場　　**エ**　セメント工場

オ　自動車工場

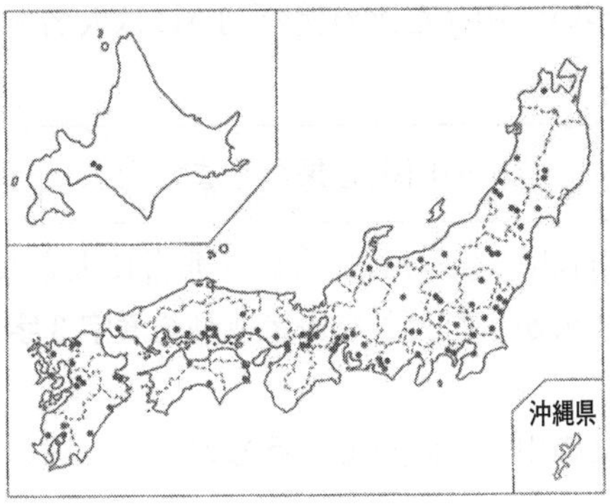

図１

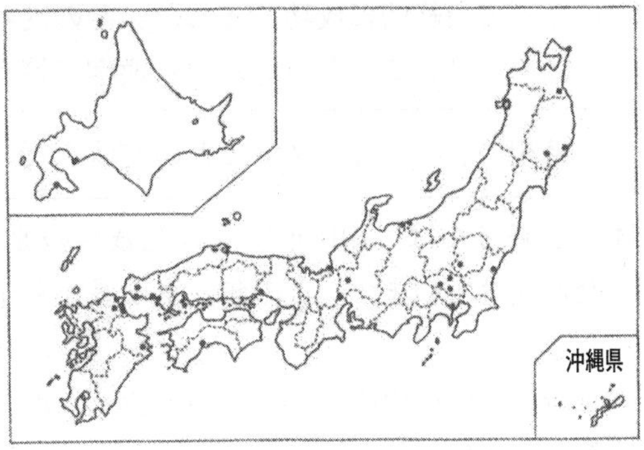

図２

『日本国勢図会 2017/18』より

2　昨年は，明治初年から150年の区切りの年でした。日本の近代の歴史について，各問に答えなさい。

問１　アメリカの歴史家ジョン・ダワーさんは，1945年前後の日本を描《えが》いた著書《ちょしょ》『敗北を抱きしめて』(岩波書店)の中で，「ふりかえれば，近代日本の登場はアメリカの軍艦《ぐんかん》とともに始まり，アメリカの軍艦とともに終わった93年間の夢のようであった。」と述べています。この波線部のアメリカの軍艦を率いていたのは誰ですか。

問２　明治時代の初めの重要な改革に廃藩置県があります。それに関連して述べた次の各文の中で，**誤っているもの**を１つ選び，記号で答えなさい。

ア　廃藩置県の前に，藩と領民を天皇に返させる版籍奉還が行われました。

イ　廃藩置県によって置かれた各県には，県令を派遣《はけん》して治めさせました。

ウ　廃藩置県によって置かれた北海道では，開拓使が廃止《はいし》されました。

エ　廃藩置県が行われた後，1879年に琉球は沖縄県になりました。

問３　歴史家の三谷太一郎さんは『近代と現代の間』（東京大学出版会）の中で，明治から大正時代にかけて活躍《かつやく》した大隈重信や原敬らにふれながら150年をふりかえっています。次の各問に答えなさい。

(1)　三谷さんは，明治14年の政変（1881年）で大隈が政府を去ったことで「明治政府の統一性」がやぶれたと述べています。次の各文の中で，1881年より前に起きた出来事を**すべて**選び，記号で答えなさい。

ア　立憲改進党が結成された。

イ　民撰議院設立建白書が提出された。

ウ　内閣制度が創設された。

エ　秩父事件が起こされた。

オ　西南戦争が起こされた。

(2)　三谷さんは，大隈が1898年に，初めての薩摩藩・長州藩以外の出身で首相になったこと，しかもその内閣が政党内閣であったことに「歴史の変化の重要性」をみています。次の中で，長州藩出身で首相に**ならなかった人物**を１人選び，記号で答えなさい。

ア　板垣退助　　**イ**　伊藤博文　　**ウ**　木戸孝允　　**エ**　陸奥宗光

(3)　大隈はかつて外相の時に，不平等条約の改正交渉《こうしょう》に失敗しました。この交渉は1911年になって最終的に成功しました。その内容について述べた次の文の〈１〉には人名を，〈２〉にはあてはまる言葉をそれぞれ**漢字**で答えなさい。

> 外相の〈　１　〉はアメリカとの交渉を行い，〈　２　〉権の回復を果たしました。

(4)　三谷さんは，1918年に衆議院議員の原敬が首相になったことは，「非常に大きな変化」だと述べています。この年，富山県から全国に広がった大きな民衆運動を**漢字３字**で答えなさい。

問４　日清戦争前後の出来事について述べた次の各文の中で，**誤っているもの**を１つ選び，記号で答えなさい。

ア　この戦争のきっかけは，朝鮮での農民の反乱で，朝鮮政府は清に援軍《えんぐん》を求めました。

イ　日本はこの戦争に勝ち，台湾と朝鮮をゆずり受けました。

ウ　この戦争で得た賠償《ばいしょう》金は，当時の日本の年間予算の約３倍でした。

エ　ロシアはドイツ・フランスとともに，リャオトン半島の清への返還《へんかん》を日本に強くせまりました。

問５　日清戦争・日露戦争前後にかけて，日本の近代産業は発展していきました。それについて述べた次の各文の中で，**誤っているもの**を１つ選び，記号で答えなさい。

ア　日清戦争後，北九州に近代的な設備をもつ八幡製鉄所がつくられました。

イ　衆議院議員の田中正造は，足尾銅山から流された鉱毒からの救済を国会でうったえました。

ウ　日露戦争後には，日本の綿糸の輸出量が世界第１位になりました。

エ　日露戦争後には，造船や機械などの重工業が発達しました。

問６　1925年，25歳《さい》以上の男子すべてに選挙権が認められましたが，一方，政治や社会のしくみを変えようとする動きを取りしまる法律がつくられました。その法律名を**漢字**で答えなさい。

問７　1942年，太平洋のミッドウェー沖での戦いは，日本軍にとって太平洋戦争開始後はじめての大きな敗北でした。次の各文の中で，1942年より後に起こった出来事を**すべて**選び，記号で答えなさい。

ア　日本はフランス領だった現在のベトナムに兵を進めました。

イ　学童の集団そかいが始まりました。

ウ　政府は国民や物資のすべてを統制できる国家総動員法をつくりました。

エ　大学生も戦場に向かう学徒出陣《しゅつじん》が始まりました。

オ　アメリカは日本に対する石油の輸出を禁止しました。

問８　1945年の敗戦後，さまざまな改革が行われ，教育制度も大きく変わりました。義務教育の期間は，それまでは何年間でしたか。

問９　1951年，日本はサンフランシスコ平和条約を結んで，独立を回復しました。その条約について述べた次の各文の中で，**誤っているもの**を１つ選び，記号で答えなさい。

ア　日本はこの条約で，朝鮮の独立を認めました。

イ　日本はこの条約を，アメリカやソ連など世界の48か国と結びました。

ウ　日本はこの条約で，台湾，千島列島などを放棄《ほうき》しました。

エ　日本はこの条約で，アメリカが沖縄，奄美群島などを治めることに同意しました。

3　わが国の内閣や行政について，各問に答えなさい。

問１　内閣について述べた文として**誤っているもの**を次の中から１つ選び，記号で答えなさい。

ア　内閣は下級裁判所の裁判官を任命する。

イ　内閣は予算を作成し，国会の審議《しんぎ》にかける。

ウ　内閣は法律案や政令案を作成し，国会の審議にかける。

エ　内閣での話し合いを閣議《かくぎ》といい，１人でも反対者がいると閣議決定されない。

問２　日本の行政機構は2001年の改編《かいへん》によって１府12省庁体制ができあがりましたが，それ以降，庁から省に昇格《しょうかく》した組織や新しい庁も設置されました。2011年12月に法律が制定され，2012年２月に内閣の下に発足した庁名を答えなさい。

問３　昨年９月，70歳以上の高齢者の総人口に占める割合が初めて20％を超《こ》えたことが発表されました。このような人口調査や地方自治体と行政の調整を行う省名を答えなさい。

問４　国の行政機関が政令や省令などの案をあらかじめ公表し，広く国民から意見や情報を募《ぼ》集《しゅう》する制度が1999年から全省庁で始まりました。この制度名を解答らんに合うように**カタカナ**で答えなさい。

問５　わが国ではここ数年，巨大災害に見舞《みま》われています。昨年は西日本豪雨《ごうう》，北海道胆振《いぶり》東部地震によって，大きな被害《ひがい》を受けました。次の表は，被災《ひさい》した地域を救助・支援《しえん》するしくみを表したものです。表の**（ア）**・**（イ）**にあてはまる組織名を解答らんに合うように，それぞれ**漢字３字・５字**で答えなさい。

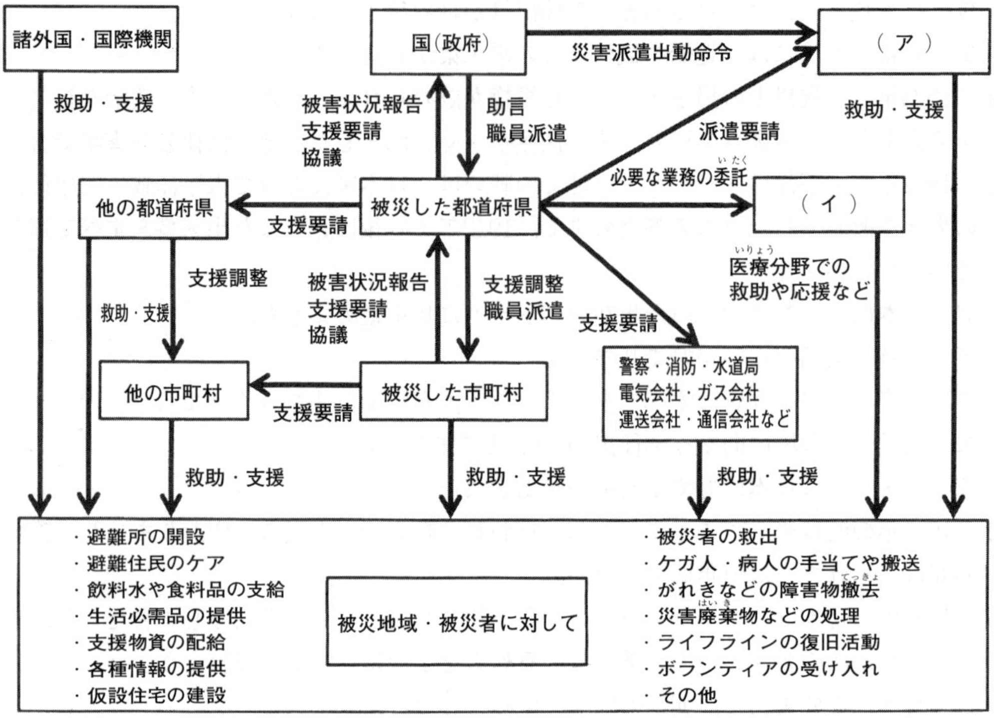

問6　次の人物は，戦後の総理大臣在職日数(通算)上位5位までの総理大臣です。下の各問に答えなさい。

ア　安倍晋三

イ　吉田茂

ウ　中曽根康弘

エ　佐藤栄作

オ　小泉純一郎

(1)　安倍総理大臣は，戦後の総理大臣在職日数(通算)の中で歴代3位です。在職日数の多い順に**ア**～**オ**を並べかえなさい。

(2)　安倍総理大臣在職中の**出来事ではないもの**を次の中から1つ選び，記号で答えなさい。

ア　裁判員裁判を実施することを定めた法律が成立した。

イ　憲法改正に必要な国民投票の手続きを定めた法律が成立した。

ウ　インターネットを利用した選挙運動ができることを定めた法律が成立した。

エ　一般の家庭や商店などでも電力会社を自由に選べることを定めた法律が成立した。

(3)　中曽根内閣と小泉内閣の共通点として，「官から民へ」という行政改革を行ったことがあげられます。「官から民へ」とはどのようなことですか，簡単に説明しなさい。

(4)　上記の5人の中で，兄弟で総理大臣になった人が1人だけいます。その人の兄である総理大臣が行ったことを次の中から1つ選び，記号で答えなさい。

ア　日中共同声明に調印した。　　**イ**　所得倍増計画を打ち出した。

ウ　新日米安全保障条約に調印した。　　**エ**　消費税を初めて導入する法律を成立させた。

【理　科】〈第１回試験〉(30分)〈満点：40点〉

(注意)　定規，コンパス，および計算機(時計についているものも含む)類の使用は認めません。

1　次の文章を読み，以下の問いに答えなさい。

地球の生態系では，食物連《れん》鎖《さ》などを通じてさまざまな物質が移動しています。植物は生産者と呼ばれ，太陽エネルギーを使って，二酸化炭素や水から栄養分をつくっています。また，動物は消費者と呼ばれ，植物がつくった栄養分を取りこみ，それを使って生きています。生産者を直接食べる消費者は一次消費者，一次消費者を食べる消費者は二次消費者と呼ばれています。また，生産者や消費者の遺がいや排《はい》出物はやがて菌《きん》類などの分解者によって分解されます。一部は分解されずに化石燃料になりますが，ほとんどは分解されて二酸化炭素となり，大気中にもどります。

下の図の矢印は炭素を含《ふく》んださまざまな物質が移動する様子を示したものです。

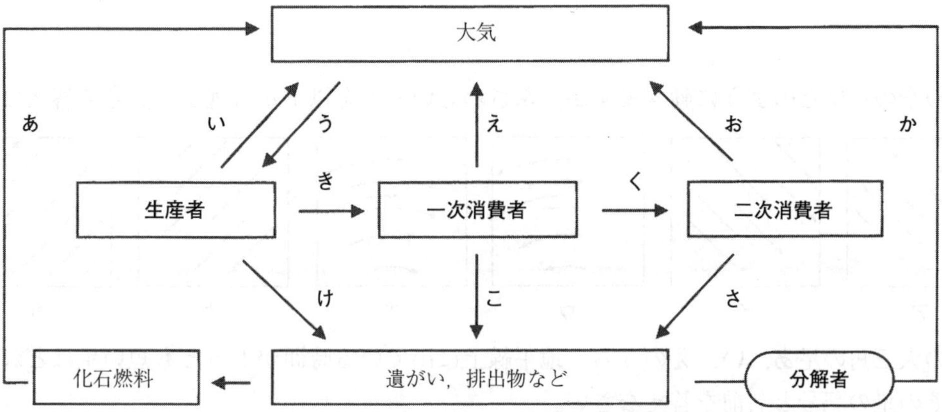

問１　文章中の下線部について，次の生物から一次消費者を２つ選び，記号で答えなさい。

ア　ミミズ　　**イ**　ムカデ　　**ウ**　クモ　　**エ**　モグラ　　**オ**　ダンゴムシ

問２　二酸化炭素の増加が地球温暖化につながるとして，問題になっています。現在の大気中の二酸化炭素の割合はどれくらいですか。ふさわしいものを以下から２つ選び，記号で答えなさい。なお，ここでは小さい割合を表すために，％のほかにppm(百万分率)という単位も使っています。１ppmは100万分の１の割合を表します。

ア　0.0004％　　**イ**　0.004％　　**ウ**　0.04％　　**エ**　0.4％　　**オ**　4％

カ　0.04ppm　　**キ**　0.4ppm　　**ク**　4ppm　　**ケ**　40ppm　　**コ**　400ppm

問３　大気中の二酸化炭素が年々増加しているのは，図中の矢印の流れの中に増加したり，減少したりしているものがあるためです。増加していることが問題となっている矢印はどれですか。また，減少していることが問題となっている矢印はどれですか。ふさわしいものを**あ**～**さ**からそれぞれ１つずつ選び，記号で答えなさい。

問４　物質の中には，生産者→一次消費者→二次消費者と食物連鎖を通じて物質の体内濃《のう》度が増加するものが知られています。この現象は生物濃縮といいます。生物濃縮が起こる多くの物質の特ちょうとして考えられるものを以下から２つ選び，記号で答えなさい。

ア　体内で分解されやすい物質である。　　**イ**　体内で分解されにくい物質である。

ウ　体内から排出されやすい物質である。　　**エ**　体内から排出されにくい物質である。

2　２月のある日の20時ごろに東京(北緯《い》36°，東経140°)で南の空を観察しました。図は，**あ**，**い**，**え**を結んだ冬の大三角と，それらの星を含む星座を示したものです。以下の問いに答えなさい。

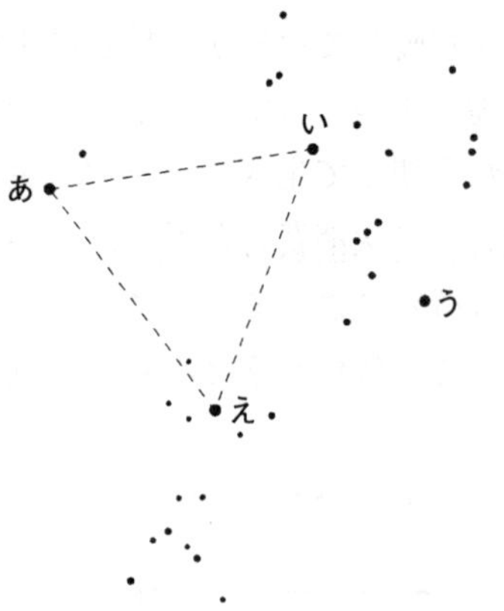

問１　南の空の星はどのように動きますか。ふさわしいものを以下から選び，記号で答えなさい。

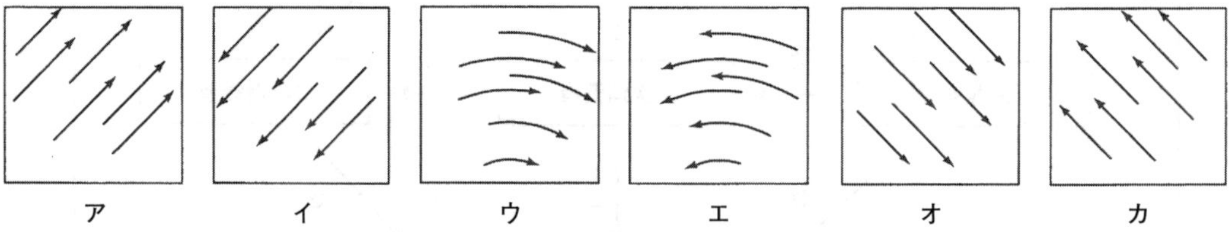

問２　冬の大三角の星**あ**，**い**，**え**のうち，地平線上に出ている時間がもっとも短い星はどれですか。その星の記号と名前を答えなさい。

問３　冬の大三角は，南半球でも見ることができます。オーストラリアのシドニー(南緯34°，東経150°)で同じ日の同じときに北の空に冬の大三角が見られました。このときの見え方としてふさわしいものを以下から選び，記号で答えなさい。

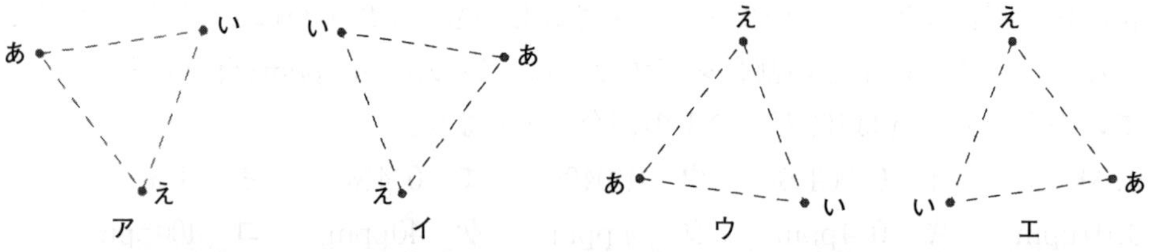

問４　図中の星**あ**～**え**の中で，赤色に見える１等星を選び，記号で答えなさい。また，この星が赤く見える理由としてふさわしいものを以下から選び，記号で答えなさい。

ア　星の表面に赤い岩石が多い。

イ　星からの光が地球の大気を通ることで，赤い光だけになる。

ウ　星の表面温度が他の星より低いので，赤く光る。

エ　星と地球の距離《きょり》が他の星より遠いので，赤く見える。

問５　2018年７月，ある星が地球に大接近し，空に赤くかがやく様子が見られました。この星の説明としてふさわしいものを２つ選び，記号で答えなさい。

ア　真夜中に見られるときもある。

イ　大きく満ち欠けする。

ウ　太陽との距離が地球より近い。

エ　人類が行ったことがある。

オ　みずから光りかがやいている。

カ　星の表面に赤い岩石が多い。

3　物質が変化する際には熱が発生することがあります。例えば，塩酸に水酸化ナトリウム水溶液を加えて中和が起こると水溶液の温度が上昇《しょう》します。これについて次のような実験を行いました。以下の問いに答えなさい。ただし実験中，次のことが成り立っているものとします。

・使用する水酸化ナトリウム水溶液と塩酸の濃《こ》さ，および混ぜる前の温度はどの実験でも同じである。

・発生した熱はすべて水溶液の温度を上げることだけに使われる。

・水溶液１cm^3の温度を１℃上げるのに必要な熱の量はどの水溶液でも等しい。

・混ぜ合わせた後の水溶液の体積が同じならば，水溶液の上昇温度は反応した水酸化ナトリウム水溶液の体積に比例する。

【実験１】　水酸化ナトリウム水溶液と塩酸を100cm^3ずつ混ぜ合わせると，水溶液の温度が6.7℃上がった。次に，この水溶液を加熱して水をすべて蒸発させると5.85ｇの白い物質が得られた。

【実験２】　水酸化ナトリウム水溶液と塩酸を，体積が合計200cm^3になるようにいろいろな割合で混ぜ，上昇温度を測定した。この実験の結果の一部を下の表にまとめた。また，表の結果をグラフにしたものが図である。

【実験３】　水酸化ナトリウム水溶液と塩酸を，【実験２】でもっとも上昇温度が高かった割合で混ぜ，上昇温度を測定した。このときの体積は合計800cm^3であった。次に，この水溶液を加熱して水をすべて蒸発させ，得られた白い物質の重さを測定した。

表　【実験２】の結果の一部

水酸化ナトリウム水溶液の体積(cm^3)	30	60	170	190
塩酸の体積(cm^3)	170	140	30	10
水溶液の上昇温度(℃)	2.0	4.0	6.0	2.0

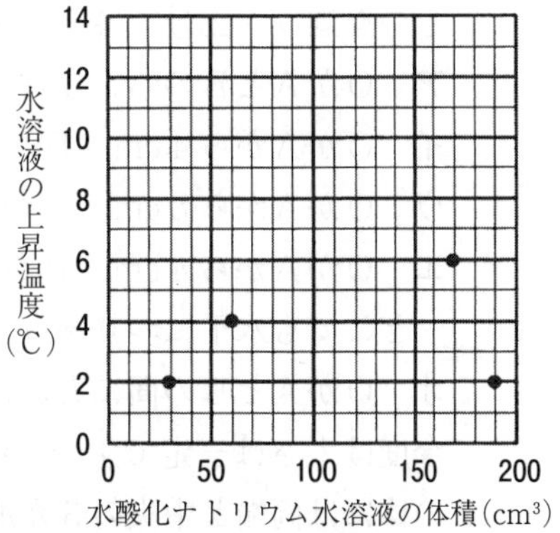

図　【実験２】の結果の一部

問１　塩酸の説明として，**誤ったもの**を２つ選び，記号で答えなさい。

ア　塩化水素がとけた水溶液である。

イ　鼻をさすようなにおいがする。

ウ　赤色リトマス紙を青色に変える。

エ　石灰石をとかし，酸素を発生させる。

オ　電気を通す水溶液である。

問２　【実験２】において，中和してちょうど中性になったときの水酸化ナトリウム水溶液の体積は，塩酸の体積の何倍ですか。

問３　【実験１】で得られた白い物質の名前を答えなさい。複数の物質が考えられる場合は，すべて答えなさい。

問4　【実験2】で上昇温度が5.0℃となるような割合で水酸化ナトリウム水溶液と塩酸を混ぜた後，鉄とアルミニウムを加えて反応の様子を観察します。このとき観察される反応の様子として考えられるものをすべて選び，記号で答えなさい。

ア　鉄からもアルミニウムからも気体が発生した。

イ　アルミニウムからは気体が発生したが，鉄からは気体が発生しなかった。

ウ　鉄からは気体が発生したが，アルミニウムからは気体が発生しなかった。

エ　鉄からもアルミニウムからも気体は発生しなかった。

問5　【実験3】での上昇温度は何℃ですか。また，このとき得られた白い物質の重さは何gですか。

4　図1のように直径16cmの滑車《かっしゃ》をばねはかりにつるし，定滑車としました。その中心軸《じく》からつるした糸に直径8cmの滑車をかけ，動滑車とします。糸の反対側は定滑車にかけ，下にのばしてあります。この下にのばした糸を糸1，動滑車の中心からつるした糸を糸2とします。ただし，滑車や糸はとても軽いので，その重さは無視することにします。この糸1や糸2にいろいろなものをつるす実験を行いました。以下の問いに答えなさい。

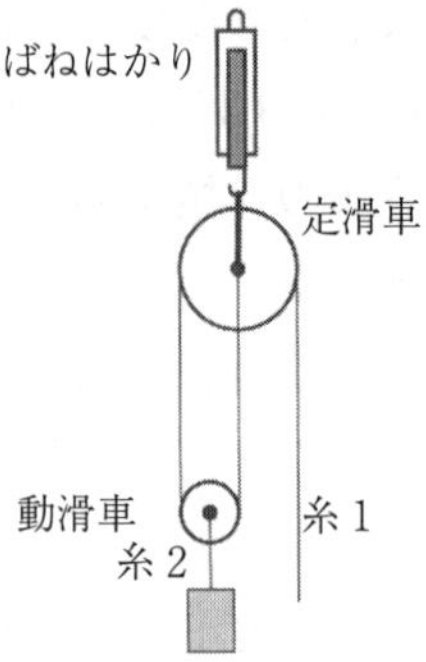

図1

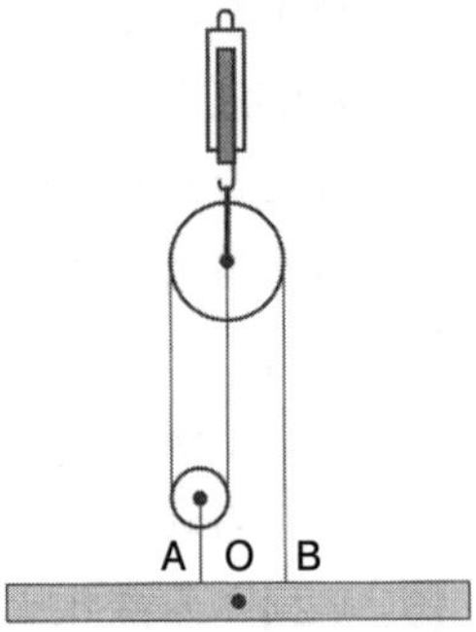

図2

まず，図1のように，糸2に50gのおもりをつるし，糸1を手で下に引いて，おもりを静止させました。

問1　このとき，手が引く力は何gですか。また，ばねはかりは何gを示しますか。

次に，太さと材質が一様な60gの棒を用意し，図2のように糸1と糸2をともに棒に付けてつるしたところ，棒が水平につりあいました。糸はいずれもまっすぐ上下にのびていて，棒をつるした2か所AとBは12cmはなれています。

問2　このとき，棒の中心Oがどの位置にあれば，棒は水平につりあいますか。以下から正しいものを選び，記号で答えなさい。

ア　OがAとBのちょうど真ん中にあるときのみ水平につりあう。

イ　OがAから4cm，Bから8cmの位置にあるときのみ水平につりあう。

ウ　OがAから8cm，Bから4cmの位置にあるときのみ水平につりあう。

エ　OがAから4cm，Bから8cmの位置とAから8cm，Bから4cmの位置の間にあれば，どこでも水平につりあう。

オ　OがAとBの間にあれば，どこでも水平につりあう。

今度は太さは一定ですが，中に金属のおもりを含んだ長さ24cmの棒を机の上に置きます。この棒には両端《はし》と中央の3か所に糸をかけることができ，これらの点を図のようにC，D，Eと名付けます。初めは滑車を使わずに中心Dにばねはかりを付け，ゆっくりと少しだけ持ち上げたところ，図3のようにCが机についたまま，E側が持ち上がり，ばねはかりは100gを示しました。

問３　図４のように，滑車を使わずにＥにばねはかりを付けて，ゆっくりと少しだけ持ち上げると，ばねはかりは何ｇを示しますか。

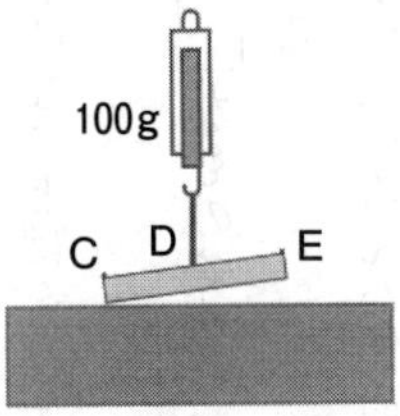

図３

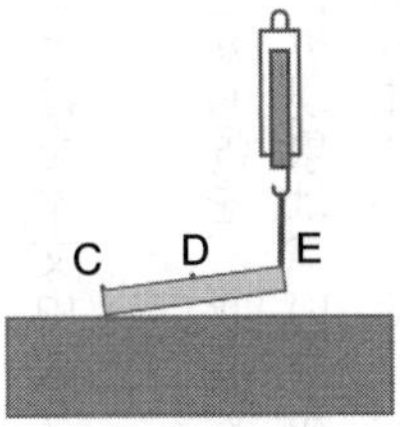

図４

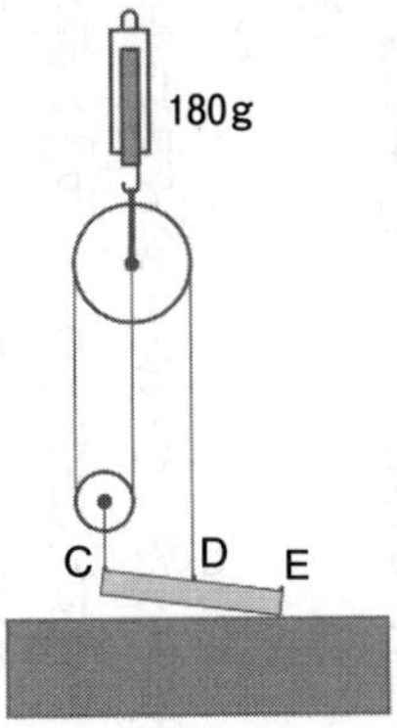

図５

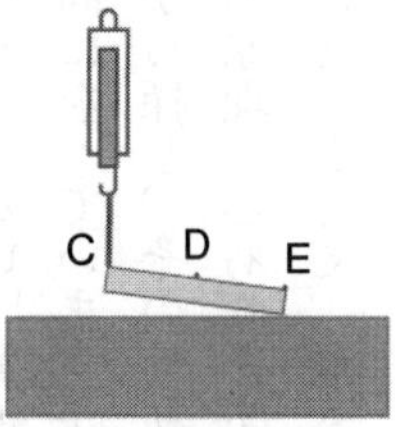

図６

次に，糸２を左端Ｃに，糸１を中心Ｄにつけ，ばねはかりをゆっくりと持ち上げたところ，図５のようにＥが机についたまま，Ｃ側が持ち上がり，ばねはかりは180ｇを示しました。

問４　図６のように，滑車を使わずにＣにばねはかりを付けてゆっくりと少しだけ持ち上げると，ばねはかりは何ｇを示しますか。

問５　この棒を１か所でつるし，水平に持ち上げるには左端Ｃから何cmのところでつるせばよいですか。

問６　最後に，この棒の左端Ｃに糸１を，中心Ｄに糸２をつけ，ばねはかりをゆっくりと持ち上げたところ，片側がわずかに持ち上がりました。このとき持ち上がったのはＣですか，Ｅですか。また，ばねはかりは何ｇを示しますか。

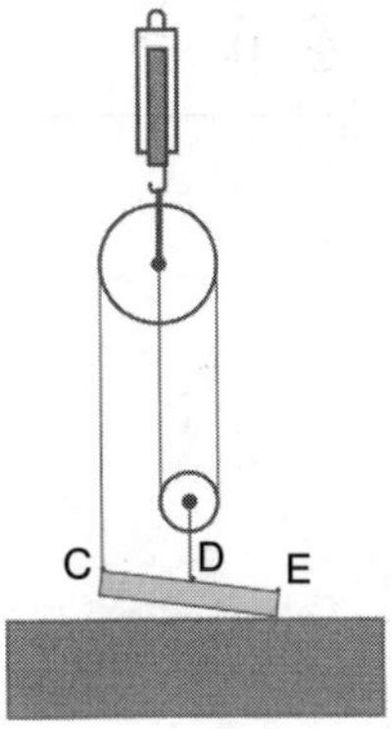

Ｃが上がる場合

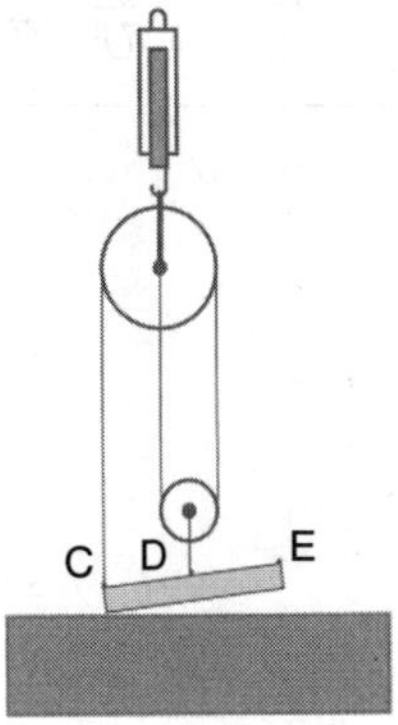

Ｅが上がる場合

ますが、筆者はこの文章で「事実」と「真実」をどのようなものとしてとらえていますか。それを説明した次の文の［A］・［B］に当てはまる対照的なことばを本文中よりそれぞれ探し、書き抜きなさい。

事実とは［A］なものであり、真実とは［B］なものであるととらえている。

問２　傍線部**２**「物事にはいろんな側面がある」とありますが、ここから「事実」とはどのようなものであると筆者は考えていますか。最もふさわしいことばを本文中より五字以内で探し、書き抜きなさい。

問３　本文中の段落①から⑤を、正しい順番に並べ替えなさい。

問４　傍線部**３**「事件や現象は、いろんな要素が複雑にからみあってできている」とありますが、そういった「事件や現象」を報道する際、メディアを担《にな》う人々が現場で意識するべきことは何ですか。解答欄《らん》の［P］・［Q］に当てはまることばを、それぞれ十字以上十五字以内で答えなさい。ただし必ずどちらにも次のことばを用いなさい。

視点

問５　傍線部**４**「でも現実はそうじゃない」とありますが、記者やディレクターが「そうじゃない」態度を取った結果、メディア全体はどのような傾向《けいこう》になっていますか。それが書かれている一文を傍線部**４**より前から探し、その最初の三字を書き抜きなさい。

問６　傍線部**５**「市場原理」とありますが、メディアにおける市場原理について述べたものとして、最もふさわしいものを次から選び、記号で答えなさい。

ア　情報の受け手は、常に客観的な真実を欲《ほっ》してしまうものだということ。

イ　メディアが真実を追究するあまり、発信する情報に偏《かたよ》りが生じてしまうこと。

ウ　メディアが発信する情報の質と量は、受け手の求めに応じて左右されるということ。

エ　メディアと情報の受け手の間に権力者が介入《かいにゅう》して、情報量のバランスを保とうとすること。

問７　［X］に当てはまる一文を次から一つ選び、記号で答えなさい。

ア　それはメディア自身である。

イ　それは僕であり、あなたである。

ウ　それは政治家などの権力者である。

エ　それは誰と特定することはできない。

だから本当は、もっといろんな角度からの視点をメディアは呈示《ていじ》するべきなのだ。いや、提示されるはずなのだ。

でも不思議なことに、ある事件や現象に対して、メディアの論調は横並びにとても似てしまう。なぜならその視点が、最も視聴者《しちょうしゃ》や読者に支持されるからだ。

だからあなたに覚えてほしい。事実は限りない多面体であること。メディアが提供する断面は、あくまでもそのひとつでしかないということ。もしも自分が現場に行ったなら、全然違う世界が現れる可能性はとても高いということ。

自分が現場で感じた視点に対して、記者やディレクターは、絶対に誠実であるべきだ。なぜならそれが、彼が知ることができる唯一《ゆいいつ》の真実なのだから。

4でも現実はそうじゃない。

（略）切り上げと切り下げの話を思い出してほしい。現実はとても微妙だ。敢《あ》えて数値化すれば、小数点以下の数字ばかりになる。それではわかりづらい。だから四捨五入する。1.5以上は2.0。1.4は1.0。

切り上げや切り下げは、メディアの宿命でもある。だからそれがある一定のルール、つまり四捨五入の法則にきちんと従っているのなら、見方を変えればそれほど悪質ではないといえるかもしれない。

ところが実のところ、7.6でも7にしてしまう場合がある。あるいは、5.3でも6にしてしまう場合がある。とても強引な切り上げや切り下げだ。

この場合、見ているほうは、もちろんもとの数字はわからない。間違った数字が集積されれば、間違ったイメージや世界観が作られる。しかもテレビの場合、見る人の数は圧倒的《あっとうてき》に多い。その影響力《えいきょうりょく》は凄《すさ》まじい。こうして民意という多数派が作られる。政治もこの民意には敵《かな》わない。なぜなら民意を敵に回すと、政治家は次の選挙で落選するかもしれないからだ。こうして国の方針が決まる。間違った世界観で作られた方針だ。でも誰も間違っているとは気づかない。気づくのは、いつも事が終わってからだ。かつてのドイツのように。かつてのこの国のように。（略）

なぜ四捨五入の法則が働かないときがあるのだろう。政治家やスポンサーからの圧力の場合もある。抗議《こうぎ》を恐《おそ》れるときもある。でも最大の理由は、無理な切り上げや切り下げをしたほうが、視聴率《りつ》や部数が上がる場合があるからだ。これを**5**市場原理という。

例えば冷夏で野菜がたくさん作れないときは、野菜の値段が上がる。つまりキャベツ一個の価値は決して絶対的なものではなく、市場（マーケット）がどれほどにキャベツを求めるかで決まる。

だから考えてほしい。その市場原理を作っている要素は何なのか。

[X]

（略）僕たちはメディアから情報を受け取る。そして世界観を作る。でもそのメディアの情報に、大きな影響力を与《あた》えているのも僕たちだ。メディアが何でもかんでも四捨五入してしまうのも、その四捨五入がときには歪《ゆが》むのも、実際の物事を誇張《こちょう》するのも、ときには隠《かく》してしまうのも、（すべてとは言わないけれど）僕たち一人ひとりの無意識な欲望や、すっきりしたいという衝動《しょうどう》や、誰か答えを教えてくれという願望に、忠実に応えようとしているからなのだ。

（森　達也《たつや》『たったひとつの「真実」なんてない』〔筑摩書房〕より）

問１　傍線部**1**「真実はひとつじゃない。事実は確かに一つ」とあり

世界は無限に多面体だ。

①ここで場面は変わる。今度は群れから離れてしまったトムソンガゼルのドキュメンタリーだ。干ばつで草がほとんどない。母親と生まれたばかりのトムソンガゼルは、サバンナを長くさまよいながら、必死に草を探し求める。やっと草を見つけた。2匹《ひき》は無心に草を食べる。その時カメラのレンズが、遠くからじりじりと近づいてくる痩《や》せ細った雌《めす》ライオンの姿を捉《とら》える。その視線は明らかに、子供のトムソンガゼルを狙《ねら》っている。

②このままでは家族全員が餓死《がし》してしまう。母ライオンは今日も、弱った足を引きずりながら狩《か》りに出る。もしも今日も獲物《えもの》を発見できなければ、子供たちはみんな死んでしまうかもしれない。そのとき母ライオンは2匹のトムソンガゼルを発見した。大きなほうは無理でも小さなほうならば、弱った自分の足でも捕《つか》まえることができるかもしれない。

③動物のドキュメンタリーを例に挙げよう。アフリカのサバンナで、子供を3匹産んだばかりの母ライオンがいる。ところがその年のアフリカは記録的な干ばつに襲《おそ》われていて、ライオンのエサである草食動物がとても少ない。だから母ライオンは満足に狩りをすることができない。飢《う》えている。痩せ細ってお乳も出ない。子ライオンたちもぐったりと衰弱《すいじゃく》して、もうほとんど動けない。

④この場面を観《み》ながら、あなたはきっと、早く逃げろと思うはずだ。早く気がついてくれ。今なら間に合う。あの凶暴《きょうぼう》なライオンから逃げてくれ。

⑤母ライオンはじりじりと、2匹のトムソンガゼルににじり寄ってゆく。その場面を観ながらあなたは、何を思うだろう。きっと手に汗握《あせにぎ》りながら、がんばれと思うはずだ。がんばってあのトムソンガゼルを仕留めて、巣で待つ3匹の子ライオンにお乳を飲ませてやってくれ。命を救ってくれ。

これが視点だ。どちらも嘘《うそ》ではない。でも視点をどこに置くかで、世界はこれほどに違って見える。

2物事にはいろんな側面がある。どこから見るかでまったく変わる。あなたは普段、父親や母親の言いつけをよく守る子供であるとする。でも今日夕ご飯を食べながら、「最近あまり勉強していないんじゃない？」と母親に言われて、思わず口答えをしてしまったとする。このときの口答えの理由は何だろう。

ある人は、「あの子は最近お母さんが口うるさいと思っていらいらしていたんだよ」と言う。また別の人は、「自分ではやっているつもりだったから、お母さんはわかってないと思ったんだ」と言う。またもう一人の人は、「実は最近、自分でも確かに勉強時間が足りないと思っていたので、つい反抗《はんこう》してしまったんだよ」と言う。「別の心配事があってそれが気になっていて、思わず口答えしてしまったのさ」と説明する人もいるかもしれない。

あなたの本当の心情は僕にはわからないけれど、でも少なくとも、どれかひとつだけが正解であとは全部間違っているということはないんじゃないかな。3事件や現象は、いろんな要素が複雑にからみあってできている。どこから見るかで全然違う。

さまざまな角度の鏡を貼り合わせてできているミラーボールは、複雑な多面体によって構成される事実と喩《たと》えることができる。でもこれを正確にありのままに伝えることなどできない。だからメディアは、どれか一点の視点から報道する。それは現場に行った記者やディレクターにしてみれば、事実ではないけれど(自分の)真実なのだ。視点を変えれば、また違う世界が現れる。視点は人それぞれで違う。

二つ選び、記号で答えなさい。

ア　普段から関わりたくないと思っている三田村がやって来たので、奏子は不愉快《ふゆかい》になっている。

イ　久志は三田村を敵だと思っていたので、わざわざ自分と奏子を探してやって来たことに驚《おどろ》いている。

ウ　奏子が壁を作っていることにもかまわず、三田村が奏子と話をしようとしていることを、久志は内心で応援《おうえん》している。

エ　奏子は久志と二人きりでいるところをよりによって三田村に見つかってしまったので、一刻も早くこの場を立ち去りたくなっている。

オ　せっかく奏子と会うために三田村はやって来たのに、どうせ奏子にはぐらかされて逃げられるのを、久志はかわいそうに思っている。

二

次の文章は、ジャーナリストの森達也さんが書いたものです。これを読んで、後の問に答えなさい。ただし□で囲んだ箇所《かしょ》は設問の関係上、文章を入れ替えています。

「森さんはヤラセをやったことはありますか?」と時おり訊《たず》ねられる。そんなとき僕《ぼく》は、その質問をした人が、どんな意味でヤラセという言葉を使ったのかを訊き返すようにしている。

事実にないことを捏造《ねつぞう》する。これがヤラセだ。その多くには、みんなから注目されるとか評判になるとかの見返りがある。ただしここまで読んでくれたなら、その判定は実は簡単ではないことは、あなたもわかってくれると思う。事実は確かにある。でもその事実をそのまま皿に載《の》せても食べづらい。というか皿に載らない。だからみんなが喜んで食べてくれるように調理をする。切り刻む。余分だと思えば捨てる。これが演出だ。

ヤラセと演出のあいだには、とても曖昧《あいまい》で微妙な領域がある。そんなに単純な問題じゃない。でも報道したりドキュメンタリーを撮《と》ったりする側についてひとつだけ言えることは、自分が現場で感じとった真実は、絶対に曲げてはならないということだ。そして同時に、この真実はあくまでも自分の真実なのだと意識することも大切だ。同じ現場にいたとしても、感じることは人によって違う。

つまり胸を張らないこと。負い目を持つこと。

メディアやジャーナリズムにおいては、これがとても重要だと僕は考える。自分は決して客観的な事実など伝えていない。自分が伝えられることは、結局のところは主観的な真実なのだ。そう自覚すること。そこから出発すること。だからこそ自分が現場で感じたことを安易に曲げたりすり替えたりしないこと。

たった一つの真実を追究します。

こんな台詞《せりふ》を口にするメディア関係者がもしいたら、あまりその人の言うことは信用しないほうがいい。確かに台詞としてはとても格好《かっこ》いい。でもこの人は決定的な間違いをおかしている。そして自分がその間違いをおかしていることに気づいていない。

1真実はひとつじゃない。事実は確かに一つ。ここに誰かがいる。誰かが何かを言う。その言葉を聞いた誰かが何かをする。たとえばここまでは事実。でもこの事実も、どこから見るかで全然違う。つまり視点。なぜなら事実は、限りなく多面体なのだから。

あなたのクラスの授業。カメラをどこに置くかで見えるものはまったく違う。先生の立っている場所にカメラを置く場合と、クラスの問題児の席のすぐ傍にカメラを置く場合とで、世界はまったく変わる。

心で叫《さけ》んだ言葉の終《しま》いが強い息になって漏《も》れた。
二人を見上げる踊り場に、それこそ躍《おど》り出る。
二人は階段のてっぺんに並んで座っていて、久志が先にこちらを向いた。一瞬その目を意外そうにしばたたき、それから眼差《まなざ》しが笑みを含《ふく》む。
奏子は遅《おく》れてこちらに目を向け、三田村を認めた途端《とたん》に眼差しが険を含んだ。――怯《ひる》むな。
「カナちゃん。俺、話したいことがあるんだけど」
「何ですか?」
「多分、俺、カナちゃんと行き違っちゃってるよね」
「気のせいじゃないですか?」
奏子が立ち上がって階段を下りようとしたその前に、両手を広げて立ち塞《ふさ》がる。
「気のせいじゃないよね。ちゃんと話そうよ」

（有川《ありかわ》　浩《ひろ》『明日の子供たち』〈幻冬舎〉より）

問1　傍線部**a**～**c**のカタカナを漢字に直しなさい。

問2　傍線部**1**「全員の洗濯物を片付けて、二つの空いた洗濯籠は三田村が持った」とありますが、ここまでの三田村の様子として最もふさわしいものを次から選び、記号で答えなさい。

ア　指示に従わない奏子を注意できなかったことをバネに、さらなる成長を決意している。

イ　仕事を教えてくれることに感謝しつつも、心の底では自分を信じない和泉に壁を作っている。

ウ　一人前の職員となるには依然《いぜん》として課題はあるが、徐々《じょじょ》に仕事にも慣れ、自らの成長を感じている。

エ　久志の方が子供たちの世話に慣れているので、どうしても前向きに仕事をすることができないでいる。

問3　傍線部**2**「すっと背筋が冷たくなった」とありますが、三田村がこのような気持ちになったのはなぜですか。その理由として最もふさわしいものを次から選び、記号で答えなさい。

ア　奏子とこじれてしまった仲を改善するのをもう諦めたことを久志に見抜《ぬ》かれ、ずばりと指摘《してき》されたから。

イ　年下の久志がはるかに物事を深く考えていて、敵か味方かを確かめるべく誘導《ゆうどう》していることに気付いたから。

ウ　『あしたの家』が奏子や久志にとってはかけがえのない場所である、という認識《にんしき》をもっていなかったことを久志に馬鹿《ばか》にされたから。

エ　あくまでも働くためだけに『あしたの家』にいると久志に思われてしまうと、この先ずっと信用を得られなかっただろう、と思ったから。

問4　[A]・[B]に最もふさわしいことばを下から選び、それぞれ記号で答えなさい。

A　**ア**　むだ骨を折った　**イ**　拍子《ひょうし》抜けした
ウ　空回りした　**エ**　後手に回った
オ　しりごみした

B　**ア**　口火を切れ　**イ**　重い口を開け
ウ　雄弁《ゆうべん》をふるえ　**エ**　話に水をさせ
オ　二の句が継《つ》げ

問5　[X]に最もふさわしいことばを本文中より三字以上五字以内で書き抜きなさい。

問6　傍線部**3**「――いいから踏み出せ!」とありますが、この時の三田村の気持ちはどのようなものですか。本文中のことばを用いて、四十五字以上五十字以内で説明しなさい。

問7　傍線部**3**以降の奏子と久志の気持ちとしてふさわしいものを

「でも、壁作られてさっさと諦《あきら》めるくらいなら、そもそもここに来なきゃよかったんじゃない?」

声に少し険が混じった。あっと思って顔を上げると、久志は「じゃあね」と自室のほうへ廊下を歩き出した。

呼び止めようとした声が喉《のど》の奥《おく》で萎《しぼ》む。

呆《あき》れさせたのか苛立《いらだ》たせたのか、最後の表情は見定めることができなかった。

夕食の立ち会いを終えて、職員室に戻る途中《とちゅう》のことだった。

b ゴラク室の前を通りがかると、入り口の近くのソファに奏子と和泉が座《すわ》っているのが見えた。

別のルートで戻ろうかと一瞬《いっしゅん》弱気が閃《ひらめ》いて、いやいや別に避《さ》けることはないと思い直し、だが微妙《びみょう》に二人の死角に回り込みながらそぉっと通り過ぎる。

すると、自分の名前が耳に飛び込んできた。

「三田村先生のことだけど」と切り出していたのは和泉だ。

とっさに壁に貼《は》り付き、聞き耳を立てる。

「カナちゃん、どうして素っ気ないの?」

素っ気なくされていることに和泉も気づいていたのだ、ということにまず打ちのめされた。(略)

「もう副担当の先生なんだよ。もしわたしに何かあったら、三田村先生が繰《く》り上げで担当になるんだよ。わたしは、カナちゃんがここで息苦しくなったら悲しい」

「気が合わない人ってどうしてもいるじゃない」

「決めつけるのは早いと思うよ。三田村先生、まだ来たばっかりでしょ」

いたたまれなくなって、足早にその場を離《はな》れた。最後はとうとう小走りになったが、まとわりつく不甲斐《ふがい》なさは振《ふ》り切れない。

自分は副担当だから、奏子と多少気が合わなくても大丈夫だと思っていた。どうせ奏子は和泉に懐《なつ》いているのだし、自分が直接相手をすることはそんなにないだろうと高を括《くく》っていた。

自分の気まずさだけをくよくよ気にかけ、自分が奏子との気まずさに目をつぶればいいのだと、それが大人の分別だと、単なる逃《に》げ腰《ごし》を正当化して。

もし和泉に何かあったら、なんて全然考えていなかった。

ある日突然《とつぜん》ぽきりと折れて辞《や》める人は多いと猪俣《いのまた》も言っていたのに。事故や病気でリタイヤすることもあるし、家庭の事情で辞めざるを得なくなることだってあるだろう。

そんな折にも、自分が気まずさに目をつぶれば済むと逃げ腰でいるつもりだったのか。

ここが X である奏子の息苦しさにも目をつぶって。

「……ちくしょう」

吐《は》き捨てたのは、自分自身に対してだった。

中学生が消灯して、高校生だけのささやかな c ヨフかしの時間がやってきた。

三田村が奏子と杏里《あんり》の部屋に行くと、いたのは携帯《けいたい》をいじっている杏里だけだった。(略)

屋上に続く階段へ向かうと、果たして低い話し声が聞こえてきた。久志と奏子の声だ。

踊《おど》り場の下でしばらく立ち尽《つ》くした。決意と弱気がせめぎ合う。二人が何を話しているのか、遠くて聞き取れない声に聞き耳を立ててしまう。

3 いいから踏み出せ!

で、三田村にとっては爆弾《ばくだん》だった。

「……どうするって」

　何気なく返そうとして声がかすれた。

「このままでいいのかってこと」

淀《よど》みない受け答えに、今度こそ言葉に詰まった。久志のほうが一枚上手だ。

「……別に、特にこじれてるわけじゃないし」

ようやく押し出した言葉は、まるでバツの悪いところを見つかった子供だ。久志も「またまた」と一蹴《いっしゅう》した。

「こじれてるわけじゃないけど、壁作られてるの分かってるでしょ」

「そんなのっ……」

　相手は十七歳の高校生だ。こちらは十歳近く上の二十六歳だ。だが、年の差なんか空《むな》しく吹《ふ》き飛んだ。

「どこの会社だって全員と上手《うま》く行くわけじゃないんだから、仕方ないだろ」

「慎平ちゃんにとっては『あしたの家』って会社なんだ？」

からかうような口調は、むしろ諭《さと》すようにも響《ひび》いた。

「違《ちが》っ……」

「よかった、違うって言ってくれる人で」

　2すっと背筋が冷たくなった。——この感覚を、もう知っている。

『あしたの家』に来た初日だ。

　無邪気《むじゃき》に人懐《ひとなつ》こく三田村を囲んでいるように見えた子供たちを、和泉が「試《ため》してるのよ」と——子供たちは無邪気をaヨソオって、新顔の三田村が敵か味方か量っていた。

　今は久志が量ったわけではなく、量られるような方向へ三田村が踏み込《こ》んだ。

　意固地になって返す言葉を間違えていたら、決して味方の箱にはもう入れてもらえなかったのだろう。

「家じゃないけど、俺たちにとっては生活の場所なんだ」

「……ごめん」

　呟《つぶや》くと、久志が笑った。

「こういうときごめんって言っちゃう慎平ちゃんが俺はけっこう好きだけど、カナは怒《おこ》るかもしれないな」

「……じゃあ、何て言えばいいんだよ」

「『分かった』くらいなら気に入るんじゃないかな」

「何か、素っ気ないような気がするけど」

「でも、それくらいが妥当《だとう》なんだよ。きっとね」

　久志の笑顔に無理をしている様子はない。しかし——

　自分たちの境遇《きょうぐう》に妥当という言葉を使ってしまうことが悲しい。そう思ってしまうことも、妥当ではないのだろうか。

「何で心配してくれるの、俺のこと」

「慎平ちゃんの心配は一割くらいかな」

　［　A　］のが顔に出たのだろう、久志は「ごめんね」と笑った。

「家じゃないけど、生活の場所だからさ。嫌《きら》いな人は一人でも少ないほうが気分良く暮らせるでしょ」

　そうか、と腑《ふ》に落ちた。久志は奏子のことを心配しているのだ。

「仲いいんだな」

　まあね、と久志も否定はしない。

「小さい頃《ころ》から一緒《いっしょ》だし、話も合うし」（略）

「……でも、カナちゃんはもう俺とあまり話したくないんじゃないかな」

「まあ、そうだね」

　あっさり言い放されて［　B　］なくなった。

二〇一九年度　早稲田中学校

【国語】〈第一回試験〉（五〇分）〈満点：六〇点〉

（注意）字数制限のある問題については、かぎかっこ・句読点も一字と数えなさい。

一　次の文章は、有川浩『明日の子供たち』の一節です。三田村慎《しん》平《ぺい》は児童養護施設《しせつ》『あしたの家』の児童指導職員として働き始めました。和泉《いずみ》和恵は同僚《どうりょう》の職員です。以下の文章を読んで、後の問に答えなさい。

奏子《かなこ》は三田村を無視しているわけではないし、態度が悪いわけでもない。むしろ、表面的には愛想《あいそ》よく接しているくらいだ。

ただ、慎平ちゃんとは呼ばないだけで。

──それだけなんだからいいじゃないか。

一体何がきっかけで壁《かべ》を作られているのか分からないが、九十人すべての子供たちに好かれるなんてことは不可能だろうし、そりの合わない子供が奏子になったというだけだ。

愛想よく他人行儀《ぎょうぎ》な奏子のことが心の隅《すみ》に引っかかることを除いたら、仕事は概《おおむ》ね順調だった。日報の書き方も分かってきて、和泉を残業に付き合わせてしまうことも少なくなった。

子供たちの小さな洋服を畳《たた》むのも慣れてきた。

「じゃあ、わたし女子の洗濯物戻してくるから」

言いつつ和泉が、女子の洗濯物を詰《つ》めた洗濯籠《かご》を提《さ》げて立ち上がった。

「男子のほうはよろしくね」

男子の洗濯物を戻すとき、和泉は三田村に付き添《そ》わなくなった。誤配が減ったからだ。たったそれだけのことだが、少しは認めてもらえたようで無性《むしょう》に嬉《うれ》しい。

「任せてください！」

和泉を見送ってから男子の洗濯物を籠に詰め、三田村も多目的室を出た。

廊下《ろうか》を歩いていると、

「慎平ちゃん」

声をかけてきたのは平田久志《ひさし》、通称《つうしょう》ヒサである。もう普段着《ふだんぎ》に着替えている。

「おー、お帰り」

「チビどもの洗濯物？　俺《おれ》も手伝うよ」

「大丈夫《だいじょうぶ》だよ、一人で」

大丈夫、の部分を誇示《こじ》したものの、久志は「まあまあ」と二つ提げた洗濯籠の一つを取り上げた。

配達先の部屋には子供たちが不在だった。宿題で学習室にでも行っているのだろう。子供たちがいないときは、箪笥《たんす》の中に洗濯物をしまってやることになっている。

三田村が洗濯物をしまい始めると、久志も倣《なら》った。特に「これ、誰《だれ》の？」などとは訊かれない。奏子と並んで「問題のない子供」の代表格である久志は、小学生たちの面倒《めんどう》も見慣れている。（略）

1全員の洗濯物を片付けて、二つの空いた洗濯籠は三田村が持った。

「ありがとな」

「ううん。ところでさ」

先に部屋を出ながら、久志はごく何気ない口調で口を開いた。

「カナのこと、どうするの？」

部屋から一歩踏《ふ》み出したところで三田村は固まった。何気ない口調

2019年度
早稲田中学校 ▶解説と解答

算　数　＜第１回試験＞（50分）＜満点：60点＞

解　答

1 (1) $\frac{40}{41}$　(2) 32L　(3) 45才　**2** (1) 3.2cm　(2) 13.125cm^2　(3) 4.5cm^2

3 (1) 140円　(2) 38個　(3) 18個　**4** (1) 1.25倍　(2) 16分　(3) 64cm

5 (1) $40\frac{68}{75}$cm^3　(2) ① 解説の図３を参照のこと。　② 78.24cm^2

解　説

1 整数の性質，割合と比，条件の整理

(1) 分子の5080を素数の積で表すと，右の図１のようになる。一方，分母の5207は２でも５でも割り切れないから，$\frac{5080}{5207}$がある整数で約分できるとすると，その整数は127だけである。したがって，5207÷127＝41より，$\frac{5080}{5207}=\frac{5080\div127}{5207\div127}=\frac{2\times2\times2\times5}{41}=\frac{40}{41}$となる。

図１

2	5080
2	2540
2	1270
5	635
	127

(2) Ａの容積の$\frac{4}{5}$とＢの容積の$\frac{3}{4}$が等しいので，ＡとＢの容積の比は，$\frac{5}{4}:\frac{4}{3}=\frac{15}{12}:\frac{16}{12}=15:16$とわかる。そこで，Ａの容積を15，Ｂの容積を16とすると，はじめにＡ，Ｂに入れた水の量は，$15\times\frac{4}{5}=16\times\frac{3}{4}=12$となる。よって，ＢからＡに移した水の量は，15－12＝３だから，Ｂに残った水の量は，12－３＝９とわかる。これが18Ｌにあたるから，１にあたる水の量は，18÷９＝２（Ｌ）となり，Ｂの容積は，２×16＝32（Ｌ）と求められる。

(3) 現在の太郎君の年令が12才の場合，18年後の太郎君の年令は，12＋18＝30(才)となる。このとき，太郎君の年令の２倍がお父さんの年令を初めて上回るので，18年後のお父さんの年令は，30×２－１＝59(才)以下になる。もし，18年後のお父さんの年令が58才だとすると，その前年の年令は，太郎君が29才，お父さんが57才となり，すでに太郎君の２倍がお父さんを上回ってしまう。すると，初めてという条件に合わないから，18年後のお父さんの年令は59才と決まる。太郎君の年令が13才～15才の場合も同様に考えると上の図２のようになるので，現在と18年後で，２人の年令の和の十の位と一の位の数字が入れ替《か》わるのは，かげをつけた部分とわかる。よって，現在のお父さんの年令は45才である。

図２

現在の太郎君　（才）	12	13	14	15
18年後の太郎君　（才）	30	31	32	33
18年後のお父さん（才）	59	61	63	65
現在のお父さん　（才）	41	43	45	47
現在の２人の和　（才）	53	56	59	62
18年後の２人の和（才）	89	92	95	98

2 相似，面積，構成

(1) 下の図１で，三角形ABHと三角形FDHは相似であり，相似比は，AB：FD＝２：１だから，BH：HD＝２：１となる。よって，HDの長さは，$12\times\frac{1}{2+1}=4$（cm）とわかる。同様に，三角形AGDと三角形EGBは相似であり，相似比は，AD：EB＝（２＋１）：２＝３：２なので，BG：GD

＝２：３となる。したがって，BGの長さは，$12\times\frac{2}{2+3}$＝4.8(cm)だから，GHの長さは，12－(４＋4.8)＝3.2(cm)である。

図１

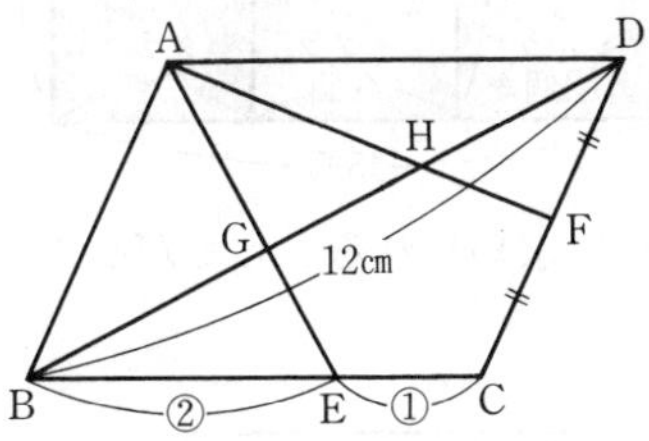

図２

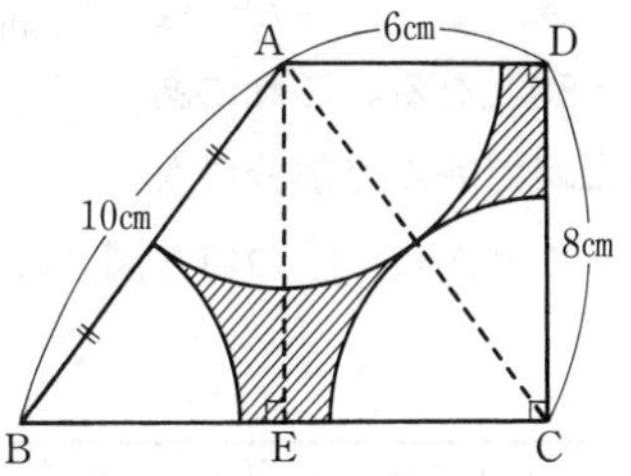

図３

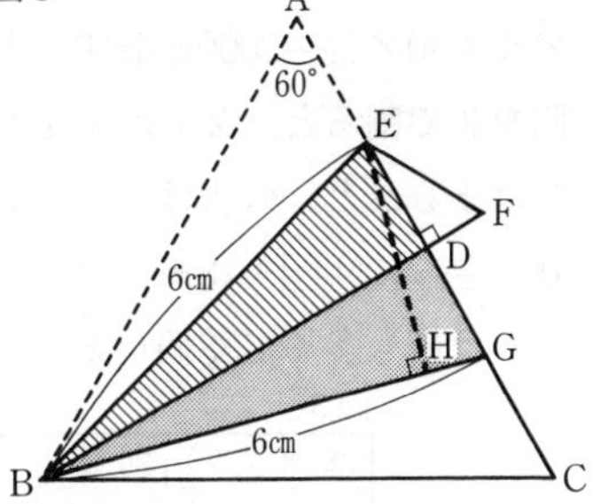

⑵　上の図２で，同じ印をつけた部分の長さは等しいので，おうぎ形の半径は，10÷２＝５(cm)とわかる。また，台形ABCDの内角の和は360度だから，角Ａと角Ｂと角Ｃの大きさの和は，360－90＝270(度)である。つまり，３つのおうぎ形の中心角の和は270度なので，３つのおうぎ形の面積の和は，$5\times5\times3.14\times\frac{270}{360}$＝58.875($cm^2$)と求められる。次に，ACの長さは，５＋５＝10(cm)だから，三角形ABEと三角形ACEは合同である。よって，BCの長さは，６＋６＝12(cm)なので，台形ABCDの面積は，(６＋12)×８÷２＝72(cm^2)と求められる。したがって，斜線《しゃせん》部分の面積は，72－58.875＝13.125(cm^2)とわかる。

⑶　上の図３で，三角形ABDと三角形CBDは合同だから，角ABDの大きさは，60÷２＝30(度)である。また，三角形ABEと三角形FBEも合同なので，角FBEの大きさは，30÷２＝15(度)である。よって，三角形BDEと合同な三角形BDGを作ると，角EBGの大きさは，15×２＝30(度)になる。さらに，ＥからBGと直角に交わる線EHを引くと，三角形EBHは正三角形を半分にした形になるから，EHの長さは，６÷２＝３(cm)とわかる。したがって，三角形EBGの面積は，６×３÷２＝９(cm^2)なので，斜線部分の面積は，９÷２＝4.5(cm^2)と求められる。

3　差集め算，和差算，つるかめ算

⑴　イクラとタラコの個数を入れ替えると200円安くなるから，入れ替える前は，値段が高いイクラの方を多く買うつもりであったことになる。よって，イクラ１個の値段をA円，タラコ１個の値段をB円として，イクラとタラコだけを図に表すと，右の図１のようになる。図１で，点線で囲んだ部分の代金は同じなので，アの部分がイの部分よりも200円多いことになる。また，イクラとタラコの１個あたりの値段の差は40円だから，ア，イの部分の個数は，200÷40＝５(個)となり，入れ替えた後の個数は，イクラが，(35－５)÷２＝15(個)，タラコが，15＋５＝20(個)と求められる。さらに，入れ替えた後のイクラとタラコの代金の合計は，6500－100×10＝5500(円)である。もし，タラコだけを35個買ったとすると，代金の合計は，40×15＝600(円)減って，5500－600＝4900(円)になるので，タラコ１個の値段は，4900÷35＝140(円)と求められる。

図１

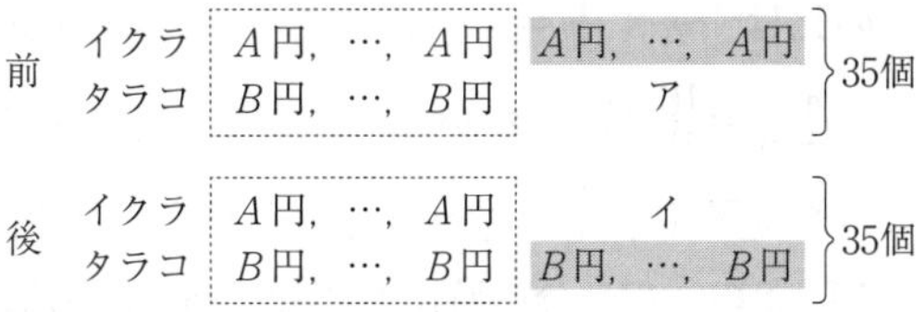

⑵　イクラ１個の値段は，140＋40＝180(円)だから，シャケ，イクラ，タラコの個数をそれぞれ□個，△個，○個として図に表すと，下の図２のようになる。図２で，全体の面積が6500円であり，

かげをつけた部分の面積が，100×45＝4500(円)なので，斜線部分の面積は，6500－4500＝2000(円)とわかる。よって，(180－100)×△＋(140－100)×○＝2000より，80×△＋40×○＝2000と表すことができ，さらに等号の両側を40で割ると，２×△＋１×○＝50となる。これにあてはまる△と○の組は下の図３の太線で囲んだ部分になり，さらに，□＋△＋○＝45であることから，□の値も図３のように求められる。したがって，タラコは最も多くて38個買える。

図２

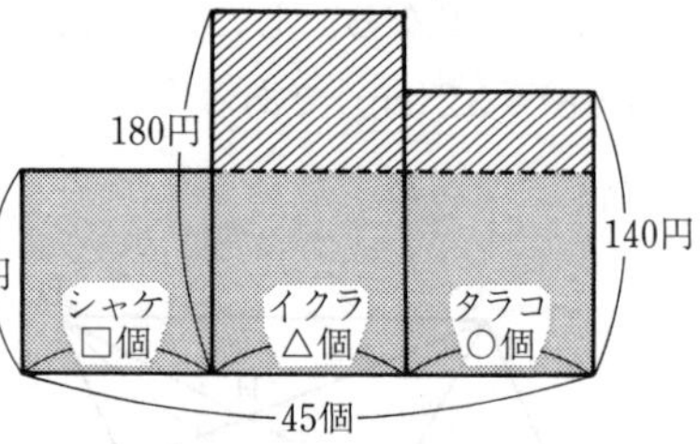

図３

△(イクラ)	24	23	22	21	20	19	18	17	16	15	14	13	12	11	10	9	8	7	6
○(タラコ)	2	4	6	8	10	12	14	16	18	20	22	24	26	28	30	32	34	36	38
□(シャケ)	19	18	17	16	15	14	13	12	11	10	9	8	7	6	5	4	3	2	1

(3)　タラコの個数は，３の倍数よりも１多い数になる。このうち，シャケの個数が最も多いのは，図３のかげをつけた部分である。このとき，タラコを１個減らして代わりにイクラを１個増やすと，どれも３の倍数になり，条件に合う。よって，最初に買ったシャケの個数は18個とわかる。

4 速さと比

(1)　学校をA，家をB，兄と弟が出会った地点をPとする。また，兄が学校を出発してから家に着くまでを㋐，家を出発してから弟と出会うまでを㋑，弟と出会ってから家に着くまでを㋒とすると，右の図のようになる。兄はAB間を1800歩で，PB間を200歩であるくから，AB間とPB間の道のりの比は，1800：200＝９：１である。よって，兄と弟が学校を出発してから出会うまでにあるいた道のりの比(A→B→PとA→Pの比)は，(９＋１)：(９－１)＝５：４なので，兄と弟の速さの比も５：４となり，兄の速さは弟の速さの，５÷４＝1.25(倍)とわかる。

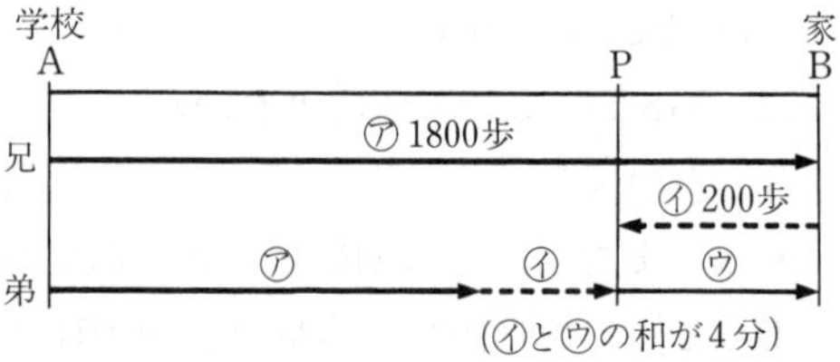

(2)　兄の㋑の部分と㋒の部分の速さの比は５：４だから，兄が㋑の部分と㋒の部分にかかった時間の比は，$\frac{1}{5}$：$\frac{1}{4}$＝４：５である。この和が４分なので，兄が㋑の部分にかかった時間は，$4\times\frac{4}{4+5}=\frac{16}{9}$(分)とわかる。よって，兄が㋐の部分にかかった時間(学校から家まであるくのにかかった時間)は，$\frac{16}{9}\times\frac{9}{1}=16$(分)と求められる。

(3)　弟の㋐の部分の時間も16分であり，弟は１分間に96歩あるくから，弟が㋐の部分であるいた歩数は，96×16＝1536(歩)とわかる。よって，兄と弟が㋐の部分であるいた歩数の比は，1800：1536＝75：64となる。また，(速さの比)＝(歩《ほ》幅《はば》の比)×(歩数の比)より，(歩幅の比)＝$\frac{(速さの比)}{(歩数の比)}$となるので，兄と弟の歩幅の比は，$\frac{5}{75}$：$\frac{4}{64}$＝$\frac{1}{15}$：$\frac{1}{16}$＝16：15と求められる。この差が４cmだから，比の１にあたる長さは，４÷(16－15)＝４(cm)となり，兄の歩幅は，４×16＝64(cm)とわかる。

5 立体図形―分割，体積，展開図，表面積

(1)　下の図１のように，Qを通りPFと平行な直線を引き，ACと交わる点をSとすると，切り口は台形FSQPになる。すると，三角形FDPと三角形SAQは相似であり，相似比は，DP：AQ＝(４－２)：(４－３)＝２：１だから，ASの長さは，$4\times\frac{1}{2}=2$(cm)である。また，DA，FS，PQを延

図１
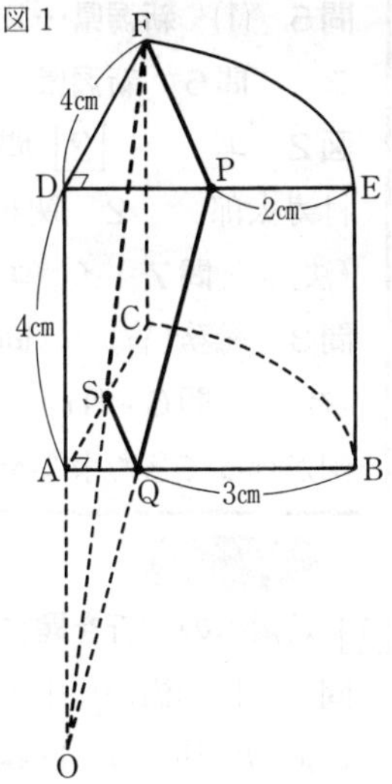

長して交わる点をOとすると，三角形FSCと三角形OSAは合同なので，AOの長さは4cmとわかる。よって，三角すいO－SAQの体積は，$2 \times 1 \div 2 \times 4 \div 3 = \frac{4}{3}(\text{cm}^3)$と求められる。さらに，三角すいO－SAQと三角すいO－FDPは相似であり，相似比は１：２だから，体積の比は，$(1 \times 1 \times 1):(2 \times 2 \times 2) = 1:8$となる。したがって，三角すい台FDP－SAQの体積は，三角すいO－SAQの体積の，$(8-1) \div 1 = 7$（倍）なので，$\frac{4}{3} \times 7 = \frac{28}{3}(\text{cm}^3)$とわかる。次に，立体アの体積は，$4 \times 4 \times 3.14 \times \frac{1}{4} \times 4 = 16 \times \frac{314}{100} = \frac{1256}{25}(\text{cm}^3)$だから，点Eを含《ふく》む方の立体の体積は，$\frac{1256}{25} - \frac{28}{3} = \frac{3068}{75} = 40\frac{68}{75}(\text{cm}^3)$である。

⑵　①　立体イに切る前のようすをかき入れると，下の図２のようになる。よって，展開図に頂点の記号をかき入れると，下の図３のようになる。展開図を完成させるには，おうぎ形DEFから三角形FDPを切り，正方形DABEから三角形DRPを切ればよいので，図３の太線部分を切ればよい。　②　立体イの表面積は，立体アの表面積から，三角形FDP，三角形FDR，三角形DRPの面積をひき，さらに，三角形FRPの面積を加えて求めることができる。はじめに，三角すいF－DRPを展開図に表すと，下の図４のような正方形になる。図４で，三角形FDPと三角形FDRの面積は，$4 \times 2 \div 2 = 4(\text{cm}^2)$，三角形DRPの面積は，$2 \times 2 \div 2 = 2(\text{cm}^2)$だから，三角形FRPの面積は，$4 \times 4 - (4 + 4 + 2) = 6(\text{cm}^2)$とわかる。次に，立体アは，底面積１つ分が，$4 \times 4 \times 3.14 \times \frac{1}{4} = 4 \times 3.14(\text{cm}^2)$，側面積が，$4 \times 2 \times 3.14 \times \frac{1}{4} \times 4 + 4 \times 4 \times 2 = 8 \times 3.14 + 32(\text{cm}^2)$なので，表面積は，$4 \times 3.14 \times 2 + 8 \times 3.14 + 32 = (8 + 8) \times 3.14 + 32 = 82.24(\text{cm}^2)$と求められる。したがって，立体イの表面積は，$82.24 - (4 + 4 + 2) + 6 = 78.24(\text{cm}^2)$となる。

図２
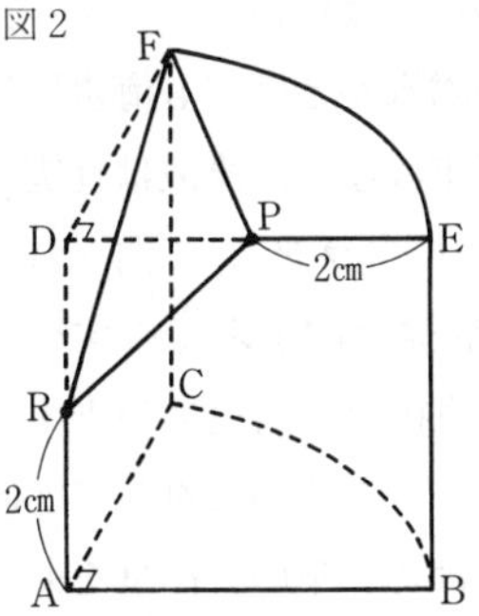

図３
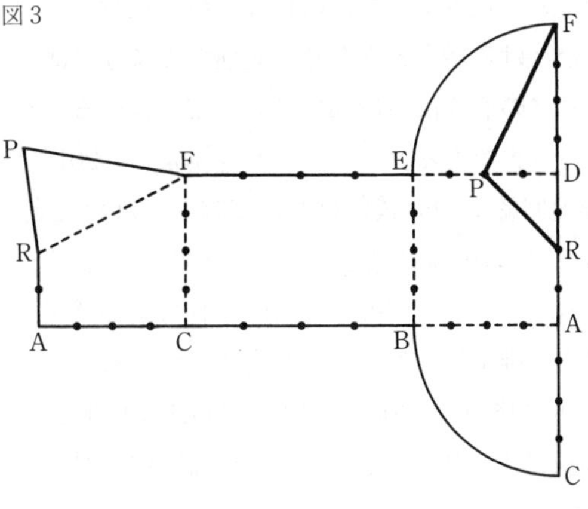

図４
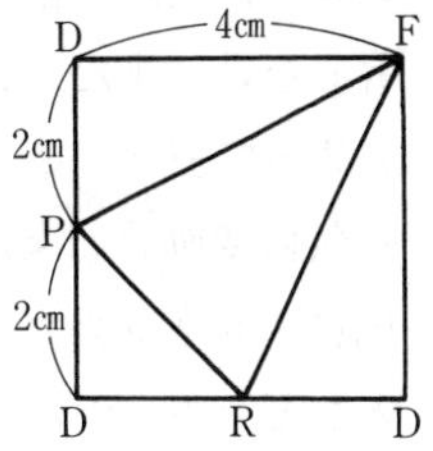

社　会　＜第１回試験＞（30分）＜満点：40点＞

解　答

1　**問１**　ア　　**問２**　イ，エ　　**問３**　イ，フェーン　　**問４**　⑴　とうもろこし　　⑵　エ

問５　(1)　**新潟県**…Ｄ　**兵庫県**…Ｂ　(2)　(例)　国立公園の中にあり，開発が制限されている　**問６**　**新潟県**…Ｃ　**茨城県**…Ｂ　**問７**　ウ　**問８**　ナフサ　**問９**　**図１**…ウ　**図２**…エ　**[2]**　**問１**　ペリー　**問２**　ウ　**問３**　(1)　イ，オ　(2)　ウ　(3)　**１**　小村寿太郎　**２**　関税自主(権)　(4)　米騒動　**問４**　イ　**問５**　ウ　**問６**　治安維持(法)　**問７**　イ，エ　**問８**　６(年間)　**問９**　イ　**[3]**　**問１**　ウ　**問２**　復興(庁)　**問３**　総務(省)　**問４**　パブリックコメント(制度)　**問５**　**ア**　自衛隊　**イ**　日本赤十字(社)　**問６**　(1)　エ→イ→(ア)→オ→ウ　(2)　ア　(3)　(例)　国営企業を民営化したり，国が行ってきた事業を民間企業に引き継がせたりすること。　(4)　ウ

解説

[1]　新潟への旅行を題材とした地理の問題

問１　日本橋から中山道を進むと，最初に到着する宿場は板橋宿。品川宿は東海道，千住宿は日光街道(奥州街道)，内藤新宿は甲州街道の最初の宿場で，五街道の起点となる日本橋に最も近いこれら４つの宿場は「江戸の四宿」とよばれた。

問２　アは岡山県，イは滋賀県，ウは佐賀県，エは栃木県，オは石川県の伝統的工芸品。これらの県のうち，内陸県は滋賀県と栃木県である。

問３　2018年の夏は全国的に猛暑《もうしょ》の日が続いたが，特に７月23日は各地で記録的な暑さとなった。なかでも埼玉県北西部ではフェーン現象により猛烈《もうれつ》な暑さとなり，熊谷市では観測史上最高となる41.1℃を記録した。

問４　(1)　バイオ燃料とは，植物を主とする生物起源のエネルギー資源のことをいう。アメリカではこのうち，とうもろこしを発酵《はっこう》させてつくるエタノール(バイオエタノール)の生産がさかんである。　(2)　ア　地球温暖化は，大気中に二酸化炭素などの温室効果ガスが増えたことが原因で地球全体の気温が上昇している現象で，特定の地域で特に進行しているわけではない。　イ　南極のように大陸を覆《おお》う氷がとける場合と異なり，北極海のように海に浮かぶ氷がとけても海水面は上昇しない。また，シベリアの北極海沿岸部には大都市とよべるような都市はなく，津波は地震などによって引き起こされる災害である。　ウ　パリ協定は，2015年にパリ(フランス)で開かれた国連気候変動枠組《わくぐみ》条約第21回締約《ていやく》国会議(COP21)で調印された協定。発展途上国をふくむすべての国に，温室効果ガス排出《はいしゅつ》量の削減《さくげん》目標を定めることや，５年ごとに実施状況を国連に報告することなどを義務づけている。　エ　1997年に調印された京都議定書では，先進諸国に対して2008〜12年における温室効果ガス排出量の削減目標が定められ，日本については1990年の排出量を基準にして６％削減することが義務づけられた。実際には1.4％増加したが，途上国の環境対策を支援するなどして実現した削減量を自国の削減分とみなす制度を利用したことなどから，全体で8.4％の減少となり，目標の数値を達成している。

問５　(1)　海水浴場の数がゼロであるＡとＥのうち，温泉地宿泊施設の数が多いＡは草津温泉や水上温泉などがある群馬県で，少ないＥが奈良県と判断できる。残る３つのうち，温泉地宿泊施設とスキー場の数が多いＤは新潟県，スキー場の数がゼロであるＣは大阪府，スキー場が少なくゴルフ場の数が多いＢは兵庫県である。　(2)　地熱発電は，地下にある高温の熱水や水蒸気をエネルギー源としてタービンを回し，発電する方法である。日本には火山や温泉が多いことから，地熱発電

に適した場所が数多く存在するが，その多くは国立公園に指定された地域の中にあって開発や利用が制限されているため，発電所の建設が進んでいない。しかし近年，規制が緩和《かんわ》され，景観保護のうえで重要度の低い地域で地熱開発を行うことや，公園の外から「斜《なな》め掘《ぼ》り」することなどが認められるケースが出てきており，発電量の増加が期待されている。

問６　耕地面積に占《し》める田の割合が高く，県庁所在地の１月の降水量が多いＣとＥのうち，耕地面積が一番大きいＣは新潟県，耕地面積が一番小さいＥは福井県と判断できる。また，耕地面積に占める樹園(果樹園)の割合が高く，田の割合が一番低いＤは青森県と考えられる。残る２つのうち，田と樹園の割合がより高いＡは山形県，太平洋側にあって県庁所在地の１月の降水量が一番少ないＢは茨城県である。

問７　新潟県の瓢《ひょう》湖や佐潟はラムサール条約の登録地。ラムサール条約の正式名は「特に水鳥の生息地として国際的に重要な湿地に関する条約」といい，1971年，イランの都市ラムサールで開かれた国際会議で採択《さいたく》された。イランで用いられている言語はペルシャ(ペルシア)語で，「ペルシャ(ペルシア)」は現在のイランの古いよび名である。

問８　液体を沸騰《ふっとう》させて気化し，冷やして液体にもどすことで純粋な物質を取り出す方法を蒸留《じょうりゅう》という。原油は混合物なので，物質による沸点の違いを利用し，蒸留を行うことでさまざまな成分に分けることができる。製油所(石油精製工場)ではこうした作業を行い，原油からナフサ，ガソリン，灯油，軽油，重油，アスファルトなどの成分を分離・精製している。それらの成分のうち，プラスチックや化学肥料，化学繊維《せんい》などさまざまな製品の原料となるのはナフサである。

問９　内陸部もふくめ全国各地に広く工場が分布している図１は半導体工場，埼玉・山口・福岡の各県に工場が集中している図２はセメント工場である。

2　江戸時代末期以降の歴史的なことがらについての問題

問１　1853年，アメリカ東インド艦隊の司令長官ペリーは４隻《せき》の軍艦を率いて浦賀(神奈川県)に来航し，開国を求める大統領の国書を幕府に手渡した。翌54年，幕府は再び来航したペリーとの間で日米和親条約を結び，200年あまり続いた鎖国政策をやめて開国することになった。これをきっかけに日本の社会が大きく変化していったことから，いわゆる「黒船来航」は近代日本の出発点になったといえるのである。さらにペリー来航から93年後の1945年９月２日，横浜沖に停泊するアメリカの戦艦ミズーリ号の艦上で降伏《こうふく》文書の調印式が行われ，日本の降伏が正式に承認された。その後，日本の社会は再び大きく変わり，現代へとつながっていくので，「近代日本の登場はアメリカの軍艦とともに始まり，アメリカの軍艦とともに終わった」ともいえるのである。

問２　ア　1869年に大名の領地と領民を天皇に返上する版籍奉還《はんせきほうかん》が行われ，その後の1871年に廃藩置県が行われた。　　イ　廃藩置県のさい，旧大名はすべて東京に住まわされ，中央政府が任命した府知事や県令が各府県に派遣された。　　ウ　1869年，新政府は蝦夷《えぞ》地を北海道と改称し，北海道開発の機関として開拓使を設置した。開拓使は1882年に廃止され，いったん札幌・函館・根室の３県に分割されたが，1886年に再び北海道に統合され，北海道庁が全域を統括《とうかつ》するようになった。　エ　1872年，新政府は琉球《りゅうきゅう》王国を廃止して琉球藩を置き，1879年には廃藩置県を宣言してこれを沖縄県とした(琉球処分)。

問３　(1)　アは1882年，イは1874年，ウは1885年，エは1884年，オは1877年のできごとである。

(2)　４人のうちでは，長州藩出身の伊藤博文だけが首相を務めている。残る３人のうち，長州藩出身者は木戸孝允《たかよし》で，西郷隆盛・大久保利通とともに「維新の三傑《さんけつ》」とよばれて新政府で参議などを務めたが，1877年に病死した。なお，板垣退助は土佐藩，陸奥《むつ》宗光《むねみつ》は紀州藩の出身である。　(3)　1911年，外務大臣小村寿太郎《じゅたろう》はアメリカとの間で関税自主権の回復に成功し，新政府の課題であった条約改正を達成した。　(4)　1918年，シベリア出兵を見こした米商人たちが米の買い占めや売り惜しみを行ったことから，米価が急上昇した。これに不満を募らせた富山県魚津の主婦たちが米の安売りなどを要求して行動を起こしたのをきっかけに，米騒動《そうどう》が全国に広がった。政府は軍隊まで動員してようやくこの騒動をしずめたが，その責任をとって寺内内閣が総辞職。代わって立憲政友会総裁の原 敬《たかし》を首相とする本格的な政党内閣が成立することとなった。

問４　日清戦争に勝利した日本は，下関条約によって清(中国)から遼東《リャオトン》半島(三国干渉《かんしょう》により清に返還)，台湾，澎湖《ポンフー》諸島をゆずり受けているから，イが誤っている。

問５　日清・日露戦争後，日本の製糸業は大きく発展し，1909年には生糸の輸出量が世界第１位となった。また，紡績《ぼうせき》業も発展し，1909年には綿糸の輸出量が輸入量を上回るようになったが，世界第１位というわけではないから，ウが誤っている。

問６　1925年，加藤高明内閣のもとで普通選挙法が成立し，25歳以上のすべての男子に選挙権が認められたが，このとき同時に治安維持法も成立した。当初，治安維持法は社会主義運動を取り締《し》まることを目的としていたが，何回かの改定を経て，自由主義者や平和主義者などが同法違反を理由として多数検挙されることとなった。

問７　アは1940～41年，イは1944年，ウは1938年，エは1943年，オは1941年のできごとである。

問８　義務教育の期間は，1886年の小学校令により４年とされ，1907年には６年に延長された。さらに第二次世界大戦直後の学制改革により，1947年に教育基本法と学校教育法が制定されると，六・三・三・四制を基盤とする学校制度が整えられ，小・中学校の９年間が義務教育となった。

問９　1951年，サンフランシスコで開かれた講和会議で日本は連合国側48か国と平和条約を結び，独立を回復した。このとき，社会主義国のソ連・ポーランド・チェコスロバキアの３か国は，会議には出席したが，条約の内容に異論があるとして平和条約に調印しなかったので，イが誤っている。

3　日本の内閣や行政についての問題

問１　政令は，内閣が憲法および法律の規定を実施するために必要な細目を定めるもので，国会の審議は必要としないから，ウが誤りである。

問２　2011年12月に設置が決まり，翌年２月に発足した行政機関は復興庁。東日本大震災に関する復興事業の推進や取りまとめを行う機関で，内閣総理大臣を長とし，復興大臣が事務を統括する。2021年３月までの期限つきの設置であるが，それ以降，別の機関を置くことが検討《けんとう》されている。

問３　人口調査や地方自治に関する業務を担当するのは総務省。2001年の中央省庁再編のさい，自治省・郵政省・総務庁が統合されて発足した行政機関である。

問４　行政機関が政令や省令などを制定するさい，原案をホームページなどで公表し，広く国民から意見や情報を募集し，それに対する行政側の考えも示したうえで最終的に決定するしくみは，パブリックコメント(意見公募手続制度)とよばれる。1999年から国の制度として各省庁で行われるようになり，地方自治体にも同様の取り組みが広がっている。

問５　アには自衛隊があてはまる。災害が発生した場合，都道府県知事からの派遣要請《ようせい》にもとづき，国が派遣・出動を命令し，現地で救助や支援活動を行う。また，イには日本赤十字社があてはまる。

日本赤十字社は全国各地に病院や血液センターを持つNGO(非政府組織)で，日常的な医療活動のほか，献血《けんけつ》，災害時の救援活動や義援金の取りまとめなどを行っている。国から救援業務を委託《いたく》されており，災害発生時には支部などに置かれている常備救護班が医療などの救援活動を行う。

問6　(1)　それぞれの在職期間と在職日数は，アが2018年12月26日の時点で2558日，イが2616日，ウが1806日，エは2798日，オが1980日となっている。　(2)　イは2007年5月に成立した国民投票法，ウは2013年4月の公職選挙法の改正，エは2014年6月に成立した改正電気事業法のことで，いずれも安倍内閣のもとで成立した。アの裁判員法は，小泉純一郎内閣の2004年5月に成立している。なお，裁判員法の施行は2009年5月からで，それにともなって裁判員裁判が実施されるようになった。　(3)「官から民へ」という言葉は，国営企業を民営化したり，国が行っていた事業を民間企業に引き継《つ》がせたりすることをいう。国の財政負担を減らすことを目的として行われる場合が多く，中曽根内閣のときには三公社とよばれた国鉄(日本国有鉄道)，電電公社(日本電信電話公社)，日本専売公社の民営化が進められ，小泉内閣のときには郵政三事業(郵便，郵便貯金，簡易生命保険)の民営化が進められた。　(4)　佐藤栄作の兄にあたる岸信介《のぶすけ》は，首相在任中の1960年1月，新日米安全保障条約に調印した。なお，アは1972年に田中内閣が調印。イは1960年7月に発足した池田内閣が打ち出した経済政策。エの消費税法は竹下内閣のもとで1988年12月に成立している(消費税の導入は翌89年4月から)。

理　科　＜第1回試験＞（30分）＜満点：40点＞

解　答

1　**問1**　ア，オ　**問2**　ウ，コ　**問3**　**増加**…あ，**減少**…う　**問4**　イ，エ

2　**問1**　ウ　**問2**　え，シリウス　**問3**　エ　**問4**　**星**…い，**理由**…ウ　**問5**　ア，カ

3　**問1**　ウ，エ　**問2**　3倍　**問3**　食塩　**問4**　ア，イ　**問5**　**上昇温度**…10℃，**重さ**…35.1 g

4　**問1**　**手が引く力**…25 g，**ばねはかり**…75 g　**問2**　イ　**問3**　50 g　**問4**　150 g　**問5**　6 cm　**問6**　E，150 g

解　説

1　生物のつながりについての問題

問1　一次消費者とは，植物を直接食べる動物である。ミミズは土の中のかれ葉などがくさったものなどをとり入れており，ダンゴムシは落ち葉などを食べている。

問2　大気中の二酸化炭素濃度《のうど》は，現在約0.04％になっている。0.04％とは，$\frac{0.04}{100}=\frac{4}{1000}$の割合なので，ppmの単位では，$\frac{4}{10000}=\frac{400}{1000000}$より，400ppmと表される。

問3　大気中の二酸化炭素濃度が上昇《じょうしょう》しているのは，化石燃料の大量使用や森林の減少が原因であるといわれている。化石燃料を使用すると，「あ」の矢印の流れで大気中の二酸化炭素が増加する。森林の樹木は大気中の二酸化炭素をとり入れて光合成を行うが，森林が減少すると，「う」の矢印で示される二酸化炭素のとり込《こ》みが減るので，大気中の二酸化炭素濃度が増えることにつながる。

問４　体内で分解されにくい，または体内から排出《はいしゅつ》されにくい物質を生物がとり入れると，それが体内に蓄積《ちくせき》することになり生物濃縮が起こる。もし，物質が体内で分解されて水にとける不要物となれば，呼気や尿《にょう》に混じって排出されやすくなる。

２　星座や星の動きについての問題

問１　南を向いて立ったとき，左手側が東，右手側が西となる。地球は地軸《ちじく》を中心として西から東に向かって自転しているので，東京で南の空を観察すると，星が東からのぼって南の空を通り，西にしずんでいくように見える。したがって，星や星座は東の空では右上がりに，西の空では右下がりに，そして南の空では東(左)から西(右)に向かって大きく円弧《えんこ》を描《えが》くように移動して見える。

問２　図で，「あ」はこいぬ座のプロキオン，「い」はオリオン座のベテルギウス，「う」はオリオン座のリゲル，「え」はおおいぬ座のシリウスである。冬の大三角はプロキオン，ベテルギウス，シリウスを結んでできるが，これらのうち，シリウスはもっとも低いところを移動する(南中高度がもっとも低い)ので，地上に出ている時間がもっとも短くなる。

問３　南半球で同じ星座や星の集まりを見ると，北半球で見た場合と上下左右が逆転して見える。よって，南半球で冬の大三角を見た場合，「い」が左下に，「あ」が右下に，「え」がそれらより高い位置に見える。

問４　星の色は，星の表面温度によって変わり，温度が低いほど赤色に，温度が高いほど青白色に近づく。「い」のオリオン座のベテルギウスは，赤色に見える１等星で，表面の温度は「あ」～「え」のうちでもっとも低い。

問５　2018年７月に火星が地球に大接近した。火星は地球の外側を公転する惑星《わくせい》(外惑星)なので，ほとんど満ち欠けしない。地球をはさんで太陽と正反対の位置にくるときに地球にもっとも近づき，このときは真夜中に観察できる。また，火星は地表などに酸化鉄がふくまれるため，表面が赤く見える。

３　水溶液《すいようえき》の中和と発熱についての問題

問１　塩酸は気体の塩化水素が水にとけた酸性の水溶液で，青色リトマス紙を赤色に変え，においを持ち，電気を通す。また，石灰石が塩酸にとけると，酸素ではなく二酸化炭素が発生する。

問２　実験２では，混ぜ合わせた後の水溶液の体積が200cm^3で一定で，水溶液の上昇温度は反応した水酸化ナトリウム水溶液の体積に比例する。表で，水酸化ナトリウム水溶液が30cm^3と60cm^3のときは上昇温度が比例していることから，ここでは反応後に塩酸があまっている。このことから，上昇温度が2.0℃の３倍の6.0℃のとき，塩酸と反応した水酸化ナトリウム水溶液の体積は30cm^3の３倍の90cm^3とわかる。よって，水酸化ナトリウム水溶液の体積が170cm^3のとき，塩酸30cm^3と水酸化ナトリウム水溶液90cm^3が中和し，水酸化ナトリウム水溶液が，170－90＝80(cm^3)あまっている。このことから，完全に中和するとき，水酸化ナトリウム水溶液の体積は塩酸の，90÷30＝３(倍)とわかる。

問３　実験１でも混ぜ合わせた体積の合計は200cm^3なので，上昇温度は実験２の結果から求められる。問２で求めたように，完全に中和するときの体積は水酸化ナトリウム水溶液の方が塩酸よりも多いことから，実験１では100cm^3の水酸化ナトリウム水溶液はすべて中和していて，塩酸があまっている。よって，水をすべて蒸発させると，中和によってできた食塩(塩化ナトリウム)のみが残ることになる。

問４　実験２で上昇温度が5.0℃になるのは，中和した水酸化ナトリウム水溶液の体積が，$60\times\frac{5.0}{4.0}=75$(cm^3)のときである。実験２の結果の一部を表したグラフに，中和した水酸化ナトリウム水溶液の体積と上昇温度との関係をさらにかき加えると，右のグラフのようになる。このグラフから，上昇温度が5.0℃となるのは，75cm^{3}の水酸化ナトリウム水溶液と125cm^{3}の塩酸を混ぜ合わせたときと，175cm^{3}の水酸化ナトリウム水溶液と25cm^{3}の塩酸を混ぜ合わせたときの２通りあるとわかる。前者の場合には塩酸があまっているので，鉄もアルミニウムもとけて水素を発生する。一方，後者の場合には水酸化ナトリウム水溶液があまっているので，アルミニウムはとけて水素を発生するが，鉄はとけない。

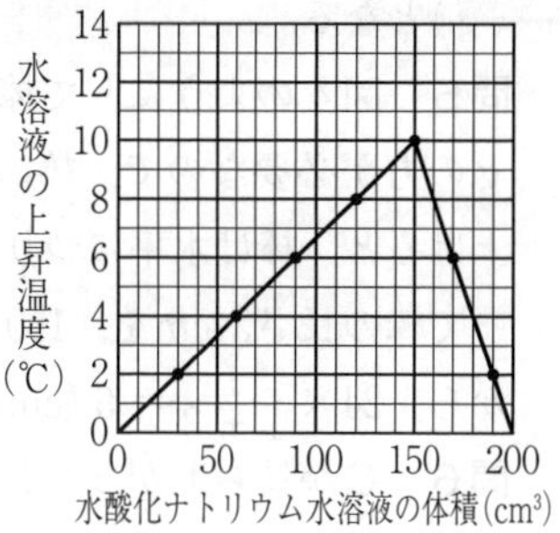

問５　問４のグラフより，実験２でもっとも上昇温度が高かったのは，150cm^{3}の水酸化ナトリウム水溶液と50cm^{3}の塩酸を混ぜ合わせたときで，上昇温度は10℃となる。水酸化ナトリウム水溶液と塩酸の体積比が３：１になるように混ぜて合計が800cm^{3}となるとき，中和する水酸化ナトリウム水溶液の体積は，$800\times\frac{3}{4}=600$(cm^3)で，150cm^{3}の４倍となっているから，発生する熱の量も４倍になる。発生する熱の量が同じとき，溶液の重さと上昇温度は反比例するので，合計の体積が200cm^{3}の４倍になっている実験３での上昇温度は，$10\times4\div4=10$(℃)となる。また，中和した水酸化ナトリウム水溶液の体積が実験１の100cm^{3}の６倍で，水酸化ナトリウム水溶液と塩酸は過不足なく中和しているため，実験３で得られる白い物質(食塩)の重さは実験１の６倍で，$5.85\times6=35.1$(g)と求められる。

４　滑車《かっしゃ》のはたらきと力のつり合いについての問題

問１　動滑車の両側で糸がおもりの重さ50gを支えているので，動滑車の片側の糸にかかる力は50gの半分の25gとなる。１本のピンと張った糸にはたらいている力はどの部分でも等しいので，糸１を手で引く力も25gである。定滑車は，糸１により３か所で下向きに引かれているので，ばねはかりには，$25\times3=75$(g)の力がかかっている。

問２　重さ60gの棒の重心(棒の重さを１点で支えることができる点)は，棒の真ん中にある。図１と図２を比べると，図２ではAがBの２倍の力で上向きに引いて，つり合っている。つまり，棒の重さ60gをAとBで２：１に分けて引いている。よって，AO：BO＝１：２となる位置に中心Oがあれば棒は水平につり合うので，$AO=12\times\frac{1}{1+2}=4$(cm)であればよい。

問３　図３の状態でつり合うことから，Cを支点とした棒の重さによる右回りのモーメントの大きさは，$100\times24\div2=1200$とわかる。これは図４の状態でつり合うときも同じだから，ばねはかりの示す値を□gとすると，□×24＝1200が成り立ち，□＝1200÷24＝50(g)と求められる。

問４　問１と同じように右の図について考えると，ばねはかりが示す180gの値は，糸１にはたらく力の大きさの３倍となるから，Dを上向きに引く力は，$180\div3=60$(g)，Cを上向きに引く力は，$60\times2=120$(g)とわかる。したがって，図５の状態でつり合うとき，Eを支点とした棒の重さによる左回りのモーメントの大きさは右回りのモーメントと等しく，$120\times24+60\times24\div2=3600$になるから，図６でばねはかりの示す値は，$3600\div24=150$

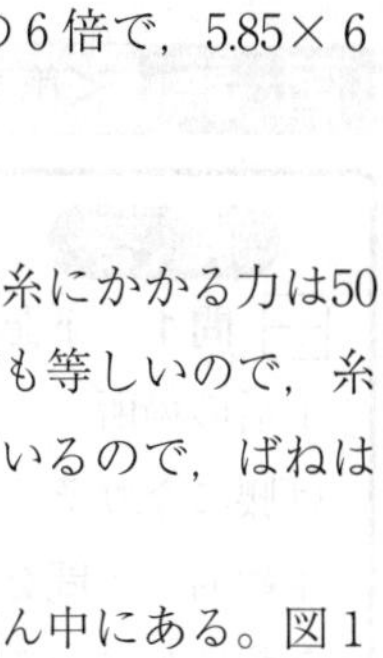

(g)となる。

問５　図４のようにして棒の右端《はし》を持ち上げると50g，図６のようにして左端を持ち上げると150gの力が必要なので，棒の重さは，50＋150＝200(g)とわかり，左端を150g，右端を50gで持ち上げると，棒は水平につり合った状態で持ち上がる。このとき，棒の重心は，左端から右端に向かって棒の長さ24cmを，150：50＝３：１の逆比の１：３に分ける位置にある。よって，棒を左端Ｃから，$24\times\frac{1}{1+3}=6$ (cm)のところにある重心の位置でつるせば，水平に持ち上がる。

問６　Ｃが持ち上がったとして考える。Ｅを支点とした棒の重さによる左回りのモーメントは，問４から3600とわかっている。Ｃにつけた糸にはたらく力の大きさを△gとすると，Ｅを支点としてＣとＤにつけた糸による右回りのモーメントは，△×24＋△×２×12＝△×48と表されるので，△×48＝3600より，△＝3600÷48＝75(g)となる。すると，ばねはかりが示す値は，75×３＝225(g)と求められるが，これは棒の重さより大きい。よって，片側がわずかに持ち上がったのはＣではなく，Ｅとわかる。Ｅが持ち上がる場合，Ｃを支点とした棒の重さによる右回りのモーメントの大きさは，問３から1200とわかっている。したがって，上と同様にＣにつけた糸にはたらく力の大きさを●gとし，Ｃを支点と考えると，Ｄにつけた糸の左回りのモーメントにより，●×２×12＝1200が成り立ち，●＝1200÷24＝50(g)となる。このとき，ばねはかりは，50×３＝150(g)を示す。

国　語　＜第１回試験＞（50分）＜満点：60点＞

解　答

□一 **問１**　下記を参照のこと。　**問２**　ウ　**問３**　エ　**問４**　Ａ　イ　Ｂ　オ　**問５**　生活の場所　**問６**　（例）　自分に壁をつくっているのはなぜか，奏子に話を聞こうと決め，逃げ腰になりそうな心を奮い立たせている。　**問７**　ア，ウ　□二 **問１**　Ａ　客観的　Ｂ　主観的　**問２**　多面体　**問３**　③→②→⑤→①→④　**問４**　Ｐ　（例）　ある一つの視点から報道している　Ｑ　（例）　現場での自分の視点に誠実に報道　**問５**　でも不　**問６**　ウ　**問７**　イ

●漢字の書き取り

□一 **問１**　ａ　装(って)　ｂ　娯楽　ｃ　夜更(かし)

解　説

□一 **出典は有川浩《ありかわひろ》の『明日の子供たち』による。**児童養護施設《しせつ》「あしたの家」に着任して間もない三田村は，奏子《かなこ》との間に「壁《かべ》」を感じていたが，久志《ひさし》からそれを指摘《してき》されて一歩踏《ふ》み出そうとする。

問１　ａ　音読みは「ソウ」「ショウ」で，「装置」「衣装」などの熟語がある。　ｂ　仕事や学業などから離《はな》れてする遊びや楽しみのこと。　ｃ　夜遅《おそ》くまで起きていること。

問２　少し前に，男子の洗濯《せんたく》物を戻《もど》すとき，誤配が減ったことで和泉《いずみ》が三田村に付き添《そ》わなくなったようすが描《えが》かれている。ちょっとしたことでも，和泉から「認めてもらえたようで」嬉《うれ》しく，三田村は自分の成長を感じて張り切っているのだから，ウがふさわしい。

問３　前後から読み取る。もし，久志たちの大切な「生活の場所」である「あしたの家」を，単な

る働く場としての「会社」だと言い切ってしまっていたなら，この先絶対に「味方の箱」には「入れてもらえなかった」だろうと思い，三田村は「すっと背筋が冷たくなった」のだから，エが選べる。

問４　**A**　三田村は，久志が自分を気遣《きづか》ってくれているものと思っていたが，「慎平《しんぺい》ちゃんの心配は一割くらいかな」と言われ，期待が外れて気が抜《ぬ》けたものと考えられるので，「拍子《ひょうし》抜け」があてはまる。なお，「むだ骨を折る」は，それまでの努力がむだになること。「空回り」は，ものごとがかみ合わず，むだな動きをするようす。「後手に回る」は，相手に先をこされ，自分の行動をおさえられてしまうこと。「しりごみ」は，ためらうようす。　**B**　奏子との間に「壁」を感じ，「カナちゃんはもう俺《おれ》とあまり話したくないんじゃないかな」と弱気になっているところに，久志からあっさり「まあ，そうだね」と言い放され，三田村は何も言えなくなってしまったのだから，「二の句が継《つ》げなくなった」とするのがよい。なお，「口火を切る」は，ほかに先駆《さきが》けてものごとを行うようす。「重い口」は，言いにくいさま。「雄弁《ゆうべん》」は，よどみなく力強い話し方。「水をさす」は，うまくいっているときに横から邪魔《じゃま》をすること。

問５　奏子にとって「ここ」がどのような場所かは，三田村と久志の会話から読み取れる。不用意に「会社」という言葉を使った三田村に，「あしたの家」は自分たちにとって「生活の場所」だから，奏子にとって「嫌《きら》いな人は一人でも少ないほうが」いいのだと久志は話している。つまり，三田村がいることで，「あしたの家」を「生活の場所」としている奏子は「息苦しさ」を感じているというのである。

問６　三田村が，自分に壁をつくっている奏子と話そうとする場面である。これまで三田村は，奏子との気まずさに自分が目をつぶれば済むと「逃《に》げ腰《ごし》」でいたが，久志や和泉の心配を知り，「踏み出せ！」と自分を奮い立たせ，行動に移そうとしている。これを踏まえ，「奏子が壁をつくっている理由を聞いて関係を修復するために，逃げ腰になりそうな自分をはげましている」のような趣《しゅ》旨《し》でまとめればよい。

問７　奏子との関係を気にかけていた久志は，踊《おど》り場に飛び出してきた三田村を見て「一瞬《いっしゅん》その目を意外そうにしばたた」いたものの，「眼差《まなざ》し」に「笑《え》み」が浮《う》かんだのだから，ウが選べる。一方，奏子は三田村を見た途端《とたん》，「険」をふくんだ「眼差し」を向け，その場を立ち去ろうとしているので，アがよい。

二　**出典は森達也《もりたつや》の『たったひとつの「真実」なんてない―メディアは何を伝えているのか？』による。**ジャーナリストである筆者が，「事実」と「真実」の違《ちが》い，メディアが自覚すべきこと，メディアの市場原理について述べている。

問１　**A**，**B**　前の部分に，「客観的な事実」「主観的な真実」とあることに注目する。「事実」とは誰《だれ》から見ても同じ「客観的」なものをいうが，事件や現象にはたくさんの要素がからみあっており，「視点」によって見え方が変わるため全体をありのままに伝えることなどできない。つまり，ある人が一つの視点から見て知った「主観的」なものが，その人の「真実」だというのである。

問２　少し前で，「視点」によって見え方が変わる「事実」を「多面体」だと表現している。また，傍線《ぼうせん》部３の直後の段落でも，多くの側面を持つ「事実」を，「多面体」によって構成される「ミラーボール」のようなものだと喩《たと》えている。

問３　まず，「世界」が「無限に多面体」であることの例として，「動物のドキュメンタリー」をあげた③が最初になる。次に，「干ばつ」のせいで草食動物が少なく，ライオンの家族が「衰弱《すいじゃく》」しているという内容を受け，「このままでは～餓死《がし》してしまう」と述べた②がくる。その状況《じょうきょう》で，母ライオンがトムソンガゼルを発見したという場面を観《み》て，「あなた」は「がんばれ」と思うはずだとした⑤が続く。「ここで場面は変わ」り，「トムソンガゼル」側の視点から述べた①がきて，「あなた」はライオンから「早く逃げろと思うはずだ」と指摘《してき》した④が最後になる。

問４　続く部分に注目する。　**P**　メディアを担《にな》う人々が自覚すべきなのは，「複雑な多面体によって構成される事実」を正確に伝えることなどはできず，「どれか一点の視点から」しか「報道」できないことである。　**Q**　傍線部４の直前で，記者やディレクターは「自分が現場で感じた視点に対し」，「絶対に誠実であるべきだ」と述べられている。

問５　事実は「多面体」であり，それぞれの記者やディレクターが現場で見た視点から報道すれば内容も多様になるはずだが，「現実はそうじゃな」く，「メディアの論調は横並びにとても似てしまう」のだと言っている。

問６　メディアにおける「市場原理」の要素については，最後の段落で説明されている。メディアが発信する情報は「一人ひとり」の受け手の「無意識な欲望や，すっきりしたいという衝動《しょうどう》や，誰《だれ》か答えを教えてくれという願望」に応えているのだから，ウがふさわしい。

問７　問６でみたように，メディアにおける「市場原理」をつくっているのは，それを受け取る「一人ひとり」なのだから，イがあてはまる。

出題ベスト10シリーズ

①国語読解ベスト10

②漢字合格の2790題

③計算合格の820題

④図形問題ベスト10

■過去の入試問題から出題例の多い問題を選んで編集・構成。受験関係者の間でも好評です！

有名中学入試問題集

●男子校編

●女子校編

■中学入試の全容をさぐる!!

■首都圏の中学を中心に、全国有名中学の最新入試問題を収録!!

※表紙は昨年度のものです。

算数の過去問25年分

■筑波大学附属駒場

■麻布

■開成

○名門３校に絶対合格したいという気持ちに応えるため過去問実績No.1の声の教育社が出した答えです。

都立中高一貫校 適性検査問題集

■都立一貫校と同じ検査形式で学べる！

●自己採点のしにくい作文には「採点ガイド」を掲載。

●保護者向けのページも充実。

●私立中学の適性検査型･思考力試験対策にもおすすめ！

当社発行物の無断使用は固くお断りいたします。御使用の前はまずご相談ください。

当社発行物には500点余の首都圏中・高過去問をはじめ、６点の学校案内、そのほかいくつかの情報誌などがございます。その多くが年度版で、限られたスタッフが来るべき受験シーズン前に余裕を持って受験生へ届けられるよう、日夜作業にあたり出版を重ねております。

その中で、最近、多くの印刷物やネット上において当社発行物からの無断使用が見受けられ、一部で係争化しているところもございます。事例といたしましては、当社の新刊発行を待ち、それを流用して毎年ネット上に新改訂として掲載していたＡ社、当社過去問から三百箇所をはぎ合わせ「自社制作につき無断転載禁止」とし、集客材としてホームページに掲載していたＢ社、当社版誌面を無断スキャンし、記述式解答は一部殆ど丸取りして動画を制作していた家庭教師グループＣ社、当社発行物の表紙を差し替え、内容を複製し配布していた塾のＤ社などほか数社がございます。

当社発行物の全部もしくは一部を無断使用することは固くお断りいたします。

当社コンテンツの中にはリーズナブルな設定でご提供している事例もたくさんございますので、ご利用されたい方はまずは、お気軽にご相談くださいますようお願いします。同時に、当社発行物を無断で使用している媒体などにつきましての情報もお寄せいただければ幸いです（呈薄謝）。

株式会社 声の教育社

スーパー過去問の **解説執筆・解答作成スタッフ（在宅）募集！**

※募集要項の詳細は、10月に弊社ホームページ上に掲載します。

2025年度用

中学スーパー過去問

■編集人 声の教育社・編集部

■発行所 株式会社 声の教育社

〒162-0814 東京都新宿区新小川町8-15

☎03-5261-5061㈹ FAX03-5261-5062

https://www.koenokyoikusha.co.jp

※本書の内容についての一切の責任は当社にあります。内容・解説・解答・その他は当社ホームページよりお問い合わせ下さい。

東京都／神奈川県／千葉県／埼玉県／茨城県／栃木県ほか

2025年度用
声の教育社版

中学受験案内

■全校を見開き2ページでワイドに紹介！

■中学～高校までの授業内容をはじめ部活や行事など、6年間の学校生活を凝縮！

■偏差値・併願校から学費・卒業後の進路まで、知っておきたい情報が満載！

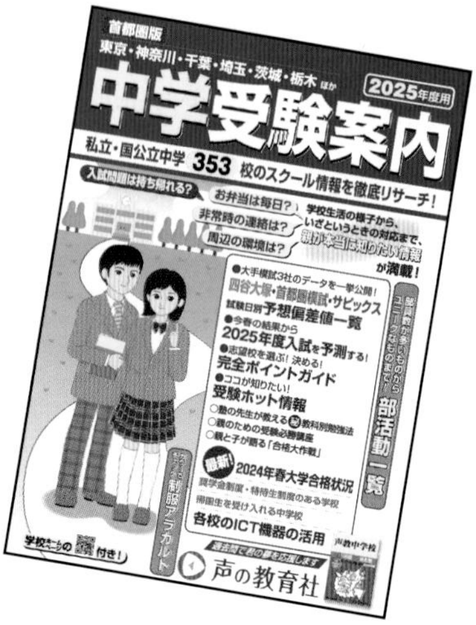

私立・国公立353校掲載

Ⅰ 首都圏（東京・神奈川・千葉・埼玉・その他）の私立・国公立中学校の受験情報を掲載。

合格情報
近年の倍率推移・偏差値による合格分布予想グラフ・入試ホット情報ほか

学校情報
授業、施設、特色、ICT機器の活用、併設大学への内部進学状況と併設高校からの主な大学進学実績ほか

入試ガイド
募集人員、試験科目、試験日、願書受付期間、合格発表日、学費ほか

Ⅱ 資　料
(1)私立・国公立中学の合格基準一覧表（四谷大塚、首都圏模試、サピックス）
(2)主要中学早わかりマップ
(3)各校の制服カラー写真
(4)奨学金・特待生制度，帰国生受け入れ校，部活動一覧

Ⅲ 大学進学資料
(1)併設高校の主要大学合格状況一覧
(2)併設・系列大学への内部進学状況と条件

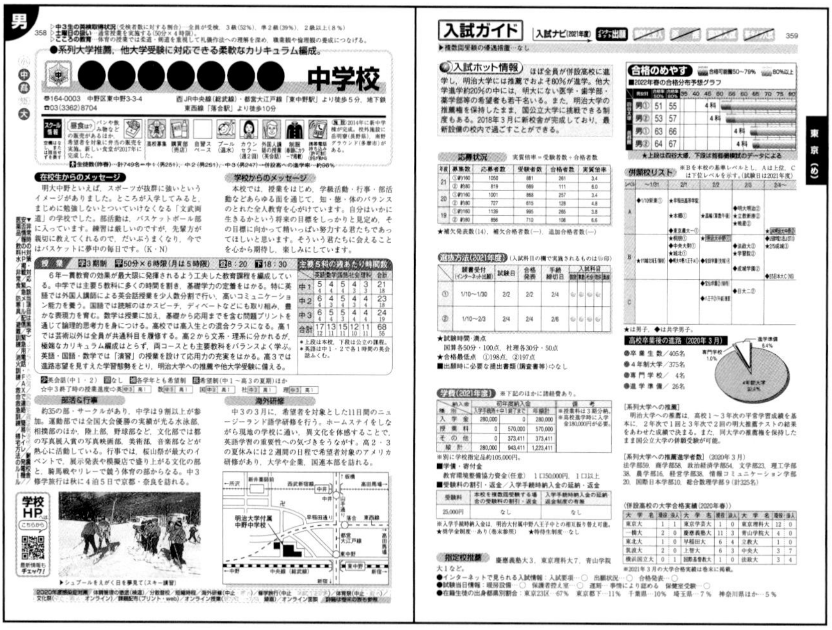

志望校・併願校をこの１冊で選ぶ！決める!!

過去問で君の夢を応援します
声の教育社

〒162-0814　東京都新宿区新小川町8-15
TEL.03-5261-5061　FAX.03-5261-5062
https://www.koenokyoikusha.co.jp

「今の説明、もう一回」を何度でも

web過去問

ストリーミング配信による入試問題の解説動画

もっと古いカコモンないの?

カコ過去問

「さらにカコの」過去問をHPに掲載(DL)

声の教育社

詳しくはこちらから

よくある解答用紙のご質問

01

実物のサイズにできない

拡大率にしたがってコピーすると，「解答欄」が実物大になります。配点などを含むため，用紙は実物よりも大きくなることがあります。

02

A3用紙に収まらない

拡大率164％以上の解答用紙は実物のサイズ（「出題傾向＆対策」をご覧ください）が大きいために，A 3に収まらない場合があります。

03

拡大率が書かれていない

複数ページにわたる解答用紙は，いずれかのページに拡大率を記載しています。どこにも表記がない場合は，正確な拡大率が不明です。

04

1ページに2つある

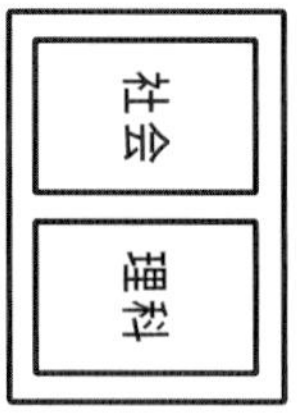

1ページに2つ解答用紙が掲載されている場合は，正確な拡大率が不明です。ほかの試験回の同じ教科をご参考になさってください。

早稲田中学校

【別冊】入試問題解答用紙編

禁無断転載

解答用紙は本体からていねいに抜きとり、別冊としてご使用ください。

※　実際の解答欄の大きさで練習するには、指定の倍率で拡大コピーしてください。なお、ページの上下に小社作成の見出しや配点を記載しているため、コピー後の用紙サイズが実物の解答用紙と異なる場合があります。

●入試結果表

年度	回	項目	国語	算数	社会	理科	4科合計	合格者
2024	第１回	配点(満点)	60	60	40	40	200	最高点
		合格者平均点	38.9	39.8	29.1	32.1	139.9	163
		受験者平均点	33.5	30.1	26.2	28.4	118.2	最低点
		キミの得点						129
	第２回	合格者平均点	36.5	39.0	27.4	31.0	133.9	最高点 166
		受験者平均点	29.0	28.1	23.6	25.9	106.6	最低点
		キミの得点						123
2023	第１回	配点(満点)	60	60	40	40	200	最高点
		合格者平均点	41.9	32.2	26.1	33.3	133.5	166
		受験者平均点	36.0	25.0	23.0	29.9	113.9	最低点
		キミの得点						123
	第２回	合格者平均点	38.5	29.6	29.3	29.0	126.4	最高点 160
		受験者平均点	31.7	18.8	26.5	22.8	99.8	最低点
		キミの得点						114
2022	第１回	配点(満点)	60	60	40	40	200	最高点
		合格者平均点	37.1	37.4	24.7	21.4	120.6	150
		受験者平均点	31.3	27.8	22.0	18.3	99.4	最低点
		キミの得点						109
	第２回	合格者平均点	41.3	44.6	31.0	27.3	144.2	最高点 179
		受験者平均点	33.6	34.1	27.7	22.1	117.5	最低点
		キミの得点						133
2021	第１回	配点(満点)	60	60	40	40	200	最高点
		合格者平均点	33.9	38.6	26.7	31.5	130.7	168
		受験者平均点	28.4	30.5	24.0	27.1	110.0	最低点
		キミの得点						120
	第２回	合格者平均点	44.0	36.5	25.9	32.4	138.8	最高点 163
		受験者平均点	37.8	25.4	22.5	27.6	113.3	最低点
		キミの得点						129
2020	第１回	配点(満点)	60	60	40	40	200	最高点
		合格者平均点	44.5	45.1	28.3	29.4	147.3	172
		受験者平均点	38.6	34.7	25.6	26.3	125.2	最低点
		キミの得点						137
	第２回	合格者平均点	43.0	35.2	28.2	26.1	132.5	最高点 170
		受験者平均点	35.3	25.7	24.8	20.8	106.6	最低点
		キミの得点						122
2019	第１回	配点(満点)	60	60	40	40	200	最高点
		合格者平均点	42.5	38.2	25.0	25.9	131.6	163
		受験者平均点	36.9	28.9	21.8	21.5	109.1	最低点
		キミの得点						118

※　表中のデータは学校公表のものです。ただし、４科合計は各教科の平均点を合計したものなので、目安としてご覧ください。

声の教育社

2024年度　　早稲田中学校

算数解答用紙　第1回

番号		氏名		評点	／60

1

(1)		(2)	ページ	(3)	通り

2

(1)	度	(2)	cm^2	(3)	m^3

3

(1)	m	(2)	倍	(3)	時速　　km

4

(1)	回	(2)	回	(3)	回	(4)	

5

(1)

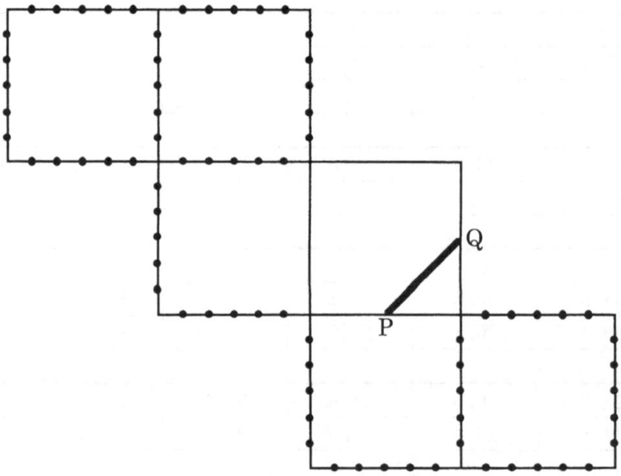

(2)	cm^3
(3)	cm^3

（注）この解答用紙は実物を縮小してあります。Ｂ５→Ａ４（115%）に拡大コピーすると、ほぼ実物大の解答欄になります。

〔算　数〕60点（推定配点）

1　各３点×３　2　(1)　３点　(2)，(3)　各４点×２　3〜5　各４点×10＜4の(4)は完答＞

２０２４年度　早稲田中学校

社会解答用紙　第１回

番号		氏名		評点	／40

1

問1(1)	(2) 記号	都市　市	(3)

(4)	(5)　倍	a	b	c

問2(1)	(2) 場所	島名	(3)　・　・

問3	問4い	う

2

問1A　天皇	B	C	問2

問3	問4	問5　生産物／写真	問6 大正	昭和	平成

問7	問8	問9	問10

3

問1	問2	問3 E	F

問4(1)	(2)	問5(1)	(2)　・	問6(1)

(2)	義務

（注）この解答用紙は実物を縮小してあります。Ｂ５→Ｂ４（141%）に拡大コピーすると、ほぼ実物大の解答欄になります。

〔社　会〕40点（推定配点）

1 問１　(1)　１点　(2)　２点＜完答＞　(3)，(4)　各１点×２　(5)　何倍に増加したのか…１点，ａ～ｃ…２点＜完答＞　問２～問４　各１点×６＜問２の(3)，問４は完答＞　2 問１～問４　各１点×６　問５，問６　各２点×２＜各々完答＞　問７　１点　問８　２点＜完答＞　問９，問10　各１点×２　3 問１～問４　各１点×６　問５　(1)　１点　(2)　２点＜完答＞　問６　各１点×２

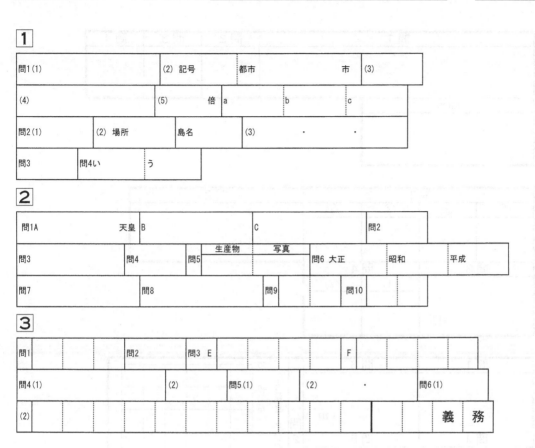

２０２４年度　早稲田中学校

理科解答用紙　第１回

番号		氏名		評点	／40

1

問１	問２	問３	問４

問５

2

問１				問２
①	②	③	④	

問３	問４	
	(1)	(2)
匹		

3

問１	問３
	cm³
問４	問５
%	

問２

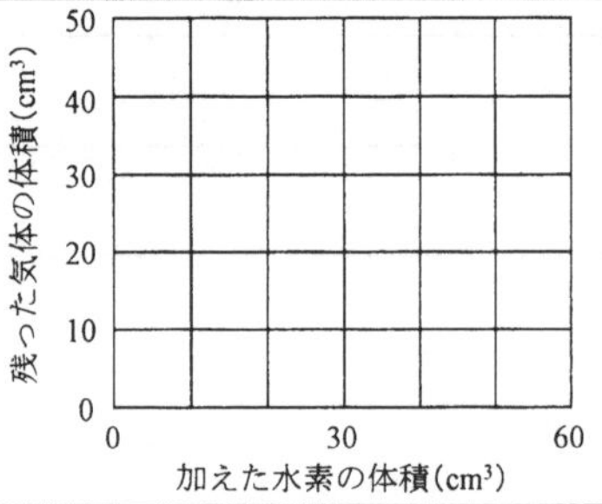

4

問１		問２	
(a)	(b)	①	②

問３	問４	問５
	%	℃

（注）この解答用紙は実物大です。

〔理　科〕40点(推定配点)

1　問１　１点　問２～問５　各２点×4<問５は完答>　2　問１　各１点×4　問２，問３　各２点×2<問２は完答>　問４　(1)　１点　(2)　２点　3　各２点×5<問５は完答>　4　問1，問２　各１点×4　問３～問５　各２点×3

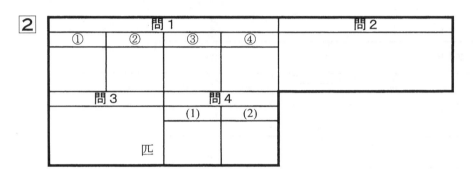

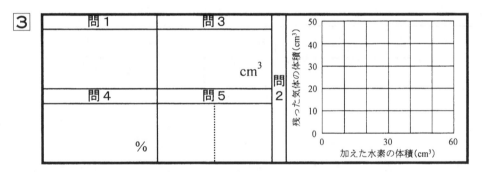

2024年度　早稲田中学校

国語解答用紙　第一回

番号　　氏名　　評点　／60

一

問1

問2　A　B

問3

問4　「心」は（50）状態。

問5　ること。

問6

問7

問8

二

問1　a　b　c

問2

問3

問4

問5（40）

問6

（注）この解答用紙は実物を縮小してあります。B5→B4（141%）に拡大コピーすると、ほぼ実物大の解答欄になります。

〔国　語〕60点（推定配点）

一　問1～問3　各3点×4　問4　8点　問5，問6　各3点×2　問7　4点　問8　3点　二　問1～問3　各3点×5　問4　4点　問5　5点　問6　3点

2024年度　早稲田中学校

算数解答用紙　第2回

番号		氏名	

評点	／60

1

(1)	箱	(2)	ア	イ	(3)	

2

(1)	度	(2)	倍	(3)	cm^2

3

(1)	倍	(2)	倍	(3)	時　分

4

(1)	cm^2	(2)	個	(3)	個

5

(1)	B　秒	C　秒	(2)	秒	(3)	秒

(注) この解答用紙は実物を縮小してあります。B5→A4(115%)に拡大コピーすると、ほぼ実物大の解答欄になります。

〔算　数〕60点(推定配点)

1～4　各4点×12＜1の(2)は完答＞　5　(1)　各2点×2　(2), (3)　各4点×2

２０２４年度　　早稲田中学校

社会解答用紙　第２回

番号		氏名		評点	／40

1

問1あ	い	う	問2(1)

問2(2) 記号	理由

問3　・	問4 (1) X	Y	(2)

問5②	⑤

2

問1A	B	C	D	問2	問3

問4	問5 ア	イ	ウ

問6 ⑤	⑧	問7	問8

問9　→　→　→	問10

3

問1	問2　君主制	問3　の日	の日	

問4	問5	問6 名称	記号	問7

（注）この解答用紙は実物を縮小してあります。Ｂ５→Ａ４(115%)に拡大コピーすると、ほぼ実物大の解答欄になります。

〔社　会〕40点(推定配点)

1　問１　各１点×3　問２　(1)　１点　(2)　２点＜完答＞　問３　２点＜完答＞　問４，問５　各１点×5

2　問１　２点＜完答＞　問２〜問８　各１点×10　問９，問10　各２点×2＜各々完答＞　3　問１〜問４　各１点×5　問５〜問７　各２点×3＜問６は完答＞

２０２４年度　早稲田中学校

理科解答用紙　第２回

番号		氏名		評点	／40

1

問１		問２	問３
名称	星座名		
	座		

問４	問５

2

問１		問２			問３
記号	名称	①	②	③	

問４	問５(a)		問５(b)	
	記号	実験番号	記号	実験番号

3

問１		問２	問３
①	②		
			℃

問４	問５
g	分　　秒後

4

問１	問２	問３
g	cm	cm
問４	**問５**	**問６**
cm	cm	cm

（注）この解答用紙は実物大です。

〔理　科〕40点(推定配点)

1 問１，問２　各１点×３　問３～問５　各２点×３　2 問１　２点＜完答＞　問２　各１点×３　問３～問５　各２点×４＜問３，問４は完答，問５は各々完答＞　3 問１　各１点×２　問２　２点＜完答＞　問３　１点　問４，問５　各２点×２　4 問１～問３　各１点×３　問４～問６　各２点×３

2024年度　早稲田中学校

国語解答用紙　第二回

番号		氏名		評点	／60

一

問1

問2

問3

問4

問5　ことを周囲にも表明するため。

問6

問7

二

問1　a　b　されて　c

問2　A　B

問3

問4

問5　心を　抱くべきだと考えている。

問6　50　40

問7

（注）この解答用紙は実物を縮小してあります。B５→B４(141%)に拡大コピーすると、ほぼ実物大の解答欄になります。

〔国　語〕60点(推定配点)

一　問1〜問3　各3点×3　問4　5点　問5，問6　各3点×2＜問6は完答＞　問7　4点　二　問1〜問5　各3点×8　問6　8点　問7　4点

2023年度　　早稲田中学校

算数解答用紙　第1回

番号		氏名		評点	／60

1

(1)		(2)	分　秒	(3)	B　点	C　点	D　点

2

(1)	度	(2)	cm	(3)	倍

3

(1)	時速　km	(2)	時速　km	(3)	午後　時　分

4

(1)	枚	(2)	枚	(3)	

5

(1) ①

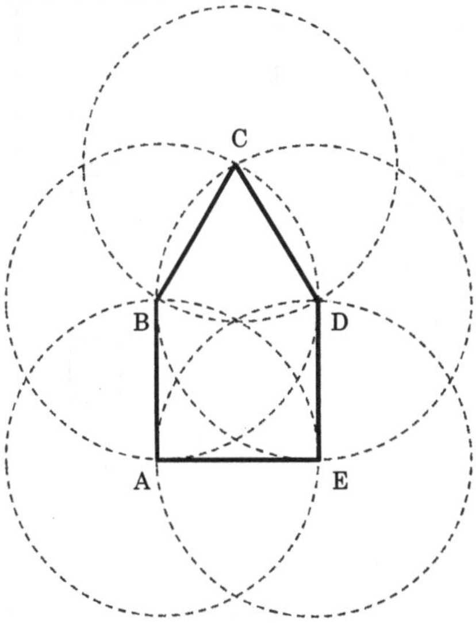

② cm^2

(2) cm^2

（注）この解答用紙は実物を縮小してあります。Ｂ５→Ａ４（115%）に拡大コピーすると、ほぼ実物大の解答欄になります。

〔算　数〕60点（推定配点）

1～5　各４点×15＜1の(3)，4の(3)は完答＞

2023年度　　早稲田中学校

社会解答用紙　第1回

番号		氏名	

評点	／40

1

問1	問2	問3①	②

問4										

問5	県	県	問6	問7

問8①	②	問9

2

問1 A	B	問2	問3

問4	問5	問6	問7	問8	記号

問9	問10　義務教育期間中の	問11

3

問1 A	B	C

問2 D	E	問3				協定	問4	記号

問5	問6		問7 A	B	問8

（注）この解答用紙は実物を縮小してあります。Ｂ５→Ｂ４（141%）に拡大コピーすると、ほぼ実物大の解答欄になります。

〔社　会〕40点（推定配点）

1　問１　２点　問２，問３　各１点×２＜問３は完答＞　問４　２点　問５～問９　各１点×６＜問８は完答＞　2　問１～問９　各１点×11　問10　２点　問11　１点　3　各１点×14

２０２３年度　早稲田中学校

理科解答用紙　第１回

番号		氏名		評点	／40

1

問１	問２	問３
秒速　km	秒速　km	午前　時　分　秒
問４	問５	
km		

2

問１	問２	問３
		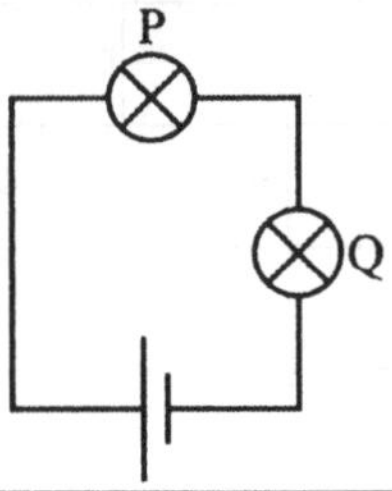
問４ 光	問４ 熱	
問５ (1)	問５ (2)	
mA	時間　分	

3

問１ ①	問１ ②	問１ ③	問１ ④	問２	問３	問４

4

問１ ウ	問１ オ	問２ 操作と結果	問２ 水溶液X	問３ ①	問３ ②
種類	種類				

問４ もう1つの結果	問４ 水溶液Y

(注) この解答用紙は実物大です。

〔理　科〕40点(推定配点)

1　各２点×５　2　問１～問３　各２点×３＜問１は完答＞　問４　各１点×４　問５　各２点×２　3　各２点×４＜問１は完答＞　4　問１　各１点×２　問２～問４　各２点×３＜各々完答＞

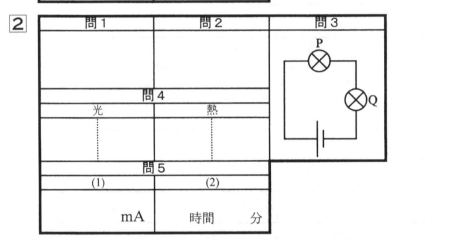

二〇二三年度　早稲田中学校

国語解答用紙　第一回

番号		氏名		評点	／60

一

問1　i　ii・iii

問2　男の英弘はたとえ家事能力がなくてもおかしくはないが、　と感じている。

問3

問4

問5

問6

問7

二

問1　a　b　c　えば

問2

問3

問4

問5

問6　動物たちとは異なり、人間は

（注）この解答用紙は実物を縮小してあります。B5→A4（115%）に拡大コピーすると、ほぼ実物大の解答欄になります。

〔国　語〕60点(推定配点)

一　問1　各3点×2　問2　8点　問3～問7　各3点×5　二　問1　各3点×3　問2～問5　各4点×4　問6　6点

2023年度　早稲田中学校

算数解答用紙　第2回

番号		氏名		評点	／60

1

(1)		(2)	倍	(3)	ア	イ

2

(1)		(2)	cm^2	(3)	cm^2

3

(1)	秒	(2)	午前　時　分	(3)	午前　時　分

4

(1)	cm^2	(2)	①	cm^2	②	cm^2

5

(1)	通り	(2)	枚	(3)	円	(4)	円

(注) この解答用紙は実物を縮小してあります。Ｂ５→Ａ４(115%)に拡大コピーすると、ほぼ実物大の解答欄になります。

〔算　数〕60点(推定配点)

1　(1), (2)　各４点×２　(3)　各２点×２　2～4　各４点×９　5　各３点×４

２０２３年度　　早稲田中学校

社会解答用紙　第２回

番号		氏名		評点	／40

1

問1	問2	問3

問4①	②	③	④	問5

問6②　　　県	③　　　県

問7①　　　県	②　　　県	③　　　県	④　　　県

問8	問9

2

問1	問2	問3	問4　⇒　⇒　⇒　⇒	問5　　　藩

問6	問7	問8	問9

問10	問11

問12	問13

3

問1	問2	問3

問4	問5	問6 (1)

問6 (2)	問7

問8 (1)　　　省	(2)

（注）この解答用紙は実物を縮小してあります。Ｂ５→Ａ４（115％）に拡大コピーすると、ほぼ実物大の解答欄になります。

〔社　会〕40点（推定配点）

1　問１～問３　各１点×３　問４　２点＜完答＞　問５～問９　各１点×９　**2**　問１～問３　各１点×３　問４　２点＜完答＞　問５～問10　各１点×６＜問８は完答＞　問11　２点　問12，問13　各１点×２　**3**　問１　２点　問２～問８　各１点×９＜問８の(2)は完答＞

２０２３年度　　早稲田中学校

理科解答用紙　第２回

番号		氏名	

評点	／40

1

問１		問２	
①	②	A	B

問３		問４	問５
記号	名称		

2

問１	問２	問３
	g	

問４	問５
	mL

3

問１	問２	問３
cm	cm	cm

問４	問５	問６
g	cm	

4

問１	問２	問３

問４		
(1)	(2)	(3)

（注）この解答用紙は実物大です。

〔理　科〕40点(推定配点)

1　問１　各１点×２　問２　各２点×２　問３～問５　各１点×４＜問４は完答＞　2　各２点×５＜問４は完答＞　3　問１　１点　問２～問５　各２点×４　問６　１点＜完答＞　4　問１　２点＜完答＞　問２，問３　各１点×２　問４　各２点×３

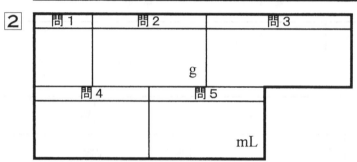

二〇二三年度　早稲田中学校

国語解答用紙　第二回

番号		氏名		評点	／60

一

問1　a　b

問2

問3

問4

問5

問6　A　B　〜　C

二

問1　a　ぎ　b　c

問2

問3

問4

問5

問6

（注）この解答用紙は実物を縮小してあります。Ｂ５→Ａ４（115％）に拡大コピーすると、ほぼ実物大の解答欄になります。

〔国　語〕60点（推定配点）

一　問1〜問3　各3点×4　問4　6点　問5　3点　問6　A　3点　B　4点　C　3点　二　問1〜問4　各3点×6　問5　8点　問6　3点

２０２２年度　早稲田中学校

算数解答用紙　第１回

番号		氏名		評点	／60

1

(1)		(2)	枚	(3)	%

2

(1)	cm	(2)	cm^2	(3)	⑥		⑧	

3

ア		イ		ウ		エ	

4

(1)	時	(2)	時　分	(3)	時　分

5

(1)	cm^3

(2) ①

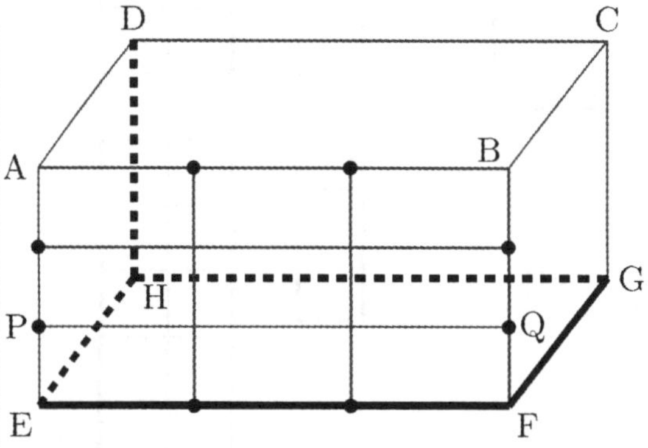

② cm^3

（注）この解答用紙は実物を縮小してあります。B５→A４（115%）に拡大コピーすると、ほぼ実物大の解答欄になります。

〔算　数〕60点（推定配点）

1, 2　各４点×６＜2の(3)は完答＞　3　各３点×４　4, 5　各４点×６

２０２２年度　　早稲田中学校

社会解答用紙　第１回

番号		氏名		評点	／40

1

問1(1)	(2)　・		
(3)	(4)	(5)	
問2 そば	鶏卵	問3(1)海流	番号	(2)
問3(3)	問4		

2

問1A	B　宗	C　馬子
D	E　の改革	
問2　が　に通う。	問3	
問4	問5　→　→　→	問6	問7

3

問1(1)A	B	(2)	問2(1)	(2)	問3(1)A	B
問3(1)X					権	(2)　条約

（注）この解答用紙は実物を縮小してあります。Ｂ５→Ａ４(115%)に拡大コピーすると、ほぼ実物大の解答欄になります。

〔社　会〕40点(推定配点)

1　問１　(1)　１点　(2), (3)　各２点×２＜(2)は完答＞　(4), (5)　各１点×２　問２　各１点×２　問３　(1), (2)　各１点×３　(3)　２点　問４　１点　2　問１　各１点×５　問２　２点　問３, 問４　各１点×２　問５　２点＜完答＞　問６　１点　問７　２点　3　問１, 問２　各１点×５　問３　(1)　A, B　各１点×２　X　２点　(2)　２点

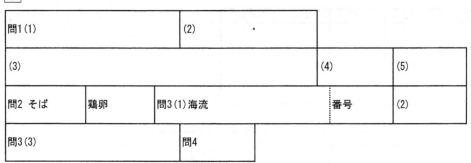

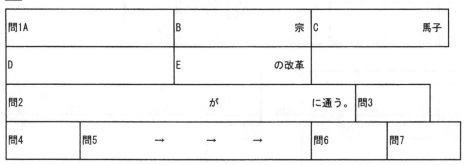

２０２２年度　早稲田中学校

理科解答用紙　第１回

番号		氏名	

評点	／40

1

問1	問2	問3	問4	問5
問6				

2

問1		
秒		
問2	問3	問4

問5

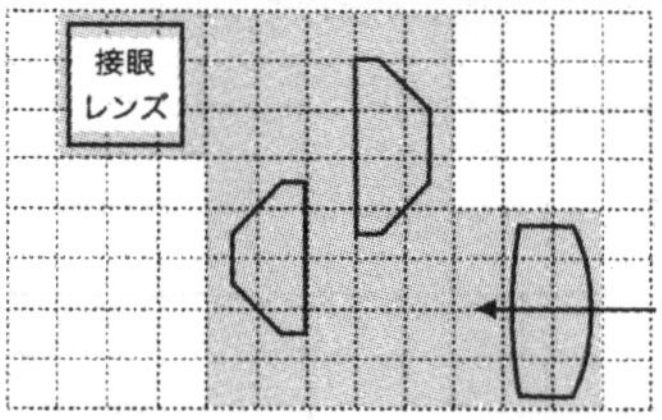

3

問1	問2	問3
	色	cm^3
問4	問5	問6
g	g	cm^3

4

問1	問2	問3	問4	問5

（注）この解答用紙は実物大です。

〔理　科〕40点（推定配点）

1　問１～問４　各１点×４　問５，問６　各２点×２　2～4　各２点×16

二〇二二年度　早稲田中学校

国語解答用紙　第一回

番号		氏名		評点	／60

一

問1　a　b　c　んで

問2

問3　有人に、　　　　、ということを考えて行動してほしい。

問4

問5

問6

問7

二

問1

問2

問3

問4　内容を　　　　タイトル。

問5　たとえば「門」というタイトルは、作者が　X　　　　ということを表現することができ、そのようなタイトルを持つ小説を読んだ人は、小説とは　Y　　　　ものだと受け止めるから。

問6

（注）この解答用紙は実物を縮小してあります。Ｂ５→Ａ４（115%）に拡大コピーすると、ほぼ実物大の解答欄になります。

〔国　語〕60点（推定配点）

一　問1，問2　各3点×4　問3　6点　問4　3点　問5　4点　問6　3点　問7　4点　二　問1～問3　各3点×3　問4　5点　問5　各4点×2　問6　各3点×2

２０２２年度　　　早稲田中学校

算数解答用紙　第２回

番号		氏名		評点	／60

1

(1)		(2)	年後	(3)	日間

2

(1)	度	(2)	cm	(3)	cm

3

(1)	①	%	②		(2)	①	g	②	%

4

(1)	毎分　m	(2)		(3)	m

5

(1)		(2)	点	(3)	1位　点	2位　点	3位　点	(4)	点

(注) この解答用紙は実物を縮小してあります。Ｂ５→Ａ４(115%)に拡大コピーすると、ほぼ実物大の解答欄になります。

〔算　数〕60点(推定配点)

1, 2　各４点×６　3　各３点×４　4　各４点×３　5　各３点×４＜(3)は完答＞

2022年度　早稲田中学校

社会解答用紙　第2回

番号		氏名		評点	／40

1

問1　日　時	問2(1)	(2)	問3(1)あ

問3(1)い	(2)C	D	(3)A	B

問4　主に　　大陸の国々が、　　諸国から　　したため

問5　主に　　教徒が、聖地である　　の方角に向かって　　するため

問6　A	E

2

問1　→　→　→	問2　A　古墳	B

問3	問4	問5

3

問1	問2	問3

問4　直接国税　　円以上を納める　　歳以上の

4

問1 (1)	国連								事務所	(2)

問2						問3　A	B

問4　A	B	問5

問6　A	B

（注）この解答用紙は実物を縮小してあります。B５→A４(115%)に拡大コピーすると、ほぼ実物大の解答欄になります。

〔社　会〕40点(推定配点)

1　問1～問3　各1点×9　問4, 問5　各2点×2　問6　各1点×2　2　問1　2点＜完答＞　問2～問5　各1点×5＜問4は完答＞　3　問1　1点　問2　2点　問3　1点　問4　2点　4　問1　(1)　2点　(2)　1点　問2　2点　問3～問6　各1点×7

２０２２年度　　早稲田中学校

理科解答用紙　第２回

番号		氏名		評点	／40

1

問1	問2	問3		
		イリオモテヤマネコ	アマミノクロウサギ	ヤンバルクイナ

問4	問5	問6

2

問1	問2	問3	問4	問5
		cm		

3

問1	問2		問3	問4
	a	b		
			mA	mA

問5	

4

問1	問2		
	アルミニウム片	鉄片	銅片
	枚	枚	枚

問3	問4	問5
g	g	g

問6

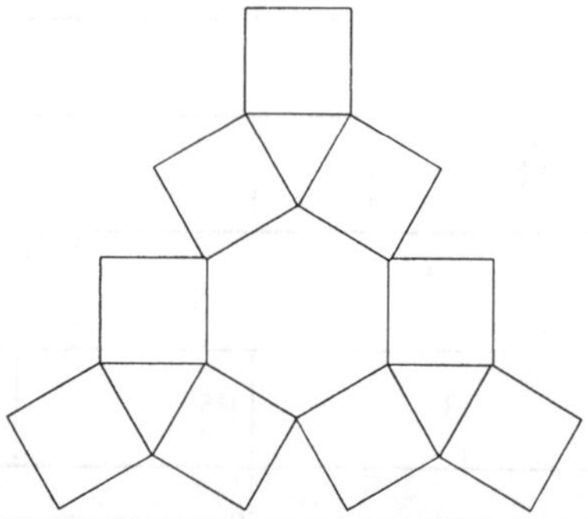

（注）この解答用紙は実物大です。

〔理　科〕40点(推定配点)

1　問１，問２　各１点×3　問３～問５　各２点×3＜問３は完答＞　問６　各１点×2　2　問１，問２　各１点×2　問３～問５　各２点×3　3　問１，問２　各１点×3　問３～問５　各２点×3　4　各２点×6＜問２は完答＞

二〇二二年度　早稲田中学校

国語解答用紙　第二回

番号		氏名		評点	／60

一

問1

問2

問3
イオ先生は意味のわからない指示をするにも関わらず、

力がある人だということ。

問4

問5

問6

問7

二

問1
a

b

り

c

問2
日本語の表記では、

という点と、日本語話者は、

脳内で

という点。

問3

問4

問5

問6

問7

（注）この解答用紙は実物を縮小してあります。Ｂ５→Ａ４（115%）に拡大コピーすると、ほぼ実物大の解答欄になります。

〔国　語〕60点（推定配点）

一 問1，問2　各3点×2　問3　6点　問4　3点　問5　4点　問6，問7　各3点×2　二 問1　各3点×3　問2　各5点×2　問3～問6　各3点×4　問7　4点

２０２１年度　　早稲田中学校

算数解答用紙　第１回

番号		氏名	

評点	／60

1

(1)	個	(2)	階	(3)	:

2

(1)	度	(2)	cm^2	(3)	cm^3

3

①		②		③		④	

4

(1)	毎秒　　cm	(2)	秒後	(3)	cm^3

5

(1)	cm

(2) ①

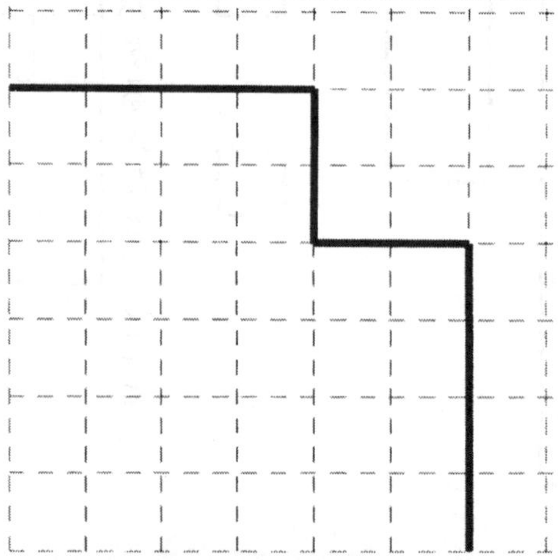

②　　cm^2

（注）この解答用紙は実物を縮小してあります。Ｂ５→Ａ４(115%)に拡大コピーすると、ほぼ実物大の解答欄になります。

〔算　数〕60点(推定配点)

1, 2　各４点×６　3　各３点×４　4, 5　各４点×６

2021年度　　早稲田中学校

社会解答用紙　第1回

番号		氏名		評点	／40

1

問1 (1)	あ			い		(2)	(3)

問2 (1) A	B	C

(2)　（　　　　　　　　　　　　　　）　の緩和

問3	問4 (1)	(2)

2

問1あ	い	う	
え	お	か	問2

問3 (1)				権	(2)				権	問4	問5

問6	問7	問8 G（　　　）番目	H（　　　）番目

3

問1	問2	問3（　　　　　　）城	問4 (1)	(2)	(3)

問5 (1)	(2)	問6	問7				

（注）この解答用紙は実物を縮小してあります。B５→B４(141%)に拡大コピーすると、ほぼ実物大の解答欄になります。

〔社　会〕40点(推定配点)

1　問1　各1点×4　問2　(1)　各1点×3　(2)　2点　問3　2点　問4　各1点×2　2　問1，問2　各1点×7　問3　2点＜完答＞　問4～問7　各1点×4　問8　2点＜完答＞　3　問1，問2　各1点×2　問3　2点　問4～問6　各1点×6　問7　2点

２０２１年度　　早稲田中学校

理科解答用紙　第１回

番号		氏名		評点	／40

1

問1	問2	問3	問4
		秒	

問5		問6
(1)	(2)	

2

問1	問2	問3	問4	問5		
				A	B	C

3

問1	問2
g	マグネシウム:アルミニウム＝　　:

問3	問4	問5
g		L

4

問1	問2	問3

問4	問5
	cm

（注）この解答用紙は実物大です。

〔理　科〕40点(推定配点)

1　問1，問2　各1点×2　問3，問4　各2点×2<問4は完答>　問5　各1点×2　問6　2点　2～4　各2点×15<2の問5，3の問4，4の問1，問2は完答>

二〇二一年度　早稲田中学校

国語解答用紙　第一回

番号		氏名		評点	／60

一

問1

問2

問3

問4

問5

問6

問7

A

B

C

D

問8

50

40

二

問1

a

b

c

問2

問3

問4

問5

問6

問7

こと。

30

40

（注）この解答用紙は実物を縮小してあります。B５→B４(141%)に拡大コピーすると、ほぼ実物大の解答欄になります。

〔国　語〕60点(推定配点)

一　問１～問６　各３点×６＜問６は完答＞　問７　各２点×４　問８　６点　二　問１～問６　各３点×８　問７　４点

２０２１年度　　　早稲田中学校

算数解答用紙　第２回

番号		氏名		評点	／60

1

(1)		(2)	→ → → → →	(3)	時　分

2

(1)	度	(2)	cm^2	(3)	cm^3

3

(1)	m	(2)	m^2	(3)	m^3

4

(1)	時　分	(2)	分	(3)	m

5

(1)	黒	白	(2)		(3)	通り

（注）この解答用紙は実物を縮小してあります。Ｂ５→Ａ４（115%）に拡大コピーすると、ほぼ実物大の解答欄になります。

〔算　数〕60点（推定配点）

1～5　各４点×15＜1の(2)，5の(1)，(2)は完答＞

2021年度　　早稲田中学校

社会解答用紙　第2回

番号		氏名		評点	／40

1

問1 (1)	(2)	A	B	(3)
(4)				
問2				

2

問1	問2	問3 (1)	(2)	問4

3

問1あ	い	う	え
お	か	問2	

問3								

問4	問5　鉱山名	都道府県名
問6	問7	問8

4

問1 (1)	(2)	(3)	(4)	(5)	問2	問3

問4					問5 (1)	(2)

（注）この解答用紙は実物を縮小してあります。B５→A４(115%)に拡大コピーすると、ほぼ実物大の解答欄になります。

〔社　会〕40点(推定配点)

1　問１　(1)～(3)　各１点×5　(4)　２点　問２　１点　2　各１点×5　3　問1，問２　各１点×7　問３　２点　問４　１点　問５　２点＜完答＞　問６～問８　各１点×3＜問７，問８は完答＞　4　問１～問４　各１点×8　問５　各２点×2

2021年度　　早稲田中学校

理科解答用紙　第2回

番号		氏名		評点	／40

1

問1	問2	問3	問4	
			(1)	(2)

問5
度

2

問1		問2	問3
①	②		

問4	
(1)	(2)

3

問1		問2(1)		問2(2)		問3	
		ひれ①	ひれ②	形Ⅰ	形Ⅱ	水温	昼の長さ

問4		問5	
①	②		

4

問1	問2	問3			
		②	③	⑤	⑥

問4			
A	C	E	G

（注）この解答用紙は実物大です。

〔理　科〕40点(推定配点)

1　問1　2点＜完答＞　問2～問4　各1点×4　問5　2点　2　問1，問2　各1点×3　問3　2点　問4　(1)　1点　(2)　2点＜完答＞　3　各1点×12　4　問1，問2　各2点×2＜問2は完答＞　問3，問4　各1点×8

二〇二一年度　早稲田中学校

国語解答用紙　第二回

番号		氏名		評点	／60

一

問1

問2　A　B

問3

問4　（30）（40）という思い。

問5

問6

問7

二

問1　a　b　c　やかに

問2　（30）という意味。（20）

問3　W　X

問4

問5

問6

（注）この解答用紙は実物を縮小してあります。B５→Ａ４(115%)に拡大コピーすると、ほぼ実物大の解答欄になります。

〔国　語〕60点(推定配点)

一　問１　４点　問２，問３　各３点×３　問４　６点　問５～問７　各４点×３　二　問１　各３点×３　問２　６点　問３　４点＜完答＞　問４，問５　各３点×２　問６　４点

２０２０年度　　早稲田中学校

算数解答用紙　第１回

番号		氏名		評点	／60

1

(1)		(2)	時間　分	(3)	g

2

(1)	度	(2)	cm^2	(3)	cm^2

3

(1)	通り	(2)	通り	(3)	通り	(4)	通り

4

(1)	分速　m	(2)	時間　分　秒	(3)	m

5

(1)	cm^3	(2) ①	（図）	②	cm^3	(3)	cm^3

（注）この解答用紙は実物を縮小してあります。Ａ４用紙に104%拡大コピーすると、ほぼ実物大で使用できます。（タイトルと配点表は含みません）

〔算　数〕60点(推定配点)

1　(1)，(2)　各３点×2　(3)　４点　2　(1)，(2)　各３点×2　(3)　４点　3　(1)～(3)　各３点×3　(4)　４点　4　(1)　３点　(2)，(3)　各４点×2　5　各４点×4

２０２０年度　早稲田中学校

社会解答用紙　第１回

番号		氏名		評点	／40

1

問1	問2 (1)　　　島	(2)

問2 (3)　　　ため	ため

(4)	(5)	(6)

(7) D　　　平野	E　　　平野

(8)	問3 C	F

問4

2

問1	問2	問3

問4 (1)	(2)	問5	問6	問7 職名　　　一族

問8 (1)	問8 (2) a　　　b

問9	問10	問11

3

問1	の　　　機関

問2 (1)　「（　　　）、（　　　）による、（　　　）の政治」

問2 (2)	問3 a　　　権	b　　　権利

問4	問5	問6	問7

（注）この解答用紙は実物を縮小してあります。Ｂ４用紙に123%拡大コピーすると、ほぼ実物大で使用できます。（タイトルと配点表は含みません）

〔社　会〕40点（推定配点）

1　問１～問３　各１点×13＜問２の(1)は完答＞　問４　２点＜完答＞　2　各１点×13＜問７，問８の(2)は完答＞　3　問１　２点　問２　各１点×２　問３　各２点×２　問４～問７　各１点×４

２０２０年度　早稲田中学校

理科解答用紙　第１回

番号		氏名	

評点	／40

1

問1	問2	問3

問4	問5

2

問1	問2	問3	問4
g	g		g

問5	
量	形

3

問1		問2	問3

問4	問5

4

問1	問2		問3				問4
			①	②	③	④	

問5	

（注）この解答用紙は実物大です。

〔理　科〕40点(推定配点)

1　各２点×５＜問２は完答＞　2　問１～問４　各２点×４＜問３は完答＞　問５　各１点×２　3　問１　各１点×２　問２～問５　各２点×４＜問２，問３，問４は完答＞　4　問１　２点　問２　各１点×２　問３～問５　各２点×３＜問３は完答＞

二〇二〇年度　早稲田中学校

国語解答用紙　第一回

番号		氏名		評点	／60

一

問1 「私」にとって（　　　　）という認識。

問2

問3

問4

問5

問6

問7

問8

問9

二

問1 a　b　（b）やか　c

問2

問3

問4

問5

問6 皆で唄っている「作業唄」の響きは、（　　　　）であるから。

問7

（注）この解答用紙は実物を縮小してあります。Ｂ４用紙に120％拡大コピーすると、ほぼ実物大で使用できます。（タイトルと配点表は含みません）

〔国　語〕60点（推定配点）

一　問１　４点　問２～問９　各３点×９　二　問１～問５　各３点×７　問６　５点　問７　３点

２０２０年度　早稲田中学校

算数解答用紙　第２回

番号		氏名		評点	／60

1

(1)	円	(2)	km	(3)	くん

2

(1)	cm	(2)	cm^3	(3)	

3

(1)	分速　m	(2)	分前	(3)	分

4

(1)	度	(2) ①		②	度

5

(1)	cm	(2)	cm^2	(3)	cm^2

(注) この解答用紙は実物を縮小してあります。Ａ４用紙に104%拡大コピーすると、ほぼ実物大で使用できます。(タイトルと配点表は含みません)

〔算　数〕60点(推定配点)

1～5　各４点×15<2の(3)，4の(2)の①は完答>

２０２０年度　早稲田中学校

社会解答用紙　第２回

番号		氏名		評点	／40

1

問1	問2	問3	問4 a	b	問5

2

問1 P	S	問2 Q	R

問3 P　県	Q　県	R　県	S　県

3

問1	問2	問3 氏名	県

問4	問5 ①　藩	②　藩	問6

問7 氏名	記号	問8 a	b

問9 記号	氏名	問10 記号	ことば

4

問1	問2	問3	問4	問5	問6 (1)

問6 (2) a	b	問7

（注）この解答用紙は実物を縮小してあります。Ａ４用紙に114％拡大コピーすると、ほぼ実物大で使用できます。（タイトルと配点表は含みません）

〔社　会〕40点（推定配点）

1　各１点×5＜問４は完答＞　2　問１　各１点×2　問２，問３　各２点×3＜問２は各々完答，問３は完答＞　3　問１～問７　各１点×10　問８　２点＜完答＞　問９，問10　各１点×4　4　問１　１点　問２　２点＜完答＞　問３～問６　各１点×6　問７　２点

２０２０年度　　　早稲田中学校

理科解答用紙　第２回

番号		氏名		評点	／40

1

問1	問2		問3
	記号	しつ度	
		%	

問4	問5

2

問1	問2	問3	問4
g		mL	g

問5

3

問1	問2		問3	
			①	②

問4	物質名		理由	

問5

4

問1		問2	問3
A	B		
g	g	cm	g

問4		
(1)	(2)	(3)
ア:イ=　　　:	cm	度

（注）この解答用紙は実物大です。

〔理　科〕40点(推定配点)

1　問１　２点＜完答＞　問２　各１点×２　問３～問５　各２点×３＜問４は完答＞　2　各２点×５＜問２は完答＞　3　問１～問３　各１点×５　問４　物質名…１点，理由…２点　問５　２点　4　問１　各１点×２　問２，問３　各２点×２　問４　(1)　２点　(2)，(3)　各１点×２

二〇二〇年度　早稲田中学校

国語解答用紙　第二回

番号		氏名		評点	／60

一

問1 a b c

問2 ア イ ウ エ

問3

問4 ① ② ③

問5

問6

二

問1

問2 30 40 になること。

問3

問4

問5 ① ②

問6

（注）この解答用紙は実物を縮小してあります。Ａ４用紙に118％拡大コピーすると、ほぼ実物大で使用できます。（タイトルと配点表は含みません）

〔国　語〕60点（推定配点）

一，二　各３点×20

2019年度　早稲田中学校

算数解答用紙　第1回

番号		氏名		評点	／60

1

(1)		(2)	L	(3)	才

2

(1)	cm	(2)	cm^2	(3)	cm^2

3

(1)	円	(2)	個	(3)	個

4

(1)	倍	(2)	分	(3)	cm

5

(1)	cm^3	(2)	①	②	cm^2

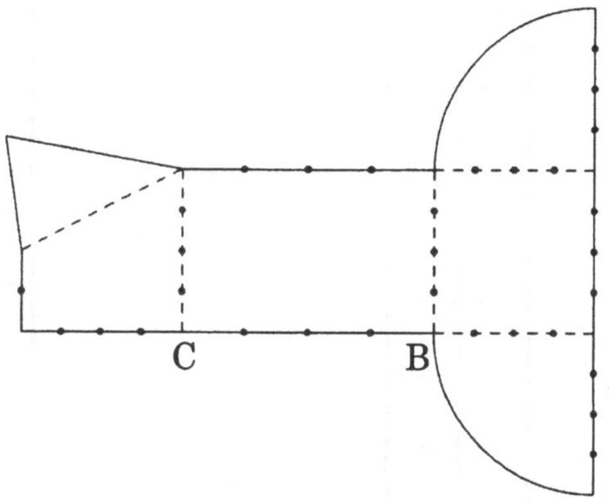

（注）この解答用紙は実物を縮小してあります。Ａ４用紙に105%拡大コピーすると、ほぼ実物大で使用できます。（タイトルと配点表は含みません）

〔算　数〕60点（推定配点）

1～5　各４点×15

２０１９年度　　早稲田中学校

社会解答用紙　第１回

番号		氏名		評点	／40

1

問1	問2		問3	（　　）	
問4(1)	(2)	問5(1)新潟県（　）	兵庫県（　）		
問5(2)					
問6　新潟県（　）	茨城県（　）	問7	問8	問9図1	図2

2

問1	問2	問3(1)	(2)
問3(3)1	2　権	(4)	
問4	問5	問6　法	問7
問8　年間	問9		

3

問1	問2　庁	問3　省	問4　制度
問5(ア)	(イ)　社		
問6(1)　→　→ア→　→	(2)		
問6(3)	(4)		

〔社　会〕40点(推定配点)

1, 2　各１点×29＜2の問３の(1)，問７は完答＞　3　問１～問５　各１点×６　問６　(1)，(2)　各１点×2＜(1)は完答＞　(3)　２点　(4)　１点

２０１９年度　　早稲田中学校

理科解答用紙　第１回

番号		氏名		評点	／40

1

問1		問2		問3		問4	
				増加	減少		

2

問1	問2		問3	問4	
	記号	名前		星	理由
問5					

3

問1		問2	問3
		倍	

問4	問5	
	上昇温度	重さ
	℃	g

4

問1		問2	問3	問4
手が引く力	ばねはかり			
g	g		g	g

問5	問6	
	記号	ばねはかり
cm		g

〔理　科〕40点(推定配点)

1　各１点×８　2　問１　２点　問２　各１点×２　問３　２点　問４，問５　各１点×４　3　問１　各１点×２　問２～問４　各２点×３＜問３，問４は完答＞　問５　各１点×２　4　各２点×６＜問１，問６は完答＞

二〇一九年度　早稲田中学校

国語解答用紙　第一回

番号		氏名		評点	／60

一

問1　a　って　b　c　かし

問2

問3

問4　A　B

問5

問6

問7

二

問1　A　B

問2

問3　↓　↓　↓　↓

問4　メディアを担う人々は自分たちが　P　と自覚すると同時に、　Q　しなければならないということ。

問5

問6

問7

(注) この解答用紙は実物を縮小してあります。A４用紙に118%拡大コピーすると、ほぼ実物大で使用できます。(タイトルと配点表は含みません)

〔国　語〕60点(推定配点)

一　問１～問５　各３点×８　問６　５点　問７　各２点×２　二　問１～問３　各３点×４<問３は完答>　問４　６点<完答>　問５～問７　各３点×３

大人に聞く前に解決できる!!

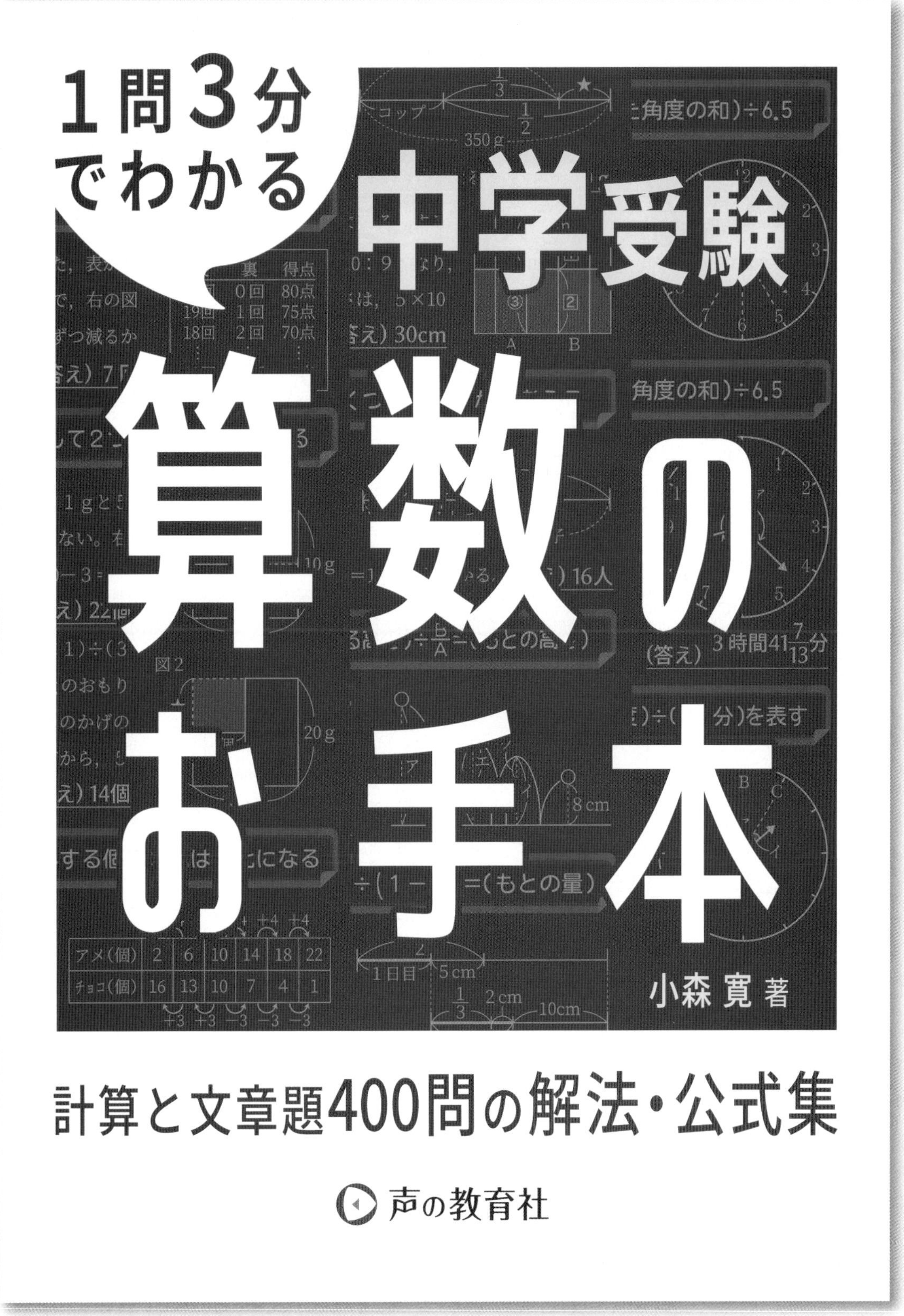

基本から応用まで全受験生対応!!

定価1980円(税込)

中学スーパー過去問　抜群の解説・解答!!　声の教育社版

合格必需品

定価2,200円～2,970円（税込）

都立中高一貫校
適性検査問題集

定価1,320円（税込）

首都圏版
中学受験案内

定価2,310円（税込）

「今の説明、もう一回」を何度でも
web過去問
ストリーミング配信による入試問題の解説動画

もっと古いカコモンないの？
中学
カコ過去問
「さらにカコの」過去問をHPに掲載（DL）

①優秀な解説・解答スタッフが執筆!!　②くわしい出題傾向分析と対策　③解答用紙が別冊、自己採点ができる!!

●東京都
ア 23 青山学院中等部
2 麻布中学校
73 足立学園中学校
51 跡見学園中学校
54 郁文館中学校
65 穎明館中学校
113 江戸川女子中学校
8 桜蔭中学校
98 桜美林中学校
76 鷗友学園女子中学校
45 大妻中学校
122 大妻多摩中学校
131 大妻中野中学校
12 お茶の水女子大附属中学校
カ 19 海城中学校
3 開成中学校
150 開智日本橋学園中学校
94 かえつ有明中学校
38 学習院中等科
20 学習院女子中等科
61 吉祥女子中学校
149 共栄学園中学校
48 暁星中学校
44 共立女子中学校
130 共立女子第二中学校
5 慶應義塾中等部
55 京華中学校
56 京華女子中学校
77 恵泉女学園中学校
71 光塩女子学院中等科
136 工学院大附属中学校
34 攻玉社中学校
91 麴町学園女子中学校
69 佼成学園中学校
97 佼成学園女子中学校
31 香蘭女学校中等科
70 国学院大久我山中学校
118 国士舘中学校
121 駒込中学校
99 駒沢学園女子中学校
4 駒場東邦中学校
サ 135 桜丘中学校
126 サレジアン国際学園中学校
79 サレジアン国際学園世田谷中学校
139 実践学園中学校
24 実践女子学園中学校
35 品川女子学院中等部
27 芝中学校
87 芝浦工業大附属中学校
95 芝国際中学校
103 渋谷教育学園渋谷中学校
40 十文字中学校
86 淑徳中学校
93 淑徳巣鴨中学校
124 順天中学校
30 頌栄女子学院中学校
117 城西大附属城西中学校
85 城北中学校
25 昭和女子大附属昭和中学校
7 女子学院中学校
90 女子聖学院中学校
127 女子美術大付属中学校
49 白百合学園中学校
41 巣鴨中学校
89 聖学院中学校
60 成蹊中学校
21 成城中学校
75 成城学園中学校
132 青稜中学校
82 世田谷学園中学校
タ 105 高輪中学校
83 玉川学園（中）
106 玉川聖学院中等部
64 多摩大附属聖ケ丘中学校
134 多摩大目黒中学校
120 中央大附属中学校
108 千代田国際中学校
11 筑波大附属中学校
1 筑波大附属駒場中学校
88 帝京中学校
151 帝京大学中学校
78 田園調布学園中等部
14 東京学芸大世田谷中学校
13 東京学芸大竹早中学校
50 東京家政学院中学校
115 東京家政大附属女子中学校
26 東京女学館中学校
100 東京成徳大中学校
160 東京大学附属中等教育学校
112 東京電機大中学校
119 東京都市大等々力中学校
80 東京都市大付属中学校
145 東京農業大第一高校中等部
59 桐朋中学校
109 桐朋女子中学校
28 東洋英和女学院中学部
58 東洋大京北中学校
33 トキワ松学園中学校
110 豊島岡女子学園中学校
53 獨協中学校
153 ドルトン東京学園中等部
ナ 128 中村中学校
133 日本工業大駒場中学校
129 日本学園中学校
92 日本大第一中学校
68 日本大第二中学校
84 日本大第三中学校
52 日本大豊山中学校
116 日本大豊山女子中学校
ハ 147 八王子学園八王子中学校
144 広尾学園中学校
152 広尾学園小石川中学校
74 富士見中学校
63 藤村女子中学校
9 雙葉中学校
32 普連土学園中学校
146 文化学園大杉並中学校
57 文京学院大女子中学校
101 文教大付属中学校
62 法政大中学校
148 宝仙学園中学校理数インター
42 本郷中学校
マ 114 三田国際学園中学校
143 明星学園中学校
46 三輪田学園中学校
16 武蔵中学校
96 武蔵野大学中学校
104 明治学院中学校
72 明治大付属中野中学校
123 明治大付属八王子中学校
43 明治大付属明治中学校
66 明星中学校（府中）
125 目黒学院中学校
22 目白研心中学校
ヤ 140 八雲学園中学校
102 安田学園中学校
29 山脇学園中学校
ラ 37 立教池袋中学校
67 立教女学院中学校
36 立正大付属立正中学校
ワ 17 早稲田中学校
18 早稲田実業学校中等部
81 早稲田大高等学院中学部
47 和洋九段女子中学校
【東京都立・区立６年制中高一貫校】
161 九段中等教育学校
162 白鷗高校附属中学校
163 両国高校附属中学校
164 小石川中等教育学校
165 桜修館中等教育学校
166 武蔵高校附属中学校
167 立川国際中等教育学校
168 大泉高校附属中学校
169 三鷹中等教育学校
170 富士高校附属中学校
171 南多摩中等教育学校
●神奈川県
320 青山学院横浜英和中学校
304 浅野中学校
301 栄光学園中学校
332 神奈川学園中学校
343 県立相模原・平塚中等教育学校
316 神奈川大附属中学校
328 鎌倉学園中学校
322 鎌倉女学院中学校
331 カリタス女子中学校
344 市立川崎高校附属中学校
314 関東学院中学校
339 公文国際学園中等部
321 慶應義塾湘南藤沢中等部
6 慶應義塾普通部
311 サレジオ学院中学校
325 自修館中等教育学校
315 湘南学園中学校
336 湘南白百合学園中学校
327 逗子開成中学校
303 聖光学院中学校
323 聖セシリア女子中学校
337 清泉女学院中学校
310 洗足学園中学校
341 中央大附属横浜中学校
335 鶴見大附属中学校
302 桐蔭学園中等教育学校
318 東海大付属相模高校中等部
317 桐光学園中学校
330 藤嶺学園藤沢中学校
306 日本女子大附属中学校
309 日本大中学校（日吉）
340 日本大藤沢中学校
10 フェリス女学院中学校
308 法政大第二中学校
347 聖園女学院中学校
312 森村学園中等部
313 山手学院中学校
342 横須賀学院中学校
307 横浜共立学園中学校
305 横浜国立大横浜・鎌倉中学校
326 横浜女学院中学校
345 市立南中学校
346 市立横浜サイエンスフロンティア中学校
324 横浜翠陵中学校
333 横浜創英中学校
319 横浜富士見丘学園中学校
329 横浜雙葉中学校
●千葉県
352 市川中学校
361 光英VERITAS中学校
355 国府台女子学院中学部
360 芝浦工業大柏中学校
354 渋谷教育学園幕張中学校
369 秀明八千代中学校
365 昭和学院中学校
362 昭和学院秀英中学校
363 西武台千葉中学校
359 専修大松戸中学校
364 千葉県立千葉・東葛飾中学校
368 千葉市立稲毛国際中等教育学校
356 千葉日本大第一中学校
357 東海大付属浦安高校中等部
351 東邦大付属東邦中学校
358 麗澤中学校
353 和洋国府台女子中学校
●埼玉県
413 浦和明の星女子中学校
418 浦和実業学園中学校
415 大妻嵐山中学校
416 大宮開成中学校
406 開智中学校
425 開智未来中学校
414 春日部共栄中学校
428 川口市立高校附属中学校
424 埼玉県立伊奈学園中学校
412 埼玉栄中学校
419 さいたま市立浦和中学校
427 さいたま市立大宮国際中等教育学校
401 埼玉大附属中学校
407 埼玉平成中学校
404 栄東中学校（A・東大Ⅰ）
426 栄東中学校（B・東大Ⅱ）
417 淑徳与野中学校
402 城西川越中学校
422 昌平中学校
411 城北埼玉中学校
403 西武学園文理中学校
405 聖望学園中学校
421 東京農業大第三高校附属中学校
410 獨協埼玉中学校
409 星野学園中学校
420 本庄東高校附属中学校
408 立教新座中学校
●茨城県
452 茨城中学校
458 茨城キリスト教学園中学校
459 茨城県立中等教育学校・中学校
451 江戸川学園取手中学校
455 常総学院中学校
454 土浦日本大中等教育学校
456 水戸英宏中学校
453 茗溪学園中学校
●栃木県
503 国学院大栃木中学校
504 作新学院中等部
501 佐野日本大中等教育学校
502 白鷗大足利中学校
●兵庫・鹿児島県
601 灘中学校
602 ラ・サール中学校
●算数の過去問25年分
701 筑波大附属駒場中学校
702 麻布中学校
703 開成中学校

声の教育社　〒162-0814 東京都新宿区新小川町8-15
https://www.koenokyoikusha.co.jp
TEL 03（5261）5061㈹　FAX 03（5261）5062